Tim Gollasch

Der Mythos von
der Wirklichkeit

ALBER PHILOSOPHIE

Tim Gollasch

Der Mythos von der Wirklichkeit

Eine Konfrontation des neurowissenschaftlichen Konstruktivismus mit Platons Philosophie

Verlag Karl Alber Freiburg / München

Tim Gollasch

The myth of reality

A confrontation of
neuroscientific constructivism
and Plato's philosophy

Within neuroscience a constructivist and materialistic view of the world has been promulgated with effective media coverage. This is viewed as a corrective to an omnipresent Platonic dualism and forms the basis for anthropological or ethical considerations. Tim Gollasch examines contradictions, presuppositions and consequences of this theory and confronts them with Plato's metaphysics. By doing this he opens up Plato's ontology and anthropology for the contemporary discussion and illustrates the individual psychological and ethical consequences of scientific theory formation.

The author:

Tim Gollasch, born 1982, studied philosophy, literary studies and linguistics at Julius-Maximilians University in Würzburg. He was a teacher at the German School of Lisbon from 2006–2007, 2010–2012 DFG scholarship holder and member of the interdisciplinary graduate school *Emotions*, 2013–2016 scholarship holder of the foundation *Stiftung Forschungskreis zur Förderung der Begründungswissenschaft Metaphysik*, 2011–2013 research associate and 2005–2015 tutor and lecturer at the institute of philosophy at Würzburg University. In 2015 he completed his doctorate here.

Tim Gollasch

Der Mythos von der Wirklichkeit

Eine Konfrontation des
neurowissenschaftlichen Konstruktivismus
mit Platons Philosophie

Innerhalb der Neurowissenschaften hat sich medienwirksam ein konstruktivistisches und materialistisches Weltbild etabliert, welches sich als Korrektiv eines allgegenwärtigen platonischen Dualismus versteht und Grundlage für anthropologische oder ethische Überlegungen ist. Tim Gollasch untersucht Widersprüche, Vorannahmen und Konsequenzen dieser Theorie und konfrontiert sie mit Platons Metaphysik. Dabei werden Platons Ontologie und Anthropologie für die heutige Diskussion fruchtbar gemacht und die individuellen psychischen und ethischen Folgen der wissenschaftlichen Theoriebildung verdeutlicht.

Der Autor:

Tim Gollasch, geb. 1982, studierte Philosophie, Literaturwissenschaft und Sprachwissenschaft an der Julius-Maximilians-Universität Würzburg. Er war 2006–2007 Lehrer an der Deutschen Schule Lissabon, 2010–2012 Stipendiat der DFG und Mitglied des Würzburger interdisziplinären Graduiertenkollegs *Emotions*, 2013–2016 Stipendiat der *Stiftung Forschungskreis zur Förderung der Begründungswissenschaft Metaphysik*, 2011–2013 wissenschaftlicher Mitarbeiter und 2005–2015 Tutor und Lehrbeauftragter am Institut für Philosophie der Universität Würzburg. 2015 wurde er dort mit dieser Arbeit promoviert.

Gedruckt mit freundlicher Unterstützung der
*Stiftung Forschungskreis zur Förderung der
Begründungswissenschaft Metaphysik* (Eisingen)

MIX
Papier aus verantwor-
tungsvollen Quellen
FSC® C083411

Originalausgabe

© VERLAG KARL ALBER
in der Verlag Herder GmbH, Freiburg / München 2017
Alle Rechte vorbehalten
www.verlag-alber.de

Satz: SatzWeise GmbH, Trier
Herstellung: CPI books GmbH, Leck

Printed in Germany

ISBN 978-3-495-48891-1

Inhalt

Danksagung 11
Zitierweise 13

Einleitung 15
Die Hirnforschung als Leitwissenschaft 15
Wer sind *die* Hirnforscher? 19
Welches Welt- und Menschenbild bieten die Hirnforscher an?. 21
Das Ungenügen am Relativismus 22
Die Relevanz platonischer Philosophie 23
Was bietet der platonische Mythos? 26
Beitrag zur Forschung 28

I. Teil: Neurowissenschaften

1. Das geschichtliche und gesellschaftliche Selbstverständnis der Neurowissenschaftler 33
1.1 Erkenntnisgegenstände 33
1.2 Eine Revolution der Denkart im Dienste der Aufklärung: Der neue Humanismus 35
1.3 Das Schreckgespenst des platonischen Dualismus 38
1.4 Die Gleichsetzung von Philosophie und Alltagspsychologie 42

2. Natur – und der Mensch darin 48
2.1 Emergenz und Selbstorganisation 48
2.2 Determinismus und Identismus, oder: Freiheit ade . . . 52
2.3 Evolution 64

Inhalt

3. Ich und Bewusstsein 69
3.1 Das Ich – ein Geist? 69
3.2 Iche ohne Ich 70
3.3 Zwei Modelle des Ichs 72
    3.3.1 *Modell 1: Das passive und uneinheitliche Bewusstsein* 72
    3.3.2 *Modell 2: Das aktive und einheitliche Bewusstsein*. 78

4. Gefühle, Vernunft und die Rolle der Gesellschaft 81
4.1 Lust und Leid als Richtungsweiser 81
4.2 Unbewusstes und Gefühle im Spiegel der Vernunft . . . 83
4.3 Gesellschaft als Überlebensinstrument und Lustbeschaffer 89
4.4 Unbewusstes und Gefühle im Spiegel der Gesellschaft . . 93

5. Wahrheit und Realität 99
5.1 Wider den Abbildrealismus 99
5.2 Konstruktion und Welt an sich 100
5.3 Beschreibungen des Erkenntnisprozesses 109
    5.3.1 *Antonio Damasio* 109
    5.3.2 *Michael Gazzaniga* 113
    5.3.3 *Gerhard Roth* 124
5.4 Skepsis als Resultat der Erkenntnisbemühungen 128

6. Anwendung der neurowissenschaftlichen Theorie auf sich selbst 133
6.1 Geglaubte Empirie 134
6.2 Implizite Wahrheitsansprüche und ihre Konsequenzen . 143
    6.2.1 *Das Begründungsprinzip* 145
    6.2.2 *Sein-Sollen-Schlüsse* 151
6.3 Determinismus und Information 157
6.4 Determinismus und intentionale Begriffe 162
6.5 Kausalität, Information und Bedeutung, oder: Die Metaphysik des Natürlichen 168
    6.5.1 *Ewiges und Zeitliches* 169
    6.5.2 *Emergenz: Formung am Geistigen* 171
6.6 Offene Fragen, auch in der Philosophiegeschichte 175

II. Teil: Platon

- 7. Das seelische Kind und der Mythos 183
- 7.1 Identität als Aufgabe 183
- 7.2 Das Problem des Dualismus 184
- 7.3 Geschichten zur Bildung einer philosophischen Seele . . 189

- 8. Der Mythos von der Erkenntnis 202
- 8.1 Die Wende zu sich selbst 202
- 8.2 Aufmerken der Vernunft: Der Gegenstand ist Eines und Vieles 207
- 8.3 Der Zusammenhang von Bestimmtheit, Identität, Sein und Erkennbarkeit 212
- 8.4 Bestimmtheit und ›die Sache selbst‹ 216
- 8.5 Wie erkennt man etwas? 218
  - 8.5.1 Beispiel 1: Musik 218
  - 8.5.2 Beispiel 2: Vermögen 222
- 8.6 Konsequenz für den neurowissenschaftlichen Erkenntnisbegriff 226
  - 8.6.1 Ein Paradoxon: Das ›Ding an sich‹ als Erkenntnisideal 226
  - 8.6.2 Die Rolle der Sinne 231
  - 8.6.3 Die Irrelevanz der Repräsentation 235
  - 8.6.4 Sachgerechte Bestimmung und das Widerspruchsaxiom 237
  - 8.6.5 Die doxa oder die Verwechslung von Ding und Sache 242
  - 8.6.6 Epistemologie im Bilde: Liniengleichnis und Kunstkritik 244
- 8.7 Die Erkenntniskriterien und ein erster Begriff der Idee . 254
- 8.8 Ein erster Begriff des Seelischen 261

- 9. Der Mythos von der Natur 266
- 9.1 Ist die Frage nach der Natur berechtigt? 266
- 9.2 Das Gute als Wirklichkeitsprinzip 276
- 9.3 Die Schöpfung: Eine Geschichte vom Seienden 281
- 9.4 Teile und ihre Einheit: Die Komplementarität von Sein und Werden 289
- 9.5 Die Ordnung ohne das Werdende 291

9.6 Das Werdende ohne Ordnung 292
9.7 Regel und Lebendigkeit: Vernünftigkeit im Körper . . . 295
9.8 Nachvollzug des demiurgischen Wissens 305

10. Der Mythos von der personalen Seele 310
10.1 Leben, Bedingtheit und die Frage nach dem Glück 310
10.2 Der Tyrann, oder: Wie Unglück, Unfreiheit und Vertragstheorie zusammenhängen 316
    10.2.1 Die Darstellung der Wahl einer Lebensweise im Mythos 316
    10.2.2 Kinder essen, oder: Die Figur des Tyrannen . . . 322
    10.2.3 Das Weltbild und Ideal des Tyrannen 324
    10.2.4 Die Folgen für den Tyrannen 329
    10.2.5 Jeder kann ein Tyrann sein 333
10.3 Gottsein und Menschsein: Das personale Gute als Beitrag zum Verständnis des Menschen 339
    10.3.1 Philosophie als Geschenk der Götter 339
    10.3.2 Zeitlichkeit als Bedingung und Ermöglichung von Entwicklung 344
    10.3.3 Der Mensch als Differenz zu allem 349
    10.3.4 Der Maßstab: Zeugen des Guten und philia . . . 358

11. Schluss: Mytho-logie und Esoterik bei Platon 367

Zusammenfassung 380

Anhang 387
I. Abbildungen zur Erkenntnistheorie in der Neurowissenschaft 387
II. Materialismus, Empirismus und Konstruktivismus in der Philosophiegeschichte 390
III. Der Mensch als Differenz zu sich und Welt: Carolus Bovillus und Helmuth Pleßner 399

Quellenverzeichnis 402
Literatur 402
Abbildungen 415

Danksagung

Großer Dank gilt Prof. Dr. Karl-Heinz Lembeck für die Betreuung meiner Arbeit, für seine Förderung, die Möglichkeit, das Philosophieren in der Lehre zu erproben und die Freiheiten, die ich brauchte, um mein Projekt mit Freude voranzutreiben.

Prof. Dr. Jörn Müller danke ich herzlich für die kompetente Betreuung meiner Arbeit als Zweitkorrektor.

Von 2010 bis 2012 genoss ich das Privileg, im Rahmen des von der DFG finanzierten internationalen und interdisziplinären Würzburger Graduiertenkollegs *Processing of affective stimuli: from the molecular basis to the emotional experience (Research Training Group 1253)* an meinem Projekt zu arbeiten, was mir die Möglichkeit bot, mit Forschern vieler Fachrichtungen in intensiven und freundschaftlichen Dialog zu treten. Für die freundliche Betreuung meiner Arbeit im Kolleg gilt neben Prof. Dr. Lembeck der Dank Prof. Dr. Erhard Wischmeyer und Prof. Dr. Karl-Heinz Mertens. Dem Leiter des Kollegs, Prof. Dr. Paul Pauli danke ich ebenso wie Roswitha Gerhard und Dr. Marta Andreatta, welche in allen organisatorischen Belangen stets Unterstützung boten. Während der Zeit im Graduiertenkolleg war mir Oliver Berger M.A. als wissenschaftliche Hilfskraft eine große Hilfe.

Im Anschluss hatte ich das große Glück, in Dr. Franz Träger M.A. und Dr. Martina Scherbel M.A. von der *Stiftung zur Förderung der Begründungswissenschaft Metaphysik* Förderer zu finden. Ihr Stipendium ermöglichte es mir, meine Dissertation mit der nötigen Ruhe, Muße und Sicherheit zu einem erfolgreichen Ende zu führen, gerade auch in einer Zeit, die von der Geburt meines Kindes geprägt war. Zu meinem großen Bedauern kann Franz Träger das Erscheinen dieser Arbeit nicht mehr erleben. Dankbar bin ich auch den beiden Gründern der Stiftung, Prof. Dr. Rudolph Berlinger und Prof. Dr. Wiebke Schrader, die ich leider nicht mehr persönlich kennenlernen durfte. Im mit der Stiftung verbundenen *Forschungskreis Metaphy-*

Danksagung

sik mit seinen jährlichen Symposien traf ich außerdem auf wohlgesonnene Wissenschaftler, mit denen ich meine Forschungsergebnisse diskutieren konnte. Besonders danke ich hier, zusätzlich zu den schon Genannten, Prof. Dr. Edgar Früchtel, Prof. Dr. Dieter Harmening, Prof. Dr. Salvatore Lavecchia, Prof. Dr. Georges Goedert und PD Dr. Leonhard G. Richter. Sehr wichtig war für mich auch die Möglichkeit, regelmäßig in den *Perspektiven der Philosophie*, herausgegeben von Martina Scherbel und Georges Goedert, publizieren zu können.

PD Dr. Leonhard G. Richter bin ich dankbar für viele Jahre inspirierenden Unterrichts. Durch seine fordernde, fördernde und sehr persönliche Lehre bin ich auf viele philosophiegeschichtliche und systematische Zusammenhänge und Fragestellungen erst aufmerksam geworden, was der Entwicklung meines Denkens und Schreibens nur zugutekam.

Philosophie ist aber nicht nur Forschung und Lehre, sondern auch täglicher Umgang und das Gespräch mit Freunden und Kollegen, welchen ich für Jahre voller fruchtbarer Diskussionen und freundschaftlichen Miteinanders danken will: Dr. Johannes F. M. Schick M.A., Dr. habil. Robert Hugo Ziegler M.A., Christian Fernandes M.A., Dipl. phys. Marco Wagner M.A.

Für seine Hilfsbereitschaft und wertvollen Hinweise zur Weiterarbeit zu Beginn des Dissertationsprojektes danke ich herzlich Prof. Dr. Arbogast Schmitt.

Großer Dank gilt Dr. Thomas Bulka M.A. für die kritische Durchsicht und gründliche Korrektur meiner Dissertation.

Herrn Lukas Trabert vom Alber-Verlag danke ich herzlich für die Aufnahme meiner Dissertation in die Reihe *Philosophie*.

Ich widme dieses Buch folgenden Personen:

Meinen Eltern Bernd und Margret, auf deren Unterstützung ich glücklicherweise immer und in jeder Hinsicht zählen konnte;

meiner Frau Daniela, die mit ihrer Ruhe, ihrer Fürsorge und ihrem Verständnis viel zum Gelingen dieser Arbeit beigetragen hat;

und meiner Tochter Maria, die noch so viel Schönes zu entdecken hat.

Würzburg, im März 2017

Zitierweise

Bei der ersten Nennung einer Quelle wird die vollständige bibliographische Angabe gegeben; jede weitere Nennung beschränkt sich auf den entsprechenden Autorennamen und Titel. Der schnellen Recherche und Vorbeugung von Fehlern wegen wird ›Ebd.‹ nur verwendet, wenn sich die Stellenangabe auf zuvor in derselben Fußnote genannte Literatur bezieht. Der besseren Übersichtlichkeit wegen verzichte ich gänzlich auf den Gebrauch von Siglen.

Bei Quellen aus dem *Corpus Platonicum* beschränke ich mich auf den jeweiligen Titel des Dialoges; die Stellenangabe richtet sich nach der gebräuchlichen Stephanus-Paginierung. Textgrundlage ist die zweisprachige und mit textkritischen Anmerkungen versehene Gesamtausgabe der Wissenschaftlichen Buchgesellschaft Darmstadt, griechischer Text von Les Belles Lettres, Übersetzungen von Friedrich Schleiermacher, Hieronymus Müller, Dietrich Kurz u. Klaus Schöpsdau.

Einleitung

Original, fahr hin in deiner Pracht! –
Wie würde dich die Einsicht kränken:
Wer kann was Dummes, wer was Kluges denken,
Das nicht die Vorwelt schon gedacht? –
(Goethe, Faust II)

Die Hirnforschung als Leitwissenschaft

Explizit sind einige moderne Neurowissenschaftler abseits einzelner Forschungsfragen daran interessiert, Wirklichkeit auf ihre letzten Gründe zurückzuführen, also eine Einheit der Prinzipien zu erkennen. Dies war und ist auch das Bestreben der Philosophie. Was ist Denken? Inwiefern ist etwas wahr zu nennen? Was ist das Subjekt? Welches Verhältnis besteht zwischen dem Menschen als einem materiellen, naturhaften Objekt und geistigen Eigenschaften? Ist Freiheit in einer rein materiellen Natur möglich?

Diese Fragen, denen sich diese Neurowissenschaftler widmen, beantworten zwei grundlegendere: die nach dem Menschen und die nach der Realität. Brisanz haben solche Fragen, weil mit dem *Selbstverständnis als Mensch* und dem Verständnis von Wirklichkeit natürlich auch eine *Wertung* in Bezug auf den Menschen, Erkenntnisprozesse und das Leben überhaupt verbunden ist. Folglich verbleibt man nicht auf der theoretischen Ebene, denn erst dieses allgemeinste Verständnis bestimmt, wie und zu welchem Zweck Staat, Wissenschaft, Erziehung, Medizin und Leben in der Gesellschaft eingerichtet sein sollen. Letztlich wird dies alles auch zu einem zutiefst intimen Problem, denn so allgemein die genannten Fragen auch sind, von ihrer Beantwortung hängt ab, welches Wesen und welchen Wert ich mir selbst beimessen kann.

Seit einigen Jahren hat die Hirnforschung diesbezüglich zweifellos den Status einer Leitwissenschaft inne. Gesellschaftlich anerkannt liefert sie für zahlreiche Wissens- und Lebensbereiche das theoretische, scheinbar plausible Fundament und spricht darauf aufbauend Handlungsempfehlungen aus. Diese Rolle als Leitwissenschaft schlägt sich nicht nur in der Publikation von Fachliteratur und in der universitären Finanzierung nieder, sondern ebenso im Hineindrängen ins öffentliche Denken durch konstante Medienpräsenz – sei es im Feuilleton oder in populärwissenschaftlichen Veröffentlichungen. Dort tritt sie als Ratgeber in allen Lebensfragen auf und soll durch ihre Begriffe von Natur und Moral Normen für die pädagogische, medizinische oder juristische Praxis begründen; ja, auch zur Frage, worin denn das Glück des Menschen bestehe, äußert man sich nicht ohne Selbstbewusstsein.[1] Man muss sich also vergegenwärtigen, dass das Welt- und Menschenbild der Hirnforscher nicht abgeschottet von der Lebenspraxis ist, sondern durch die Ratgeberfunktion – und damit das öffentliche Agieren – faktisch *wirkt*.[2]

---

[1] Einige alltägliche Beispiele: Vgl. zur Pädagogik: Martin Korte, »Wie das Lernen gelingt«, Interview m. Claus Peter Simon, in: *Geo Wissen* 44 (2009), S. 28–31; zum Glück: Martin Paetsch, »Die Biochemie der Lebensfreude«, in: *Geo Wissen* 47 (2011), S. 50–59; zur Krise des Kapitalismus: Wolf Singer, »Ich wartete, ob Gott mich bestraft«, Interview m. Angelika Slavik u. Hans-Jürgen Jakobs, *Süddeutsche Zeitung* v. 23.12.2011, S. 26.

[2] Die Wirkung zeigt sich beispielsweise beim Aushängeschild deutscher Populärphilosophie, Richard David Precht. In der Frauenzeitschrift *Für Sie* versucht er zu erklären, weshalb der Mensch nicht monogam sein könne: Monogamie sei »wider unsere Natur«, womit er aber eigentlich stets die Natur von »anderen Primaten« meint. Seine Begründung dafür ist die »Überfunktion des Hirns«: »Das Gehirn ist nie völlig ausgelastet und sucht Beschäftigung. Sexualität ist ein wesentlicher Teil davon.« Erstaunlich nun, dass der Grund für die fehlende Auslastung des Hirns gerade nicht die Natur ist, die wir mit anderen Primaten teilen, sondern das Leben in der Kultur: »Biologisch gesehen ist unsere Form der extremen Sexualität purer Luxus – eine Art Beschäftigungstherapie für das Gehirn, ähnlich wie Philosophie, Kunst oder Musik. Das alles ist fürs Überleben überflüssig wie ein Kropf.« (Richard David Precht, »Warum wir nicht treu sind«, Interview m. Michael Kneissler, in: *Für Sie* 8 (2012), S. 68.) Mitunter treibt die Akzeptanz der Hirnforschung als Leitwissenschaft auch groteske Blüten: Etwa dann, wenn der Wirtschaftsmagnat und Namensgeber der sog. Hartz-Reformen, Peter Hartz, ein Programm ins Leben ruft, um Langzeitarbeitslose für den Wiedereinstieg ins Berufsleben zu motivieren. Deren Problem sei ihr Gehirn – und so muss Hartz sich auf die Neurobiologie berufen, um die Erkenntnis zu formulieren, dass Arbeitslosigkeit demotiviert, weil man durch evolutionäre Anpassung zum Arbeitsverweigerer werde: »Was genau trägt die Neurobiologie zu unserem Konzept bei? Das menschliche Gehirn passt seine Struktur und Arbeitsweise daran an, wie und wofür es genutzt wird. Ist jemand über einen längeren Zeitraum arbeitslos, so optimiert und strukturiert sich sein Hirn auf diese Situation hin. Die hierbei entste-

Einleitung

Eine Auseinandersetzung mit der Hirnforschung und ihrem theoretischen Fundament ist daher auch weiterhin unerlässlich; Missverständnisse und Widersprüche innerhalb dieses Theoriegebäudes müssen angesichts der genannten wissenschaftlichen, persönlichen wie gesellschaftlichen Relevanz tunlichst vermieden, zuvor aber aufgedeckt werden. Daran wurde in der Vergangenheit selbstverständlich schon viel gearbeitet, sodass man mit einer unübersehbaren Fülle an Forschungsliteratur konfrontiert ist. Genauso wenig wie der Einfluss der Neurowissenschaften seit ihrem medialen und universitären Boom in den Neunzigern und Anfang des Jahrtausends einen Einbruch erlebt hat, hat sich die Kritik an ihr verringert. Im Gegenteil: Nicht nur von Seiten der Philosophen, auch aus anderen Wissenschaften und den eigenen Reihen melden sich seit je Kritiker zu Wort, die das Weltbild der Neurowissenschaften, ihre Methoden und ihre Verflechtung in gesellschaftlich-politische Prozesse monieren und zu erhöhter Wachsamkeit aufrufen.[3] Die vorliegende Arbeit wird sich jedoch nur am Rande mit der Aussagekraft, den Möglichkeiten und Grenzen der technisch-experimentellen Seite der Hirnforschung befassen; auch ihre konkrete Rolle in der heutigen Wissenschaftslandschaft unter politisch-soziologischen Gesichtspunkten ist nicht das Thema.

Zur Darstellung, Analyse und Bewertung der theoretischen *Grundlagen* einer Wissenschaft gehört, zu untersuchen, wie sich ihre

---

henden neuronalen Muster sind dann immer besser für ein Leben in Arbeitslosigkeit geeignet, aber immer schlechter für ein Leben in Berufstätigkeit. Der langzeitarbeitslose Mensch entwickelt Haltungen und innere Einstellungen, die zwar sein Überleben als Arbeitsloser sichern, für seine Reintegration in ein Berufsleben jedoch enorm hinderlich sind.« (Peter Hartz, Vortrag zum Projekt *Minipreneure*, Pressekonferenz v. 17.03.2010, S. 4f.; im Internet unter: http://www.minipreneure.de/weiterbildung/media/Rede_Start_minipreneure.pdf, Zugriff am 25.04.2014)

[3] Siehe dazu beispielsweise Torsten Heinemann, Populäre Wissenschaft. Hirnforschung zwischen Labor und Talkshow, Göttingen 2012; Daniel S. Margulies, The Salmon of Doubt. Six Months of Methodological Controversy within Social Neuroscience, in: Suparna Choudhury/Jan Slaby (Hgg.), Critical Neuroscience. A Handbook of the Social and Cultural Contexts of Neuroscience, Chichester 2012, S. 273–285; Felix Tretter, »Brücke zum Bewusstsein«, in: *Der Spiegel* 9 (2014), S. 122–124; Christoph Demmerling, Welcher Naturalismus?. Von der Naturwissenschaft zum Pragmatismus, in: Peter Janich (Hg.), Naturalismus und Menschenbild, Hamburg 2008, S. 240–256; Henrik Walter/Susanne Erk, Seh ich da was, was du nicht siehst?. Methoden, Möglichkeiten und Mängel des Neuroimagings, in: Manfred Spitzer/Wulf Bertram (Hgg.), Hirnforschung für Neu(ro)gierige. Braintertainment 2.0, Stuttgart/New York 2010, S. 185–206.

Einleitung

Vertreter positionieren. Eine Position als Wissenschaftler einzunehmen heißt hier, ein umfassendes Bild der eigenen Forschung und Forschungsgrundlagen in methodischer, (ideen-)geschichtlicher, gesellschaftlicher Hinsicht zu zeichnen, von dieser Position aus den Anspruch auf ein besonderes Erklärungsvermögen der eigenen Wissenschaft zu formulieren und sich so in ein *Verhältnis* zu setzen – eben zu anderen Wissenschaften und ihren Methoden, zur Geschichte und Gesellschaft. Das Bild, das der Hirnforscher von seiner Wissenschaft im Hinblick auf Leistungen, Erkenntniskraft und Ziele nach außen vermittelt, dient dann für mich und den Leser als Richtmaß zur Bewertung, denn die vom Forscher selbst auferlegten Erwartungen können auf Einlösbarkeit, Widersprüche und Probleme hin untersucht werden. Die Hirnforschung soll also an ihren eigenen Ansprüchen und Vorgaben gemessen werden; und so ist der *erste* Teil dieses Buches methodisch eine umfassende Rückwendung des neurowissenschaftlichen Theoriegebäudes auf sich selbst. Ich untersuche, ob der Neurowissenschaftler eine *mögliche* Position einnimmt, das heißt, ob er die Wirklichkeit seines wissenschaftlichen Vorgehens bzw. die dafür nötigen theoretischen und praktischen Grundlagen erfasst; oder ob er sich in (performative) Widersprüche verwickelt, welche sein Theoriegebäude brüchig werden lassen und ob eine Auflösung dieser Probleme in der Folge vielleicht von außen – das bedeutet: nicht durch die Hirnforschung selbst – geschehen muss.

Es soll also ein sehr grundlegender Versuch unternommen werden, weniger die Hirnforschung als vielmehr die Weltsicht der Hirnforscher zu verstehen.

Unser Drama ist – und das macht es so schwer –, ohne Übersetzungsfehler durch die Medien verstanden zu werden.[4]

Mein Ziel wird es sein, *von Grund auf* den Aufbau ihres Theoriegebäudes, ihrer Sicht auf die Realität als Ganze nachzuvollziehen und einer Bewertung zu unterziehen – dieser Aufbau wird aber grundsätzlich nur verständlich, wenn man das alles bestimmende Motiv, den Antiplatonismus, erfasst und von diesem ausgehend den neurowissenschaftlichen Konstruktivismus und Naturalismus als Gegenentwurf zum Schreckgespenst der platonischen Metaphysik begreift.

---

[4] So der Hirnforscher Wolf Singer in der Fernsehsendung *Scobel*, 3sat, v. 03.04.2014; im Internet unter: http://www.3sat.de/mediathek/?mode=play&obj=42785, Zugriff am 06.05.2014.

Einleitung

Die Hirnforscher sollen daher nicht wie Naturwissenschaftler behandelt werden, sondern, wohl auch wunschgemäß, wie Philosophen, deren weltanschauliche Aussagen einer genauen Analyse unterzogen werden und einem konkurrierenden Entwurf standhalten müssen.

Wer sind *die* Hirnforscher?

Ich werde zwar aus sprachökonomischen Gründen weiterhin von *den* Neurowissenschaftlern bzw. Hirnforschern und von *der* Neurowissenschaft bzw. Hirnforschung sprechen, zumal diese Begriffe in der öffentlichen Diskussion gebräuchlich und auch von den entsprechenden Vertretern selbstgewählte Titel sind, wie zahlreiche Zitate belegen. Doch müssen wir uns der Tatsache bewusst sein, dass die Themenwahl und das Ziel der Untersuchung eine Beschränkung auf einen bestimmten Personenkreis sowie auf eine bestimmte Art von Texten mit sich bringen.

Nicht alle Hirnforscher sind Konstruktivisten oder Naturalisten. Viele jedoch, die das Bild ihrer Wissenschaft und ihr eigenes Weltbild offensiv nach außen tragen, sind es, weshalb man durchaus von einer einflussreichen ›Schule‹ innerhalb der Hirnforschung sprechen kann. Um solche Hirnforscher soll es gehen, und hier will ich vor allem einige Wortführer herausgreifen, welche eine wesentliche Rolle in der öffentlichen Diskussion eingenommen haben, wie beispielsweise Wolf Singer und Gerhard Roth in Deutschland oder Michael Gazzaniga und Antonio Damasio in Amerika. Mir kommt es dabei weniger auf eine detaillierte Rekonstruktion des Denkens und der Unterschiede im Denken jedes einzelnen Autors an als vielmehr auf die Rekonstruktion grundsätzlicher Gemeinsamkeiten. Zu bedenken ist außerdem, dass nicht alle Hirnforscher ihr Weltbild auch anderen vermitteln; doch ist nicht nur innerhalb der Neurowissenschaften das konstruktivistische (und naturalistische) Realitätsverständnis verbreiteter, als manch einer vermuten mag.

Dies bedeutet zwangsläufig, dass ich angewiesen bin auf Texte, die dieses Weltbild überhaupt transportieren. Das geschieht höchst selten in echten Fachbeiträgen, und wenn, dann zumeist bloß andeutungsweise in einigen Nebensätzen. Es ist natürlich auch gar nicht immer sinnvoll, etwa in einem Fachartikel über die Drosophila-Fliege gleich noch die persönlichen weltanschaulichen Überzeugungen mitzuliefern, wer wollte das schon. Zwar bemängelt Torsten Heinemann

19

Einleitung

bezüglich »der geistes-, kultur- und sozialwissenschaftlichen Kritik an den Neurowissenschaften, dass sie nahezu ausschließlich auf den medialen Produkten und Deutungsangeboten basiert«[5] und gerne populärwissenschaftliche »Neuro-Sachbücher« verwendet würden, während man »Artikel aus natur- und insbesondere neurowissenschaftlichen Zeitschriften« »meist vergebens« suche.[6] Doch das ist eine Sache der Fragestellung und muss nicht zwangsläufig ein Defizit bedeuten. Wenn es um die weltanschaulichen theoretischen Grundlagen geht, stellen populärwissenschaftliche und feuilletonistische Veröffentlichungen sowie Einführungen oder an ein transdisziplinäres Publikum gerichtete Texte einen wesentlich reicheren, ausführlicheren und präziseren Fundus dar, weil hier die Forscher die Gelegenheit wahrnehmen, von einzelnen Detailfragen abzusehen und das große Ganze in den Blick zu nehmen.

Dabei ist es durchaus erlaubt und sinnvoll, auch Vertreter anderer Wissenschaften, die sich diesem Paradigma verschreiben, in die Untersuchung mit einzubeziehen, wenn es sich anbietet. Denn ›die Hirnforschung‹ ist ein schillernder Begriff, weil er nicht beispielsweise die Hirnphysiologie im engeren Sinne bezeichnet – doch gerade dieser große Bedeutungsumfang kommt meinem Ziel entgegen und macht ein gewisses stilistisches Unbehagen beim Gebrauch solcher Begriffe wett. Hirnforschung ist nicht zuletzt eine Methode und Herangehensweise, die sich erstens erfolgreich in die Fragestellung anderer, schon bestehender Wissenschaften als Begründungsparadigma integriert hat (z. B. als Neurosoziologie, Neuropsychologie etc.) und zweitens auf Theoreme etwa aus der Evolutionsbiologie oder der Physik zurückgreift, sodass eine strikte grundlagentheoretische Abgrenzung nicht vollzogen werden kann. Letztlich wird es uns auch darum gehen, zu begreifen, dass die konstruktivistische und naturalistische Weltanschauung sowie die grundlegenden Prämissen dieses Theoriegebäudes nicht nur wenigen modernen Naturwissenschaftlern zugeschrieben werden können, sondern mit anderen Etiketten versehen seit Jahrtausenden ideengeschichtlich eine große Wirkkraft besitzen, welche die wissenschaftliche und gesellschaftliche Theoriebildung überhaupt betrifft.

---

[5] Torsten Heinemann, Populäre Wissenschaft, S. 28.
[6] Torsten Heinemann, Populäre Wissenschaft, S. 28.

Welches Welt- und Menschenbild bieten die Hirnforscher an?

Die Hirnforscher bieten uns erstens einen *erkenntnistheoretischen* Konstruktivismus und Naturalismus an, der sich gegen die These richtet, Erkenntnis erfasse etwas Wahres dieser Welt. Da das Gehirn ein geschlossenes neuronales System darstellt, sei es streng genommen nur mit seinen eigenen Konstrukten konfrontiert: Die Wirklichkeit ›an sich‹ ist uns nie gegeben, sondern nur Erlebnisphänomene, welche zudem durch die Individualgenese, Kultur oder physische Dispositionen bedingt seien, vor allem aber durch das grundlegende Bestreben des Organismus, zu überleben. Aufgrund dieser Konstruktivität und Selektivität menschlichen Erkennens und Realitätsbezuges wird der Wahrheitsbegriff aufgeweicht; in einem zweiten Schritt wird er auf eine unzugängliche, nichtkonstruierte Realität an sich angewendet, welche etwa als ›objektive Realität‹ oder ›absolute Wahrheit‹ bezeichnet wird. Grundlegend für das Erkennen sei also ein unüberbrückbarer *Hiatus* zwischen wahrer Realität an sich und dem subjektiven Erleben.

Die Hirnforscher bieten uns zweitens einen *subjektiven* Konstruktivismus und Naturalismus an, welcher sich gegen die These richtet, der Mensch habe *ein* Ich, ein einheitliches und rationales Wirkprinzip. Die Idee eines solchen Ichs wird verabschiedet, indem man das Unbewusste in Stellung bringt: Die vielfältigen, disparaten, unbewussten Faktoren, die uns handeln und denken lassen, die nachträglichen Rationalisierungen von Entscheidungen, unsere emotionale Prägungsgeschichte: all das zeige doch, dass wir uns weder in der Hand hätten noch von *dem* Ich sprechen könnten.

Sie bieten uns drittens einen *ethischen* Konstruktivismus und Naturalismus an, welcher sich gegen den Freiheitsgedanken als Grundlage individuellen und gesellschaftlichen Handelns richtet. Um ohne Prinzipien auszukommen, welche über die Materie hinausgehen, wird das Verhältnis von Geist und Materie ausschließlich über die Materie als Formprinzip bestimmt. Natur sei ein deterministisches Geschehen, wovon die physischen bzw. materiellen Prozesse, welche das Erleben, Erkennen und Handeln realisieren, nicht ausgenommen sind. Eine lückenlose Herleitung solcher materieller Zustände durch vorherige verhindere nur deren unübersehbare Komplexität. Die Freiheit und Autonomie des Individuums gilt angesichts dieser Naturnotwendigkeit als ein Erlebniskonstrukt ohne Anspruch auf Wirklichkeit: Wir liegen zwar in Ketten; nur spüren wir diese Ketten nicht. Das Eingebundensein in die blinde und allumfassende Naturkausalität gilt als unumstößliches und oberstes Prinzip. Damit einher geht auch, wie eben angedeutet, eine Absage an ein Ich, das sich auf irgendeine geistige Eigengesetzlichkeit berufen könnte.

Viertens bieten uns die Hirnforscher einen *sozialen* Konstruktivismus und Naturalismus an, der die vermeintliche Natur des Menschen zur Grundlage des Miteinanders macht: Die Gemeinschaft und ihre Regeln sind für das Individuum ein Überlebensinstrument und unterliegen daher der Begründungshoheit der Biologie. Die Gemeinschaft soll nämlich den naturgegebenen Egoismus der Individuen kanalisieren, und auf diese Weise die Individuen voreinander schützen. Die Unterscheidung von Gut und Böse folgt diesem individuellen Überlebensdrang und ist abhängig von den jeweiligen historisch-sozialen Gegebenheiten.

Das Programm der Neurowissenschaftler wird jedoch einige Schwierigkeiten für uns bereithalten, denn bei näherer Betrachtung stürzt es uns in heillose Verwirrung, weil es genau das, was es als Illusion abstraft und negiert, als Grundlage voraussetzt. Dadurch führen die Hirnforscher selbst ihr eigenes Theoriegebäude ad absurdum.

Das Ungenügen am Relativismus

Nun stellt sich für einen Philosophen natürlich die Frage, an wen er sich wenden soll, wenn erst einmal begründet ist, weshalb die Theorie der Hirnforscher den eigenen Erkenntnisansprüchen nicht genügt. Die Protagonisten der Philosophiegeschichte nutzen wir ja als Sprungbrett, um an ihnen unsere Gedanken zu entwickeln. Auch diesbezüglich kann sich freilich schnell ein Unbehagen einstellen: Die Beschäftigung mit der Wirkung der antiken Skepsis und des antiken Materialismus auf die Philosophiegeschichte zeigt uns, dass auch viele der bedeutendsten Denker mit jenen Widersprüchen zu kämpfen haben, die wir in der neurowissenschaftlichen Theorie ausmachen werden können – eben darum, weil viele Philosophen wesentliche theoretische Grundannahmen mit den Hirnforschern teilen. Gleichzeitig ist daher die Kritik am Theoriegebäude der Neurowissenschaft auch eine Kritik an ideengeschichtlich bis heute höchst einflussreichen Philosophemen, welche man unter die Schlagworte

Skeptizismus, Empirismus und Idealismus subsumieren könnte. Man darf nicht vergessen, dass derzeit ein öffentlich ausgetragener Streit auch innerhalb der Philosophie wieder aufflammt: Nachdem man sich scheinbar darauf geeinigt hatte, dass über das Subjekt nicht hinausgegangen werden kann, fragt man erneut: Wieviel Realismus ist sinnvoll, und wie real ist das Subjekt? Man denke diesbezüglich an Markus Gabriel in Deutschland, Maurizio Ferraris in Italien oder Paul Boghossian in Amerika, welche einen neuen Realismus für sich wiederentdecken.[7]

Es besteht also ein aktueller und offen zutage tretender Klärungsbedarf, der aus einem Ungenügen am epistemologischen und ethischen Relativismus nicht nur der Postmoderne entstanden ist. Und diese Motivation, die aus dem Gewahrwerden eines Mangels entspringt, muss man auch bei den Hirnforschern sehen: *Obwohl sie selbst einen solchen Relativismus vertreten*, läuft es bei ihnen allen auf das Ziel der *Verbesserung des Menschlichen und die Förderung des guten Lebens* hinaus. Man will uns von lang gehegten Illusionen befreien, die uns ein Zerrbild des Menschen und der Welt bieten; Illusionen, deren Stifter Platon mit seiner Psychologie und Ontologie gewesen sein soll; man will endlich in Übereinstimmung mit dem Wesen des Menschen das Rechtssystem von Schuldzuweisung befreien und damit humaner und weniger diskriminierend gestalten; und man will die Gesellschaft über ihre Konflikte aufklären, welche das Glück des Menschen bremsen. Sei er auch der größte Skeptiker: Das Streben des Theoretikers ist eben immer das Verlangen nach einem Maßstab, an dem der einzelne Mensch sich im Denken und in der Lebensführung messen kann; eine Messlatte, die ihm Auskunft darüber gibt, ob er sein Ziel verfehlt oder trifft.

Die Relevanz platonischer Philosophie

Auf der Suche nach einer Antwort werden wir uns der platonischen Philosophie widmen; nicht nur, weil Platon sich als erklärtes Feindbild der Hirnforscher förmlich aufdrängt; nicht nur, weil man den Nach-

---

[7] Markus Gabriel, Warum es die Welt nicht gibt, Berlin 2013; Maurizio Ferraris, Manifest des neuen Realismus, übers. v. Malte Osterloh, Frankfurt a. M. 2014; Paul Boghossian, Angst vor der Wahrheit. Ein Plädoyer gegen Relativismus und Konstruktivismus, übers. v. Jens Rometsch, Berlin 2013.

Einleitung

weis führen kann, dass er das Weltbild der Hirnforscher in Gestalt der Sophisten oder der ›Hör- und Schaulustigen‹ umfassend thematisiert. Ich verfolge, über diese Interpretationslinien hinausgehend, einen Ansatz, der durchaus nicht neu, aber doch eher untypisch für die moderne Platonforschung ist. Man kann beispielsweise einen analytischen Ansatz verfolgen und sich mit der Schlüssigkeit platonischer Argumentation auseinandersetzen. Man kann auch vornehmlich historisch orientiert arbeiten und Platons Werk – freilich interpretierend – wiedergeben. Ohne solche zur Untersuchung notwendigen Methoden abwerten zu wollen oder zu können, bergen sie doch die Gefahr, einem platonischen Dogmatismus das Wort zu reden, mit dem wir heute kaum etwas anfangen können. Die offensichtlichen Fehler in der Argumentation, die Bildlichkeit der Rede, der Dualismus von Idee und Sinnenwelt, von Seele und Körper, von Jenseits und Diesseits, aber auch die Differenz von Schrift und ungeschriebener Lehre – allzu leicht nimmt man Platons Schriften beim Wort und zementiert eine Lehre, die entweder zu überwinden ist, mir höchstens über Umwege offensteht, oder (auch diese Ansicht wird vertreten) selbst bloß Ausdruck von Platons Skeptizismus sein soll. Platon hat aber, auch methodisch, viel zu bieten.

Die Analyse der Rolle, die Platon dem Gebrauch von Mythen in der Erziehung zuweist, wird Ausgangspunkt für die These sein, dass Platons Dialoge als Ganze Mythen sind, welche immer das Allgemeine in einem individuell Dargestellten vereint. Wir haben es mit einer bildlichen *und doch realen* Geschichte zu tun, deren Erzählung den seelischen Zustand des kindlichen Denklehrlings durch die Darstellung von Erkennbarem zu überwinden helfen soll. Nun stellt sich die Frage, wodurch sich die geistige Disposition des Kindes auszeichnet. Und hier kann man sehr gut den Bogen zu den Hirnforschern spannen. Denn das *zu überwindende* Kindliche ist bei Platon das, was uns die Neurowissenschaft als *unüberwindliches* Wesen von Mensch und Wirklichkeit vermittelt. Was zeichnet also das Kind aus, sodass seine Eigenschaften auf die an Jahren erwachsene Seele übertragen werden können?

Das Kind hat keine Identität, kein einheitliches Ich im vollen Sinne; es kennt noch nicht die Rückwendung auf sein geistiges Selbst, die es ihm erlauben würde, den Fluss der Ereignisse als Ganzen in Bezug zu einem Lebensentwurf zu setzen. Das Kind folgt disparaten, momentanen Regungen, und der Maßstab für sein Glück und sein Verhältnis zu anderen ist oft erst einmal das kurzsichtige, egoistische

Lustprinzip. Insofern hat das Kind ein naives Verhältnis zur Realität: Die Dinge und die Welt sind einfach sinnlich da; es fehlt eine methodische Rückwendung auf die Unterscheidungstätigkeit und damit auch auf die Methode, wie unterscheidend vorzugehen ist bzw. welche Unterscheidungs*möglichkeiten* es eigentlich gibt. Dem Kind ist daher zusammengefasst die *Differenz* fremd, in der es geistig und unterscheidend *zu sich selbst und zur Welt* stehen kann. Es geht, wenn man so will, in seinen Bedingungen auf, weil ihm der *geistige* Maßstab fehlt, nach denen es die Bedingungen beurteilen, bewerten und in ein Verhältnis zu sich setzen könnte.

Wer nun diesem Denken verhaftet bleibt und das Defizit des *anfangenden* Menschen zu seinem *Wesen* erklärt, wird notwendig dem menschlichen Dasein nichts wirklich Gutes abgewinnen können. Tatsächlich ist das menschliche Dasein in den Neurowissenschaften kaum eines, zu dem der Mensch *berechtigterweise* in freundschaftlichem Verhältnis stehen könnte: Das Individuum, das diesen Namen nicht verdient, ist samt Erkenntnistätigkeit völlig überwältigt vom blinden Lauf der Natur, seinen ihm selbst fremden inneren Regungen und individualgeschichtlichen Prägungen; andere Menschen sind ebenfalls solche durch und durch bestimmten Organismen; und Erkenntnis, die sich in irgendeiner Weise mit Wirklichem beschäftigt, gibt es nicht. Natur und Welt werden zu einem dem Menschen unerreichbaren Fremden, das bestenfalls in müden Abschattungen erfasst wird. Trotz aller Glücks- und Moralrhetorik der Hirnforscher muss es daher unser Ziel sein, die darin sich verbergende existenzielle Radikalität einer derartigen Anthropologie, Ethik und Epistemologie offenzulegen. Zu zeigen ist, dass die Wertung des Daseins durch die Hirnforscher sich gar nicht so sehr von der unterscheidet, von der man sich eigentlich absetzen will. Als Kennzeichen der platonischen Metaphysik machen sie nämlich eine Abwertung des Weltlichen, Sinnlichen, Leiblichen aus – und nun wird man feststellen müssen, dass gerade bei den Hirnforschern das weltliche und leibliche Dasein sich durch eine grundsätzliche, ausweglose Defizienz auszeichnet. Gerade diese existenzielle Seite des neurowissenschaftlichen Theoriegebäudes muss als Ziel der Sachdiskussion stärker in den Blick genommen werden, denn wenn eine Theorie auf ein Glücksversprechen und die Versöhnung mit dem eigenen Dasein hinauslaufen soll, muss sie auch an ihren höchsten Zielen gemessen werden. Soll man also das Handtuch werfen und zugestehen: Das Dasein ist eben nicht gut, sondern defizitär?

Einleitung

Was bietet der platonische Mythos?

Das größte Angebot Platons sehe ich in einem Training: nämlich in der Einübung in ein *Ermöglichungsdenken* bzw. der Einübung in ein Denken, das sich an der Kategorie des *existenziellen Nutzens* orientiert. Beim Ermöglichungsdenken oder beim Nutzendenken geht es um das Verständnis dessen, was eine Bedingung ist und um den Umgang mit ihr. Eine Bedingung kann auf zweierlei Weise verstanden werden: Sie grenzt selbstverständlich zunächst bestimmte Möglichkeiten ein und bestimmte aus; sie lenkt in eine bestimmte Richtung und wirkt daher determinierend. Andererseits aber ermöglicht eine Bedingung auch etwas, das ohne die entsprechende Bedingung nicht wirklich würde.

Platon hat mit den Neurowissenschaftlern durchaus gemein, dass er Bedingungen anführt, unter denen wir notwendig stehen: Wir unterliegen der Leiblichkeit und Zeitlichkeit; wir sind als Naturwesen in natürliche Kausalketten eingebunden; unser Denken geschieht nicht willkürlich oder gar regellos; wir werden in eine Gesellschaft hineingeboren und sind dabei abhängig von der Erziehung und gesellschaftlichen Wertmaßstäben; und natürlich sind wir als endliche Wesen irrtumsanfällig. Immer können diese Bedingungen Schlechtes mit sich bringen und im wahrsten Sinne des Wortes überwältigend wirken. Dies hat aber nach Platon einen Grund: Man hat sich nicht am Guten und am Nutzen dieser Bedingungen orientiert, an dem also, was sie ermöglichen.

Man kann zum Beispiel fragen, was denn der Kosmos als diese merkwürdige Mischung aus Ordnung, Materialität und Werden nutzen soll: überhaupt Wirklichkeit und individuelles Leben zu ermöglichen. Man kann genauso fragen, was unser leiblich-zeitliches Dasein darin ermöglicht: zumindest einmal *Veränderung*, von einem *Noch-nicht* zu einem *Etwas*. Oder man kann fragen, wozu die Gesellschaft gut sein soll: Am Beispiel von Sokrates wird deutlich, dass der Andere als Möglichkeitsbedingung geistiger Entwicklung und Identität verstanden wird, wodurch die ›Prägungsgeschichte‹ des Einzelnen wie auch der Zweck gesellschaftlichen Daseins einen anderen Bestimmungsgrund erhalten als das Überleben und den Lustgewinn.

Zum Ermöglichungsdenken gehört daher immer auch das *Alternativendenken:* Wir können uns vorstellen, wie es anders wäre und ob es auch *besser* wäre, wäre es anders. Welche Möglichkeiten hätten wir beispielsweise, wären wir absolute, göttliche Wesen? Dazu gehörte vielleicht absolute Weisheit, aber eben auch: ein unveränderliches Wesen, zu dem wir selbst in keiner Differenz stehen könnten. Oder: Welche Möglichkeiten eröffnete uns die Ausrichtung auf kluge Selbsterhaltung? Wahrscheinlich wäre dies eine Taktik, die einige Annehmlichkeiten bereithielte, wenn man es geschickt anstellt. Aber letztlich wäre man von potentiellen Feinden, Neid und bloßer Zweckvernunft umgeben, sei es innerlich oder äußerlich. Die Frage ist, ob es nicht bessere und auch lustvollere Bestrebungen gäbe.

Das Schema, auf das hin Sachverhalte wie Erkenntnis, Natur, Individuum oder Gesellschaft überprüft werden, muss also immer (1.) die Bestimmung, (2.) den Nutzen, und (3.) mögliche Alternativen enthalten. Das ist natürlich kein beliebiges Vorgehen, sondern eines, das Platon – aus gutem Grund – stets nahelegt, weil es das Potential einer jeden Bedingung erst offenbar werden lässt. Der Zweck des platonischen Mythos, so werden wir erfahren, ist daher zweierlei: dialektischer werden, und: erfinderischer werden! Dazu gehört der Umgang mit einer bildlichen und an mancher Stelle für den nüchternen Wissenschaftsbetrieb möglicherweise pathetisch wirkenden Terminologie, welche aber zur Sacherkenntnis beitragen soll. Platons Geschichten, die die Dialoge nun sind, sind letztlich Geschichten, die die Bestimmung, den Nutzen, mögliche Alternativen *darstellen* und uns einen zur Erkenntnis notwendigen spielerischen Umgang damit erlauben, welcher die Faktizität des Wirklichen transzendiert. Man kann das Denken und Handeln etwa des Sophisten Thrasymachos mit dem eines Sokrates vergleichen und prüfen, wie Ethos und Logos zusammengehen; man kann das Gute, das im Mythos als personaler Gott auftritt, systematisch mit dem Menschen als Gattung und als Individuum vergleichen. Oder man kann von der platonischen Bestimmung der Natur einfach Eigenschaften abziehen, Gott spielen, und sehen, was dabei herauskommen muss; unter Umständen wird man nach solchen methodisch geleiteten Unterscheidungen zu dem Ergebnis kommen, dass die Wirklichkeit, in der wir uns finden, mehr anbietet, als bloß ein defizitäres Jammertal zu sein.

Wir werden also von der Prämisse ausgehen, dass ein rechtes Verständnis von Platons Philosophie sich nur an der zentralen Rolle, die das Gute als Begründung des Nutzenzusammenhanges von Wirklichkeit einnimmt, entwickeln kann. Dafür ist die Orientierung am platonischen Aufstiegsmotiv essenziell. Der *Aufbau* der Erkenntnis des Guten geschieht nicht ›von oben‹, durch die Erfassung von Lehrsätzen formalen Charakters, welche durch Schulangehörige vermittelt werden und sich in dieser Form nicht in den Dialogen an sich finden. Platon legt Wert darauf, dass sich jenes, was als das Gute bezeichnet wird, durch vielfältigen und ganz konkreten Nutzen offenbart und erschließen lässt. An jenen konkreten Nutzenzusammenhängen muss man sich *hoch*arbeiten, um überhaupt zu einem *inhaltlich gefüllten* Begriff des Guten zu kommen, um zu einem Wirklichkeitsbegriff zu gelangen, den man berechtigterweise mit dem wertenden Charakter des Guten begründen kann. Echte und *berechtigte* Versöhnung mit dem eigenen Dasein, diese These erscheint unmittelbar einleuchtend, kann ja nur dann möglich sein, wenn die Wirklichkeit auch tatsächlich im umfassenden Sinne als gut erfasst werden kann.[8]

Die Darstellung platonischer Philosophie werde ich dabei vornehmlich aus der Analyse seiner Dialoge entwickeln, während ich mich bei der Diskussion von Forschungsliteratur schon der notwendigen Beschränkung des Umfanges der Arbeit wegen auf die neuere Forschung stütze. Doch auch thematisch ist die Beschränkung auf die neuere Forschung sinnvoll: Uns geht es darum, zu prüfen, was Platon uns *heute* erzählt und erzählen kann; nicht ohne jedoch der Tatsache gewahr zu sein, dass die Herausforderungen und Fragen im Hinblick auf die Platonlektüre sich seit den antiken Kommentatoren nicht wesentlich geändert haben, etwa wenn es zu ermitteln gilt, wie die Dialoge überhaupt ausgelegt werden müssen, ob das Gute als höchstes Wissen bei Platon dem Erkennenden zugänglich ist, oder ob der Mythos etwas Valides über die Wirklichkeit aussagt. Doch kann es auch nicht der Anspruch sein, Platon neu zu erfinden, sondern für oder gegen bestimmte Positionen der Platondeutung zu argumentieren, selbst begründet eine Position einzunehmen sowie die platonische Philosophie zur Auseinandersetzung mit ›modernen‹ Philosophemen zu nutzen.

Beitrag zur Forschung

Neben einer weltanschaulichen und ethischen Reflexion ist also der Anspruch vorliegender Arbeit, vier grundlegende Einsichten als Beitrag zur Forschung zu vermitteln. Der neurowissenschaftliche Kon-

---

[8] Andernfalls müsste die Versöhnung mit dem eigenen Dasein einer Art Trotz entspringen, etwa im Sinne Albert Camus'.

struktivismus sollte *erstens* nicht nur als in sich widersprüchliches Theoriegebäude begriffen werden, sondern auch als Sinnsuche von des Sinnes Bedürftigen. Dabei wird eine existenzielle Radikalität offenbar, welche durch den ›neuen Humanismus‹ begründet wird, die in dieser Form jedoch von den Hirnforschern nicht praktiziert werden will. *Zweitens* soll ein noch nicht erschöpfend untersuchter enger historischer und systematischer Zusammenhang von Platonismus und Hirnforschung, die gegenseitige Bezugnahme und Spannung zweier Theorien offenbar werden, die nur scheinbar geschichtlich weit auseinanderliegen. Mit Blick auf Platon ist es *drittens* das Ziel, die methodische Fruchtbarkeit bildlichen, mythischen Denkens für philosophische Überlegungen zu demonstrieren. Das mythische Verständnis von Platons Werk als Ganzem lässt den Autor Platon in den Hintergrund treten und wirft den Leser auf sich selbst und seine eigenen Deutungsakte zurück; damit ist die Einsicht in die eigene, durch die Arbeit an Geschichten zu überwindende Kindlichkeit verbunden. *Viertens* ist es gerade diese Entwicklungsmöglichkeit durch Selbsterkenntnis, letztlich die Freiheit, die es erlaubt, den Menschen im platonischen Werk als wesentlich ›Übergöttliches‹ charakterisiert zu sehen – d. h. als Wesen mit Eigenschaften, welche über das Göttliche hinausweisen –, was gängigen Deutungsmustern in der Platonforschung widerspricht.

I. Teil: Neurowissenschaften

1. Das geschichtliche und gesellschaftliche Selbstverständnis der Neurowissenschaftler

1.1 Erkenntnisgegenstände

Die Hirnforschung, das dürfte ja schon an der medialen Präsenz ihrer Vertreter erkennbar sein, beschränkt sich selbstverständlich nicht darauf, bloß physische Vorgänge im Hirn festzustellen. Die physischen Prozesse müssen in einen funktionellen Zusammenhang gebracht werden, ihnen muss, damit sie überhaupt verstanden werden können, eine Funktion zugeordnet werden.[1] Jedermann weiß: Zieht man sich eine schwere Verletzung am Fuß zu, stehen die Chancen gut, dass man nicht als direkte Folge seine kognitiven Fähigkeiten, sein Erleben, ja sein Leben überhaupt einbüßt. Anders verhält es sich, erleidet man einen hinreichend großen Schaden am Hirn. Es liegt also nahe, dass hier ein wie auch immer gearteter Zusammenhang besteht zwischen den physischen Gegebenheiten im Hirn und ›mentalen Funktionen‹ wie Denken, Bewusstsein etc. Aus dieser trivialen Einsicht ergibt sich erst einmal die Forschungsrichtung der Hirnforschung: Sie untersucht physische Gegebenheiten und ihre Funktionen; jene aber sind sowohl ›Gegenstände‹ unseres ganz alltäglichen Gesprächs als auch klassische Themen des philosophischen Fragens, wie Gerhard Roth konstatiert:

Die Hirnforschung dringt in Gebiete ein, die ihr als einer Naturwissenschaft lange Zeit vollkommen verschlossen schienen. Dies gilt für geistige Leistungen des Menschen wie Wahrnehmen, Denken, Vorstellen, Erinnern und Handlungsplanen, inzwischen aber auch für emotionale und physische Zustände. In diesem Zusammenhang ergeben sich unweigerlich Fragen nach der Natur des Geistes und des Bewusstseins, den Wurzeln der Persönlichkeit und des Ich, den Möglichkeiten und Grenzen von Erziehung

---

[1] Dazu John Eccles, Die Evolution des Gehirns – die Erschaffung des Selbst, übers. v. Friedrich Griese, München 1989, S. 113: »Es ist für den Neurophysiologen selbstverständlich, dem was er registriert, eine funktionale Bedeutung beizumessen.«

und von Psychotherapie und schließlich nach der Existenz von Willensfreiheit.[2]

Eine ebenso umfassende Rolle weist Wolf Singer der Neurowissenschaft zu, wenn er betont, das »uralte Leib-Seele-Problem, die Frage nach dem Verhältnis von Geist und Materie« sei »mit einem Male nicht mehr nur Gegenstand philosophischer Diskurse, sondern auch ein zentrales Thema der Hirnforschung.«[3]

Beide sind sich einig, dass sie sich auf die gleichen Problemfelder beziehen, welche bisher eine Domäne der Philosophie (oder der Geisteswissenschaften allgemein) waren. Jedoch sieht man sich einer so radikal neuen Herangehensweise verpflichtet, dass die Hirnforschung »an die Grundfesten unseres Selbstverständnisses«[4] rühre und »eine grundlegende Änderung des Bildes, das der Mensch von sich selbst entworfen hat«[5] nach sich ziehen müsse. Zwar orientieren sich diese Forscher also an den Themen der klassischen Metaphysik – Geist, Seele, Natur, d.h. an der Frage nach dem Wesen von Mensch und Welt und nach ihrem Verhältnis zueinander –, doch meinen sie, im Widerspruch zu dieser metaphysischen Tradition samt ihren ablösungswürdigen Selbstverständnissen und Bildern des Menschen zu stehen. Ein Schluss wird mit zwingender Notwendigkeit gezogen: Vermeint man, ein ideengeschichtlich tradiertes und *allgemein anerkanntes* Bild von Mensch und Welt im Alltagsdenken sowie im wissenschaftlichen Diskurs auszumachen und eine Position einzunehmen, die mit diesem tradierten Bild bricht, muss das eigene Bild, das man vermitteln möchte, den Charakter einer Umwälzung des bisher Dagewesenen annehmen.

---

[2] Gerhard Roth, Aus Sicht des Gehirns, Frankfurt a.M. 2003, S. 7.
[3] Wolf Singer, Der Beobachter im Gehirn. Essays zur Hirnforschung, Frankfurt a.M. 2002, S. 39. Dazu auch Michael Gazzaniga, Das erkennende Gehirn. Entdeckungen in den Netzwerken des Geistes, übers. v. Theo Kierdorf, Paderborn 1989, S. 17: »Überzeugungen sind zentral für menschliches Erfahren, und doch waren bis vor kurzem Fragen darüber, wie Überzeugungen entstehen und warum wir uns so sehr an sie gebunden fühlen, eher Themen für Philosophen und Romanciers als für die experimentelle Forschung. Neueste Erkenntnisse über die Organisationsweise unseres Gehirns und Geistes [!] haben in dieser Hinsicht einen Wandel eingeleitet.«
[4] Wolf Singer, Der Beobachter im Gehirn, S. 39.
[5] Gerhard Roth, Aus Sicht des Gehirns, S. 7.

1.2 Eine Revolution der Denkart im Dienste der Aufklärung: Der neue Humanismus

Wird das eigene wissenschaftliche Schaffen verstanden als ein Bruch mit einer vorherrschenden Denkart bezüglich Mensch, Welt und Realität, steht eine Art Aufräumarbeit an: Die seit langer Zeit immer wieder neu generierten und damit eingefahrenen Meinungen und Irrtümer sind mit den neuen Erkenntnissen zu korrigieren, was nichts anderes bedeutet, als den Menschen aus seiner Unwissenheit zu befreien. Mit solch aufklärerischem Pathos beschreiben die Hirnforscher ihre gesellschaftliche und geistesgeschichtliche Stellung, dass sie sich ohne Bedenken in eine Reihe mit Kopernikus, Darwin und Freud stellen und meinen, mit dem neuen Wissen die große Kränkung des Menschen in seinem Selbstverständnis fortzuführen. Doch sei das eben der Preis, der zu zahlen ist, um den Menschen im Lichte der Aufklärung betrachten und so ein Wegweiser auf dem Pfad der Wahrheit sein zu können. Denn »die Hirnforschung befreit von Illusionen«[6]. – So jedenfalls Gerhard Roth, der diese Befreiung durch das Beratungsangebot für Neuromarketing seiner Firma *Roth GmbH* gleich selbst konterkariert.[7]

Freilich immer mit der Bescheidenheit des Denkers, der weiß, dass es noch so viel zu entdecken gibt, glaubt der Amerikaner David Eagleman, »dass die Neurowissenschaft heute erst am Anfang einer neuen kopernikanischen Revolution steht.«[8] Wolf Singer zufolge zeigt die Erfahrung mit Heliozentrismus und Evolutionstheorie und ihrer allmählichen Akzeptanz, »daß sich schließlich die naturwissenschaftlichen Beschreibungen gegen Überzeugungen durchsetzen, die auf unmittelbarer Wirklichkeitserfahrung beruhen, und daß wir uns schließlich an die neuen Sichtweisen gewöhnen.«[9] Prophetisch fügt er auf die Neurowissenschaften gemünzt hinzu, die Zukunft werde beantworten, ob auch eine Gewöhnung stattfände an die »Erkenntnisse,

---

[6] Gerhard Roth, Wir sind determiniert. Die Hirnforschung befreit von Illusionen, in: Christian Geyer (Hg.), Hirnforschung und Willensfreiheit. Zur Deutung der neuesten Experimente, Frankfurt a. M. 2004, S. 218–222, S. 218.
[7] Siehe den Internetauftritt: http://ans-roth.com/45-0-Neuromarketing+und+Verkaufstraining.html, Zugriff am 06.05.2014.
[8] David Eagleman, »Das Ich ist ein Märchen«, Interview m. Romain Leick, in: *Der Spiegel* 7 (2012), S. 110–114, S. 111.
[9] Wolf Singer, Der Beobachter im Gehirn, S. 76.

Das geschichtliche und gesellschaftliche Selbstverständnis

die unser Selbstverständnis *noch nachhaltiger* verändern als die vorangegangenen wissenschaftlichen Revolutionen«[10].

Dass der Neurowissenschaft überhaupt eine so herausragende und revolutionäre Rolle in der Menschheitsgeschichte zugesprochen wird, liegt selbstverständlich nicht nur daran, dass man ein *neues* Verständnis des zu Erkennenden postuliert, sondern an den Erkenntnisgegenständen, welchen man sich zuwendet, selbst. Immerhin beansprucht man ja, Licht in Angelegenheiten zu bringen, die seit tausenden von Jahren Domäne philosophischer Bemühungen sind: Wie erkennt der Mensch? Was erkennt er? Gibt es bei diesem Erkennen Wahrheit und Freiheit? Welche Beziehung besteht zwischen den Sinnen und dem Denken? Welches Verhältnis besteht zwischen materiellen und geistigen Eigenschaften? Ganz allgemein auch: Weshalb kommt in der materiellen Natur so etwas wie Leben und Geist vor?

Dies sind nicht einfach Fragen bezüglich der Faktizität einzelner Ereignisse, wie sie im Alltag tausendfach auftreten; hier handelt es sich um Fragen, die buchstäblich aufs Ganze gehen. Denn was mit den Fragestellungen beantwortet werden soll, fällt in die grundlegenden Bereiche der Ontologie, Epistemologie, Anthropologie, Ethik und Physik. Dringt man mit seinen Erkenntnisbemühungen in diese Bereiche vor, bezieht man sich unweigerlich – und sei es nur *ex negativo* – auf die Totalität des Seins. Wenn es um das Erkennen und Denken überhaupt, den Menschen überhaupt, Natur überhaupt, geht, erhält man einen *Weltbegriff*, der in prinzipieller Hinsicht das bestimmt, was Realität und Mensch darin sind. Ein solcher Weltbegriff meint also nicht, jedes einzelne Faktum in der Welt kennen zu müssen, sondern über einen prinzipiellen Erkenntnisrahmen zu verfügen, in welchen *potentialiter* jedes Faktum einzuordnen sein muss. Dabei kann man auch nicht beliebig einen dieser grundlegenden Bereiche nicht mit einbeziehen oder gar als irrelevant betrachten. Wir haben es hier mit einem *System* von Begriffen zu tun, innerhalb dessen der eine auf den anderen verweist, jeder den anderen definiert und ein jeder Konsequenzen für den anderen hat. Egal also, von wo man sich nähert, stets impliziert man das System und somit das prinzipielle Verständnis von Wirklichkeit als Ganzer. Eine Definition der Freiheit impliziert (ohne, dass man dies immer wüsste!) etwa Aussagen über Natur, Erkenntnis, Mensch; eine Definition von Erkenntnis impliziert Aussagen über Natur, Mensch, Freiheit, usw.

---

[10] Wolf Singer, Der Beobachter im Gehirn, S. 76; Kursive T. G.

Eine Revolution der Denkart im Dienste der Aufklärung

```
        Ontologie
   ╱              ╲
Epistemologie   Anthropologie

   ╲              ╱
   Physik    Ethik
```

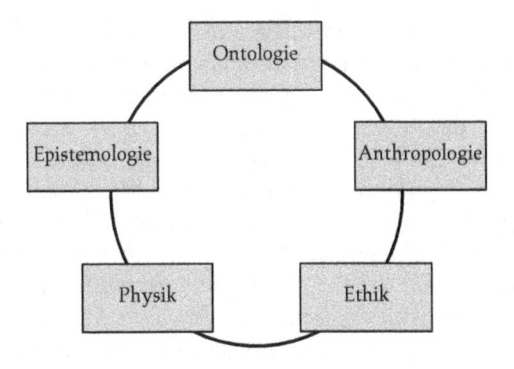

Es mag banal wirken, auf diesen Sachverhalt hinzuweisen, ist aber insofern wichtig, als damit Rückschlüsse und Konsequenzen gezogen werden können. Nicht alle Hirnforscher arbeiten alle Aspekte aus, sondern widmen sich nur einem oder zwei Bereichen. Es gilt dann zu ermitteln, welche Implikationen dies für die anderen Bereiche mit sich führt. Angesichts dieses Systemcharakters ist auch zu verstehen, weshalb Michael Gazzaniga betont, seine Entdeckungen auf dem Gebiet der Hirnforschung würden zu einer *Weltsicht* führen.[11] Ebenso wird nachvollziehbar, dass die Hirnforscher sich so sehr um ethische Fragen kümmern: Eric Kandel strebt die Verwirklichung eines »neuen Humanismus«[12] an, Gazzaniga möchte es »zukünftigen Politikern ermöglichen [...], sensibler für das Wesen unserer menschlichen Natur zu werden«[13], Wolf Singer wünscht sich eine »humanere[][...] und weniger diskriminierende [...] Beurteilung von Menschen«[14] – so, wie eigentlich jeder Hirnforscher von Rang einen Umbau des Rechtssystems und der moralischen Beurteilung des Menschen entsprechend den neuen Erkenntnissen fordert.[15] Die Erkenntnis der Prinzipien von Mensch, Geist, Natur haben eben Auswirkungen auf

---

[11] Michael Gazzaniga, Das erkennende Gehirn, S. 14.
[12] Eric Kandel, Psychiatrie, Psychoanalyse und die neue Biologie des Geistes, übers. v. Michael Bischoff u. Jürgen Schröder, Vorwort v. Gerhard Roth, Frankfurt a.M. 2006, S. 303.
[13] Michael Gazzaniga, Das erkennende Gehirn, S. 220.
[14] Wolf Singer, Selbsterfahrung und neurobiologische Fremdbeschreibung. Zwei konfliktträchtige Erkenntnisquellen, in: Deutsche Zeitschrift für Philosophie 2 (2004), S. 235–255, S. 254.
[15] Vgl. zur Diskussion der Relevanz der Hirnforschung für das Recht den Sammelband Stephan Schleim/Tade Matthias Spranger/Henrik Walter (Hgg.), Von der Neuroethik zum Neurorecht?, Göttingen 2009.

das, was als gut und schlecht gelten kann. Insofern wird es, dies sei angemerkt, auch kein postmodernes Ende der philosophischen Systeme geben. Denn, und das besagt die ›Bezugnahme *ex negativo*‹, auch die Definition dessen, was *nicht* zu erkennen ist, die Behauptung, dass es *die* Wahrheit nicht gebe, stellen genau eine solche Bewegung im System dar – es müssen nur die den Grundthesen entsprechenden Schlüsse gezogen werden. Will man nun, wie ich es hier vorhabe, das philosophische System der Neurowissenschaften erkunden, muss geklärt werden, von welchen Ausformungen des Systems der Hirnforscher versucht, sich abzusetzen sowie welche Methoden er für geeignet hält, um sich auf sicherem Boden im System zu bewegen.

1.3 Das Schreckgespenst des platonischen Dualismus

Der Grund also dafür, dass sich die Neurowissenschaftler als Wissensrevolutionäre, als aufklärerische Bewegung sehen, liegt in ihrer Bewertung der (abendländischen) Ideengeschichte. Als wesentliches Kriterium dafür, sich von ihr absetzen zu müssen, gilt der (Leib-Seele-)Dualismus mit all seinen Voraussetzungen und Konsequenzen, als dessen Urheber und erster großer Vertreter Platon ausgemacht wird.[16] Antonio Damasio übergeht die platonische Philosophie in der Diskussion des cartesischen Dualismus mit der vielsagenden Äußerung, Platons »Ansichten über Körper und Geist« seien »noch viel ärgerlicher [als die Descartes'], denken wir beispielsweise an *Phaidon*.«[17] Auch Christof Koch muss sich ärgern:

Platon, der Patriarch der westlichen Philosophie, schuf das Konzept einer Person als unsterbliche Seele, gefangen in einem sterblichen Körper. Darüber hinaus vertrat er die Ansicht, Ideen hätten eine reale Existenz und seien ewig.[18]

---

[16] Zahlreich sind natürlich auch die Bezüge auf Descartes, welche in keiner Veröffentlichung zu den theoretischen Grundlagen der Neurowissenschaft fehlen dürfen. Dies vor allem deshalb, weil er sich zu konkreten Hirnregionen als ›seelischen Konvergenzzentren‹ äußert. Die prinzipiellen Vorwürfe sind aber im Wesentlichen dieselben wie die, die gegen Platon erhoben werden.
[17] Antonio Damasio, Descartes' Irrtum. Fühlen, Denken und das menschliche Gehirn, übers. v. Hainer Kober, Berlin 2004⁵, S. 331. Im Dialog *Phaidon* geht es unter anderem um die Eigenständigkeit und Unsterblichkeit der Seele.
[18] Christof Koch, Bewusstsein. Ein neurobiologisches Rätsel, übers. v. Monika Niehaus-Osterloh u. Jorunn Wissmann, München 2005, S. 5. Dazu auch John Eccles, Die Evolution des Gehirns, S. 277: »Ursprünglich wurde die Seele als etwas Materielles

Das Schreckgespenst des platonischen Dualismus

Auch Aristoteles, so Koch, habe einen – wenn auch abgeschwächten – Dualismus vertreten.[19] In diesem Zitat ist grundsätzlich schon alles enthalten, wogegen seitens der Hirnforschung Sturm gelaufen wird. Die Eigenständigkeit von Körper und Geist oder Seele[20]; die Ahistorizität und Objektivität des Wesens des Menschen und seines Wissens, des Erkennens und der Erkenntnisgegenstände; die Einheit und Unteilbarkeit dessen, was das Individuum wesentlich ist; und nicht zuletzt die Ontologie, also die vermeintliche Erkenntnis des real Existierenden. »Zweitausend Jahre westlichen Denkens«, bemängelt Michael Gazzaniga, »stehen hinter der Anschauung, daß unsere Handlungen das Produkt eines einheitlichen Bewußtseinssytems sind.«[21] Genau diesen Glauben an ein einheitliches Bewusstsein macht Gerhard Roth für eine unberechtigte Hybris des Menschen verantwortlich, jenes Naturwesens, welches sich »aufgrund von Geist, Bewusstsein, Vernunft, Moral und freiem Willen weit über alle anderen Lebewesen erhebt.«[22] Die Hybris schlage sich nieder in einer Verleugnung der eigenen naturhaften Bestimmungen: Der Mensch, so sieht er sich, ein göttliches Wesen, das den ungeliebten Schmutz des materiellen Daseins abschüttelt, um in geistigen Sphären zu verweilen.

---

aufgefasst [...]. Die Interaktion eines materiellen Geistes mit dem materiellen Körper stellte daher kein großes Problem dar. Bei den späteren griechischen Denkern Platon und Aristoteles war die Seele zu einer nichtmateriellen Entität geworden, die mit dem Körper interagiert, was aber für die in den Anfängen steckende Wissenschaft kein Problem aufwarf. [...] Kurz, die gängige Lehre der griechischen Philosophie war Dualismus und Interaktionismus.«
Ebenso Holk Cruse/Jeffrey Dean/Helge Ritter, die Entdeckung der Intelligenz oder können Ameisen denken?. Intelligenz bei Tieren und Maschinen, München 1998, S. 242: »Spätestens seit Descartes, aber im Grunde schon seit Plato, gibt es die Einteilung der Welt in zwei Bereiche, den körperlichen und den seelischen Bereich.« Genauso der Evolutionstheoretiker Franz Wuketits, Zustand und Bewusstsein. Leben als biophilosophische Synthese, Hamburg 1985, S. 209: »Doch darf man die »Vorgeschichte« des Dualismus nicht vergessen, die sehr wohl in der Antike wurzelt, und zwar bei Platon [...], für den die Seele mit dem Körper in keiner inneren Verbindung steht und dem eine Seelenwanderung möglich erscheint.«
[19] Christof Koch, Bewusstsein, S. 5.
[20] Damit verbunden die Herauslösung des Geistes aus dem materiellen Ursachenzusammenhang, welche zu einer Fehleinschätzung der geistigen und bewussten Initiativkraft führe; dies ist dann der Interaktionismus, also die These, dass zwei grundsätzlich voneinander verschiedene Entitäten (immaterieller Geist und materieller Körper) aufeinander wirken.
[21] Michael Gazzaniga, Das erkennende Gehirn, S. 99.
[22] Gerhard Roth, Aus Sicht des Gehirns, S. 7.

Das geschichtliche und gesellschaftliche Selbstverständnis

Das abendländische Denken ist ein zutiefst dualistisches Denken: Geist gegen Körper, Verstand gegen Gefühle, Willensfreiheit gegen Trieb. Das erste ist jeweils edel und stellt den Menschen in die Nähe des Göttlichen, das zweite ist unedel und bildet das tierische Erbe im Menschen. Der Mensch ist das denkende Wesen, das *animal rationale;* es sind die Gefühle und Triebe, die uns niederziehen.[23]

Der Geist deutet sich also mit seiner Apotheose selbst aus der Welt, aus der und für die er doch da sei. Angesichts dessen drängt sich die Frage auf, aus welchen Gründen die Philosophen seit der Antike anscheinend immer wieder und immer noch darauf bestehen, im Menschen seien zwei unabhängige bzw. hierarchische (da der Körper den Befehlen des initiativen Geistes unterstehe) Prinzipien in Form von Geist und Körper am Werk. Wie kommt man auf so etwas, wo doch schon eine Flasche Wein zumindest für weniger abgehärtete Philosophen ausreicht, um ihnen zu verdeutlichen, dass die Unabhängigkeit des Geistes ein höchst wackeliges Konzept ist? Das heißt: Welche Methoden machen die Neurowissenschaftler bei den Philosophen aus, und wie bewerten sie sie?

Immer wieder wird der Vorwurf laut, Philosophen übersähen die Notwendigkeit der empirischen Befunde der Hirnforschung für das Verständnis des Geistes. Wenn Geist ohne neuronale Prozesse schlicht nicht *ist* und eine (auch experimentell hergestellte) Änderung der neuronalen Bedingungen eine Änderung der Geisteszustände bedingt, dann, so die Folgerung, müsse doch der Hirnforschung eine *wesentliche* Rolle in der Bestimmung des Geistes zukommen. Im Umkehrschluss bedeutet das, dass den Philosophen, die in der Vergangenheit keinen Zugang zu modernen naturwissenschaftlichen Befunden hatten oder denen, die sie in der Gegenwart ignorieren, keine hinreichend adäquate Methode zur Verfügung steht. Eines *der* Standardwerke für das Studium der Neurobiologie macht etwa den inte-

---

[23] Gerhard Roth, Das Gehirn und seine Wirklichkeit. Kognitive Neurobiologie und ihre philosophischen Konsequenzen, Frankfurt a.M. 1997, S. 178. Ebenso Antonio Damasio, Descartes' Irrtum, S. 11: »[I]ch weiß noch genau, wann ich die Überzeugung gewann, daß die traditionellen Auffassungen über das Wesen der Rationalität nicht stimmen könnten. Schon früh hatte man mich gelehrt, daß [...] Gefühle und Vernunft wie Feuer und Wasser sind. Ich bin mit der Vorstellung aufgewachsen, daß sich die Mechanismen der Vernunft in einer eigenen Domäne des Geistes befänden, zu der man dem Gefühl keinen Zutritt gewähren dürfe.«
Man achte einmal darauf, mit welcher Sorglosigkeit hier Begriffe der physikalischen Mechanik auf »Geist« und »Vernunft« angewendet werden.

Das Schreckgespenst des platonischen Dualismus

ressierten Studenten zu Beginn mit der Philosophie vertraut: Auch die Altvorderen hätten sich zwar Gedanken darüber gemacht, was den Menschen umtreibt. Es gab dabei nur ein großes Problem: Die moderne Hirnforschung existierte noch nicht. ›Armchair thinking‹ sei zwar faszinierend, aber um ein biologisches System zu erforschen, benötige man eben Labor und Experiment.[24]
    Antonio Damasio hält es für ein untrügliches Zeichen, dass man es mit einem Dualisten zu tun hat, wenn jemand sich daran macht, den Geist ohne die Neurobiologie zu erfassen:

Ließe sich der Geist tatsächlich vom Körper trennen, dann könnte man ihn wohl auch ohne Rückgriff auf die Neurobiologie verstehen, dann käme man ohne die Hilfe von neuroanatomischen, neurophysiologischen und neurochemischen Erkenntnissen aus. Interessanter- und paradoxerweise weisen viele kognitive Wissenschaftler, die meinen, sie könnten den Geist ohne Rekurs auf die Neurobiologie erforschen, die Vorstellung, sie seien Dualisten, weit von sich.[25]

Die in den Augen des Hirnforschers wenig hilfreiche Konsequenz aus fehlendem Sachverstand oder Ignoranz seitens der Kritiker der Neurowissenschaft: Diese beschränkten sich »überwiegend auf globale Kritik«, etwa im Verweis auf fehlende Stichhaltigkeit von Experimenten, auf den Unterschied zwischen (materiellen) Ursachen und (menschlichen) Gründen oder auf den Kategorienfehler, dem Hirn Fähigkeiten wie Denken oder Entscheiden zuzuschreiben.[26]

---

[24] Michael Gazzaniga/Richard Ivry/George Mangun, Cognitive Neuroscience. The Biology of the Mind, New York 2002², S. 2: »However, as soon as civilization developed to the point when day-to-day survival did not occupy every hour of every day, our ancestors began to spend time constructing complex theories about the motives of fellow humans. Examples of attempts to understand the world and our place in it include Oedipus Rex, the ancient Greek play that deals with the nature of the child-parent conflict, and Mesopotamian and Egyptian theories on the nature of the universe. The brain mechanisms that enabled the generation of theories about the nature of human nature thrived inside the heads of ancient humans. Yet they had one big problem: They did not have the ability to systematically explore the mind through experimentation. [...] Armchair thinking is a wonderful thing and has produced fascinating science such as theoretical physics and mathematics. But to understand how a biological system works, a laboratory is needed and experiments have to be performed.«
Auch hier fällt, wie bezüglich Damasio vermerkt, der unvermittelte Wechsel der Beschreibungsebene auf: Plötzlich geht es bei der Erforschung des Geistes nur noch um ein biologisches System.
[25] Antonio Damasio, Descartes' Irrtum, S. 331.
[26] Gerhard Roth, Wir sind determiniert, S. 218.

Das geschichtliche und gesellschaftliche Selbstverständnis

1.4 Die Gleichsetzung von Philosophie und Alltagspsychologie

Also noch einmal die Frage: Wie kommt denn nun den Neurowissenschaftlern zufolge der Philosoph seit mehr als zweitausend Jahren zu seinen ›Erkenntnissen‹ von Geist, Seele, Freiheit, Wahrheit usw.? Die einfache Lösung: Er gebe wieder, was er *erlebt*, weil er meine, einen privilegierten und unmittelbaren Zugang zu sich selbst durch das Erleben zu haben und baue auf diesen Inhalten der Selbsterfahrung eine logische Argumentation auf. Die Methode des Philosophen sei also das, was die Hirnforscher *Introspektion* oder auch *Intuition* nennen (dies sind Begriffe aus der Psychotherapie): die Benennung dessen, was (in meinem ›Inneren‹) erlebnismäßig gegeben ist, was mir im Bewusstsein unmittelbar gegenwärtig ist.[27] Solche Zustände und Vorgänge, zu denen ich im Erleben Zugang habe, sind etwa meine sinnliche Wahrnehmung (und somit die sogenannten Qualia, zum Beispiel mein Erlebnis, wie es ist, eine Farbe wahrzunehmen, im Unterschied zu einer ›Außenperspektive‹, die dann mit Termini wie ›Photorezeptoren‹ oder ›Erregungsmustern‹ arbeitet), mein Denken, meine Gefühle und emotionalen Regungen, mein Wollen und Wünschen. Zu alldem gehört dann auch die eigene Körperwahrnehmung, Bewegungen, das Erlebnis, ein Ich zu sein, in welchem sozusagen Wissen und Erlebnisse ›konvergieren‹, eine Person, die verschieden ist von den Dingen, die mich in der Außenwelt umgeben; und auch, dass *ich* es bin, der Gründe hat, sich für dieses oder jenes zu entscheiden, dieses oder jenes zu wollen und für gut oder schlecht zu halten.

Von den Erlebnissen (die sich etwa in Sätzen manifestieren können wie »Ich bin«, »Ich will jetzt meinen Arm heben« oder »Ich weiß, dass hier ein Buch vor mir liegt«) schließe der Philosoph dann auf die reale Existenz dessen, was er da benennt – es *gibt* ein Ich, einen Geist, Freiheit, Wahrheit in der Erkenntnis der Welt. Damit ist nun ein Problem gegeben, denn es stellt sich die Frage, ob wir durch die Introspektion, die ›Innenperspektive‹, tatsächlich valide Erkenntnisse gewinnen. Ich werde im nächsten Kapitel die Argumente der Hirnforscher noch einer genaueren Untersuchung unterziehen, doch können erst einmal als deren allgemeinste Voraussetzungen angenommen werden:

---

[27] Vgl. zu dieser Unmittelbarkeit etwa Wolf Singer, Der Beobachter im Gehirn, S. 76 oder Gerhard Roth, Aus Sicht des Gehirns, S. 139.

Die Gleichsetzung von Philosophie und Alltagspsychologie

– Wir haben *per definitionem* keinen bewussten oder erlebnismäßigen Zugriff auf die vielfältigen unbewussten Hirnprozesse, die im Zusammenhang mit der Bildung von Überzeugungen, Wahrnehmungen, Erinnerungen etc. stehen.
– Wir können manipulativ ins materielle Geschehen des Gehirns eingreifen und damit geistige Zustände, Erlebnisse oder die Art und Weise, wie wir der Welt begegnen, manipulieren.
– Alles Erleben beruht auf einer Kodierungsleistung eines Nervensystems.
– Und es gibt im materiellen Prozess dieses Nervensystems keine aus dem Nichts hervorspringenden Ereignisse, sondern alles folgt stets einem potentiell identifizierbaren, zusammenhängenden kausalen Ablauf.

Sollte dies zutreffen, dann muss die Introspektion, die das Erleben ›beobachtet‹, in der Tat methodisch höchst unzureichend sein. Sie könnte zwar ein Indikator sein für eben das Erleben, das subjektive Empfinden, hätte jedoch keinen Status einer Erklärung, gar einer wissenschaftlichen Kriterien genügenden Erkenntnis. Die Einheit des Ichs, freie Entscheidungen, die Initiativkraft des Geistes und des Willens, all dies gäbe es zwar, aber – und das ist wichtig – dann nur als eine Realität im Erleben, als eine Art subjektiven Eindruck. Der Philosoph, der sein Erleben inspiziert, erliegt jedoch einem Irrtum, wenn er meint, die Unmittelbarkeit des Zuganges zu seinem Erleben garantiere schon die Irrtumsfreiheit.[28]

Sollte es der Fall sein, dass die Philosophen seit der Antike nach dieser Methode verfahren, was hätten sie eigentlich dem Nicht-Philosophen voraus, der im Rahmen seiner alltäglichen Begrifflichkeiten seinen Erlebnissen Ausdruck verleiht? Vielleicht Einübung darin, Gedankengebäude weiter zu spinnen, logische Pirouetten zu drehen, die Spekulation zum Äußersten zu treiben. Doch der grundsätzliche erlebnismäßige Zugang zu seinen Erkenntnisgegenständen und das, was dieser Zugang an Erkenntnismaterial liefert, steht jedem, ob Philosoph oder nicht, gleichermaßen zur Verfügung. Deshalb kommt es seitens der Neurowissenschaften zu einer *Gleichsetzung von Philosophie und Alltagspsychologie* (im Englischen ›folk psychology‹). Beide

---

[28] Vgl. Paul Churchland, Matter and Consciousness. A Contemporary Introduction to the Philosophy of Mind, Cambridge 1984, S. 75. Churchland meint hier, dass die traditionelle Ansicht war, das Geistesleben sei per se transparent und das im Geiste Angeschaute exakt das, als was es dem Beobachter in der Innenperspektive erscheint.

stützen sich, so die Hirnforscher, auf die gleiche Prämisse (namentlich auf die, dass Introspektion etwas über die Wirklichkeit aussagt, dass man also etwas Seiendes erkennt).[29] Wolf Singer schreibt, die »Überzeugung, daß mentale Phänomene einen anderen ontologischen Status beanspruchen als biologische, hat sich unangefochten in allen abendländischen Denkmodellen behauptet, zudem entspricht sie voll und ganz unserer Selbsterfahrung.«[30] So schlägt die Neurowissenschaft zwei Fliegen mit einer Klappe: Sie widerlegt die spekulative Philosophie und das unwissenschaftliche Alltagsdenken.

Der Schluss aus solchen Untersuchungen […] lautet, daß die klassisch-philosophische wie auch alltagspsychologische Aussage ›mein Arm und meine Hand haben nach der Kaffeetasse gegriffen, weil *ich* dies so gewollt habe!‹ nicht richtig ist.[31]

Die Natur- und Geisteswissenschaften kommen nicht zusammen, da die meisten Überlegungen zu einer Philosophie des Geistes alltagspsychologische Intuitionen als Fundament nehmen. […] Viele Philosophen glauben, daß zwischen mir und der Außenwelt ein Wahrnehmungsvorgang vermittelt und daß die Wahrnehmung richtig oder falsch sein, daß sie also auch ›danebengehen‹ kann. Dagegen gilt für sie als ausgemacht, daß ich, wenn ich über mein Seelenleben rede, ganz unmittelbar bei mir selbst bin. Es gibt dann keinen Wahrnehmungsprozeß, keine Distanz, keine Vermittlung, und

---

[29] Eine solche Ontologisierung der Innenperspektive sieht Gazzaniga etwa bei Platon und Aristoteles: Ihr »Konzept von der Logik des Universums« gründe »in der Logik an sich«. (Michael Gazzaniga, Das erkennende Gehirn, S. 201) Das heißt, für sie müssen Erkenntnisbedingungen als ontologisch bestimmte Außenwelt herhalten.
[30] Wolf Singer, Der Beobachter im Gehirn, S. 10. An anderer Stelle heißt es, wir hätten »die von unserer *Selbsterfahrung* genährte Überzeugung […], dass wir an einer geistigen Dimension teilhaben, die von den Phänomenen der dinglichen Welt unabhängig und ontologisch verschieden ist. Weil wir diese geistige Dimension einer verschiedenen Seinswelt zuordnen, gehen wir davon aus, dass sie aus der dinglichen Welt, die in der Dritten-Person-Perspektive erfasst wird, nicht ableitbar ist. Wir *erfahren* unsere Gedanken und unseren Willen als frei, als jedweden neuronalen Prozessen vorgängig. Wir *empfinden* unser Ich den körperlichen Prozessen gewissermaßen gegenübergestellt. […] Uns *erscheint* unser wahrnehmendes, wertendes und entscheidendes Ich als eine geistige Entität, die sich der neuronalen Prozesse allenfalls bedient, um Informationen über die Welt zu gewinnen und Beschlüsse in Taten umzusetzen. […] Solche dualistischen Weltmodelle durchziehen die Geistesgeschichte des Abendlandes seit Anbeginn […].« (Wolf Singer, Selbsterfahrung und neurobiologische Fremdbeschreibung, S. 238 f.; Kursive T. G.) Eine solche Rückführung des Dualismus auf die Innenperspektive geschieht auch etwa in Cruse/Dean/Ritter, Die Entdeckung der Intelligenz, S. 242 f.
[31] Gerhard Roth, Worüber dürfen Hirnforscher reden – und in welcher Weise?, in: Deutsche Zeitschrift für Philosophie 2 (2004), S. 223–234, S. 227.

Die Gleichsetzung von Philosophie und Alltagspsychologie

das, was ich über mich selbst weiß, kann nicht falsch sein. Dieser Auffassung zufolge sind unsere alltagspsychologischen Intuitionen natürliche Gegebenheiten: Jeder, der ein menschliches Genom hat, bildet diese Dinge – ein subjektives Ich, Bewußtsein – aus. Diese Idee ist falsch.[32] Damit erfährt die Philosophie natürlich eine herbe Abwertung – man muss beinahe froh sein, dass der Begriff ›Küchenpsychologie‹ nicht fällt. Freilich fordern die Hirnforscher immer wieder versöhnlich zum »Brückenschlag«[33], zur Verbrüderung auf: Angesichts der Erschütterungen, die »unser Bild von uns selbst« betreffend ins Haus stünden, würden »Geisteswissenschaften und Neurowissenschaften [...] in einen intensiven Dialog treten müssen, um gemeinsam ein neues Menschenbild zu entwerfen.«[34] Doch mit der von der Hirnforschung skizzierten traditionellen dualistischen Philosophie kann das wenig zu tun haben, denn sie, so die Hirnforscher, verschließe sich dem Anschluss an (natur-) wissenschaftliche Methoden[35] und habe den Status einer Art religiöser Behauptung, welche als solche geglaubt werden müsse.[36] Es mutet bisweilen komisch an, wie der Hirnforscher mit seinem revolutionären Selbstbewusstsein gleich der ganzen westlichen Geistesgeschichte den Todesstoß versetzt.[37] Die vielsagende Äußerung Christof Kochs zu diesem Thema:

---

[32] Wolfgang Prinz, Der Mensch ist nicht frei. Ein Gespräch, in: Christian Geyer (Hg.), Hirnforschung und Willensfreiheit. Zur Deutung der neuesten Experimente. Frankfurt a. M. 2004, S. 20–26, S. 23.
[33] Wolf Singer, Der Beobachter im Gehirn, S. 42.
[34] Gerhard Roth et al., Das Manifest. Elf führende Neurowissenschaftler über Gegenwart und Zukunft der Hirnforschung, in: Gehirn und Geist 6 (2004), S. 30–37, S. 37.
[35] Vgl. Gerhard Roth, Aus Sicht des Gehirns, S. 203 oder Wolf Singer, Selbsterfahrung und neurobiologische Fremdbeschreibung, S. 239.
[36] Vgl. Wolf Singer, Selbsterfahrung und neurobiologische Fremdbeschreibung, S. 239. Auch der Evolutionsbiologe Ulrich Kutschera konstatiert, dass alles, was nicht dem Naturforscher mit seinen Methoden zugänglich ist, metaphysischer Humbug sei: »Übernatürliche (supranaturale) Größen wie [...] Ideen usw. sind nicht Bestandteil der naturwissenschaftlichen Theorie, da diese Begriffe auf Glaubenssätzen beruhen und nicht der erforschbaren (empirischen) Realität entstammen.« (Ulrich Kutschera, Evolutionsbiologie, Stuttgart 2006², 12 f.)
[37] Das Selbstverständnis des eigenen Denkens als Wende, Paradigmenwechsel oder Revolution ist jedoch kein Alleinstellungsmerkmal der Hirnforscher. Schmitts treffende Diagnose zur Philosophie und Wissenschaft der Neuzeit und Moderne ist der Glaube, sich durch einen radikalen Umbruch, durch eine entschiedene Abkehr vom Alten definieren zu müssen. – Und als das zu destruierende Alte muss oft genug der Platonismus herhalten. (Arbogast Schmitt, Die Moderne und Platon. Zwei Grundformen europäischer Rationalität, Stuttgart/Weimar 2008², S. 2–5)

Das geschichtliche und gesellschaftliche Selbstverständnis

Philosophische, auf logische [sic] Analyse basierende Argumente sind nicht stark genug, um sich mit dem echten Gehirn samt all seiner Feinheiten in maßgeblicher Weise zu befassen – selbst dann nicht, wenn sie durch Ergebnisse gestützt werden. Die philosophische Methode ist dann am besten, wenn sie Fragen formuliert, aber sie kann keine große Erfolgsbilanz aufweisen, wenn es um deren Beantwortung geht.[38]

Dies hat, es sei nebenbei angemerkt, auch Auswirkungen auf den Sprachgebrauch im wissenschaftlichen (und medialen) Alltag. Wo man eine Annäherung von Geisteswissenschaften und Neurowissenschaften anzeigen will, setzt man sich von der traditionellen Philosophie dadurch ab, dass immer mehr von ›Kognitionsforschung‹ oder auch von ›Kognitionswissenschaften‹ die Rede ist.[39] ›Philosophie‹ – die Liebe zur Weisheit – ist da wohl ein eher unpassendes metaphysisches Erbe. Philosophie als solche soll zwar nicht abgeschafft werden. Doch innerhalb der ›*cognitive sciences*‹ verliert sie ihren Status als positive Wissenschaft. Das heißt sie verliert das Vermögen, der Antwort fähig zu sein – und wird zu einer bloß negativen Wissenschaft, »als *organon*, Moderatorin der transdisziplinären Diskussion und

---

[38] Christof Koch, Das Rätsel des Bewusstseins, in: Andreas Sentker/Frank Wigger (Hgg.), Rätsel Ich. Gehirn, Gefühl, Bewusstsein, Berlin 2007, S. 35–55, S. 42. Man achte auch hier darauf, wie dem Philosophen untergeschoben wird, er müsse das *Hirn* erforschen (oder ziele eigentlich sogar darauf ab?). Eine solche Verschiebung des Erkenntnisgegenstandes findet sich auch bei Wolf Singer: »Da sich *die Organisationsprinzipien unseres Gehirns* offenbar weder durch Selbsterkenntnis noch durch angestrengtes Nachdenken erschließen lassen, richtet sich die Hoffnung auf die Neurowissenschaften.« (Wolf Singer, Der Beobachter im Gehirn, S. 36; Kursive T. G.) Auch sei darauf hingewiesen, welch unglaublicher Anspruch herrschen muss, um so über die Philosophie reden zu können. Ich muss voraussetzen können, dass 1.) die philosophische Methode vollkommen beherrscht wird, um beurteilen zu können, dass sie keine Antworten liefern kann; 2.) muss eine profunde Kenntnis der gesamten Philosophiegeschichte vorausgesetzt werden und eine intensive Auseinandersetzung mit allen Theorien, ihren Argumenten und Gegenargumenten – um zum Urteil zu kommen, dass es da an Antworten und Erkenntnissen mangelt.

[39] Als Beispiel mag dienen: Howard Gardner, Dem Denken auf der Spur. Der Weg der Kognitionswissenschaft, übers. v. Ebba D. Drolshagen, Stuttgart 1989. (Der englische Titel betont einmal mehr das revolutionäre Selbstverständnis: *The Mind's New Science. A History of the Cognitive Revolution*) Diesbezüglich macht sich Panksepp Hoffnungen: »I look forward to the day when neurophilosophy (as heralded in a book by that name written by Pat Churchland in 1985) will become an *experimental discipline* that may shed new light on the highest capacities of the human brain – *yielding new and scientific ways to talk about the human mind*.« (Jaak Panksepp, Affective Neuroscience. The Foundations of Human and Animal Emotions, New York/Oxford 1998, S. 5; Kursive T. G.)

Die Gleichsetzung von Philosophie und Alltagspsychologie

Unruhestifterin, die sicher gewußt Geglaubtes stets von Neuem in Frage stellt«[40]. Sie verliert also ihre Erkenntnisgegenstände (bzw. gibt sie sie an kompetentere Partner ab) und wird zur ewig fragenden Nörglerin. Haben wir uns bis hierhin damit beschäftigt, wie sich die Neurowissenschaft innerhalb (oder besser, ihrem revolutionären Diktum folgend: außerhalb) der Ideengeschichte positioniert und auf welchen allgemeinsten Grundlagen das geschieht, so gilt es nun, tiefer in einzelne Aspekte des neurowissenschaftlichen Theoriegebäudes einzusteigen. Es ist also nachzuzeichnen, wie inhaltlich das System der Weltbeschreibung – bestehend aus dem Quintett Ontologie, Epistemologie, Anthropologie, Ethik und Physik – gefüllt wird sowie welche Argumentations- und Verteidigungsstrategien dabei zum Einsatz kommen.

---

[40] Max Urchs, Maschine, Körper, Geist. Eine Einführung in die Kognitionswissenschaft, Frankfurt a. M. 2002, S. 11.

2. Natur – und der Mensch darin

Der Dualismus von Geist und Materie ist also für den Neurowissenschaftler das, was für den Teufel das Weihwasser ist. Die Naturwissenschaft, so jedenfalls Wolfgang Prinz, »liebt den Monismus«[1]. Ich will die Tragfähigkeit dieser Liebe prüfen. Das heißt, um im Bild zu bleiben: Ich frage, ob der Hirnforscher, seiner Geliebten treu, immer zu ihr stehen kann, und ob er ein angemessenes Bild und nicht etwa ein Wunschbild von ihr hat, welches bei näherer Betrachtung verabscheuungswürdige Charakterzüge offenbart. Um also die Tragfähigkeit der Liebe zu prüfen, gilt es, sie vorzustellen und nachzuvollziehen, was man an ihr finden kann. Anhand der Grundbegriffe, die die neurowissenschaftliche Theorie konstituieren, werde ich das oben genannte Quintett rekonstruieren und dabei nach und nach auch tiefer in seine Widersprüche vordringen.

2.1 Emergenz und Selbstorganisation

Das grundlegende Argument zur Erklärung des Verhältnisses von geistigen Eigenschaften und Materie ist der Emergentismus. Hier von einem *Verhältnis* von Geist und Materie zu sprechen soll aber nicht irreführen: Das Bestreben der Neurowissenschaftler richtet sich ja gerade darauf, den Dualismus – in dessen Rahmen ein solches Verhältnis zweier verschiedener Entitäten tatsächlich geklärt werden müsste – zugunsten eines Monismus aufzulösen.[2] Wie angemerkt geht es dabei nicht darum, geistigen Phänomenen die Realität ab-

---

[1] Wolfgang Prinz, Der Mensch ist nicht frei, S. 23.
[2] »Zweifellos führen die Erkenntnisse der Hirnforschung zu einer starken Einschränkung des Lösungsraumes im Zusammenhang mit dem Geist-Gehirn-Problem zu Gunsten eines Monismus, Identismus oder Zwei-Aspekte-Ansatzes [...].« (Gerhard Roth, Worüber dürfen Hirnforscher reden, S. 227)

Emergenz und Selbstorganisation

zusprechen, sondern sie nicht als ein Objekt zu definieren, das in ein Verhältnis im strikten Sinne zu den Hirnprozessen treten kann. Damit wäre nämlich eine Eigenständigkeit des Geistes postuliert, welche dem Gedanken der direkten Korrelation – und das heißt auch des gleichzeitigen Auftretens – widerspricht. Geistige Phänomene, Wahrnehmungsakte, Kognition treten in der Welt nur auf, wenn Hirnprozesse ablaufen.[3] Die materielle Basis in Form des Gehirns ist, folgt man dieser scheinbar leicht einzusehenden These, erstens die *Bedingung der Möglichkeit des Geistigen*, zweitens ist sie das *Formprinzip* der geistigen Phänomene. Wir haben es also beim Emergentismus mit einem sachlichen wie zeitlichen Primat auf Seiten der Materie zu tun[4]: Es ist eben nicht der Fall, dass der Geist sich materieller Prozesse bedient; dies wäre wohl eher ein ›umgekehrter‹ Emergentismus, da dann der Geist die neuronalen Prozesse hervorbrächte, ergo Bedingung der Möglichkeit und Formprinzip wäre. Stattdessen verhält es sich so,»dass Bewusstsein aus neuronalen Merkmalen des Gehirns erwächst.«[5] Und dieses Erwachsen, Hervorgehen, Emergieren bedeutet, dass die Art und Weise, wie diese ›neuronalen Merkmale‹ zum gegebenen Zeitpunkt organisiert sind, darüber entscheidet, welcher Ausprägung das damit einhergehende geistige Phänomen ist. So zeigten die Befunde der Neurologie und Neurobiologie,»dass die Aktivität unterschiedlicher Teile des Gehirns mit unterschiedlichen Be-

---

[3] »*Es muss eine explizite Übereinstimmung zwischen einem mentalen Ereignis und seinen neuronalen Korrelaten geben.* Anders gesagt, jede subjektive Zustandsänderung muss mit einer neuronalen Zustandsveränderung einhergehen.« (Christof Koch, Bewusstsein, S. 18 f.) Dass dabei das Prinzip die Physis ist, macht die anschließende Anmerkung deutlich:»Diese Aussage impliziert, dass Bewusstsein nicht ohne einen physischen Träger existieren kann. Kurz gesagt: Ohne Materie kein Geist.« (Ebd., S. 19)
[4] »Psychologisch geschah nichts, bis der entsprechende Gehirnbereich des sich entwickelnden modernen menschlichen Gehirns physiologisch funktionsfähig war.« (Michael Gazzaniga, Das erkennende Gehirn, S. 177)
[5] Christof Koch, Das Rätsel des Bewusstseins, S. 45. Einen Satz wie diesen muss man in keinem Werk der Hirnforscher lang suchen: Gazzaniga hat ein »mechanistisches Modell« entwickelt, »das erklärt wie es der Organisation unseres Hirns gelingt, Kognitionen [...] zu produzieren.« (Michael Gazzaniga, Das erkennende Gehirn, S. 13) Damasio hält die »Feststellung, daß der Geist aus dem Gehirn erwächst«, für »unbestreitbar«. (Antonio Damasio, Descartes' Irrtum, S. 332) Singer definiert die Geburt des Geistes:»Es scheint, als seien all die geistigen Qualitäten, die sich unserer Selbstwahrnehmung erschließen, durch die besondere Leistungsfähigkeit unserer Gehirne in die Welt gekommen.« (Wolf Singer, Selbsterfahrung und neurobiologische Fremdbeschreibung, S. 241)

Natur – und der Mensch darin

wusstseinszuständen verbunden ist, und dass entsprechend die Verletzung oder Erkrankung dieser Teile Beeinträchtigungen der unterschiedlichen Bewusstseinszustände nach sich zieht.«[6] Der Begriff ›Emergenz‹ bezeichnet also das Auftreten von Systemeigenschaften (hier der Eigenschaft ›Bewusstsein‹ oder ›geistiges Phänomen‹ des Systems ›Hirn‹ oder ›neuronales Netzwerk‹), wobei dieses Auftreten von Eigenschaften an das System und seine spezifische materielle Organisation *gebunden* ist.

Dass die Rede von ›Systemeigenschaften‹ ist, ist wichtig, denn nur als System, das heißt aus einem bestimmten *Zusammenwirken* aller Teile, erwächst eine Eigenschaft wie Bewusstsein; aus der Erforschung eines seiner Teile (etwa eines Neurons) lässt sich weder auf die Funktion, die das Ganze ausübt, schließen, noch auch wird die Funktion von einzelnen Teilen wie einem Neuron verwirklicht. Emergente Phänomene sind in dieser Hinsicht auch eine ganz alltägliche Erfahrung. Die Taube vor meinem Fenster kann als solche deshalb fliegen, weil viele in sich selbst komplexe Teile zu einem komplexen Ganzen werden. Der Leichtbau der Knochen, die aerodynamische Körperform, die Flügelform, Federn, Muskulatur – all dies führt dazu, dass als systemische Eigenschaft das Fliegen erst auftreten kann; und weder übt eines der Teile hierbei diese Funktion aus, noch kann einfach aus den Teilen die Funktion (sofern man sie nicht schon wüsste) erschlossen werden. Emergente Eigenschaften emergieren also aus einem systemischen Ordnungs- oder Funktionsgefüge. Doch mit der Beobachtung des Faktums der Emergenz hat man gerade die entscheidende Frage noch nicht beantwortet: Wie kommt es dazu, dass ein solches System überhaupt ein *System* ist, also ein irgendwie Geordnetes, auf identifizierbare, regelhafte Operationen Ausgerichtetes? Woher ›weiß‹ also die Materie, welchen Platz sie innerhalb eines Ordnungsgefüges einnehmen muss, oder warum ist es bezüglich des Systems Gehirn so, wie Antonio Damasio fragt, dass »sich die Hirnneuronen so vernünftig verhalten«[7]?

Würde sich ein Platon, wie ihn die Neurowissenschaft zeichnet, wohl zu helfen wissen, indem er sagte, die Vernunft oder die Seele

---

[6] Gerhard Roth, Aus Sicht des Gehirns, S. 128.
[7] Antonio Damasio, Descartes' Irrtum, S. 332. In der englischen Originalausgabe: »[...] *why the brain's neurons behave in such a thoughtful manner*«. (Antonio Damasio, Descartes' Error. Emotion, Reason, and the Human Brain, New York 1994, S. 251)

Emergenz und Selbstorganisation

bestimme es eben, fällt diese Option für den Hirnforscher freilich weg. Da ein spekulatives, außermaterielles Ordnungsprinzip, welches sich dem naturwissenschaftlichen Zugriff verschließt, ausscheidet, besinnt man sich auf die Materie selbst: Sie organisiert sich einfach selbst. Ein beliebtes Beispiel für die *Selbstorganisation* materieller Prozesse ist das sogenannte Bènard-Experiment[8]: Erhitzt man Wasser gleichmäßig in einem Gefäß, findet ein Austausch des unten warmen und oben kalten Wassers statt. Doch anstatt wie anfangs ungeordnet durcheinanderzuwirbeln, geschieht dies nach einiger Zeit spontan in geordneten Mustern auf rollenförmigen Bahnen.[9] Anscheinend hat also Materie die Eigenschaft, zumindest temporär einigermaßen stabile Ordnungen anzunehmen, welche sich aus Bedingungen ergeben, die nicht außerhalb materieller Wechselwirkung gesucht werden müssen. Materie dabei hat die Eigenschaft, sich zu immer komplexeren Strukturen zusammenzufinden.[10] Dieses Prinzip gilt dann auch für den menschlichen Organismus: Obwohl hier mit dem Hirn wie mit dem ganzen Organismus ein sich ständig Veränderndes, Fluktuierendes vorliegt, ein dynamisches System, ist doch eine globale Stabilität gegeben, welche (immer potentiell und vom derzeitigen Wissenstand aus gesehen) mit den materiellen Eigenschaften und Bedingungen selbst erklärt werden kann.[11] Der Unterschied zwischen einem selbstorganisierenden Prozess wie im Bènard-Experiment und dem Menschen ist, dass das Bestehen der emergenten Systemeigenschaft im ersten Fall auf Gedeih und Verderb den äußeren Bedingun-

---

[8] Vgl. etwa Gerhard Roth, Das Gehirn und seine Wirklichkeit, S. 80 oder Cruse/Dean/Ritter, Die Entdeckung der Intelligenz, S. 35. Hier sind auch weitere Beispiele für Selbstorganisation aus Forschung und Alltag zu finden.
[9] Die Begründung ist hier die geringe Reibung benachbarter Teilchen mit ähnlicher Geschwindigkeit. (Vgl. Cruse/Dean/Ritter, Die Entdeckung der Intelligenz, S. 40) Die Moleküle folgen also dem Weg des geringsten Widerstandes.
[10] Dazu Franz Wuketits, Zustand und Bewusstsein, S. 124: »*Lebende Systeme entstanden durch spezifische Integration materieller (molekularer) Strukturen unter ebenso spezifischen Randbedingungen.*«
[11] Vgl. Franz Wuketits, Zustand und Bewusstsein, S. 189 f. Eine gewisse Stabilität ist auch Bedingung der Möglichkeit für Leben, Lebewesen und Kognition: »Die Vorstellung, daß alle Schaltkreise von flüchtiger Natur sind, erscheint wenig einleuchtend. Völlige Modifizierbarkeit hätte zu Individuen geführt, die nicht in der Lage wären, einander zu erkennen, und denen jede Einsicht in die eigene Biografie abginge.« (Antonio Damasio, Descartes' Irrtum, S. 160) Die These ist noch zu verschärfen: Völlige Modifizierbarkeit, also ein striktes *panta rhei* hätte zur Folge, dass nicht einmal Individuen möglich wären, ja nichts wäre möglich. Es wäre schlicht das, was man Chaos nannte – ein Ungeordnetes ohne Zustände.

Natur – und der Mensch darin

gen wie der Hitzezufuhr ausgeliefert ist, während Lebewesen aktiv zu ihrem Bestehen beitragen, etwa durch Energiezufuhr und Energiebeschaffung. Insofern sind sie auch selbsterhaltende Systeme[12] und ebenso autonom, da die Aufrechterhaltung des Ordnungszustandes innerhalb eines vom Außen abgegrenzten Bereiches (innerhalb dessen, was als ›Außenhülle‹ des Organismus gelten kann) zumindest relativ unterschieden und unabhängig von der Umwelt geschehen kann.[13] Kurz gefasst: Ob nun Lebewesen oder nicht, Ordnung ist in der Materie, weil die Materie selbst so beschaffen ist, dass sie unter bestimmten Bedingungen geordnete Strukturen bildet.

2.2 Determinismus und Identismus, oder: Freiheit ade

Der materielle Prozess, der im Hirn wie in der ganzen Natur abläuft, kennt den Neurowissenschaftlern zufolge keine Lücken, Diskontinuitäten oder ›ontologische Sprünge‹.[14] Er ist erstens durchgehend, d.h. jeder materielle Zustand hatte einen vorhergehenden – und zweitens ist er kausal geschlossen, d.h. er ist vollständig durch den vorhergehenden herleit- und erklärbar.[15] Die Natur (und mit ihr der Mensch) ist ein geschlossenes deterministisches oder mechanistisches System materieller Abläufe. Gerade dieses Diktum, dass *potentiell jeder* Naturzustand der naturwissenschaftlichen Methode zugänglich ist, widerlegt auch den Dualismus oder Interaktionismus, der die

---

[12] Vgl. Gerhard Roth, Das Gehirn und seine Wirklichkeit, S. 81.
[13] Vgl. Gerhard Roth, Das Gehirn und seine Wirklichkeit, S. 81.
[14] Vgl. Wolf Singer, Der Beobachter im Gehirn, S. 60 und 72.
[15] Vgl. dazu die Definition von Roth und Pauen:»Als determiniert bezeichnen wir ein Ereignis, wenn dessen Eintreten durch vorausgegangene Umstände vollständig festgelegt wird, so daß also bei einer Wiederholung der vorausgegangenen Umstände auch das Ereignis selbst immer wieder eintreten wird. Ist unsere Welt determiniert, dann gelten die genannten Bestimmungen für sämtliche Geschehnisse dieser Welt. In einer solchen Welt kann man also niemals sagen, daß etwas anderes hätte eintreten können, als faktisch eingetreten ist.« (Michael Pauen/Gerhard Roth, Freiheit, Schuld und Verantwortung. Grundzüge einer naturalistischen Theorie der Willensfreiheit, Frankfurt a.M. 2008, S. 38) Es sei angemerkt, dass Roth und Pauen sich nicht festlegen wollen, ob die Welt deterministisch ist, auch möchten sie das Gehirn nur als ein ›quasideterministisches‹ System verstehen. (Ebd.) Beides ist jedoch nicht nachvollziehbar, da das ganze Buch den Sinn hat, den Freiheitsbegriff mit der deterministischen Welt zu vereinbaren. Roth und Pauen werden nicht müde zu betonen, dass der strikte *materielle Determinismus* auch für den Menschen und seine Überzeugungen und Wünsche gilt! (Vgl. ebd., S. 51 mit der Anm. 24; S. 60; S. 61 f.)

Determinismus und Identismus, oder: Freiheit ade

These vertritt, ein (naturwissenschaftlich nicht erforschbarer) Geist könne mit der Materie *interagieren:* Zwei ontologisch völlig verschiedene Entitäten können jedoch nicht interagieren.[16] Zudem sei es zum Zweck der wissenschaftlichen Erkenntnis völlig *hinreichend,* hat man einen materiellen oder geistigen Zustand in seinem Entstehen aus dem vorhergehenden materiellen Zustand erklärt. In diesem Fall bräuchte man einfach keine dualistische Erklärung mehr. Roth etwa schreibt, »dass dem bewussten Erleben notwendig und offenbar auch hinreichend unbewusste neuronale Geschehnisse *vorausgehen.*«[17]

Als Neurobiologe kann ich problemlos formulieren: ›Wenn in den und den Hirnzentren die und die neuronalen Prozesse abgelaufen sind, dann entsteht zu einem angebbaren Zeitpunkt in meinem Gehirn der und der Erlebniszustand‹. Ich gehe dabei [...] von der starken Annahme aus, dass der Erlebniszustand von Hirnprozessen vollständig bedingt ist.[18]

Nun sieht es in einer solchen deterministischen Welt, in der die Materie Bedingung und Prinzip auch der geistigen Vorgänge ist, schlecht aus mit der Autonomie des Geistes und der Freiheit. Das Verständnis von Autonomie und Freiheit, das den Philosophen wie den Alltagsmenschen kennzeichne, sei nämlich das Unmögliche: die Unabhängigkeit von der naturhaften Bestimmung, die Unverursachtheit des Geistes und der Willensbeschlüsse, also ein Dasein *ex nihilo* und Heraustreten aus der Kausalität der Materie. Dennoch soll diesem Verständnis nach ein solcher Geist und Wille kausal wirksam sein, also verantwortlich für die Initiation einer Handlung. Das Bewusstsein oder der Geist komme also als Kausalerklärung ins Spiel, wo uns die wirklich bestimmenden Faktoren, nämlich die Hirnprozesse, die dem Determinismus in der Materie folgen, erlebnismäßig nicht zugänglich sind.

Aufgrund dieser erlebnismäßigen Unzugänglichkeit der bestimmenden neuronalen Prozesse, die mit einer Entscheidung, einer Überzeugung, einem Willen nicht nur korrelieren, sondern ihnen auch *vorausgehen,* »erscheint uns das, was im Bewusstsein aufscheint, als nicht-verursacht.«[19] Das widerspricht selbstverständlich jedem naturwissenschaftlichen Seinsverständnis, denn ob bewusst oder nicht, »in beiden Fällen werden die Entscheidungen und Hand-

---

[16] Vgl. Gerhard Roth, Worüber dürfen Hirnforscher reden, S. 226.
[17] Gerhard Roth, Worüber dürfen Hirnforscher reden, S. 226.
[18] Gerhard Roth, Worüber dürfen Hirnforscher reden, S. 227.
[19] Wolf Singer, Selbsterfahrung und neurobiologische Fremdbeschreibung, S. 246.

lungen durch neuronale Prozesse vorbereitet«[20], welche »in beiden Szenarien deterministischen Naturgesetzen«[21] unterliegen. So folgt, dass das, was wir als freie Entscheidung erfahren, »nichts anderes als eine nachträgliche Begründung von Zustandsänderungen, die ohnehin erfolgt wären«, ist, »deren tatsächliche Verursachungen für uns aber in der Regel nicht in ihrer Gesamtheit faßbar sind.«[22] Für Wolfgang Prinz ist so völlig »unverständlich, daß jemand, der empirische Wissenschaft betreibt, glauben kann, daß *freies, also nichtdeterminiertes* Handeln denkbar ist.«[23] Der Hirnforscher meint also, uns narre unser Erleben, gaukelt es uns doch vor, der ›absoluten‹ Akteurskausalität fähig zu sein, ein eigenmächtiges Wesen, das sich über die Weltmaschine erheben kann, wo es doch in Wahrheit selbst ein Teil dieser Maschine ist. Auch Gazzaniga mag es kaum glauben, dass »[z]ivilisierte, gebildete Menschen des 20. Jahrhunderts glauben aus freiem Willen zu handeln, und manche glauben dies sogar trotz ihrer gegenteiligen Kenntnisse aus dem Bereich der modernen Physik. [...] Auf psychologischer Ebene hatte sogar *Einstein* das Gefühl, frei zu handeln, obgleich er intellektuell für eine mechanistische Theorie des Universums eintrat.«[24] Der Irrtum macht selbst vor den Besten nicht Halt. In einer determinierten Welt, zu diesem Schluss fühlen sich die Hirnforscher berechtigt, kann Freiheit und mit ihr der freie Wille nur eine *Illusion* sein, genährt vom immerwährenden Theaterspiel der Introspektion.[25]

Man kann bereits hier sehen, wie wir uns innerhalb des ›phi-

---

[20] Wolf Singer, Selbsterfahrung und neurobiologische Fremdbeschreibung, S. 247.
[21] Wolf Singer, Selbsterfahrung und neurobiologische Fremdbeschreibung, S. 248.
[22] Wolf Singer, Der Beobachter im Gehirn, S. 75. Roth argumentiert ähnlich: »*Gründe* wären danach der ›innere‹, erlebte Aspekt, *Ursachen* der ›äußere‹ neurophysiologische Aspekt eines umfassenden Dritten, das ganz offenbar deterministisch abläuft, uns aber grundlegend verschlossen ist.« (Gerhard Roth, Worüber dürfen Hirnforscher reden, S. 232)
[23] Wolfgang Prinz, Der Mensch ist nicht frei, S. 22; Kursive T. G.
[24] Michael Gazzaniga, Das erkennende Gehirn, S. 20.
[25] Vgl. Michael Gazzaniga, Das erkennende Gehirn, S. 20. Die Definition des erlebnismäßigen Irrtums als ›Illusion‹ gegenüber der neurobiologischen Erkenntnis erfreut sich großer Beliebtheit und wird uns noch oft begegnen. Für Freiheit als Illusion kann als weiteres Beispiel dienen: Gerhard Roth, Worüber dürfen Hirnforscher reden, S. 229: »Unser bewusstes Ich hat nun einmal den unabweislichen Eindruck, es verursache mithilfe des Willens seine Handlungen, und wenn dies nicht den Tatsachen entspricht, dann handelt es sich eben um eine Illusion.« Siehe auch Michael Gazzaniga, »Wir sind nur Maschinen«, Interview m. Philip Bethge u. Gerald Traufetter, in: *Der Spiegel* 50 (2011), S. 149–152, S. 150: »Jetzt jedoch wissen wir, dass der freie

losophischen‹ Systems bewegen: Die Naturlehre hat direkt bestimmenden Charakter für die Anthropologie und die Ethik. Denn aus der Bestimmung des Menschen durch die prinzipiell determinierte Natur folgen ganz konkrete Handlungsanweisungen. Kein Neurowissenschaftler lässt es sich nehmen, zu betonen, der Mensch sei nicht frei und also für seine Taten im traditionellen Sinne nicht verantwortlich zu machen. Das Rechtssystem, das auf *Schuldsprüchen* basiere, müsse daher diesbezüglich reformiert werden, um humaner zu werden, d. h. dem menschlichen Sein eher zu entsprechen.[26]

Der Rechtsstaat wird bald nicht mehr um die Erkenntnisse der Neurologie herumkommen. Ein besseres Verständnis der Täter ist nicht gleichbedeutend mit ihrem Freispruch, doch die Schuldfrage ist nicht das Thema. Wir sollten stattdessen immer davon ausgehen, dass Kriminelle nicht anders handeln konnten, als sie gehandelt haben.[27]

Stimmt es nun, dass die Welt eine deterministische Maschine ist, welche Rolle spielen dann eigentlich die Unvorhersagbarkeit von Phänomenen und die Chaostheorie? Führt man damit Argumente an, die gegen den Determinismus sprechen? Wohl eher nicht, denn die Unvorhersagbarkeit von Phänomenen bezeichnet lediglich den menschlichen Makel, nicht der Laplace'sche Dämon zu sein, und die Chaostheorie bezeichnet die *Komplexität* von Prozessen, nicht ihre Zufälligkeit – die Determination hebt beides nicht auf.

Beiden Ansätzen geht es um die Feststellung, dass Ereignisse in der Welt zwar streng deterministisch sind, jedes Phänomen aber einer so komplexen Dynamik (bedingt durch vielfältige Faktoren) ausgesetzt ist, dass eine Vorhersage nur unter der Bedingung möglich wäre, *alle* Zustände, die Einfluss nehmen könnten, zu kennen. Ein

---

Wille eine Illusion ist. Wir sind nur wenngleich wundervoll entworfene Maschinen, die rein deterministisch arbeiten.«

[26] Dazu Wolf Singer, Selbsterfahrung und neurobiologische Fremdbeschreibung, S. 254: »Menschen mit problematischen Verhaltensdispositionen als schlecht und böse abzuurteilen, bedeutet nichts anderes, als das Ergebnis einer schicksalhaften Entwicklung des Organs, das unser Wesen ausmacht, zu bewerten. [...] Da im Einzelfall nie ein vollständiger Überblick über die Determinanten einer Entscheidung zu gewinnen ist, wird sich die Rechtsprechung nach wie vor an pragmatischen Regelwerken orientieren. Es könnte sich aber lohnen, die geltende Praxis im Lichte der Erkenntnisse der Hirnforschung einer Überprüfung auf Kohärenz zu unterziehen.« Zu finden ist diese Forderung auch bei Gerhard Roth, Worüber dürfen Hirnforscher reden, S. 229.

[27] David Eagleman, »Das Ich ist ein Märchen«, S. 112.

Natur – und der Mensch darin

Beispiel für ein deterministisches Chaos ist etwa die Entwicklung einer Population: Ab einer bestimmten Wachstumsrate entstehen Populationsstrukturen, die zwar berechenbar sind, aber einem chaotischen Geschehen ähneln. Ungleich komplexer wird es, verlässt man das mathematische Reißbrett und bedenkt die zusätzlichen Faktoren, die in freier Natur und Umwelt hier eine Rolle spielen. Hier kann ein minimaler Eingriff (›Schmetterlingseffekt‹) Wirkung auf den gesamten Systemverlauf ausüben.[28]

Auf das Hirn übertragen bedeutet dies, dass zwar der Determinismus der Materie auch hier nicht verletzt wird, die Frage der Vorhersagbarkeit aber ein *praktisches* Problem darstellt. Frank Rösler rechnet vor, dass der naturwissenschaftliche Beobachter zu einem gegebenen Zeitpunkt die Aktivität von 10^{11} Neuronen kennen müsse, zudem die genauen Übergangsregeln für den nächsten Zeitpunkt, was wiederum voraussetzt, den Einfluss der beteiligten 10^{15} Synapsen bereits auf der molekularen Ebene ermitteln zu können. Hinzu kommen dann noch genetische und ontogenetische Faktoren sowie Umwelteinflüsse – vorauszusagen, ob der Mord geschehen wird oder nicht, ist also ein Ding der Unmöglichkeit; aber eben ein praktisches, kein theoretisches.[29] Mehr als merkwürdig erscheint da, dass von Vertretern des Determinismus immer wieder betont wird, dass im Falle einer solchen Menschen- oder Naturbestimmung *kein* Mechanismus, *kein* Automatismus vorliege. Frank Rösler weist etwa die Ansicht weit von sich, »das Gehirn sei so mechanisch zu verstehen wie eine Uhr.«[30] Dies sei eine »unangenehme Vorstellung«, denn dann wäre das individuelle Verhalten tatsächlich in derart schlichter Weise festgelegt und man könnte es – genaue Kenntnisse über die ›Hirnmechanik‹ vorausgesetzt – exakt vorhersagen.«[31] Nur – genau das setzt er ja voraus. Er meint lediglich, diese Kenntnisse könnten wir mit unseren beschränkten Erkenntnismitteln nicht erlangen! Gerhard Roth spricht diesbezüglich über den Zusammenhang zerebraler Funktionsstörungen und ihrer Begünstigung von ›abweichendem‹ oder gewalt-

---

[28] Vgl. Cruse/Dean/Ritter, Die Entdeckung der Intelligenz, S. 40–43.
[29] Gerhard Roth et al., Das Manifest, S. 32. Dazu nur Pauen/Roth, Freiheit, Schuld und Verantwortung, S. 38: »Das Problem des Determinismus sollte nicht verwechselt werden mit dem Problem der Vorhersagbarkeit. Auch determinierte Ereignisse können prinzipiell unvorhersagbar sein, z. B. weil es nicht möglich ist, die determinierenden Faktoren genau genug zu bestimmen.«
[30] Gerhard Roth et al., Das Manifest, S. 32.
[31] Gerhard Roth et al., Das Manifest, S. 32.

Determinismus und Identismus, oder: Freiheit ade

tätigem Verhalten und schließt: »Doch selbst dann liegt in der Regel kein Automatismus vor.«[32] Das Hirn möchte er »nicht als ein streng deterministisches, sondern nur als ein *quasi*-deterministisches System« verstehen.[33] Auch der Wissenschaftstheoretiker Franz Wuketits kritisiert, dass – trotz seines angenommenen Determinismus – der Begriff des Mechanismus für lebendige Organismen unpassend sei.[34] Doch worauf beziehen sich die Autoren, wenn sie nicht von Mechanismen und Automatismen sprechen wollen? Rösler will das überaus komplexe und von äußeren Faktoren abhängige Hirn nicht mit der einfachen und von äußeren Geschehnissen (weitgehend) unabhängigen Mechanik der Uhr vergleichen[35]; Roth verneint ein starres, monokausal *notwendiges* Auftreten von Gewalt oder Abweichlertum als Folge von angesprochenen Störungen im Nervensystem – es spielten unendlich viele Faktoren für das Eintreten oder Ausbleiben eine Rolle. Auch den Uhrenmechanikvergleich lehnt er, wie Rösler, ab.[36] Der Determinismus eines Hirns unterscheide sich »massiv« vom Determinismus einfacher Systeme wie dem Uhrwerk – nämlich hinsichtlich der Komplexität und Vorhersagbarkeit bzw. Berechenbarkeit.[37] Und Wuketits will sich von einem toten, undynamischen, anorganischen Weltbild lösen, welches er hinter der Rede eines ›Weltmechanismus‹ vermutet, hin zu einem dynamischen, sich entwickelnden in vielfältigen Beziehungen sich entfaltenden Lebensbegriff. Ihm geht es darum, dass eine mechanische Erklärung eines Lebewesens ein technisches Verständnis der Konstruktion ermöglicht, jedoch kein Verständnis der systematischen Eigenschaften und Möglichkeiten, welche dann nicht mehr in ›technischen‹ Termini zu fassen sind.[38]

In allen drei Fällen verdeckt der Sprachgebrauch die wesentliche Tatsache: Nur weil die Welt höchst *komplexe*, dynamische Kausalitätsbeziehungen bereithält, ist man als Vertreter des Determinismus nicht berechtigt, den Mechanismusbegriff deshalb zu verabschieden. Wer die Welt *deterministisch und damit auch materialistisch* denkt (da der Determinismus in der Materie das Prinzip der ›Weltdynamik‹

---

[32] Pauen/Roth, Freiheit, Schuld und Verantwortung, S. 11.
[33] Pauen/Roth, Freiheit, Schuld und Verantwortung, S. 38.
[34] Franz Wuketits, Zustand und Bewußtsein, S. 146 und 163 f.; auch 92 f.
[35] Gerhard Roth et al., Das Manifest, S. 32.
[36] Pauen/Roth, Freiheit, Schuld und Verantwortung, S. 169.
[37] Pauen/Roth, Freiheit, Schuld und Verantwortung, S. 169 f.
[38] Franz Wuketits, Zustand und Bewußtsein, S. 92 f.

und damit jedes Weltzustands ist), der denkt Welt und Mensch nun einmal wie ein mechanisches System, eine Maschine, in der eines unweigerlich zum anderen führt – wenn auch eine Maschine, deren Arbeit höchstens ein Gott überblicken kann. Diese Inkonsequenz schlägt sich auch im Sprachgebrauch nieder: Franz Wuketits spricht ungeachtet seiner Überlegungen in *Zustand und Bewegung* von »hochkomplizierten, neuronalen *Mechanismen*«[39]; ebenso äußert sich Gerhard Roth: »Die Mechanismen, die zu Geist und Bewußtseinszuständen führen, sind in groben Zügen bekannt und physiologisch-pharmakologisch beeinflussbar.«[40] Auch im *Manifest*, an dessen Verfassung Rösler, Koch, Singer und Roth neben anderen beteiligt waren, werden »neuronale Mechanismen« und »Mikroschaltkreise« erwähnt.[41]

Mit dem deterministischen Mechanismus materieller Prozesse ist das *Prinzip* benannt, welches jene Prozesse vollständig und hinreichend bestimmt und damit auch die korrelierenden Erlebnis- und Bewusstseinszustände. Es stellt sich daher die Frage – wenn Geist oder Bewusstsein im Sinne des Dualismus nicht das Bildungsprinzip von Hirnprozessen sind –, ob das Bewusstsein ein bloßes Epiphänomen ist. Von einigen Hirnforschern wird die These vom Bewusstsein als Epiphänomen abgelehnt, und zwar aufgrund eines bestimmten Verständnisses des Begriffs ›Epiphänomen‹. Dieses Verständnis arbeitet mit zwei Prämissen: Ein Epiphänomen ist (1.) ein *Produkt* vorangegangener Prozesse, welches selbst *keine kausalen Auswirkungen* auf weitere Prozesse hat; so ergibt sich, dass (2.) ein Epiphänomen *irrelevant* für die (Hirn-)Prozesse, das Leben usw. wäre. Wäre Bewusstsein oder Erleben ein Epiphänomen, wäre es also ein nicht-notwendiges Beiwerk materieller Prozesse, die auch *ohne* das Erleben oder das Bewusstsein ablaufen könnten.

Diese Behauptung des Epiphänomenalismus wäre dann bewiesen, wenn es tatsächlich oder zumindest im Prinzip gelingen würde, die Erlebniszustände […] von den normalerweise gekoppelten neuronalen Prozessen abzutrennen, ohne daß diese ihre spezifische Wirkung verlören.[42]

---

[39] Franz Wuketits, »Moral ist nur die Summe aller Regeln«, Interview m. Markus Schulte von Drach, in: *Süddeutsche Zeitung* v. 17.08.2007, 12, S. 12; Kursive T. G.
[40] Gerhard Roth, Das Gehirn und seine Wirklichkeit, S. 302.
[41] Gerhard Roth et al., Das Manifest, S. 34.
[42] Gerhard Roth, Das Gehirn und seine Wirklichkeit, S. 294.

Um zu untermauern, dass das Bewusstsein oder Erleben sowohl kausal wirksam als auch relevant für den Organismus ist, bedienen sich die Hirnforscher des Argumentes, welches auch zur Zurückweisung des Leib-Seele-Dualismus dient: der *Identifikation* von Erleben und neuronalen Prozessen. So beispielsweise Gerhard Roth:

> Es ist [...] völlig unplausibel, anzunehmen, im Laufe der Evolution unseres Gehirns hätten sich Zustände herausgebildet, die völlig wirkungslos sind. Stattdessen müssen wird davon ausgehen, dass es das Merkmal bestimmter Zustände der Hirnrinde ist, *bewusst erlebt zu werden*, und dass sie in dieser Weise kausal wirksam sind. Bewusstsein ist in diesem Sinne ein physikalisch-physiologischer Zustand, wenn auch ein ganz einzigartiger.[43]

In vergleichbarem Sinne äußert sich Koch:

> [Es ist] recht unwahrscheinlich, dass Bewusstsein nur ein ›Epiphänomen‹ ist. Vielmehr fördert Bewusstsein das Überleben seines Trägers. Das bedeutet, dass die NCC-Aktivität [Neural Correlates of Consciousness] irgendwie auf andere Neuronen einwirken muss. Diese Post-NCC-Aktivität wiederum beeinflusst ihrerseits andere Neuronen, die schließlich ein Verhalten auslösen. Diese Aktivität kann auch in die NCC-Neuronen und in frühere Stadien der Hierarchie zurückfließen (Rückkoppelung) [...].[44]

(Roth versucht zwar, sich von Kochs Theorie abzusetzen; das betrifft aber die Frage, ob (ein verhältnismäßig kleiner Satz) NCC-Neuronen ausreicht, um Bewusstsein zu erklären. Roth plädiert dafür, Bewusstsein als globalen Aktivitätszustand anzusehen. Das berührt aber nicht die grundlegende Identitätsthese und die Zurückweisung des Epiphänomenalismus, welche beide in gleicher Weise vertreten.[45])

Es sei noch einmal darauf hingewiesen, dass dem Bewusstsein und dem Erleben nicht die *Realität* abgesprochen wird. Die Identifikation besagt zwar, dass wir Erlebenszustände benennen, welche gleichzeitig neuronale Zustände *sind*. Die Hirnforscher wehren sich jedoch dagegen, einen radikalen Reduktionismus zu vertreten, der meint, die Äußerung von Erlebniszuständen aus dem Sprachschatz streichen zu können zugunsten der ausschließlichen Benennung neuronaler Zustände.[46] Durchaus wird anerkannt, dass wir hier mit Be-

---

[43] Gerhard Roth, Aus Sicht des Gehirns, S. 136
[44] Christof Koch, Bewusstsein, S. 19.
[45] Gerhard Roth, Das Gehirn und seine Wirklichkeit, S. 288f.
[46] Siehe die programmatische Schrift eines Vorreiters des eliminativen Materialismus: Paul Churchland, Eliminative Materialism and the Propositional Attitudes, in: The Journal of Philosophy 78/2 (1981), S. 67–90. Churchland drückt darin seine Hoff-

schreibungen *unterschiedlicher* Inhalte (Erleben und Physiologie) arbeiten, die deshalb nicht aufeinander reduzierbar sind.[47] Dem phänomenalen, erlebnismäßigen Inhalt, dem ›Wie-es-sich-anfühlt‹ können wir nicht durch physiologische Beschreibungen Ausdruck verleihen und *vice versa*.[48] Die Identität bezieht sich demnach auf die Kopplung, das unauflösbare Auftreten beider Inhalte: Dieser Zustand im Hirn, ergo dieses Erleben, bzw. das Erleben überhaupt ist *realisiert* durch neuronale Zustände.[49] Wenn nun behauptet wird, dass das Bewusstsein ein neuronaler Zustand *ist*, wird dem Epiphänomenalismus der Wind aus den Segeln genommen. Die neuronalen Bewusstseinszustände sind selbstverständlich in weitere neuronale Prozesse eingebunden und wirken auf sie; und selbstverständlich sind sie auch (überlebens-)relevant für den Träger, da sie ja in einem Funktionszusammenhang stehen (etwa Aufmerksamkeit zu generieren, um auf neue Situationen oder Lernprozesse angemessen zu reagieren). Jetzt versteht es sich von selbst, dass das Erleben kein nutzloses Beiwerk ist, denn wenn bestimmte notwendige Hirnprozesse das Erleben *sind*, kann man nicht einfach dem Erleben seine Notwendigkeit absprechen. Ohne das Erleben wären im Sinne der Identitätsthese die Hirnprozesse nicht, was sie nun einmal sind und würden demnach auch ihrer Funktion nicht nachkommen. Der Schluss also lautet: Das Erleben ist exakt so notwendig wie die Hirnprozesse, mit denen es einhergeht und exakt so kausal wirksam wie jene, weil eine untrennbare Einheit vorliegt.

Eben jenes Argument veranlasst zumindest Pauen und Roth, dann doch einen anderen Begriff von Freiheit einzuführen, welcher nicht mehr auf der Unabhängigkeit von der Kausalkette der Materie basiert. – Hier schließt sich der Kreis zum Beginn dieses Kapitels.

---

nung aus, die irrtumsanfällige und konstruierte Wirklichkeitsbeschreibung der Alltagspsychologie würde eines Tages durch die Sprache einer vollendeten Hirnforschung ersetzt werden.

[47] Vgl. Pauen/Roth, Freiheit, Schuld und Verantwortung, S. 125 f., Gerhard Roth, Worüber dürfen Hirnforscher reden, S. 231 f. oder Wolf Singer, Selbsterfahrung und neurobiologische Fremdbeschreibung, S. 238.

[48] Auch Holk Cruse betont, dass die Beschreibung desselben Phänomens auf verschiedenen Ebenen nicht als sich ausschließende Alternativen gedacht werden dürfen. (Holk Cruse, Ich bin mein Gehirn. Nichts spricht gegen den materialistischen Monismus, in: Christian Geyer (Hg.), Hirnforschung und Willensfreiheit. Zur Deutung der neuesten Experimente. Frankfurt a. M. 2004, S. 223–228, S. 225)

[49] Pauen/Roth, Freiheit, Schuld und Verantwortung, S. 126 und Wolf Singer, Selbsterfahrung und neurobiologische Fremdbeschreibung, S. 241.

Determinismus und Identismus, oder: Freiheit ade

Denn ebenso wie das Bewusstsein neuronal realisiert ist, sind alle geistigen Prozesse neuronal realisiert, also (wenn auch nicht auf der phänomenalen und der Beschreibungsebene) identisch mit den neuronalen Korrelaten.

Geistige Prozesse sind geistige Prozesse, doch sie sind, nach allem, was wir wissen, neuronal realisiert.[50] Zu den geistigen Prozessen zählen eben auch Gründe, Überzeugungen, rationale Abwägung, sodass Gründe und Ursachen zusammenfallen: *Weil* Geist neuronal realisiert ist, ist er wirksam.

Notwendig ist [...], dass die Überzeugungen, die eine Person sich angeeignet hat, ihre Überlegungen bestimmen und rechtfertigen. Die konkreten Überzeugungszustände können dabei ebenso wie die Überlegungen neuronal realisiert sein. Eine Konkurrenz zwischen Ursachen und Gründen ist hier also auch dann nicht zu erkennen, wenn man [...] die Identifikation von Gründen und Ursachen für falsch hält. Ganz im Gegenteil: Bestimmte neuronale Prozesse bilden die *Bedingung* für die Wirksamkeit von Gründen, weil sie die Überzeugungszustände und Überlegungen realisieren, die einen rationalen Entscheidungsprozess erst möglich machen.[51]

Im Falle einer rational einsichtigen Entscheidung, etwa aufgrund schlechter Erfahrungen mit dem rechten Weg den linken zu wählen, gebe man daher genau diesen Grund ›schlechte Erfahrungen‹ an und verweise nicht auf Prozesse in der Amygdala.[52] Das Zusammenfallen also von Rationalität, dem Entstehen einsehbarer Gründe, der darauf basierenden Entscheidung und Handlung und der neuronalen, kausal geschlossenen Realisierung dieser geistigen Prozesse führe dazu, dass eine Handlung frei ist: nicht, weil die betreffende Person sich anders hätte entscheiden können, sondern weil die Handlung *selbstbestimmt* ist. Das heißt äußerer Zwang, der den Überzeugungszuständen der Person zuwiderläuft, schränkt die Freiheit genauso ein wie der Zufall oder die aus dem Nichts auftretende Überzeugung eines dualistischen Freiheitsbegriffs.[53] Eine völlig zufällige Überzeugung oder Handlung ist eben nicht frei, da komplett unmotiviert und nicht selbstbestimmt.[54] So ergibt sich der Begriff der Selbstbestimmung aus den

---

[50] Pauen/Roth, Freiheit, Schuld und Verantwortung, S. 126.
[51] Pauen/Roth, Freiheit, Schuld und Verantwortung, S. 122.
[52] Vgl. Pauen/Roth, Freiheit, Schuld und Verantwortung, S. 123 f.
[53] Vgl. Pauen/Roth, Freiheit, Schuld und Verantwortung, S. 167.
[54] Aus diesem leicht einzusehenden Grund halte ich auch die Diskussion um einen quantentheoretischen Probabilismus in der Freiheitsdebatte für völlig irrelevant.

individuellen Wünschen und Überzeugungen, die Ausdruck einer Person mit ihren jeweiligen Handlungsmotiven sind und aus den Gründen, die mit diesen personalen Merkmalen übereinstimmen – freilich alles neuronal realisiert und determiniert.[55]

Der Mensch ist also determiniert, erlebt aber dann die Freiheit, wenn der Wille zu einer Handlung in *seinem* Bewusstsein auftaucht und ihn nichts hindert:

> Dieser Wille entsteht in meinem Bewusstsein und wird deshalb als *mein* Wille empfunden.[56]

Im Hinblick auf die determinierenden Prozesse, die einen Willen hervorrufen, beruft Roth sich dann auf den Hume'schen Freiheitsbegriff:

> Ketten, die ich nicht spüre, sind keine Ketten! Dies meint die [...] Feststellung Humes: Menschen fühlen sich frei, wenn sie tun können, was sie wollen. Die Bedingtheit des Willens ist dabei gar kein Thema.[57]

Was ist jedoch, wenn man die Ketten spürt, weil man um sie zu wissen glaubt? Wer meint, dass Theorie nichts mit Praxis zu tun habe, der führe sich vor Augen, zu welch trauriger Selbstwahrnehmung die eigene Theorie Wolf Singer und Gerhard Roth treibt. Sie nehmen sich selbst nicht mehr als Handlungssubjekte aus Gründen wahr, sondern als reines Produkt des Vorher, als Spielball des Laufs der Welt. So antwortet Roth in einem Interview auf die Frage, wann er zuletzt versucht habe, sich zu ändern:

> Ich mich selber? Das geht gar nicht! Das habe ich aufgegeben.[58]

Schon die antiken Atomisten, etwa Lukrez, haben solche zufälligen Abweichungen im Lauf der Atome angenommen, um in ihrem materialistischen, deterministischen Weltbild die Freiheit noch zu retten. Vgl. dazu Lukrez, De rerum natura, Lat.-Dt., hrsg. u. übers. v. Karl Büchner, Stuttgart 1973, 2, 250: Er verwendet den Begriff *declinare*, also ein zufälliges Beugen der Atome, welches in 2, S. 256–293 zur Begründung der (unbestimmten, zufälligen) Freiheit von Willen und Denken dient.

[55] Vgl. Pauen/Roth, Freiheit, Schuld und Verantwortung, S. 170f.
[56] Gerhard Roth, Aus Sicht des Gehirns, S. 179.
[57] Gerhard Roth, Aus Sicht des Gehirns, S. 179.
[58] Gerhard Roth, »Das Ich ist eine Einbahnstraße«, Interview m. Beate Lakotta und Katja Thimm, in: *Der Spiegel* 35 (2007), S. 124–127, S. 124. Hermann Schmitz charakterisiert eine solche Einstellung, die dem Wegfall moralischer Verantwortung folgt, treffend: »Dieses schlechthin überpersönliche Interesse tauscht der Mensch, der nichts bereut oder übel nimmt, so wenig wie er dankt und (sich und Andere) ehrt, gegen eine distanzierte Haltung ein, die nur noch Interessenverfolgung, ästhetische Einstellung und Humor mit Achselzucken (Was soll's?) zulässt.« (Hermann Schmitz, Freiheit, Freiburg/München 2007, S. 18) Diese leicht einsichtige Argumentation ist

Determinismus und Identismus, oder: Freiheit ade

Und Singer meint, aus schierer Naturnotwendigkeit zum Interview erschienen zu sein, denn auf die Frage, ob er aus freiem Willen da sei, antwortet er:

Ich fürchte nein, und die Bedingtheiten kennen Sie: Dem Gespräch gingen Telefonate voraus und dann gewisse kognitive Prozesse in meinem Gehirn, die letztlich dazu führten, dass ich zugesagt habe, das Interview zu führen.[59]

Ein qualitativer Unterschied von einer Interviewzusage zu einem Totschlag besteht da nicht mehr, genauso wenig die Selbstkonfrontation mit Gründen und ihrer Normativität. Die Selbstobjektivierung zum Materiekonglomerat führt zur Verbeugung vor den Tatsachen, welche nicht mehr als negierbar angesehen werden. Die determinierte Welt ist ein Fluss objektiver Fakten; sie enthält aber selbstverständlich nur diese Fakten, nicht deren Negation. Die Person, die sich selbst als reines Faktum begreift, nimmt sich somit selbst die Möglichkeit, etwas *nicht anzuerkennen* bzw. einen Unterschied zwischen Gut und Böse zu machen:

Keiner kann anders als er ist. Diese Einsicht könnte zu einer humaneren, weniger diskriminierenden Beurteilung von Menschen führen, die das Pech hatten, mit einem Organ volljährig geworden zu sein, dessen funktionale Architektur ihnen kein angepasstes Verhalten erlaubt. Menschen mit problematischen Verhaltensdispositionen als schlecht oder böse abzuurteilen, bedeutet nichts anderes, als das Ergebnis einer schicksalhaften Entwicklung des Organs, das unser Wesen ausmacht, zu bewerten.[60]

Obgleich im Zusammenhang mit dem Determinismus viel von der Freiheit oder Unfreiheit die Rede war, so habe ich doch das Ziel verfolgt, den Begriff der Determination als Naturprinzip in den Neurowissenschaften näher zu bestimmen. Die Benennung dessen, was Natur wesentlich ausmacht – die Determination in der Materie – warf

---

freilich nicht neu. Ein Beispiel aus der Philosophiegeschichte ist der Humanist Erasmus von Rotterdam, der in *De libero arbitrio* eben jenen Verlust der moralischen Dimension gegen jene (allen voran Luther) anführt, die die reine Notwendigkeit zum Weltprinzip erheben:»Welcher Schwache würde hinfort noch aushalten den dauernden und mühevollen Kampf gegen das eigene Fleisch? Welcher Böse würde hinfort noch sein Leben zu bessern trachten?« (Erasmus von Rotterdam, Vom freien Willen, übers. v. Otto Schumacher, Göttingen 1979⁴, Ia 10, S. 16) Ob nun Gott oder die Natur die Notwendigkeit zu verantworten haben, die Folgen für das moralische Subjekt sind dieselben, und das grundsätzliche *Problem* hat sich nie geändert.
[59] Wolf Singer,»Das Ende des freien Willens?«, Interview m. Inge Hoefer u. Christoph Pöppe, in: Spektrum der Wissenschaft 2 (2001), S. 72–75, S. 72.
[60] Wolf Singer, Selbsterfahrung und neurobiologische Fremdbeschreibung, S. 254.

jedoch sofort die Frage auf, welche Rolle eigentlich der Geist oder geistige Phänomene in der Natur spielen. Sie dürfen ja im Sinne des deterministischen Monismus nicht in der Weise wirksam sein, dass etwas Immaterielles auf etwas Materielles kausal einwirkt, dass also plötzlich ontologisch verschiedene Substanzen eine Liaison eingingen. Insofern musste geklärt werden, weshalb geistige Phänomene in der Neurowissenschaft mit materiellen Phänomenen *zusammenfallen* und wie die Hirnforscher auf diese Weise die Idee der kausalen Geschlossenheit rechtfertigen können. Dieses Zusammenfallen von Geistigem und Materiellem ist auch das Argument der Deterministen gegen einen dualistischen Freiheitsbegriff – in dieser Hinsicht fällt die Diskussion des Freiheitsbegriffs unter die Diskussion des Naturbegriffs.

2.3 Evolution

Um das Bild der Natur in den Neurowissenschaften zu vervollständigen, muss an dieser Stelle noch ein kurzer Blick auf die Evolutionstheorie geworfen werden. Neben der Determination und der Emergenz ist sie nämlich das dritte Grundprinzip (oder die dritte Begründung) für das Sosein der Natur und des Menschen. Welchen Einfluss sie auf die konkrete Ausformung des menschlichen Erkenntnisapparates und der menschlichen Handlungen hat, will ich später diskutieren; jetzt soll sie allgemein als Formprinzip von Natur und Leben vorgestellt werden.

Es ist eine heute über jeden Zweifel erhabene Ansicht, dass der Mensch als Naturwesen wie jeder andere Organismus aus evolutionären Prozessen sich entwickelt hat und daher seine spezifischen Organisationsformen auf solche Prozesse zurückzuführen sind.

Geist und Bewusstsein sind nicht vom Himmel gefallen, sondern haben sich in der Evolution der Nervensysteme allmählich herausgebildet. Das ist vielleicht die wichtigste Erkenntnis der modernen Neurowissenschaften.[61]

Um eine solche Rückführung auf Naturprozesse nachvollziehen zu können, muss aber zuerst bestimmt werden, was überhaupt ein lebendiges Naturwesen ist und unter welchen prinzipiellen Bedingungen es existiert.

---

[61] Gerhard Roth et al., Das Manifest, S. 33.

Evolution

[J]edes Lebewesen verkörpert spezifisch biologische (und nicht allein physikalisch-chemisch greifbare) Eigengesetzlichkeiten; diese stehen jedoch in keinem Widerspruch zu physikalisch-chemischen Prinzipien [...], sind solchen Prinzipien entsprungen und lassen sich lückenlos einfügen in den Strom kosmischen Werdens und Gewordenseins – in die Selbstorganisationsprozesse des Universums.[62]

Lebewesen sind ein Teil des allgemeinen deterministisch ablaufenden Prozesses – die Evolutionstheorie widerspricht selbstverständlich nicht den physikalischen Naturgesetzen. Doch die spezifische Anordnung von Materie zu lebenden Organismen aus selbstorganisierenden Prozessen führt im Sinne der Emergenz zu bestimmten Eigenheiten, welche das Lebewesen von einem unbelebten materiellen Konglomerat unterscheiden. Im Grunde wird hier ähnlich argumentiert wie bezüglich des Epiphänomenalismus: Wir haben es mit zwei Inhaltsebenen (hier physikalischen und biologischen Eigengesetzlichkeiten, wobei letztere erst als Systemeigenschaften zu verstehen sind) zu tun, die ein jeweils spezifisches Beschreibungssystem erfordern. Es ist aber *ein* materieller Prozess, der all dies bedingt.[63]

Ich bin schon einmal kurz auf die Systemeigenschaft ›Lebewesen‹ eingegangen, doch soll es aus gegebenem Anlass wiederholt werden. Es wurde gesagt, dass lebende Organismen ein weitgehend abgeschlossenes System darstellen: Sie sind ein funktionelles Ganzes, ein energetisches Gefüge, in welchem jedes seiner Teile zueinander und zum Ganzen einen Bezug hat. Der Zustand und das Ziel eines Lebewesens ist dabei, eine Art dynamisches Gleichgewicht, eine dynamische Stabilität aufrechtzuerhalten – auf Basis von aufeinander abgestimmten Regelmechanismen als ›Antagonisten‹ zu den unweigerlich auftretenden äußeren Störeinflüssen.[64] Ein Lebewesen, so

---

[62] Franz Wuketits, Grundriß der Evolutionstheorie, Darmstadt 1989, S. 66.
[63] Als weiterführende Lektüre zum Verhältnis von der Entwicklung einer organischen Mechanik und den Eigenschaften eines Organismus empfehle ich Wolfgang Gutmann/Klaus Bonik, Kritische Evolutionstheorie. Ein Beitrag zur Überwindung altdarwinistischer Dogmen, Hildesheim 1981. Vgl. auch Franz Wuketits, Grundriß der Evolutionstheorie, S. 61–66.
[64] Vgl. Franz Wuketits, Zustand und Bewußtsein, S. 52. Die graduelle Unabhängigkeit eines Organismus kann sogar Grundlage eines biologischen Freiheitsbegriffes sein: Gleichwarme Organismen haben zwar einen wesentlich höheren Energiebedarf als wechselwarme, werden aber durch äußere (Temperatur-)Einflüsse nicht in dem Maße eingeschränkt. Sie haben einen größeren Möglichkeits- und Aktionsraum in ihrer Umwelt, vor allem bezüglich Verhalten und Entwicklung in der Umwelt; so können wesentlich besser komplexere und neue Weisen der ›Weltbegegnung‹ aus-

65

könnte man sagen, stellt also ein eigenständiges[65] energetisches System dar, das sich von einem Außen, das nicht zu seinem Organismus als Funktionszusammenhang gehört, abgrenzt (also durch geeignete ›Hüllen‹ wie der Haut, innerhalb derer das energetische System ›arbeitet‹[66]). Neben dieser funktionellen Architektur unterscheidet sich das Lebewesen vom Nichtbelebten durch das aktive Bestreben, für Energiezufuhr zu sorgen, um den globalen Systemzustand als Organismus aufrechtzuerhalten (mit anderen Worten: das individuelle Leben)[67] und Störfaktoren für den Systemzustand zu meiden. Das dritte Kriterium für eine Definition des Lebewesens ist die Reproduktion, also die Weitergabe der eigenen genetischen ›Bauanleitung‹ oder Information.[68] Mit diesen Kriterien für das Lebewesen-Sein kommen wir zur Evolution des Lebewesens: Es ist stets bemüht um seine Existenz; und die Eigenschaften, die sich im Hinblick auf diese Bemühung als vorteilhaft erweisen, erhöhen die Chance dieses Organismus auf Reproduktion und Weitergabe der Vorteile. Hier kommt eine ›Artkomponente‹ des Individuums ins Spiel, denn auf diese Weise sorgt ein ›tüchtiges‹ Individuum auch für die Tüchtigkeit seiner Art.[69]

Damit sind die Grundprinzipien benannt, denen die Organisation des Organismus dient: *Überleben und Reproduktion*. Es ist ein zentraler Anspruch der neurowissenschaftlichen Theorie, die Systemeigenschaften des Organismus in ihrer Funktion auf diese Ziele, die jedem Leben gegeben sind, zurückführen zu können. Im Dienste dieser Grundprinzipien stehen dann etwa ›Futterbeschaffungsstrategien‹, physische Ausstattungen, die zum Energiehaushalt beitragen, Verteidigungsstrategien, Gruppenprozesse (wegen des Überlebens-

---

genutzt werden. (Vgl. dazu Wolfgang Wieser, Zur Biologie der Freiheit, in: Merkur 12 (2007), S. 1122–1133)

[65] Diese Autonomie ist immer eine relative. Natürlich ist ein Lebewesen nicht abgekoppelt von der Außenwelt zu verstehen.

[66] Vgl. Gerhard Roth, Das Gehirn und seine Wirklichkeit, S. 81.

[67] Vgl. Gerhard Roth, Das Gehirn und seine Wirklichkeit, S. 81.

[68] Vgl. Franz Wuketits, Zustand und Bewußtsein, S. 52.

[69] Es ist inzwischen Allgemeingut in den Wissenschaften, dass Evolution keinen starren Optimierungsprozess abgibt, der die fehlerhaften Individuen durch Ausmerzen der untüchtigen Individuen langsam zu ideal auf die Welt abgestimmten Wesen machte. Vielmehr haben wir es mit einem Wechselspiel zwischen Umwelt und Organismus zu tun, in welchem ›Zufälle‹ wie Mutationen eine Rolle spielen, verschiedene Konzepte wie extreme Einfachheit genauso wie extreme Komplexität erfolgreich sein können. Die Natur ist also ein immer wieder Wechselndes, das nicht auf einen ›Idealzustand‹ des Organismus hinstrebt.

Evolution

vorteils der Sozialität) usw. Die Vermögen eines Lebewesens – kognitive wie physische – sind also aus diesem Existenzkampf entstanden, und sie sind *für* ihn da. Der Ausleseprozess sorgt dafür, dass erfolgreiche Strategien und Merkmale bestehen bleiben und weitergegeben werden können; erfolglose Organismen verlieren, so könnte man es pathetisch ausdrücken, den Kampf gegen die materielle Gewalt der Umwelt und damit ihren Systemstatus. Sie werden zu unbelebter Materie, die den Störeinflüssen des ›Außen‹ nichts mehr entgegenzusetzen hat und so dem Verfall preisgegeben ist. Evolution, das heißt die Entwicklung natürlicher Phänomene, ergibt sich also aus der Dynamik und Eigenart von materiellen Prozessen, die aufeinandertreffen und so den Systemstatus verändern.

Der Naturbegriff der Neurowissenschaften gibt nun die Prinzipien des nachfolgend diskutierten weltlichen Daseins und Lebens als theoretisches Fundament an. Der Mensch, ein Naturwesen wie jedes andere auch, aus und in dieser Natur entstanden, ist so ein Wesen, welches vollständig nach den Naturprinzipien gebildet wurde. Dass dabei so viel Wert auf die Emergenz, die Selbstorganisation, Evolution und den Determinismus gelegt wird, entspringt einer Abwehr des Dualismus und des metaphysischen Denkens: Da ist nichts der menschlichen Erfahrung Zugängliches, das die Natur überstiege, nicht aus ihr erklärt werden könnte – alles andere ist leere Spekulation und Täuschung eines Erlebens, welches *per se* nicht die Wahrheit widerspiegelt.[70] Genau um dieses Erleben soll es im Folgenden gehen. Was sich dem Hirnforscher als physischer Prozess im Hirn erschließt, ordnet er Funktionen wie Denken, Bewusstsein, Vorstellen, Wahrnehmen usw. zu – also Funktionen, die nicht in physiologisches Vokabular gefasst, jedoch mit den Naturprinzipien begründet werden sollen. Die Frage wird jetzt sein, wie er mit dem psychologischen,

---

[70] Das verbucht der Hirnforscher als seinen Beitrag zur Wahrheit: Den Geist endlich nicht mehr nur als eine abgeschiedene, tote, kalte *ratio* zu sehen, sondern als »zu einem ganzen Organismus in Beziehung gesetzt«, ein Geist, »der mit einer physischen und sozialen Umwelt interagiert.« (Antonio Damasio, Descartes' Irrtum, S. 333) Es ist gerade die Rolle und die Notwendigkeit des Naturhaften, Lebendigen, Emotionalen, Intuitiven und Impulshaften, welche gegen einen kalten Rationalismus angeführt werden. Vielfältige Beispiele werden in den Neurowissenschaften angeführt, die belegen sollen, dass gerade eine Störung des emotionalen Weltbezuges bei ›intakter‹ Vernunft den Menschen nicht in der Realität zurechtkommen lässt und sein Selbst, sein Wesen verändert. Phineas Gage, ein Sprengmeister im 19. Jahrhundert, dem durch einen Unfall eine Eisenstange das ›emotionale Zentrum‹ zerstörte, ist hier eine Art Prototyp der Medizingeschichte. (Vgl. ebd., S. 25 ff.)

philosophischen, alltäglichen Vokabular bezüglich ›innerer‹ Vorgänge umgeht. Was versteht er unter dem, was dem Menschen seine Realität ist? Und wer ist das überhaupt, der da eine Realität hat? Damit begeben wir uns hinein in das begriffliche und begründungstheoretische Verwirrspiel, welchem der soeben skizzierte Naturbegriff zugrundeliegt und welches uns bei der Darstellung vor allem vor eine Herausforderung stellt: die Unordnung selbst geordnet, verständlich und nachvollziehbar offenzulegen.

3. Ich und Bewusstsein

3.1 Das Ich – ein Geist?

Die Diskussion um das Ich hat in den Wissenschaften wie in der Öffentlichkeit nicht umsonst eine so herausragende Bedeutung. Hier geht es um die Frage, ob der Mensch allgemein und als Individuum ein Wesen besitzt – ob es einen personalen Kern gibt, der nicht im Fluss des Naturgeschehens untergeht; ob es so etwas wie Freiheit gibt, die einer bloßen Naturnotwendigkeit gegenübersteht; ob wir Herr im eigenen Hause sind, d. h. ob wir unser Denken und unseren Weltbezug leiten können oder dies bloß ein unwillkürliches Widerfahrnis ist, welches zwar mit Erleben, nicht aber mit Eigenmächtigkeit einhergeht.

Den Hirnforschern zufolge ist die westliche Ideengeschichte geprägt von einem platonischen Verständnis des Ichs, welches auf der alltagspsychologischen Introspektion und einer daraus folgenden Existenzbehauptung beruht. Die Seele, nur ein anderer Ausdruck für dieses Ich, sei dem platonischen Verständnis nach eine immaterielle, geistige Substanz, welche unabhängig von physischen Prozessen agiere. Die Substantialität besagt hier, dass die Seele von Identität und Kontinuität gekennzeichnet sei: ein im Kern über die Dauer der Zeit Gleichbleibendes und Einheitliches. Das unabhängige Agieren meint die Initiative und Kontrolle bezüglich Denken und Handeln. Die Seele sei das Zentrum des für sie beliebig verfügbaren Wissens über die Welt, eine rein geistige und aus dem Nichts hervorspringende, handlungsbestimmende Entität.

Das Ich sieht sich also zuerst deshalb den Angriffen der Hirnforscher ausgesetzt, weil es in Opposition zu deren skizziertem Naturverständnis steht. Und tatsächlich ist die Behauptung nicht abwegig, dass der ›traditionellen‹ Sicht zufolge das Ich sein Profil als personaler Kern gewinnt, indem es sich selbst nicht als ein bloß heteronom bestimmtes Wesen begreift, sondern unter seiner eigenen Einheit durch Einsicht handlungsmotivierende Gründe gewinnt.

Mit dem ›traditionellen‹ Seelenbegriff jedenfalls ist der Anspruch gegeben, *aus sich heraus* mit geistigen Vermögen und Maßstäben das Handeln in einer physischen Welt zu gestalten. Aufs engste verknüpft sich hier die Fähigkeit, Wissen vernünftig in Handlungen umzusetzen mit dem Selbstverständnis, als verantwortliches Wesen zu agieren. Man könnte so das Ich als ›Akteur aus Selbstbestimmung‹ definieren, wobei die Selbstbestimmung in zweifacher Hinsicht verstanden wird. Erstens bestimmt sich das Ich in einem Akt der Selbstzuwendung als erkennendes und von der physischen Welt verschiedenes Ich; zweitens versteht es seine eigenen Erkenntnisse und Einsichten als selbst hervorgebrachte Handlungsgründe und -maßstäbe. Dieses ›traditionelle‹ Ich meint also, sowohl sich selbst als auch das, was die eigenen Handlungen antreibt (oder antreiben soll?), zu kennen – ja, zum großen Teil selbst zu generieren.

3.2 Iche ohne Ich

Wenn nun das bloße ›Aneinanderstoßen‹ von Materie (ich bin mir der Bildlichkeit dieser Rede bewusst) das Realitätsprinzip darstellt, sind genau diese Prinzipien des Wissens und der Einsicht ausgeschlossen: Sie sind keine *Wirk*prinzipien, also keine allgemeinen Bestimmungen oder Gründe, die für die Erfassung des Soseins der Realität dienen können. Man kann einmal beim Bild des Aneinanderstoßens von Materie bleiben, da es, wenn es auch nicht der Materie selbst entsprechen mag, doch den Ablauf des von den Hirnforschern gezeichneten Naturgeschehens beschreibt. Wir können uns dieses Geschehen wie ein zeitlich und räumlich unbegrenztes Billardspiel ohne Spieler vorstellen; die Bahn jeder Kugel wird von der vorigen, sie anstoßenden, bestimmt. Vergangenheit, Gegenwart und Zukunft sind so ein ewig (wahlweise auch seit dem Urknall) vorbestimmter Ablauf, eine unauflösliche Einheit. Statten wir nun eine Kugel mit menschlichen Fähigkeiten aus: Auch wenn sie von sich selbst wüsste und glaubte, aus gutem Grund eine Richtung einzuschlagen, so ist sie doch nichts anderes als das Resultat der vorherigen Stöße. Der Grund (besser: die Ursache) ihrer Richtung ist kein Wissen, sondern der seit Anbeginn festgelegte Ablauf des Materiellen.

Mit dem Naturbegriff der Hirnforscher haben wir nun bereits

zwei negative Bestimmungen des Ichs erhalten. Wir haben es erstens nicht mit einer eigenständigen Entität zu tun, welche neben der Materie existiert, da geistige Vorgänge von den physischen ›realisiert‹ werden und beide so eine untrennbare Einheit darstellen. Die scheinbare ontologische Verschiedenheit von Geist und Materie komme lediglich durch die Anwendung verschiedener Beschreibungssysteme (der Alltagspsychologie sowie der Physiologie) zustande. Zweitens gibt es das Ich als Akteur nicht, da das Prinzip der physisch-geistigen Prozesse die materielle Determination sei. Trotz der Identitätsthese kann man also nicht so einfach behaupten, *Geist* sei verantwortlich für Handeln oder Vorgänge im Hirn – dies sind nämlich physikalische Prinzipien. Sie sind das Mittel, um geistige Prozesse in ihrem Entstehen nachzuvollziehen, sie sind der Grund und die geforderte wissenschaftliche Erklärung. Das heißt, auch wenn immer wieder die Berechtigung psychologischen Vokabulars zur Benennung von *Erlebnis*inhalten betont wird; auch wenn Brückentheorien gefordert werden, welche die verschiedenen Beschreibungsebenen vereinen, so wird doch unmissverständlich deutlich gemacht, wie man eine wissenschaftlich valide Aussage bezüglich psychologischer Phänomene zu formulieren hat. Stellvertretend sei Gerhard Roth angeführt:

> Dies bedeutet nichts anderes, als dass alle Vorgänge, deren Auftreten ebenso objektivierbar ist wie ›eine Entscheidung treffen‹, eine Bewegung ausführen, eine Straftat begehen usw. sprachlich auf verursachende Hirnprozesse zurückgeführt werden können, vorausgesetzt dieser Zusammenhang ist empirisch-experimentell erwiesen.[1]

Auch Christof Koch verrät die Stoßrichtung: Nachdem er das Bewusstsein definiert als zuständig für »Nicht-Routineaufgaben«, welche »einen Informationsrückhalt« verlangten[2], wird sich, so hofft er, einst die Sprache verändern:

> Mit dem Fortschreiten der Wissenschaft über das Bewusstsein wird sie [die Definition des Bewusstseins] verfeinert und in fundamentaleren neuronalen Begriffen ausgedrückt werden müssen.[3]

Ebenso äußert sich Eagleman:

---

[1] Gerhard Roth, Worüber dürfen Hirnforscher reden, S. 230.
[2] Christof Koch, Bewusstsein, S. 13.
[3] Christof Koch, Bewusstsein, S. 13.

Ich und Bewusstsein

Aus biologischer Sicht ist das Gehirn ein System, das den Gesetzen der Chemie und Physik unterliegt und unsere Gedanken, Emotionen und Entscheidungen sind nichts als das Produkt natürlicher Reaktionen.[4] Damit ist der prinzipielle Anspruch formuliert, einen gegebenen Hirnzustand, damit auch einen gegebenen Erlebniszustand, vollständig aus vorherigen physischen Zuständen zu erklären, genau so, wie zwei Billardkugeln aufeinander wirken und nichts weiter als mathematisch formulierte Physik für die Erfassung dieser Wirkung benötigt wird. Der Anspruch der Hirnforscher ist hier eindeutig formuliert. Naturgesetze und rein materielle Kausalereignisse sollen zur vollständigen und hinreichenden Erklärung von Bewusstseinszuständen und ihren Ursachen dienen.

Wenn wir nun weiter die neurowissenschaftliche Auseinandersetzung mit dem Ich verfolgen wollen, ist es wichtig, noch einmal darauf hinzuweisen, dass die Hirnforscher die ›traditionelle‹ platonische Seele und den Geist mit dem aktuellen *Bewusstsein* (als aktuellem Erleben) identifizieren, also dem *Erlebnis*, jetzt zu denken, wahrzunehmen und eigenmächtig zu handeln. Denn, so die Hirnforscher, was sich uns im Erleben präsentiert, als Geistiges erfahren und durch Introspektion erfasst wird, sei *per definitionem* auch bewusst. Das Problem ist jedoch, dass noch eine weitere Bestimmung dieses Bewusstseins vorgenommen wird, nämlich ›Sitz‹ oder Vermögen der *ratio* zu sein. Wie sich herausstellen wird, ist diese Identifikation von Ich, Bewusstsein und Rationalität ein einziges Verwirrspiel, wenn es darum geht, Handeln und das dafür nötige Wissen zu erklären.

3.3 Zwei Modelle des Ichs

3.3.1 Modell 1: Das passive und uneinheitliche Bewusstsein

Unser Ich, so lautet also die These, erlebten wir als ein über Wissen verfügendes einheitliches Zentrum, von dem aus der Weltbezug gesteuert, beurteilt und kontrolliert wird; und dies führe dann zu Sätzen, die das Ich als Akteur auszeichnen wie ›Ich will …‹ oder ›Ich habe das getan, weil ich …‹. Da dieses einheitliche erlebte Zentrum als Ich, Geist, Seele oder Bewusstsein bezeichnet wird, gilt der Angriff auf seine Substantialität all diesen Konzepten; sie werden als Äquivalente

---

[4] David Eagleman, »Das Ich ist ein Märchen«, S. 112.

angesehen. Was wir im Folgenden nachvollziehen müssen, ist, welche Stellung das erlebende Bewusstsein innerhalb unseres Realitätsbezuges einnimmt. Es ist ja *da*, und insofern wird ihm auch von der Hirnforschung eine Aufgabe zugewiesen, doch diese entspricht nicht unserem eigenen Erleben als kontinuierliche, wissende und initiative Wesen.[5] Zahlreiche Argumente, so die Apologeten der Desubstantialisierung, sprächen für das Fehlen eines solchen ›platonischen‹ Ichs. Das *erste* könnte man das Argument des Fehlens eines physischen Analogons oder auch das ›Analogie-Argument‹ nennen. Dem Philosophen wird, wie dem ›Alltagspsychologen‹, unterstellt, das Ich oder die Seele wie eine Bewusstseinszentrale zu definieren, in welcher alle Informationen zusammenlaufen, gesammelt werden und dann mit vernünftiger Überlegung und dem gesamten Wissen der Person abgewogen und mit unbestechlicher Logik bewertet werden. Analog zu einer solchen geistigen Zentrale müsste doch nun im Hirn ebenso eine solche Zentrale zu finden sein. Mitnichten, der Hirnforscher findet kein Äquivalent zur Seele, kein Konvergenzzentrum, also kein Hirnareal, worauf alle Prozesse im Hirn ausgerichtet wären oder von dem alle weiteren Prozesse ausgingen. Stattdessen stellt das Hirn ein Konglomerat von weitgehend autonomen, parallel arbeitenden (wenn auch miteinander vernetzten) Teilsystemen dar. Aus ihrer Zusammenarbeit entstehen dann menschliches Verhalten, Denken und Bewusstsein. Schon aus anatomisch-physiologischen Gründen müsse also dieses Ich negiert werden, weil es, so die unterstellte Deutung der Hirnforscher, als integraler Bestandteil des gesamten kognitiven Apparates gedacht wird – und doch faktisch und wörtlich verstanden keinen Platz darin einnimmt. Der These zufolge, dass allem Erkennen und Denken ein physiko-chemischer Prozess korreliert, ist diese ›intuitive‹ Sicht vom zentralen Ich als einheitsstiftender Substanz also falsch.[6] Nun ist dieses Argument allein wenig einsichtig. Das Beschreibungssystem der Physiologie kann nicht so einfach als Beschreibungssystem der Psychologie verwendet werden, ohne das

---

[5] Es muss dahingestellt bleiben, ob das gewöhnliche Selbsterleben sich tatsächlich treffend auf die Begriffe ›kontinuierlich‹, ›wissend‹ und ›initiativ‹ bringen lässt – in jedem Fall wird diese Selbsteinschätzung von den Hirnforschern vorausgesetzt.
[6] Vgl. Joseph LeDoux, The Self. Clues from the Brain, in: Joseph LeDoux/Jacek Debiec/Henry Moss (Hgg.), The Self: From Soul to Brain, New York 2003, S. 295–304, S. 301, sowie Wolf Singer, Selbsterfahrung und neurobiologische Fremdbeschreibung, S. 243 und Michael Gazzaniga, Das erkennende Gehirn, S. 212 f. und Gerhard Roth, Aus Sicht des Gehirns, S. 142.

Gemeinte (psychische Vorgänge) zu eliminieren. – Es muss ja nicht sein, dass nur ein ›Konvergenzzentrum‹ als Teil des Hirns die Aufgabe des agierenden Ichs ausmacht, sondern es wäre möglich, dass das Hirn als Ganzes ein solches Zentrum ist bzw. die Funktion der Einheit ermöglicht. Tatsächlich geht ja auch die Hirnforschung von einer Art Zentralsteuerung – nur eben durch das ganze Hirn – des Organismus aus; wenn auch nicht in dem Sinne, dass es unabhängig vom Rest des Körpers wäre, sondern dahingehend, dass es zentrale Steuerungs- und Verarbeitungsfunktionen innehat.[7] Freilich setzt eine solche anatomische Fragestellung schon voraus, dass mit dem Ich ein solches Konvergenzzentrum des Erlebens gemeint ist. Dies bleibt jedoch erst zu klären. Doch hier geht es gerade um die Funktion dieser verschiedenen Teilsysteme oder ›Module‹: Die wenigsten von ihnen können in einen Zusammenhang mit dem *bewussten* Ich gebracht werden.

Damit sind wir beim *zweiten* Argument, dem ›Dezentralisierungsargument‹, welches durch das erste nur gestützt wird: Das menschliche Hirn und mit ihm das menschliche ›Seelenleben‹ sei *nicht bewusstseinszentriert* (genauso, wie es physisch nicht ›zentralgesteuert‹ ist). Ein wesentlicher Teil unseres Handelns, Denkens und Verhaltens ist weder bewusst erlebt noch auf rationaler Verhandlung aller Informationen basierend (diese Sicht wird der westlichen Ideengeschichte unterstellt), sondern auf unbewussten, unkontrollierten, physischen und emotionalen Prozessen, welche auch nicht unbedingt nachträglich zu Bewusstsein kommen. Ja, auch das bewusste Erleben, welches wir mit unserer kontrollierenden Vernunft, unserem Selbst verbänden, ist ein Erleben, welches wesentlich (da es nicht aus dem Nichts entspringt) und notwendig aus solchen automatischen, unbewussten Prozessen hervorgeht, sich auf sie richtet und von ihnen begleitet ist.[8]

Wir hätten es also größtenteils mit unbewusster, unwillkürlicher und eigenständiger ›Informationsverarbeitung‹ zu tun – seien es Handlungs- und Denkvorbereitung, Sinnesdaten, Motorik, Bewertungen, Entscheidungen, Emotionen oder intuitive Schlussfolgerungen etc.[9] So vielgestaltig die Funktionen unbewusster Prozesse sind,

---

[7] Vgl. Antonio Damasio, Descartes' Irrtum, S. 18.
[8] Vgl. Michael Gazzaniga, Das erkennende Gehirn, S. 18f.; Christof Koch, Bewusstsein, S. 3f.; Antonio Damasio, Descartes' Irrtum, S. IV f.
[9] Vgl. Manfred Spitzer, Automatik im Kopf. Wie das Unbewusste arbeitet, in: Ders./ Wulf Bertram (Hgg.), Hirnforschung für Neu(ro)gierige. Braintertainment 2.0, Stuttgart/New York 2010, S. 107–129, S. 124–128. Spitzer überschreibt dieses Kapi-

so vielgestaltig sind auch die Phänomene oder ›Zustände‹, die dem Erleben und dem Bewusstsein zugänglich sind. Gerhard Roth teilt das bewusste Ich etwa auf in Wahrnehmungserlebnisse; Denken, Vorstellen und Erinnern; Gefühle; Willensakt; Aufmerksamkeit; Körperidentität; Ich-Gefühl (also eine Art Kontinuitätsbewusstsein).[10] Das bedeutet, auch das Bewusstsein als solches, das bewusste Erleben, ist nicht als Einheit zu verstehen, als bloß rationale und steuernde Schau des Geschehens. Die Einheit des Ichs sei selbst im Bewusstsein (als Ansammlung verschiedener Phänomene) nicht gegeben. Selbstverständlich wird hier schon vorausgesetzt, dass Einheit gleichbedeutend ist mit *Einfachheit* im Sinne einer Teillosigkeit oder Ununterscheidbarkeit von Konstituenten!

Sowohl unbewusste Prozesse als auch bewusste werden folglich von den Hirnforschern nach ihrem spezifischen Funktionszusammenhang und Phänomenbereich unterschieden, als eigenständig deklariert (da die Funktionen gesondert ausfallen können[11]) und zu einem ›Fluss‹ von neuronalen Ereignissen in Auseinandersetzung mit Umweltereignissen erklärt. Da in diesem Fluss das Bewusstsein und das rationale Verhandeln von Sachverhalten nur *einen Teil* des Ganzen ausmacht, sich dazu noch auf schon vollzogene Prozesse, unwillkürlich vorbereitete und bewertete Prozesse richtet und diese benutzt (ohne dass dies wiederum bewusst würde), fühlt man sich nun zu Existenzaussagen berechtigt. Nicht etwa derart: ›Das, was wir als platonische Seele vermeinen, gibt es nicht‹. Nein, die Existenzaussagen sind allgemeiner Natur und richten sich gegen jeglichen We-

---

tel, in welchem er Forschungsergebnisse zur Rolle unbewusster Dispositionen zusammenfasst, vielsagend mit »Unbewusste Prozesse: überall!«. Jederzeit, so der Tenor, beeinflussen unbewusste Fokussierungen statistisch die Tendenz oder Ausprägung einer Handlung oder Überzeugung (wie etwa die Bevorzugung französischen Weins nach dem Hören französischer Musik). Vgl. auch Chris Frith, Wie unser Gehirn die Welt erschafft, übers. v. Monika Niehaus, Heidelberg 2010, S. 111–132. Die Erkenntnis, dass das (Selbst-)Bewusstsein solch eine Nebenrolle im Ganzen der Wirklichkeitskonstruktion und des Handelns einnimmt, veranlasst Frith, poetisch sein Ich als Ganzheit zu erfassen und doch gleichzeitig als prinzipiell sich der ›Schau‹ Entziehendes zu erahnen: »Doch meistens bewege ich, der Akteur, mich unsichtbar durch die Welt, ein Schatten, auf den ich manchmal aus den Augenwinkeln einen kurzen Blick werfen kann, bevor er weitergeht.« (Ebd., S. 145)
[10] Gerhard Roth, Das Gehirn und seine Wirklichkeit, S. 273. An anderer Stelle kommen noch Iche wie das selbstreflexive, das sprachliche, ethische, autobiographische hinzu. (Gerhard Roth, Aus Sicht des Gehirns, S. 141 f.) Mit anderen Worten: Was Teile hat, kann nicht Eines sein.
[11] Gerhard Roth, Das Gehirn und seine Wirklichkeit, S. 273.

sens- und Eigenmächtigkeitsdünkel. *Das Ich existiere nicht; was in unserem Erleben eine Wirklichkeit habe, sei eben dies und nicht mehr: ein Zustand des Erlebens.* Dieses Erleben aber sei eine Kontinuität von Momentaufnahmen unterschiedlichster Couleur, zusammengehalten von einer merkwürdigen, illusorischen Konstanz und konstituiert durch Vorgänge, die außerhalb des Erlebens liegen.

Es gibt nicht *den* Geist! Vielmehr erleben wir eine *Vielzahl höchst unterschiedlicher mentaler und psychischer Zustände.* [...] All dies zeigt, daß das erlebende Ich, der sich bewußte Geist in uns ein vielgestaltiges Konstrukt ist und keineswegs das einheitliche Phänomen, das Philosophen fälschlich meinen, wenn sie von ›dem‹ Geist sprechen.[12]

Aus meiner Sicht sind Seele und Geist, in ihrer ganzen Würde und mit allen ihren menschlichen Dimensionen, jetzt komplexe und singuläre Zustände eines Organismus.[13]

Metaphorisch gesprochen sind wir Menschen eher Gemeinwesen als eine psychologische Einheit. Unser Gehirn ähnelt einer Gesellschaft.[14]

Angesichts dessen stellt sich die Frage, weshalb denn dieses illusorische, erlebte Ich, welches eigentlich ein Konglomerat von Ichen sein soll, auf gerade die eigentümliche Weise erlebt wird, wie es nun einmal der Fall sei.

Gazzaniga betont, das Bewusstsein greife erst nachträglich auf vom Unterbewussten bestimmte Informationen zurück. »[A]lles, was einem bewusst wird,« sei »schon geschehen.«[15] Auch Roth geht von einer generellen *nachträglichen* Rationalisierung des Handelns aus:

Wir handeln aus Ursachen, aber wir erklären dieses Handeln mit Gründen.[16]

---

[12] Gerhard Roth, Das Gehirn und seine Wirklichkeit, S. 273.
[13] Antonio Damasio, Descartes' Irrtum, S. 333.
[14] Michael Gazzaniga, Das erkennende Gehirn, S. 14. Das Tröstliche am Konstruktivismus mag sein, dass alles, was real schien und existenzielle Angst verbreitet, seines Schreckens beraubt ist: Der Tod als Auflösung des Ichs? Das Ich gibt es nicht! Du bist immer schon eine Ansammlung sich stets auflösender Iche! Siehe den gleichen Gedanken angewendet auf die Außenweltskepsis bei Günter Schulte, Neuromythen. Das Gehirn als Mind Machine und Versteck des Geistes, Frankfurt a. M. 2001, S. 192: »Die Außenwelt könnte so wenig real sein wie der Tod – hoffentlich! Außenweltskepsis ist verkappte Todesskepsis – aus Todesangst. [...] Irreal und unsicher wie die Welt ist demnach mein Tod, sofern er unerlebbar in ihr stattfinden muß.«
[15] Michael Gazzaniga, Die Ich-Illusion. Wie Bewusstsein und freier Wille entstehen, übers. v. Dagmar Mallett, München 2012, S. 120.
[16] Gerhard Roth, Worüber dürfen Hirnforscher reden, S. 233.

Ebenso Singer:

> Innerhalb neurobiologischer Beschreibungssysteme wäre das, was wir als freie Entscheidung erfahren, nichts anderes als eine nachträgliche Begründung von Zustandsänderungen, die ohnehin erfolgt wären [...].[17]

Das eigentliche Problem, das die Hirnforscher veranlasst, so misstrauisch gegenüber dem einheitlichen Ich oder dem Bewusstsein zu sein, ist die Interpretierfreudigkeit des bewussten Ichs bezüglich eigener Handlungsgründe. Denn – und damit kehren wir wieder zum Ausgangspunkt zurück – die vielfältigen unbewussten Prozesse, Bewertungen und Motivationen fungieren oft als Handlungsbestimmungen, von denen das bewusste Ich nichts weiß – im Nachhinein aber vorgibt, es kenne und kontrolliere sie. So wird eine ursprünglich nicht intendierte Handlung, die aufgrund von Manipulation doch erfolgt, nachträglich als gewollt interpretiert[18]; oder mangels Wissen um die eigentlichen Auslöser von Gefühlen wird der nächstbeste mögliche Auslöser zur Erklärung herangezogen.[19] Was also bleibt, ist eine etwas ernüchternde Sicht vom Ich. Es löst sich auf in der determinierten materiellen Welt. Durch die Gleichsetzung von Ich, Geist und Bewusstsein spielt es angesichts der vielen unbewussten Prozesse nur noch eine Nebenrolle. Und durch die einseitige Betonung der Richtung von Kognition, die vom Unbewussten ins Bewusstsein verläuft (bei gleichzeitiger Identifikation von ›unbewusst‹ mit ›unkontrolliert‹), nimmt es nur noch eine nachträgliche, fehler- und lückenhaft interpretierende Rolle ein. Die neurowissenschaftliche Theorie vom Ich läuft auf nichts anderes hinaus, als dem Menschen zu verdeutlichen, dass er ein Getriebener im Fluss der Natur ist und nicht ein selbstbestimmtes Wesen, das aus Einsicht handelt.[20]

---

[17] Wolf Singer, Der Beobachter im Gehirn, S. 75.
[18] Vgl. Gerhard Roth, Worüber dürfen Hirnforscher reden, S. 228 f.
[19] Vgl. Michael Gazzaniga, Die Ich-Illusion, S. 102–105. Vgl. generell zu Täuschungen in psychologischen Experimenten: Fritz Strack/Marti Gonzales, Wissen und Fühlen: noetische und experimentelle Grundlagen heuristischer Urteilsbildung, in: Wolfgang Hell/Klaus Fiedler/Gerd Gigerenzer (Hgg.), Kognitive Täuschungen. Fehl-Leistungen und Mechanismen des Urteilens, Denkens und Erinnerns, Heidelberg/Berlin/Oxford 1993, S. 291–324.
[20] Dass wir uns als solche Wesen erlebten, führen die Hirnforscher ihrem Naturverständnis gemäß auf den Überlebensvorteil zurück. So sei eine komplexe Gesellschaft (welche einen Rahmen zur Überlebenssicherung darstellt) nur möglich, wenn Subjekte um die Differenz zwischen sich und dem Anderen wissen (also sich individuieren), dabei jedoch das eigene Erleben ähnlich im Anderen erkennen (ihm also Indivi-

Ich und Bewusstsein

Von den Hirnforschern wird das Bewusstsein so zu einem Geschichtenerzähler degradiert, der sich die Wirklichkeit nach Gutdünken zurechtbiegt: Es erfinde, um Kohärenz im eigenen Handlungsablauf herzustellen, eine zusammenhängende Geschichte eigener Handlungen oder Gefühle mit den spärlichen Informationen, die ihm zur Verfügung stehen und setzt sich als Akteur ein.

3.3.2 Modell 2: Das aktive und einheitliche Bewusstsein

Ungeachtet der intendierten ›Entthronung‹ des Bewusstseins nimmt dieses jedoch im neurowissenschaftlichen Theoriegebäude eine exponierte Stellung ein, und zwar nicht bloß als passives Vermögen, sondern als tatsächlicher Akteur. Im Funktionsgefüge Mensch ist das bewusste Erleben nämlich keinesfalls ein arbiträrer Nachtrag schon vollzogener, unbewusster Prozesse, obgleich so manche Äußerung dies nahelegt. Stattdessen vertreten alle Hirnforscher die Ansicht, das Bewusstsein generiere ›Informationen‹, die dem Bewusstsein eigen sind und ihren Niederschlag im Ganzen des Realitätsbezuges – und das heißt auch im Unbewussten – finden. Denn neben der Funktion des Bewusstseins, eine Art Aufmerksamkeitsfokus zu sein, welcher sich nach situativen Prioritäten richtet (wie etwa das bewusste Wahrnehmen eines plötzlichen Geräuschs), sei es auch unerlässliche *Voraussetzung* dafür, dass das Unbewusste auf neue komplexere Sachverhalte oder Handlungsoptionen zurückgreifen kann, welche nicht so einfach durch ›Automatismen‹ generiert werden können[21] – also auf Wissen, dessen Entstehen auf einen langwierigen oder höchste Fokussierung erfordernden Lernprozess angewiesen war. Gerhard Roth charakterisiert das Unterbewusste als durch Übung angelegte Netzwerke, welche vornehmlich Routineaufgaben übernehmen:

---

dualität, ›Personsein‹ zuerkennen) und sich gegenseitig Handlungen zuschreiben können. Diese Zuschreibung, ein verantwortliches Ich zu sein, werde dabei von frühauf verinnerlicht und iteriert. So wird das autonome Ich zu einem sozialen Konstrukt, das komplexe, die menschliche Gesellschaft zusammenhaltende ›Regulationsmechanismen‹ wie etwa moralische Regeln erst ermögliche. (Dazu Gerhard Roth, Worüber dürfen Hirnforscher reden, S. 233 oder Wolf Singer, Der Beobachter im Gehirn, S. 75)
[21] Vgl. Michael Gazzaniga, Die Ich-Illusion, S. 93.

Zwei Modelle des Ichs

Das Bewußtsein und damit der Cortex dagegen sind nur zu Beginn, wenn die Aufgabe *neu* ist, voll beteiligt und ›schleichen‹ sich in dem Maße (als notwendige Komponente) aus, in dem die Aufgabe beherrscht wird.[22] Ein Musikstück etwa auswendig auf dem Klavier zu spielen (d. h. ›automatisiert‹, ohne sich die einzelnen Bewegungsabläufe und Tonfolgen wieder bewusst machen zu müssen), setzt ja voraus, dass erst einmal methodisch *mit Bedacht* die Schritte eintrainiert werden müssen.[23] Doch auch wenn wir davon ausgehen müssen, dass komplexe Leistungen oft von Bewusstsein, also einem Gewahrsein, einer erlebten Fokussierung des Individuums, begleitet sein müssen, so seien es dennoch die schnellen Automatismen, welche den Großteil unserer Hirnaktivitäten ausmachen; die oft zeitraubende Bewusstseinstätigkeit wäre im Sinne des Überlebens bei rasch notwendigen Verhaltensreaktionen dann auch eher hinderlich.[24]

Eigentlich, so darf man nun einwenden, stellt ein solches Verhältnis von Bewusstem und Unbewusstem doch gar kein großes Problem dar. *Selbstverständlich* muss man nicht über alles neu nachdenken und sich alles neu erarbeiten. *Selbstverständlich* bedeutet Lernen – und das betrifft das Klavierspiel genauso wie ethische Überlegungen –, die Lerninhalte in Automatismen zu verwandeln, also ein motorisches und konzeptuelles Gedächtnis zu bedienen, welches den neuen Situationen im Leben zwar angepasst werden kann, aber dennoch bestehende Fixpunkte des Wissens in der Weltbegegnung bietet. Auch Damasio räumt ja ein, die »Qualität der Intuition«, also des schnellen, weitgehend unbewussten Erfassens von Situationen und Handlungsoptionen hänge »vom Niveau unseres bisherigen Denkens ab.«[25] Ebenso ist in der von allen Hirnforschern angeführten engen Bindung von präfrontalem Cortex (als – sehr grob – ›Sitz‹ des Verstandes) und limbischem System (als ›Sitz‹ der Emotionen) mitnichten der Primat auf Seiten unbewusster Prozesse; vielmehr müssen wir hier von wechselseitig gerichteten Prozessen reden.[26] Die generelle Charakterisierung der vielfältigen unbewussten Prozesse als unkontrolliert, erst nachträglich rationalisiert und dem sich erkennenden Menschen kaum zugänglich, ist also schon aus hirnphysio-

---

[22] Gerhard Roth, Das Gehirn und seine Wirklichkeit, S. 232.
[23] Dazu Michael Gazzaniga, Die Ich-Illusion, S. 95 f.
[24] Vgl. Michael Gazzaniga, Die Ich-Illusion, S. 92 f.
[25] Antonio Damasio, Descartes' Irrtum, S. V.
[26] Gerhard Roth, Das Gehirn und seine Wirklichkeit, S. 197–199 und 208 f.

logischer Sicht zu kritisieren. Wegen dieses engen Zusammenspiels von Bewusstsein und Unbewusstem sowie angesichts der eben skizzierten Mechanik des Anlegens eines Automatismus ist die Kennzeichnung solcher automatisierten Handlungen und der damit zusammenhängenden Gehirnregionen als ›Zombie-Agenzien‹ oder ›Zombiesysteme‹[27] mehr als unglücklich. Es zeigt sich nämlich, dass Rationalität, methodische Erkenntnis und ihre jeweilige Qualität nicht an den momentanen Bewusstseinszustand gebunden sind; und dem Zombie steht das methodisch reflektierte Antrainieren von Automatismen gerade nicht zur Verfügung. Zieht man also die Konsequenzen aus dem von den Hirnforschern geschilderten Verhältnis von bewussten und unbewussten Geistesvorgängen, ergibt sich ein Bild vom Menschen, das weit komplexer ist, als es zunächst scheint. Mitnichten ist das Unterbewusste *per se* unkontrolliert, archaisch-instinktiv oder dem Bewusstsein vorgängig. Die *gegenseitige Abhängigkeit* von Bewusstem und Unterbewusstem verlangt eigentlich nach einer tiefergehenden Reflexion auf die dem Individuum möglichen Selbsterkenntnisse und Selbstbestimmungen. Dessen ungeachtet halten die Hirnforscher an einer im Kern simplen Anthropologie fest, welche auf einer Überbetonung der Unkontrolliertheit, Vorgängigkeit und Dominanz des Unbewussten fußt. Überraschend ist das Festhalten an der generellen Unkontrolliertheit des Unbewussten, da sich die Hirnforscher, wie wir sehen werden, auch *gegen* dieses Menschenbild aussprechen und es zu überwinden suchen.

---

[27] Christof Koch, Bewusstsein, S. 3 f.

4. Gefühle, Vernunft und die Rolle der Gesellschaft

Diese Ambivalenz in der Bewertung der Rolle von Bewusstsein und Unterbewusstsein spiegelt sich auch in der Theorie zum Verhältnis von Gefühlen und Vernunft. Denn das Unbewusste, das sich so bestimmend auf unser Handeln und Denken auswirken soll, ist nicht zuletzt eine emotionale Haltung. Die Welt ist für den Menschen auch eine Welt leiblicher Qualitäten, welche als angenehm oder unangenehm, gut und schlecht, erstrebens- oder vermeidenswert erfahren werden. Doch wodurch kommen solche leiblichen Bewertungen zustande? Welche Rolle spielt die Erkenntnis des Individuums? Welche der Sozialisationsprozess, dem der Einzelne von Beginn an unterliegt? Und sind die Gefühle der Maßstab des Handelns oder erfahren sie selbst durch etwas anderes ihre Bestimmung? Im Hinblick auf diese Fragen ist der Zusammenhang von Anthropologie, Naturlehre, Gesellschaft und der in ihr wirkenden Regeln wichtig – und ebenso für das Verständnis von Bewusstsein und Unterbewusstsein.

4.1 Lust und Leid als Richtungsweiser

Besonders die Gefühle, welche, so die Interpretation der Hirnforscher, in der Philosophiegeschichte unterschiedslos als Teufelswerk aufgefasst wurden, spielen in den Überlegungen zur Anthropologie eine gewichtige Rolle, da sie mit einfachsten körperlichen Reaktionen bis hin zu höchsten geistigen Leistungen verbunden sind und deshalb die vermeintlich strikte Trennung von Gefühl und Vernunft die Wirklichkeit menschlichen Daseins verfehle. Damasio wehrt sich gegen die Vorstellung, »daß Gefühle und Vernunft wie Feuer und Wasser sind«[1] und Gefühle »eine unerwünschte, naturwüchsige Begleit-

---

[1] Antonio Damasio, Descartes' Irrtum, S. 11.

erscheinung unseres rationalen Denkens«[2] wären; Gerhard Roth kritisiert den philosophiegeschichtlichen Gegensatz von edlem Verstand und tierischen Gefühlen[3]; überhaupt fehlen solche Äußerungen in kaum einem populärwissenschaftlichen Werk zur Hirnforschung. Stets wird betont, dass Gefühle und Emotionen notwendig seien, um überhaupt angemessen handeln zu können. Zunächst wird die Existenz von Gefühlszuständen demnach evolutionär begründet: Schmerz und Lust, Freude und Leid zeigen dem Lebewesen, welches Affekte und Emotionen erlebt, an, was schädlich oder förderlich sein kann. Sie machen die Erfahrungswelt subjektiv erst relevant und sind so auch für das Überleben ein wichtiger Faktor. Der Mensch, der nicht *fühlt*, wenn etwas nicht wie gewünscht abläuft, wird, wie Phineas Gage, selbst wenn er es *weiß*, kaum angemessen handeln. Das Gefühl stellt ein Zusammenspiel aus Erfahrungen und ihrer Bewertung für den Organismus dar, um in neuen Situationen schnell und adäquat handeln zu können.[4] Die emotionale Besetzung und Bewertung von Erfahrungsinhalten »ermöglicht es, das eigene Handeln an der Erfahrung auszurichten, d. h. dasjenige zu meiden, was sich als schädlich erwiesen hat, und das zu tun, was angenehme Konsequenzen hatte [...].«[5] Schmerz und Lust seien »die Druckmittel, die der Organismus braucht, um seine instinktiven und erworbenen Strategien effektiv einzusetzen.«[6] Frith geht davon aus, dass Lust und Leid dazu führen, dass unser Gehirn die Welt um uns herum in eine Art Wertekarte einteilt, welche unser Handeln leitet[7]:

Wenn wir auf die Dinge mit hohem Wert zugehen und diejenigen mit geringem Wert meiden, sammeln wir Belohnungen und vermeiden Strafen.[8]

In diesem Sinne sind, Roth zufolge, Gefühle »*Ratgeber*, und zwar entweder als spontane Affekte, indem sie uns in Hinblick auf Dinge zu- oder abraten, die ›angeborenermaßen‹ positiv oder negativ sind, oder aufgrund der *Erfahrungen* der positiven oder negativen Folgen unseres Handelns.«[9] Leiden, so Damasio, wecke unsere Aufmerksam-

---

[2] Antonio Damasio, Descartes' Irrtum, S. 86.
[3] Gerhard Roth, Das Gehirn und seine Wirklichkeit, S. 178.
[4] Vgl. Gerhard Roth, Das Gehirn und seine Wirklichkeit, S. 197 f.
[5] Gerhard Roth, Das Gehirn und seine Wirklichkeit, S. 212.
[6] Antonio Damasio, Descartes' Irrtum, S. 345.
[7] Chris Frith, Wie unser Gehirn die Welt erschafft, S. 125 f.
[8] Chris Frith, Wie unser Gehirn die Welt erschafft, S. 125.
[9] Gerhard Roth, Aus Sicht des Gehirns, S. 160.

keit; es biete »die besten Überlebenschancen, weil es die Wahrscheinlichkeit erhöht, daß das Individuum auf die Schmerzsignale achtet und versucht, durch sein Handeln die Quelle zu vermeiden oder die Folgen zu beseitigen.«[10]
Wenn auch die Notwendigkeit eines leiblich-wertenden Verhältnisses zur Realität kaum bestritten werden kann, klingt dies nach einem sehr einfachen hedonistischen Lebensprinzip, das der Mensch sich evolutionär angeeignet hat: Verfolge das subjektiv Angenehme, vermeide das Unangenehme. Dass ein solches Menschenbild tatsächlich in der Neurowissenschaft wirksam ist, wird in Kapitel 4.3 deutlich gemacht werden. Jedoch sehen auch die Hirnforscher, dass das unmittelbar körperlich Angenehme oder Unangenehme allein nur bedingt der Maßstab des Handelns und Entscheidens sein kann. Vielmehr ist der überlebenswichtige Gefühlsapparat eingebunden in geistige Bewertungsprozesse, sodass beide gemeinsam auftreten.

4.2 Unbewusstes und Gefühle im Spiegel der Vernunft

Der ontogenetisch ältere Teil des menschlichen Seelenlebens ist der affektiv-emotionale in Form von Hypothalamus, Amygdala oder dem mesolimbischen System.[11] Diese arbeiten selbst unbewusst. Die Hirnareale wie der orbitofrontale, cinguläre oder präfrontale Cortex, welche mit Vernunft, Bewusstsein und Impulskontrolle in Verbindung gebracht werden, stellen dagegen individualgeschichtlich jüngere Entwicklungen dar.[12] Dementsprechend ist der Mensch von früh auf einer affektiv-emotionalen Erregung und Konditionierung ausgesetzt. Solche vor- und nachgeburtlichen, unbewussten Erlebnisse formen neben genetischen Prädispositionen und Eigentümlichkeiten in der Hirnentwicklung die grundsätzliche Persönlichkeitsstruktur des Individuums.[13] Dieser unbewusste Teil verkörpert für sich genommen das Lustprinzip: Er generiert Informationen darüber, ob ein Erlebnis angenehm oder unangenehm ist und liefert so eine Bewertungsgrundlage, freilich aber nach sehr einfachen Kriterien.

---

[10] Antonio Damasio, Descartes' Irrtum, S. 347 f.
[11] Vgl. Gerhard Roth, Aus Sicht des Gehirns, S. 144–147, oder Antonio Damasio, Descartes' Irrtum, S. 186.
[12] Vgl. Gerhard Roth, Aus Sicht des Gehirns, S. 150.
[13] Pauen/Roth, Freiheit, Schuld und Verantwortung, S. 100–102.

Gefühle, Vernunft und die Rolle der Gesellschaft

Die limbischen Zentren charakterisiert Gerhard Roth als »wie ein kleines Kind, das angesichts eines bestimmten Geschehens nur unmittelbare Vorstellungen über gut und schlecht, positiv und negativ, lustvoll und schmerzhaft entwickeln kann und nicht über die Stunde und den Tag hinaus denkt.«[14] Hier arbeitet das Gehirn also abseits dessen, was eigentlich Erkennen ist, und so ist der affektive Teil allein kein Maßstab der Bewertung. Lediglich einfache Schlüsselmerkmale werden mit der entsprechenden affektiven Bewertung verbunden.[15] Gerade deshalb ist es *opinio communis*, dass der Mensch auf das komplexere Erkennen angewiesen ist und dieses Erkennen auch eine Verbindung zu affektiven und emotionalen Zuständen hat. Denn das Erkennen liefert allgemeinere Informationen, Prognosen und die Einsicht in komplexe Beziehungsgefüge, welche für das Überleben relevant sind und somit auch der affektiven Besetzung bedürfen. Wir sehen, »dass es in komplexen Situationen ohne Verstand und Vernunft nicht geht, denn nur diese Instanzen verfügen über die Fähigkeit, solche Situationen adäquat zu beurteilen und insbesondere längerfristige Konsequenzen von Entscheidungen herauszuarbeiten.«[16] Daraus folgt, dass ein großer Teil unseres affektiv-emotionalen Erlebens neben unkontrollierbaren Prägungsprozessen *nur durch solche komplexen Erkenntnisprozesse* erst zustandekommt; die Bewertung als gut oder schlecht und ein affektiver Zustand, der diese Bewertung reflektiert, setzen diese Erkenntnis voraus. Dementsprechend geht Antonio Damasio wie Gerhard Roth von einer »emotionalen und voluntativen Relevanz des Erkennens«[17] aus. Den Vorgang etwa, schnell und unbewusst mit dazugehörigen Gefühlen einen Gegenstand oder Handlungsoptionen zu bewerten und zu erkennen, bezeichnet Damasio als ›Intuition‹:

[D]as Gefühl ist an der Intuition beteiligt, jenem raschen kognitiven Prozeß, bei dem wir zu einer bestimmten Lösung gelangen, ohne uns aller beteiligten *logischen Schritte* bewußt zu sein. [...] *Die Qualität der Intuition hängt vom Niveau unseres bisherigen Denkens ab – davon, wie gut wir unsere bisherigen Erfahrungen in Beziehung zu den Gefühlen klassifiziert haben, die ihnen vorausgingen oder nachfolgten,* und davon, wie genau wir die Erfolge oder Mißerfolge früherer Intuitionen eingeschätzt haben. Intuition ist einfach rasche Kognition, in deren Vollzug *das dafür erforderliche*

---

[14] Gerhard Roth, Aus Sicht des Gehirns, S. 160.
[15] Antonio Damasio, Descartes' Irrtum, S. 183.
[16] Gerhard Roth, Aus Sicht des Gehirns, S. 161
[17] So eine Formulierung von Arbogast Schmitt, Die Moderne und Platon, S. 307.

Wissen dank des Gefühls und umfassender früherer Praxis teilweise unterschwellig bleibt.[18] Weiter unten betont Damasio noch einmal die bestimmende Rolle, die die Vernunft für die Emotionen einnehmen kann. Das Gefühl werde durch die *intellektuelle Bewertung der Situation verursacht*, wodurch man erst emotionale Regungen eines Othello, Hamlet oder einer Lady McBeth verständlich machen könne.[19] Damasio unterscheidet hier berechtigt zwischen einfachen Empfindungen, welche die ersten im Leben sein mögen, und Emotionen in ihrem vollen Sinne.[20] Auch Gazzaniga nennt ein Beispiel, das den Zusammenhang von Vernunft, Emotionen und Handeln veranschaulicht:

For example, people experience cognitive dissonance when they smoke even though they know that smoking might kill them. A basic assumption of dissonance theory is that dissonance causes anxiety and tension and therefore motivates people to reduce the dissonance and relieve displeasure.[21]

Wolf Singer will mit einem ähnlichen Beispiel eigentlich die (unbestrittene) Macht des Unbewussten belegen:

Es kann aber passieren, dass die auf bewusster Verhandlung von Argumenten aufbauenden und in sich konsistenten Lösungen mit den unbewusst ablaufenden Abwägungsprozessen in Konflikt geraten und unterliegen. Dann heißt es: ›Ich habe es getan, obgleich ich es nicht wirklich wollte oder obgleich ich ein ungutes Gefühl dabei hatte‹. Das bewusste Ich gesteht ein, anderen Kräften unterlegen zu sein.[22]

---

[18] Antonio Damasio, Descartes' Irrtum, S. V; Kursive T. G.
[19] Antonio Damasio, Descartes' Irrtum, S. 181.
[20] Vgl. zu diesem Zusammenhang auch Sabine Döring: Ihre These ist, dass durch das Zusammenspiel von Vernunft und Emotionen auch Emotionen Korrektheitsbedingungen unterliegen. (Sabine Döring, Können Gefühle Gründe sein? Emotion und rationale Motivation, in: Erich Ammereller/Wilhelm Vossenkuhl (Hgg.), Rationale Motivation, Paderborn 2005, S. 184–206, S. 184 ff.) Ebenso argumentiert der Neurobiologe Gerhard Neuweiler:»Beherrschung wird am ehesten erreicht, wenn wir Gefühlsursachen kognitiv-rational durchdenken und zu Einsichten kommen.« (Gerhard Neuweiler, Und wir sind es doch – die Krone der Evolution, Berlin 2008, S. 187)
[21] Michael Gazzaniga/Todd Heatherton/Diane Halpern, Psychological Science, New York 2010³, S. 527. Gazzaniga spricht hier von Leon Festingers Theorie der kognitiven Dissonanz, welche davon ausgeht, dass Widersprüche in Denken, Handeln usw. als unangenehm empfunden werden und verschiedene – auch ›illegitime‹ – Strategien angewendet werden, um wieder mit sich im Einklang zu sein. Ob das nun allerdings eine neue Erkenntnis ist oder lediglich ein neuer Name für ein altbekanntes Phänomen, ist eine ganz andere Frage.
[22] Wolf Singer, Selbsterfahrung und neurobiologische Fremdbeschreibung, S. 252 f.

Gleichzeitig lässt dieses Ich jedoch hier wie in den anderen Zitaten die Fähigkeit zumindest erahnen, *durch einen solchen Erkenntnisprozess sein Verhalten wie auch seine emotionale Disposition zu ändern.* Denn dass überhaupt die geschilderten Konflikte auftauchen, liegt daran, dass das für die Bewertung des Handelns *Entscheidende* offensichtlich nicht an der Tatsache gemessen wird, ob es bewusst oder unbewusst generiert wird, sondern ob es rationalen und methodischen Qualitätskriterien genügt, also allein der vernünftigen Erkenntnis des zu Wollenden entspringt. Das *eigentliche* Wollen und Fühlen richtet sich daher auf das richtig Erkannte und Unterschiedene, und dieses muss noch nicht einmal die subjektiv angenehmere Option sein! Und diese Verbindung von Emotion, Wollen und dem als richtig Erkannten wird für spätere, bewusste wie unbewusste Anwendungen relevant sein.

Aus den zitierten Passagen wollen wir nun einige Schlüsse ziehen, die jeder Hirnforscher anerkennen müsste. Ohne die Relevanz frühkindlicher Prägungen und unbewusster Bewertungsprozesse abzustreiten, stehen wir doch einer Komplexität der Vermögen gegenüber, welche einen einfachen Gegensatz von unbewusst-irrational-unkontrolliert-vorgängig und bewusst-rational-kontrolliert-nachträglich verbietet.[23] Die vernünftige, bewusste Erkenntnistätigkeit kann ins Unterbewusstsein abwandern und damit als emotionale Disposition und ›fertiges‹ Wissen zur Verfügung stehen. Das Unbewusste ist also nicht *per se* irrational, unkontrolliert oder dem Bewusstsein vorgängig, wenn dieses auch durch solche Erkenntnistätigkeit (mit) bedingt ist. Für die bewusste Erkenntnistätigkeit bedeutet das im Umkehrschluss, dass sie *per se* nicht nachträglich zum Unbewussten steht und von ihr fremden Prinzipien bestimmt würde. Dass etwas unbewusst ist, heißt zudem nicht, dass es sehr einfachen Regeln folgt.

---

[23] Vgl. auch die widersprüchlichen Ausführungen von Panksepp, welcher zwischen individuellen und wesentlichen Defiziten des Menschen nicht deutlich unterscheidet: »*Although our higher cerebral functions have led to the great achievements of humankind, including the construction of civilizations via cultural evolution, they have also generated the* illusory half-truth that humans are rational creatures *above all else. Despite the appeal of this rational fallacy, our higher brain areas are not immune to the subcortical influences we share with other creatures.* Of course, the interchange between cognitive and emotional processes is one of reciprocal control, but the flow of traffic remains balanced only in nonstressful circumstances. [...] Although humans can strengthen and empower the downward controls through emotional education and self-mastery, *few can ride the whirlwind of unbridled emotions with great skill.*« (Jaak Panksepp, Affective Neuroscience, S. 301; Kursive T. G.)

Können die ›archaischeren‹ Hirnareale zwar für sich genommen keine komplexen Erkenntnisse generieren, ›verwenden‹ sie jedoch (auch) die, die ›höherstufigen‹ Arealen entstammen. Das Unbewusste ist also nicht *per se* dem erkennenden Ich entzogen, vielmehr nutzt es dessen Erkenntnisse; und in diesem Sinne darf es auch als Teil des Ichs betrachtet werden: Die generelle Gleichsetzung von Ich, Vernunft und Bewusstsein ist damit hinfällig, denn das erkennende Ich durchzieht ganz offensichtlich auch das Unbewusste.

Jeder, auch der Hirnforscher, kann an sich überprüfen, dass die unbewusste Unterscheidungs- und Bewertungstätigkeit nicht per se unkontrolliert ist. Wenn ein Hirnforscher gefragt wird, wo der Hypothalamus sitzt, wird er nicht jedesmal sein Bewusstsein bemühen müssen, um darauf zu zeigen. Blitzschnell weiß er es, und *dieser kognitive Vorgang ist nicht Teil des subjektiven Erlebens*. Aber er kann die Kriterien angeben und rekonstruieren, die dieses Wissen, die Unterscheidungen und den unbewussten kognitiven Vorgang begründen und welche stets für den entsprechenden kognitiven Vorgang herangezogen werden.[24] Man sollte aber ebenso wenig dem Glauben verfallen, etwas sei, nur weil es bewusst wäre, schon rational. Das nach rationalen Kriterien falscheste und unkontrollierteste Denken kann von Bewusstsein begleitet sein und im Bewusstsein so evident erlebt werden wie das richtigste. Die eigentliche Frage gilt also der Denk*methode* und der Qualität bzw. den Kriterien der Beurteilung, nicht dem Bewusstseinsstatus der Denkinhalte. Die Methode muss erkannt und reflektiert werden, damit sie als Disposition für unbewusstes wie bewusstes Denken zur Verfügung steht. Gerade die Identifizierung von unbewussten Prozessen mit unkontrollierten führt immer wieder zu unreflektierten Widersprüchen, so etwa bei Gazzaniga. Entlarvend ist, wie er zuerst das Unbewusste als Ergebnis der methodischen Erkenntnisgewinnung charakterisiert, welche auf eine Einheit (nämlich das Erkenntnissubjekt und seine Methode) hingeordnet ist:

Zu einem Experten wird man, indem man eine automatische Mustererkennung für eine bestimmte Aufgabe entwickelt.[25]

---

[24] Vgl. Arbogast Schmitt, Gehirn und Bewusstsein. Kritische Überlegungen aus geistesgeschichtlicher Sicht zum Menschen der neueren Hirnforschung, in: Hans-Rainer Duncker (Hg.), Beiträge zu einer aktuellen Anthropologie. Zum 100jährigen Jubiläum der Gründung der Wissenschaftlichen Gesellschaft im Jahre 1906 in Strassburg, Stuttgart 2006, S. 207–283, S. 218 f.
[25] Michael Gazzaniga, Die Ich-Illusion, S. 96.

Zwei Sätze später negiert er jedoch genau solche methodische Orientierung, Kontrolle und ihre Einheit:

> Wenn die vielen komplexen Systeme, die da unbewusst vor sich hin arbeiten, so verteilt und mannigfaltig sind, wieso fühlen wir uns dann als einheitlich Handelnde?[26]

Die Antwort ist verhältnismäßig einfach: Die vielen komplexen unbewussten Systeme sind nicht von der Einheit der Handlung, des Lebewesens als ganzem und des Ichs getrennt. Der Experte hat ein methodisches Regelwerk, ein methodisches Gedächtnis angelegt, welches als Prinzip die Aufgabe der Leitung einer Handlung übernommen hat. Auch dies kann aber, macht man sich den Begriff des Experten deutlich, nicht als bloßes Abspulen eines Programms verstanden werden. Was der Experte braucht, ist die Fähigkeit, das angelegte Regelwerk auf den Einzelfall richtig anzuwenden. Das Regelwerk wird so befreit von den Eigenheiten der vergangenen Umstände, *unter denen* es erlernt und entwickelt wurde und gewinnt erst so seine Kraft, *als selbst Feststehendes eine Unendlichkeit von dynamischen Situationen* zu meistern und als Eingriff in entsprechende Situationen diese zu gestalten – also Neues durch Methode und nicht etwa durch Beliebigkeit zu schaffen. Diese durch Training und methodische Orientierung erworbene Fähigkeit des Experten vom Experten-Ich zu trennen, weil sie angelegte, nun unbewusst angewandte Regeln enthält, wird nicht der Tatsache gerecht, dass das Ich im konkreten Vollzug einer Handlung Vergangenheit, Gegenwart und Zukunft zusammenbringt: Die gegenwärtigen situativen, das Bewusstsein ›anziehenden‹ Anforderungen müssen im Lichte des methodischen Regelwerks beurteilt werden, sodass die gewünschten Folgen im Hinblick auf die sich entwickelnde Situation eintreten. Mitnichten haben wir es hier mit einem »Vor-sich-hin-Arbeiten«, einem uneinheitlichen Flottieren unbewusster Prozesse zu tun, sondern gerade mit der Vielfältigkeit und Dynamik des Ichs *unter seiner eigenen Einheit*. Wer diese Vorgänge *in actu* bewundern will, der kann sich je nach Interessenlage einen Jazzmusiker beim Improvisieren, einen Fußballspieler, der, in vollem Lauf von Gegenspielern bedrängt, einen Ball vom Himmel pflückt oder einfach einen Arzt bei seiner Diagnose ansehen.[27]

---

[26] Michael Gazzaniga, Die Ich-Illusion, S. 96.
[27] Eine solche Phänomenanalyse bezüglich eines Skifahrers, welcher die verschiede-

Der Möglichkeit nach (!) spielen also Vernunft, Reflexion und Erkenntnis eine wesentlich größere Rolle für das Ich und sein Gefühlsleben, als die Hirnforscher manchmal zugestehen wollen; so, wie die Vernunft angewiesen auf Gefühle ist, damit ihre Bewertung tatsächlich als abstoßend oder anziehend empfunden wird, sind die Gefühle auch im neurowissenschaftlichen Theoriegebäude auf die Vernunft angewiesen, um Bewertungsmaßstäbe zu erhalten, welche über unmittelbares Lust- und Schmerzempfinden hinausgehen. Gleichzeitig spielt im Hinblick auf Rationalität und Verfügbarkeit von Wissen die Unterscheidung von ›bewusst‹ und ›unbewusst‹ eine geringere Rolle, als ihr meist zugeschrieben wird. Doch das einfache Modell der Gegensätze wird, obwohl von den Hirnforschern selbst verabschiedet, sowohl zur Negation des Ichs als auch zur Begründung von Anthropologie und Gesellschaft herangezogen. Die neurowissenschaftliche Anthropologie fällt demnach dort hinter sich selbst zurück, wo sie versucht, als Maßstab allen Handelns das subjektive Lustprinzip und die heteronome Bestimmung des Individuums einzuführen: eben in ihrer Gesellschafts- und Moraltheorie.

4.3 Gesellschaft als Überlebensinstrument und Lustbeschaffer

Eigentlich, sollte man meinen, kann von Moral nicht mehr gesprochen werden, wenn doch die Welt ein determiniertes Ganzes ist und damit auch jede Schuld- oder Verdienstzuweisung fehl geht. Doch die Moral wird selbstverständlich von den Neurowissenschaftlern nicht negiert, sondern dem Weltverständnis entsprechend umdefiniert. So ist der Begriff der Moral wesentlich geprägt vom evolutionären Natur- und Lebensbegriff, welcher in den vorangehenden Kapiteln Thema war. Der Mensch ist ein soziales Wesen, das heißt im Sinne des Evolutionsgedankens, er sichert sein Überleben durch die Vorteile, die ihm die Gruppe im Hinblick auf Nahrungsbeschaffung, Reproduktion und Schutz bietet. Daraus ergibt sich das Interesse, abgesehen von seinem eigenen Überleben, auch das Überleben der Gruppe als Rahmen für den individuellen Fortbestand zu sichern. Da ein solches Gruppenleben für sein Bestehen notwendig Regeln mit sich bringen

---

nen Aspekte einer zeitlichen, leiblichen, erkannten Wirklichkeit in seinen Handlungsvollzug integrieren muss, findet sich bei Johannes Schick, Erlebte Wirklichkeit. Zum Verhältnis von Intuition zu Emotion bei Henri Bergson, Berlin 2012, S. 160–165.

muss, an welche sich die Mitglieder halten, ist die Moral als Gesamtheit dieser Regeln (egal, ob diese Normen institutionell verankert sind oder nicht) auf die Evolution und das individuelle Überlebensinteresse zurückzuführen. Ihr vertragstheoretisches Staatsmodell begründen Pauen und Roth mit diesem Schutzbedürfnis:

> Der Vorschlag basiert auf der Annahme, daß Menschen ein legitimes und substantielles Interesse haben, daß ihre körperliche Unversehrtheit und ihre materiellen Güter dauerhaft geschützt werden. Hieraus folgt ein Interesse an Normen, die diesen Schutz gewähren [...].[28]

Auch Wuketits teilt diese Begründung der Existenz moralischer Normen:

> Moral ist die Summe aller Regeln, die dazu dienen, eine Gesellschaft zu stabilisieren.[29]

Im Kern ähnlich äußert sich Damasio:

> Nach meiner Meinung wird man bei den meisten moralischen Vorschriften und sozialen Konventionen, und mögen ihre Ziele noch so hoch gesteckt sein, eine überzeugende Verbindung zu einfacheren Zielen sowie Trieben und Instinkten herstellen können. Woher diese Überzeugung kommt? Aus der Erkenntnis, dass die Konsequenzen, die sich aus dem Erreichen oder Nichterreichen eines ehrenwerten sozialen Ziels ergeben, zum Überleben oder der Qualität dieses Überlebens, wenn auch indirekt, beitragen (oder vermeintlich beitragen).[30]

Damit sind also sowohl der *Ursprung* als auch der *Zweck* der Moral definiert. Sie ist ein Vehikel zur Deckung primär egoistischer Ziele; das Interesse an allgemeinen Regeln liegt im Überlebenswillen des Einzelnen begründet. Der Gesellschaft und damit der Moral wird so die Rolle zugeschrieben, die unkontrollierte Natur des Menschen zu zähmen, dabei aber die Naturprinzipien zu *erfüllen*. Denn das vertragstheoretische Modell basiert auf dem Übertrag des Prinzips, welches im ›Naturzustand‹ herrscht, in die Gesellschaft: Was jedes Naturwesen für sich leisten will, das Überleben, wird als besser in geregelten gesellschaftlichen Verhältnissen zu verwirklichen angesehen. In dieser Gesellschaft treffen also die Individuen mit ihren individuellen und primär egoistischen Interessen aufeinander.

---

[28] Pauen/Roth, Freiheit, Schuld und Verantwortung, S. 150.
[29] Franz Wuketits, »Moral ist nur die Summe aller Regeln«, S. 12.
[30] Antonio Damasio, Descartes' Irrtum, S. 175 f.

Gesellschaft als Überlebensinstrument und Lustbeschaffer

Mit diesen Interessen wurde aber noch ein anderer Begriff als der des Überlebens eingeführt: die Lust. Damasios Rede von der Qualität des Überlebens ist ja immer im Zusammenhang mit dem Genuss von Gütern in einer Gesellschaft zu sehen, was bei Roth und Pauen mit ›Genuss der Früchte der Arbeit‹ umschrieben ist.[31] Tatsächlich ist die Lust ein essenzieller Teil dieser Art der Gesellschaftstheorie. Wollte jeder einfach nur überleben, gäbe es keinen Kampf, der eine Schutzfunktion nötig machte. Stattdessen ist der Kampf, der Interessenkonflikt, erst aus einem Streben nach Lust, Macht, Genuss und ihrer Erhaltung *zusammen* mit dem Überleben zu verstehen. Und dies führt eben bei der Beschaffung der Mittel zum Konflikt mit Anderen. Keiner will einfach nur überleben, sondern darüber hinaus ein gutes, gesichertes Leben führen. Das bloße Überleben ist also in diesem Sinne eine Bedingung für alles weitere, nicht Selbstzweck; das gute Leben – wie auch immer inhaltlich gefüllt (hier ist es das lustvolle) – steht danach höher als das Überleben. Die Ordnung, die Schutz und Überleben gewährleistet, ist also noch auf etwas anderes hin gerichtet, von dem her sie erst ihre Bestimmung erfährt.

Im Sinne einer Ordnung, die dem augenblicklichen Kampf eines jeden gegen jeden im eigenen Interesse dauerhaft Einhalt gebietet, muss also das Individuum reguliert werden. Vor diesem Hintergrund wird die Bezeichnung moralischer Normen als Regulationsmechanismen verständlich. Damit das Überleben und der Erhalt erreichter Güter besser gewährleistet sind, tritt das Individuum gewisse Handlungsmöglichkeiten, die im Rahmen des Naturrechts gegeben sind, ab (z. B. die Exekutive an den Staat) und verzichtet auf gewisse Interessen und Handlungen, die die Ordnung gefährden. Dafür erwartet es vom Staat und der Gesellschaft Schutz, eben die Gewährleistung des Überlebens und den Erhalt errungener Genussmittel – beispielsweise durch das Wirken von Legislative und Exekutive. Ebenso erwartet jedes Individuum vom Anderen die Einhaltung dieser ›lebenserhaltenden Maßnahmen‹.

Nach dem vertragstheoretischen Verständnis gibt somit das Individuum die *natürlich gegebene subjektive Freiheit, tun und lassen zu können, was es will,* auf; es wird durch die Gesellschaft beschränkt, um dauerhaft und beständig eine das Überleben gewährleistende Ordnung aufrecht zu erhalten. In dieser Gesellschaft, in der *sowohl als Maßstab wie auch als Zweck* ihrer Einrichtung das Überleben und

---

[31] Vgl. Pauen/Roth, Freiheit, Schuld und Verantwortung, S. 151.

die Lust fungieren, steht das Individuum in einem ambivalenten Verhältnis zu ihr: Der archaische Expansionsdrang des Individuums steht im Konflikt mit den Normen und dem Eingeständnis, dass man, nähme man sich das Recht heraus, ihn auszuleben, dieses Recht auch dem Anderen zusprechen müsste. Die Aufgabe und das Bestehen der vertragstheoretischen Gesellschaft resultieren also grundsätzlich nur aus dem Interesse des Individuums, Schutz und Güter zu genießen. Einem solchen Gesellschaftsmodell ist also das Lustprinzip schon inhärent. Wenn man nun implizit davon ausgeht, dass die Vermeidung von Leid und die Maximierung der Lust die naturgegebenen Triebfedern des Handelns und Entscheidens sind, ist die logisch naheliegende Folge, dass alles Leidvermeidende und Lustfördernde, und dazu gehören der Definition nach auch Gesellschaft und Moral, *nur* diesem Prinzip zu verdanken ist. Schmerz und Lust, so Damasio, seien »die Faktoren gewesen, welche die Entwicklung von Strategien zur sozialen Entscheidungsfindung gesteuert haben.«[32] Deshalb kann er sagen, das »Immunsystem, der Hypothalamus, die ventromediale Stirnhirnregion und die Menschenrechte« hätten »den gleichen Ursprung«, nämlich einfache, biologische Mechanismen, die schon vor dem Auftreten des Menschen als »angeborene[] Überlebensinstrumente« dienten – und zwar als solche, die Schmerz- und Lustempfindung ermöglichen.[33]

Wir müssen also schlussfolgern: Die Affektivität, das Lustprinzip und daher auch der natürliche Egoismus sind dem überall waltenden Überlebensdrang geschuldet. Die Gesellschaft als Überlebensinstrument ist damit ein Erfüllungsgehilfe für das Lustprinzip des Einzelnen, jedoch mit kanalisierender Wirkung. Die Regulationsmechanismen in der Gesellschaft sorgen dafür, dass das Bestehen der Gemeinschaft durch die egoistische Tendenz der Menschennatur nicht gefährdet wird. Doch auch das Erkennen und die Anwendung der Vernunft verfolgen letztlich diese egoistischen Ziele; alle Anstrengungen des Individuums im sozialen Gefüge – auch die moralischen und altruistischen – sind grundsätzlich durch die Prinzipien des eigenen Überlebens und Genusses bestimmt! Dieser Primat des Hedonismus und Egoismus findet sich auch in der zweiten Einteilung der Seele, welche der Vernunft eine wesentlich geringere Macht zu-

---

[32] Antonio Damasio, Descartes' Irrtum, S. 345.
[33] Antonio Damasio, Descartes' Irrtum, S. 345.

spricht als noch zuvor. Der wichtigste Faktor für diese Entmachtung ist der *Sozialisationsprozess*, also das Einwirken von Gesellschaft und Regeln auf das Individuum.

4.4 Unbewusstes und Gefühle im Spiegel der Gesellschaft

Das zweite Modell des Unbewussten und der Emotionen beruht wieder auf der generellen Vorgängigkeit des Unbewussten. Die totale Macht, die das Unbewusste in diesem Modell erhält, gründet auf dem Primat der Emotionen vor der Vernunft. Die Emotionen und das Unbewusste aber sind ein Produkt des Sozialisationsprozesses, sodass die Vernunft als bewusste Verhandlung von Wünschen, Zielen und Gründen nur nach dessen Maßgabe vorgeht. Der Gesellschaft kommt die Rolle zu, das Individuum zu formen: Ein Kind internalisiert Regeln, Wissen, Werte und kulturelle Eigenheiten, welche von Beginn an im Sozialisationsprozess an es herangetragen werden. Da die formenden Inhalte schon in einer Zeit wirken, in der das Kind sie nicht reflektiert, sondern als eine Art bleibende Prägung übernimmt, steht das früh Erlernte später grundsätzlich nicht zur Disposition.

Und so kommt es, dass nicht nur angeborenes Wissen, sondern auch ein wesentlicher Anteil des durch Erziehung tradierten Kulturwissens den Charakter absoluter, *unhinterfragbarer Vorgaben erhält, von Wahrheiten und unumstößlichen Überzeugungen, die keiner Relativierung unterworfen werden können*. Zu diesem impliziten Wissensgut zählen *angeborene und anerzogene Denkmuster und Verhaltensstrategien ebenso wie Wertesysteme und religiöse Überzeugungen*.[34]

Im selben Sinne äußert sich Gazzaniga:

---

[34] Wolf Singer, Selbsterfahrung und neurobiologische Fremdbeschreibung, S. 250; Kursive T. G. Dazu auch Hans-Rainer Duncker: »Ein einzelner Mensch kann in seiner ontogenetischen Entwicklung alle seine kulturellen Fähigkeiten jedoch immer nur als Mitglied einer bestimmten Sprach- und Kulturgemeinschaft und damit auch nur in deren Rahmen ausbilden, *wodurch er unwiderrufbarer Träger ihrer sehr speziellen kulturellen Fähigkeiten, ihrer spezifischen Denk- und Glaubensweise und Weltinterpretationen wird*.« (Hans-Rainer Duncker, Vorstellungen zu einer aktuellen Anthropologie aus biologisch-medizinischer Sicht, in: Hans Rainer Duncker (Hg.), Beiträge zu einer aktuellen Anthropologie. Zum 100jährigen Jubiläum der Gründung der Wissenschaftlichen Gesellschaft im Jahre 1906 in Strassburg, Stuttgart 2006, S. 11–127, S. 31; Kursive T. G.)

Verhalten ist ein gesetzmäßiges und folgerichtiges Produkt von Erfahrungen in der Vergangenheit; diese Auffassung vertreten die Behavioristen genauso wie Reduktionisten.[35]

Eine solche unbewusste Prägung, die die Entwicklung des Kindes begleitet, ist selbstverständlich auch eine emotionale Prägung. Genetische Dispositionen, individuelle Eigenheiten in der Hirnentwicklung und vorgeburtliche sowie frühe nachgeburtliche affektiv-emotionale Erlebnisse haben weitreichende Konsequenzen für soziale Fähigkeiten, Persönlichkeitsentwicklung, Bindungen und Einstellungen.[36] Doch auch die sittliche Erziehung hat wesentlichen Einfluss darauf, in welchem emotionalen Verhältnis der Einzelne zur Gesellschaft und ihren Werten steht. Im günstigsten Falle verläuft die kindliche Prägung kongruent mit den Normen und Sitten einer gegebenen Gesellschaft, so dass es tatsächlich von diesen gelenkt wird und das emotionale Empfinden den Normen nicht widerspricht.

Der automatische somatische Markermechanismus [d. i. die Verbindung bestimmter Emotionen mit bestimmten Überzeugungen oder Erlebnissen] der meisten Menschen, die das Glück hatten, in einer relativ gesunden Kultur aufgewachsen zu sein, ist durch Erziehung den Rationalitätsmaßstäben dieser Kultur angeglichen worden. Obwohl dieser Mechanismus in der biologischen Regulation verankert ist, ist er doch auf die kulturellen Regeln abgestimmt, die dazu gedacht sind, das Überleben in einer bestimmten Gesellschaft zu sichern. Wenn wir davon ausgehen, daß das Gehirn normal und die Kultur, in der es sich entwickelt, gesund ist, dann ist der Mechanismus, bezogen auf die sozialen Konventionen und Moralvorstellungen, rational.[37]

Das Modell der Hemmung und Umlenkung naturgegebener, archaischer Brutalität durch die Gesellschaft und ihre Normen zum Zwecke der geordneten Lustsicherung ist analog also im Individuum zu finden. Was die Gesellschaft oder der Sozialisationsprozess leistet, ist eine Formung des ›tierischen‹, emotionalen, natürlichen, auf unmittelbare Lust gerichteten Seelenlebens. Der archaische Teil des Indivi-

---

[35] Michael Gazzaniga/Joseph LeDoux, Neuropsychologische Integration kognitiver Prozesse, übers. v. Gerhard Niebergall, Stuttgart 1983, S. 123.
[36] Vgl. Pauen/Roth, Freiheit, Schuld und Verantwortung, S. 100.
[37] Antonio Damasio, Descartes' Irrtum, S. 272. Erstaunlich, dass ein blindes und völlig unreflektiertes Befolgen von Normen allen Ernstes als Rationalität verkauft wird. Wodurch definiert sich denn die Gesundheit einer Kultur und ihrer Moral, welche als Maßstab für die Rationalität des Befolgungsmechanismus herhält?

duums kann selbst zu einem Ausführungsorgan dieser Regeln werden, indem er ihnen angeglichen wird:

> In menschlichen Gesellschaften gibt es soziale Konventionen und ethische Regeln, die über die biologisch vorgegebenen Verhaltensweisen hinausgehen. Diese zusätzlichen Kontrollschichten formen das Instinktverhalten, so daß es [...] das Überleben des einzelnen und anderer Individuen [...] auch unter solchen Umständen sichert, unter denen eine vorgegebene Reaktion aus dem natürlichen Repertoire sich sofort oder langfristig als kontraproduktiv erwiese.[38]

Andernfalls besteht die Möglichkeit, dass der archaische Teil, sofern er nicht selbst von den allgemeinen Normen geprägt ist, vom sozialisierten Bewusstsein in seine Schranken verwiesen wird. Der bewusste, sozialisierte Personenteil kommt später hinzu und enthält dann die Orientierung an sozialen Normen. Teils geschieht dies nach den Vorgaben der unbewussten, eingeprägten Faktoren, teils »übernimmt diese sozialisierte Persönlichkeit *Korrektur- und Hemmungsfunktionen und mildert den ›Egoismus‹ der anderen Faktoren ab*«[39]. Die Rolle der Vernunft wird hier schon angedeutet. Sie ist in diesem Modell der Prägung kein kritisches Organ des Erkennens, sondern als Teil der späten bewussten Persönlichkeit lediglich ein Ausführungsorgan des vorgegebenen Unbewussten; sie operiert nur im Rahmen der (unbewusst) internalisierten Werte und emotionalen Haltungen. Jene sind der grundlegende Maßstab für das Bewusstsein und das bewusste rationale Verhandeln, welches selbst nicht Gegenstand der Änderung sein kann.

Bei den Variablen bewusster Entscheidungen handelt es sich also vornehmlich um spät Erlerntes: um ausformuliertes Kulturwissen, ethische Setzungen, Gesetze, Diskursregeln und verabredete Verhaltensnormen. Abwägungsstrategien, Bewertungen und implizite Wissensinhalte, die über genetische Vorgaben, frühkindliche Prägung oder unbewusste Lernvorgänge ins Gehirn gelangten und sich deshalb der Bewusstmachung entziehen, stehen somit nicht als Variablen für bewusste Entscheidungen zur Verfügung. Gleichwohl aber wirken sie verhaltenssteuernd und beeinflussen bewusste Entscheidungsprozesse. Sie lenken den Auswahlprozess, der festlegt, welche von den bewusstseinsfähigen Variablen jeweils ins Bewusstsein rücken, sie geben die Regeln vor, nach denen diese Variablen verhandelt

---

[38] Antonio Damasio, Descartes' Irrtum, S. 175.
[39] Pauen/Roth, Freiheit, Schuld und Verantwortung, S. 102; Kursive T. G.

werden, und sie sind maßgeblich an der emotionalen Bewertung dieser Variablen beteiligt.[40]

Singer zeigt hier, weshalb das Unbewusste solche Macht haben soll: Die Prägungen wirken wie ein Filter, der, einer Zensurbehörde ähnlich, vorab nur das zur Erkenntnis freigibt, was mit den unbewussten Prägungen, Wertungen und Wissensinhalten übereinstimmt. So wird der einzelne Mensch unausweichlich zu einer ständigen Bestätigung seines vorgegebenen Seins.

Das früh Erlernte und Internalisierte ist, dass sei noch einmal betont, wesentlich auch ein emotionaler Prägungsprozess, in welchem die von der Gesellschaft vermittelten Werte, Überzeugungen, Wissensinhalte und Erlebnisse mit Gefühlen besetzt werden. Der daraus entstehende unbewusste, emotional ›aufgeladene‹ Seelenteil wird nun von den Hirnforschern zum allmächtigen Akteur im Geiste ernannt, welcher auch die Vernunft fest in der Hand hält und prinzipiell nicht mehr auf sie angewiesen ist. Diesem Diktum folgend macht Damasio aus einem zeitlichen Primat einen systematischen:

Und da das, was zuerst da ist [d. i. das ›Gefühlssystem‹], ein Bezugssystem für das liefert, was danach kommt, bestimmen Empfindungen nicht unwesentlich, wie der Rest des Gehirns und die Kognition ihre Aufgaben wahrnehmen. Ihr Einfluß ist immens.[41]

Ebenso definiert Gerhard Roth die Vernunft als einen Erfüllungsgehilfen für unsere stets unbewusst und emotional aufkommenden Wünsche und Ziele:

Das [emotionale] limbische System hat gegenüber dem rationalen corticalen System das erste und das letzte Wort. Das erste beim Entstehen unserer Wünsche und Zielvorstellungen, das letzte bei der Entscheidung darüber, ob das, was sich Vernunft und Verstand ausgedacht haben, jetzt so und nicht anders getan werden soll. Der Grund hierfür ist, dass alles, was Vernunft und Verstand als Ratschläge erteilen, für den, der die eigentliche Handlungsentscheidung trifft, emotional akzeptabel sein muss. [...] Die Chance der Vernunft ist es, mögliche Konsequenzen unserer Handlungen so aufzuzeigen, dass damit starke Gefühle verbunden sind, denn nur durch sie kann Verhalten verändert werden.[42]

---

[40] Wolf Singer, Selbsterfahrung und neurobiologische Fremdbeschreibung, S. 252.
[41] Antonio Damasio, Descartes' Irrtum, S. 219.
[42] Gerhard Roth, Aus Sicht des Gehirns, S. 162 f.

Unbewusstes und Gefühle im Spiegel der Gesellschaft

Und könnte man angesichts des letzten Satzes Hoffnung haben, die Vernunft könnte doch wenigstens eine kleine Rolle spielen, so wird diese Hoffnung sofort zunichte gemacht, denn »das limbische System entscheidet, in welchem Maße Verstand und Vernunft zum Einsatz kommen.«[43]
Die unbewussten Prozesse also, die uns bestimmen, sind gleichzeitig emotionale Prozesse. Sie wurden geformt durch die Gesellschaft und durch kindliche Erlebnisse, und nun formen sie ihrerseits die Vernunft, welcher nur noch bleibt, Strategien zu entwickeln, die dem Unbewussten gerecht werden. Entgegen dem ersten Modell, welches die Emotion ihrem Sein nach auch in Abhängigkeit zur Vernunft setzt, entspricht das zweite Modell der Theorie des Unbewussten, welche in den Abschnitten 3.2 und 3.3.1 geschildert wurde; die zwei Modelle stehen dabei in direktem Widerspruch zueinander.

Moral also verkommt nicht nur zum Instrument des Überlebens und der Erreichung egoistischer Ziele, sondern auch zu einem stets relativen Regelwerk. Sie ist abhängig von der jeweiligen Kultur, der individuellen Erfahrung und Sozialisation. Der Mensch, der die determinierende Kraft von Materie, Gesellschaft und Normen nicht bemerkt, weil sie aus dem generell vorgängigen Unbewussten stammt, handelt wie einer, der in Ketten gelegt dasteht, nun aber behauptet, da seien keine Ketten: Er habe doch selbst entschieden, dort zu stehen. Die Gesellschaft, die ihn in Ketten gelegt hat, hat ihm auch seine Rationalität, Verantwortlichkeit und Freiheit eingeredet.

Wir Menschen stehen in einem Erklärungs- und Legitimationszwang unseres Handelns, der uns bereits in der frühen Kindheit vermittelt wird und der je nach soziokulturellem Kontext verschieden ausfällt. Wir lernen, wie wir möglichst plausibel unsere Handlungsweisen erklären, und diese Erklärungen müssen nicht mit den tatsächlichen Motiven bzw. Ursachen unseres Handels identisch sein (und sind dies häufig auch nicht).[44]

Was dieser Mensch für Realität hält, nämlich sein Ich, seine Fähigkeit, frei und rational mit Wissen umzugehen, seine Verantwortlichkeit und die Leistung, sein Handeln aus Einsicht selbst zu gestalten, verliert seine Realität und wird zu einer geglaubten Zuschreibung, einem kulturellen Konstrukt, einer bloß sozialen Realität.

---

[43] Gerhard Roth, Aus Sicht des Gehirns, S. 164.
[44] Gerhard Roth, Worüber dürfen Hirnforscher reden, S. 233.

Gefühle, Vernunft und die Rolle der Gesellschaft

Ich [sic!] halte das Ich für ein soziales Konstrukt.[45]

Ganz ähnlich Kempermann:

Der freie Wille gehört wie die Menschenwürde in die Kategorie der Konstrukte, die Zuschreibungen sind.[46]

Diese »ultimative Illusion«[47] einer verantwortlichen, rationalen, moralischen Person ist also ein Naturprodukt: die evolutionäre Absicherung des Menschen vor der Zerstörung der Gesellschaft – seines Überlebensinstrumentes – durch seine eigene, zweite, wilde Natur.

Wir glauben, dass wir alle freie Entscheidungen treffen. Sonst würde unsere Kooperationsbereitschaft zusammenbrechen.[48]

---

[45] Wolfgang Prinz, Der Mensch ist nicht frei, S. 23.
[46] Gerd Kempermann, Infektion des Geistes. Über philosophische Kategorienfehler, in: Christian Geyer (Hg.), Hirnforschung und Willensfreiheit. Zur Deutung der neuesten Experimente, Frankfurt a. M. 2004, S. 235–239, S. 236. Dazu auch Wolf Singer, Selbsterfahrung und neurobiologische Fremdbeschreibung, S. 245: »Eine weitere Voraussetzung für die Konstitution eines Selbst, das sich frei wähnt, so mein Vorschlag, ist die soziale Interaktion.«
[47] Chris Frith, Wie unser Gehirn die Welt erschafft, S. 257.
[48] Chris Frith, Wie unser Gehirn die Welt erschafft, S. 257. Tatsächlich gibt es Versuchsreihen in der Psychologie, deren Ergebnisse (das mag wenig verwundern) nahelegen, dass mit der Überzeugung, der Mensch sei durch und durch bestimmt, im Individuum eine erhöhte Bereitschaft zu unmoralischen Handlungen einhergeht und *vice versa*. Überzeugungen führen nun einmal zu ihnen entsprechenden Handlungen. Dementsprechend müsste Frith sich wohl fragen, ob er nicht mit Aussprechen des oben zitierten Satzes zum Zusammenbruch unserer Kooperationsbereitschaft entscheidend beiträgt.

5. Wahrheit und Realität

5.1 Wider den Abbildrealismus

Die erkenntnistheoretische Position der Hirnforscher ist ebenso wie ihre Theorie vom Ich wesentlich von einem Antiplatonismus geprägt. So, wie Platon den Hirnforschern zufolge durch die Unmittelbarkeit seines Erlebens in der Introspektion das Ich zu einer real existierenden Substanz hypostasierte, wird bei Platon und in der Philosophiegeschichte auch der Rest der Realität als eine unzulässige Ontologisierung des Erlebens identifiziert. Der Vorwurf lautet stets, das unter subjektiven Erlebnisbedingungen Stehende werde zu einem objektiven Vorkommnis in der Welt gemacht – etwa, wenn die Logik zur Logik des Universums wird, wenn das im Geiste Angeschaute exakt dem entspricht, was es außen ist oder wenn dieses Anschauen der Dinge, wie sie wirklich sind, durch ein Heraustreten aus der platonischen Höhle der Phänomene herzustellen sei. Dieser Vorwurf impliziert auch – Gerhard Roth macht das deutlich – dass das, was Platon unter ›Wesen der Dinge‹ oder ›Idee‹ verstehe, mit einer Außenwelt, wie sie ›an sich‹ ist, gleichgesetzt wird:

Nach Platon können wir die Welt der Schatten in der Höhle verlassen und unter Anleitung der Philosophie die *Wesensschau* betreiben und die Dinge begreifen, wie sie wahrhaft sind. Dies aber ist unmöglich. Die Wirklichkeit ist die *einzige* Welt, die uns zur Verfügung steht. Wir können bewußtseinsmäßig nicht aus ihr heraustreten.[1]

Dieses Platon unterstellte naive Ontologisieren subjektiver Erkenntnismodi wird von Konstruktivisten oftmals mit Metaphysik gleichgesetzt. Ernst von Glasersfeld wirft etwa allen westlichen Philosophen vor, in diesem Sinne mehr oder weniger Metaphysiker zu sein:

---

[1] Gerhard Roth, Das Gehirn und seine Wirklichkeit, S. 333.

That is to say, they tried to gain knowledge of a real world by means that are not accessible to reason.[2]

Metaphysik wird so zu einem irrationalen, naiven Geplänkel degradiert, einem archaischen, der Religion ähnlichen Glaubenssatz, der in der Moderne nichts zu suchen hat. Der Anspruch der Metaphysik, für die Empirie die notwendigen Prinzipien und Grundlagen zu erkennen, welche als Prinzipien selbst nicht empirisch, sondern ›bloß‹ einsehbar sind, wird so ins Gegenteil verkehrt. Der vermeinte Gegenstand der Metaphysik, die Realität ›an sich‹, soll ja den Kritikern zufolge selbst etwas Empirisches, der (sinnlichen) Erfahrung Zugängliches sein! Metaphysik ist also hier dem Begriffe nach dem naiven Abbildrealismus gleichgesetzt, dem sie doch als *Meta*physik nun gerade gegenübersteht.[3] Man meint also, mit der Sicht aufräumen zu müssen, die Introspektion, die Unmittelbarkeit des Erlebens, gebe die Realität wieder, wie sie wahrhaft ist.

Nachdem die Seele auf diese Weise ihrer (objektiven) Existenz beraubt wurde und sich durch die vielen unbewussten Prozesse prinzipiell nicht vollständig erfassen lässt bzw. sich dem Zugriff entzieht, muss nun ermittelt werden, was die Hirnforscher unter Realität und Welt (als Bezugspunkt und Gegenstand von Erkenntnis und Wahrheit) verstehen – und welches Verständnis von Realität und Wahrheit sie verwerfen.

5.2 Konstruktion und Welt an sich

Am Anfang steht hier die Erkenntnis, die schon die Seinsweise des Ichs bestimmte: Die Wirklichkeit ist ein Hirnphänomen. Das bedeutet, das, was wir als objektive Außenwelt unterschieden von unserem

---

[2] Ernst von Glasersfeld, Farewell to Objectivity, in: Systems Research 13/3 (1996), S. 279–286, S. 281.
[3] Kaulbach schreibt, »die Metaphysik begreift sich selbst als Wissen, welches seinen eigenen Wissenschaftscharakter und demgemäß auch denjenigen der anderen Wissenschaften bestimmt. Anders gesagt: Es geht darum, die Kriterien und Maßstäbe für Wissenschaftlichkeit überhaupt zu erkennen und sich selbst an diesem Maßstab zu messen.« (Friedrich Kaulbach, Einführung in die Metaphysik, Darmstadt 1991[5], S. 19f.) Unter dieser Rücksicht sind Metaphysik und Philosophie zwei Begriffe für ein und dasselbe: das Bemühen, Wissen – und damit Wirklichkeit – zu bestimmen. Platon, der den Terminus ›Metaphysik‹ noch nicht kennen konnte, benutzte dementsprechend auch das Wort ›Philosophie‹ für dieses Erkenntnisstreben.

Konstruktion und Welt an sich

›Ich‹ erleben, ist ein Produkt subjektiver, neuronaler, materieller Prozesse. Womit also hat es der Erkennende zu tun, wenn er sich mit den Gegenständen seiner (Um-)Welt beschäftigt? Mit etwas Äußerem, mit etwas, was ein im wörtlichen Sinne dem Subjekt als Gegenstand Gegenüberstehendes ist? Beziehen wir uns also auf eine Welt, die uns als Subjekte beherbergt, eine Welt, in der wir als Teil vorkommen? Doch in welcher Form kommen die Dinge, sollten sie außen sein, zu uns?

Eigentlich, folgt man den Hirnforschern, hat es das Subjekt nie mit einem äußeren Ding zu tun. Fasst es einen Tisch an, werden in ihm die taktilen ›Daten‹ in Form neuronaler Prozesse verarbeitet. Alles, was es in und an der Hand lokalisiert, verarbeitet das Gehirn in Form von physiko-chemischen Prozessen. Sieht das Subjekt den Tisch, sieht es eben nicht *ihn*. Was es vermeintlich mit den Augen außen, von ihm selbst unterschieden, lokalisiert, erzählt das Gehirn. Jeder Eindruck, der von unseren doch scheinbar nach draußen, auf die Erfassung einer Außenwelt gerichteten Sinnen aufgenommen wird, steht uns nicht anders zur Verfügung als als neuronales Erregungsmuster. Das heißt, allem, was wir aus der Perspektive der ersten Person erleben, denken oder wahrnehmen, korreliert ein Zustand des Gehirns, nicht etwa ein äußerer Gegenstand:

> Dem Gehirn als einem *neuronalen System* sind nur seine eigenen Erregungen gegeben [...].[4]

Im selben Sinne äußert sich auch Damasio:

> Diese verschiedenen Spielarten – Wahrnehmungsbilder, Erinnerungsbilder einer realen Vergangenheit und Erinnerungsbilder von Plänen für die Zukunft – sind Konstruktionen, die das Gehirn Ihres Organismus vornimmt. Mit Sicherheit wissen Sie nur, daß sie für Sie selbst real sind und daß andere Geschöpfe vergleichbare Bilder produzieren.[5]

Daraus folgt, dass wir rein materialiter nicht ermitteln können, ob das, was unseren mentalen – und somit neuronalen – Prozessen zugrunde liegt, sich in irgendeiner Weise adäquat zum gemeinten Gegenstand verhält. Die Außenwelt selbst kommt nicht in den Kopf. *Was* wir irgendwo lokalisieren, basiert auf einem neuronalen Erregungsmuster, *wo* wir es lokalisieren, genauso, *dass* wir es lokalisieren und dass *wir* es lokalisieren.

---

[4] Gerhard Roth, Das Gehirn und seine Wirklichkeit, S. 104.
[5] Antonio Damasio, Descartes' Irrtum, S. 141.

Hat man diese Virtualität des Außen, basierend auf Hirnprozessen, durchschaut, versteht es sich von selbst, dass das Erleben der Wirklichkeit von psychisch-neuronalen Anomalien beeinflusst werden oder manipuliert werden kann – etwa indem man psychoaktive Drogen nimmt oder die jeweiligen Hirnareale mit elektrischen Impulsen reizt, denn *das* ist die Sprache des Gehirns.[6] Daraus folgt ebenso, dass die verschiedenen Sinnesmodalitäten nur im *Erleben* ihre unterschiedlichen Qualitäten haben. Tatsächlich verhält es sich so, dass »die verschiedenen Sinnesbahnen und -systeme *dieselbe* ›Sprache‹ benutzen, daß also ein im auditorischen und ein im visuellen System ausgelöstes Aktionspotential gleich sind.«[7] Letztlich zeigt nur noch der Ort der hirninternen Prozesse an, mit welcher Art Sinneseindruck wir es zu tun haben[8], der neuronale Code selbst ist neutral[9]. Der Gedanke der *adaequatio* von Gegenstand und Erkenntnis könnte also ad acta gelegt werden, denn »[e]s gibt keine eindeutige Beziehung zwischen Umweltreizen und gehirninternen Prozessen.«[10] Wir müssen nun zwangsläufig zugeben, dass wir die Dinge nicht so wahrnehmen und erkennen, wie sie wirklich sind, sondern dass wir es mit subjektiven *Modellen* der Wirklichkeit zu tun haben.

Bliebe man konsequent bei dieser Argumentation der totalen Virtualität, wäre die Konsequenz ein ›weltvernichtender‹ Solipsismus; die Realität, Sein und Wirklichkeit wären tatsächlich dann ein rein aus dem subjektiven Bewusstsein oder Erleben Hervorgehendes, eine *Konstruktion* meiner selbst ohne sicher auszumachende Entsprechung einer Welt. Real wäre in diesem Sinne nur mein Erleben, nicht aber die Welt und auch nicht mein Leib, da auch er lediglich ein Phänomen des Erlebens ist. Doch die Hirnforscher bleiben mitnichten bei der totalen Virtualität der Welt stehen. Jene ist stattdessen nur ein subjektiver *Modus* der – nun doch – real existierenden Welt und Umwelt, welche über die Sinne in hirninterne Erregungszustände ›übersetzt‹ wird: Der Virtualität wird die Transduktion zur Seite gestellt und so eine Dichotomie aufgemacht zwischen einer phänomenalen Welt der Erscheinung und der *zugrundeliegenden*, nicht zugäng-

---

[6] Vgl. zu durch Krankheiten und Manipulation hervorgerufenen Halluzinationen Chris Frith, Wie unser Gehirn die Welt erschafft, S. 29–44 oder Gerhard Roth, Das Gehirn und seine Wirklichkeit, S. 111.
[7] Gerhard Roth, Das Gehirn und seine Wirklichkeit, S. 101.
[8] Gerhard Roth, Das Gehirn und seine Wirklichkeit, S. 101.
[9] Gerhard Roth, Das Gehirn und seine Wirklichkeit, S. 94.
[10] Gerhard Roth, Das Gehirn und seine Wirklichkeit, S. 100.

Konstruktion und Welt an sich

lichen Wirklichkeit, wie sie ›an sich‹, unabhängig vom erkennenden Betrachter ist. Die phänomenale Welt wird so im Subjekt zu einer von dessen Erkenntnisbedingungen überformten Version der Welt ›an sich‹.

Daß Wahrnehmung nicht Abbildung im naiven Sinne sein kann, war bereits den mittelalterlichen Philosophen klar. Sie nahmen wie die heutigen Physiologen eine Umsetzung, Transduktion, der Umweltreize in spezifische Erregungszustände an.[11]

Weshalb nun diese Inkonsequenz, neben dem – ausschließlichen – Erlebens- und Hirnphänomen ›Außenwelt‹, d.h. neben der totalen Virtualität der Wirklichkeit, eine unabhängig vom Hirn existierende Außenwelt zu postulieren? Werfen wir also einen Blick darauf, was mit phänomenaler Realität und Wirklichkeit ›an sich‹ gemeint ist. Zunächst reihe ich einige Zitate, welche in ähnlicher Form in der entsprechenden Literatur immer wieder auftauchen, aneinander, um dann die darin enthaltenen Thesen und Gemeinsamkeiten zu analysieren.

Unsere kognitiven Funktionen beruhen auf neuronalen Mechanismen, und diese sind ein Produkt der Evolution. Nun deutet wenig darauf hin, dass die evolutionären Prozesse darauf ausgelegt sind, kognitive Systeme hervorzubringen, welche die Wirklichkeit so vollständig und objektiv wie nur möglich zu erfassen oder [...] gar die Tiefenstrukturen hinter den Phänomenen zu erkennen vermögen. Im Wettbewerb um Überleben und Reproduktion kam es vorwiegend darauf an, aus der Fülle im Prinzip verfügbarer Informationen nur jene aufzunehmen und zu verarbeiten, die für die Bedürfnisse des jeweiligen Organismus bedeutsam sind. Wie die hohe Selektivität und Spezialisierung unserer Sinnessysteme ausweist, betrifft dies nur einen winzigen Ausschnitt der uns inzwischen bekannt gewordenen Welt. [...] Zusätzlich zu dieser Optimierung der Signalaufnahme kam es darauf an, die verfügbare Information möglichst schnell in zweckmäßige Verhaltensreaktionen umzusetzen. Umfassende Weltbeschreibungen sind dem kaum dienlich.[12]

Teile unseres Nervensystems [...] sind befähigt, Erleben hervorzubringen, ein Konstrukt, das gelegentlich ›inneres Weltmodell‹ genannt wird. Man mag darüber spekulieren, warum die Evolution ein System hervorgebracht hat, das nicht die ›Realität‹, sondern etwas Artifizielles abbildet.[13]

---

[11] Gerhard Roth, Das Gehirn und seine Wirklichkeit, S. 100.
[12] Wolf Singer, Selbsterfahrung und neurobiologische Fremdbeschreibung, S. 235.
[13] Holk Cruse, Ich bin mein Gehirn, S. 223.

Wahrheit und Realität

> Es gibt eine bemerkenswerte Übereinstimmung der Konstruktionen, die verschiedene Individuen von den wesentlichen Aspekten der Umwelt anfertigen [...]. Wäre unsere Organismen unterschiedlich beschaffen, dann wären auch die Konstruktionen, die wir uns von der Welt um uns her anfertigen, verschieden. Wie die ›absolute‹ Wirklichkeit ist, wissen wir nicht und werden es wohl auch nie wissen.[14]
>
> Wahrnehmung ist stets selektiv, erfaßt nie die ›ganze Wahrheit‹ im philosophischen Sinn, weil so etwas für das Überleben völlig irrelevant ist. Die Welt wird nur in dem Maße erfaßt, in dem Merkmale und Prozesse der Welt für einen Organismus überlebensrelevant sind.[15]
>
> [Unser Gehirn] ist nicht dazu geschaffen, die absolute Wahrheit über diese Welt – was immer das sein mag – zu erkennen, sondern nur seinem Träger ein Überleben darin zu ermöglichen.[16]

Die Hirnforscher betonen also, die einzige Realität, zu der wir Zugang hätten, sei das aus neuronalen Prozessen emergierende subjektive Erleben und damit ein Konstrukt des Gehirns. Somit ist selbstverständlich auch die Unterscheidung von Innen- und Außenwelt oder Subjekt und Objekt eine solche Konstruktion. Da wir keine Perspektive außerhalb dieses Erlebens einnehmen können, ist die Wirklichkeit dieser Unterscheidung (unabhängig vom Erleben) nicht zu prüfen. *Dennoch* wird eben diese Trennung von Subjekt und Außenwelt aufrechterhalten und als *ontologische* Bestimmung eingeführt. Nun gibt es real und bewusstseinsunabhängig das Erkenntnissubjekt, das Individuum als Teil der Welt; es bewegt sich erkennend in der Welt. Somit existiert auch die – materielle – Außenwelt ›an sich‹ als bewusstseinsunabhängige, sie wird nur durch die Sinne und Erkenntnisprozesse zu einem ›inneren‹ Repräsentanten verfälscht, umgeformt und nach Bedürfnissen kategorisiert. Weshalb sage ich ›verfälscht‹? Weil die phänomenale Welt im Bewusstsein als *defizitär* gegenüber der Realität ›an sich‹ charakterisiert wird. Man führe sich vor Augen, welche Gegensätze in den zitierten Abschnitten ins Feld geführt werden: Die bewusstseinsunabhängige Wirklichkeit ›an sich‹ wäre, hätte man Zugriff darauf, vollständig, objektiv und absolut; sie ist in ihrer Vollständigkeit eine Fülle, die ganze Wahrheit, die absolute Wahrheit und die umfassende Weltbeschreibung. Dem stehe unser inneres Weltmodell gegenüber: unvollständig, selektiv, ein winziger Ausschnitt, ein defizitäres ›Nur‹, zudem noch artifiziell (gegenüber

---

[14] Antonio Damasio, Descartes' Irrtum, S. 141.
[15] Gerhard Roth, Das Gehirn und seine Wirklichkeit, S. 85.
[16] Franz Wuketits, »Moral ist nur die Summe aller Regeln«, S. 12.

dem Nicht-Artifiziellen, Realen) und eine Konstruktion (gegenüber dem Nicht-Konstruierten, Realen). Doch mit unserem Erkenntnisapparat bleibt uns leider die Erkenntnis der Wirklichkeit ›an sich‹ versagt, wir wissen nicht, wie sie ist und werden es nie wissen, wir sind dafür schlechterdings nicht geschaffen. Uns wird seitens der Hirnforscher, das ist festzuhalten, ein unmögliches, unerreichbares Ideal der Wahrheit präsentiert: die Außenwelt als vollständig und objektiv Gegebenes (und allein dadurch erkennbar), dabei jedoch bewusstseinsunabhängig, unabhängig vom Erkennenden, von menschlicher Wahrnehmung und Konstitution.

Als *Grund* für die Unfähigkeit, die absolute Wahrheit in Form der Welt an sich zu erfassen, wird die Genese des Erkenntnisapparates durch evolutionäre Anforderungen angeführt. Dieser Erkenntnisapparat sei ein Überlebensinstrument eines bestimmten Organismus und als solcher selektiv durch eben dieses Überlebensinteresse präformiert, was die vollständige Erkenntnis der objektiven Realität verhindere. Wir sehen also, dass der Naturbegriff der Hirnforscher auch den Wahrheits- und Erkenntnisbegriff bestimmt. Neben der Tatsache, dass die erkenntnisunabhängige Wirklichkeit ›an sich‹ den Status eines Erkenntnisideals gewinnt, enthält gerade die Begründung des menschlichen Erkennens und Erlebens durch die Evolution weitere Implikationen bezüglich der ontologischen Bestimmung der Welt ›an sich‹.

1. Mit der Aussage, dass die Evolution die Erkenntnis, das Gehirn, den Erkenntnisapparat und das Erleben formt, wird die *Metaaussage* über das Erleben getätigt, Evolution und damit auch das naturhafte Geschehen und seine Materialität und Kausalität seien *Bedingung* für alles subjektive Erleben. Da aber die Bedingung (Evolution) für das Erleben nicht im Erleben selbst liegen kann (sonst wäre sie umgekehrt durch das Erleben bedingt), liegt sie außerhalb und wird zu etwas *Realem*, einem Teil der Welt an sich. Ausdrücklich werden ja sowohl die Evolution als auch die Emergenz des Erlebens aus Materie und die Determination materiellen Geschehens als unhintergehbare Tatsache, nicht etwa als subjektives oder überholbares Konstrukt, angeführt.

2. Da die Außenwelt durch die subjektiven Erkenntnisbedingungen eines individuellen Organismus ›verformt‹ wird, mag sein Erleben nicht exakt der Welt ›an sich‹ entsprechen. Außer Frage steht aber, dass der individuelle Organismus – das Individuum – als *Bedingung dieser Transformation vom Außen ins Innen* real

– als Teil der Welt ›an sich‹ – existieren muss. Zudem unterliegt der Organismus in der Folge dann auch den Prinzipien der realen Natur.
3. Da das Individuum mit seinem Hirn, in welchem die Umformung der absoluten Realität zu einem inneren Erleben stattfindet, *real* sein muss, weil dies die Bedingung für einen solchen Vorgang ist; da Evolution, Naturgeschehen, Kausalität und Materialität *real* sein müssen, weil dies die Bedingungen für den Organismus und alles Erleben sind, ergibt sich, dass die bewusstseinsunabhängige, *unerkennbare Welt ›an sich‹* doch erkennbar ist (auch wenn uns vielleicht nicht alles offenbar ist), dass die Welt ›an sich‹ eigenständige, von der individuellen Erkenntnis unabhängige Wesen (Individuen, Organismen, Hirne, Evolution usw.) enthält. Und daraus folgt wiederum, dass diese Wesen *exakt dem entsprechen*, als was sie dem Erkennenden als subjektivem Bewusstsein erscheinen. Dies betrifft nicht unbedingt die sinnlichen Qualitäten wie Farbe o. ä., sondern ihre eigenständige Seinsweise als von sich aus *bestimmte* materielle oder prinzipielle Einheiten.

Man reibt sich verwundert die Augen: Von diesem naiven Realismus, den man Platon, ja der abendländischen Philosophie im Ganzen, vorwirft, wollte man sich doch gerade absetzen![17] Während beim Großteil derjenigen, die die Hypothese der ›absoluten‹ Wirklichkeit vertreten, dies alles (tatsächlich nur) implizit vorhanden ist, kann man bei Gerhard Roth – umso bemerkenswerter – sogar Entsprechendes nachlesen. Man achte darauf, wie die phänomenale, erlebte Realität zu eine Verdoppelung der Realität ›an sich‹ (vor allem in physikalisch-biologischer Hinsicht) oder zur direkten Wiedergabe – abzüglich der sinnlichen Qualitäten – wird. Ich kennzeichne das real Existierende mit einem Ausrufungszeichen:

Ich habe davon gesprochen, daß das Gehirn die Wirklichkeit *hervorbringt* und darin all die Unterscheidungen entwickelt, die unsere Erlebniswelt ausmachen. Wenn ich aber annehme, daß die Wirklichkeit ein Konstrukt des Gehirns ist, so bin ich gleichzeitig gezwungen, eine Welt [!] anzunehmen, in der dieses Gehirn [!], der *Konstrukteur* [!], existiert. Diese Welt wird als ›objektive‹, bewußtseinsunabhängige oder transphänomenale Welt bezeichnet. […] In dieser Welt – so nehmen wir an – gibt es viele Dinge [!], unter

---

[17] So gibt auch Frith unumwunden zu: »Ich glaube, dass es eine reale physische Welt gibt.« (Chris Frith, Wie unser Gehirn die Welt erschafft, S. 45, Anm. 20)

anderem auch Organismen [!]. Viele Organismen haben Sinnesorgane [!], auf die physikalische [!] und chemische [!] Ereignisse als Reize [!] einwirken [!], und sie haben Gehirne, in denen aufgrund dieser Einwirkungen und interner Prozesse [!] eine phänomenale Welt [!] entsteht, eben die Wirklichkeit.[18]

Auch wenn Roth die bloße Annahme betont – wenn er zu dieser *gezwungen* ist, hilft es nicht mehr allzu viel, wenn er auf der folgenden Seite beteuert, man dürfe dies nicht »als eine Aussage über die tatsächliche Beschaffenheit der [transphänomenalen] Realität« missverstehen.[19] Der Begriff der Wirklichkeit wird von einem reinen Konstrukt in ein ›An sich‹, das wahrhaft und wirklich existiert, transformiert.

Wir müssen nun also annehmen, dass das Realitätsverständnis dieser Hirnforscher einerseits einen Realismus bezüglich der Natur beinhaltet. ›An sich‹, d. h. unabhängig vom menschlichen Erkennen, existiert die physische Natur mit ihren kausalen Wirkungen und ihren in der Evolution geformten Organismen, so dass die Erkenntnis dieser Wesen ›an sich‹ einer bloßen Wiedergabe des Bestehenden (einer *repraesentatio* bzw. *adaequatio* im Sinne einer vollständigen Anpassung von Erkenntnis und Existierendem) gleichkommt. Paradoxerweise beansprucht der Hirnforscher also, Naturerkenntnis zu betreiben in dem Sinne, wie er es den alten Metaphysikern vorwirft: als Erkenntnis der Realität ›an sich‹.[20] Andererseits haben wir es mit einem ›internen‹ Wirklichkeitsbegriff zu tun, der völlig virtuell und stets unvollständig, selektiv und interessengeleitet sei; hier ist ein

---

[18] Gerhard Roth, Das Gehirn und seine Wirklichkeit, S. 324.
[19] Gerhard Roth, Das Gehirn und seine Wirklichkeit, S. 325.
[20] Dieser Widerspruch lässt sich aber nicht nur in der Hirnforschung feststellen. Markus Gabriel beispielsweise schreibt: »Metaphysik kann man als den Versuch definieren, eine Theorie des Weltganzen zu entwickeln. Sie soll beschreiben, wie die Welt in Wirklichkeit ist, nicht, wie die Welt uns vorkommt, wie sie uns erscheint.« (Markus Gabriel, Warum es die Welt nicht gibt, S. 10) Diesen Weltbegriff, in der »all die Dinge und Tatsachen« ohne uns« oder auch »nur mit uns« existieren, lässt Gabriel aber nicht gelten: »[G]enau dieses Allumfassende, die Welt, gibt es nicht und kann es auch nicht geben.« (Ebd., S. 18) Nun muss er sich jedoch den Vorwurf gefallen lassen, selbst im von ihm verworfenen Sinne Metaphysik zu betreiben, denn er hat einen ziemlich genauen Begriff vom Wesen des Ganzen, wie es an sich (und nicht bloß als Sinnfeld aller Sinnfelder, ebd., S. 96 f.) ist: »Unser Planet ist nicht das Zentrum des kosmologischen und ontologischen Geschehens, sondern eine letztlich infinitesimal kleine Ecke […]. […] Aufs Ganze gesehen, ist es ziemlich egal, ob es uns gibt und was wir uns auf unsere Existenz einbilden.« (Ebd., S. 93 f.)

Wahrheit und Realität

Erkenntnisapparat am Werk, der konstruktiv verfährt, weil er erstens dem ursprünglichen Ding an sich etwas hinzufügt, was es selbst nicht hat (sinnliche Qualitäten, logische Einordnungen) und weil er zweitens die Unvollständigkeit seiner selektiven Erkenntnis im Sinne eines kohärenten Weltbildes eigenständig – doch leider fehlerhaft – ausgleicht (z. B. bei der Hervorbringung von Handlungsgründen).[21] Dieses Schwanken zwischen vollständiger Virtualität und der Erklärung der Welt an sich zur Wahrheit ist aber mehr als verständlich. Es kann für den Theoretiker, für den Erkennenden überhaupt, unbefriedigend sein, wenn ein Denken, das Wahrheit in dem Sinne erlangen will, dass es erkennt, was *wirklich ist*, ausgebremst wird: indem ihm vorgehalten wird, eine vor jeder begrifflichen Erfassung stehende Wirklichkeit als Bezugspunkt und Gewähr für das Erkennen sei eine Chimäre. Besteht ein solcher Anspruch oder Wunsch eines denkenden Wesens, nämlich sich auf Wirklichkeit zu beziehen, kann derjenige konstruktivistische Wahrheitsbegriff, der auf bloß sprachlicher oder kultureller Ebene verbleibt, wie ein nicht eingelöstes Versprechen wirken.

Analog zu einem dem Ding an sich entsprechenden Wahrheitsverständnis muss jetzt der ›interne‹ Erkenntnisbegriff als Bestimmung der erlebnismäßig zugänglichen Umwelt analysiert werden. Wenn auch das Ideal der vollständigen, adäquaten Erfassung der absoluten Realität nicht erreichbar sei (und implizit *irgendwie* doch als Naturerkenntnis), so vertreten die Hirnforscher eine Art pragmatische Wahrheitstheorie, die nicht mit absoluten Erkenntnissen arbeitet, sondern mit potentiell überholbaren Hypothesen eines (prinzipiell) defizitären Erkenntnisapparates. Dabei gilt es zunächst, nachzuvollziehen, wie die Hirnforscher die Konstitution von Erkenntnisgegenständen darstellen. Wie also wird eine Erkenntnis hergestellt und welcher Art sind damit zusammenhängende Prozesse wie Denken oder sinnliches Empfinden? Wie entsteht *Bedeutung* als deutende und ordnende Erfassung der Realität an sich? In einem späteren Schritt stelle ich dann die Frage, welche Geltungs- oder Wahrheits-

---

[21] Als Beispiel für eine solche Konstruktion eines kohärenten Weltbildes wird immer wieder angeführt, dass Vorwissen ohne Überprüfung vorausgesetzt wird. So können Änderungen in der Erfahrungswelt übersehen werden, weil man sich eine teilweise ›vorgefertigtes‹ Bild der Umwelt besitzt. (Vgl. Wolf Singer, Selbsterfahrung und neurobiologische Fremdbeschreibung, S. 236; Chris Frith, Wie unser Gehirn die Welt erschafft, S. 53 f. und 111; Gazzaniga/Heatherton/Halpern, Psychological Science, S. 284; Gerhard Roth, Das Gehirn und seine Wirklichkeit, S. 269)

ansprüche neben der relativistischen Sichtweise auf die ›interne‹ oder phänomenale Erkenntnis erhoben werden.

5.3 Beschreibungen des Erkenntnisprozesses

Davon zu sprechen, dass die von mir angeführten Hirnforscher diesbezüglich alle dieselbe Theorie vertreten, wäre anmaßend, schon deshalb, weil sich nicht alle im selben Maße der Erkenntnis- und Wahrheitsfrage ›innerhalb‹ der Erkenntnis widmen. Doch will ich die Äußerungen, auf die man allenthalben stößt, herausgreifen und analysieren. Das Ergebnis, das die verschiedenen Theorien eint, will ich allerdings schon vorwegnehmen: Es scheint große Verwirrung bei den jeweiligen Autoren zu herrschen. Diese Verwirrung, das folgt ja auch schon aus der Theorie der Welt ›an sich‹, betrifft vor allem die spezifischen Leistungen der an der Erkenntnis beteiligten Vermögen (wie Sinne und Denken), einen daraus resultierenden unklaren Sprachgebrauch, sowie die Frage, *worauf* sich eigentlich eine Erkenntnis bezieht (oder was ein Erkenntnisgegenstand ist). Wir werden sehen, dass *ontologisch* und *epistemologisch* mit der Idee der Welt ›an sich‹, der Vorstellung ihres eigentümlichen Verhältnisses zum Individuum sowie mit der Erkenntnistheorie unreflektierte, auch einander widersprechende Thesen vorgebracht werden, welche, beschäftigt man sich mit der neurowissenschaftlichen Erkenntnistheorie, dann auch typisch genannt werden müssen. Um zu verdeutlichen, dass diese Widersprüche in ein und demselben Theoriegebäude vorkommen, greife ich drei Neurowissenschaftler heraus und gehe nacheinander auf ihre jeweilige Erkenntnistheorie ein, d. h. ich suche Textstellen heraus, in denen sie einen Erkenntnis- und Denkvorgang zu rekonstruieren versuchen. Dem Anspruch nach haben wir es hier ja mit einem Thema zu tun, das – neben dem Leib-Seele-Problem – ein ureigenes und ausgezeichnetes Forschungsfeld der Neurowissenschaft darstellt.

5.3.1 Antonio Damasio

Damasio nähert sich der Erkenntnisfrage, indem er den Menschen analog zu einem Computer definiert. So wie der Computer nach der Reihenfolge *input-processing-output* verfährt, gebe es beim Menschen ein Eingabesystem (›input‹ sectors), ein zwischengeschaltetes informationsverarbeitendes System und ein Ausgabesystem, welches die »Ergebnisse« der eingegebenen Informationen und ihrer Verarbeitung ›ausspuckt‹ (›output‹ sectors).[22] Der Input ist beim Menschen die neurale Aktivität, welche die verschiedenen Sinne im Hirn auslösen und welche dann zu sinnlichem Erleben werden. Das informationsverarbeitende System ist der Sitz des angeborenen und erworbenen Wissens; mit ihm werden die Sinnessignale geordnet und interpretiert. Die Ausgabe als Endresultat sind dann mentale Repräsentationen, Handlungen, Entscheidungen, geistige und körperliche Dispositionen. So einfach das klingt – hier schleichen sich Unklarheiten darüber ein, was eigentlich die Leistung des jeweiligen Systems ist. Ich zitiere nun die Sätze, die die entsprechenden Leistungen beschreiben sollen und kommentiere sie. Zunächst unterscheidet Damasio die Leistung des informationsverarbeitenden Systems von der des Eingabesystems: Das Gehirn habe

die Fähigkeit, Vorstellungsbilder zu erzeugen und sie in einem Prozeß zu ordnen, den wir als Denken bezeichnen. (Die Bilder sind nicht nur visuell, es können auch ›Lautbilder‹, ›olfaktorische Bilder‹ und so fort sein.)[23]

Hier ist also die Leistung des Eingabesystems, die neurale Grundlage für Sinnesempfindung zu liefern. Für die Sinnesempfindung mit ihren jeweiligen Erlebnisqualitäten wird der Terminus ›Vorstellungsbild‹ (image) verwendet.[24] Das Denken ist ein Prozess, der sich auf diese fertigen, sinnlichen Bilder richtet und sie ordnet. Wenig später folgt eine weitere Definition:

Was geschieht in diesen ›zwischengeschalteten‹ [d. h. informationsverarbeitenden] Strukturen […]? Die Antwort lautet, daß die Aktivität dort, zusammen mit der in den Ein- und Ausgabefeldern, ständig unsere Vorstellungsbilder erschafft und heimlich mit ihnen hantiert.[25]

Nun sind die Vorstellungsbilder keine sinnlichen Erlebnisse mehr, auf welche sich das Denken erst richtet. Vielmehr werden sie von *allen* Systemen – d. h. Sensorik, Wissen, Denken, Motorik, Emotionen etc.

---

[22] Antonio Damasio, Descartes' Irrtum, S. 133 f. und 136 f. Englische Originalausgabe: S. 92 ff.
[23] Antonio Damasio, Descartes' Irrtum, S. 131.
[24] Siehe auch Antonio Damasio, Descartes' Irrtum, S. 142 f. Englische Originalausgabe: S. 98 ff.
[25] Antonio Damasio, Descartes' Irrtum, S. 136.

Beschreibungen des Erkenntnisprozesses

etc. – erst *geschaffen* und ergeben sich aus dem Zusammenspiel aller Systeme. Das bedeutet, dass die Vorstellungsbilder plötzlich zum Träger aller möglichen geistigen Leistungen werden, bzw. ein Produkt all dieser Leistungen sind. Der direkt folgende Satz verwirrt daher umso mehr:

Auf der Grundlage dieser Vorstellungen [...] können wir die Signale interpretieren, die in den frühen sensiblen Rindenfeldern eingehen, so daß wir sie als Begriffe organisieren und kategorisieren können.[26]

Hier existieren die Vorstellungen schon *vor* der Kategorisierung durch das zwischengeschaltete System. Völlig unklar bleibt zudem, welcher Natur diese Grundlage in Form von Vorstellungen ist und was es heißt, mit ihr die (neuralen, sinnlichen) Signale zu *interpretieren*. Doch der nächste Schritt bringt erneut eine Modifikation mit sich. Wieder geht es darum, dass die zwischengeschalteten Regionen der ›Sitz‹ des Wissens sind:

Mit Hilfe dieses Wissens werden die motorische Ausgabe und die geistige Ausgabe, die Vorstellungsbilder, aus denen unsere Gedanken bestehen, geordnet und gehandhabt.[27]

Nun sind die Vorstellungsbilder ein Teil des Ausgabesystems, also ein Ergebnis aus Sinnesempfindung und ihrer Ordnung; gleichzeitig findet nun die Ordnung des zwischengeschalteten Systems erst *nach* Eingabe, Verarbeitung und Ausgabe statt. Weiterhin finden wir in dem Satz eine Definition von ›Gedanke‹: Er sei eine *Ansammlung* von Vorstellungsbildern, welche eigentlich ausschließlich sinnlicher Natur sind, da sie »unmittelbar und ausschließlich [...] in den frühen Rindenfeldern stattfinden.«[28] (Bei Ausfall eines frühen sensorischen Rindenfeldes »einer gegebenen Sinnesmodalität [...] verschwindet die Fähigkeit, in dieser Modalität Vorstellungsbilder [= sinnliches Erleben] zu bilden.«[29]) Der ›Gedanke‹ wird folglich zu einer Agglomeration von Sinneserlebnissen!

Abgesehen davon also, dass völlig im Dunkel bleibt, was eigentlich wo und wann geschieht, müssen wir zu einem Schluss kommen: Am Anfang des Erkenntnisprozesses steht ein sinnliches Bild genauso wie es zwischengeschaltet und am Ende steht. Vorstellungsbilder

---

[26] Antonio Damasio, Descartes' Irrtum, S. 136.
[27] Antonio Damasio, Descartes' Irrtum, S. 137.
[28] Antonio Damasio, Descartes' Irrtum, S. 142.
[29] Antonio Damasio, Descartes' Irrtum, S. 143.

Wahrheit und Realität

sind einerseits völlig unspezifische Sinneserlebnisse, andererseits bestimmtes Faktenwissen:

> Das Faktenwissen, das für Denken und Entscheiden erforderlich ist, wird in Form von Vorstellungsbildern geliefert.[30]

Das Denken hingegen ist mal ein bloßes Ordnen von Sinneseindrücken, mal ein Verarbeiten von Faktenwissen und somit (da Faktenwissen erforderlich für Denken sei!) nicht selbst am Aufbau dieses Wissens beteiligt. Mit andern Worten: Was Wissen und Erkenntnis sind, sowie welche Rolle damit verbundene Prozesse wie ›auf den Begriff bringen‹, ›Kategorisieren‹, ›Sinnesempfindungen haben‹ einnehmen, beantwortet Damasio nicht. Diese Unklarheiten bezüglich der Prozesse, die an der Erkenntnis beteiligt sind, lassen sich auch an anderer Stelle zeigen, wo Damasio abermals versucht, einen Erkenntnisprozess in seinem Ablauf nachzuvollziehen. Hier soll die Entstehung und Natur der Vorstellungsbilder, welche das Faktenwissen sind und auf welches das Denken erst zurückgreift, beschrieben werden:

> Wenn Sie die Herbstlandschaft durchs Fenster betrachten, der Musik lauschen, die im Hintergrund spielt, die Finger über eine glatte Metalloberfläche gleiten lassen oder diese Wörter Zeile um Zeile die ganze Seite hinunter lesen, dann nehmen Sie wahr und bilden dabei Bilder verschiedener Sinnesmodalitäten. Deshalb bezeichnet man die dabei entstandenen Bilder als *Wahrnehmungsbilder (perceptual images)*.[31]

Was meint Damasio nun mit ›Bild‹? Bloße Sinneseindrücke, die nicht unterschieden und zugeordnet sind? Oder sind die Wahrnehmungsbilder bereits Bilder von unterschiedenen Gegenständen (z. B. ›glattes Metall‹)? Es folgt im Anschluss:

> Doch Sie können Ihre Aufmerksamkeit von der Landschaft, der Musik, der Metallfläche oder dem Text abwenden und an etwas anderes denken. Vielleicht schweifen Ihre Gedanken jetzt zu Tante Gretel, dem Eiffelturm, der Stimme von Placido Domingo oder dem, was ich gerade über Vorstellungsbilder gesagt habe. Auch jeder dieser Gedanken setzt sich aus Bildern zusammen, gleichgültig, ob sie in erster Linie aus Formen, Farben, Bewegungen, Tönen, gesprochenen oder unausgesprochenen Wörtern bestehen. Diese Bilder [...] nennt man *Erinnerungsbilder (recalled images)* [...].[32]

---

[30] Antonio Damasio, Descartes' Irrtum, S. 140.
[31] Antonio Damasio, Descartes' Irrtum, S. 140. Englische Originalausgabe: S. 96.
[32] Antonio Damasio, Descartes' Irrtum, S. 140. Englische Originalausgabe: S. 97.

Ganz eindeutig meint Damasio *nicht* bloße Sinneseindrücke, denn es geht hier um jetzt oder in der Vergangenheit *unterschiedene* und *erkannte* Gegenstände. Diese unterschiedenen Gegenstände sind das Faktenwissen, das »für Denken [...] erforderlich ist«[33] – sie sind selbst also nicht etwa durch Denken entstanden; doch ist der Gedanke, der den Erkenntnisgegenstand beinhaltet (oder sich auf ihn richtet), nichts weiter als eine *Zusammensetzung von Bildern*, das heißt schierer sinnlicher Eindrücke, wie Damasio sie ja auch aufzählt. Wem das kompliziert erscheint, der wundert sich zurecht, denn was sich so einfach liest, erweist sich bei genauerem Hinsehen als eine ziemlich verworrene Gleichsetzung von Erkenntnis und Sinneseindruck und als Verabschiedung des Denkens aus dem Erkennen.[34]

Das Bild als anderer Ausdruck für den Gedanken, ohne zu klären, was das Bild für Voraussetzungen hat und ob es wirklich die Erkenntnis *ist* – mit diesen Problemen hat dann auch Michael Gazzaniga zu kämpfen.

5.3.2 Michael Gazzaniga

Das Kapitel *Thinking and Intelligence* beginnen M. Gazzaniga und seine Co-Autoren im Standardwerk *Psychological Science* mit einer Frage: »*What is the nature of thought* [...]?«[35] Eine erste Antwort wird sogleich geliefert:

---

[33] Antonio Damasio, Descartes' Irrtum, S. 140.
[34] Das bestätigt auch eine Lektüre des später verfassten Buches *Ich fühle, also bin ich*: »Mit dem Begriff ›Vorstellungen‹ meine ich mentale Muster mit einer Struktur, *die sich aus den Elementen der Sinnesmodalitäten zusammensetzt* – der visuellen, auditorischen, olfaktorischen, gustativen und somatosensorischen. [...] Vorstellungen aller Modalitäten sind ›Abbildungen‹ von Prozessen und Dingen der verschiedensten Art, konkreten wie abstrakten. Vorstellungen sind auch ›Abbildungen‹ der physikalischen Eigenschaften von Dingen, manchmal auch ihrer räumlichen und zeitlichen Beziehungen sowie ihren Wirkungen. Kurzum, der Prozess, den wir als Geist bezeichnen, wenn Vorstellungen infolge des Bewusstseins zu den unseren werden, ist ein ununterbrochener Fluss von Vorstellungen, die vielfach, wie sich herausstellt, in logischer Beziehung zueinander stehen. [...] ›Denken‹ ist kein schlechtes Wort zur Bezeichnung eines solchen Vorstellungsflusses.« (Antonio Damasio, Ich fühle, also bin ich. Die Entschlüsselung des Bewusstseins, übers. v. Hainer Kober, München 2000, S. 382 f.; Kursive T. G.)
[35] Gazzaniga/Heatherton/Halpern, Psychological Science, S. 332.

Wahrheit und Realität

The preceding two chapters discussed how we learn and remember information. But once we have acquired information, how do we use it? This chapter is concerned with how we use information when we think [...].[36]

Information wird hier als Voraussetzung und Material des Denkens eingeführt. Sie wird *erst* erworben und *danach* (beim Denken) benutzt. Es lohnt sich also ein Blick in (nicht nur) die genannten vorangehenden Kapitel, um zu klären, was denn die Informationen sind, welche vom Hirn repräsentiert werden und auf welche das Denken zurückgreift bzw. sie manipuliert.[37] Das Problem dabei ist: Was in den vorherigen Kapiteln *Sensation and Perception*, *Learning* und *Attention and Memory* Gazzaniga zufolge an Information gelernt und gespeichert wird, setzt bereits so viel an geistiger Aktivität und Vermögen voraus, dass der Leser nicht weiß, welche Aufgabe dem Denken als *Rückgriff* auf diese Information noch zukommen soll. Explizit ist ja das Denken ein Benutzen und Manipulieren fertiger Information und somit an ihrem Aufbau und Erwerb nicht beteiligt! Die angesprochenen Kapitel tragen jedoch nicht besonders viel zur Klärung dessen, was diese Informationen *sind*, bei, denn unter den Terminus ›Informationen‹ fällt hier schlicht *alles*. Einfachste Konditionierung, also bloße Verknüpfung zweier Ereignisse ohne jedes Verstehen fällt genauso darunter[38] wie einfaches Nachahmen[39]; kompliziertes Verstehen von Ereignissen, auch verbunden mit Nachahmung und Beobachtung ist Lernen von Informationen[40], ebenso die Vermittlung kulturellen Wissens[41]. Damit soll nicht gesagt sein, dass alles falsch wäre, was wir da lesen, sondern dass im Hinblick auf eine Bestimmung dessen, was und was (noch) nicht Denken ist, die Terminologie hier mehr als sorglos verwendet wird. Dies zeigt sich auch im Kapitel zum Thema Gedächtnis: Die Informationen, auf welche das Denken erst noch zurückgreifen soll, reichen von einfachsten Sinnesdaten[42] bis zu den alle Erfahrung umfassenden episodischen und semantischen Gedächtnissen[43] (alles umfassend, da hier das persönlich erlebte und mit Bedeutung versehene und das unabhängig von persönlicher

---

[36] Gazzaniga/Heatherton/Halpern, Psychological Science, S. 333.
[37] Gazzaniga/Heatherton/Halpern, Psychological Science, S. 333.
[38] Gazzaniga/Heatherton/Halpern, Psychological Science, S. 237 ff.
[39] Gazzaniga/Heatherton/Halpern, Psychological Science, S. 263.
[40] Gazzaniga/Heatherton/Halpern, Psychological Science, S. 261.
[41] Gazzaniga/Heatherton/Halpern, Psychological Science, S. 261.
[42] Gazzaniga/Heatherton/Halpern, Psychological Science, S. 290.
[43] Gazzaniga/Heatherton/Halpern, Psychological Science, S. 296.

Beschreibungen des Erkenntnisprozesses

Erfahrung erworbene Wissen Platz haben). Auch die Assoziationsnetzwerke, welche die Organisationsform des Gedächtnisses für Informationen sein sollen[44] sind schon Ausdruck einer durchbestimmten, unterschiedenen Welt in all ihren Bedeutungsfacetten, Klassifizierungen und ›Wesen‹. – Doch noch darf hier nicht gedacht worden sein!

Dass für das Denken wenig zu tun übrig bleibt, liegt vor allem am Gebrauch des Informationsbegriffes und – ähnlich wie bei Damasio – an der Unschärfe der Überlegungen hinsichtlich dessen, was Sinnlichkeit zur Erkenntnis beiträgt. So erweist sich das Kapitel zu Sinneserleben und Wahrnehmung auch als das wichtigste, wie Gazzaniga et al. selbst später bestätigen:

As discussed in chapter 5, we obtain all our information about the world through our senses.[45]

In Kapitel 5 ist aber damit etwas ganz anderes gemeint, nämlich zunächst nur, dass der einzige *Zugang* zur Welt unsere Sinne sind, dass wir also ohne jegliche Sinnesempfindung ›weltlose‹ Wesen wären.[46] Damit ist *nicht* gesagt, dass alle Informationen durch die Sinne erhalten und begründet werden könnten. Doch diese Unschärfe setzt sich in eben diesem Kapitel zur Sinnesleistung fort. Zunächst wird erklärt, wie wir aufgrund chemisch-physikalischer Veränderungen in den Sinnesorganen zu einem unbestimmten (bloßen) sinnlichen Erleben kommen:

Sensation is our sense organs' detection of and response to external stimulus energy (light, air, vibrations, odors, and so on) and how those responses are transmitted to the brain. It is an elementary experience such as colour or motion without the more complex perceptual experience of what is being seen or what is moving.[47]

Mit dieser komplexeren Perzeption (nicht etwa dem Denken) werde nun Bedeutung in Form innerer Repräsentationen rund um diese elementaren sinnlichen Qualitäten aufgebaut:

---

[44] Gazzaniga/Heatherton/Halpern, Psychological Science, S. 301 f.
[45] Gazzaniga/Heatherton/Halpern, Psychological Science, S. 287.
[46] Gazzaniga/Heatherton/Halpern, Psychological Science, S. 180: »*Try to imagine what it would be like to go through most of your life, as Helen Keller did, without being able to see or hear. Further, try to imagine what it would be like to be not only blind and deaf but also unable to smell, unable to taste, and unable to feel pain or temperature. […] you would know no world beyond your body's boundaries.*«
[47] Gazzaniga/Heatherton/Halpern, Psychological Science, S. 180.

> *Perception* is the brain's further processing of these detected signals that results in internal representations of the stimuli – representations that form a conscious experience of the world. Whereas the essence of sensation is detection, the essence of perception is construction of useful and meaningful information about a particular environment.[48]

Das direkt folgende Beispiel jedoch wirft alles wieder um und nivelliert den Unterschied zwischen *sensation* und *perception*, indem die bloße sinnliche Qualität die Leistung der *perception* sein soll:

> For example, a green light emits photons that are detected by specialized neurons in the eyes, which transmit signals to the brain (sensation). The brain processes those neural signals, and the observer experiences a green light (perception).[49]

Im diesen Vorgang darstellenden Schaubild ist aber wieder alles anders, denn hier ist *perception sowohl* die bloße sinnliche Erfahrung des grünen Lichts *als auch* die Generierung von Bedeutung (es als ein Zeichen zum Weiterfahren zu deuten).[50] Es dürfte mittlerweile deutlich geworden sein, dass wir es hier offenbar mit verschiedenen Arten von Informationen zu tun haben und die Sinne *eigentlich* nichts anderes als elementare sinnliche Qualitäten als Informationsgehalt liefern sollen. Die bedeutungshafte Erfassung der Welt aber wird dem Informationsaufbau zugerechnet, der (noch) nicht Denken ist. Wenn ohne Denken nun bereits die finale »*useful and meaningful information*« über die Welt gewährleistet ist – dann ist die Frage, was für das Denken an Aufgaben bleibt, berechtigt. Werfen wir also einen Blick in das Kapitel, das dem Denken gewidmet ist.

Geht man von der Prämisse aus, dass das Hirn Informationen repräsentiert, stellt sich die Frage, welcher *Form* diese Repräsentationen sind; hier unterscheidet Gazzaniga zwei Formen, welche grundlegend für das menschliche Denken seien: die analoge und die symbolische Repräsentation oder, mit anderen Worten, Bilder und Wörter.

> We use two basic types of representations, *analogical and symbolic*, which usually correspond to images and words, respectively. […] [T]hey form the basis of human thought.[51]

---

[48] Gazzaniga/Heatherton/Halpern, Psychological Science, S. 180.
[49] Gazzaniga/Heatherton/Halpern, Psychological Science, S. 180.
[50] Gazzaniga/Heatherton/Halpern, Psychological Science, S. 180.
[51] Gazzaniga/Heatherton/Halpern, Psychological Science, S. 334.

Beschreibungen des Erkenntnisprozesses

Die analoge Repräsentation ist – wie bei Damasio – ein sinnliches Vorstellungsbild, das »*some of the physical characteristics of an object*«[52] trägt und deshalb analog zum Objekt sei. Als Beispiele werden die Vorstellung einer Zitrone, eines Zeitungsfotos oder einer Landkarte von Afrika angeführt. Symbolische Repräsentationen dagegen sind Begriffe, die selbst mit den physischen Eigenschaften des Gemeinten nicht in Beziehung stehen wie die Repräsentation »Violine«.[53] Nun sind solche Repräsentationen aber schon fertige Erkenntnisgegenstände. Kann ich mir auf Kommando eine Zitrone vorstellen, oder weiß ich, wenn ich das Wort »Violine« ausspreche, sofort, was gemeint ist, ist die eigentliche Arbeit des Erkennens offenkundig schon getan, sodass hier Bild und Begriff nur noch eine Art mnemotechnische Funktion erfüllen und mir das zuvor Unterschiedene ›anzeigen‹. Das *Ergebnis* des Erkenntnisvorgangs als *Grundlage* des Denkens zu proklamieren (»*basic of human thougt, intelligence, and the ability to solve everyday life's problems*«[54]), mag hier noch als unglücklich gelten, da nicht klar ist, was mit ›*basic*‹ gemeint ist: Ist es eine Grundlage, auf der das Denken erst stattfindet oder selbst eine grundlegende Form des Denkens? Für beide Versionen gibt es Belege im Text (s.o.). In beiden Fällen ist jedenfalls das *Zustandekommen* der Repräsentationen, wie es Gazzaniga versteht, wichtig. Wenn er meint, die grundlegenden Formen der Erkenntnis gefunden zu haben, kann er diesen Vorgang erklären? Kann er also den Weg zu einem unterschiedenen Gegenstand, manifestiert in Bild oder Wort, nachzeichnen?

For example, pause while reading this sentence and think about a lemon. What form did your »lemon« thought take? Did you pull up an image that resembled an actual lemon, with its yellow and waxy, dimpled skin?[55]

Zunächst gelte, dass das Zustandekommen einer solchen analogen Repräsentation – etwa diese allgemeine Vorstellung einer Zitrone –, nicht durch das Benutzen von konzeptuellem, begrifflichem Wissen erklärt werden könne.

But are all representations of objects analogical? Could they instead be simple representations based on factual knowledge about the world: Lemons

---

[52] Gazzaniga/Heatherton/Halpern, Psychological Science, S. 334.
[53] Gazzaniga/Heatherton/Halpern, Psychological Science, S. 334.
[54] Gazzaniga/Heatherton/Halpern, Psychological Science, S. 334.
[55] Gazzaniga/Heatherton/Halpern, Psychological Science, S. 334.

(1) are yellow and (2) have dimpled, waxy skin, so perhaps instead of visualizing a lemon you recalled its attributes without a visual image [...]?⁵⁶

Gazzaniga verwirft diese Möglichkeit mit dem Argument, dass Experimenten zufolge bei bildlichen Vorstellungen der »*primary visual cortex*« aktiv sei und damit dasselbe Areal, das zuständig ist, wenn man wirklich etwas sieht.⁵⁷ Nun ist das aber weder ein Argument, welches widerlegt, dass eine Art konzeptuelles Wissen das allgemeine Vorstellungsbild *bedingt,* noch gibt es Hinweise zu dessen Zustandekommen. Der Erklärungsversuch geht jedoch noch weiter:

> Such studies have shown that when you retrieve information from memory, as when you recall a picture you recently saw in a newspaper, the representation of that picture in your mind's eye parallels the representation in your brain the first time you saw the picture.⁵⁸

Man muss sich fragen, ob dieses Beispiel noch dasselbe veranschaulicht wie das Beispiel der allgemeinen Vorstellung einer Zitrone. Versuche ich, wie beim bestimmten Zeitungsbild, mir einen ganz bestimmten Gegenstand aus der Vergangenheit ins Gedächtnis zu rufen, ist die Vorstellung von einer Zitrone überhaupt wohl doch etwas anderes. Oder meint Gazzaniga, die Vorstellung von einer Zitrone überhaupt sei der ersten Zitrone meines Lebens entlehnt? Dessen ungeachtet treffen wir wieder auf das alte Problem: Dass ich mir dieses bestimmte Bild vorstellen kann, setzt voraus, dass ich es nicht bloß das erste Mal sinnlich erfasst, sondern auch in seiner Bedeutung als Bild und als Bild von etwas unterschieden habe. Wenn also Gazzaniga meint, dem Denken auf die Spur zu kommen, indem er einige Gedanken mit vorgestellten Bildern gleichsetzt (»[*A*]*t least some thoughts take the form of mental images.*«⁵⁹), so betrachtet er stets das fertige Erkenntnisprodukt (bzw. vielleicht eher eine Gedächtnisstütze für die Erkenntnis). Was am ehesten der Schilderung des Zustandekommens einer analogen Repräsentation gleicht, verrät dann auch, mit welcher Inkonsequenz das Verhältnis von Sinnlichkeit und Denken gedacht wird:

---

⁵⁶ Gazzaniga/Heatherton/Halpern, Psychological Science, S. 335.
⁵⁷ Gazzaniga/Heatherton/Halpern, Psychological Science, S. 335.
⁵⁸ Gazzaniga/Heatherton/Halpern, Psychological Science, S. 335.
⁵⁹ Gazzaniga/Heatherton/Halpern, Psychological Science, S. 335.

We can represent only a limited range of knowledge analogically. If something cannot be perceived wholly by our perceptual system, we cannot form a complete analogical representation of it.⁶⁰

Drehen wir den Konditionalsatz um: ›Wenn etwas von unserem Wahrnehmungssystem vollständig erfasst werden kann, können wir eine komplette analoge Repräsentation davon bilden.‹ Da analoge Repräsentationen im ersten Satz des Zitats mit Wissen gleichgesetzt werden, generell aber mit Bildern, so folgt: Wissen ist sinnlich und wird über die Sinne aufgenommen, zumindest, was den analogen Teil des Denkens betrifft. Sollte Gazzaniga hier jedoch mit ›*perceptual system*‹ nicht im engeren Sinne die Sinnessysteme, sondern ein System meinen, das mit dem Aufbau von ›*meaningful and useful information*‹ betraut ist (das ist, wie oben beschrieben, völlig unklar), wirft das sein Konzept der analogen Repräsentation um. – Denn nun wäre die analoge Repräsentation kein Bild mehr, das von der symbolischen Repräsentation unterschieden werden könnte.⁶¹

Was wir in jedem Fall vorerst festhalten können, ist die Verwirrung, die Gazzaniga beim Psychologiestudenten, der ja die Zielgruppe seines Buches bildet, stiften muss: Die Sinne liefern wahlweise alles Weltwissen oder nur rein sinnliche Erfahrung; Wissen ist wahlweise ein bloßes Bild oder vielleicht mehr; und das, was hier mit Denken betitelt wird, die *visual representation*, gehörte eigentlich, bedenkt man das Kapitel zur Sinneswahrnehmung, zu den Informationen, die noch *vor* dem Denken stehen sollen.

Doch vielleicht ist Gazzanigas Beschreibung der zweiten Form des Denkens – nämlich in Begriffen – besser gelungen. Vielleicht liefert diese eher eine Erklärung für die im Begriff sich manifestierende Erkenntnis eines Gegenstandes. Zunächst bestimmt Gazzaniga das Wesen des Begriffs, der symbolischen Repräsentation, als »*grouping things based on shared properties*«⁶², was gleichbedeutend mit Kategorisierung sei.⁶³ Diese Kategorisierung in Begriffe anhand gemein-

---

⁶⁰ Gazzaniga/Heatherton/Halpern, Psychological Science, S. 335.
⁶¹ Freilich gibt es auch bei Gazzaniga die Mischung von analogen und symbolischen Merkmalen in einer Repräsentation (Gazzaniga/Heatherton/Halpern, Psychological Science, S. 336). Doch ist das symbolische Wissen hier keines, das das analoge bedingte oder dafür *notwendig* wäre. Das symbolische kommt zum analogen *hinzu* und liefert weitere Informationen über den schon bildlich ›erschlossenen‹ Gegenstand. (Ebd.)
⁶² Gazzaniga/Heatherton/Halpern, Psychological Science, S. 336.
⁶³ Gazzaniga/Heatherton/Halpern, Psychological Science, S. 336.

samer Eigenschaften folge nun drei Verfahrensweisen oder Modellen: (1.) dem *defining attribute model*[64], (2.) dem *prototype model*[65] und (3.) dem *exemplar model*[66].

Das erste Modell scheint vielversprechend, trägt es doch dem Umstand Rechnung, dass ein Objekt, um erkannt zu werden, unter Kategorien subsumiert werden muss, sofern es die notwendigen Attribute, die eine Kategorie vorgibt, erfüllt. Sehen wir ein Tier mit zwei Beinen, Flügeln, Federn und Schnabel, können wir es beispielsweise ziemlich sicher als Vogel bestimmen; andere Kriterien können wir nach demselben Prinzip für allgemeinere (Wirbeltier) oder speziellere (Amsel) Kategorien verwenden. Damit ist ein erster Schritt zu distinkten Einheiten im Erkenntnisprozess geleistet, auch wenn die zuvor genannten Unklarheiten bezüglich der Sinne, der analogen Repräsentationen und Informationen unaufgelöst bleiben. Doch Gazzaniga erachtet dieses Modell des Denkens als hochdefizitär, da es das Denken nicht wesentlich erfasse:

> Although the defining attribute model is intuitively appealing, it fails to capture many key aspects of how we organize things in our heads.[67]

Seine Kritik lautet, dass dieses Modell der Bestimmung von Gegenständen durch Kategorien und ihre notwendigen Attribute unflexibel sei und die Möglichkeit einer starken, eindeutigen Zuordnung von Begriff und Gegenstand suggeriere.[68] Tatsächlich aber – und hier erscheint wieder die Relativität des defizitären menschlichen Erkennens – seien Zuordnungen oft nur mit sich ständig verschiebenden Kategoriengrenzen, Ausnahmen, verschwommenen Attributen möglich. So würden etwa die meisten Leute *(»most people«!)* ›kann fliegen‹ als notwendiges Attribut für ›Vogel‹ ansetzen, obwohl doch Pinguine flugunfähig *und* Vogel seien.[69] Ein Löffel und eine Säge würden für gewöhnlich nicht *(»usually not«!)* als Musikinstrumente kategorisiert, obwohl doch manche sie als solche nutzten.[70] Oder der Definition nach *(male* und *unmarried)* wäre ein Junggeselle gleichermaßen der 16-jährige Junge, ein seit 25 Jahren in fester Beziehung lebender

---

[64] Gazzaniga/Heatherton/Halpern, Psychological Science, S. 337.
[65] Gazzaniga/Heatherton/Halpern, Psychological Science, S. 338.
[66] Gazzaniga/Heatherton/Halpern, Psychological Science, S. 339.
[67] Gazzaniga/Heatherton/Halpern, Psychological Science, S. 337.
[68] Gazzaniga/Heatherton/Halpern, Psychological Science, S. 337 f.
[69] Gazzaniga/Heatherton/Halpern, Psychological Science, S. 337.
[70] Gazzaniga/Heatherton/Halpern, Psychological Science, S. 337.

Mann und ein promiskuitiver Mittdreißiger.[71] Diese Beispiele sollen belegen, wie unscharf die vermeintlich starren und eindeutigen Kategorien seien.

Solche Beispiele belegen jedoch nichts: Das erste Beispiel geht von einer (legt man die Definition von ›Vogel‹ in der Biologie zugrunde) falschen Attribuierung aus, was die Eindeutigkeit der Kategorie ›Vogel‹ ergo nicht widerlegt. Das zweite Beispiel besagt lediglich, dass ein und derselbe Gegenstand mehreren Kategorien angehören kann, nicht aber, dass Kategorie oder Zuordnung falsch wären. Das dritte Beispiel arbeitet wieder mit falschen Attributen: Gazzaniga nennt als Definition von ›bachelor‹ (Junggeselle) eine aus einem ungenannten Wörterbuch stammende Formulierung: »*a male who has not married*«[72]. *Male* als Substantiv kann als *Mann* übersetzt werden; das *Oxford Advanced Learner's Dictionary of Current English* definiert eindeutiger: »*unmarried man*«. Gazzaniga verändert seine Definition jedoch sofort entscheidend, indem er den Artikel von *male* weglässt: »[...] *so this concept's defining attributes would be* male *and* unmarried [...].«[73]

Dass er den 16-jährigen Jungen als potentielles Mitglied der Kategorie ›Junggeselle‹ ansieht, liegt also daran, dass er aus dem Substantiv *a male* das Adjektiv *male* macht, was, unabhängig vom Alter, hier einfach nur ›männlichen Geschlechts‹ heißt. So unscharf ist die Kategorie eigentlich nicht. Sie beinhaltet schon das eigentlich heiratsfähige Alter. Dass sie aber auch bestimmte kulturelle Vorstellungen impliziert, da sie in einer Zeit entstand, in der wilde Ehen nicht üblich waren, zeigt die Nennung des seit langer Zeit sich in Partnerschaft befindenden Mannes. Die Kategorie ist ja durchaus heutigen Gegebenheiten angepasst, so dass sie in diesem Falle nur im Scherz angewendet würde. Kurzum: Mit diesen fehlerhaften Beispielen wird nicht verdeutlicht, weshalb kategoriale Zuordnung manchmal so schwierig ist; zudem erweist sich gerade anhand der Beispiele die hohe Flexibilität des *defining attribute models*. Weshalb Gazzaniga es als starre Form des Denkens charakterisiert, ist nicht ersichtlich. Was später noch zu klären ist, ist freilich, ob Flexibilität und vielfältige Bestimmungsmöglichkeiten auch gleich Wahrheit als feste Erkenntnis unmöglich werden lassen. Gazzanigas Herangehensweise

---

[71] Gazzaniga/Heatherton/Halpern, Psychological Science, S. 337 f.
[72] Gazzaniga/Heatherton/Halpern, Psychological Science, S. 337.
[73] Gazzaniga/Heatherton/Halpern, Psychological Science, S. 337.

jedenfalls öffnet der Beliebigkeit Tür und Tor – das könnte aber auch an seinen Fehlern liegen, nicht an dem verwendeten Modell selbst.

Zunächst aber führt Gazzaniga mit den zwei übrigen Denkmodellen Alternativen, so nennt er es[74], zum *defining attribute model* ein, um aufzudecken, wie der Mensch denkt und erkennt. Das *prototype model* geht davon aus, dass unsere Kategorien (z. B. Vogel) tatsächlich mittels prototypischer Repräsentanten dieser Kategorien (z. B. Rotkehlchen) gedacht werden.[75] Diese Prototypen seien je nach Vertrautheit kulturell abhängig, denn für einen Australier etwa sei der Kiwi prototypischer als das Rotkehlchen. Hier geht es also darum, dass das Denken das beste, prägnanteste oder gewöhnlichste Beispiel einer Kategorie repräsentiere und dieser Prototyp dann seinerseits als flexibler Maßstab für die kategoriale Einordnung von Objekten diene – der Prototyp wird also selbst zur Kategorie erklärt, für die er stehen soll, nun aber nicht mehr mit notwendigen, sondern mit charakteristischen Attributen.

Es mag ja nicht falsch sein, dass man, soll man einen Repräsentanten einer Kategorie benennen, prototypische Antworten gibt – und nichts anderes besagt das Experiment, das Gazzaniga als Beleg für das Denkmodell anführt (siehe Anhang I, Abb. 2). Das heißt aber nicht, dass Denken gleichzusetzen mit Denken in Prototypen ist. Doch über Denken und Erkenntnis lernen wir wenig, da auch an dieser Stelle das Zustandekommen der Prototypen ungeklärt bleibt. Auch hier ist der Prototyp ja schon ein fertiges Erkenntnisprodukt: Um zu wissen, was an dem Rotkehlchen das typische Vogelsein ausmacht (weshalb es also überhaupt für die Kategorie Vogel herangezogen werden kann), was die Amsel im Unterschied zum Rotkehlchen ausmacht usw., ist ein Unterscheidungsprozess vonnöten, welcher dem Prototypen vorausgehen muss! Da das prototypische Denken aber eine *Alternative* zum *defining attribute model* sein soll, kann es die Unterscheidung nach notwendigen Attributen nicht sein. Dass wir also Prototypen im Denken verwenden, will ich nicht bestreiten. Dass diese jedoch als Erkenntnismaßstab oder Begriff des Denkens selbst dienen, ist nicht möglich, da sie selbst eine Kategorie und die Erkenntnis dieser Kategorie voraussetzen.

---

[74] Gazzaniga/Heatherton/Halpern, Psychological Science, S. 338.
[75] Gazzaniga/Heatherton/Halpern, Psychological Science, S. 338. Ohne es anzuführen, beziehen die Autoren sich hier u.a. auf Untersuchungen von Eleanor Rosch und anderen aus den Siebzigern.

Ähnliches gilt für das *exemplar model* der Erkenntnis von Gegenständen. Im Gegensatz zum *prototype model* übernimmt hier nicht ein bestimmter, bester Repräsentant einer Kategorie die Rolle der Kategorie, sondern alle Exemplare, die man als einer Kategorie zugehörig erfasst hat.

For instance, your representation of dogs is made up of all the dogs you have encountered in your life. If you see an animal in your yard, you compare this animal with your memories of other animals you have encountered. If it most closely resembles the dogs you have encountered [...], you conclude it is a dog.[76]

So komme man zu einer unscharfen, verworrenen *(»fuzzy«)* Repräsentation dessen, was ein Hund ist. Auch sie trage prototypische Züge an sich, weil sie vornehmlich aus den Exemplaren zusammengesetzt wird, die man öfter antrifft.[77] Doch dieses Modell enthält dieselbe Unzulänglichkeit wie das *prototype model:* Um die vielen Objekte (Hunde) einer Kategorie (Hund) zuordnen zu können, muss schon das Wissen um die Kategorie und ihre definitorischen Merkmale vorausgesetzt werden, da man wissen muss, welche Eigenschaften des Prototyps und der Exemplare nicht relevant für die kategoriale Zuordnung sind. Die Kategorie als Ergebnis einer induktiven Sammlung von Merkmalen und Individuen zu charakterisieren ist also ein Ding der Unmöglichkeit, da die Auswahl der relevanten Merkmale selbst durch die Kategorie bedingt ist. Doch auch für das *exemplar model* soll gelten, dass es eine *Alternative* zum *defining attribute model* darstellt.

Abgesehen davon, dass wir entgegen Gazzanigas Anspruch nun weder wissen, was Denken dem Wesen und Ablauf nach ist, noch was (Objekt-)Erkenntnis ist, will ich auf ein grundlegendes Problem im Kapitel *Thinking and Intelligence* hinweisen, welches Gazzanigas unzulängliche Reflexion des Denkbegriffs verdeutlicht. Gazzaniga benennt verschiedene Phänomene, die im Denken oder in der Erkenntnis eine Rolle spielen, etwa Sinnlichkeit, sinnliche Vorstellungen, Kategorisierung, das Benutzen von Prototypen. Später im Kapitel folgen *Schemata*, die etwas *völlig anderes* als Objekterkenntnis sein sollen und die die Orientierung in komplexen Alltagssituationen steuern[78]; wiederum später folgen *reasoning, decision making* und

---

[76] Gazzaniga/Heatherton/Halpern, Psychological Science, S. 339.
[77] Gazzaniga/Heatherton/Halpern, Psychological Science, S. 339.
[78] Gazzaniga/Heatherton/Halpern, Psychological Science, S. 339 f.

problem solving als von der Objekterkenntnis verschiedene (und darauf aufbauende) Phänomene.[79] Was stets versäumt wird, ist, all diese Phänomene auf ihre Bedingungen abzufragen, um so erstens ihre Relevanz und Rolle im Denkprozess zu ermitteln und zweitens ihre möglichen Gemeinsamkeiten zu erkennen. Besonders den verbindenden Merkmalen der Erkenntnis physischer Objekte (wie einem Hund) und nichtphysischer (wie etwa ›Freiheit‹) wird keine Beachtung geschenkt. Wie Gazzaniga und seine Co-Autoren es angehen, hat der Begriff des Denkens Ähnlichkeit zu dem des Ichs: nämlich die Eigentümlichkeit, nur eine Ansammlung lose verbundener einzelner Phänomene zu sein, welche ein inneres Prinzip vermissen lassen. Damit schwindet aber auch die Berechtigung, das Denken als etwas Substantielles anzusehen, denn dann gibt es nicht *das* Denken, so wenig wie es *das* Ich gibt.

5.3.3 Gerhard Roth

Abschließend wollen wir einen kurzen Blick auf Gerhard Roths Beschreibungen des Erkenntnisvorganges werfen. Wie Damasio und Gazzaniga geht Roth, um den Vollzug einer Erkenntnis oder Objektkonstitution zu erklären, zuerst von der Sinnlichkeit aus und definiert den Begriff Wahrnehmung: Die »Wahrnehmung kann grundsätzlich nur diejenigen Merkmale von Dingen oder Prozessen erfassen, die aufgrund physikalischer Eigenschaften bestimmte Sinneszellen erregen.«[80] Ausdrücklich ist also Wahrnehmung nichts weiter als die Empfindung eines puren Sinneseindrucks (etwa die völlig unbestimmte Sinnesqualität eines Geräusches), denn die Erregung bestimmter Sinneszellen ist nur Grundlage für solche sinnlichen Qualitäten – anderes wird von der Wahrnehmung nicht erfasst. Zu einem späteren Zeitpunkt präzisiert Roth diese Aussage, doch schreibt er nun der Wahrnehmung völlig neue Eigenschaften zu, welche sich schlecht mit der Einfachheit und Ausschließlichkeit der ersten Definition vertragen. Zu Beginn des Wahrnehmungsprozesses stehe, wie gehabt, die Erregung der Sinneszellen. Die Sinnesrezeptoren bewirkten eine »Zerlegung der physikalisch-chemischen Um-

---

[79] Gazzaniga/Heatherton/Halpern, Psychological Science, S. 342 ff.
[80] Gerhard Roth, Das Gehirn und seine Wirklichkeit, S. 79 f.

weltgeschehnisse in *Elementarereignisse*.«[81] Diese Elementarereignisse können verstanden werden als die Verarbeitung der spezifischen physikalischen Eigenschaften, auf welche die jeweiligen Sinne ›reagieren‹, also »im visuellen System Wellenlänge und Intensität des einfallenden Lichts, im auditorischen System Frequenz und Stärke der Schallwellen.«[82] Sie seien »das einzige, was für die weitere Verarbeitung zur Verfügung steht; alle anderen Wahrnehmungsinhalte müssen hieraus vom Nervensystem [in Absetzung zur Realität ›an sich‹] erschlossen oder *konstruiert* werden.«[83] Was nun (im nächsten Satz) folgt, ist eine Liste von konstruierten Wahrnehmungs*inhalten* (also das, was die Wahrnehmung erfasst):

Dies gilt nicht nur für das Wahrnehmen komplexer Gestalten und Szenen, sondern auch für uns elementar erscheinende Wahrnehmungsinhalte wie der Ort, die Farbe oder der Kontrast von visuellen Objekten.[84]

Unter der Hand wird uns nun eine Definition von Wahrnehmung gegeben, in welcher Wahrnehmung weit mehr leistet als bloß ununterschiedene Sinnesqualitäten zu liefern, denn plötzlich werden auch komplexe Gestalten und Szenen wahrgenommen, d. h. eine nach ›Wesen‹ und zusammenhängenden Abläufen geordnete und unterschiedene Realität. Wie aber kommt diese Erkenntnis, die ja auf irgendeine Weise die Ordnung nach bedeutungshaften Aspekten birgt, zustande? Wieder erläutert dies der direkt anschließende Satz:

Diese Konstruktion der Wahrnehmungswelt geschieht [...] innerhalb der automatisiert und unbewußt ablaufenden präkognitiven Phase der Wahrnehmung durch *Vergleich* und *Kombination* von Elementarereignissen. Dies bedeutet die Schaffung neuer Information im Sinne von *Bedeutung*.[85]

Nun fragt man sich zurecht, wie durch den Vergleich und die Kombination *sinnlicher Intensitätsparameter* (nichts anderes sind ja die Elementarereignisse) Bedeutung geschaffen werden soll. In der besagten ›präkognitiven‹ Phase konnte dementsprechend von Bedeutungsschaffung und Erkenntnis komplexer Gestalten und Szenen eigentlich auch gar keine Rede sein. In dieser Phase werden lediglich dem jeweiligen Sinn entsprechende Sinnesqualitäten erzeugt (also

---

[81] Gerhard Roth, Das Gehirn und seine Wirklichkeit, S. 250.
[82] Gerhard Roth, Das Gehirn und seine Wirklichkeit, S. 250.
[83] Gerhard Roth, Das Gehirn und seine Wirklichkeit, S. 250 f.
[84] Gerhard Roth, Das Gehirn und seine Wirklichkeit, S. 251.
[85] Gerhard Roth, Das Gehirn und seine Wirklichkeit, S. 251.

bloßes Hören, Sehen usw., ohne dass schon unterschieden wäre, *was* gehört, gesehen wird)[86] sowie darauf aufbauend bestimmte, auf sinnliche Qualitäten bezogene Konstanzleistungen. Dazu gehört etwa die Farbkonstanz (eine zusammenhängende Farbfläche trotz unterschiedlicher Lichtreflexion zu sehen), die Konstanz, sich bewegende Punkte als zusammengehörig zu sehen (also eine Art ›gemeinsames raum-zeitliches Schicksal‹ sich bewegender Teile beispielsweise eines Tieres), oder ein anhaltendes Geräusch über die Dauer als *konstantes* Geräusch zu hören.[87] Das alles hat mit *Bedeutung*, also z. B. der Identifikation eines krabbelnden Käfers *als* Käfer noch nichts zu tun, es sei denn man wollte das, was mit Bedeutung gemeint ist, unnötig verschleiern, indem sinnliche Qualitäten und einfachste Konstanzleistungen bereits mit Bedeutung gleichgesetzt werden. Dies führt immer wieder zu Aussagen, welche suggerieren, die Gegenstandserkenntnis sei eine Leistung der Sinnlichkeit:

Bei der Wahrnehmung von Gestalten und Szenen ist es die vornehmliche Aufgabe des visuellen Systems, zu entscheiden, welche lokalen Details sich in welcher Weise zu einem *sinnvollen Ganzen* zusammensetzen lassen.[88]

Ich nehme kaum an, dass Roth das genau so im geäußerten Sinne meint, denn er betont selbst, die »Faustregeln«, d. h. einfache Gestalt- und Konstanzgesetze, welche das visuelle System anwendet, würden lediglich »das wahrgenommene Bild schnell und einfach ordnen.«[89] Diese ersten Grundlagen (z. B. sich gemeinsam und in einer Richtung bewegende Bildpunkte) der Objekterkenntnis sind eben noch nicht die Erkenntnis. Zudem können auch, wie Roth es nennt, »höherstufige Wahrnehmungskriterien«[90] greifen, wenn diese Faustregeln nicht ausreichen, d. h. wenn das Erkenntnisobjekt wie so oft nicht durch klar definierte (etwa optische, perspektivische) Grenzen hervorgehoben ist.

---

[86] Vgl. Gerhard Roth, Das Gehirn und seine Wirklichkeit, S. 108–121.
[87] Dazu Gerhard Roth, Das Gehirn und seine Wirklichkeit, S. 175–177 und 254 sowie 258–261.
[88] Gerhard Roth, Das Gehirn und seine Wirklichkeit, S. 258. Solche Überfrachtung der Sinnesleistung findet sich auch immer wieder bei Wolf Singer, vgl. z. B. Selbsterfahrung und neurobiologische Fremdbeschreibung, S. 236: So seien unsere *Sinnessysteme* »hervorragend angepasst, um aus wenigen Daten sehr schnell die verhaltensrelevanten Bedingungen zu erfassen [...].«
[89] Gerhard Roth, Das Gehirn und seine Wirklichkeit, S. 258.
[90] Gerhard Roth, Das Gehirn und seine Wirklichkeit, S. 259.

Beschreibungen des Erkenntnisprozesses

Tatsächlich hat Roth auch noch eine ganz andere Verwendung des Begriffes ›Bedeutung‹, nämlich dort, wo es um das eigentliche Erkennen geht. So müsse ein Gegenstand, um erkannt zu werden, »als Element einer bestimmten Klasse von Gegenständen, d. h. *kategorial*, erkannt werden«[91]. Genau dieses kategoriale Erkennen aber (»Kategorisierung, Abstraktion, Generalisieren, Identifizierung und Interpretation«[92]) setzt er nun mit dem »Erfassen von Bedeutung« gleich.[93] Als Leser dürfte man jetzt erwarten, dass Roth genau auf diesen Vorgang der Kategorisierung einmal näher eingeht (wir wissen ja noch nicht, wie Erkenntnis zustande kommt), da es doch immerhin sein Ziel ist, den Erkenntnisvorgang zu klären, doch wird man an diesem entscheidenden Punkt weitgehend im Stich gelassen. Was also führt er zu diesem ›Erfassen von Bedeutungen‹ an, abgesehen von den eher vagen Begriffen ›Kategorisierung‹, ›Abstrahieren‹ usw., und Hirnregionen, in denen all dies sich vollzieht? Ein Schaubild, welches die Aspekte beinhaltet, die zur Erkenntnis eines Stuhls führen, ist das einzige, worauf wir uns hier stützen können (siehe Anhang I, Abb. 3).

Neben den ›präkognitiven‹ (visuellen) Aspekten wie Kantenorientierung, Umrissen, räumlicher Tiefe oder Kontrast, nennt Roth als Bedeutungsinhalte ›Lehne‹, ›Sitzfläche‹, ›Beine‹ und ›Stuhl‹, welche dann gemeinsam zum Wahrnehmungsinhalt ›Stuhl‹, also der Identifizierung des ganzen Gegenstandes als Stuhl, würden.[94] Die Beschreibung des Schaubildes unterläuft jedoch eben diese Identifikation durch die notwendigen Attribute, da sie viel zu unspezifisch ist. Da heißt es, zur Erkenntnis führe – neben den »visuellen Details« – die »Identifizierung (Kategorisierung) der Teile des Gegenstandes«[95]. Diesem Wortlaut nach wäre eine Erkenntnis unmöglich. Wie viele potentiell identifizierbare visuelle Details und kategorisierbare Teile hat denn ein noch unbestimmtes Etwas, das ich vor mir sehe? Man probiere dies einmal an dem Stuhl, auf dem man gerade sitzt, aber höre auf, wenn man auf der Ebene der Atome angekommen ist. Und woher weiß ich, welche visuellen Details, welche Teile den Stuhl zum Stuhl machen? Wie werden überhaupt die Attribute erkannt?

---

[91] Gerhard Roth, Das Gehirn und seine Wirklichkeit, S. 253.
[92] Gerhard Roth, Das Gehirn und seine Wirklichkeit, S. 254.
[93] Gerhard Roth, Das Gehirn und seine Wirklichkeit, S. 254.
[94] Gerhard Roth, Das Gehirn und seine Wirklichkeit, S. 255.
[95] Gerhard Roth, Das Gehirn und seine Wirklichkeit, S. 255.

Man muss also Roth attestieren, den Kern des von ihm adressierten Problems äußerst stiefmütterlich behandelt zu haben. Auch die Sorglosigkeit und Widersprüchlichkeit seiner Begriffsdefinitionen im Bezug auf sinnliche und ›kognitive‹ Vorgänge lassen den Leser im Unklaren über die Erkenntnis und die damit verbundenen Prozesse; nur fallen solche Unklarheiten erst bei genauerer Analyse der Textstellen auf – die scheinbare Einfachheit ist eine Falle, in die man allzu oft tappt.

Das aber ist genau das Dilemma der Erkenntnistheorie: Mithilfe unserer Wahrnehmung und unseres Denkens sollen wir den Wahrheits- und Realitätsgehalt unserer Wahrnehmung und unseres Denkens überprüfen.[96]

Roths Befürchtungen treffen zu: Ein Denken, das sich methodisch nicht an seinen eigenen Forderungen und Prinzipien orientiert, kann sich nicht selbst erkennen.

5.4 Skepsis als Resultat der Erkenntnisbemühungen

Schon an den Schilderungen einfacher Objekterkenntnis zeigt sich, dass ›Sinneswahrnehmung‹, ›Denken‹ oder ›Wahrheit der Erkenntnis‹ im Theoriegebäude der Neurowissenschaftler Begriffe sind, welche noch nichts *begreifen*. Wie groß die neurobiologischen und psychologischen Kenntnisse auch sein mögen, augenscheinlich tragen sie nicht dazu bei, das zu klären, was sie zu klären beanspruchen: Was es ist, zu denken, was ein Gedanke selbst ist und was der *Gegenstand* des Gedankens ist. Die Begriffe erfassen nicht das, was sie ihrem Namen nach erfassen sollen und stellen stattdessen ein Gespenst aus Widersprüchen und Undeutlichkeiten dar – freilich unter dem Deckmantel strenger Wissenschaftlichkeit und Erkenntnis. Es soll doch der Erkenntnisvorgang *in actu* nachvollzogen werden, und dieser ist nicht nur im Hinblick auf materielle Objekte wichtig, sondern auch, wenn es um Ethik oder das eigene Selbst geht.

Inwiefern aber solche verschiedenen Erkenntnisobjekte von ein und demselben Verstand erfasst werden, also welche gemeinsamen Merkmale beispielsweise die Objekt- und die Selbsterkenntnis haben, darüber schweigt man sich aus – oder man verunmöglicht von vorn-

---

[96] Gerhard Roth, Aus Sicht des Gehirns, S. 74.

Skepsis als Resultat der Erkenntnisbemühungen

herein solche Erkenntnisse, indem man Moral, Ethik und das Ich zu unverfügbaren Prägungsprodukten erklärt. Die drei Beispiele zur Theorie der Objekterkenntnis – ähnliche Beispiele begegnen einem auf Schritt und Tritt – sind aber nicht bloß undurchdacht. Sie sind auch Zeugnis einer Theorie, der die Unsicherheit darüber, was als feste Gewissheit gelten kann, auf die Stirn geschrieben steht. Die Hirnforscher finden an ihrer eigenen Theorie, die ja immerhin Erkenntnisse formulieren soll, einfach keinen Halt, weil die eigene Theorie ihnen die Erkenntnisse aus den Fingern gleiten lässt. Dies merkt natürlich auch der Hirnforscher – und formuliert dementsprechend seinen Begriff von Wahrheit, welcher eigentlich nur noch ein Ausdruck tiefer Verunsicherung ist. Das Individuum steht einer Wahrheit gegenüber, der ›Realität an sich‹, welche sich ihm entzieht. Sein Geistesleben ist beherrscht von unbewussten Prozessen, welche die Realität zu einer kohärenten, aber selbst hergestellten Konstruktion formen; Gründe werden erfunden, nur damit sie da sind, Ereignisse aus wenigen Daten zusammengeflickt, auch wenn sich herausstellt, dass all dem in Wirklichkeit nichts entspricht. Das Subjekt und sein Denken stehen in Abhängigkeit von der individuellen Erfahrung und der jeweiligen Kultur. Die Rede von *der* Wirklichkeit wird also zu einem überkommenen Mythos vergangener Zeiten erklärt.

Die Beschränkung des Ichs auf materiell-genetische (im Sinne von *genesis*, nicht Genen) Bestimmungsgründe führt aber zu einem Empiriegebot: Bewusstseinsforschung sei die Erforschung von Überzeugungen und Einstellungen sowie von deren *Ursachen*, ob nun physiologisch oder psychologisch formuliert. Eine ganze Versuchsindustrie ist entstanden, die in immer wieder neuen Versuchsreihen nachweist, welche unbewussten Beeinflussungen zu statistischen Auswirkungen auf Handeln und Meinungen führen und welche Ausfälle im Gehirn bestimmte kognitive Fähigkeiten verschwinden lassen. Woran man seitens der Hirnforscher noch festhält, ist das naturwissenschaftliche Experiment und das Sinneszeugnis als größtmögliche Wahrheitsgaranten. Dies schlägt sich dann auch in einer Überfrachtung der Sinnesleistung in der Erkenntnistheorie nieder. Der letzte Strohhalm, den die Wahrheit also noch bietet, wird konsequenterweise an Beobachtung und sinnliche Gegebenheit gebunden: Eine relative Wahrheit darf nicht selbstwidersprüchlich sein und muss sich auf etwas Adäquates in der materiellen Außenwelt beziehen.

Wahrheit und Realität

Die Überprüfung der syntaktischen Verknüpfungsregeln und der zugewiesenen semantischen Bezüge erfolgt dabei über den Vergleich mit dem, was wir durch die anderen Sinne über die Welt in Erfahrung bringen können.[97] Ein ähnliches Fazit zieht Roth:

> Was Naturwissenschaftler bestenfalls tun können, ist ein Gebäude von Aussagen zu errichten, das hinsichtlich der empirischen Daten und seiner logischen Struktur für eine bestimmte Zeitspanne ein Maximum an Konsistenz aufweist.[98]

Doch auch diese Wahrheiten sind nicht absolut, denn der menschliche Erkenntnisapparat ist evolutionär entstanden und somit für die Lebenswelt des Menschen, nicht für die Gewinnung von mikro- oder makrokosmischen Einsichten.[99] So baut der Mensch sich mit experimentellen Gerätschaften Krücken für die Sinne und entwickelt *Modelle* über das, was er erforscht. Was letztlich das Modell bestätigt, ist nicht die Realität, sondern lediglich das Funktionieren des Modells im Hinblick auf Vorhersagen von Ereignissen oder die Erfindung neuer Geräte.[100]

Das gilt nicht nur für die Wissenschaft, sondern auch für den Alltag. Der Mensch ist ein Kind der Natur. Diese schuf die Individuen mit einer übereinstimmenden Grundstruktur des Gehirns, erprobt im täglichen Überlebenskampf. Damit schuf sie auch die Erkenntniskriterien, welche ihre Richtigkeit nur dadurch erweisen, dass das Individuum überlebt.

Unsere Anschauungsformen und die Kategorien unserer Erfahrung sind zwar ontogenetisch a priori, d. h. unabhängig von jeder individuellen Erfah-

---

[97] Wolf Singer, Der Beobachter im Gehirn, S. 172.
[98] Gerhard Roth, Das Gehirn und seine Wirklichkeit, S. 351. Siehe auch Ebd., S. 355: »Wahrheit bemißt sich also danach, ob es möglich ist, festzustellen, ob der behauptete Sachverhalt tatsächlich vorliegt oder nicht. Dies ist an *Beobachtungen* gebunden [...].« Daraus folgt eben, dass nicht sinnlich zugängliche Sachverhalte nicht wahrheitsfähig sind. Roths Ziel ist es ausdrücklich, »Aussagen wie ›die Wahrheit Gottes‹, die ›Wahrheit der Ideen‹, der ›wahre Mensch‹ *zu vermeiden*, welche die Philosophiegeschichte verunsichert haben«. (Ebd., S. 354f.)
[99] Gerhard Roth, Das Gehirn und seine Wirklichkeit, S. 345 oder auch Wolf Singer, Selbsterfahrung und neurobiologische Fremdbeschreibung, S. 236.
[100] Vgl. Wolf Singer, Selbsterfahrung und neurobiologische Fremdbeschreibung, S. 236: »Wir lassen uns jedoch überzeugen, dass auch kontraintuitive [weil nur noch mit wissenschaftlichen Hilfsmitteln und nicht direkt sinnlich zugängliche] Interpretationen zutreffen, wenn sich aus ihnen gültige Vorhersagen ableiten oder auf ihrer Grundlage funktionierende Apparate bauen lassen.«

rung, aber phylogenetisch a posteriori, d. h. erworben durch gute und schlechte Erfahrungen der biologischen Art. Sie sind wie alle Merkmale biologischer Systeme das Ergebnis des *evolutionären Selektionsprozesses*, sie haben sich stammesgeschichtlich bewährt.[101]

Stets hat es der Mensch nur mit eigenen Hypothesen zu tun, dem Umsturz preisgegeben, nur zeitlich begrenzt. Dies führt bei manchem Hirnforscher zu ernstem Zweifel bezüglich der eigenen Erkenntnisse. Selbstverständlich kennt man als Philosoph den Kampf, den man mit eigenen Texten, sind sie erst einmal in der Welt, auszutragen hat. Doch Roths Negation der eigenen Erkenntnisfähigkeit klingt schon deutlich existenzieller, sie ist aber nur konsequent, wenn man den Geist als so defizitär definiert:

> Vieles von dem, was früher als wissenschaftlich galt, erfüllt diese Bedingungen nicht mehr, und in hundert Jahren wird man wahrscheinlich einen wiederum veränderten Wissenschaftsbegriff haben. Dies gilt natürlich auch für alles, was in diesem Buch dargestellt wurde.[102]

Ebenso stellt Singer alles infrage:

> Diese Vorbehalte stellen alle abschließenden Behauptungen infrage, denn dem Argument ist schwer zu begegnen, dass jedwede Erkenntnis vorläufigen Charakter hat […].[103]

Auch wenn solche Skepsis der eigenen Theorie gegenüber die *logische Folge* der eigenen Theorie ist, so bringt sie nicht jeder der Hirnforscher zum Ausdruck. Doch ob implizit oder explizit, solche Skepsis macht natürlich den Umgang mit der Theorie der Hirnforscher problematisch. Die eigene Erkenntnis als mögliche Nichterkenntnis zu proklamieren, also die Wahrheit für sich zu beanspruchen, der Mensch könne keine Wahrheit erkennen, kommt dem Paradoxon des Kreters Epimenides gleich, der behauptet, alle Kreter lögen. Was ist dann wahr, und was nicht? Fällt der Satz, dass alles Erkennen relativ ist, selbst unter das Relativitätsparadigma? Ist er richtig, hat man ja gerade etwas erkannt, was nicht der Relativität anheimfällt; ist er falsch, ist nicht alles Erkennen relativ, sondern manches absolut. Man stellt also eine Theorie samt Wahrheitsanspruch auf und negiert im

---

[101] Gerhard Roth, Das Gehirn und seine Wirklichkeit, S. 344. Wie allerdings die Erkenntniskriterien *zugleich ontogenetisch a priori und phylogenetisch a posteriori* sein können, entzieht sich meinem Verständnis.
[102] Gerhard Roth, Aus Sicht des Gehirns, S. 209.
[103] Wolf Singer, Selbsterfahrung und neurobiologische Fremdbeschreibung, S. 236.

nächsten Moment sowohl den damit verbundenen Erkenntnisanspruch als auch die Kriterien, ihn zu überprüfen. Ein solches Dilemma ließe das Theoriebetreiben zu einem Spiel verkommen: Wenn das ganze Geschäft des Erkennens vom Belieben des Subjekts und der Historie abhinge, müsste man sich getrost zurücklehnen und abwarten, ob die Zeit die gegenteilige Meinung wohl mit sich brächte. Dies ist selbstverständlich *nicht* die Haltung der Neurowissenschaftler gegenüber der eigenen Theorie, und ihre Bescheidenheit wird mitnichten konsequent durchgehalten. Denn wer einerseits meint, eine Metawissenschaft zu begründen, andererseits aber die eigenen Grundlagen zum Umsturz freigibt, der entzieht seinem Theoriegebäude die tragenden Pfeiler. Wer fordert, aufgrund eines bestimmten Menschenbildes das Rechtssystem und das Selbstverständnis der Gesellschaft derart umzugestalten, dass in ihnen Personalität, *moralische* Verurteilung und Schuld keinen Platz mehr haben, der darf beileibe nicht auf solch tönernen Füßen stehen!

Doch mit diesen Beispielen sind wir bereits mitten im Thema des nächsten Kapitels, nämlich mitten in der Anwendung der neurowissenschaftlichen Theorie auf sich selbst.

6. Anwendung der neurowissenschaftlichen Theorie auf sich selbst

Die Selbstanwendung stellt die Frage, ob das, was im Rahmen der Theorie sowohl vorausgesetzt als auch gefordert wird, mit der Theorie im Einklang steht. Es muss also ein Abgleich stattfinden zwischen dem, was die Theorie begründen soll und dem, was sie tatsächlich begründet. Stellt sich heraus, dass die Theorie ihre eigenen Voraussetzungen und Schlüsse negiert, dann ist sie selbstwidersprüchlich und somit unwahr. Im Verlauf der Darstellung der neurowissenschaftlichen Theorie sind wir bereits auf genügend Widersprüche gestoßen, vor allem bezüglich Bewusstsein, Realität und Erkenntnisvorgang. Das Bewusstsein ist mal das schiere Erleben, mal Aufmerksamkeit, mal ist es die Vernunft selbst; mal ist es ein Vermögen, das nur noch das schon Entschiedene rechtfertigt, dann wieder wird es als Wissens- und Handlungseinheit ausgewiesen, was auch den Begriff des Ichs und der Kontrolle wesentlich modifiziert. Realität wurde vom reinen Konstrukt zur Realität ›an sich‹, mit allem, was die Natur zu bieten hat; und die Darstellungen zum Erkenntnisvorgang waren schlechterdings ein heilloses Durcheinander. Doch was bisher noch fehlte, war der Blick auf das Ganze, d.h. die alles entscheidende Frage, ob eine Theorie sich selbst möglich sein lässt, ob sie also ihren eigenen Kriterien genügt.

Rufen wir uns noch einmal die Grundpfeiler des neurowissenschaftlichen Naturbegriffs ins Gedächtnis. Die Materie wurde hierin als Prinzip des Seins eingeführt; ihr kommt der sachliche wie zeitliche Primat zu. Die kausalen Relationen von Ereignissen materieller Natur sind, wenn sie denn erkannt werden, hinreichende Begründung aller naturhaften – und damit geistigen – Phänomene. Was ist, ist als Systemeigenschaft von Materiekonglomeraten zu verstehen und unterliegt dem strengen Determinismus des materiellen Kosmos. Sein oder die Seinsweise von Erkenntnis, Organismen, Individuen usw. werden so genetisch erklärt: Natur und Materie sind ein stetig Werdendes, ebenso alles, was dieser Natur entspringt oder aus ihr emer-

Anwendung der neurowissenschaftlichen Theorie auf sich selbst

giert. Die neurowissenschaftliche Theorie ist also ausgelegt auf eine umfassende Verzeitlichung des Seins, denn ewige Wahrheit und objektive Wesen haben in einer solchen Welt keinen Platz. Entsprechend ist das Naturwesen Mensch ein stets Werdendes. Es geht vollständig im Fluss der Natur auf, und zum Fluss der Natur gehören auch Kultur, individuelle Erfahrungen und physische Besonderheiten, welche die erkennende Weltbegegnung des Menschen bestimmen.

Normativität, die Bewertung von ›Gut‹ und ›Schlecht‹ (somit auch ›Wahr‹ und ›Falsch‹, denn mit der Bewertung als gut ist für gewöhnlich auch ein Wahrheitsanspruch verbunden) gibt es nur noch bezogen auf funktionale (Überlebens-)Zusammenhänge. Die Bewertung als ›gut‹ oder ›schlecht‹ geschieht nach einem Maßstab, den der natürliche Organismus vorgibt. Ob die Funktion des Herzens damit bewertet wird oder moralische Normen, der Maßstab ist in jedem Fall der rein biologische Fortbestand des Organismus.[1] So ist das *telos* einer Norm oder einer Bewertung gleichzeitig ihre Ursache: Weil etwas das Überleben sichert, ist es gut; weil etwas gut ist, sichert es das Überleben. Zu guter Letzt wird Erkenntnis an das Beobachtungspostulat gebunden. Erkennen (auch dies in einem relativen Sinne) lässt sich nur, was sich auf einen empirisch erfahrbaren Vorgang bezieht, der Vorgang muss also sinnlich oder experimentell zugänglich sein – ein Vorkommnis in der Welt, das nicht vom individuellen Erleben abhängt, sondern prinzipiell reproduzierbar ist. Beginnen wir mit diesem letztgenannten Kriterium, dem Empiriegebot.

6.1 Geglaubte Empirie

Die scheinbar triviale und selbstverständliche Tatsache, dass die Hirnforscher die physischen Prozesse des Hirns notwendig Funktionen zuordnen (da sonst die Hirnforschung sinnlos wäre; ohne Kenntnis der psychischen Funktionen wäre jedes Auffinden von Hirnprozessen ein blindes und richtungsloses Unterfangen) und die Tatsache, dass diese Funktionen nicht mit physiologischer Terminologie begriffen werden können, ist von großer Wichtigkeit für das gesamte Verständ-

---

[1] Vgl. zu dieser Biologisierung von Wertmaßstäben: Lutz Wingert, Grenzen der naturalistischen Selbstobjektivierung, in: Dieter Sturma (Hg.), Philosophie und Neurowissenschaften. Frankfurt a. M. 2006, S. 240–260, S. 243 f.

nis der Hirnforschung und auch meines Vorgehens in dieser Arbeit. Der Vorwurf gegenüber der Philosophie lautet ja, eine bloß alltagspsychologische Introspektion anzuwenden und dadurch auf eben solche Funktionen wie Ich, Bewusstsein, Denken, Gefühle usw. zu kommen.

Doch woher hat denn der Neurowissenschaftler seinen Erkenntnisgegenstand und wie erfährt er etwas über ihn? So naiv es klingt, er wird nicht den Schädel öffnen (oder, weniger martialisch, den Probanden in einen Tomographen schieben), eine Weile konzentriert das Hirn betrachten (oder die statistischen Auswertungen der Hirnaktivität) und danach formulieren können, was etwa Denken ist oder welche Prozesse daran beteiligt sind. Stattdessen muss der Wissenschaftler zuerst klären, welche physiologischen Prozesse er in welchem funktionellen Zusammenhang untersucht, z. B. was im Hirn geschieht, wenn der Proband sieht, einen Gegenstand identifiziert, spricht usw. Das heißt, er muss notwendig sein bereits vorhandenes Wissen von der entsprechenden Funktion nutzen, um organische Prozesse zuordnen zu können![2]

Ausgangspunkt und Voraussetzung ist also ein Bekanntes, das *nur* in ›alltagspsychologisch-philosophischem‹ Vokabular ausgedrückt werden kann. Dieses ›nur‹ ist außerordentlich wichtig. Die Hirnforscher betonen ja immer wieder die Einheit von mentalen und physischen Phänomenen, weshalb »eine Unterteilung in verschiedene ›Wesenheiten‹ oder ›Substanzen‹ (z. B. Materie und Geist) keine Legitimation«[3] habe. Vorerst können wir aber feststellen, dass wir ohne eine solche Unterscheidung *eigenständiger* Entitäten (d. h. nicht aufeinander rückführbarer Phänomene) keine Erkenntnis hätten. Der Blick ins Hirn oder die statistische Auswertung der Aktivität von Hirnarealen wird mir keinen Begriff dessen bringen, was Denken *ist* oder Träumen oder Unterbewusstes, sodass hier mit Psyche und Physis tatsächlich *verschiedene* Wesenheiten oder Substanzen benannt werden. Damit ist freilich nicht gemeint, dass ein immaterieller Geist wie ein Materielles auf Materie wirkt, sondern erst einmal nur, dass die Unterscheidung verschiedener Wesenheiten nicht umgangen wer-

---

[2] Vgl. Arbogast Schmitt, Gehirn und Bewusstsein, S. 212.
[3] Gerhard Roth, Das Gehirn und seine Wirklichkeit, S. 24. Genauso Patricia Smith Churchland, Die Neurobiologie des Bewußtseins. Was können wir von ihr lernen?, übers. v. Henrik Walter, in: Thomas Metzinger (Hg.), Bewußtsein. Beiträge aus der Gegenwartsphilosophie, Paderborn/München/Wien 1995, S. 463–490, S. 472 f.

Anwendung der neurowissenschaftlichen Theorie auf sich selbst

den kann – weil wir es nicht mit *einem* Wesen zu tun haben. Genauso wenig wie dem Vogel das Fliegen ohne seine Flügel möglich ist, ist dem Menschen das Denken ohne Hirn möglich. Das Fliegen aber ist etwas von dem Flügel völlig Verschiedenes und Eigenständiges.

Mitnichten liegt also eine *Identität* von ›ausführendem‹ physischen Korrelat und ausgeführter Funktion vor. Sieht man dies ein, wird auch Singers Forderung nach einer Metasprache, die die verschiedenen Beschreibungsebenen überbrückt, fragwürdig.[4] Die physischen und seelischen Erkenntnisgegenstände sind ja durchaus ohne Metasprache der Erkenntnis zugänglich, allein die Existenz von Natur- und Geisteswissenschaften mag dafür Beleg sein. Wie dagegen eine Metasprache die Überbrückung leisten soll, dies müsste man angesichts der kategorialen Unterschiedlichkeit und angesichts der notwendig verschiedenen Methoden zur Erfassung der Erkenntnisgegenstände genauer erklären.[5] Die Vermutung liegt nahe, dass hier gar nicht etwas Mögliches und Sinnvolles gefordert wird; dabei muss klar gemacht werden, was man eigentlich fordert – leere Worthülsen führen in keinem Fall weiter. Das Problem, was Bewusstsein ist, ist auch nicht automatisch dann gelöst, wenn man in der Lage ist, ein Wesen mit Bewusstsein zu bauen (was, wie ich auf der *8th European Conference on Computing and Philosophy* erfahren durfte, immer noch das dringendste Fernziel darstellt; Nahziel sind u. a. Pflegeroboter). Man weiß dann eben um die materiellen Bedingungen, die für Bewusstsein notwendig sind. Nur – wann hat diese künstliche Intelligenz Bewusstsein? Wenn sie subjektives Erleben hat? Wenn sie anfängt, sich über Bewusstsein Gedanken zu machen? Wir müssen immer ein nicht-physiologisches Verständnis zur Beurteilung voraussetzen.[6] Genau deshalb ist Singers *circulus vitiosus* der Selbst-

---

[4] Wolf Singer, Der Beobachter im Gehirn, S. 179.
[5] Vgl. zur Unhintergehbarkeit lebensweltlicher sprachlicher Ausdrücke, welche auch die Grundlage und Ausgangspunkt naturwissenschaftlicher Forschung sind: Lutz Wingert, Lebensweltliche Gewissheit versus wissenschaftliches Wissen?, in: Peter Janich (Hg.), Naturalismus und Menschenbild, Hamburg 2008, S. 288–309.
[6] So gibt auch ein Materialist wie Dennett, der unter anderem Mitglied eines Forschungsteams des MIT zum Bau eines menschenähnlichen Roboters (›COG‹) ist, unumwunden zu: »Obwohl er mit einer ganzen Garnitur von optimalen Überwachungsgerätschaften ausgestattet ist, die die Einzelheiten dessen, was in seinem Inneren vorgeht, dem Beobachtungsteam zugänglich machen, könnte es sehr wohl dahin kommen, daß COGs eigene Erklärungen darüber, was in ihm vorgeht, zu den verläßlicheren und informativeren Quellen werden.« (Daniel Dennett, COG: Schritte in Richtung auf Bewußtsein in Robotern, übers. v. Christine Gross, in: Thomas Metzinger

erkenntnis schlicht falsch, welcher darin bestünde, dass das Gehirn das Gehirn erkennen wolle: Explanans und Explanandum sind zwar eins; das Erklärende ist aber nicht unser Gehirn, das sich selbst begreifen will[7], sondern das erkennende Subjekt (oder das Bewusstsein oder der Geist) will wissen, was es selbst ist. Am Anfang jedes Experiments der Hirnforschung steht somit ein nicht-empirischer Verstehensakt, der erst die Empirie bedingt: Die mentale Funktion muss gesetzt, im Sinne eines Terminus abgegrenzt und erkannt werden, und dieses vorher gesetzte Verständnis des geistigen Phänomens ist nun unumkehrbar Thema der Überprüfung.

Es ist nun wahrlich keine neue Erkenntnis, dass naturwissenschaftliche Ergebnisse nicht nur von den Messmethoden und Gerätschaften, die sie einsetzt, abhängt, sondern auch von den Fragen, welche an die Natur gerichtet werden. Ein prominentes Beispiel für dieses Verhältnis von Vorverständnis und Experiment ist das Libet-Experiment.[8] Hierzu wurde von Seiten aller Fachrichtungen so viel gesagt, dass ich nur kurz auf einige relevante Punkte eingehen will.[9] Die Versuchspersonen im Experiment blicken auf eine Art Uhr, deren Markierungen ein Lichtpunkt abschreitet. Nun soll zu einer frei wählbaren Zeit das Handgelenk gebeugt werden; die Versuchsperson soll sich die Stellung des Lichtfleckes, also den Zeitpunkt merken, an welchem sie ihrer Bewegungsabsicht, des Willensentschlusses, bewusst wird. Das Ergebnis lautet:

Freien Willenshandlungen geht eine spezifische elektrische Veränderung im Gehirn voraus (das ›Bereitschaftspotential‹, BP), das 550 ms vor der

---

(Hg.), Bewußtsein. Beiträge aus der Gegenwartsphilosophie, Paderborn/München/Wien 1995, S. 691–712, S. 710f.
[7] Wolf Singer, Selbsterfahrung und neurobiologische Fremdbeschreibung, S. 235. Diese Ansicht, dass das *Hirn* sich selbst erkläre, bekräftigt er auch an anderer Stelle: »Das Gehirn macht sich faszinierenderweise völlig falsche Vorstellungen über seine eigene Verfasstheit.« (Wolf Singer, »Wolf Singer über das Bewusstsein«, Interview m. Kristin Rübesamen, in: *Süddeutsche Zeitung* v. 18./19.07.2009, S. V2/8)
[8] Benjamin Libet, Haben wir einen freien Willen?, übers. v. Jürgen Schröder, in: Christian Geyer (Hg.), Hirnforschung und Willensfreiheit. Zur Deutung der neuesten Experimente, Frankfurt a.M. 2004, S. 268–289.
[9] Vgl. zur Kritik des Experimentes z.B. Herbert Helmrich, Wir können auch anders: Kritik der Libet-Experimente, in: Christian Geyer (Hg.), Hirnforschung und Willensfreiheit. Zur Deutung der neuesten Experimente, Frankfurt a.M. 2004, S. 92–97; oder auch Carl Friedrich Gethmann, Die Erfahrungen der Handlungsurheberschaft und die Erkenntnisse der Neurowissenschaften, in: Dieter Sturma (Hg.), Philosophie und Neurowissenschaften, Frankfurt a.M. 2006, S. 215–239.

Anwendung der neurowissenschaftlichen Theorie auf sich selbst

Handlung einsetzt. Menschliche Versuchspersonen wurden sich der Handlungsintention 350–400 ms nach Beginn von BP bewußt, aber 200 ms vor der motorischen Handlung.[10]

Dieses Ergebnis war unabhängig davon, ob die Versuchspersonen vorher planten, wann sie die ›Handlung‹ ausführen würden, oder ob dies spontan geschah.[11] Daraus ergeben sich für Libet zwei Schlüsse:
- Der Wille ist nicht frei, das heißt er ist nicht unbedingt. Libet hatte erwartet, dass der bewusste Willensentschluss »vor dem oder beim Einsetzen des BP erscheint und so dem Gehirn befiehlt, die beabsichtigte Handlung zu vollziehen.«[12] Diese Bestimmung des Gehirns durch den bewussten Willen ist nicht gegeben. Es gibt lediglich einen bewussten Willen, der eine Vetofunktion hat und zwischen Willensentschluss und Handlung treten kann – natürlich nur, sofern der Impuls, die Handlung auszuführen, vor der Ausführung bis ins Bewusstsein gelangt.[13]
- »Wir können die unbewußten Initiativen zu Willenshandlungen als ein ›Hochsprudeln‹ im Gehirn verstehen.«[14]

Welche begrifflichen Vorleistungen sind hier gemacht worden? Erstens soll Freiheit gleichbedeutend mit Unbedingtheit sein; zweitens soll der bewusste Wille Gegenstand der Freiheit sein. Nun sind jedoch allein diese zwei Voraussetzungen sehr fragwürdig. Unbedingtheit, also ein Auftauchen aus dem Nichts, ist Zufall in seiner Reinform. Dass dieser radikal zufällig auftauchende Wille ein freier wäre, widerspricht geradezu dem Begriff der Freiheit; der Mensch wäre in diesem Fall lediglich der Spielball einer sehr launigen, unberechenbaren Natur. Es war vorherzusehen, dass es so etwas in Hirn und Natur nicht – vor allem nicht durch ein naturwissenschaftliches Experiment feststellbar – gibt. Darüber hinaus ausgerechnet den *Willen* als Kandidaten der Unbedingtheit zu ernennen, verkennt die Tatsache, dass der Wille natürlich immer auf etwas gerichtet ist.[15] Wir wollen nicht einfach; wir wollen *etwas*, und dieses Etwas als notwendiger Bezugspunkt eines Willens kann doch nur irgendeiner Form von vorheriger Weltbegegnung, leiblicher Erfahrung oder Überlegung und Unter-

---

[10] Benjamin Libet, Haben wir einen freien Willen?, S. 268.
[11] Benjamin Libet, Haben wir einen freien Willen?, S. 275.
[12] Benjamin Libet, Haben wir einen freien Willen?, S. 272.
[13] Benjamin Libet, Haben wir einen freien Willen?, S. 282.
[14] Benjamin Libet, Haben wir einen freien Willen?, S. 282.
[15] Vgl. zur Diskussion des Willensbegriffes: Volker Gerhardt, Selbstbestimmung. Das Prinzip der Individualität, Stuttgart 1999, S. 259–272.

scheidung eines zu Wollenden entspringen. Dieser einfache Zusammenhang zeigt, dass in dem Begriff des Willens die Bedingtheit schon enthalten ist.

Eine weitere Kritik betrifft das Verständnis der Handlung in diesem Experiment. Die Handlung wird ausschließlich innerhalb des Versuchsaufbaus verortet, und zwar in Form der Beugung des Handgelenkes. Dabei wird übersehen, dass dem Willensentschluss bereits das Wissen (und auch der Wille) vorausgeht, innerhalb der nächsten Sekunden diese bestimmte Bewegung ausführen zu müssen. Dem ging wiederum die Entscheidung voraus, am Experiment teilzunehmen und so weiter. Aus diesem Grund ist eben zu fragen, ob denn das Bereitschaftspotential nicht da sein *muss*, da doch der Proband sich schon lange vorher dafür entschieden hat, tatsächlich in einem gegebenen Zeitrahmen im Experiment eine genau festgelegte Bewegung auszuführen. Wir sind hier am letzten Punkt einer vollzogenen Handlungskette, der zuvor bereits durch den Willensentschluss bestimmt wurde. Die Willensbildung und die zum Abschluss der Handlungskette hinführenden Elemente der Handlung aus dem Experiment auszuschließen, um dann die Unbedingtheit des Willens nachzuweisen, ist ein absehbar aussichtsloses Unterfangen. Weiter ist es eine berechtigte Frage, ob das gemessene Bereitschaftspotential diese eine Handlung determiniert oder unspezifisch Ausdruck einer Erwartungshaltung des Probanden ist, wie es spätere Experimente von Haggard und Eimer und v. a. auch von Christoph Herrmann et al. nahelegen. Letztere wiesen die Potentiale bereits nach, bevor überhaupt ein Entscheidungsvorgang des Probanden angefangen haben konnte.[16] Das lässt den Schluss zu, dass das BP nicht zur Messung des Willensentschlusses taugt, sondern körperliche Bereitschaft in Handlungszusammenhängen herstellt.

Was jedenfalls bei Libet von der Freiheit übrig bleibt, ist das ständige Hinterherhinken des Menschen angesichts seiner unkontrollierten Impulse. Stets kann er im Sinne eines Vetos nur reagieren, indem er die vom Willen schon entschiedene Handlung, sofern diese ihm bewusst wird, *nicht* ausführt. Libet und seinen Epigonen kommt dabei aber nicht in den Sinn, dass gerade die Willensbildung als möglicher Erkenntnisprozess, der das *Warum* eines Willens angeben könnte (und also nicht über die Unbedingtheit zu definieren wäre)

---

[16] Vgl. Thomas Fuchs, Das Gehirn – ein Beziehungsorgan. Eine phänomenologisch-ökologische Konzeption, Stuttgart 2008, S. 78.

der sinnvollere Bezugspunkt der Frage nach der Freiheit sein könnte.[17] Das Problem des Experimentes aber ist offensichtlich, und dies sollte hier gezeigt werden: Ein unmöglicher Begriff von Freiheit führt zu *Existenzaussagen*, nämlich dass es Freiheit nicht gebe und das Bild des Menschen seiner selbst nicht korrekt sei.[18] Der dem Experiment vorgängige und für das Experiment zurechtgestutzte Begriff von Freiheit und Handlung mit seiner Beschränkung auf den Willensimpuls und eine Bewegung ist so – ähnlich wie das Ich am aktuellen Erleben gemessen wird – zum Maßstab für die Sache selbst geworden.

Erstaunlicherweise hat das Libet-Experiment trotz seiner methodischen Mängel im Hinblick auf die Bestimmungen von Freiheit und Handlung nichts an Relevanz eingebüßt und wird von zahlreichen Neurowissenschaftlern auch heute noch als Beleg für die Nichtexistenz der Freiheit angeführt.[19] Die Konsequenz für den Umgang mit Verhaltensexperimenten, welche etwa altruistisches Verhalten oder Empathiefähigkeit von Tieren, moralisches Verhalten bei Menschen usw. zum Thema haben, muss daher sein, zuerst die Frage zu stellen, was die jeweiligen Forscher unter dem Thema verstehen – was also ist Altruismus, Empathie, Moral usw.? Oft wird man feststellen können, dass solche Begriffe sehr verkürzt werden (schon, um sie überhaupt dem experimentellen Paradigma zugänglich zu machen), was dann zur Verabschiedung eines ehemals differenzierten Verständnisses dieser Begriffe und zur Verwischung des qualitativen Unterschiedes zwischen Mensch und Tier führt.

Auch in der Neurowissenschaft steht also das nicht physiologisch fassbare Wissen sachlich wie zeitlich an erster Stelle. Somit

---

[17] Das sieht auch Roth (Gerhard Roth, Das Gehirn und seine Wirklichkeit, S. 303 f.), freilich ohne dem Subjekt eine große Macht bei der Willensbildung einzuräumen. (Ebd., S. 306–309)

[18] Freilich stellte seine Annahme eines »bewußten mentalen Feldes«, das ohne neuronale Verbindungen als Vermittler zwischen bewusstem Willen und Nervenzellen auskomme, einen Versuch zur Rettung des autonomen Bewusstseins dar, der zum Scheitern verurteilt ist und war. (Benjamin Libet, Haben wir einen freien Willen?, S. 287.) Auch Eccles ging von einem solchen interaktiven Dualismus aus und verglich den Geist mit nichtmateriellen, nichtenergetischen Wahrscheinlichkeitsfeldern in der Quantenphysik. (Vgl. John Eccles, Wie das Selbst sein Gehirn steuert, übers. v. Malte Heim, München 1994, S. 116 ff.) Doch solche spekulativen Formen eines interaktiven Dualismus hat die Hirnforschung natürlich längst hinter sich gelassen und beschränkt sich auf die einfache Unmöglichkeit von Freiheit.

[19] Ein beliebiges Beispiel ist Michael Gazzaniga, »Wir sind nur Maschinen«, S. 152; siehe auch Gerhard Roth, Wir sind determiniert, S. 219.

Geglaubte Empirie

darf der dringende Verdacht geäußert werden, *dass auch sie auf ›alltagspsychologischen Intuitionen‹ fußt*. Denn nun stellt sich die Frage, ob der Hirnforscher mit einem tragfähigen Vorbegriff der gesuchten Funktion arbeitet. Die Hirnprozesse jedenfalls offenbaren nicht, was sie sind, sodass die Hirnforschung als wissenschaftliche Methode kein Kriterium zur Bewertung des Vorverständnisses liefert. Das ist auch der Grund, weshalb, wie im Libet-Experiment, ein eventuell falsches Vorverständnis nicht einfach im Verlaufe des Experiments verschwindet. Das Empiriegebot *kann* also von den Hirnforschern selbst nicht eingehalten werden: Jedem Experiment, welches sich auf eine empirisch gestützte Tatsache richtet, geht ein Erkenntnisakt voraus, dessen Gegenstand nicht im vermeinten Sinne empirisch erfasst werden kann. Die empirische Forschertätigkeit stützt sich somit notwendig auf Prämissen, welche zuerst erkannt werden müssen, und zwar ohne jeglichen Bezug auf materielle Prozesse, d. h. rein denkend. Zuletzt, und dies mag verwundern, bedeutet dies aber auch, dass das Experiment zur Klärung der Sache selbst nichts beiträgt, da sich das Experiment bereits an dem Vorbegriff orientieren muss. Dies ist nun nicht als Abwertung des Experiments gemeint, sondern soll ganz einfach verdeutlichen, wozu ein Experiment in der Lage ist, was es also leistet. Das physiologische Experiment (etwa die statistische Auswertung von Aktivitätsmustern) leistet vorrangig genau das: physiologische Erkenntnisse zu generieren. Darüber hinaus kann es Verbindungen veranschaulichen, wie eine emotionale Erregung bei einer Geruchswahrnehmung, vorausgesetzt, man hat zuvor entsprechende Korrelationen ermittelt. Ob die Hirnforschung damit etwas Neues ausspricht oder lediglich altes Wissen physiologisch untermauert, sei dahingestellt. Was jedoch bleibt, ist, dass dadurch kein – und vor allem kein neuer – Begriff von Emotionen, Sinneswahrnehmung, Bewusstsein etc. geschaffen wird, sondern ein Verständnis der physischen Korrelate vorher erkannter Funktionen und ihrer physischen Beziehung untereinander. Eben dies ist dagegen nicht Thema der Philosophie. Ist die Frage jedoch beispielsweise, inwiefern das bewusste Denken Inhalte für das Unbewusste generiert, muss auch der Hirnforscher seine Erkenntnisgegenstände ›Bewusstsein‹, ›Denken‹, ›das Unbewusste‹ zuerst sachgemäß bestimmen, und das bedeutet, auf dieselben methodischen Werkzeuge wie der Philosoph zurückgreifen zu müssen.

Mit dem psychologischen Experiment verhält es sich ähnlich. Warum, so lässt sich fragen, kommt Gazzaniga trotz der zahlreich angeführten Experimente nicht auf einen konsistenten Begriff des Denkens? Weil das Experiment nur die Prämisse be- oder widerlegt: Zum Beispiel die Prämisse ›Es wird in Prototypen gedacht‹. Die Prototypen werden jedoch in einem sachlich ersten Schritt mit Denken gleichgesetzt. Genauso geschah dies mit Bildern *(analogical representations)* oder auch Begriffen, und genau dieser Identifikationsakt (Denken = Prototyp) ist eine nicht im Experiment oder der Anschauung überprüfbare Voraussetzung des Experiments. Das sagt aber nichts darüber aus, ob dies wirklich Denken *ist*, geschweige denn darüber, ob es *richtiges* Denken ist. Das ›Anschauen‹ faktischen Denkens, sei es im psychologischen Experiment oder im physiologischen, macht weder sein Wesen noch seine Geltung anschaulich.[20] Die Maßstäbe für die im Experiment wirkende Prämisse sind also außerhalb des Versuchsaufbaus zu suchen. Wenn nun Antonio Damasio meint, das untrüglichste Zeichen dafür, dass man es mit einem naiven Dualisten zu tun habe, sei, dass dieser das Bewusstsein ohne Rekurs auf Neurobiologie zu verstehen suche, so ist das Damasios Naivität im Hinblick auf die eigene Erkenntnistätigkeit geschuldet. Er tut genau das, was er kritisiert, selbst – ständig und notwendig, doch leider unreflektiert.

Nun können wir abschließend mit unserer Kritik am Empiriegebot noch eine prinzipiellere Ebene beschreiten. Nicht nur ist das Empiriegebot als Maßstab der Wahrheit falsch, weil der empirische oder experimentelle Zugang zu Sachverhalten notwendig nicht-empirische (d. h. rein denkend zu erfassende) Sachverhalte voraussetzt – schon die *Formulierung* des Empiriegebotes ist selbstwidersprüchlich, und dies aus demselben Grunde:
1. Das Empiriegebot formuliert Wahrheits*bedingungen* (›Wahr können nur Aussagen über empirische Tatsachen sein‹).

---

[20] Bezeichnend ist diesbezüglich, dass Lakoff als Verfechter des Prototypen-Modells die Gründung von Bedeutung in Wahrheit als zu überwindendes Erbe westlicher Rationalitätsgläubigkeit darstellt. (George Lakoff, Women, Fire, and Dangerous Things. What Categories Reveal about the Mind, Chicago 1987, S. 9) Dass Prototypen keine Wahrheit generieren, ist richtig. Dass Prototypen angewendet werden, mag auch richtig sein. Dass Prototypen aber verwendet werden *sollten* oder *Maßstab des Denkbegriffs wären*, ist ein Fehlschluss. Empirisch begründen zu wollen, was jeder Empirie zugrundeliegt, ist eine seitens der Philosophie vielkritisierte *petitio principii*, die Hirnforscher und Psychologen mit ihren Methoden nicht umgehen können. (Vgl. Karl-Heinz Lembeck, Philosophie als Zumutung. Ihre Rolle im Kanon der Wissenschaften, Würzburg 2010, S. 178)

2. Das Empiriegebot geht selbst einher mit einem Wahrheits*anspruch* (dass die Wahrheitsbedingungen richtig erfasst wurden).
3. Das Empiriegebot ist damit selbst nicht empirisch, sondern eine *Meta*aussage *über* die Empirie: ›Erkenntnis im engeren Sinne ist nur empirische Erkenntnis‹. Diesen Satz aber und was er zu erfassen beansprucht gewinnt man gerade nicht durch Erfahrung, Experiment oder sonstige Empirie, sondern durch Reflexion auf Erkenntnisbedingungen, welche der Empirie zugrundeliegen sollen.[21]

Quod erat demonstrandum: Das Empiriegebot beschreitet mit seinem Wahrheits*anspruch* eine Metaebene, die durch die eigenen Wahrheits*bedingungen* nicht gedeckt werden kann und widerlegt sich somit selbst. Mit anderen Worten: Der Hirnforscher nimmt eine Wahrheit in Anspruch, von der er selbst nichts weiß.

6.2 Implizite Wahrheitsansprüche und ihre Konsequenzen

Diese Art von performativer Widersprüchlichkeit, welche sowohl das Relativitätsparadigma als auch das Empiriegebot in sich tragen, kann man wahrlich symptomatisch für die Theorien der Hirnforscher nennen. Auch im Folgenden wird es immer wieder darum gehen, dass eine Wahrheit sachlich vorausgesetzt, jedoch durch die eigene Theorie negiert wird. Die selbstwidersprüchliche Präsupposition des Negierten resultiert dabei generell aus Wahrheitsansprüchen, welche eben nicht dadurch beseitigt werden können, dass man behauptet, man erhebe sie nicht; es sind *notwendige* Wahrheitsansprüche, welche stets implizit vorhanden sind. Manchmal werden sie sogar ausgesprochen, ihre Brisanz innerhalb des Theoriegebäudes wird dann aber nicht erkannt. Entsprechende Textstellen führe ich im Folgenden an. Eine solche Sammlung von Zitaten mag stilistisch etwas unglück-

---

[21] Wolf Singers Formulierung des Empiriegebots lautet: »Wir können nur erkennen, was wir beobachten, denkend ordnen und uns vorstellen können.« (Wolf Singer, Selbsterfahrung und neurobiologische Fremdbeschreibung, S. 235) Ähnlich äußert sich Roth: Wahr könnten nur »Behauptungen über Sachverhalte« sein – etwa Sätze wie ›Es regnet draußen‹. (Gerhard Roth, Das Gehirn und seine Wirklichkeit, S. 355) Ob ein Sachverhalt aber vorliege, sei »an *Beobachtung* gebunden«. (Ebd., S. 355) Die Wahrheit und Erkenntnis, die dieser Satz formulieren soll, kann gerade nicht durch den Ablauf Beobachten – Ordnen – Vorstellen gewonnen werden.

lich sein, doch enthalten sie den Teil der Theorie der Hirnforscher, um den es in den nächsten Abschnitten gehen wird und belegen die Richtigkeit meiner Thesen. Ich bitte darum, vor allem auf die Rolle zu achten, welche dem Wissen, der Wahrheit, den Erkenntnisgegenständen und der Moral zugewiesen wird.

Aber Wissenschaftler spielen nun einmal lieber andere Spiele. Sie versuchen herauszufinden, welche Behauptungen wirklich für alle zutreffend und wahr sind; und wenn eine solche Tatsache gefunden wird, müssen wir alle uns ihrer Realität beugen. [...] Die Naturwissenschaftler wollen die Fakten über unsere Spezies wissen, die es uns ermöglichen, unter allen Gesellschaftstheorien zu wählen, und ich meine, daß die Hirnforschung mehr über unsere wahre Natur zu Tage fördert als die meisten anderen Disziplinen.[22]

Es wird immer klarer, daß Verhalten und damit auch Verhaltensstörungen [...] wesentlich durch die funktionelle Architektur des Gehirns bestimmt werden. Damit sind sie dem Einfluß der Gene, den frühen Prägungen und verschiedensten Störungen ausgesetzt. Das wird uns in vielen Fällen zu Toleranz und Hilfe verpflichten, wo früher Ausgrenzung und Strafe angewandt wurden.[23]

Seit diesem Sündenfall [des Strebens nach Wissen] entscheiden wir über unsere Zukunft mit und tragen Verantwortung. Wir sind verpflichtet, uns über die angestrebte Conditio humana zu verständigen und das Wißbare zu wissen zu trachten, also neugierig zu bleiben.[24]

Die Hirnforschung befreit von Illusionen.[25]

Eine Gesellschaft darf niemanden bestrafen, nur weil er in irgendeinem moralischen Sinne schuldig geworden ist – dies hätte nur dann Sinn, wenn dieses denkende Subjekt die Möglichkeit gehabt hätte, auch anders zu handeln als tatsächlich geschehen.[26]

Abstrakta sind z. B. mathematische Regeln, die Gesetze der Logik, moralische Prinzipien oder die Überzeugung, daß Diebstahl verwerflich ist. Sie existieren nicht an einem bestimmten Ort zu einer bestimmten Zeit.[27]

[V]ielmehr hat jede Person ihre eigenen Überzeugungs-oder Glaubenszustände. Davon muss man jedoch den abstrakten *Inhalt* dieser Zustände unterscheiden, also z. B. die Behauptung, daß zwei und zwei vier oder die Innenwinkelsumme in Dreiecken 180 Grad ist. Wenn solche Behauptungen wahr sind, dann waren sie immer schon wahr – auch wenn es lange niemanden gegeben haben mag, der diese Wahrheiten entdeckt und

---

[22] Michael Gazzaniga, Das erkennende Gehirn, S. 210f.
[23] Wolf Singer, Der Beobachter im Gehirn, S. 42.
[24] Wolf Singer, Der Beobachter im Gehirn, S. 181.
[25] Gerhard Roth, Wir sind determiniert, S. 218.
[26] Gerhard Roth, Aus Sicht des Gehirns, S. 181.
[27] Pauen/Roth, Freiheit, Schuld und Verantwortung, S. 115.

vertreten hat. Doch das haben unentdeckte Wahrheiten mit unentdeckten Kontinenten gemein – auch die entstehen nicht erst in dem Moment, in dem jemand den Fuß an ihr Ufer setzt.[28]
Klar ist, dass jede bewusste Handlung oder Absicht ein physisches Korrelat hat. Mit dem Lebensende endet auch das Bewusstsein, denn ohne Gehirn gibt es keinen Geist. Dennoch schließen diese unumstößlichen Tatsachen einige Glaubensvorstellungen über Seele, Wiederauferstehung und Gott nicht aus.[29]
A neural understanding of human nature in fact broadens rather than constricts our sense of who we are [...].[30]
In diesem Licht betrachtet stellt die Biologie des Geistes nicht nur ein in wissenschaftlicher und klinischer Hinsicht äußerst vielversprechendes Ziel dar, sondern sie verkörpert eine der ureigensten Bestrebungen humanistischer Wissenschaft. Es gehört zum beständigen Versuch jeder Gelehrtengeneration, menschliches Denken und Handeln in neue Begriffe zu fassen.[31]
Sie, liebe Kollegen in spe, werden daher eine Welt schaffen, in der es für jedes Individuum unerlässlich ist, ein ausreichendes Verständnis dieses neuen Wissens zu besitzen, so daß wir es als Gesellschaft vernünftig anwenden können. [...] *Unsere Pflicht* wird es sein, daß wir uns bemühen, diese Fortschritte zu verstehen, sie zu bewerten, manche zu fördern und andere in die Schranken zu weisen.[32]
Dieses Buch habe ich in der Überzeugung geschrieben, daß Wissen im allgemeinen und neurobiologisches Wissen im besonderen eine wichtige Rolle für die Geschicke der Menschen spielen können, daß uns, wenn wir es nur wollen, eingehendere Erkenntnisse über Gehirn und Geist helfen werden, jenes Glück zu erlangen, das als Sehnsucht vor zwei Jahrhunderten zum Motor des Fortschritts wurde [...].[33]

Die impliziten Wahrheitsansprüche solcher Äußerungen – dies war nur eine kleine Auswahl – sollen nun analysiert werden.

6.2.1 Das Begründungsprinzip

Die grundlegende Voraussetzung, die wir annehmen müssen, ist, dass die Hirnforscher ihre Bücher und Aufsätze verfassen und veröffent-

---

[28] Pauen/Roth, Freiheit, Schuld und Verantwortung, S. 116.
[29] Christof Koch, Bewusstsein, S. 361.
[30] Joseph LeDoux, The Self: From Soul to Brain, S. 303.
[31] Eric Kandel, Psychiatrie, Psychoanalyse und die neue Biologie des Geistes, S. 310.
[32] Eric Kandel, Psychiatrie, Psychoanalyse und die neue Biologie des Geistes, S. 310 f.
[33] Antonio Damasio, Descartes' Irrtum, S. 334.

lichen, um Erkenntnisse zu vermitteln. Was sonst? Als Verfasser eines Textes, der Erkenntnisse vermitteln soll, lässt man sich aber auf Kriterien oder Maßstäbe ein, *an denen* man die eigenen Gedanken ausrichtet, denen die Erkenntnisse *genügen* müssen. Diesen Maßstab kann man das Begründungsprinzip nennen: Jeder nichtfiktive Text ist zumindest im Bemühen entstanden, Gründe anzugeben, weshalb eine Sache (etwa Bewusstsein, Moral, Wahrheit, der Hypothalamus) so ist, wie sie ist, und *was* sie ist. Damit bewegt man sich auf einer logischen Sprach- oder Satzebene und einer davon nicht zu trennenden Sachebene. Die Erkenntnis muss logisch kohärent sein, also müssen aus Prämissen die Schlüsse korrekt gezogen, Einheitskriterien beachtet und Widersprüche vermieden werden. Diese Satzwahrheit sagt aber noch nichts über die Wahrheit des Realitätsbezuges aus. Die im Text formulierte Erkenntnis muss deshalb genauso ihre deiktische, hinweisende Funktion erfüllen, d.h. die gesuchte Sache auf den Begriff bringen und es so dem Rezipienten ermöglichen, durch die Hinweise des Textes die Sache in der Wirklichkeit zu begreifen. Jemand, der diesen Anspruch nicht erhebt oder sich nicht an diesen zwei Kriterien (Kohärenz und Sachorientierung) ausrichtet, wird entweder gar nicht erst schreiben oder nur ein hinfälliges Durcheinander zu Papier bringen. Selbst der größte Skeptiker, und dieser Vorwurf begleitet die radikale philosophische Skepsis von Anfang an, kann seine Haltung nicht begründen, ohne auf eben solche Objektivitätsmaßstäbe sich zu berufen. Will ich also begründen, warum sich etwas so verhält (und sei es, dass es keine begründbare Wahrheit gibt), setze ich begründbare Wahrheit voraus – oder ich schweige.[34]

Die implizite Anerkennung des Begründungsprinzips besteht als Forderung an sich selbst als Begründenden, aber nicht nur das. Der Verfasser eines begründenden, Erkenntnis vermittelnden Textes richtet diese Forderung selbstverständlich auch an den Rezipienten. Wenn ich als Rezipient schlicht behauptete, was da als Erkenntnis ausgegeben wird, sei falsch, wird man zurecht Gründe für meine Haltung einfordern und mich somit am selben Maßstab, der an den Text angelegt wurde, messen. Kann ich dem Begründungsprinzip nicht gerecht werden, wird mir das als Fehler zugeschrieben. *Will* ich dem Prinzip nicht Folge leisten, obwohl dessen fähig bin, wird man mich

---

[34] Schon ein einfacher Satz wie ›Es gibt nicht die Wahrheit, *weil* doch alles Erkennen kulturell, individualgeschichtlich und sozial bestimmt ist‹, ist also ein solcher performativer Widerspruch, weil er genau das voraussetzt, was er negiert.

als nicht diskursfähigen Mitmenschen in wissenschaftlicher Hinsicht ignorieren. Das diskursive Miteinander auf Augenhöhe ist gegeben, wenn beide Seiten das Begründungsprinzip im Anderen als identisch zum eigenen voraussetzen dürfen. Es gibt nur eine Möglichkeit, auf andere Weise von der eigenen Erkenntnis zu überzeugen, als dem Gegenüber den Erkenntnisweg durch Nachvollzug zu ermöglichen, nämlich durch seelische oder körperliche Gewalt. Solche Art der Erkenntnisvermittlung funktioniert (nicht nur) auf dem Schulhof recht gut, führt aber eher zu Angst als zu Einsicht. Diese Bemerkung ist nun weniger scherzhaft gemeint, als es scheint, denn die implizite Forderung, sich an Begründbarkeit – und damit Wahrheit – zu orientieren, ist nicht bloß eine epistemische Forderung (›Das bessere Argument soll entscheiden‹), sondern auch eine moralische (›Wir haben den identischen Maßstab. Negierst du ihn, negierst du jedes Gespräch, das zur Wahrheitsfindung dient. Damit stellst du dich außerhalb dieses Miteinanders. Willst du recht haben, musst du den Maßstab anerkennen und dich rechtfertigen‹). Wer also eine Erkenntnis begründet und vermittelt, erkennt implizit eine moralische Wahrheit an: dass es nämlich erstens gut ist, Erkenntnis durch Einsicht zu erlangen und zu verfolgen und dass es zweitens erstrebenswert ist, begründbar Position zu beziehen, anstatt seinem Gegenüber die Wahrheit einzuprügeln und sich so selbst die Grundlage des sozialen Miteinanders und der Wahrheit eigener Ansichten zu entziehen.

Diese unaufhebbare Verflechtung von Epistemologie und Moral wird besonders an einem Phänomen sichtbar. Warum, so kann man fragen, leidet eigentlich ein Mensch, wenn man ihn auf fehlerhafte Ansichten hinweist oder er selbst erkennen muss, dass sein Denken inkonsistent war? Weshalb wehren sich Menschen dagegen, ihre bisherige Meinung zu ändern, obwohl die besseren Argumente gegen jene sprechen? Darum, weil der epistemische Maßstab gleichzeitig ein moralischer ist. Dem Erkennen ist sein eigener Maßstab mitgegeben und es *soll* damit diesem seinem Maßstab genügen. Der Irrtum wird vom Erkenntnissubjekt wie (oder besser: als) eine moralische Verfehlung empfunden, als eine Verletzung der an sich selbst und an den Anderen gestellten Forderung nach Rationalität. So erst wird verständlich, dass Scham eine Reaktion auf als unzureichend begründet entlarvte Meinungen ist, denn Scham gegenüber sich selbst und anderen tritt dann auf, wenn ein (implizit) anerkannter Maßstab nicht erfüllt wird; dem Erkennen ist sein Sollen inhärent, und der Begründende spricht zugleich einen Imperativ aus, das Gegenüber solle sich auf die Begründung als einzige Gewähr, recht zu haben, einlassen. Wer sich also entgegen besseren Argumenten gegen die Änderung von Ansichten sträubt, der sträubt sich nicht *per se* gegen neue Erkenntnisse, sondern gegen das Eingeständnis eigener epistemischer und moralischer Unzulänglichkeit. Die Sicherheit, die sich demjenigen bietet, der zu wissen vermeint, ist insofern ein schamloser Zustand, und diesen Komfort, sich nicht schämen zu müssen, gibt man ungern auf.

Zusammengefasst gilt also: Wer meint, gute Gründe für diese oder jene Ansicht zu haben, der nimmt eine schlechthin überpersönliche Position ein: das Gegenüber muss erstens die Gründe *prinzipiell* nachvollziehen können, und wenn die Begründung stimmt, muss es zur identischen Einsicht kommen; zweitens *soll* das Gegenüber Gründe nachvollziehen und selbst als Rechtfertigung angegeben, da die Alternative die Sinnlosigkeit und die Negation der gemeinsamen Grundlage ist. Die – hoffentlich nun gut begründete – These lautet also: Wahrheit ist dem Erkenntnissuchenden, und dazu gehören die Hirnforscher zweifelsohne, a priori als Orientierungsmaßstab für sich selbst und den anderen mitgegeben. Darüber hinaus ist Wahrheit (oder Erkenntnis) ein erstrebenswertes Gut, oder anders ausgedrückt: Wahrheit ist an sich gut. Es ist gut, Unwissenheit und falsche Meinungen zu überwinden. Diese Bestimmung des An-sich-Gutseins soll nichts anderes heißen, als dass das Gutsein sich nicht auf einen der Sache fremden Zweck bezieht, sondern darauf, dass die Sache selbst der Zweck ist. Erkenntnis wird um ihrer selbst willen angestrebt. Ich kann nicht sinnvoll diese Sache negieren; ich kann sie nicht *nicht* wollen, weil die Negation der Sache die Ausrichtung auf die Sache voraussetzt. Der Nachweis sollte gelungen sein, dass die Hirnforscher sowohl die Sache selbst – Wahrheit und Erkenntnis – wie auch ihr Gutsein, ihr Erstrebenswert-sein immer schon voraussetzen und diese Anerkennung auch von jedem anderen einfordern. Dies bedeutet aber, von jedem Individuum zu fordern, eine von der jeweiligen Individualgenese unabhängige Perspektive einzunehmen. Kultur, Sprache, frühkindliche Erlebnisse mögen den faktischen Erkenntnisprozess bremsen oder fördern. Der Sache nach besteht jedoch der Anspruch, dass jeder die Erkenntnis und ihre Begründung nachvollziehen kann, sofern ihn die Vernunft nicht im Stich gelassen hat und sprachliche Hürden genommen sind.

Diese Grundannahmen des Erkenntnis Vermittelnden und die damit verbundenen Imperative lassen demnach auch den Schluss zu, dass *der* Geist, *das* Ich, *das* Bewusstsein von den Hirnforschern vorausgesetzt werden, jedoch mit den nötigen Bedeutungsverschiebungen. Denn wenn die implizite Behauptung ist, dass im Individuum als Individuum ein allgemeines Vermögen der Wahrheitserfassung vorauszusetzen ist, die Wahrheit aber im Individuum erkannt wird, das heißt sich individuiert und in Beziehung zu einem geschichtlich situierten Menschen gesetzt wird; wenn das individuelle Handeln unter Berücksichtigung allgemeiner Prinzipien gestaltet werden soll, dann kann man darüber diskutieren, ob hier nicht die Einheit von Geist und Ich angesprochen sind. Offenbar gelten doch für jedes Individuum dieselben Prinzipien, an denen es sich orientieren muss und soll – und das bedeutet nichts anderes, als dass etwas Individuelles, das noch nicht das ist, was es sein kann und soll, sich an einem allgemeinen Sein orientiert und daran bildet.

Eine solche Bestimmung wäre dann gerade nicht gleichzusetzen mit dem aktuellen Erlebnisbewusstsein, sondern eine Bestimmung des individuellen, geschichtlichen Seins aus seinen allgemeinen Gründen. Auch der Begriff des Bewusstseins verlangt also nach einer Erweiterung. Das bloße Erleben ist ja noch gar kein Ausweis von Geist, wie ihre Gleichsetzung suggeriert. Meint man aber das reflexive Selbstbewusstsein, so ist damit eine Erkenntniskomponente des Bewusstseins gemeint: sich selbst und das Erkennen zu einem Erkenntnisgegenstand zu machen, also gerade das Erleben zu transzendieren und eine Selbstthematisierung *als* ein Selbst vorzunehmen, sich dadurch erst ein Profil als Selbst zu geben. Diese beiden Dimensionen werden von den Hirnforschern nicht klar unterschieden, deshalb wechseln sie oftmals, ohne dies kenntlich zu machen, zwischen diesen Bedeutungen hin und her.[35] Jene selbstbezügliche und objektive Dimension des Individuums muss freilich dem verborgen bleiben, der die Reduktion seiner Erkenntnisgegenstände auf empirische Tatsachen schon vorgenommen hat und nun das Reduzierte für die Sache selbst hält. Das ›Mentale‹ als einen bloßen subjektiven Zustand und weiter ein einmaliges, zeitlich und lokal genau bestimmtes Phänomen zu bestimmen, ist eine naturwissenschaftliche Reduktions-

---

[35] Michael Tomasello hat gezeigt, dass dieser Prozess der Selbstobjektivierung, welcher mit der Thematisierung des Anderen als ein ebensolches Selbst einhergeht, Primaten verschlossen bleibt. (Michael Tomasello, Die kulturelle Entwicklung des menschlichen Denkens, Frankfurt a. M. 2006, S. 124–151) Bescheinigt man Affen also eine ›theory of mind‹, muss darauf geachtet werden, was eigentlich mit ›theory‹ und ›mind‹ gemeint ist.

strategie, die die gemeinte Sache nicht erfasst: Das subjektive Mentale hat immer eine objektive Dimension.[36] Sprache und Kultur als zeitliche Manifestationen eines gemeinsamen, objektiven, zeitunabhängigen Bedeutungs-, Wahrheits-, und Geistuniversums[37] übernehmen gerade den Orientierungsrahmen zur Formung des Individuums, was die Hirnforscher selbst immer wieder betonen. Das Individuum ist also genauso wie das hier und jetzt ausgesprochene Wort ein einzelnes Vorkommnis und als solches der Naturwissenschaft zugänglich. Doch dieses Zeitliche ist eben – und dies wird von der naturwissenschaftlichen Reduktion nicht erfasst – auch ein Überzeitliches in individueller Gestalt.[38] Mit den allgemeinen und überzeitlichen epistemischen oder moralischen Prinzipien und dem allgemeinen Vermögen des Menschen, diese auch zu erfassen, setzen die Hirnforscher, auch wenn sie es bestreiten, also zwingend ein wahres Wesen des Menschen voraus – trotz seines historisch-individuell bestimmbaren Daseins.

Wenn es nun stimmt, dass jedes faktische, individuelle Erkennen als solches den genannten Kriterien genügen muss, dann haben wir es hier mit notwendigen apriorischen Bedingungen zu tun. Und ist der Nachweis korrekt, dass dieses Apriori nicht in der Erkenntnis geschaffen, sondern stets bei jedem faktischen Erkenntnisakt in Anspruch genommen wird, dann kann man vorsichtig beginnen, zu sagen: Es ist. Was dieses ›ist‹, das ja eine Existenzaussage darstellt, genauer bedeutet, bleibt freilich noch erklärungsbedürftig. Zunächst berücksichtigt es lediglich, dass man dieses Apriori nicht negieren kann, da es ja bei jeder Erkenntnis und Erkenntnisvermittlung unabhängig von Kultur und Historie vorauszusetzen ist.

---

[36] Vgl. Thomas Buchheim, Die Grundlagen der Freiheit. Eine Einführung in das ›Leib-Seele-Problem‹, in: Philosophisches Jahrbuch 111 (2004), S. 1–16, S. 10.
[37] Ein Anhaltspunkt dafür ist, dass wir, etwa in der Philosophie oder den Altertumswissenschaften, überhaupt erkennenden Zugang zu längst vergangenen Sprachen, Symbolen, Alltagsgegenständen haben können – *trotz* aller Interpretationsbedürftigkeit und kultureller Unterschiede.
[38] Dieser Ausdruck wird freilich nicht bedeuten können, dass das Individuelle nur im Objektiven aufgeht, was seine eigene Individualität wieder aufhöbe. Solche Entwertung des Einzelnen als bloßen Ausdruck eines Objektivums findet man als Rechtfertigungsgrund für *alle* Handlungen, egal ob im Namen des evolutionären Überlebens, der göttlichen Weltordnung oder des proletarischen Klassenkampfes.

6.2.2 Sein-Sollen-Schlüsse

Wahrheit oder Erkenntnis haben aber nicht bloß *selbst* eine moralische Dimension. Zugleich *folgen* aus konkreten Erkenntnissen bestimmte moralische Imperative (wenn A wahr ist, dann muss B als moralische Konsequenz wahr sein). Das heißt, dass aus einem erkannten Sein ein Sollen folgt. Ein Sein freilich ist damit gemeint, das anderer Art ist, als die materielle Natur und evolutionäre Anforderungen. Solche notwendigen Sein-Sollen-Schlüsse tauchen bei den Hirnforschern besonders auf, wenn es um die Freiheit geht, zum Beispiel:
(A): Der Mensch ist nicht frei. (B): Also darf das Rechtssystem ihn nicht moralisch aburteilen.
Oder auch:
(A): Der Mensch steht wesentlich unter Leitung seines Unterbewussten. (B): Also ist es inhuman und diskriminierend, ihm alle Kontrolle über sich selbst zuzuschreiben.
Die Frage ist natürlich immer, ob die Prämisse A auch richtig ist. Grundsätzlich steht aber fest, dass die Hirnforscher mit solchen Imperativen einiges voraussetzen, nämlich erstens, dass das dem als wahr erkannten Sein gemäße Handeln gut und geboten ist. Zweitens gelten diese erschlossenen Maßstäbe des Handelns völlig unabhängig von kulturellen oder geschichtlichen Besonderheiten des Individuums, wenn die zugrundeliegende Prämisse wahr sein soll. Und drittens ergeben sich die Imperative und Regeln gar nicht aus der Überlebensforderung; auch das Ziel des Überlebens spielt in ihnen keine Rolle, sondern die reine Geltung angesichts eines erkannten Seins. Die moralische Regel und ihr Gutsein ist somit gerade kein Naturphänomen, welches evolutionär begründet würde. Mit der eigenen Wertnahme zugunsten Wissen und Vernunft konterkariert man so gleichsam den eigenen Naturbegriff, denn die oberste Prämisse lautete ja, dass es nichts gibt, was die Natur und ihre Prinzipien übersteige. Das Überleben begründet keine Moral, da sich im Namen des Überlebens nun wirklich alles rechtfertigen lässt: Die Auswahl der Personen, die für mein Überleben förderlich oder hinderlich sind, die meine Lust fördern oder zur Schmerzvermeidung unschädlich gemacht werden müssen, ist jeweils dann gerechtfertigt, wenn der Maßstab ›Überleben‹ und ›Lust‹ erfüllt wird. Der Versuch, Moral durch Evolution zu begründen, öffnet *jeder* Art sozialen oder asozialen Verhaltens (das betrifft auch politische und wirtschaftliche Hand-

lungen) Tür und Tor. Die logische Folge dieser evolutionären Sicht auf Moral und Gesellschaft ist, dass der Andere (als Gruppenmitglied) ein *Mittel* ist, den eigenen Zweck des Überlebens zu gewährleisten. Die Entmenschlichung des Anderen ist angesichts der Abschaffung seines unbedingten Selbstzwecks nur notdürftig verborgen.

Doch hintergehen eben die Hirnforscher ihre eigene Theorie der Moral durch die Anerkennung unbedingter Güter. Mitnichten sind moralische Normen bloße Regulationsmechanismen, welche das Individuum in seiner Brutalität hemmen, und mitnichten sind Individuen bloße Träger solcher Normen, bloße Produkte ihres Prägungsprozesses und der unbewussten Konditionierung. *Es ist einigermaßen inkonsistent, dem Individuum zu bescheinigen, prinzipiell nachträglich sein Handeln mit konstruierten Gründen zu rationalisieren und ihm gleichzeitig eine Lehrstunde in prinzipiengeleitetem Handeln zu erteilen.* Hier wird vorausgesetzt, dass eine erkannte Wahrheit völlig unabhängig vom momentanen Bewusstseinsstatus zum Handlungsprinzip werden kann, weil sie begründet ist und eingesehen wird und einem allgemeinen Sachverhalt entspricht. Die Hirnforscher fordern damit, kurz gesagt, *aus prinzipieller Einsicht sein Handeln zu gestalten*, und sie halten dies zugleich für möglich. Erkenntnis und Moral gewinnen so entgegen der eigenen evolutionären Herleitung einen gänzlich anderen Charakter – war das Argument doch eigentlich, dass das Sosein unseres Erkenntnisvermögens und der Moral sich durch Bewährung angesichts evolutionärer Erfordernisse erst ausgebildet habe. Kann also die Evolution oder das Überleben diesbezüglich überhaupt noch etwas begründen?

Das Prinzip der Evolution des Lebendigen ist, so wurde gesagt, das Überleben. Das heißt, die biologische Existenz des individuellen Organismus und ihre Erhaltung bestimmen dem Wesen nach, wie das Individuum in seiner Umwelt agiert, wie der Umgang mit anderen Individuen geschieht und wie der erkennende Zugriff auf diese Umwelt vonstattengeht. Die Selektivität unserer Wahrnehmung aufgrund evolutionärer Erfordernisse wurde damit begründet, dass ein schnelles Erfassen des für eine schnelle Reaktion Wesentlichen in einer Situation dem Überleben weit zuträglicher sei, als umfassende Weltbeschreibungen oder vollständiges Erfassen der Außenwelt. Das ist jedoch höchst spekulativ, denn mit derselben Begründung wäre durchaus eine ganz andere Art der Entwicklung unseres Erkenntnisvermögens denkbar. Ob das vollständige (oder weit vollständigere)

Erfassen länger dauern würde als das selektive, ist gar nicht so klar. Weshalb sollte solch umfassendere Wahrnehmung und Informationsverarbeitung nicht schneller ablaufen können als die selektive? Zudem wäre in der vollständigen Erfassung ja das für die Reaktion Wesentliche auch enthalten, und zwar in weit förderlicherem Maße, denn *wir könnten dem Vollständigkeitsparadigma zufolge nicht irren!* Die Erfordernisse der Evolution, Maßnahmen zum Überleben des Individuums zu treffen, wären also wesentlich besser zu erfüllen, wenn jeder Sachverhalt, jede Situation richtig eingeschätzt würde. Unklar ist hier folglich, ob die Art des Erkennens überhaupt wirklich auf solche evolutionären Vorteile zurückgeführt werden kann, da sich genauso gut der selektive Erkenntnisapparat, der das Überleben gewährleisten soll, als Garant für tödliche Irrtümer entpuppen kann.[39] Die Evolution oder die Überlebensanforderung als Ursache für das Sosein des Erkenntnisvermögens erklärt also denkbar wenig: Dieselbe Ursache hätte genauso gut dafür verantwortlich sein können, das Erkenntnisvermögen mit anderen, ja entgegengesetzten Eigenschaften auszustatten – etwa denen, viel schneller zu sein oder die Realität vollständiger zu erfassen. Unter dieser Prämisse schlägt der ausgemachte funktionelle Nutzen des selektiven Erkennens um in den Ausweis eines grundsätzlich defizitären Selbstmordinstrumentes. Kann aber mit ein- und demselben Grund etwas und auch sein Gegenteil schlüssig begründet werden, dann kann eine solche Erklärung beim besten Willen keinen wissenschaftlichen Ansprüchen genügen.

Auch die These, der Überlebenskampf sei der Ursprung kultureller und geistiger Leistungen des Menschen wie etwa der Menschenrechte, muss in Frage gestellt werden. Eine universale moralische Forderung wird aus dem Überlebenstrieb einfacher biologischer Organismen erklärt. Doch was bedeutet hier Ursprung? Ohne weiteres kann man in der Reihe der Erklärungen weiter zurückgehen, den Ursprung des Lebens in zellulären Verbindungen suchen, welche wieder ihre Bedingungen hatten und so fort, sodass letztlich der Urknall der Ursprung der Menschenrechte ist und die Begründung zur Sach-

---

[39] Tatsächlich könnte man – ebenso spekulativ wie das Überleben – als Prinzip der Natur und der Evolution das Töten und Getötetwerden setzen. »Sie [die Natur] tötet auf grausame und gewaltsame Weise die Edelsten und Besten wie die Schlechtesten und Gemeinsten.« (Manfred Stöckler, Naturbegriffe – Alltagssprache, Wissenschaft, Philosophie, in: Dialektik 3 (1993), S. 23–28, S. 26) Sind wir von der Natur so unzureichend ausgestattet worden, damit ihr Prinzip sich frei entfalten kann? Welcher Natur soll man folgen?

erkenntnis nichts beiträgt. Hier wird das *Verhältnis von Überleben und moralischer Forderung* nicht genug reflektiert. Das Leben von Organismen schließt prinzipiell aus, dass sich Lebewesen nicht um ihr (Über-)Leben kümmern. Man stelle sich eine Welt vor, in der nicht der Drang existierte, das Überleben fördernde Maßnahmen zu treffen. Organismen würden im selben Moment des Entstehens wieder zugrundegehen; es ist undenkbar, weil eine Generationenfolge genauso wie ein Individuum nicht möglich wäre. Das heißt, der Trieb zu überleben, das Lebenwollen, ist wohl *Bedingung und Voraussetzung* für so etwas wie die Menschenrechte, jedoch *beziehen* sich die Menschenrechte auf etwas völlig anderes: Voraussetzungen dafür zu schaffen, dass Möglichkeiten des Menschen zur Entfaltung kommen, eine Person sich frei entwickeln kann, Vernunft zur Erkenntnis dieser innewohnenden Möglichkeiten sich bildet etc. Der Ursprung, wir sagen jetzt besser der Grund, für Menschenrechte ist folglich *nur aus diesem möglichen telos, auf das bestimmte Maßnahmen hingeordnet sind*, zu verstehen: Als Ursprung oder Grund kann in einem solchen Fall weniger das Überleben dienen als vielmehr das Bewusstsein eines (noch) nicht verwirklichten Potentials der Menschheit wie des immer neu in der Welt auftretenden Individuums.

Wir müssen feststellen, dass mit dem Überleben als Zweck die eigentlichen Triebfedern, die eigentlichen Zwecke, vor *denen moralische Begriffe wie Menschenrechte erst verständlich werden*, verleugnet werden. Auf diese Weise wird eine zugegebenermaßen unabdingbare, nicht jedoch eine hinreichende Voraussetzung für kulturelle und geistige Entwicklung, nämlich das Leben überhaupt als physische Existenz, zum Endzweck, zum Prinzip allen Seins erhoben. Moralische Forderungen werden so unberechtigt in ihrer teleologischen Richtung umgekehrt: Anstatt ausgehend von der notwendigen Vermeidung des Todes höhere Ziele zu verwirklichen, seien dem Menschen die höheren Ziele nur noch Deckmantel für die rückwärtsgewandte Vermeidung des Todes. Damit verlieren die moralischen Zwecke aber ihren eigentlich gemeinten Status als Zwecke und werden zu beliebig einsetzbaren *Mitteln*, denn sie sind ja *ihrerseits* auf den Zweck des Überlebens des Individuums hin gerichtet und definieren sich in ihrer Teleologie durch ihn.[40] Man könnte dieses

---

[40] So sind bei Damasio soziale Konventionen und ethische Regeln da, um unmittelbar bevorstehende Gefahren wie physischen oder geistigen Schaden oder fernere und indirekte wie künftigen Verlust oder Verlegenheit abzuwenden. (Vgl. Antonio Dama-

Verhältnis darstellen mit dem berühmten Satz aus Brechts *Dreigroschenoper:* »Erst kommt das Fressen, dann kommt die Moral.«[41] Während er meines Erachtens so gemeint ist, dass nur unter der Bedingung, dass das Überleben gesichert ist, moralische, allgemeingültige Ziele verfolgt werden können, wird er im alltäglichen Verständnis meist umgekehrt: Eigentliche, sachlich erste Triebfeder des Handelns sei der egoistische Überlebenstrieb des Individuums, welchem die Moral sachlich untergeordnet werde.[42] – Was passiert, wenn weniger zimperliche Zeitgenossen ihr Rechtsverständnis auf diesen Grundlagen aufbauen, kann man sich ausmalen.

Nun stellt sich also bei einer Analyse der entsprechenden Texte der Hirnforscher heraus, dass sowohl Erkenntnis als auch Moral eigentlich apriorischen Charakters sind: Allein durch das notwendige und bei jedem Individuum als identisch angenommene Sosein von Erkenntnis und Wahrheit gibt es verbindliche Imperative und der Einsicht folgende Handlungsweisen, welche also mit einer von jeder Historizität unabhängigen, allgemeinen und einheitlichen Dimension des Individuums, des Geistes und des Ichs einhergehen. Offenkundig dürfte auch sein, dass es sich bei einer solchen Ermittlung notwendiger Voraussetzungen des Erkennens und Handelns nicht um die an der Philosophie so kritisierte psychologische Introspektion handelt. Hier wird nicht das faktische Erleben und Meinen wiedergegeben, sondern sich reflexiv den Strukturen zugewendet, welche erst einmal erkannt werden müssen und die jedes faktische Erleben, Meinen und Denken begründen. So werfen die Hirnforscher einen Bumerang, der

---

sio, Descartes' Irrtum, S. 175) Freilich wird der Drang, diese Vorteile auch für andere Individuen zu sichern, zugestanden, doch wer definiert eigentlich, welche Individuen dazu gehören? Für wen sollen meine, unsere Regeln gelten? Rechtfertigen lässt sich mit dem Überleben jede Einschränkung oder Erweiterung des Personenkreises.
[41] Bertold Brecht, Die Dreigroschenoper, in: Ders., Gesammelte Werke 2, Stücke 2, Frankfurt a.M. 1967, S. 457.
[42] Wie selbstverständlich die Theorie des Egoismus als eigentliche Triebfeder der Moral ist, zeigt sich am Verhaltensforscher und Zoologen Frans de Waal. Intendiert er eigentlich, zu zeigen, dass kooperatives Handeln, Friedensschluss und Moral dem Menschen genauso mitgegeben sind wie seine Aggressivität, definiert er doch Kooperation und Moral ebenso als Ausdruck von Selbstsucht und Vorteilsnahme: »Bei den Menschen sind die versteckten Motive gewöhnlich weniger edel als die, der Außenwelt vorgeführt werden; in der Wurzel von nahezu jedem Ölzweig des Friedenswillens steckt Eigennutz. (Frans de Waal, Wilde Diplomaten. Versöhnung und Entspannungspolitik bei Affen und Menschen, München/Wien 1991, S. 241.)

leider weniger, wie beabsichtigt, den platonischen Dualismus erlegt, sondern zunächst nur dem Werfer selbst um die Ohren fliegt. Das selbstauferlegte Programm der Verzeitlichung, der genetischen Herleitung allen Seins ist gescheitert – genauso wie das Programm der Entsubstantialisierung von in der Philosophiegeschichte als allgemeine geistige Wesen verstandenen Entitäten; und zwar darum, weil man allenthalben auf zeitunabhängige, das heißt ewige und universale Entitäten zurückgreift (wie auch immer man vorerst die Seinsweise dieser Entitäten versteht) und weil die selbst vorgebrachten Begründungen unterschiedslos alles begründen können.

Gerade die Einsicht in die Apriorität der Wahrheit als Grund für die Intersubjektivität und Perspektivenübernahme verhilft dazu, einen auch seitens der Philosophie oft begangenen Fehler zu vermeiden: die Intersubjektivität *selbst* als Wahrheitsgrund zu definieren, das heißt Wahrheit nicht als apriorische Bedingung *für*, sondern als ein Resultat *aus* intersubjektiven Verständigungsprozessen anzusehen. Das intersubjektive Bedeutungsuniversum wird ja immer wieder und zurecht angeführt als Argument gegen den physikalischen Realismus.[43] Was die Erkenntnisgegenstände seien, erschließe sich nicht unabhängig von der Erfahrungswelt in einer Realität ›an sich‹, sondern notwendig innerhalb der Erfahrungs- und Bedeutungswelt, denn eine Erkenntnis müsse eben eine Unterscheidung nach bestimmten Kriterien und ihre Begründung sein. Das mag richtig sein, doch in einem nächsten Schritt erliegt so mancher selbst dem konstruktivistischen Relativismus: Erkenntnis und Wahrheit werden zu einer Konvention, zu historisch lokalisierbaren Ereignissen – nicht physikalischen, sondern kulturellen.

Was ein Mensch, was ein Gehirn, was Neuronen, Moleküle oder Atome sind, erschließt sich nur aus dem gemeinsamen Vorverständnis oder aus konventioneller Vereinbarung.[44]

Ähnlich wie Fuchs argumentiert Janich:

Letztlich müssten alle Erkenntnisse sprachlich darstellbar sein, und für die sprachlichen Darstellungen müssen nach Typ adäquate Unterscheidungen von wahr und falsch etabliert worden sein. Erkenntnis als (wahrheitsfähi-

---

[43] Vgl. Thomas Fuchs, Das Gehirn – ein Beziehungsorgan, S. 87 und Peter Janich, Der Streit der Welt- und Menschenbilder in der Hirnforschung, in: Dieter Sturma (Hg.), Philosophie und Neurowissenschaften, Frankfurt a. M. 2006, S. 75–96, S. 86 f.
[44] Thomas Fuchs, Das Gehirn – ein Beziehungsorgan, S. 87.

ges) Wissen bleibt damit abhängig von normativen Festlegungen in menschlichen Gesellschaften unter historischen Lebensbedingungen.[45] Wahrheit und Wahrheiten werden dann erst von Sprach-, Diskurs- oder Kulturgemeinschaften hergestellt, verabredet, gesetzt und damit zu etwas Kontingentem erklärt. Solche Argumentation erweist sich jedoch als zweischneidiges Schwert, denn mit kulturabhängigen Setzungen lässt sich schwerlich gegen den Relativismus der Neurowissenschaftler argumentieren, zumal es sachlich falsch ist, den gemeinsamen Boden, aus dem Intersubjektivität erst erwachsen kann, nun zu einer Frucht der Intersubjektivität zu machen. Erkenntnisse und ihre Maßstäbe können keine Verabredung oder Konvention sein, zumal es doch um den Anspruch geht, zwingende Einsicht in die Wirklichkeit zu vermitteln. Es erfordert also eine etwas differenziertere Analyse kulturell abhängiger und unabhängiger Erkenntnisse und Normen.[46]

6.3 Determinismus und Information

Angesichts der nicht wegzudiskutierenden Widersprüche hat der Hirnforscher nun noch einen letzten Trumpf in der Hinterhand. Er könnte eingestehen, dass das Empiriegebot und die evolutionären Anforderungen nicht die Wirklichkeit menschlichen Denkens und Handelns erfassen, und er könnte auch zugeben, dass Wahrheit und

---

[45] Peter Janich, Der Streit der Welt- und Menschenbilder in der Hirnforschung, S. 87.
[46] Fernando Savater nähert sich in einer seiner Philosophieeinführungen dieser Frage mit einigen Beispielen, die belegen, dass eine grundsätzliche mögliche Übereinstimmung des menschlichen Erkennens über Kulturgrenzen hinweg angenommen werden muss: »Es ist unmöglich – und zweifellos auch nicht wünschenswert – die Bedeutung der soziokulturellen oder psychologischen Einflüsse auf unser Denken zu leugnen. Erlaubt das jedoch den Schluss, dass universelle Wahrheiten, zu denen wir aufgrund und *trotz* dieser Einflüsse gelangen, jede Gültigkeit verlieren? [...] Sollen die Japaner des 20 Jahrhunderts dem Gravitationsgesetz misstrauen, weil es ein Perücken tragender Engländer des 17. Jahrhunderts namens Newton entdeckte? [...] Benutzten die peruanischen Indios, die Jahrhunderte vor den Europäern die fiebersenkende Wirkung des Chinins entdeckten, eine grundlegend andere Logik und experimentelle Beobachtung der Natur als wir? [...] Und schließlich: Ist es eine universelle und objektive Wahrheit, dass es keine universellen, rationalen Wahrheiten gibt oder Menschen sie nicht erreichen können?« (Fernando Savater, Die Fragen des Lebens. Fernando Savater lädt ein in die Welt der Philosophie, übers. v. Andreas Simon, Frankfurt a. M. 2000, S. 58 f.)

Wahrheitsansprüche immer schon anerkannt werden müssen – doch trotzdem könnte er noch an der These festhalten, dass alle geistigen Prozesse neuronal realisiert sind. Neuronale Prozesse wiederum, auch dies ist unumstößlich, sind materielle Naturprozesse, und eine Lücke im kausalen System der Natur ist nicht anzunehmen. Mit anderen Worten: Die Determination naturhafter Ereignisse ist nicht zu umgehen.

Nimmt man den Begriff der Determination ernst, kann es in der Welt der Hirnforscher keine zukunftsgerichtete Offenheit geben; der Lauf der Dinge ist auf ewig vorherbestimmt, und das, was ist, ist ein Produkt der Notwendigkeit vergangener Ereignisse *qua* materieller Ereignisse. Das Mögliche war stets nur das, was wirklich wird. Der neurobiologische Kosmos gleicht so einem kosmischen Billardtisch, in welchem Stoß und Hemmung die *einzigen* Wirkprinzipien darstellen. Für den Menschen ist dieser Billardtisch nicht überschaubar, was aber nichts daran ändert, dass das Spiel einfach abläuft. ›Stoß und Hemmung‹ soll hier lediglich das Prinzip der materiellen Wechselwirkung sprachlich darstellen. Es könnte genauso gut ›Erregung‹ oder ›Feuern‹ heißen. Doch dieser materielle Kosmos enthält noch eine Bestimmung, welche erst den Ordnungsbegriff ins Spiel bringt. Immerhin gibt es ja Gesetze, die leidlich funktionieren, der Kosmos ist kein *totales* Chaos ineinanderwirbelnder Teilchen. Stattdessen organisiert sich Materie zu Materiekomplexen mit Systemeigenschaften, die über eine gewisse Dauer auch erhalten bleiben können.

Eine systemische Leistung von Materie ist es nun, Information zu beherbergen und auch weiterzugeben, etwa im Falle von Erbinformationen in Genen. Systemeigenschaften sind dann – ganz im Sinne des *›informare‹* – Eigenschaften, welche darauffolgende materielle Ereignisse in Form bringen, ihre Anordnung bestimmen.[47] Welt und Natur werden so zu einer deterministischen Mechanik, welche auf Stoß und Hemmung beruht; Stoß und Hemmung aber perpetuieren den Informationsfluss.[48] Letztlich zielt der Hirnforscher also auf einen virtuellen Weltbegriff ab: Ähnlich wie bei einem Computer die Hardware durch die Software geleitet wird, wird die Materie durch die Anordnung als Information geleitet, doch dieser Vorgang

---

[47] Singer meint etwa, es gebe »gute Gründe, warum das System sich darauf verläßt, nach der Geburt noch zusätzliche Informationen aufzunehmen, um Verschaltungen zu optimieren.« (Wolf Singer, Der Beobachter im Gehirn, S. 94)
[48] Vgl. Cruse/Dean/Ritter, Die Entdeckung der Intelligenz, S. 133.

ist, kosmisch gesehen, ein Abspulen eines Programms. Die Hirnforscher sind diesbezüglich auf der Höhe der Zeit: Man verwirft das Verständnis von Welt und Hirn als Uhrenmechanik, deren Baumeister Gott ist, und ersetzt es durch den ungleich komplizierteren Parallelrechner, in welchem der Programmierer jedoch nicht vorkommt, da das Programm schon immer eingeschrieben ist.

So, wie es das Ziel des Renaissancemenschen gewesen sein mag, in der Naturbetrachtung Plan und Intelligenz des Göttlichen an seiner Schöpfung nachzuvollziehen, ist das metaphysische Bedürfnis des Hirnforschers kein anderes: das Programm zu entschlüsseln, also den Code von Natur und Gehirn zu knacken.[49] Eine interessante Beobachtung Konrad Paul Liessmanns ist die Konvergenz des menschlichen Selbstbildes und des jeweiligen Standes der Technik: Das Artefakt, das der Mensch zu bauen vermag, wird zum Modell der Selbstsicht. Beispiele sind der aus Lehm geformte Adam aus der Sicht des frühkulturellen Töpfers, die Vorstellung des Menschen als Uhrwerk oder Automat im 17. Jahrhundert, die Metapher der Dampfmaschine als Vorbild des Freud'schen psychischen Apparates oder Telegraf und Telefon als Beispiele für das Bild des Menschen als Relaisstation.[50] Dementsprechend sind die menschlichen Vermögen heute die eines Computers: Der Schöpfer misst sich an seiner Schöpfung. Rationalität wird dann zu einem Phänomen des regelgeleiteten, vorhersagbaren Abgleichens von Informationen[51], wo das nicht funktioniert, zu einem Phänomen der Wahrscheinlichkeitsrechnung[52]; schöpferisches Denken ist die Neukombination vorhandener Informationen[53], und das Gedächtnis funktioniert wie das Internet: Da sind »in Form neuronaler Netze realisierte Gedächtniseinheiten«[54], und diese Server, ein »riesiges Meer von Daten«, würden wie von einer Suchmaschine »gezielt nach relevanter Information« abgesucht.[55]

---

[49] Vgl. Wolf Singer, Selbsterfahrung und neurobiologische Fremdbeschreibung, S. 243.
[50] Konrad Paul Liessmann, Lob der Grenze. Kritik der politischen Unterscheidungskraft, Wien 2012, S. 51 f. Zum Menschen als Relaisstation siehe auch Olaf Breidbach, Die Materialisierung des Ichs. Zur Geschichte der Hirnforschung im 19. und 20. Jahrhundert, Frankfurt a. M. 1997, S. 152–171.
[51] Cruse/Dean/Ritter, Die Entdeckung der Intelligenz, S. 198.
[52] Cruse/Dean/Ritter, Die Entdeckung der Intelligenz, S. 217.
[53] Cruse/Dean/Ritter, Die Entdeckung der Intelligenz, S. 256.
[54] Cruse/Dean/Ritter, Die Entdeckung der Intelligenz, S. 256.
[55] Cruse/Dean/Ritter, Die Entdeckung der Intelligenz, S. 256.

Anwendung der neurowissenschaftlichen Theorie auf sich selbst

Ein gutes Beispiel für die Überführung des Geist- und Bedeutungsbegriffes in die Vorstellung der Information als strukturierte Materie finden wir auch bei Gerhard Roth. Zum besseren Verständnis dessen, was Information dem naturalistischen Verständnis nach ist, sei hier der entsprechende Gedankengang nachvollzogen.

Ausgehend von der von Shannon und Weaver aufgestellten Informationstheorie[56] bemängelt Roth zunächst, dass wir es hier lediglich mit einer Theorie der Signal- oder Zeichenübertragung zu tun hätten, also mit der technischen Seite einer möglichst unverfälschten Übertragung eines Ausgangssignals – etwa einer Abfolge von Schallwellen – auf einen Empfänger.[57] In diesem Sinne findet nur eine Übertragung von physischen Signalen statt, nicht jedoch eine Übertragung von Bedeutung oder Information, denn ein Signal kann verschiedene Bedeutungen haben (wie ›Bank‹). Auch kann eine Bedeutung durch verschiedene Signale repräsentiert werden (z.B. ›Geld‹, ›money‹ oder einen entsprechenden Binärcode).[58] Die Beschaffenheit des Signals selbst sagt also schlicht nichts über seine Bedeutung aus[59], und der Grund dafür ist einsichtig: Zu einem Signal, d.h. zu einer irgendwie als Code strukturierten Form muss das Kodierungs- oder Dekodierungsprogramm kommen, welches die Strukturierung oder Kodierung vornimmt bzw. sie rücküberetzt. Der Informationsgehalt, der Inhalt dessen, was mittels Signal übertragen wird, ist also eine Eigenschaft nicht des Signals, sondern des Sender- oder Empfängersystems – hier also des kommunizierenden Menschen. Informationsgehalt, Inhalt, Bedeutung ergeben sich so aus dem Vorwissen und dem semantischen Kontext als Kodierungs- und Dekodierungsprogramm.[60] Im Gegensatz zu einfachen, eineindeutigen Signalketten, die in eine Richtung verlaufen, wirkt sich die bereits gespeicherte Information wiederum auf den Inhalt des Signals aus.[61] Im Idealfall gleichen sich Kodierungs- und Dekodierungsprogramm, sodass die Signale, eine störungsfreie Übertragung vorausgesetzt, tatsächlich die Bedeutung vom Empfänger zugewiesen bekommen, die der Sen-

---

[56] Eine gute Darstellung der Wirkung des Modells von Shannon und Weaver findet sich bei Peter Janich, Kultur und Methode. Philosophie in einer wissenschaftlich geprägten Welt, Frankfurt a.M. 2006, S. 213–244.
[57] Gerhard Roth, Das Gehirn und seine Wirklichkeit, S. 105.
[58] Gerhard Roth, Das Gehirn und seine Wirklichkeit, S. 105.
[59] Gerhard Roth, Das Gehirn und seine Wirklichkeit, S. 106f.
[60] Gerhard Roth, Das Gehirn und seine Wirklichkeit, S. 107.
[61] Vgl. auch Cruse/Dean/Ritter, Die Entdeckung der Intelligenz, S. 133.

Determinismus und Information

der intendiert hat.[62] Dies ist aber natürlich oft auch nicht der Fall. Roth legt demnach Wert darauf, dass mit Information nicht das physische Signal gemeint sein kann: »Wenn im Folgenden von ›Information‹ die Rede ist, dann ist damit ›Bedeutung‹ gemeint.«[63]

Kontrolliert man nun, wie Roth im Folgenden den Begriff der Information als Bedeutung verwendet, stellt man fest, dass sie entgegen seiner eigenen Aussage *doch* übertragen, d. h. als Signal weitergegeben werden kann. Ausdrücklich nennt er das Spiel ›Stille Post‹ eine ›Informationsübertragungskette‹.[64] Freilich werden dort durch Signalrauschen immer neue Informationen generiert, was jedoch nichts daran ändert, dass hier Information, also Bedeutung *qua* materiell strukturiertes Signal übertragen wird. Nun ist der Weg offen dafür, strukturierter Materie, also einem Signal, selbst die Eigenschaft zuzuschreiben, Information, Bedeutung oder Inhalt zu *sein* und als solche auch Information *weiterzugeben*. Neuronen etwa sind dann bei Roth Entstehungsort von Information, Bewahrer von Information, Verarbeiter von Information und Vermittler von Information in Personalunion.[65] Wenn also der Informationsgehalt bzw. die Bedeutung die temporal und lokal strukturierte Materie *ist* und gleichzeitig strukturierte Materie diese Bedeutung interpretiert[66], auswertet[67], verarbeitet[68], durch Kombination erzeugt[69], dann ist der Graben zwischen Geist, Computer und Gehirn überbrückt. Materie *enthält* nun als strukturierte oder codierte Materie ihr Programm, ihre Verarbeitungsalgorithmen, ihre Funktion. Bedeutung, und mit ihr auch geistige Prozesse usw., sind dann codiert in einer bestimmten Form notwendiger materieller Abläufe. Diese ontologische Identität, die freilich nicht die sprachliche Notwendigkeit verschiedener Beschreibungssysteme für Programm, Code und physischen Träger aufhebt, erlaubt es dann, dem Hirn, dem Computer oder auch einzelnen Neuronen die Eigenschaften zuzusprechen, die vorher mechanischen Systemen vorenthalten waren – also rechnen, entscheiden, erkennen usw. *Das Gehirn wird zum Subjekt, zum Geist selbst*, auch ist es

---

[62] Gerhard Roth, Das Gehirn und seine Wirklichkeit, S. 107 f.
[63] Gerhard Roth, Das Gehirn und seine Wirklichkeit, S. 108.
[64] Gerhard Roth, Das Gehirn und seine Wirklichkeit, S. 121.
[65] Gerhard Roth, Das Gehirn und seine Wirklichkeit, S. 122.
[66] Gerhard Roth, Das Gehirn und seine Wirklichkeit, S. 110.
[67] Gerhard Roth, Das Gehirn und seine Wirklichkeit, S. 124.
[68] Gerhard Roth, Das Gehirn und seine Wirklichkeit, S. 124.
[69] Gerhard Roth, Das Gehirn und seine Wirklichkeit, S. 121.

nun im Umkehrschluss kein Problem mehr, einem Computer geistige Eigenschaften zu bescheinigen.[70]

Die Rede von der Information und dem Hirn als informationsverarbeitendem, -aufnehmendem oder -speicherndem System müssen wir also ernst nehmen – immerhin geht es dem Hirnforscher darum, seinen Materialismus und Determinismus zu behaupten, im gleichen Zuge aber mit der Information die *Ordnungsstruktur* der Natur und des Denkens zu begründen. Im Sinne der Selbstanwendung der neurobiologischen Theorie werden wir uns daher nun mit Problemen, welche den Determinismus- und Informationsbegriff betreffen, beschäftigen.

6.4 Determinismus und intentionale Begriffe

Wir haben festgestellt, dass die Hirnforscher – selbstverständlich – für oder gegen Ansichten argumentieren, sie begründen ihre Theorie und erwarten vom Rezipienten, dass der Nachvollzug der Gründe zu Einsichten führt. Darüber hinaus erwarten sie aber auch, dass der Rezipient überhaupt die Hoheit der einsichtigen Begründung anerkennt, da nur so über das Richtig und Falsch entschieden werden kann. Die Wahrheit der Einsichten wie auch die Orientierung an der Wahrheit selbst bedingen moralische Imperative; mit der Einsichtsfähigkeit verknüpfen die Hirnforscher ein Sollen. Auf epistemischer wie auf moralischer Ebene wird damit vorausgesetzt, das es Wahr und Falsch, Gut und Böse, Erfüllung und Verfehlung von Maßstäben gibt. Der Hirnforscher behauptet, ob implizit oder explizit, dass die Geltung solcher Unterschiede als Orientierungs- und Wirklichkeitsmaßstab für das Individuum leitend, also *bestimmend* ist. Werden nun diese Voraussetzungen stillschweigend gemacht und zugleich die Determinismusthese vertreten, so lautet der zurecht immer wieder vorgebrachte Einwand, dass beides nicht zusammenpasst: Entweder erkenne ich die Orientierungsmaßstäbe als solche an und akzeptiere dadurch ein anderes Wirkprinzip in der Realität als die blinde Physis – etwa das Argument; oder ich erkenne den Determinismus und seine Notwendigkeit an und muss andere Wirkprinzipien zum bloßen Schein erklären. Das Problem ist, dass die Affirmation oder Negation einer Ansicht oder Handlung, gilt der Determinismus, weder dem

---

[70] Vgl. Cruse/Dean/Ritter, Die Entdeckung der Intelligenz, S. 200.

Determinismus und intentionale Begriffe

erkennenden Subjekt zugeschrieben werden kann, noch dies aufgrund von Geltungsparametern geschieht.

Die Hirnforscher wären zum Hirnforschen determiniert, und sie argumentierten nicht mehr für den Determinismus, weil sie diese Hypothese für richtig halten, sondern weil sie dazu determiniert sind, sie für richtig zu halten.[71]

Was also das Erkennen und das Handeln ausmacht, sind eigentlich durch Bedeutung generierte *Optionen:* eine Ansicht anzunehmen, da andere Ansichten unplausibel sind, sich für eine Handlung entscheiden, da andere Handlungen schlechter sind etc.[72] Der Determinist behauptet jedoch, dass es keine Optionen *gebe,* da ein wirklicher Zustand durch die Notwendigkeit der einzig mögliche war. Und das bedeutet, dass die semantische und sachliche Offenheit, welche sich in einem Widerstreit der Argumente und handlungsleitenden Optionen, im Widerstreit von Affirmation und Negation offenbart, gar keine ist.[73] Der Irrtum und seine Beseitigung werden zu einem notwendig auftretenden Faktum; ein solches unterliegt aber keinen Geltungskriterien, es *ist* schlicht. Ist Stoß und Hemmungen das materielle Prinzip der Welt, gibt es in ihr kein Wahr und Falsch, kein Besser und Schlechter als Orientierungsprinzip; die Materie fragt nicht nach Geltung.[74]

Die Hirnforscher sehen natürlich dieses Problem und bemühen zur Rettung von Wahr und Falsch (sie wollen ja ihre Theorie als wahr vermitteln) *und* Determinismus die früher beschriebene Identitätsthese. Es gibt Gründe und Ansichten, so der Tenor, und da diese neuronal realisiert sind, können Gründe auch wirksam werden.[75] Ratio-

---

[71] Gerhard Kaiser, Warum noch debattieren?. Determinismus als Diskurskiller, in: Christian Geyer (Hg.): Hirnforschung und Willensfreiheit. Zur Deutung der neuesten Experimente. Frankfurt a. M. 2004, 261–267, S. 266.

[72] Vgl. Thomas Buchheim, Die Grundlagen der Freiheit, S. 13.

[73] Vgl. Lutz Wingert, Grenzen der naturalistischen Selbstobjektivierung, S. 249 f.

[74] Dazu Peter Janich, Der Streit der Welt- und Menschenbilder in der Hirnforschung, S. 91: »Wenn die Theorie der empirischen Widerlegung der Willensfreiheit wahr wäre, dann wäre in letzter Konsequenz auch die Aufstellung der Theorie selbst nicht frei, sondern naturgesetzlich determiniert. Konsequent würde dies dann auch für die hier vorgetragene Gegenthese gelten, dass die deterministische Auffassung falsch ist – mit dem Ergebnis, dass es zu ein und derselben Frage zwei kontradiktorische Urteile als Kausalergebnisse neuronaler Vorgänge gäbe. Die Kernfrage und ihre Antworten blieben für immer unentschieden und als Produkte kausalen Geschehens ununterscheidbar.«

[75] Vgl. beispielsweise Pauen/Roth, Freiheit, Schuld und Verantwortung, S. 125.

nale Überlegung, das Für und Wider und der Determinismus sollen also miteinander kompatibel sein, doch diese These zäumt das Pferd von hinten auf. Denn nun wird die semantisch-sachliche Offenheit der Erkenntnis (›Ich kann mich für Option A, B oder C entscheiden‹) in die Notwendigkeit materieller Prozesse überführt (›Aufgrund meiner Vorerfahrung und neuronal realisierten Präferenzen als Programm gab es keine andere Möglichkeit, als Option B zu wählen‹). Gründe mit ihrem semantischen Gehalt werden so als kodierte Information zu Ursachen, die gar keine Optionen zuließen; Geltung wird zu einem Phänomen, das, materiell realisiert, auch materiell notwendig wirkt.

Zwar bestreiten Pauen und Roth genau das: Neuronale Prozesse seien durch und durch determiniert, dennoch seien Gründe, neuronal realisiert, nicht Ursachen. Der abstrakte, allgemeine, auf Geltung ausgerichtete *Inhalt* der neuronal realisierten Gründe verbiete gerade die Reduktion auf einen zeitlich und lokal genau bestimmbaren Neuronenzustand – der Inhalt und die Realisation seien nicht das gleiche.[76] Das mag stimmen, gleicht aber dennoch einem argumentativen Trick. Zwar haben wir es (auch bei Pauen und Roth) mit unterschiedlichen Beschreibungsebenen zu tun, aber der eigenen Theorie gemäß gerade *nicht* mit unterschiedlichen ontologischen Ebenen. Denn wenn ein abstrakter Inhalt, der von jedem erfasst werden kann, neuronal vereinzelt realisiert wird und der physikalische Determinismus gelten soll, behandelt man diesen abstrakten Inhalt *wie* eine Ursache *qua* kodierte Materie, die, je nach Vorgeschichte des Individuums, *zwingend* zu den jeweiligen Veränderungen im Individuum und in seinem Handeln führt.[77]

---

[76] Pauen/Roth, Freiheit, Schuld und Verantwortung, S. 120 f.
[77] Vgl. Pauen/Roth, Freiheit, Schuld und Verantwortung, S. 127–133. Auch Gazzaniga und LeDoux nehmen einen solchen »logischen Indeterminismus« an, der auf der Erkenntnis von Alternativen beruht. Teile man einem Individuum mit, wie es (physikalisch und psychologisch genau erfasst) handeln *wird*, könne es dann auch anders handeln; die Vorhersage ist also nicht bindend, *wenn* sie geäußert wird. (Gazzaniga/LeDoux, Neuropsychologische Integration kognitiver Prozesse, S. 124) Auch hier gilt jedoch dieselbe Kritik: Das mechanistische Universum kennt keine Optionen. Ein solcher Indeterminismus ist vielleicht logisch vorhanden, da aber geistige Inhalte durch Materie realisiert sind, gelten die alternativlosen deterministischen Gesetze auch für dieses Vorhersagen einer Handlung, die Integration der Vorhersage in den weiteren Handlungsverlauf usw. Genau deshalb gibt es trotz dieses Rettungsversuches des Freiheitsbegriffes bei Gazzaniga und LeDoux kein verantwortliches Ich, das die Einheit von Erkenntnis, Norm und Handlung gewährleisten würde. (Ebd., S. 125)

Man mag sich noch so sträuben, Offenheit und Abgeschlossenheit sind ein Gegensatz, der nicht ineinander aufgehoben werden kann. Da es jedoch unleugbar die rationale Verhandlung verschiedener Optionen gibt (dazu gehört das Erkennen von Widersprüchen, das Negieren von Normen, die Wahl einer vorzuziehenden Sache), muss diese Optionalität und Verhandlung dem notwendigen Naturgeschehen einverleibt werden. Die Optionalität wird zwar eine gewusste, aber keine mögliche, da der Verhandlungsprozess vom unerbittlichen Naturgeschehen *selbst* geführt wird. Hierin liegt der Grund, eigentlich offene Prozesse, die rationales Erkennen erfordern, dem *Hirn* als Subjekt zuzusprechen. Materie wird selbst zur informierten *ratio*, in welcher das vernünftige Verhandeln, das Verwerfen und Annehmen, ein naturgesetzlicher Prozess ist: Das Gehirn entscheidet[78], die Wahrheitsfindung wird zum Naturphänomen und so auch zum naturgesetzlichen Phänomen:

> In dutzenden, räumlich getrennten, aber eng miteinander vernetzten Hirnarealen werden Erregungsmuster miteinander verglichen, auf Kompatibilität geprüft, und, falls sie sich widersprechen, einem kompetitiven Prozess ausgesetzt, in dem es schließlich einen Sieger geben wird. Das Erregungsmuster setzt sich durch, das den verschiedenen Attraktoren am besten entspricht. Dieser distributiv angelegte Wettbewerbsprozess kommt ohne übergeordneten Schiedsrichter aus. Er organisiert sich selbst und dauert solange an, bis sich ein stabiler Zustand ergibt, der dann für den Beobachter erkennbar als Handlungsintention oder Handlung in Erscheinung tritt.[79]

Abenteuerlich genug, dass Singer zufolge physikalische Zustände einander widersprechen können und Geltung ein Wettbewerb ums Überleben mikrophysikalischer Ereignisse sein soll. Doch damit nicht genug: Wenn dem Hirn all diese Fähigkeiten wie Vorstellen, Abwägen, Denken usw. zugesprochen werden, füllt man damit eine Leerstelle, die man zuvor durch die Abschaffung des Ichs geschaffen hatte. Der Schluss ist:
(1.) Es gibt keine Ich-Einheit.
(2.) Es gibt das Verhandeln von Optionen, das Abwägen von Informationen usw.
(3.) Dann ist es eben das Hirn, das diese Operationen durchführt.

---

[78] So etwa Michael Gazzaniga, Die Ich-Illusion, S. 89 oder Gerhard Roth, Worüber dürfen Hirnforscher reden, S. 229.
[79] Wolf Singer, Selbsterfahrung und neurobiologische Fremdbeschreibung, S. 250.

Anwendung der neurowissenschaftlichen Theorie auf sich selbst

Damit wird dem Hirn, ja *der Natur überhaupt* zugesprochen, genau die Ich-Einheit mit genau den Eigenschaften zu sein, welche man als platonische Seele oder als Descartes' *res cogitans* ad acta gelegt hatte.[80] Aus einem »ich denke« wird dann einfach ein »es denkt«[81]. Die Besetzung des Hirns als Agens verdankt sich also nicht bloß sprachlicher Unachtsamkeit oder Sprachmetaphern, sondern gründet sich im Seinsverständnis der Hirnforscher! Dasselbe Problem tut sich nun hier auf: Wie bringt man die – nun vom Hirn – erkannten Optionen mit seinem eigenen Determinismus zusammen? Dieses Ringen um die Vereinigung physikalischer Totalität und epistemischer Offenheit führt dann auch folgerichtig zu eklatanten Widersprüchen. Man stelle nur einmal zwei Aussagen Pauens und Roths nebeneinander, die nur wenige Zeilen voneinander entfernt sind:

Wenn sich also das Verhalten neuronaler Prozesse in unserem Gehirn durch Naturgesetze erfassen läßt und einige dieser neuronalen Prozesse die physische Realisierung geistiger Vorgänge sind, dann bedeutet dies, daß die Naturgesetze angeben, wie die geistigen Prozesse *von sich aus* ablaufen.[82]

Dagegen heißt es zwei Seiten zuvor, wo auf ein Missverständnis bezüglich der Naturgesetze hingewiesen wird:

Da wir ganz offensichtlich keinen Einfluß auf die Naturgesetze haben, scheint damit unser eigenes Verhalten unter fremdem Einfluß zu stehen, sofern es durch die Naturgesetze determiniert wird. Der Fehler dieser Überlegung besteht in der Annahme, Naturgesetze würden von sich aus etwas determinieren.[83]

Was bleibt, ist also das alte Problem, ob die Naturgesetze als Totalität für den Lauf der Welt bürgen, oder ob Bedeutung, Gründe und Vernunft ein *Prinzip* darstellen, welches materielle Prozesse bestimmt. Auch die Zurechenbarkeit von Erfüllung und Verfehlung von Erkenntnis und folgerichtig gebotener Handlung ist ein Widerspruch zum Determinismus: Was so und nicht anders sein kann, ist nicht selbstbestimmt, wie es uns Pauen und Roth weismachen wollen. Ohne nun Kant als Kronzeugen der Freiheit aufrufen zu wollen, ist doch seine Kritik richtig: Das ist die »Freiheit eines Bratenwenders«[84].

---

[80] Dazu auch Thomas Fuchs, Das Gehirn – ein Beziehungsorgan, S. 67.
[81] Cruse/Dean/Ritter, Die Entdeckung der Intelligenz, S. 258.
[82] Pauen/Roth, Freiheit, Schuld und Verantwortung, S. 60.
[83] Pauen/Roth, Freiheit, Schuld und Verantwortung, S. 58.
[84] Immanuel Kant, Kritik der praktischen Vernunft, in: Ders., Kants Werke, Bd. 5, hrsg. v. der Königlich preußischen Akademie der Wissenschaften, Berlin 1913, A 174.

Determinismus und intentionale Begriffe

Die Bedeutung des Begriffes ›Freiheit‹ wird ausgehöhlt, wenn eine Überzeugung oder Handlung durch ein determiniertes Selbst determiniert ist – im absoluten Sinne.[85] Der Determinismus erweist sich damit als wesentlich radikaler als die Hirnforscher zugestehen wollen oder können, da er jedes Ereignis der Welt zu einem notwendigen werden lässt.

Diese Radikalität bezüglich des Verhältnisses von Naturnotwendigkeit und sich darin verlierender zukunftsoffener, zurechenbarer Intentionalität betrifft aber nicht nur das Verständnis des Menschen, sondern auch das des Bestehens von Lebendigem überhaupt. Im neurobiologischen Naturalismus treten der physikalische Determinismus und die Evolutionstheorie ganz selbstverständlich Seite an Seite auf. Dabei wird jedoch übersehen, dass die Determinismusthese die Evolutionstheorie hinfällig werden lässt und widerlegt. Der Determinismus besagt, dass ausschließlich das Prinzip Materie als Wirkprinzip des Weltlaufs gilt, das heißt ein strukturell geformter Materiezustand A ist hinreichende Bedingung für die strukturelle Formung eines folgenden Materiezustandes B; und alles, was ist, das heißt Denken, Vorstellen etc. lässt sich letztlich auf physikalische Prozesse zurückführen. In diesem Erklärungsparadigma ist die Äußerung von Gründen, von intentionalen Erlebnissen lediglich eine Erlebnisbeschreibung, jedoch keine Erklärung, welche das Formungsprinzip angäbe. Der Anspruch, intentionale Begriffe in neurobiologischen Vokabular auszudrücken, ist daher gleichzusetzen mit dem Versuch, die Physik, die Chemie und ihre Sprache als Wirklichkeitsbeschreibung einzuführen, da diese als einzige das Sosein von Wirklichkeitszuständen erklären.

Das bedeutet also, dass der Determinismus als umfassende Erklärung des Soseins eines jeden Prozesses in der Welt keine weiteren Prinzipien zulässt. Dies aber ist das Ende der Evolutionstheorie, da sie als Theorie der Entwicklung lebendiger Organismen grundlegend funktionales, teleologisches, intentionales und *zukunftsoffenes* Vokabular verwendet, um Entwicklungs- und Daseinsprozesse zu er-

---

[85] Und der Determinist wird auch kaum seiner Überzeugung gemäß handeln: Ich könnte diese ganzen Bücher der Neurowissenschaftler ungelesen wegwerfen, ein wütend geschnaubtes ›Alles Unsinn!‹ von mir geben und es dabei belassen. Vielleicht sähe mich der Hirnforscher mit dem gütigen Blick des Wissenden an; es ist doch die Notwendigkeit, die mich treibt. Vielleicht wäre er aber zurecht empört über eine solche Ignoranz – und setzte damit schon wieder voraus, dass dies ein nicht-notwendiger, verwerflicher und zurechenbarer Akt war.

klären: Da wird, wo es auch kreucht und fleucht, das Überleben *gesichert*, ein Artgenosse *gesucht*, nach Futter *gestrebt*, eine Gefahr *vermieden* oder ein Gruppenmitglied *aufgenommen* und um allerlei *gekämpft*. Trifft jedoch der Physikalismus oder Determinismus zu, verlieren solche Ausdrücke ihren Wert. Sie wären nur noch hilflose Versuche, Verhalten zu erklären aus der Perspektive des Wissenschaftlers, der die genauen physikalischen Kausalverhältnisse nicht kennt.

Das Agieren eines Organismus kann im Sinne der Rückführung auf physikalische Prozesse nicht durch Begriffe wie Kampf, Vermeidung oder Streben erklärt werden, da das Wirk- und Entwicklungsprinzip schon vollständig durch die Anordnung und Veränderung physikalischer Ereignisse bestimmt ist. Mit der Evolution, dem Überleben und intentionalem Vokabular kommt folglich keine neue oder gültige Erklärungsebene hinzu. Die Erklärung des Daseins eines physikalischen Zustandes – etwa des Organismus, des Hirns, eines Gedankens – aus einem kompetitiven, sozialen oder sonstigen Prozess fällt zusammen mit der Erklärung aus vorherigen Zuständen. Der physikalische Zustand ›Organismus‹ mit seinem Agieren ist dann ein aus Notwendigkeit wirklicher, damit auch sein Leben und Überleben. Ein kompetitiver Prozess, alles, um das sich Organismen ›bemühen‹, suggeriert eine offene Zukunft, um die gekämpft werden könnte, um derentwillen sich bemüht wird. Die Determinismusthese besagt dagegen: Niemand sichert sein Überleben, und ein Wettbewerb findet auch nicht statt; alles passiert schlicht und einfach, und zwar vorherbestimmt so und nicht anders. Den evolutionstheoretischen Begriffen blüht also das gleiche Schicksal wie jenen, die ihren Ursprung der Introspektion verdanken sollen: Sie sind ein Relikt aus Zeiten, in denen die echte, harte Naturwissenschaft noch nicht so weit war. Die Ausschließlichkeit des Determinismus verabschiedet so unbemerkt einen Grundpfeiler des neurobiologischen Theoriegebäudes.

6.5 Kausalität, Information und Bedeutung, oder: Die Metaphysik des Natürlichen

An dieser Stelle sollte man einmal innehalten und sich fragen, ob den Hirnforschern nicht ihr eigenes Verständnis von Natur außer Kontrolle geraten ist. Die Überführung des Geist-, Wissens- und Erkenntnisbegriffes in die Sprache der Information und Informationsverarbeitung (z. B. in die Begriffe ›Code‹ und ›Codierung‹) geschah ja um des Determinismus willen: Information und ihre Verarbeitung ist das Programm, das die Anordnung und deshalb den weiteren Verlauf von materiellen Prozessen bestimmt. Die Optionalität von Erkenntnissen wurde daher in der Eineindeutigkeit der informierten Materie aufgehoben. So, wie einem Computer seine Verarbeitungsalgorithmen bestimmter Eingaben als Programm eingeschrieben sind und daher Informationsverarbeitung ein notwendiger Ablauf ist, verfahre auch das Hirn nach dieser Eineindeutigkeit von Programm, Information und physischem Träger. Es bietet sich an, diese Aussagen über das Programm, die Informationen und die Physis, die wir bisher gefunden haben, noch einmal zu einem abschließenden Bild der Natur zusammenfügen.

6.5.1 Ewiges und Zeitliches

Ob implizit oder explizit, die Hirnforscher setzen zeitunabhängige, das heißt ewige Wahrheiten voraus: moralische genauso wie epistemische und die dazugehörigen Vermögen zur Erfassung (Geist, Vernunft, Ich usw.). Diese Voraussetzung besteht neben der folgenden: Systemeigenschaften von Materiekonglomeraten emergieren aus dieser Konglomeration. Zu den Systemeigenschaften zählt das Mentale mit seinen Vermögen. Das Mentale ist damit aus Materie oder ihrem Zusammenschluss entstanden; ist die materielle Grundlage nicht, so die einhellige Aussage, ist die Systemeigenschaft nicht. Ist es nun richtig, dass die Hirnforscher zeitunabhängige Wahrheiten als Informationsgehalt annehmen und behaupten, dass solche Wahrheiten und Vermögen ohne ihren physischen Träger nicht sind, sie aus ihm emergieren und im evolutionären Prozess entstehen, dann bedeutet das, dass etwas Zeitliches etwas Ewiges ›kreiert‹. Das heißt, in einem zeitlich und lokal bestimmbaren Prozess wird das Ewige *geschaffen*. Dies aber ist ein Ding der Unmöglichkeit. Die Alternative wäre, dass das Zeitliche, der naturhafte materielle Prozess, eine Verwirklichungsform des Ewigen ist, da das Ewige systematisch vor bzw. über dem Zeitlichen steht. – Man darf sich also über den Sprachgebrauch, das Geistige sei durch Neuronen *realisiert*, nicht wundern. Unabhängig davon jedoch, ob dieses Ewige nun in der Zeit geschaffen oder verwirklicht wird, ist das Zur-Welt-Kommen des Ewigen in der

Natur ein notwendiger und vorherbestimmter, da durch und durch determinierter Prozess. Damit erhält die Natur durch die Hirnforscher ihre Charakterisierung als *Selbstentäußerung des Absoluten in Zeit*. Wenn tatsächlich Geist, Wahrheit usw. neuronal realisiert sind, das heißt als Information der strukturierten Materie auftreten, dann sind solche Wesenheiten *Realia* als objektive Vorkommnisse in der Welt und in der Natur. Ihnen kommt daher kein Status als Konstrukt zu! Stattdessen behandelt man Geist, Ich, Vernunft, Wahrheit *qua* informierte Materie als eine *res extensa*, die entsprechend in der materiellen Welt wirkt. So weit ist man von dem vermeintlichen Platonismus oder Cartesianismus, dem man sich entschlossen entgegenstellte, nicht mehr entfernt.[86]

Führt man sich konsequent vor Augen, wohin die Zusammenhänge von Wahrheit, Geist und Information führen, wird man also feststellen, dass der Naturbegriff der Hirnforscher ein wesentlich theologischer und teleologischer ist. Es ist in die Natur eingeschrieben, Geist und Wahrheit zur Wirklichkeit zu bringen; das Absolute in Form eines allgemeinen Geistes und Selbstbewusstseins, einer allgemeinen Vernunft und Wahrheit, wird im Individuationsprozess von Zeit und Ort zu einer Eigenschaft der Natur; ja der Natur kommt so das Vermögen zu, Geist und das moralisch wie epistemisch Wahre zu erkennen und ›auszuführen‹ und sich erkennend auf sich selbst zu beziehen, was sich nicht zuletzt in der sprachlichen Besetzung des Hirns als Erkenntnissubjekt niederschlägt. Das Ziel, die Natur des Alltagsmenschen als anthropomorphes Konstrukt auszuweisen, schlägt um in den Ausweis der Natur als anthropomorphes Selbstsein. Der versteckte Geistrealismus der Hirnforscher entpuppt sich gleichsam als Panpsychismus: Wenn der Renaissancemensch das Ab-

---

[86] Auch bei Panksepp zeigt sich dieses Missverhältnis von Zeitlichem und Unzeitlichem. Einerseits *ist* Information organisierte Materie: »*We have come to recognize that information is an organized state of matter.*« (Jaak Panksepp, Affective Neuroscience, S. 336) Direkt anschließend wird ein und dasselbe, die jeweilige Information, jedoch zu etwas vom Materiezustand Unabhängigem, rein Geistigem: »*Information flow is a distinct ›semiphysical‹ process that can be conceptualized independently of specific forms of matter and energy by which it is instantiated. The term semiphysical is used simply to focus our attention to the fact that the exact physical medium upon which information transfers occur is less important than the formal mathematical concepts that constitute the science of information processing.*« (Ebd.) Und doch soll dieses Unzeitliche nur in einer zeitlichen, materiell gebundenen Form existieren: »*Of course, this does not mean that information can exist in our world without the physical instantation provided by matter and energy.*« (Ebd.)

solute und die metaphysische Wahrheit an der Ordnung der Natur und der Dinge erkennen wollte – wo ist da noch der Unterschied zum modernen, naturwissenschaftlich geschulten, metaphysikkritischen Hirnforscher?

6.5.2 Emergenz: Formung am Geistigen

Das Hirn als solches ist genetisch programmiert und insofern dem Individuum vorgegeben. Die Entwicklung des Hirns soll aber zu einem wesentlichen Teil unter Auseinandersetzung mit der Umwelt stattfinden. Diese Umwelt, die die Entwicklung bestimmt, ist vornehmlich eine kulturelle und intersubjektive. Die faktische Codierung des Hirns geschieht also nach Maßgabe eines Codes oder Programmes, das in Form kulturell und sprachlich vermittelter Zuschreibungen und Bedeutungen schon vorliegt.[87] Dieses Bedeutungsuniversum als Programm formiert das Gehirn, und ohne jenes formiert sich nichts Entsprechendes, wofür Wolfskinder oder vernachlässigte Kinder anschaulicher Beleg sind. Auch die Wirksamkeit von Psychotherapie auf die Schallwellen des Gesprächs und ihre Wirkung zurückzuführen, wäre natürlich absurd, das wissen auch die Hirnforscher. Anscheinend sind Bedeutungen, Lebensvollzüge und leiblich-seelische Befindlichkeiten so verknüpft, dass es unerlässlich ist, dem Wissen und der Erkenntnis formende Kraft zuzugestehen.[88] Die Bedingungen also, unter denen sich das Hirn formiert, sind Bedeutungen oder Informationen – diese sind aber inhaltlich, so die Hirnforscher, auch objektiv, wahr, optional usw. Dieser Sichtweise entsprechend emergiert das Mentale mit seinem Vermögen aus dem mit materiellen Signalen vermittelten, schon daseienden Programm, den Informationen, wie immer man es ausdrücken will. Dieses Pro-

---

[87] Als beliebiges Beispiel Wolf Singer, Der Beobachter im Gehirn, S. 94: »Es können auf diese Weise Funktionen realisiert werden, die sich durch genetische Instruktionen alleine nicht hätten verwirklichen lassen. Der Preis für die Option, zusätzliche *epigenetische Information zu nutzen, um das System zu strukturieren*, ist aber hoch.« (Kursive T. G.)

[88] Vgl. zur Korrelation von Gedanken und Neuronen bzw. von Funktion und materiellem Substrat sowie zur Rolle von Bedeutung bei Neuroimplantaten: Brigitte Falkenburg, Was heißt es, determiniert zu sein?. Grenzen der naturwissenschaftlichen Erklärung, in: Dieter Sturma (Hg.), Philosophie und Neurowissenschaften, Frankfurt a. M. 2006, S. 43–74, S. 59 f.

gramm aber ist Geist, Vernunft oder Bedeutung. In der Rede davon, dass das Mentale oder geistige Inhalte durch Neuronen realisiert werden, verbirgt sich also die Aussage, dass Geist und Wahrheit als in der Kultur und Sprache wirkende Programme die Materie ordnen.[89] Meine faktische Codierung des Hirns richtet sich nach den Inhalten der Informationen, welche es als Umwelt formen, sodass mein Hirn später selbst mit diesen Kodierungen arbeitet. Mit anderen Worten: Mein Hirn entwickelt sich am Geist.

Diese aus den Ausführungen der Hirnforscher zwingend folgende Aussage, dass sich das Individuum mit seinem Hirn und seinen geistigen Vermögen an einer Sphäre des Geistes bildet, muss nun noch im Hinblick auf die Konsequenzen für das Natur- und Informationsverständnis präzisiert werden.

Es wurde gesagt, dass der Geist als Systemeigenschaft aus Materie emergiert, wenn die Bedingungen dafür gegeben sind; Materie wurde dabei als ›selbstorganisierend‹ bezeichnet. Diese Begriffe der Emergenz und der Selbstorganisation sind natürlich Ausdruck des Bemühens, kein anderes Prinzip als die materielle Wechselwirkung gelten zu lassen. Zudem dienen sie der Entteleologisierung des naturhaften Geschehens: Der Geist tritt hier als ein mehr oder minder zufälliges Produkt einer Aneinanderreihung von Materiezuständen auf. Der Begriff der Emergenz müsste also dann modifiziert werden, wenn gezeigt werden könnte, dass die Materie, um es provokant zu formulieren, aus dem Geist emergiert – nicht ihr Dasein überhaupt, sondern ihre Ordnung. Der Begriff der Selbstorganisation wäre in ähnlicher Weise zu modifizieren, wenn gezeigt werden könnte, dass Materie sich in diesem Sinne nicht selbst sondern an etwas anderem organisiert. Beides habe ich schon angedeutet, ich werde aber noch einmal kurz auf die Bedingungen, die die Entwicklung des Individuums begleiten, eingehen.

Im Falle des Menschen hat sich herausgestellt, dass mit der Rede

---

[89] Dazu auch die vielsagende Äußerung Wolf Singers in der Sendung *Scobel*, 3sat, v. 03.04.2014: »Ich wollte noch etwas zu dem Geistigen sagen. Es wird in diesem ganzen Diskurs immer wieder ausgespart, dass natürlich gewusst wird, dass Hirne beeinflussbar sind durch die Einbettung in ein sozio-kulturelles Umfeld […], oder jetzt bei unserer Diskussion genauso: Ein Argument von Ihnen, oder das, was ich da gerade gehört habe, erzeugt bei mir Erregungsmuster, die ich interpretieren kann *(Lachen in der Runde, Singer lacht mit)*, semantisch interpretieren kann und die hinfort mein Hirn verändern werden. Also, ein Argument ist wirkmächtig! Und wenn man ein Argument als eine mentale Geschichte bezeichnen will, ist das jedem belassen.«

Kausalität, Information und Bedeutung, oder: Die Metaphysik des Natürlichen

von Programmen des Hirns und von Informationen, die es aufnimmt und verarbeitet, eigentlich nichts anderes als das Vermögen der Erkenntnis und die Wissens- oder Erkenntnisinhalte gemeint sind. Ein Individuum, das in eine Gemeinschaft hineinwächst, wird nun damit konfrontiert, solche Vermögen auszuformen, mit Inhalten oder Bedeutungen umzugehen, oder in der Sprache der Hirnforscher: In Konfrontation mit der Umwelt Programme zur Informationsverarbeitung zu entwickeln. Die Informationen oder Inhalte aber, die an das Subjekt herangetragen werden oder die es selbst sucht, sind, wie schon dargestellt wurde, wesentlich auch optional und keineswegs eineindeutig. Sie handeln von Möglichkeiten und Alternativen, die als solche erkannt werden sollen, die verstanden, verworfen, angenommen werden, die nicht, teilweise, nacheinander oder in Beziehung zueinander zur Verwirklichung kommen und die dabei auch auf Rationalität, Geltung und den funktionalen wie moralischen Erstrebens-Wert geprüft werden. Solche Möglichkeiten können scheinbar einfache sein – etwa vorwärts, rückwärts und seitwärts gehen – wie auch ziemlich komplizierte – etwa die Frage, was Glück denn nun ist oder ein guter Lebensentwurf.

Das heißt, das Individuum muss erstens das Vermögen ausbilden, Möglichkeiten zu unterscheiden und dann auch noch die nötige Urteilskraft besitzen, die jeweilig passendste Möglichkeit dem Zweck und den jeweils gegebenen Anforderungen gemäß einzusetzen.[90] Sowohl inhaltlich wie auch handelnd ist der Mensch also von ständiger Offenheit umgeben, mit der es umzugehen gilt. Die genannten Vermögen aber sind solche, die Offenheit erst *ermöglichen*, da sie als Vermögen zu unterscheiden die Alternativen als Erkenntnisgegenstände dem Individuum erst zugänglich machen. Egal, ob Bewegungs-, Handlungs-, oder Denkprozesse: Die ›Hirnprogramme‹ können sich nur entwickeln, wenn die ›Programmierungen‹ eingeübt und methodisch trainiert werden, das heißt wenn die Entwicklung des Individuums am *Programm*, seiner *Leistung* und an den *Bedeutungen* ausgerichtet ist. Hier stellt sich dann die Frage, was zur vollen Entfaltung der Leistung führt. Letztlich bewegt man sich doch immer – das mag die einen beruhigen, die anderen verstören – im Umkreis der alten Fragen, was man wissen soll und welches Wissen das Leben leiten soll, *ohne* auf Kenntnisse über Hirnmechanismen zurück-

---

[90] Vgl. Arbogast Schmitt, Gehirn und Bewusstsein, S. 236 und Thomas Fuchs, Das Gehirn – ein Beziehungsorgan, S. 130 f.

greifen zu können (womit die medizinische Relevanz letzteren Wissens nicht geleugnet wird).

Wenn nun das Programm aber ›Möglichkeiten ausloten und beurteilen‹ lautet, darüber hinaus auch der Inhalt der Informationen wesentlich offen ist und sich die Individualentwicklung, also die Organisation des Hirns, anhand von solchen Programmen und Informationen bildet, ist es mehr als inkonsequent, dem physischen Träger ein anderes Prinzip als seinem Programm aufzuerlegen: das des abgeschlossenen physikalischen Determinismus, komme, was wolle. In diesem Fall widerspricht der Träger seinem eigenen Programm, nämlich dem, Bedeutungen und Möglichkeiten zu erkennen und anzuwenden – und das heißt auch, Geltung und Rechtfertigung das Prinzip sein zu lassen. Der Bestimmungsgrund ›Information‹ beziehungsweise ›Informationsverarbeitung‹ wird im blinden determinierten Geschehen dann gerade nicht ausgeführt und somit negiert.

Im Hinblick auf diese prinzipielle Rolle des Geistes und der geistigen Vermögen ist auch der Begriff der Selbstorganisation zu kritisieren. Dieser Begriff suggeriert, es brauche nichts weiter als Materie, schon konglomeriert sie wie von Zauberhand zu einem geistfähigen Wesen. Kann man eigentlich von *Selbst*organisationen sprechen? Die Hirnforscher meinen ja, dass Materie sich, *wenn die Bedingungen* gegeben sind, selbst zu etwas organisiert; doch diese Bedingungen sind gerade nicht bloß materieller, sondern vor allem ›programmatischer‹, geistiger Natur. Dies wird besonders anhand der menschlichen Individualgenese deutlich: Die Gemeinschaft, die an das Kind herantritt, fördert dessen Vermögen mit dem Maßstab *allgemeiner* Vermögen, sie bezweckt Bildung, indem sie Zusammenhänge setzt, die erfüllt sein wollen (etwa rechnen zu können, *um* später dies und das ausführen zu können). Das heißt aber, dass die Hirnentwicklung sich an den Vermögen und Bedeutungen ausrichtet, an Zwecken und Funktionen, die als ›nur‹ erkennbarer Maßstab die Entfaltung potentieller Vermögen des Individuums begründen. Stellt man sich die Frage nach der Erkenntnis und dem Ich, ist das Problem weniger, ob sich da eine Lücke im Naturgeschehen findet, sondern vielmehr, was das Prinzip dieses Naturgeschehens ist. Insofern können wir festhalten, dass auch die Hirnforscher zugeben müssen, dass die Ordnung des Materiellen sich hier der Funktion unterordnet: An den geistigen Vermögen, die zu entwickeln ein von der gesellschaftlichen Umwelt geforderter und geförderter Prozess ist, orientiert sich die Organisation des Hirns. Von *Selbst*organisation zu sprechen verbietet sich jedoch, wenn das Organisationsprinzip von Materie etwas anderes ist als Materie. In der Sprache der Computertechnik ausgedrückt: Man sollte das Programm und seine Eigenständigkeit als Strukturprinzip nicht mit dem physischen Träger verwechseln.

6.6 Offene Fragen, auch in der Philosophiegeschichte

Die Hirnforscher haben der Information die Rolle zugewiesen, Wissen zu sein, das im Vermögensorgan Hirn wirkt. Bedeutung als inhaltliche Bestimmung der Information und der geübte, erkennende Umgang damit heißt – und dies wird von den Hirnforschern stets so gefordert –, Möglichkeiten als Möglichkeiten zu erkennen, das Erstrebenswerte zu begründen, sich von Geltungsfragen leiten zu lassen. Ist dies aber noch ein Determinismus schlechthin, wenn Physis und Naturgesetze der Nährboden sind, auf dem der Geist zwar wächst, sie sich aber gleichermaßen in das Funktionsgefüge der Geistausübung einfügen? Ist überhaupt ein gewusster Determinismus noch ein Determinismus schlechthin?

Antonio Damasio hält es für unbestreitbar, »daß der Geist aus dem Gehirn erwächst«. Doch er meint, diese Aussage müsse ergänzt werden durch die Frage, »warum sich die Hirnneuronen so vernünftig verhalten.« Was er übersieht, ist, dass die Antwort auf die Frage diese zu einer Widerlegung, nicht zu einer Ergänzung der Emergenzthese macht. Die Hirnneuronen verhalten sich nicht vernünftig, sondern sie sind eingebunden in den Funktionszweck ›Vernunft‹, das heißt in ihrer Ordnung *danach ausgerichtet*. Die Informationstheorie der Hirnforscher erweist sich dann als Achillesferse ihres eigenen Theoriegebäudes, wenn man die konkreten Inhalte der Informationen und die Leistungen des Informationsprogramms ernst nimmt – und zwar als Prinzip dieses Hirn-›Computers‹.

Ausgegangen waren wir aber von der Analyse der allgemeinen Voraussetzungen, die die Hirnforscher machen: ethische Wahrheiten, die kultur- und subjektunabhängig an den Leser adressiert werden und somit einem allgemeinen geistigen Wesen des Menschen entsprechen müssen. Solche Bestimmungen werden erstens in ihrem (noch näher zu untersuchenden) Sein vorausgesetzt; zweitens werden sie als ewige, sachlich wie zeitlich, jeder Erkenntnis zugrundegelegt und drittens als kategorial verschieden von materiellen Vorgängen gedacht. Ist dies angesichts der zweifellos vorhandenen Wahrheits-

Anwendung der neurowissenschaftlichen Theorie auf sich selbst

ansprüche erst einmal zugestanden, verkehrt sich jedoch das gesamte intendierte Weltbild. Das Prinzip des Menschen war doch gerade seine Materialität und Zeitlichkeit. Mit der Reflexion auf allgemeingültige und unzeitliche Wesenheiten (sollte man sagen: Wesenszüge?) kommt neben einem völlig andersartigen Wirklichkeitsbegriff auch ein völlig anderer Geistbegriff ins Spiel. Dies bedingt genauso neue Maßstäbe im Hinblick auf Selbsterkenntnis, Glück und Ethik; Maßstäbe, welche sich bei den Hirnforschern unkontrolliert widersprechen, eben weil sie nicht methodisch reflektiert wurden. Denn unerwartet kommt auch die materialistisch gedachte Welt nicht mehr ohne ihre geistigen Prinzipien aus, aus denen heraus menschliche Wirklichkeit sich gestaltet und gestalten lässt – und zwar auf der ontologischen, nicht der bloß sprachlichen Ebene. Den ewigen Wahrheiten muss ja auf der Seite dessen, der sie erkennt, etwas entsprechen: ein Vermögen, das nicht in seiner Individualität aufgeht, sondern jedem in gleicher Weise zur Verfügung steht. Wir kommen also um *den* Geist nicht herum.

Doch sollte man nicht der irrigen Ansicht verfallen, es sei schon alles geklärt. Vornehmlich haben wir bisher Widersprüche festgestellt, die zur Selbstaufhebung des Theoriegebäudes führen. Diese waren im Kleinen feststellbar, etwa beim Nachvollzug des Erkenntnisvorgangs, der Transformation einer Außenwelt in eine Innenwelt oder der Rolle des Bewusstseins – aber auch im Großen, also etwa dem Naturverständnis. Dennoch haben wir schon einige Wegweiser aufgestellt, die uns für eine Auseinandersetzung mit Platon hilfreich sein können. Wenn sich eine Theorie als derart widersprüchlich präsentiert, so ist es vielleicht ratsam, sich Hilfe bei ihrem ärgsten Feind zu suchen – ein Feind freilich, der zu einem solchen erklärt wurde. Dass es thematisch seine Berechtigung hat, zu prüfen, wie ein antiker Philosoph die Problemstellungen angeht, ist offensichtlich. Das Quintett der Fragen nach Ontologie, Epistemologie, Anthropologie, Ethik und Physik wurde nicht befriedigend geklärt, ist seit jeher das Forschungsfeld auch antiker Metaphysik und hat sich als mit den Mitteln der Hirnforschung als nicht beantwortbar erwiesen. In Anbetracht dessen liegt es nahe, die Oppositionsstellung der Hirnforscher gegenüber Platon einer Revision zu unterziehen, das heißt zu fragen, ob sie sich nicht vielleicht durch eine vorschnelle, oberflächliche und zu generalisierende Sicht auf die Philosophie im Allgemeinen und auf Platon im Besonderen bestimmte Denkwege außerhalb einer naiven Empiriegläubigkeit verbaut haben.

Letztlich sind auch die Hirnforscher abseits einzelner Forschungsfragen daran interessiert, Wirklichkeit auf ihre letzten Gründe zurückzuführen, also eine Einheit der Prinzipien zu erkennen, wie es das Bestreben der Metaphysik nun eben ist. Genau dieses eigene Streben nach letzten Prinzipien aber nicht als Metaphysik zu erkennen, ist schon ein Versäumnis, welches die Problematik des ganzen Theoriegebäudes vorzeichnet. In der Physis, der körperlichen Natur, werden die zwei Prinzipien in Form von Determinismus und Überlebenskampf verortet, doch die Ableitung aller Phänomene aus solchen Prinzipien will nicht so recht gelingen. Platon kannte diese Argumentation im Namen eines Naturalismus sehr gut, und dieses Weltbild ist dann auch die Ausgangsposition, von der her wir versuchen, Platons Entgegnungen zu verstehen. Dabei müssen wir uns jedoch stets vor Augen halten, dass dieses System kein einheitliches, schlüssiges Ganzes darstellt, sondern jedes konstituierende Element bereits von den Hirnforschern selbst negiert wird: Zwar widerlegen sie nicht begründend ihre eigene Theorie, wohl aber führen sie sie durch die oben aufgezeigten Widersprüche ad absurdum.

Wer allerdings dieses Weltbild für eine revolutionäre Errungenschaft der Moderne hält, ignoriert schlicht die Philosophiegeschichte. Schon Lukrez (97–55 v.Chr.) und Sextus Empiricus (2. Jhd. n.Chr.) gehören beileibe nicht zu den ersten Vertretern dieses Systems; jedoch gehören sie sicherlich zu den für den Gang der Ideengeschichte einflussreichsten Philosophen. Ihre theoretische Vereinigung von Materialismus (stärker betont von Lukrez) und Außenweltskepsis (stärker betont von Sextus), manifestiert in Sextus' *Pyrrhoneiai hypotyposeis (Grundriss der pyrrhonischen Skepsis)* und Lukrez' *De rerum natura (Über die Natur der Dinge)* wurde in der Renaissance wiederentdeckt. Hier stellt Montaigne (1533–1592) ein Scharnier zur Moderne dar: Seine *Essais*, und hier sticht besonders die *Apologie de Raimond Sebond* heraus, sind formal wie inhaltlich eine neue Fassung der Thesen beider antiker Denker. Montaigne war es dann, der in England auf Francis Bacon großen Einfluss ausübte[91]; und von da an nahm die Geschichte ihren Lauf. Im angelsächsischen Sprachraum etwa über Hobbes, Locke und Hume, die ihrerseits maßgeblichen Einfluss auf die analytische Tradition hatten, sowie im deutschen Sprachraum über Kant und dessen Wirkung auf Nachfolger wie Schopen-

---

[91] Vgl. zur Wirkungsgeschichte Lukrez': Stephen Greenblatt, Die Wende. Wie die Renaissance begann, übers. v. Klaus Binder, München 2011, besonders S. 251–272.

hauer und Nietzsche (beide auch bezeichnenderweise große Verehrer Montaignes) – um nur einige wenige Denker zu nennen. Darüber wurde bereits so viel schon geschrieben[92], dass ich mich an dieser Stelle auf eine sehr kurze Ausführung beschränken will; nicht nur, um ein Bewusstsein dafür zu schaffen, dass die theoretischen Probleme immer noch dieselben sind und die Philosophiegeschichte zu einem nicht unwesentlichen Teil der geistige Vater des neurowissenschaftlichen Theoriegebäudes ist (entsprechende Zitate finden sich in Anhang II). Es muss für ein angemessenes Verständnis des nächsten Teiles meiner Arbeit auch deutlich werden, dass seit je eine kritische Auseinandersetzung mit diesem Weltbild innerhalb der Philosophie ihren Platz hat, sodass *beide*, das Theoriegebäude der Neurowissenschaftler wie die Kritik daran, genauso aktuell wie alt sind und es daher auch systematisch völlig legitim ist, die neurowissenschaftliche Theorie mit Platon einer Bewertung zu unterziehen.

Die Grundlagen des skeptischen Materialismus, wie man es nennen könnte, sind eigentlich immer dieselben, auch wenn Unterschiede natürlich auszumachen sind und von so manchem Versuche zur Überwindung unternommen worden sind:

(1.) Die Sinne werden von der materiellen Welt an sich affiziert und führen zu einem unwillkürlichen Wahrnehmungserlebnis aufgrund dieses physischen Affektionsprozesses.

(2.) Da die sinnlichen Erlebnisqualitäten natürlich nicht Eigenschaften der Welt an sich sein können, ist das sinnliche Erlebnis eine transformierte bzw. verfälschte Repräsentation der Welt an sich. Die Verfälschung wird dadurch verstärkt, dass die Sinne ungenau und von individuellen Unterschieden betroffen sind, mithin die durch sie vermittelten Repräsentationen stets anders ausfallen.

(3.) Was das Denken leistet, ist lediglich eine Bewusstmachung des in den Sinnen Enthaltenen oder ein begriffliches Fixieren und Kategorisieren der sinnlichen Data. Deshalb orientieren sich das unmittelbare Sinneserlebnis, das naturwissenschaftliche Experiment oder einfache Beobachtungssätze noch am nächsten an der Wahrheit der tatsächlichen Welt und garantieren am ehesten, dass das Gemeinte auch *ist*.

---

[92] Zum Beispiel Markus Gabriel, Antike und moderne Skepsis zur Einführung, Hamburg 2008; Verf., Die pyrrhonische Skepsis als unterschätzte Grundlage philosophischer Theoriebildung, in: Perspektiven der Philosophie 38 (2012), S. 153–185.

(4.) Da aber auch das Denken geleitet ist von subjektiven Interessen und Neigungen, kulturellen und physischen Eigenheiten, fügt es dem Ding an sich weitere Verzerrungen hinzu, und es bleibt die generelle Skepsis gegenüber der Erfassung von Wahrheiten über die Welt an sich.

(5.) Im Rahmen des Materialismus und angesichts der Unwillkürlichkeit der Wahrnehmung und Erregung des Leibes liegt es nahe, Freiheit auszuschließen und den Menschen vorrangig als determiniertes, physisch-kausal bestimmtes, biologisches Wesen anzusehen, was einem Offenbarungseid jeder ethischen Überlegung, die noch mit Begriffen wie Schuld oder Verantwortung umgehen will, gleichkommt. Daraus resultiert zumeist eine Ethik, welche das physische Fortbestehen und/oder das subjektiv Angenehme zugrundelegt. Da dies vornehmlich subjektive und rein egoistische Ziele sind, kommt man zur gesellschaftlichen Vertragstheorie oder einer Common-sense-Ethik, welche unter wechselnden historischen Umständen das Überleben und Wohlergehen des Einzelnen sichern.

Selbstverständlich muss man das für die Philosophie konstitutive kritische Moment solcher Denker anerkennen und bedenken, dass bei allen der Wunsch nach der Befreiung von unbegründetem Dogmatismus in Tradition, Religion und Philosophie eine Triebfeder des Schaffens war. Doch schüttet man andererseits das Kind mit dem Bade aus, wenn man die Unfreiheit in einem alten System durch die Unfreiheit in einem neuen ersetzt.

Wir können also in der Ausformung dieses philosophischen Systems, welches uns die Neurowissenschaftler anbieten, ein vermischtes philosophiehistorisches Erbe identifizieren, welches in zwei einander entgegenstehenden Gruppen von -Ismen anschaulich wird. Auf der einen Seite stehen *Skeptizismus, Konstruktivismus (und vielleicht eine Form von Idealismus):* Hier ist das Wesen der Wirklichkeit prinzipiell nicht zugänglich und als individuelles oder gattungsspezifisches Konstrukt überformt, beobachterabhängig und uneinheitlich. Natur und Mensch werden also als Resultat der Subjektivität verstanden. Auf der anderen Seite stehen *Realismus, Naturalismus, Materialismus und Empirismus:* In dieser Gruppe sind Natur und Mensch genau das, was wir von ihnen im Rahmen von Physikalismus, Evolutionstheorie und Theorie der Organismen (Biologie) feststellen. Hier wird die Natur zum Fundament von Erkenntnis erklärt; Vollständigkeit der Naturerfassung kommt voller Erkenntnis gleich. Was ist, ist ein Naturphänomen, d.h. Handeln, Geist und der Mensch im Allgemeinen sind in ihrer Existenz bestimmt durch die Natur und lassen sich auf sie vollständig zurückführen. In dieser Gruppe wird also alles Sein aus dem Sein der Natur abgeleitet.

In der Unvereinbarkeit beider Gruppen liegt das Spannungsfeld von Widersprüchen bezüglich Wahrheit und Unerkennbarkeit, Relativität und Objektivität des Seins, Zeitlichkeit und Unzeitlichkeit der Erkenntnisgegenstände sowie Geist und Materie als Prinzipien. Sucht man nach einer Ursache für diese Spannungen innerhalb des neurowissenschaftlichen Theoriegebäudes, so wird man feststellen müssen, dass gerade die grundlegende Reflexion auf die Erkenntnis und die Struktur des Erkenntnissubjektes nicht gelungen ist. Das Denken und das Subjekt als ›Ort‹ der Wirklichkeitserfassung, damit auch seine Methode (und Verfehlung der Methode) wurden nicht unterschieden; das Subjekt und die Prinzipien, nach denen es in der Wirklichkeit agiert, wurden nicht erfasst – und diese Unterscheidungsschwäche fängt bereits dort an, wo eine Einheitlichkeit des Erkenntnissubjekts bei der Formulierung und Vermittlung von Erkenntnissen vorausgesetzt und gleichzeitig seine Uneinheitlichkeit postuliert wird.

Nun sind Widersprüche aber nicht nur schlecht, sondern haben auch eine kathartische Wirkung. Erst wenn man erkannt hat, dass und wie Aussagen über die Wirklichkeit einander entgegenstehen, kann Raum und Offenheit für einen fragenden Neuansatz entstehen. Die Frage kann daher jetzt von Neuem gestellt werden: Wie muss man den Blick auf die Natur und sich selbst richten? Wie also, und diese Frage haben wir stets als das Movens der Hirnforschung erkennen können, ist das Sein zu verstehen?

II. Teil: Platon

7. Das seelische Kind und der Mythos

7.1 Identität als Aufgabe

Eine Voraussetzung wollen wir den Neurowissenschaftlern zunächst einmal zugestehen: Jeder Mensch steht von Anfang an unter unverfügbaren Bedingen, seien es Naturanlagen, soziale und kulturelle Voraussetzungen oder andere Zufälligkeiten, welche den Werdegang des Einzelnen formen. Auch dies soll gerne zugegeben sein: Nur weil hier ein Ich mit einer individuellen Geschichte auftaucht, kann das angesichts seiner vielfach disparaten Fremdbestimmungen nicht heißen, dass es schon volle personale Identität besäße – was bedeutete, ein sich gleich bleibendes, souveränes Denk- und Handlungsprinzip zu sein, welches um das für sich wirklich Förderliche weiß und in der Lage ist, sich danach auszurichten.[1] Die Frage gilt also der Möglichkeit einer *Umkehrung* des Bestimmungsverhältnisses von Lebensmaximen und Subjekt bzw. der Möglichkeit eines Ichs als Bestimmungsgrund seiner Lebensführung. Diese Umkehrung kann aber nur geschehen, wenn das Ich nicht, wie von den Neurowissenschaftlern behauptet, in seinen Bedingungen aufgeht, sondern wenn es sein eigenes Wesen und Vermögen als erkennende und bewertende *Differenz* verstehen kann, d. h. wenn es ein von den eigenen Voraussetzungen Unterschiedenes und Distanziertes ist.

Das Ziel dieser Arbeit wird also tatsächlich nun sein, die Un-

---

[1] Im Gegensatz zu beispielsweise Pauen und Roth: Sie definieren eine Handlung bereits als frei und selbstbestimmt, wenn sie mit den Wünschen und Überzeugungen einer Person übereinstimmt. (Pauen/Roth, Freiheit, Schuld und Verantwortung, S. 33) Diesen Freiheitsbegriff kann man mit einfachen und allseits bekannten Worten definieren: tun, was man will. Doch stellt sich ja die Frage, *welche* Wünsche und Überzeugungen rational sind, bzw. ob sie überhaupt nach Rationalitätskriterien gebildet worden sind. In einer durch und durch notwendig ablaufenden Natur wohl kaum, will man nicht dem determinierten Naturlauf die theologische Implikation zugestehen, rational vorzugehen.

abhängigkeit, Rationalität und Souveränität *des* Ichs auszuloten – nur gänzlich anders verstanden. Ob das möglich ist, wird sich zeigen. Die Neurowissenschaftler jedenfalls raten uns im Namen der Humanität, doch tunlichst diesen frommen Wunsch auf dem Scheiterhaufen der Ideengeschichte zu verbrennen. Doch so voreilig wollen wir nicht sein, immerhin ist hier der Einzelne mit dem Problem konfrontiert, ob er bezüglich Selbstentwicklung und Lebenswandel den Launen der Umstände ausgeliefert ist oder ob er ein autonomes Wesen sein kann.

In der Auseinandersetzung mit Platons Philosophie werde ich dafür argumentieren, dass nur durch die Reflexion auf die eigene Menschennatur echte Identität und Autonomie hergestellt werden kann; wobei hier die Menschennatur auf zweierlei Weise verstanden werden muss, nämlich erstens als geistiges, denkendes, zweitens aber als leibliches und historisches Wesen – eine anthropologische Konzeption, die die Hirnforscher dazu veranlasst, jegliche Form von Eigenmacht zu negieren. Der Anfang einer bestimmten Form von Selbsterkenntnis markiert demnach einen sachlichen Neuanfang des Einzelnen als mit sich Identisches. Nun drängt sich die Frage auf, ob das unhintergehbare Faktum des zeitlichen und sachlichen Nochnicht-Seins tatsächlich ein grundsätzliches Defizit bedeuten muss: Ist es vielleicht *gut*, noch nicht zu sein, was man sein sollte und sein kann? Damit bewegen wir uns aber um eines der zentralen Probleme, die in der Platonrezeption gegeben sind, nämlich Platons Bewertung der Zeitlichkeit und Leiblichkeit des Menschen, der Materialität der Welt und damit auch der Bedingungen eines diesseitigen, individuellen Lebens.[2]

7.2 Das Problem des Dualismus

Diesbezüglich hat sich unter modernen Interpreten ein Kernstück der Interpretation als oft bestimmend herauskristallisiert, welches sich grundsätzlich gar nicht so sehr von der oberflächlichen Deutung der Hirnforscher unterscheidet: Zwar sei Platon im späteren Werk nicht mehr in dem Maße leibfeindlich gesinnt, wie man es etwa aus dem *Phaidon* gewohnt war; auch dürfe man Platons Jenseitsschilderungen

---

[2] Die folgenden Kapitel 7.2 und 7.3 sind eine überarbeitete Fassung von Verf., Das Kind im Manne. Platons Bewertung der Leiblichkeit im Hinblick auf die Entwicklung der Seele, in: Perspektiven der Philosophie 39 (2013), S. 131–154, S. 133–139.

nicht ganz wörtlich nehmen; was jedoch bleibt, sei, dass das Jenseits und das Leben nach dem Tod das Eigentliche sind: der Ausbruch aus dem Materiellen, das, worauf letztlich alles abzielt, der Zustand, in dem der Philosoph seine Belohnung für ein gottgefälliges Leben erhält und als Ideenschauer glücklich verweilt.[3] Der vermeintliche Leib-Seele-Dualismus ist ja zugleich ein Ideen-Natur-Dualismus. Scheinbar werden die Ideen als Objekte in einer überweltlichen Sphäre verortet, die die Seelen nur abgetrennt vom Leibe erkennen können.

Zweifelsohne sind die meisten Interpreten daran interessiert, Platon ernst zu nehmen und für eine fruchtbare Nutzung auch in der heutigen Landschaft philosophischer Diskussion stark zu machen. Man gerät jedoch in problematisches Fahrwasser, wenn ein Glaubenssatz als Begründung und Ziel platonischer Ethik ausgegeben wird – denn letztlich dient auf diese Weise zur Rechtfertigung von Ethik und Ontologie ein nicht erfahrbares oder ausweisbares Jenseits. Unabhängig davon, ob man Platon bescheinigt, mit dem Jenseits eine Letztbegründung eigentlichen seelischen Glückes als Sicherheit oder als Hoffnung zu formulieren, wäre er doch mit einer solchen Bewertung der materiellen Welt von vornherein als Vertreter eines naiven Dualismus und Theismus disqualifiziert, der dann philosophiehistorisch wohl interessant wäre, aber nicht in der Lage, sachdienliche Argumente für die zeitgenössischen Diskussionen beizusteuern. Platons ganzes System wäre folglich in seinen Grundfesten angreifbar, weil der Dualismus von Diesseits und Jenseits eine tragende Säule in ontologischer wie in ethischer Hinsicht darstellte.

Was von platonischer Philosophie übrigbleibt, wenn man einmal ernst macht und den Nutzen eines gerechten, guten Lebens im eigentlichen Sinne durch ein die unsterbliche Seele betreffendes, jen-

---

[3] Einige Beispiele sind: Dorothea Frede, Platons ›Phaidon‹. Der Traum von der Unsterblichkeit der Seele, Darmstadt 1999, S. 155–165; Karin Alt, Diesseits und Jenseits in Platons Mythen von der Seele (Teil I), in: Hermes 110 (1982), S. 278–299, S. 295 und 298; Lloyd Gerson, The Recollection Argument Revisited, in: Jörn Müller (Hg.), Platon, Phaidon, Berlin 2011, S. 63–74, S. 74; Karl-Heinz Stanzel, Seelenschicksale. Zum Schlussmythos des platonischen *Phaidon*, in: Dietmar Koch/Irmgard Männlein-Robert/Niels Weidtmann (Hgg.), Platon und das Göttliche. Antike-Studien, Bd. 1, Tübingen 2010, S. 193–215, S. 199f. und 208; Franz von Kutschera, Platons Philosophie, Bd. 2. Die mittleren Dialoge, Paderborn 2002, S. 9f. und 11–14; Gerhard Müller, Platonische Studien, Heidelberg 1986, S. 111 und 117f.; Rafael Ferber, Ist die Idee des Guten nicht transzendent oder ist sie es doch?. Nochmals Platons *epekeina tes ousias*, in: Damir Barbaric (Hg.), Platon über das Gute und die Gerechtigkeit, Würzburg 2005, S. 149–174, S. 166.

seitiges Talionsprinzip begründet sieht, macht Wolfgang Kersting mit aller wünschenswerten Klarheit deutlich. Er rückt, unter dieser Prämisse wohl berechtigt, Platon in die Nähe zu Kant[4]: Kants Absicherung des Sittengesetzes durch den Glauben an ein künftiges Leben und eine göttliche Gerichtsbarkeit ist ja der Tatsache geschuldet, dass er an einem diesseitigen Nutzen von Gerechtigkeit zweifelt (und genauso andersherum: Kant geht auch – wie die Sophisten in Platons Dialogen – von einem persönlichen Nutzen von Ungerechtigkeit aus). Und wer würde schon gerecht sein wollen, wenn es keinen Vorteil hätte! Weil also nach Kant im Diesseits die Rechnung nicht aufgeht und man nicht damit rechnen kann, seine guten Taten in genauer Proportion als Glückseligkeitshäppchen zurückgezahlt zu bekommen, bricht nur durch den Glauben an das genau geführte göttliche Handelsregister nicht alle Sittlichkeit zusammen.[5] Sieht man das Glas eher halbvoll, ist es also die Hoffnung auf Belohnung, die uns gut sein lässt; sieht man es eher halbleer, so ist es die Angst vor Strafe, die uns vom Schlechtsein fernhält.[6] Wäre nicht, fragt Kersting, wenn ein solches Nutzenkalkül präferentieller Rationalität das Handeln bestimmt, »die platonische Lehre der Gerechtigkeit und ihrem inneren Wert ebenfalls [wie die kantische] in eine Krämerreligion verwandelt?«[7]

---

[4] Wolfgang Kersting, Platons ›Staat‹, Darmstadt 1999, S. 324.
[5] Immanuel Kant, Kritik der reinen Vernunft, in: Ders., Kants Werke, Bd. 3, hrsg. v. der Königlich preußischen Akademie der Wissenschaften, Berlin 1911, B 836–B 839. In diesem Verständnis des Menschen als natürlichem Egoisten gründet sich auch bei Kant die Ambivalenz des Einzelnen gegenüber der Gesellschaft. Hier stehen sich (gesellschaftliche und moralische) Pflicht und (subjektive) Neigung gegenüber (vgl. ebd. B 837: Kant setzt hier die Neigungen mit »Hindernissen der Sittlichkeit« gleich).
[6] Freilich will Kant eigentlich solche Motive nicht als die Triebfedern zur echten Moralität gelten lassen, weil dann die subjektiven Neigungen wiederum alles bestimmten. Seine Lösung ist die Achtung vor dem Vernunftgesetz. Was aber bleibt, ist, dass das moralische Gesetz nur dann ein Gebot und kein leeres Hirngespinst sei, wenn mit ihm a priori (jenseitige) Verheißungen und Drohungen verbunden seien. (Immanuel Kant, Kritik der reinen Vernunft, B 839) Ohne diesen Glauben an die jenseitige Gerichtsbarkeit könnten die Ideen der Sittlichkeit *unmöglich* Triebfedern des Vorsatzes und der Ausübung werden. (Ebd., B 841 f.) Es ist einigermaßen paradox: Einerseits muss man darauf hoffen dürfen, der jenseitigen Glückseligkeit teilhaft zu werden, um überhaupt Sittlichkeit als möglich anzuerkennen; andererseits darf man aber, will man sich der Glückseligkeit als würdig erweisen, indem man von allen Neigungen absehend sittlich wird, gerade nicht hoffen.
[7] Wolfgang Kersting, Platons ›Staat‹, S. 324. Was Kersting allerdings nicht beachtet: In den Büchern I und II der *Politeia* wird genau diese Art von Krämerreligion am Beispiel von Kephalos kritisiert. Keinesfalls ist es so, wie Kersting schreibt, dass Ke-

Auch in ontologischer Hinsicht liegt da ein Vorwurf nahe. Eine Gerechtigkeitsordnung, die auf die Seele als leiblich-geistige Vielheit abzielt, kann kaum relevant für die vom Körper losgelöste Seeleneinheit sein.[8] Muss man sich Kerstings Einschätzung anschließen, Platon habe angesichts seiner Unsterblichkeitsbeweise und seiner Theorie von der Einheit der Seele »entschieden die Lust und Konzentration verlassen«?[9] Stimmt jedenfalls die Prämisse, Platon richte seine Hoffnungen im Grunde auf das jenseitige Leben, ist das Diesseits ein notwendig defizitäres Jammertal. Alle Anstrengungen des Individuums, sich unter ein einheitliches, ordnendes Prinzip zu begeben, glichen dann einem demütigen Ducken vor dem, was kommen mag; alle Selbstentwicklung gründete sich in einem gewagten Gedankenexperiment, in welchem die göttliche Willkür zur Vorgabe wird, wie man gefälligst zu sein hat. Souveränität sieht anders aus, nur dass die fremdbestimmten Lebensmaximen diesmal gleich von allerhöchster Stelle verordnet werden, nicht vom Milieu oder der Natur; und im Vergleich zu einer von leiblichen Disparatheiten losgelösten Seeleneinheit muss jedes Noch-nicht-Sein des Menschen, jede Bemühung um ein Sein, das man doch hienieden nicht erreichen kann, wie Hohn wirken.

---

phalos gar nicht über Gerechtigkeit redet, Sokrates daraufhin der Geduldsfaden reißt und er einen »abrupten Diskurswechsel« zum Thema Gerechtigkeit vornimmt. (Ebd., S. 18) Vielmehr bringt Kephalos, nach dem Nutzen geerbten Geldes gefragt, den Gerechtigkeitsbegriff ins Spiel, weil er seine Rechtschaffenheit an seine finanziellen Mittel bindet. Der greise Kephalos ist ja nur deshalb gerecht, weil er aus Furcht vor den Bestrafungen im Jenseits anfängt, zu rechnen: Was habe ich mir zuschulden kommen lassen? Wieviel Sühne muss ich in Form von kostspieligen Opfern an die Götter leisten? Letztlich ist er also rechtschaffen, weil er es sich leisten kann und er die Entdeckung seiner Vergehen fürchtet. (Politeia 330 d–331 b) Diese Motivation zu gerechtem Handeln ist leicht zu zerstören, wie Adeimantos später zeigt: Wenn die Götter so leicht beeinflussbar, käuflich, ja sogar zu täuschen sind, wie es Volksglaube und Sagen behaupten, dann kann man auch ruhigen Mutes seinen Nutzen aus der Ungerechtigkeit ziehen, solange man in der Lage ist, sich von der Sünde freizukaufen oder die Götter zu täuschen. Wer dagegen sowieso nicht an die Göttergeschichten glaubt, dem sind auch die jenseitigen Strafandrohungen herzlich egal. (Politeia 362 b–c und 364 a–365 e) Kersting versäumt es, den platonischen Jenseitsmythos zu übersetzen und so den offenkundigen Widerspruch aufzulösen.

[8] Kersting, Platons ›Staat‹, S. 321. Auch Frede kritisiert Platons »Verlegenheit« angesichts des Versuches, ein Leid von entleibten Seelen zu postulieren, welches ja eine Voraussetzung für die Wirksamkeit jenseitiger Strafen oder Belohnungen wäre. (Dorothea Frede, Platons ›Phaidon‹, S. 162)

[9] Wolfgang Kersting, Platons ›Staat‹, S. 321.

Das seelische Kind und der Mythos

Nun stoßen wir bei Platon aber auf das Problem, dass dieser immer, wenn es um die großen Zusammenhänge geht, auf Mythen, Geschichten, Analogien, Bilder und Metaphern zurückgreift. Das hängt mit einem weiteren Problem zusammen: Platons Dialoge sind auch Dramen, d. h. die Gespräche richten sich in Verlauf und Inhalt mit ihren Aporien, Auslassungen, Andeutungen und immer neuen Anläufen nach Charakter und Wissensstand der beteiligten Personen.[10] *Auch die Dialoge als Ganze sind daher Geschichten*, denen allein durch ihre Form ein gewisser wissenschaftlicher Duktus abgeht.

Bevor ich also auf das Erkennen und die menschliche Seele als Seele eines zeitlich beschränkten Lebewesens eingehen kann, muss geklärt werden, ob Platon naiv von einer höheren Wirklichkeit berichtet oder, auch so wird sein Schaffen ausgelegt, er uns fortwährend etwas erzählt, was sich letztlich der Rationalität entzieht, weil es entweder gar nicht erfassbar oder nur arational erfahrbar wäre[11]; ob er also überhaupt den Anspruch hat, etwas Substanzielles mitzuteilen, oder ob er sogar ein zu früh geborener postmoderner Skeptiker ist,

---

[10] Vgl. Dorothea Frede, Platons Dialoge als Hypomnemata. Zur Methode der Platondeutung, in: Gregor Schiemann/Dieter Mersch/Gernot Böhme (Hgg.), Platon im nachmetaphysischen Zeitalter, Darmstadt 2006, S. 41–58, S. 47 oder Bernd Manuwald, ›Proleptische Argumentation‹ in Platons Politeia, in: Zeitschrift für philosophische Forschung 57 (2003), S. 350–372, S. 370 f.

[11] So etwa Wolfgang Pleger, Platon, Darmstadt 2009, S. 211; Ernst Heitsch, Beweishäufung in Platons Phaidon, in: Nachrichten der Akademie der Wissenschaften in Göttingen aus dem Jahre 2000, Philologisch-Historische Klasse, Göttingen 2000, S. 489–533, S. 498 f. und 532 f.; Vladimir Cvetković, The mystical experience of the idea of the Good in Plato, in: Damir Barbaric (Hg.), Platon über das Gute und die Gerechtigkeit, Würzburg 2005, S. 175–181, S. 180 f.; Karin Gloy, Platon – Vordenker der Postmoderne. Erkenntnistheoretische Fundierung der Ethik, in: Damir Barbaric (Hg.), Platon über das Gute und die Gerechtigkeit, Würzburg 2005, S. 247–270, S. 255–259; Ekkehard Martens, Platon, Stuttgart 2009, S. 90–92; Rafael Ferber, Warum hat Platon die ›ungeschriebene Lehre‹ nicht geschrieben?, München 2007, S. 21, 37 und 86; Dorothea Frede, Platons ›Phaidon‹, S. 11 f.

Dass die Deutungs- und Methodenfrage bezüglich Platons Dialogen kein Problem nur der modernen Platonforschung ist, sondern seit je für die verschiedenen Herangehensweisen argumentiert wird, verdeutlicht Dirk Cürsgen, Die Rationalität des Mythischen. Der philosophische Mythos bei Platon und seine Exegese im Neuplatonismus, Berlin/New York 2002, bes. S. 31 f. und 188–191. Eine grundlegende und überzeugende Kritik an den postmodernen skeptischen, asystematischen und arationalen Platonauslegungen sowie eine Analyse der methodischen Interpretationszugänge der Neuplatoniker findet sich bei: Gyburg Radke, Das Lächeln des Parmenides. Proklos' Interpretationen zur Platonischen Dialogform, Berlin/New York 2006.

der uns unsere Grenzen der Vernunft aufzeigt und die Geschichten benutzt, um das Unbegreifliche als solches darzustellen. Vielleicht verschleiert Platon aber auch eine Wahrheit, die, einer Offenbarung gleich, nur seinem engsten Schülerkreis vorbehalten war? Letzteres berührt die Diskussion um den ›esoterischen Platon‹, d.h. die Frage, ob sich ein wirkliches Verständnis platonischer Philosophie und Schrift vornehmlich aus der sogenannten ungeschriebenen Lehre erschließt. Bevor wir also zur Sache kommen, muss ich einige Bemerkungen dazu voranschicken, wie ich Platon lese – oder besser dazu, wie Platon uns wohl vorgibt, dass wir ihn lesen sollen. Dies soll weniger durch eine Analyse der Mündlichkeits- und Schriftkritik im *Phaidros* und dem *7. Brief* geschehen, sondern vielmehr durch Rekurs auf Platons *paideia*-Konzept, welches die Vermittlung philosophischer Lehren reflektiert.

7.3 Geschichten zur Bildung einer philosophischen Seele

In der *Politeia* führt Sokrates aus, wie der Beginn der seelischen Bildung des Kindes aussehen soll.[12] Dieser Beginn ist gleichsam der Anfang der Philosophie, da es darum geht, das Kind auf die Wahrheit und auf die Ausbildung der seelischen Vermögen auszurichten. Sokrates sagt:

> Nun weißt du doch wohl, daß der Anfang eines jeden Geschäftes das wichtigste (ἀρχὴ παντὸς ἔργου μέγιστον) ist, zumal bei irgendeinem jungen und zarten Wesen. Denn da wird es vornehmlich gebildet (πλάττεται) und das Gepräge angelegt, welches man jedem einzeichnen will.[13]

Dabei sind Mythen, Märchen oder Geschichten der zentrale Bestandteil des platonischen Bildungsverständnisses: Wir erzählen, so Sokrates, den Kindern von frühauf Geschichten.[14] Durch sie nimmt das Kind allgemeine Vorstellungen über die Realität auf, bildet sich also einen Begriff über seine Lebenswelt. Solche kindliche Prägung hat deswegen ihre Auswirkungen auf das spätere Leben: Als Erwachsener wird sich zeigen, welche Einstellungen zur Vernunft, zu menschlichen Beziehungen und zur Natur im Kindesalter angelegt wurden. Deshalb bestehe die Notwendigkeit, zu überprüfen, welche Geschich-

---

[12] Politeia 377 a–c.
[13] Politeia 377 a12–b3.
[14] Politeia 377 a4–5.

ten an die Kinder herangeführt werden sollen, welche Geschichten also zu einer guten seelischen Bildung beitragen können.[15] Eine Geschichte aber hat Sokrates zufolge eine Doppelnatur: Sie sei, »um sie im ganzen zu bezeichnen, Falsches (ψεῦδος), es ist aber auch Wahres (ἀληθῆ) darin.«[16] Das heißt doch offenbar: Eine gute Geschichte, ein Mythos, drückt mit seinem geschichtlichen, erfundenen, unwahren Inhalt etwas Systematisches, Wahres aus, das vom Kind noch unreflektiert mit aufgenommen wird.[17]

Die Kunst des Erwachsenen, einen Mythos und seine Güte zu beurteilen, wäre somit die Fähigkeit, die Systematik des Wahren im Hinblick auf die *Darstellung* der Systematik zu unterscheiden. Diesen Wahrheitsanspruch betont Sokrates auch wenig später erneut, wenn er ausführt, gute Dichtung müsse aus einem begründeten Prinzipienwissen erwachsen und dieses zur Darstellung bringen.[18] Wenn man nun Systematik erkenntnistheoretisch versteht als Fundierungsverhältnis, Darstellung dagegen notwendig als zeitlich-räumliches Verhältnis, so ergibt sich, dass die raumzeitlichen Verhältnisse des Mythos in Fundierungsverhältnisse übersetzt werden müssen.[19]

---

[15] Politeia 377 b5–c2.
[16] Politeia 377 a5–6.
[17] Trotz dieser Unterscheidung von Wahrheit und Falschheit des Mythos mit dem einhergehenden Erkenntnisanspruch pochen Brisson und Canto-Sperber in ihrer Analyse der Rolle des Mythos wiederholt darauf, der Mythos sei Platon zufolge »eine Rede ohne Wahrheitsgeltung«, »nicht falsifizierbar« und bewirke lediglich eine »gefühlsmäßige Verschmelzung durch Nachahmung«. (Monique Canto-Sperber/Luc Brisson, Zur sozialen Gliederung der Polis, in: Ottfried Höffe (Hg.), Platon. Politeia, Berlin 1997, S. 95–117, S. 101, 105 und 111) Die Doppelnatur des Mythos wird jedoch durch Platon bei jedem Mythos durch entsprechende Hinweise wieder aufgegriffen. Der Seelenwagenmythos im *Phaidros* wird zum Beispiel dadurch eingeleitet, dass die schwierige Erkenntnis des Wesens der Seele vorerst auf menschlichere (ἀνθρωπίνης), leichtere Weise, nämlich durch bildhafte Analogie, vorgenommen wird. (246 a) Der Mythos *ist* also nicht das Gemeinte, er bedarf noch der Übersetzungsarbeit; er weist aber als Abbild des Gemeinten gleichsam über sich hinaus.
[18] Politeia 378 e–379 a. David White bezieht diese methodische Bemerkung des Sokrates, die bedeutet, dass der Mythenerfinder die auszudrückende Wahrheit kennen und mit umgehen können muss, nicht mit ein. Deshalb kommt er bezüglich des Mythologisierens im *Phaidon* zum folgenden Ergebnis: Die Sokrates-Figur benutze Mythen, weil sie eingesehen habe, dass »*the logoi produced by the love of wisdom have limits. According to this interpretation, philosophy can and perhaps must be complemented by myth.*« (David White, Myth and Metaphysics in Plato's *Phaedo*, Selinsgrove 1989, S. 31) Hier soll der Mythos also die limitierte *ratio* übersteigen.
[19] Ähnliche Überlegungen finden sich schon bei Plotin: »Die Mythen sind, wenn sie wirklich Mythen sein wollen, genötigt, das, was sie behandeln, der Zeit nach zu zer-

Geschichten zur Bildung einer philosophischen Seele

Sokrates' Gesprächspartner begreifen diese Ausführung nicht als eine reflexive Aussage Sokrates' über sein eigenes Vorgehen, und sie beziehen die Aussagen über Kinder nicht auf sich selbst. – Das müssten sie, jedoch bleibt dies dem Leser überlassen. Sokrates nämlich deutet an, seine Gesprächspartner seien seelisch noch Kinder, hätten also ihre Seele noch nicht erwachsen werden lassen und ihre geistigen Vermögen noch nicht zur Entfaltung gebracht. Deshalb sind *sie* diejenigen, die am Anfang der Seelenbildung stehen, die der geistigen Leitung durch Geschichten bedürfen, um sich zum systematisch Wahren hinzuwenden. Dies wird durch die Tatsache gestützt, dass wir bei Platon des Öfteren Stellen finden, an denen die Gesprächspartner als der Führung bedürftige Kinder auftreten. Im *Phaidon* etwa meint der junge Kebes, in den Anwesenden sei ein sich fürchtendes Kind, und er bittet Sokrates, dieses Kind im Manne zu überzeugen, es müsse sich nicht fürchten.[20] Oder auch wird im *Philebos* Sokrates von einem Anwesenden gebeten, wie versprochen noch weiter die Untersuchung zu leiten:

Also sagen wir wie die Kinder, was einmal ordentlich geschenkt ist, kann nicht zurückgenommen werden.[21]

Und gerade hier, wo es darum geht, eine noch disparate, nicht erwachsene Seele zu bilden, kommt ein zentraler Begriff ins Spiel, der den Vorgang der Bildung charakterisiert: ἐπᾴδειν, was übersetzt werden kann mit ›besingen‹, aber auch als ›mit Zaubersprüchen beschwören/besprechen‹. Dieses Beschwören darf nun jedoch nicht als irrationales, bloß emotionales Beeinflussen durch das Erzählen religiöser Märchen verstanden werden. Denn bei Platon taucht es als wesentliche Tätigkeit des Philosophen auf und zwar sowohl als Funktion des Mythos wie auch als Funktion der Dialektik! Mit dem Jenseitsmythos

---

legen und viele Dinge voneinander abzutrennen, welche beisammen sind und nur in der Anordnung oder den Kräften auseinandertreten [...]; die Mythen weisen uns nach besten Kräften hierauf hin, und wer diese Hinweise versteht, dem gestatten sie, das Getrennte wieder zusammenzufügen.« (Plotin, Über den Eros, in: Ders., Plotins Schriften, Bd. 5a, Gr.-Dt., übers. v. Richard Harder, Hamburg 1960, Enn. III, 5. 9)

[20] Phaidon 77 e. Wovor die Furcht? Vor dem Tod, der Sterblichkeit des individuellen Lebens und Leibes, letztlich also der Unversöhntheit mit unserem menschlichen Sein. Solche Versöhnung mit dem eigenen Sein, genau das ist hier unser Thema, geht mit der Entwicklung zu einer erwachsenen Seele einher.

[21] Philebos 19 e. In Politikos 268 d–e ist der junge Sokrates selbst in der Rolle des Kindes, das wegen seiner seelischen Unausgereiftheit der Belehrung durch den vom Fremden erzählten Mythos bedarf.

Das seelische Kind und der Mythos

des *Phaidon* etwa soll man sich selbst beschwören.[22] Völlig *unabhängig* vom Mythos meint aber Sokrates genauso, das Kind im Manne müsse man täglich beschwören[23]; er selbst wird von den anderen als guter Beschwörer (ἀγαθὸν ἐπῳδὸν) bezeichnet.[24] Im *Charmides* sind es die schönen Reden, welche als Besprechungen die Seele heilen.[25] Genauso sagt Sokrates im Maieutik-Abschnitt zum jungen Theaitetos, das Einleiten der Wehen geschehe bei der Hebamme durch Zaubersprüche (ἐπᾴδουσαι)[26]; später bestätigt er, er wolle jetzt Geburtshilfe leisten, deshalb beschwöre er Theaitetos.[27] Dieser Dialog ist aber trotz veranschaulichender Bilder und Analogien durch und durch elenktisch angelegt, also eine dialektische Untersuchung ohne jeden Mythos.

Was sagt uns das? Dreierlei. *Erstens* setzt Platon Mythos und Dialektik als gleichwertig, da sie durch das Beschwören explizit dieselbe Funktion und Wirkung haben: dem Schwangeren zur Geburt seiner Seelenfrüchte zu verhelfen und somit eine Art Schutzzauber gegen die Verirrungen kindlichen Denkens zu sein.[28] Weder Mythos noch Dialektik sind ja Selbstzweck; beide sind Mittel und Methoden, ein Erkenntnisziel zu erreichen. *Zweitens* muss die Gleichwertigkeit von Mythos und Dialektik auf Platons Werk als Ganzes angewendet

---

[22] Phaidon 114 d. Ähnliches auch in Politeia 608 a.
[23] Phaidon 77 e.
[24] Phaidon 77 e–78 a.
[25] Charmides 157 a.
[26] Theaitetos 149 c–d.
[27] Theaitetos 157 c–d.
[28] Insofern hat das Beschwören eine Doppelnatur inne, die im platonischen Werk immer wieder auftaucht: Zum einen ist es der Erkenntnisprozess, zum anderen beschreibt es die emotionale, leibliche, psychische Wirkung, die untrennbar mit dem Erkenntnisakt verbunden ist, da eine Erkenntnis als Etwas auch die *Bewertung* als Etwas ist. (Vgl. Protagoras 358 c–e, Charmides 167 e–168 a und Philebos 35 c–36 c) Ein Begriff, von dem sich dieses ›Beschwören‹ absetzt, ist das ›Überreden‹ (πείθειν) des Sophisten, der gerade nicht versucht, zur Erkenntnis zu verhelfen, sondern Meinung und Emotionen zu bilden und so Macht auszuüben. (Gorgias 452 d–e und 454 c ff.) Das Verstehen von Emotionen beinhaltet daher – hier wird die Ursachenfrage (siehe folgendes Kapitel) anschaulich – das Verstehen der eigenen Unterscheidungen. Rafael Ferber meint dagegen, einem naiven platonischen Rationalismus entgegentreten zu müssen, welcher das allzu Menschliche verkenne: Man müsse doch davon ausgehen, dass nicht die Vernunft uns zumeist leite, sondern der Primat des Gefühls für unser Handeln verantwortlich sei. (Rafael Ferber, Platos Idee des Guten, Sankt Augustin 1984, S. 180) Diese Thesen kennen wir bereits von den Hirnforschern. Sie trennt das Erkennen vom Fühlen, das Bewusste vom Unbewussten und zeugt von der mangelnden Analyse des Phänomens der Gefühle.

werden: Wenn strenge Dialektik *und* die Geschichten die kindliche Seele zum Wahren führen, betrifft diese Funktion auch die Dialoge als solche: Sie sind im Ganzen unwahre Geschichten, sie enthalten als solche aber sowohl Dialektik als auch Geschichten. Daher kommt den Dialogen im Ganzen die Funktion der Geburtshilfe für den Schwangeren zu. Dann muss aber *drittens* der *Leser* als Kind begriffen werden, welches der Beschwörung durch Dialektik und Mythos bedarf, um zur erwachsenen Seele zu reifen. Nicht umsonst schreibt in den *Nomoi* Platon Kindern dieselbe seelische Disposition zu, die sonst auch der der Sinnlichkeit verhaftete Erwachsene innehat: Bei ihnen seien Lust und Schmerz der Maßstab für Gut und Schlecht.[29] Diese Kurzsichtigkeit der kindlichen Seele, die das Gute, das Glück, das sie will, an disparaten, momentanen Regungen misst, soll dann also durch den Umgang mit Geschichten überwunden werden. – Auch als Erwachsener, sofern man noch die kindliche Seele ist.[30]

Das bedeutet, dass Platon seinen eigenen Texten mit ihrer besonderen Konzeption eine wesentlich kreativere Rolle zuweist, als bloß eine mit Andeutungen spielende Erinnerungshilfe für den schon Wissenden oder Eingeweihten zu sein, welche zur Vermittlung an andere eigentlich des Autors bedarf.[31] Was im *Phaidros* als Schwäche des Textes kritisiert wird, die den Unwissenden irreleitet und die An-

---

[29] Nomoi 653 a.
[30] Siehe zum Terminus des Kindes im Manne und zur philosophiegeschichtlichen Identifikation von Kind und unvernünftiger Seele: Michael Erler, Argumente, die die Seele erreichen. Der *Axiochos* und ein antiker Streit über den Zweck philosophischer Argumente, in: Klaus Döring/Michael Erler/Stefan Schorn (Hgg.), Pseudoplatonica. Akten des Kongresses zu den Pseudoplatonica vom 6.–9. Juli 2003 in Bamberg, Stuttgart 2005, S. 81–95. Siehe auch Michael Erler, Die Rahmenhandlung des Dialoges, in: Jörn Müller (Hg.), Platon, Phaidon, Berlin 2011, S. 19–32, v.a. S. 23–25) Während Erler hier das Hauptaugenmerk auf die irrationale Affektivität der kindlichen Seele und den Bedarf nach Affektbesänftigung durch Aufklärung und Argument legt, rücke ich stärker die noch unerschlossene Identität des Kindes in den Vordergrund.
[31] So z. B. Michael Erler, Der Sinn der Aporien in den Dialogen Platons. Übungsstücke zur Anleitung im philosophischen Denken, Berlin u. a. 1987, S. 36 f. und Hans Krämer, Die Idee des Guten. Sonnen- und Liniengleichnis, in: Otfried Höffe (Hg.), Platon, Politeia, Berlin 1997, S. 179–203, S. 181. Gegen eine esoterische Auslegung wendet sich auch Kühn, indem er zwischen verschiedenen im *Phaidros* angesprochenen Textarten, Autorentypen und ihren Methoden unterscheidet und zurecht auf die gemeinsamen Schwächen von Text und Rede hinweist, welche durch dieselben Maßstäbe der Dialektik zu überwinden sind. (Wilfried Kühn, Welche Kritik an wessen Schriften?. Der Schluß von Platons Phaidros, nichtesoterisch interpretiert, in: Zeitschrift für philosophische Forschung 52 (1998), S. 23–39)

wesenheit des Autors zur Verteidigung des Textes nötig macht – immer und ohne Rücksicht auf die Individualität des Lesers nur das Gleiche zu sagen sowie den Anschein zu vermitteln, durch Lesen Wissen ›aufnehmen‹ zu können[32]– wird ja gerade kompensiert durch die Vielschichtigkeit der Charaktere und der thematischen und argumentatorischen Ansätze; aber auch durch die Darstellung unvollständiger, falscher oder in ihrer Richtigkeit nicht begriffener Thesen.[33] Wenn man so will, geht es in Platons Texten immer um das Gleiche – und doch sagen sie stets etwas anderes. Freilich beseitigt dieses Vorgehen nicht die Schwäche des Textes, aber es zwingt den halbwegs ernsten Leser, die Haltung des ›Informationskonsumenten‹, der definitorische Weisheiten erwartet, gar nicht erst einzunehmen. Vielmehr geht es darum, wie definitorische Weisheiten tatsächlich den Status von Wissen bekommen können.[34]

Worauf das Augenmerk platonischer Dialoge gerichtet ist, ist

---

[32] Phaidros 275 c–e.

[33] Mit ähnlichen Argumenten wendet sich Quarch gegen die These einer esoterischen Lehrsatzdogmatik innerhalb der Akademie und dem daraus resultierenden Bemühen, das Eigentliche der Lehre aus den Zeugnissen von Zeitgenossen zu gewinnen. (Christoph Quarch, Sein und Seele. Platons Ideenphilosophie als Metaphysik der Lebendigkeit. Interpretationen zu PHAIDON und POLITEIA, Münster 1998, S. 20–32)

[34] Wer etwa die Zeitzeugnisse durchforstet, um zum Ergebnis zu kommen, dass die Eins und die unbegrenzte Zweiheit oder die Einheit als das Gute grundlegende Prinzipien platonischer Philosophie sind, hat historisch sicherlich recht. (Vgl. Konrad Gaiser, Platons ungeschriebene Lehre. Studien zur systematischen und geschichtlichen Begründung der Wissenschaften in der Platonischen Schule, Stuttgart 1963, S. 9) Wobei es auch hier noch auf Auslegung ankommt: sowohl auf die eigene als auch auf die des Überlieferers. Auch richtig ist sicherlich, dass Platon (vielleicht nach seinen Erfahrungen mit dem öffentlichen Vortrag über das Gute) offene Lehrsätze darüber nicht aufgeschrieben, jedoch in der Akademie zum Gegenstand von Unterricht und Diskussion gemacht hat. (Dazu Klaus Oehler, Der entmythologisierte Platon. Zur Lage der Platonforschung, in: Jürgen Wippern (Hg.), Das Problem der ungeschriebenen Lehre Platons. Beiträge zum Verständnis der platonischen Prinzipienphilosophie, Darmstadt 1972, S. 95–129, S. 108) Ein Fehlschluss ist jedoch meines Erachtens die Ansicht, die Platonüberlieferung sei notwendig, um auf solche Grundprinzipien platonischer Philosophie überhaupt gestoßen zu werden (ebd., S. 126) – als seien diese Prinzipien und ihre Zusammenhänge nicht fortwährend Thema. Im *Symposion* (211 e) etwa wird als Ziel ausgegeben, »das göttlich Schöne selbst in seiner Einartigkeit (μονοειδὲς) zu schauen«; der Schöpfungsmythos des *Timaios* ergründet den Zusammenhang des einen guten Prinzips und der prinzipiellen und natürlichen Vielheit; ebenso wird in Philebos 26 c–d und 30 a–c das Unbegrenzte neben der Begrenzung notwendig zur Seinserzeugung; und im *Sophistes* (244 d ff.) wird die Einheit und Vielheit des Ganzen sowie sein Unterschied zur Einheit an sich diskutiert. Die bessere Methode ist m. E., den Erkenntnisweg, den die Dialoge vorgeben, ein-

angesichts der Nutzlosigkeit bloßer Definitionen, welche man schnell nachlesen könnte, der selbstbeschrittene Weg zu Prinzipien, ihre Absicherung durch Umkreisen des Themas, das Denken möglicher Fallstricke, die Anwendung der Prinzipien in der Lebensführung, letztlich also auf wirkliches Verstehen.[35] Der Begriff als Formel ist doch nicht das Entscheidende, sondern das mit dieser Formel verknüpfte Verständnis bzw. Begriffene.[36]

Diese notwendig subjektive Seite von Wissen und Verständnis ist verantwortlich dafür, dass das Erlangen objektiven Wissens nicht vom Individuum und seinen bisherigen epistemischen und ethischen Dispositionen getrennt werden kann (so verweist auch im *Phaidon* die Frage Echekrates', was beim letzten Gespräch mit Sokrates, dem er nicht beiwohnte, gesprochen und getan wurde, auf die Einheit von *ethos* und *logos*).[37] Daher muss der Geburtshelfer Sokrates nicht einfach nur eine allgemeine philosophische Kompetenz und Menschenkenntnis aufweisen, sondern ganz spezifisch auf die jeweilige Seele wirken, d.h. auf sie das didaktische Vorgehen abstimmen.[38] Die Schwäche des Textes kann demnach auch die Schwäche der mündlichen Unterredung sein, wenn der Geburtshelfer sich (wegen fehlender Urteilskraft bezogen auf den Einzelnen) nicht auf sein Werk versteht. Ist er aber ein wahrer Menschenkenner, wird er die spezifischen epistemischen und psychischen Hindernisse seines Gegenübers identifizieren können, was auch heißt, sein Gegenüber dessen innere Hindernisse spüren zu lassen. Die Wut der sokratischen Gesprächspartner ist ja immer die Wut desjenigen, der das Denken, mit dem er sich

---

zuhalten, und dann zu überprüfen, ob unter Umständen die antiken Zeugnisse die Ergebnisse stützen, nicht *vice versa*.

[35] Deshalb auch in Politeia 533 a der Hinweis an Glaukon, er werde, ohne den notwendigen Erkenntnisprozess selbst zu gehen, »nicht mehr imstande sein zu folgen«. Die zuvor geforderte schnelle Aufzählung einer Letztbegründung wird also aus methodischen Zwängen umschifft, nicht einer grundsätzlichen Skepsis wegen.
Zurecht verweist daher auch Szlezák darauf, dass in der *Politeia* stets die inhaltliche Bestimmbarkeit der Letztbegründung und Sokrates' Wissen davon angedeutet sind. (Thomas Szlezák, Das Höhlengleichnis, in: Otfried Höffe (Hg.), Platon. Politeia, Berlin 1997, S. 205–228, S. 216)

[36] Vgl. Joachim Dalfen, Gedanken zur Lektüre platonischer Dialoge, in: Zeitschrift für philosophische Forschung 29 (1975), S. 169–194, S. 183.

[37] Vgl. die gute Untersuchung einzelner Charaktere und ihrer Haltung zur Philosophie im platonischen Dialog: Joachim Dalfen, Gedanken zur Lektüre platonischer Dialoge, S. 174–188.

[38] Phaidros 277 b–c.

identifiziert, vor die Wand gefahren sieht und sich so eine eigene Unzulänglichkeit eingestehen muss. Notwendig wird die Konfrontation mit der eigenen Unzulänglichkeit, weil der eingeschlagene Weg erst dann verlassen wird, wenn er als unmöglich zu begehen erkannt ist. Die Darstellung verschiedener Gesprächssituationen, die aber im Grunde doch immer das gleiche philosophische Wissen als Hintergrund haben, dient so auch einer Typologie der Seelen, an denen der Leser neben eigenen Wesenszügen, möglichen psychologischen Barrieren zum philosophischen Bemühen und Erkenntnisaporien auch eine wesentliche Kompetenz des guten Philosophen erkennen kann: nicht etwa die Vermittlung von Wissen, sondern das Zeugen von Wissen, das das Gegenüber selbst aus sich hervorbringen muss, um es wirklich als seines einsehen zu können.[39] Insofern sind Platons Dialoge eine *Ergänzung* im Lebensweg des Philosophen: Weder *ersetzen* sie die Erziehung im Kindesalter oder das lebenslange Curriculum des Philosophen, noch ersetzen sie die persönliche Unterweisung des philosophischen Lehrers, der mit dem Schüler in gemeinsamer, beständiger und dem Individuum gerecht werdender Anstrengung das Wissen erarbeitet.

Platons Texte können natürlich dem Wissenden zur Erinnerung dienen, doch auch dem Nichtwissenden bieten sie thematische und methodische Angebote, zum Wissen zu kommen – die Annahme der Angebote durch den Unwissenden wird aber abhängen von seiner Bereitwilligkeit, den mühevollen, von Irrtümern und Neuansätzen gepflasterten Erkenntnisweg zu beschreiten. Platons Charakterisierung der philosophischen Natur in der *Politeia* ist nicht umsonst eine

---

[39] Im Höhlengleichnis ist dieses Problem angesprochen: Derjenige, der gezwungen würde, ohne den Verstehensprozess die Ideen wie ein ihm Fremdes zu betrachten, wäre geblendet und würde das Geschaute für nichtig erachten und sich wieder dem Sinnlichen, einfach Fasslichen zuwenden. (Politeia 515 c–e) Ihm steht derjenige gegenüber, der durch inneren Antrieb, Gewöhnung und Einhaltung der einzelnen Erkenntnisschritte zur Erkenntnis der Seinsgründe fähig ist. (Ebd., 516 a–c) Siehe zu den beiden Aufstiegsformen: Rudolf Schrastetter, Die Erkenntnis des Guten. Platons Sonnen-, Linien- und Höhlengleichnis, in: Rupert Hofmann/Jörg Jantzen/Henning Ottmann (Hgg.), ΑΝΟΔΟΣ. Festschrift für Helmut Kuhn, Weinheim 1989, S. 237–258, S. 250 f. Schrastetter vertritt die Ansicht, dass auch der erzwungene Aufstieg ein notwendiger erster Schritt der platonischen *paideia* ist, da der Zwang, das Gute mit ungeübten Augen zu schauen, zuerst in Form sokratischer Elenktik auftritt und so die eigenständige Erkenntnis vorbereitet. Erziehung ist eben zuallererst ein heteronomes Sichführenlassen.

Mischung aus Intellekt und Charakter[40]: Sie muss sich von der philosophischen Arbeit angezogen fühlen, gelehrig und wissbegierig sein, inneres Streben und äußeres Handeln müssen eine Beständigkeit im Umgang mit der Philosophie erlauben und diese widerspiegeln. Die philosophische Natur ist kein Begriffskonsument, sondern eine Forschernatur mit Leib und Seele, welche philosophisch *lebt*.[41]

Folgen wir also Platons Bildungskonzept, ist es zumindest problematisch, davon auszugehen, dass er dem Leser die ausweglose menschliche Irrationalität und Begrenztheit vor Augen führen wollte; dem widerspricht der Wahrheitsanspruch der Geschichte. Ebenso problematisch ist, davon auszugehen, dass er bloß eine Erinnerung für einige Ausgewählte schrieb, deren Inhalt anderen nur durch Platon selbst offenbar würde; dem widerspricht die Gesamtkonzeption des Werkes als Bildungsweg. Auch können wir nicht vorbehaltlos annehmen, der Mythos solle eine andere, mystische, durch den *logos* nicht erfassbare Wahrheit darstellen; dem widersprechen sowohl die systematische Gleichwertigkeit wie auch das gleiche Erkenntnisziel von Mythos und Dialektik. Die Betonung des Falschseins eines Mythos zu guter Letzt legt nahe, bei allem Wahrheitsanspruch den Darstellungscharakter des Mythos nicht zu vergessen, das heißt einen Mythos nicht für die getreue Schilderung des Dargestellten selbst zu halten.

Ich gehe stattdessen davon aus, dass Platon der erfundenen Geschichte eine der Dialektik ebenbürtige Rolle zuweist, weil sie etwas leistet: Der dialektische Prozess ist eine Bewegung der Vernunft hin zur Einsicht; die Geschichte dagegen malt sprachlich ein Bild (oder Abbild) der Wahrheit, macht das Gemeinte sinnlich zugänglich und dadurch die systematische Wahrheit zur synoptischen (also zusammengeschauten) Wahrheit.[42] Diese Synopsis geschieht dabei natür-

---

[40] Politeia 485 b–487 a. Vgl. Thomas Szlezák, Platon lesen, Stuttgart 1993, S. 48.

[41] Vgl. Fredes Hinweise u. a. auf Phaidros 269 d: Hier wird natürliches Talent (φύσις) erst mit Wissen (ἐπιστήμη) und Übung (μελέτη) zur Meisterschaft. (Dorothea Frede, Platons Dialoge als Hypomnemata, S. 43 f.)

[42] Vgl. diesen Gedanken mit Bezug auf Plotins Mythendeutung bei: Werner Beierwaltes, Denken des Einen. Studien zur neuplatonischen Philosophie und ihrer Wirkungsgeschichte, Frankfurt a.M. 1985, S. 118. Siehe auch Georg Rechenauer, Veranschaulichung des Unanschaulichen: Platons neue Rhetorik im Schlussmythos des Gorgias, in: Markus Janka/Christian Schäfer (Hgg.), Platon als Mythologe. Interpretationen zu den Mythen in Platons Dialogen, Darmstadt 2014², S. 399–418, S. 406: »Im weiteren Unterschied zur Dialektik, die zeitloser Abstraktion verhaftet bleibt, gewinnt der Mythos eine zusätzliche Darstellungsdimension auf konkrete Wirklich-

Das seelische Kind und der Mythos

lich nicht in einem intuitiven Akt, sondern muss – im Sinne einer Geburt, die eigenständig und doch mit Unterstützung anderer geleistet wird – durch den Logos abgesichert werden.[43] Klar ist: Wer das Gesehene nicht zu deuten weiß, wird auch nichts sehen. Platon betont zwar, dass die Seinsprinzipien als bloß erkennbare ausschließlich durch Erklärung (λόγος) ausgewiesen werden können und nicht etwa durch sinnliche Anschauung.[44] Doch weiß er auch um die Rolle des Aufstiegs am Sinnlichen, leicht Fassbaren und der unmittelbaren Erfahrungswelt Entstammenden, denn, so das Fazit, »die Übung ist in allen Stücken leichter am Geringeren als am Größeren.«[45]

Platons Didaktik bezieht also wesentlich die Notwendigkeit für den Lernenden mit ein, die Wesenserkenntnis des schwer Fassbaren durch beispielhafte Darstellung im Leichteren (der Vorstellung, der Erfahrungswelt) anzuleiten. Die Beschäftigung mit Platons Texten muss daher notwendig eine Mytho-logie sein. Es gilt, den *logos*, den rationalen Wesenskern einer gemeinten Wirklichkeit herauszuarbeiten, der, ähnlich einem Bild, zwar durch konkrete raum-zeitliche Verhältnisse und Handlungen dargestellt wird, aber eben nicht identisch mit den Mitteln der Darstellung ist.[46] Gleichzeitig ist das Geschich-

---

keit hin darin, dass er als Erzählung in der Zeit gestaltet ist. Er entwirft in einem synoptischen Zugriff auf die dem Geschehen zugrunde liegende Zeitstruktur ein geschlossenes Bild eines Wirklichkeitszusammenhangs, das sich in den Kontext menschlicher Erfahrung und Vorstellung einbettet.«
Die zusammengeschaute Wahrheit betrifft zumindest die ›positiven‹ Mythen. Vom Leser wird auch erwartet, zu trainieren, die systematische Falschheit eines Mythos beurteilen zu können: Wenn Platon einen Sophisten wie Protagoras einen Mythos als Ausdruck eines Welt- und Menschenbildes erzählen lässt (Protagoras 320 c–322 d), schärft das genauso den Verstand wie eine dialektische Untersuchung falscher oder falsch begründeter Behauptungen.
[43] Vgl. Michael Erler, Platon, München 2006, S. 56 und 94. Dazu Politeia 537 c: Hier wird erst derjenige als wahrer Dialektiker gekennzeichnet, der der Synopsis fähig ist, und zwar in Bezug auf die gegenseitige »Verwandtschaft der Wissenschaften und der Natur des Seienden«. Mit anderen Worten ist der Dialektiker oder Synoptiker derjenige, der die epistemologischen und ontologischen Grundlagen kennt und zueinander in Beziehung setzen kann – welche Wissenschaft oder Kunst er auch immer ausüben mag.
[44] Politikos 285 d9–286 b2.
[45] Politikos 286 b1-2. Eine ähnliche methodische Reflexion findet sich in Politeia 368 d.
[46] Dagegen argumentiert Thomas Szlezák, Platon lesen, S. 52.: »Platons offensichtliche Geringschätzung einer auf Hintersinn abzielenden Dichterexegese und sein Verzicht, diese Methode explizit auf philosophische Prosatexte zu übertragen oder sich gar zum doppelsinnigen Schreiben als einer philosophischen Fähigkeit zu bekennen,

ten-Bild zur Erforschung systematischer Verhältnisse aber auch der Differenz zwischen dem Gemeinten und seiner sprachlichen Darstellung geschuldet, und diese Differenz ist gerade die zwischen systematischer Hierarchie und raum-zeitlicher Hierarchie: Schon ein Aus-

---

machen es auch weiterhin [...] ganz unwahrscheinlich, daß eine entsprechende Technik für ihn eine zentrale Rolle gespielt haben könnte.« Umso interessanter ist jedoch, welche Gründe Szlezák zu seinen Schlüssen führen. (Ebd.) Hier lohnt sich eine weitere Auseinandersetzung:

1.) »Die ›hintersinnige‹ Mitteilung tieferer Wahrheiten über die Götter in dichterisch-mythologischer Form lehnt Platon für den künftigen Idealstaat ab, weil der Hörer nicht unterscheiden kann zwischen ›Hintersinn‹ (ὑπόνοια) und direkt Gemeintem (Politeia II, 378 d).«

2.) Platon wende sich in Politeia 331 d–336 a gegen den Gebrauch von Doppelsinn mit der ironischen Bemerkung, die (falsche!) These des Simonides sei ein Rätsel, welches anschließend Verwirrung unter den Hörern säe.

3.) Platon werte in Phaidros 229 c–230 a pauschal die allegorische Mythendeutung als »überflüssige Geiststreichelei« ab.

4.) Platon richte sich mit seinem »stark ironischen Gebrauch der Methode der hintersinnigen etymologischen Deutung von Götternamen im *Kratylos* (400 d ff.)« gegen Einsicht verschleiernde Amphibolien.

Berücksichtigt man jedoch den jeweiligen Textzusammenhang, können die vier Gründe durchaus auch entkräftet werden:

Zu 1): In der genannten Textstelle wird nicht der Mythos rundheraus abgelehnt. Sokrates bezieht sich hier explizit auf (homerische) Mythen, welche das Handeln der Götter aus niederen Beweggründen erklären und, für bare Münze genommen, einen unpassenden, anthropomorphen, naiven Gottesbegriff fördern. Zudem wird diese Ablehnung nur und explizit im Zusammenhang mit der Bildung von Kindern verstanden.

Zu 2): Die Textstelle, in der Sokrates sagt, Simonides habe versteckt angedeutet, was das Gerechte sei (Politeia 332 b–c), muss im Zusammenhang mit dem vorher Gesagten gelesen werden. Sokrates nämlich holt aus dem Lehrsatz des Simonides eine gänzlich andere Definition von Gerechtigkeit heraus, als sie vorher zur Debatte stand: War vorher die aporetische Definition ›Aufrichtig sein, und was man empfangen hat, wiedergeben‹, ist sie nun ›Jedem das Gebührende abzugeben‹. Diese Bedeutungsverschiebung war Polemarchos nicht klar, als er Simonides' Satz ins Spiel brachte. Aufgrund dieser Auslegungsbedürftigkeit einer bloßen Definition, ihrer neuerlichen Falschheit und der Bedeutungsverschiebung in der Diskussion, die erst ans Licht gebracht werden musste, spielt Sokrates ironisch darauf an, dass in dem scheinbar einfachen Lehrsatz nun versteckt war, was das Gerechte ist. Der Gebrauch von Doppelsinn im Allgemeinen ist hier m. E. nicht angesprochen.

Zu 3): Sokrates richtet sich hier lediglich gegen eine bestimmte Beschäftigung mit Mythen: seine Zeit mit dem Versuch zu verbringen, die unzähligen mythischen Wesen und Ereignisse in wirkliche Wesen und Ereignisse zu übersetzen – aus dem Mythos also abzuleiten, welches wirkliche Ereignis zu dem entsprechenden Mythos geführt haben könnte. Sokrates hat dazu keine Lust, weil es ihm bei seiner Suche nach Selbsterkenntnis nicht weiterhilft. Seine Zeit aber gilt diesem Auftrag des Orakels

Das seelische Kind und der Mythos

druck wie ›zu höheren Prinzipien oder Begründungsebenen aufsteigen‹ zwingt uns, räumlich zu denken, genauso wie ein Ausdruck wie ›etwas ist Bedingung für ein anderes‹ uns veranlassen kann, zeitliche Kausalketten (im Sinne von ›erst ist das eine da, dann das andere‹) anstelle systematischer Begründungsebenen anzunehmen. Wenn wir mit Platon über Gründe und Begründendes reden, müssen wir also stets dessen gewahr sein, dass wir immer Übersetzungsarbeit leisten. Wir müssen uns im Klaren sein, wann wir über zeitliche und systematische Hierarchien reden und dürfen nicht wie die Hirnforscher Begründendes und Begründetes verwechseln – etwa wenn sie die Natur zu einem Produkt des Geistes erklären, im nächsten Moment aber das Denken zu einem Produkt der ihm vorgängigen Natur.

Wenn also zusammenfassend die Identität und Rationalität der Seele als *Aufgabe* zu bezeichnen ist, so ist der Beginn eines Prozesses gesetzt. Die einzelne Seele ist bei Platon *noch keine* Identität und ihre Rationalität ist auch nicht einfach gegeben. Hätte Platon tatsächlich jenen Begriff der Seele, den ihm die Hirnforscher unterstellen, nämlich eine rein rationale, unveränderliche Identität zu sein, die unabhängig von weltlichen Kausalitäten in wie auch immer gearteten Sphären schwebt, wäre Platons gesamtes Erziehungs- und Philosophieverständnis ein Rätsel. Das ausgegebene Ziel ist doch unbestreit-

---

von Delphi. Dies erlaubt nicht den kategorischen Schluss, Platon richte sich gegen den Gebrauch von Hintersinn und Allegorien.
Zu 4): Hinweise auf Platons Verzicht, Doppelsinn und Hintersinn zur Vermittlung philosophischer Inhalte zu verwenden, sehe ich in der Textstelle im *Kratylos* ebenfalls in keiner Weise. Die Herleitung des Wesens der Götter aus ihren Namen ist vielmehr selbst von Doppeldeutigkeit und dem Unterschied von Darstellung und Sinn durchsetzt: Sokrates meint, von den Göttern hätten wir kein Wissen. Deshalb nutzt er die etymologische Herleitung, um etwas über die Menschen zu erfahren, nämlich »von was für Gedanken sie wohl ausgegangen sind bei der Bestimmung ihrer Namen.« Die verschiedenen Wesenszüge der Götter, die er darauffolgend aus verschiedenen etymologischen Varianten ableitet, dienen ihm dann jedoch dazu, bestimmte Götterbegriffe als unpassend zu kritisieren. Darüber hinaus verbindet Sokrates auch noch die Götter mit den Erkenntnisgegenständen, Tätigkeiten, Charaktereigenschaften und Methoden des Philosophen, sodass hier der Himmel der Götter eine einzige Allegorie der Philosophie, ihrer Prinzipien und des Philosophiebetreibens wird (die Flusstheorie findet sich da genauso wie das Feste der Ideenerkenntnis; das Verhältnis von Leib und Seele wird angesprochen, genauso wie die Harmonie, die Dialektik und so weiter und so fort). Platon hier abzusprechen, einen Hintersinn zu verfolgen, bzw. doppelsinnig zu schreiben, erscheint daher zumindest fragwürdig. Der Doppelsinn verschleiert auch in diesem Sinne keine Erkenntnis, sondern regt zur Erkenntnistätigkeit über Welt, Erkenntnis und Wesen und Aufgabe des Philosophen an!

bar die Veränderung des Seelenlebens, die Entwicklung *zur* Identität, die Einflussnahme auf die Denkfähigkeit und auch die Bildung – gerade was Kinder betrifft – einer emotional-erkennenden positiven Grundhaltung sowohl dem Leibe gegenüber als auch der geistigen Betätigung. Eine Seele, wie sie die Hirnforscher in der Philosophiegeschichte verorten, bräuchte dies alles nicht, und es ist schwer einzusehen, dass Platon die Entwicklung der Seele in Angriff nimmt und zugleich die Unmöglichkeit ihrer Entwicklung vertreten soll.

Wovon Platon ausgeht, ist vielmehr, dass die Seele entweder (wie beim Kind) der Entwicklung bedarf oder sie (wie beim an Jahren Erwachsenen) schon eine Entwicklung hinter sich hat, die der Prüfung und gegebenenfalls der Weiterentwicklung bedarf. Diese Gemeinsamkeit des Noch-nicht-Seins und des Entwicklungszieles sowohl der kindlichen wie der (bloß an Jahren) erwachsenen Seele wird Platon zu einem Motiv veranlassen, das sich als bestimmend für die didaktische und formale Gestaltung seiner Dialoge erweist: Auch der Erwachsene hat eine kindliche, nicht mit sich identische Seele und bedarf deshalb eines grundsätzlich gleichen Vorgehens, ja Anfangens, wie die Bildung eines Kindes es erfordert. Die platonische Philosophie hat mit der neurowissenschaftlichen Theorie durchaus gemein, das Milieu der individuellen Entwicklung als Bedingung für das Subjekt anzuführen. Der Unterschied liegt jedoch im oben angedeuteten Verständnis einer Bedingung. Sie grenzt natürlich Möglichkeiten ein oder aus und lenkt in eine bestimmte Richtung; jedoch kann im neurowissenschaftlichen Weltbild der Mensch nie über seine Bedingungen hinaus, während Platon eben jene Bedingungen zu ermitteln versucht, die dieses Heraustreten *ermöglichen.*

Wollen wir also ein Korrektiv für die von den Neurowissenschaftlern gleichzeitig radikal und widersprüchlich formulierten Lösungen philosophischer Prinzipienfragen erhalten, müssen wir uns zuerst dem Wirklichkeitsbegriff zuwenden – d. h. der Frage, was Erkenntnis leistet und ist sowie der Frage, in welcher Form es sinnvoll ist, zu behaupten, Erkenntnis erfasse etwas Wirkliches. Nicht zuletzt ist das Problem der Freiheit und Identität doch eine Frage nach dem erkennenden Umgang mit dem Seienden.

8. Der Mythos von der Erkenntnis

8.1 Die Wende zu sich selbst

Im Dialog *Phaidon* zeichnet Platon die Geschichte eines Sokrates, der sich, bevor er sich der Philosophie zuwendete, wenig vom heutigen Hirnforscher unterschied.[1] Auch Sokrates, so erfahren wir, strebte danach, »die Ursachen (αἰτίας) von allem zu wissen, wodurch jegliches entsteht und wodurch es vergeht und wodurch es besteht«.[2] Aus diesem Interesse, nämlich das Auftreten, Sein und Untergehen von Dingen und Sachverhalten der Wirklichkeit erklären zu können, betrieb er Naturwissenschaft als Ursachenforschung materieller Kausalzusammenhänge. Die Beispiele für Fragestellungen, welche er mit dem Blick auf natürliche, materielle Prozesse zu klären gedachte, sind prinzipiell die, die auch den modernen Naturforscher bewegen: Eine Art Emergenztheorie des Lebendigen ist angedeutet, wenn Sokrates sich fragt, ob, »wenn das Warme und Kalte in Fäulnis gerät, [...] dann Tiere sich bilden?«[3] Die Rückführung des ›Mentalen‹ auf das Materielle ist Thema der Frage, ob es das Blut, die Luft oder das Feuer sei, wodurch wir denken; oder aber auch das Gehirn könnte Wahrnehmungen (αἰσθήσεις) hervorbringen, welche sich zu Gedächtnis und Vorstellung (μνήμης καὶ δόξης) verfestigen und so zur Erkenntnis (ἐπιστήμην) der Realität werden.[4] Ebenso werden Himmel und Erde, also Kosmos und Natur als Ganzes, mit dem naturwissenschaftlich-empirischen Blick auf das materielle Werden erfasst.[5]

Doch wich, so Platons Sokrates, das hoffnungsvolle Forschen alsbald einem generellen Ungenügen, das in drastischer Weise Ausdruck

---

[1] Phaidon 96 a–c.
[2] Phaidon 96 a.
[3] Phaidon 96 b.
[4] Phaidon 96 b.
[5] Phaidon 96 b8–c1.

findet. Über dieser ganzen Untersuchung nämlich kam Sokrates sich untauglich vor, und was an all seinen Erkenntnissen sicher schien, wurde abgelöst vom Gefühl totaler Unwissenheit, ja der Erblindung eines Mannes, der doch die Natur zu sehen schien.[6] Selbst einfachste Phänomene werden nun fraglich: ob die Ursachen für das Größerwerden eines Menschen seine Nahrungsaufnahme und die damit einhergehenden entsprechenden physischen Prozesse seien; ob ein Pferd deshalb größer als ein anderes sei, weil es dieses um einen Kopf überrage; warum einmal durch Spaltung, dann aber wieder durch Hinzunahme aus einer Sache zwei werden; ja warum überhaupt *eines* werde.[7]

Die Begründung für Sokrates' Unzufriedenheit ist eine recht merkwürdig anmutende Verschiebung des Ursachenbegriffes, die zuerst keinen rechten Zusammenhang mit den genannten natürlichen Phänomenen aufzuweisen scheint. Seiner Ansicht nach sind materielle Ursachen insuffizient, wenn es darum geht, Gründe anzuführen, die sich auf das Anordnen der Dinge (διακοσμεῖν τὰ πράγματα) beziehen.[8] Diese Ordnung soll, so charakterisiert Sokrates seine neue von Anaxagoras ausgehende Forschungsrichtung, von der Vernunft oder dem Geist (νοῦς) ursächlich geleistet werden.[9] Man müsse doch die Tatsache, dass Sokrates im Gefängnis sitzt, darauf zurückführen, dass die Athener es für (inhaltlich) besser befanden, es sei so[10]; das Gespräch, das Sokrates deswegen führt, könne man ebenso wenig auf »Luft und Gehör und tausenderlei dergleichen«, also eine rein materielle Kausalkette, reduzieren.[11] Auch sei es töricht, als Ursache für Sokrates' Verbleiben im Gefängnis seine Sehnen, Knochen und Bewegungen zu erfassen: Der Grund sei vielmehr, dass er es für besser hält, nicht zu fliehen.[12] Eben jene Unterscheidung des Wirkens von Sinn und physischem Träger mussten wir, wir erinnern uns, schon im ersten Teil dieser Arbeit ansprechen.

So wie das Handeln aufgrund von vernünftigen Überzeugungen will Sokrates allerdings auch kosmische oder natürliche Prozesse verstanden wissen. Die Vernunft, welche alles ordnet, »wie es sich am

---

[6] Phaidon 96 c.
[7] Phaidon 96 d–97 b.
[8] Phaidon 98 b7–c2. Siehe dazu auch Nomoi 889 b–c.
[9] Phaidon 97 c.
[10] Phaidon 98 e.
[11] Phaidon 98 d–e.
[12] Phaidon 98 c–d.

besten (βέλτιστα) befindet«[13], ist eine Art Weltvernunft, die analog der menschlichen gedacht wird. Sie ist die wahre, selbst gute Ursache für das Sein und den Erhalt der Dinge, und zwar nicht für irgendein Sein, sondern wertend deren bestes Sein oder Gutsein.[14] Hier wird also eine vernünftige, ordnende Ursache für das Sein der Welt postuliert, die sich anscheinend, selbst immateriell, der Materie irgendwie bedient und kausal auf sie einwirkt: Ausdrücklich heißt es, man müsse »unterscheiden, daß bei einem jeden Dinge eines die Ursache ist, und etwas anderes jenes, ohne welches die Ursache nicht Ursache sein könnte«[15].

Man kann sich des Eindrucks nicht erwehren, dass Platon hier den heutigen Hirnforschern in die Karten spielt. Tatsächlich scheint er naiv ein teleologisch organisiertes Naturgeschehen anzunehmen, in welchem eine Vernunft im Hintergrund wirkt. Nicht genug damit, dass der Geist ein Ursächliches und von der Materie Unterschiedenes ist; nun ist auch noch die Rede von einem alle Dinge und den Kosmos ordnenden Geist. Die modernen Kritiker können sich also durchaus auf genug Textstellen berufen, wenn es darum geht, Platon einen Dualismus und naiven Realismus von Ideen, Vernunft, Natur etc. vorzuwerfen.

Dass dies jedoch zu einfach ist, belegen die unmittelbar anschließenden Passagen des *Phaidon*. Sokrates wäre »gar zu gern jedermanns Schüler geworden«[16], um mehr über diese Ursache, das Gute und Richtige mit seiner verbindenden und zusammenhaltenden Funktion, zu erfahren, habe aber keinen diesbezüglich kompetenten Lehrer gefunden.[17] Nun muss Sokrates sich also auf seine eigenen Fähigkeiten besinnen und beschreibt seine »zweitbeste Fahrt« (δεύτερος πλοῦς)[18] nach der ersten, der empirischen Ursachenforschung. Die zweitbeste Fahrt ist gleichsam eine Umkehrung der Blickrichtung[19]: Die Lösung, die Sokrates für seine Probleme vorschlägt, ist,

---

[13] Phaidon 97 c5.
[14] Phaidon 98 a–b und 99 c.
[15] Phaidon 99 b2–4.
[16] Phaidon 99 c.
[17] Phaidon 99 c.
[18] Phaidon 99 d1.
[19] Phaidon 99 d–e. Wenn mit der zweiten oder zweitbesten Fahrt wirklich die Fahrt eines Schiffes mit Rudern statt mit Segeln gemeint ist, bietet sich vielleicht folgende Auslegung an: Der Hör- und Schaulustige – von dem später noch zu Handeln ist – lässt sich von seinen Sinnen und Meinungen antreiben und kennt die wirklich dialektischen Mühen nicht; der Dialektiker dagegen nützt die eigenen Kräfte, um mühe-

sich nicht mehr an der Seele blenden zu lassen, indem er versucht, mit den Sinnen die Dinge zu erfassen. »Sondern«, so Sokrates, »mich dünkt, ich müsse zu den Gedanken (λόγους) meine Zuflucht nehmen und in diesen das wahre Wesen der Dinge anschauen.« Auch wenn Platon hier mit ›Anschauen‹ (σκοπεῖν) wieder ein der Sinnlichkeit entlehntes Wort für das Erkennen verwendet, wie er es oft tut, so wird doch an dieser Stelle eindeutig etwas vollzogen, was man gemeinhin erst der neuzeitlichen Philosophie zugestehen will, nämlich die ›Wende zum Subjekt‹. Sokrates geht es gerade nicht darum, wie selbstverständlich vom Sein der Realität auszugehen und das Außen zu erfassen, geradezu aufzunehmen. Stattdessen will er das »Seiende in Gedanken« betrachten, d. h. die Ursachen für das Sosein der Dinge erst einmal aus dem Erkenntnissubjekt und seinem Denken heraus verstehen.[20]

Verstehen wir mit dieser Geschichte einer persönlich vollzogenen Wendung der Blickrichtung (vom ›Außen‹ ins ›Innen‹) Platons Charakterisierung des *sachlichen* Anfanges der philosophischen Erkenntnis, wird zunächst ein fundamentaler Unterschied zum Vorgehen der Hirnforscher sichtbar.[21] Nicht ohne Grund habe ich bei

---

voll unterscheidend zu den Wirklichkeitsgründen vorzustoßen. (Hier folge ich der Interpretation von Giovanni Reale, Die Begründung der abendländischen Metaphysik: Phaidon und Menon, in: Theo Kobusch/Burkhart Mojsisch (Hgg.), Platon. Seine Dialoge in der Sicht neuerer Forschungen, Darmstadt 1996, S. 64–80, S. 73; ähnlich auch Barbara Zehnpfennig, Anmerkungen, in: Platon, Phaidon, übers. u. hrsg. v. Barbara Zehnpfennig, Hamburg 1991, S. 200) Belegen lässt sich dies auch mit Philebos 16 c, wo Sokrates den Weg der Dialektik hin zur Ideenerkenntnis als – von außen – leicht zu beschreibenden, jedoch – praktisch – schwer einzuschlagenden charakterisiert.
Sollte dies einfach chronologisch gemeint sein (so ein Vorschlag von Horn, den er selbst verwirft: Christoph Horn, Kritik der bisherigen Naturforschung und die Ideentheorie, in: Jörn Müller (Hg.), Platon, Phaidon, Berlin 2011, S. 127–142, S. 138f.), würde ich auch hier weniger die Chronologie von Sokrates' philosophischem Werdegang verbildlicht sehen, als vielmehr die notwendige systematische Chronologie eines jeden Erkenntnisaufstiegs vom Sinnlichen zum Geistigen.
[20] Phaidon 100 a1–3.
[21] Ob Platon an dieser Stelle nicht Sokrates', sondern seinen eigenen wissenschaftlichen Werdegang beschreibt, wie es Frede und Szlezák vermuten, ist m. E. systematisch eher nebensächlich. (Dorothea Frede, Platons ›Phaidon‹, S. 104 und Thomas Szlezák, Platon und die Pythagoreer: Das Zeugnis des Aristoteles, in: Perspektiven der Philosophie 37 (2011), S. 9–32, S. 13) Wichtig ist nur im Sinne der Falschheit und Wahrheit einer Geschichte, dass hier mit einer potentiell in der Wirklichkeit zu verortenden Geschichte ein allgemeiner Sachverhalt, nämlich der Beginn der philosophischen Rückwendung auf sich selbst sowie der erste Schritt von der sinnlichen Welt zur geistigen, beschrieben werden.

der Untersuchung des philosophischen Systems der Hirnforscher mit deren Naturverständnis begonnen: Da Erkenntnis, Handeln, Sein, ja der Lauf der Welt bei ihnen in einem Ableitungsverhältnis zum Naturbegriff stehen, ist die materielle Natur – wie bei Sokrates' erster Fahrt – der sachliche Anfang der Erkenntnis und die erste Ursache des Soseins der Dinge. Diese Urnaivität des Realisten im naturwissenschaftlichen System wird, wie wir gesehen haben, auch dann nicht getilgt, wenn nun der Konstruktivismus als Lösung angeboten wird; am Sein der Natur und an ihrer Rolle als Fundament aller übrigen Seinsweisen (auch der des Konstruktivismus selbst!) wird nicht gerüttelt.

Genau an einem solchen methodischen Mangel im Umgang mit Ursachenerklärungen setzt auch Sokrates' weitere Kritik der Naturforscher und Eristiker (ἀντιλογικοί)[22] an. Diese würden nämlich im Bemühen, die Realität auf ihre prinzipiellen Gründe zurückzuführen, »bald von dem ersten Grunde (ἀρχῆς) reden und bald von dem daraus Abgeleiteten«[23], d.h. sie orientieren sich nicht an Fundierungsverhältnissen und vermischen Begründendes und Begründetes. Tatsächlich hat sich dies auch als wesentliches Problem in der Theorie der Hirnforschung erwiesen: Da wird die determinierte Materie genauso zum Prinzip wie der Inhalt der Informationen, das Ich wird abgeschafft, um es dann doch als Erkenntnissubjekt vorauszusetzen, die bildliche Vorstellung ist Anfang wie Endpunkt des Denkens, sogar das Denken selbst oder die Moral sind einmal stets relative Überlebensinstrumente und gleich darauf wesensnotwendig zur Ausformung menschlicher Vermögen.

Das Beste wird also sein, sich an der platonischen Aufforderung zum Einstellungswechsel, welcher einen Neubeginn markiert, zu orientieren; nicht also schon von einem Selbstsein der Realität auszugehen, sondern, und das ist und war stets das Kennzeichen einer modernen, kritischen Philosophie, dieses Selbstsein anzuzweifeln und sich zuerst an die Analyse der *Erscheinungsweise* der Realität *für uns* zu machen. Platon weist auf eben solche Anfänge der philosophischen Reflexion hin: ein Aufmerken der Vernunft, deren selbstverständliches Verweilen bei den materiellen Dingen an Selbstverständlichkeit verliert, weil das naiv vorausgesetzte Selbstsein der Dinge frag-

---

[22] Phaidon 101 e2.
[23] Phaidon 101 e1–3.

würdig wird. Entsprechend beginnen wir bei der Untersuchung der Philosophie Platons auch mit den Problemen, die den Anfang einer Reflexion auf das Erkenntnissubjekt markieren und welche die Natur der Dinge infrage stellen, da sie deutlich als erste Schritte der Erkenntnis den unerfahreneren Gesprächspartnern des Sokrates – und damit, so dürfen wir wohl annehmen, auch uns – präsentiert werden. Was der Klärung an späterer Stelle nicht zuletzt bedarf, ist, dass die Vernunft als Ordnungsfunktion des Seins sowohl im Subjekt als auch kosmologisch verortet wird.

8.2 Aufmerken der Vernunft: Der Gegenstand ist Eines und Vieles

Gesucht ist also nun die Ursache dafür, weshalb ein Ding ist, was es ist. Sofort, nachdem Sokrates im *Phaidon* die Änderung der Blickrichtung als Forschungsweg vorgibt, gibt er einen Hinweis darauf, dass die ›Ideenlehre‹ das Ziel der Untersuchung ist, auch wenn er das Kind nicht beim Namen nennt. Es müsse der stärkste Gedanke zugrunde gelegt werden, und von dieser unbezweifelbaren Hypothese aus wird das als wahr beurteilt, was mit ihm übereinstimmt, »es mag nun von Ursachen die Rede sein oder von was nur sonst«[24].

---

[24] Phaidon 100 a3–7. ›Hypothese‹ kann hier nicht im modernen Sinne als überholbare oder noch zu verifizierende These gelten. (Vgl. auch Jens Halfwassen, Platons Metaphysik des Einen, in: Marcel van Ackeren (Hg.), Platon verstehen, Darmstadt 2004, S. 263–278, S. 265; Arbogast Schmitt, Platon und das empirische Denken der Neuzeit, Stuttgart 2006, S. 87; Friedrich Kaulbach, Einführung in die Metaphysik, S. 25 f.) Sie bedeutet das Unbezweifelbare als Zugrundeliegendes, wie Platon es selbst in Phaidon 100 d8 ausdrücklich betont. Frede deutet genauso wie Kniest die Hypothese nach einem solchen modernen Verständnis als vorläufige Setzung, doch ist dies angesichts der Tatsache, dass die Ideenhypothese im Text eindeutig als das ›Allersicherste‹ gilt, nicht haltbar. (Dorothea Frede, Platons ›Phaidon‹, S. 122; so auch Christoph Kniest, Sokrates zur Einführung, Hamburg 2003, S. 35) Ein weiterer Beleg ist in Politeia 511 b–d zu finden; hier wird das Hypothesenverfahren am Beispiel der Geometrie aufgezeigt. Die Hypothese als das Zugrundeliegende oder die Voraussetzung wird auch an dieser Stelle nicht am Beginn des Erkenntnisprozesses gesetzt. Stattdessen ist die Hypothese der Ursprung, das sachlich Erste, steht aber am Ende des Erkenntnisprozesses, welcher ein Aufsteigen zum sicheren Prinzip ist. Die Hypothese ist hier also der immer vorauszusetzende, sachlich erste Anfang, jedoch muss er noch erkannt werden, ist also zeitlich später. (Siehe zu diesem Unterschied des sachlich Ersten bzw. zeitlich Späteren am Beispiel der Erkenntnis des Guten: Rudolf Schrastetter, Die Erkenntnis des Guten, S. 237–258)

Der Mythos von der Erkenntnis

Da der junge Gesprächspartner Kebes dies nicht recht versteht, wird Sokrates deutlicher: Was er als unbezweifelbare Grundlage voraussetzt, sei »nichts Neues« (οὐδὲν καινόν), sondern etwas schon oft Wiederholtes, sogar »Abgedroschenes« oder »Vielbeschwatztes« (πολυθρύλητα), nämlich »es gebe ein Schönes an und für sich, und ein Gutes und Großes und so alles andere«.[25] Die Dinge nun seien deshalb, was sie sind, weil sie »teilhaben« (μετέχει) an solchen Ideen und umgekehrt die Ideen ihnen durch »Anwesenheit (παρουσία) oder Gemeinschaft (κοινωνία)« ihr jeweiliges Sein geben.[26] Etwas sei also beispielsweise deswegen schön, weil es am Schönen selbst teilhabe, oder auch werden »vermöge des Schönen alle schönen Dinge schön«[27], genauso wie »vermöge der Größe das Große groß [...] und vermöge der Kleinheit das Kleinere kleiner« werde.[28]

Bevor man jedoch sogleich an dieser Stelle in eingefahrene Deutungsmuster verfällt und Platon eine Trennung von Ideenwelt und Dingwelt zuschreibt, sollte man sein Stilmittel, die Ideenlehre als ein alltägliches und irgendwie schon geklärtes, leicht verständliches Problem zu beschreiben, ernst nehmen und sich verdeutlichen, dass er mit diesen Hinweisen gerade nicht eine abgehobene, esoterische Lehre vorbereitet, sondern als Anfang der Reflexion der Vernunft auf sich selbst alltägliche Phänomene und das Problem ihrer Erkenntnis klären will. Weshalb sollte also die vermeintlich so spekulative Ideenannahme für Sokrates das »Allersicherste« (ἀσφαλέστατον)[29] sein,

---

Selbstverständlich kennt Platon auch das modern verstandene vorläufige Setzen von Hypothesen. Ein wesentliches Element seiner Dialoge ist ja das Definieren eines gesuchten Erkenntnisgegenstandes, und von diesem Ausgangspunkt wird abgeleitet und bewertet, bis sich unter Umständen herausstellt, dass die Voraussetzung nicht stimmte. Wichtig ist jedoch, dass auch die Hypothese als Zugrundeliegendes wahrheitsfähig sein muss: In Phaidon 107 b warnt Sokrates seinen Gesprächspartner, auch die sicher geglaubte erste Hypothese müsse gut begründet werden. Welche das ist, wird hier offen gelassen (die Ideentheorie, die Unsterblichkeit der Seele?) – nicht ohne Grund, da diese Warnung für alle Fälle gilt. Platons Skeptizismus ist aber keiner gegenüber der Wahrheit, menschlicher Erkenntnisfähigkeit oder dem *logos* an sich; es ist ein Skeptizismus, der aus dem Wissen um Irrtum, fehlende methodische Kompetenz und fehlendes Bemühen resultiert. (Ebd.; vgl. auch Ulrich Krohs, Platons Dialektik im *Sophistes* vor dem Hintergrund des *Parmenides*, in: Zeitschrift für philosophische Forschung 52 (1998), S. 237–256, S. 241)

[25] Phaidon 100 b.
[26] Phaidon 100 c–d.
[27] Phaidon 100 d7.
[28] Phaidon 100 e3–4.
[29] Phaidon 100 d8.

d. i. in diesem Zusammenhang der stärkste Logos, der als Ursache und Ableitungsgrundlage für das Sosein der Phänomene gilt?

Am Beginn der Reflexion steht hier eine einfache Einsicht, welche zugleich jeden naiven Realismus aus den Angeln hebt: dass die Dinge von sich aus keine wohlbestimmten Wesenheiten sind, sondern im Gegenteil unendlich viele – sogar einander entgegengesetzte – Wesenheiten verkörpern. So ist etwa Sokrates' Gesprächspartner Simmias groß und klein: Er ist größer als Sokrates, jedoch kleiner als Phaidon, also müsse man »sagen, daß in dem Simmias beides sei, Größe und Kleinheit«; falsch dagegen sei die Behauptung, es sei Simmias' Natur, groß zu sein »schon dadurch, daß er Simmias ist«.[30] Analoge Beispiele tauchen im platonischen Werk in vielfältiger Weise auf. Zwei als gleich erkannte Steine, Holzstücke oder was auch immer erscheinen, »ganz dieselben bleibend, bisweilen als gleich und dann wieder nicht«[31], haben also unter bestimmter Rücksicht Gleichheit in sich, als nicht vollkommen identische Gegenstände aber auch Verschiedenheit. Genauso, führt Sokrates in der *Politeia* aus, gilt dies für alles: Die schönen Dinge haben auch Hässliches an sich, Gerechtes wird auch ungerechte Züge tragen, das Doppelte ist gleichzeitig ein Halbes (die Zwei etwa ist das Doppelte der Eins, aber die Hälfte der Vier), etwas Leichtes ist zugleich schwer und so weiter und so fort.[32]

Genauso wie ein Gegenstand aber Vieles sein kann, gilt der umgekehrte Fall, dass viele Dinge Eines sind, also ungeachtet individueller Unterschiede unter denselben Begriff geordnet werden können. Betrachtet man etwa verschiedene Finger, unterscheiden sie sich hinsichtlich Größe, Stellung, Farbe und Form, einer kann hart sein, der andere weich, und doch sind alle gleichermaßen als Finger benannt.[33]

Derlei aus der alltäglichen Bestimmung von Gegenständen gewonnene Beispiele weisen auf das neue Ursachenverständnis für das Sosein der Dinge hin: Nicht etwa ist die Ursache dafür, dass Simmias groß ist, seine Körperlänge, sein Kopf (oder auch seine Erbanlagen und Ernährung), denn dies ist ebenso gut die Ursache dafür, dass er

---

[30] Phaidon 102 b–c. So auch Theaitetos 152 d. An dieser Stelle im *Theaitetos* muss beachtet werden, dass Sokrates die richtige These, dass nichts schon etwas Bestimmtes ist, einführt, um die heraklitische Flusstheorie zu erläutern. Letztere wird widerlegt, die Unbestimmtheit der Dinge an und für sich aber nicht.
[31] Phaidon 74 b.
[32] Politeia 479 a–b.
[33] Politeia 523 c–e.

klein ist[34]; vielmehr muss die Ursache für sein Großsein darin gesucht werden, dass wir ein Wissen darum anwenden, was Größe selbst ist (nämlich ein Mehr an Quantität des einen gemessen an der Quantität eines anderen).[35] Vermöge der Größe, so in der platonischen Formulierung, werden dann die großen Dinge groß. Verbliebe man dagegen auf der materiellen Ebene, wäre die Ursache dafür, dass wir Dinge als groß bezeichnen, eine Unendlichkeit von Ursachen: mal wegen des Kopfes, mal wegen der Länge, mal wegen der Gene, die den Körperbau festlegen, mal die gute Nahrung oder im Falle einer Pflanze wegen des guten Nährbodens usw. Tatsächlich jedoch gibt es (ohne deswegen physikalische Erklärungen abschaffen zu müssen) nur die eine Ursache für das Großsein: dass wir mit Größe immer dieses eine meinen, es auf verschiedenste Verhältnisse anwenden, und diese Verhältnisse werden klar von denen geschieden, in denen derselbe Gegenstand klein ist (also ein Weniger an Quantität im Vergleich hat).[36] Insofern ist das Subjekt der Zuschreibung ›groß‹ strenggenommen nicht ›Simmias‹, sondern ›Simmias unter Rücksicht des Vergleichs zu Sokrates‹ – genauso wie die Zuschreibung ›Hälfte‹ nicht der Zwei an und für sich anhängt, sondern der Zwei im Verhältnis zur Vier.

Ähnlich verhält es sich mit der Gleichheit: Zwei Hölzer sind nicht einfach gleich und trügen deshalb also den Wesenszug Gleichheit an sich. Vielmehr sind sie einander auch in vielerlei Hinsicht ungleich, sodass erst einmal in Hinblick darauf, was Gleichheit selbst ist (die Gemeinsamkeit einer Auswahl von Eigenschaften) das Gleiche vom Ungleichen unterschieden werden muss. Ursächlich für die Gleichheit der Hölzer ist also in diesem Sinne nicht die faktische Form (genau besehen ist sie nicht gleich) oder Umweltbedingungen, die zu gleichem Wuchs führten, sondern unser Wissen, wie und unter welchen Rücksichten wir etwas als gleich bezeichnen können.

Zuletzt beleuchtet dies auch die Wesensbezeichnung eines Dings als Finger: Augenscheinlich ist ja nicht das einzelne Ding als Ganzes

---

[34] Phaidon 101 a, 102 c.
[35] So ist auch zu verstehen, dass die Zehn größer ist als die Acht: Nicht durch die Zwei, sondern »durch die Vielheit«. (Phaidon 101 b) Der Begriff der Größe der Zehn im Vergleich zur Acht bezieht sich nicht auf das, was hinzukommt (die Zwei) als Begründung, sondern auf das Mehr an Quantität.
[36] Vgl. dazu Walter Bröcker, Plato über das Gute, in: Jürgen Wippern (Hg.), Das Problem der ungeschriebenen Lehre Platons. Beiträge zum Verständnis der platonischen Prinzipienphilosophie, Darmstadt 1972, S. 217–239, S. 229; kürzer auch Friedrich Kaulbach, Einführung in die Metaphysik, S. 19.

gemeint, wenn wir es als Finger bezeichnen. Vielmehr sehen wir von dem meisten ab, was uns die einzelnen Finger bieten. Die Farbe ist genauso unerheblich wie die Größe, ein zusammengekrümmter Finger ist genauso ein Finger wie ein kerzengerader, und ob es nun der erste von links oder siebte von rechts oder der einer Menschen- oder Tierhand ist, ebenso. Was dieser Gegenstand von sich aus ist, das ergibt sich nicht aus ihm selbst, da wir es mit einer Vielzahl an Bestimmungsmöglichkeiten zu tun haben, die wir auf zwei Kriterien zu prüfen haben: Was daran das Fingersein (das ist die Sache selbst oder die Sache an und für sich)[37] ausmacht und was daran genau dafür unerheblich ist. Auch hier sind die Ursachen dafür, dass ein Finger ist, dem neuen Diktum zufolge nicht die vielfältigen materiellen Prozesse, die zu Fingern führen können, sondern ganz einfach, dass wir unterscheiden können, was in der potenziellen Unendlichkeit an Qualitäten und Bestimmungsmöglichkeiten einen Finger ausmacht und ihn insofern durch solche Bestimmung für uns als bestimmtes Etwas erst erkennbar werden lassen.

Auf diese Weise bereitet Platon also den Boden für die Erkenntnistheorie, welche sich von Beginn an absetzt von einem naiven Realismus. Jene Beispiele zeigen, dass die einzelnen Dinge (und die müssen, wie die Zwei, nicht einmal materiell sein) keine schon wohlbestimmten Wesenheiten oder Einheiten sind, sondern dass die Vernunft solche Einheiten erst durch eine geeignete *Auswahl* am Konkreten unterscheiden muss. Auch bereiten die Beispiele auf diese einfache Weise die Unterscheidung von dem Einzelding als Instanz einer Sache und der Sache selbst vor, da offensichtlich der große Simmias nicht die Größe selbst oder ein konkreter Finger nicht nur das ist, was der Begriff ›Finger‹ an und für sich bezeichnet. Platon meint, es sei auffordernd und erregend für die Vernunft, darauf gestoßen zu werden, dass etwas »in die Sinne fällt zugleich mit seinem Gegenteil«, dass »kein Ding mehr eins zu sein scheint als auch das Gegenteil davon« und wir »dasselbe Ding zugleich als eines und als unendlich vieles« sehen.[38] Wenn also ein Gegenstand für uns eine bestimmte,

---

[37] Im Folgenden behalte ich diese terminologische Unterscheidung bei: ›Ding‹ und ›Gegenstand‹ bezeichnen das sinnliche, materielle Einzelding, welches durch Begriffe seine Bestimmung erfährt; ›Sache‹ und ›Sachgehalt‹ bezeichnen das Allgemeine, Begriffliche, die inhaltlich bestimmte Idee.
[38] Politeia 524 d–525 a. Vgl. dazu die Passage in Theaitetos 154 c–155e. Auch hier werden Einheit und Vielheit der Gegenstände erörtert, genauso das Problem der Herleitung von Einheit und Vielheit aus sinnlich-materiellen Ursachen. Der junge Theai-

einheitliche Sache ist, gleichzeitig aber eine unendliche Vielheit, müsse die Vernunft bedenklich werden und ermitteln, was es mit solcher Einheit eines Gegenstandes auf sich hat – nur muss der Blick vom Gegenstand genommen werden, da er als Vielheit das Kriterium der Einheit nicht einfach gewährleistet.[39] Demzufolge wird der Vorwurf seitens der Neurowissenschaftler fragwürdig, Platon suche das Wesen der Dinge im ›Ding an sich‹, weil er das introspektiv Erschaute für unmittelbar real gegeben hielt; weil er also die Reflexion auf das Bewusstsein und den Erscheinungscharakter der Realität nicht leistete.

Mit diesen vorbereitenden Beispielen, die die Vernunft aufhorchen lassen und auf sich selbst aufmerksam machen, können wir nun auf einer etwas prinzipielleren Ebene an das Problem der Erkenntnis und des Soseins der Dinge herangehen.

8.3 Der Zusammenhang von Bestimmtheit, Identität, Sein und Erkennbarkeit

Eine Grundvoraussetzung der platonischen Erkenntnistheorie ist eine scheinbare Trivialität. Wie sich noch herausstellen wird, muss aber auch das Triviale erst als solches erkannt werden, um leicht vermeidbare Fehler nicht zu begehen. Dieser Grundsatz ist, dass wir, wollen wir etwas (unerheblich, was) erkennen, es als ein Etwas, d.h. als ein irgendwie Identisches bestimmen müssen. Mit der Bestimmung als identisches Etwas wiederum beziehen wir uns auf Seiendes – es geht ja in der Bestimmung darum, etwa Sätze der Art ›Dies ist ein A‹, ›X hat die Eigenschaft F‹ oder ›A bewirkt oder erleidet B‹ formulieren zu können, und niemand wird wohl bestreiten wollen, dass wir durch ein solches Begreifen (d.i. Auf-den-Begriff-Bringen) feststellen, irgendetwas sei auf die eine oder andere Weise. Etwas, das nicht auf die eine oder andere feststellbare Weise ist, und dies erscheint unmittelbar einleuchtend, kann auch für uns nicht sein. Man kann hier also ›Feststellen‹ durchaus als ›durch eine feste Bestimmung fixieren‹ ver-

---

tetos wundert sich deswegen – und diesen Zustand des Wunderns ($\vartheta\alpha\upsilon\mu\acute{\alpha}\zeta\epsilon\iota\nu$) durch Eingeständnis des Nichtwissens, diese Umkehr, nennt Sokrates den Zustand eines Freundes der Weisheit und Anfang oder Ursprung der Philosophie ($\dot{\alpha}\rho\chi\grave{\eta}$ $\varphi\iota\lambda o$-$\sigma o\varphi\acute{\iota}\alpha\varsigma$)!

[39] Politeia 524 e.

stehen, da eine Erkenntnis ein irgendwie Bleibendes, Ruhendes sein muss. Das unaufhaltsame Fließen erlaubt in diesem Sinne nicht den Begriff der Erkenntnis. Ein gänzlich Unbestimmtes wäre demnach mit einem nicht Erkannten gleichzusetzen, also einem für uns Nichtseienden; ein gänzlich Unbestimm*bares* ist einem Unerkennbaren gleichzusetzen, also ebenfalls für uns nichtseiend. Daraus folgt der umgekehrte Fall: Ein gänzlich Bestimmtes ist auch ein gänzlich Erkanntes, somit vollkommen für uns Seiendes; und ein gänzlich Bestimmbares ist auch ein gänzlich Erkennbares, somit (zumindest potentiell) für uns vollkommen Seiendes.

Diese Bindung von Sein an Bestimmbarkeit und Erkennbarkeit taucht an verschiedenen Stellen des platonischen Werks auf. In der *Politeia* wird die Bindung durch eine einfache logische Argumentation ermittelt:

1) Erkennt der Erkennende etwas oder nichts? – Er erkennt etwas.
2) Erkennt er etwas, was ist oder was nicht ist? – Was ist. Was nicht ist, könnte er nicht erkennen.
3) Die Folgerung daraus ist, »daß das vollkommen Seiende auch vollkommen erkennbar ist, das auf keine Weise Seiende aber auch ganz und gar unerkennbar.«[40]

Ähnliches ist im *Sophistes* zu finden: Es sei »uns doch auch deutlich, daß wir dieses Wort ›Etwas‹ (τὸ «τὶ») jedesmal von einem Seienden sagen. Denn allein es zu sagen, gleichsam nackt und von allem Seienden entblößt, ist unmöglich.«[41]

---

[40] Politeia 476 e–477 a.
[41] Sophistes 237 d1-4. Daraus folgt dann das scheinbare Paradoxon, dass das Nichtseiende *ist*. Immerhin bezeichnen wir dies Nichtseiende als ein solches Etwas und machen es damit zu einem Erkenntnisgegenstand, ihm muss also Sein zukommen. (Sophistes 238 b ff.) Das Paradoxon kann aber dann aufgelöst werden, wenn man Sein und Nichtsein nicht von vornherein naiv wie das Dasein eines materiellen Dinges versteht. Die folgende Argumentation bezieht sich auf Sophistes 257 a–258 c: Hier wird (ganz im Sinne, dass keine Instanz eines Begriffes an und für sich Eines ist) dargelegt, dass auch das Seiende ein Nichtseiendes ist: Dadurch, dass etwas ein Etwas ist, d. h. eine begrenzte Einheit, kann man von diesem Etwas aussagen, es sei durch die Begrenzung vieles andere nicht (ein Finger ist keine Zehe, keine Hand usw., er ist nicht notwendig braun oder gelb usw.). Die Bedeutung von Nichtseiend wird an dieser Stelle dahin gewendet, dass ›Nichtseiend‹ die Verneinung eines *bestimmten* Seienden ist. So, wie also etwas als Seiendes zu bestimmen immer auf ein Etwas geht, bezieht sich auch die Bestimmung als Nichtseiend auf ein Etwas (was es ist und nicht ist). Die Verneinung von ›seiend‹ ist also nicht das als seiend gesetzte Gegenteil von Sein. Das Nichtsein einer Sache festzustellen kann selbstverständlich nicht so verstanden werden, als setze man ihr Nichtsein als seiend – das wäre blanker Unsinn, da das schlecht-

Der Mythos von der Erkenntnis

Ist es nun so, dass Erkenntnis immer und notwendig darauf aus ist, ein Etwas als solches zu bestimmen, muss die Konsequenz gezogen werden, dass das Denken, welches diese Bestimmung vollzieht, als nicht hintergehbare, grundsätzliche Forderung an sich selbst stets einen Wahrheitsanspruch stellen muss. Ein solches Apriori wird immer dann anschaulich, wenn man wie der neurowissenschaftliche Konstruktivist (implizit oder explizit) versucht, es zu negieren, wobei die Negation aber das Negierte voraussetzt bzw. in Anspruch nimmt: Wer behauptet, es gebe keine Wahrheit, setzt schon voraus, dass er mit dieser Aussage eine Wahrheit erkannt hat und daher die Bestimmung von Seiendem möglich ist; wer behauptet, alles sei im Fluss oder ein bloßes Werden, setzt voraus, das diese Erkenntnis selbst nicht im nächsten Moment vergeht; und wer behauptet, alles sei ein subjektives Konstrukt, der hat unabweislich den Anspruch, eine objektive, für jeden einsehbare Erkenntnis auszusprechen.[42] Wenn folglich Platon Erkenntnis an Seiendes bindet und sich immer wieder

---

hin Nichtseiende sich jeder Erkennbarkeit entzieht. (Dieses Verständnis des Nichtseienden als Gegenstand völliger Unkenntnis findet sich in Politeia 477 a) Mit der Erkenntnis des Nichtseienden wird stattdessen eine Verschiedenheit angedeutet, d.i. ein Unterschied gesetzt: A ist A, aber nicht sein eigenes Gegenteil oder B oder C. Insofern gewinnt das Nichtseiende durchaus den Charakter eines notwendigen Erkenntniswerkzeugs, da es zur Bestimmung von Aus- und Eingrenzung oder Einheit und Verschiedenheit (Was A ist und nicht ist) dient: Das Nichtseiende ist das, was bestimmte Seiende nicht ist – und in dieser Hinsicht *ist* beispielsweise das Nichtschöne genauso wie das Schöne, oder das Nichtgroße *ist* genauso wie das Große. Etwas als Etwas zu erkennen, also zu einer Einheit zusammenzunehmen, geht demnach immer damit einher, das nicht zur Einheit Gehörende auszusondern. Unkenntnis, Unwissen und Meinung beziehen sich dann konsequenterweise ebenso auf Nichtseiendes, wenn eine verfehlte Ein- und Ausgrenzung von Bestimmungen für die erkannte Sache gehalten wird – diese Sache wird dann nicht in Ihrem Sein erkannt, d.h. was die Sache nicht ist, wird für wahr gehalten. Der Schluss aus alldem lautet, dass das Nichtseiende – richtig verstanden – *ist* und »unbestritten seine eigene Natur und Wesen hat«, (Sophistes 258 b11) nämlich ›Das von einem bestimmten Seienden als solches bestimmte Verschiedene‹. Sowohl das Nichtseiende selbst als Erkenntnisprinzip, auf das man sich reflexiv erkennend wenden kann, wie auch konkrete Bestimmungen dessen, was etwas nicht ist (als Instanzen des Nichtseienden), sind also mit ihrer Bestimmbarkeit seiend und können nun als methodisches Vorgehen beim Aussondern und Eingrenzen fruchtbar genutzt werden.

[42] Vgl. Theaitetos 170 e–171 c. Hier wird anhand eines bestimmten Verständnisses des Homo-mensura-Satzes (›Der *einzelne* Mensch ist das Maß aller Dinge‹) diskutiert, dass ein Schreibender, der eine Erkenntnis vermitteln will, sachlich Wahrheit voraussetzt. Derjenige also, der Wahrheit negiert und dies als Wahrheit mitteilt, untergräbt entweder seinen Erkenntnisanspruch oder vermittelt schlechterdings Unwahres.

gegen Philosopheme richtet, welche Erkenntnis einerseits verunmöglichen, sie andererseits aber (als Aussagen über *etwas*) gleichzeitig voraussetzen[43], dann müssen wir dies als Besinnung auf Grundsätze verstehen, die nicht verleugnet werden können und die deshalb axiomatischen Charakter haben. Oder wie Platon es ausdrückt:

> Und gegen den ist doch auf alle Weise zu streiten, der Wissenschaft, Einsicht und Verstand beiseite schafft und dann noch irgend worüber etwas behaupten will.[44]

Dem Denken, das der Betrachtung seiner selbst fähig ist, ist also als Problem die Frage aufgegeben, wie es diese eigene Forderung nach Wahrheit erfüllen kann.[45] Letztlich ist das kein akademisches, jeder Praxis entzogenes Problem, wenn festgestellt wird, dass Erkenntnis immer auf (wahres) Seiendes, d. h. sehr Konkretes, abzielt. Sachlicher Ausgangspunkt ist bei Platon oft genug ein ganz alltägliches und eine einzelne Person betreffendes Problem: Euthyphron will seinen Vater wegen eines Tötungsdeliktes anklagen, und die Frage ist, ob er das Richtige tut; die Sophisten Gorgias und Protagoras sind einflussreiche Lehrer und Erzieher, was die Frage aufwirft, ob sie denn eine gute Erziehung leisten; der Dialog *Phaidon* zeigt einen Mann im Angesicht des Todes und mögliche Ansichten zu Tod, Leben und Sterben; im *Philebos* wie in der *Politeia* ist es eine wesentliche Aufgabe, herauszufinden, was eigentlich glücklich macht, was gleichsam auf die Frage verweist, welche Rolle die Gesellschaft für den Einzelnen spielt. Immer steht also als Problem im Raum: Was ist das Ziel, tue ich das Richtige dafür und wird allgemein das Richtige getan? Denke ich also das Richtige, habe ich es erkannt? Um die Frage nach der Erkenntnis

---

[43] Beispielsweise ein verabsolutierendes, undifferenziertes Verständnis des protagoreischen Homo-mensura-Satzes, der heraklitischen Flusstheorie, aber auch der alles erstarren lassenden parmenideischen Theorie getrennter, unbeweglicher Ideen.
[44] Sophistes 249 c 6–8.
[45] Siehe auch Kobuschs emphatische Äußerungen zum Wahrheitsanspruch, vermittelt durch Geschichten: »Der Verzicht auf diesen Anspruch ist für die Philosophie schlechthin ruinös und – möglicherweise – darüber hinaus dem menschlichen Bewusstsein überhaupt unzumutbar. [...] Was in der Lebenswelt gilt, ist auch in der Philosophie nicht anders: Wir brauchen nicht irgendwelche Philosophiegeschichten, sondern nur die wahren. [...] Die Wahrheit ist das eigentlich und immer schon, das zuerst und zuletzt Gewollte. Wenn aber Wahrheit, dann auch Logos.« (Theo Kobusch, Die Wiederkehr des Mythos. Zur Funktion des Mythos in Platons Denken und in der Philosophie der Gegenwart, in: Markus Janka/Christian Schäfer (Hgg.), Platon als Mythologe. Interpretationen zu den Mythen in Platons Dialogen, Darmstadt 2014², S. 47–60, S. 58 f.)

und ihrer Wahrheitsmöglichkeit kommt man um willen einer *gesicherten* Bewertungsgrundlage alltäglicher Gegebenheiten nicht herum – schon deshalb, weil jedem Einzelnen von allen Seiten Angebote gemacht werden, bestimmte Meinungen über Richtiges oder weniger Erstrebenswertes zu übernehmen, welche der Prüfung bedürfen. Auch diese Verzahnung von *ethos* und *logos* ist, genau wie bei den Hirnforschern, Thema – und wer sein *ethos* oder seinen *logos* nach außen trägt, mitteilt, anderen anbietet, muss sich rechtfertigen können, da er durch das Veräußern schon zu erkennen gibt, sein *ethos* oder sein *logos* seien berechtigt oder gerechtfertigt.

Doch kommen wir von diesen Grundlagen wieder zurück zur Frage, was Erkenntnis eigentlich sei. Dass der Zusammenhang von Bestimmtheit, Identität, Sein und Erkennbarkeit als Ziel jedes Erkennens besteht und somit Erkennen und Realität-Haben Hand in Hand gehen, dürfte als Grundlage feststehen. Der nächste logische Schritt ist, zu ermitteln, was Bestimmtheit (gar vollkommene Bestimmtheit als vollkommene Erkenntnis) ist und wie sie erreicht wird. Dieser Schritt beinhaltet gleichsam die Notwendigkeit, einige Unterscheidungen vorzunehmen sowohl bezüglich der an der Erkenntnis beteiligten Vermögen als auch im Hinblick auf den Gegenstand der Erkenntnis, sei dieser nun ein Begriff, eine Idee, ein Ding oder eine konkrete Instanz eines Begriffes.

8.4 Bestimmtheit und ›die Sache selbst‹

Bestimmtheit durch die Feststellung von inhaltlicher Identität oder Einheit ist das, worauf jedes Erkennen als solches notwendig abzielt. Sie stellt den Erkennenden vor das Problem, die unbegrenzte Vielheit der Phänomene in einheitliche Begriffe, Definitionen, Allgemeinheiten, wie immer man solche Identitäten nennen will, zu fassen. Die sokratische Was-ist-Frage als Prüfung dessen, was der Gesprächspartner unter einer Sache versteht, dient dazu, die Kriterien zu ermitteln, nach welchen die gemeinte Sache erfasst wurde. Das bedeutet auch, herauszufinden, ob möglicherweise ungeprüft sachfremde Bestimmungen in die Definition der Sache eingeflossen sind, was hieße, die Sache für etwas zu halten, was sie nicht ist oder sein *kann* – die ungeprüfte, falsche Meinung richtet sich dann auf Nichtseiendes.

Geht es nun darum, einen Sachgehalt als allgemeine Bestimmung einer phänomenalen Vielheit zu ermitteln, fragt sich, wie das vonstattengehen soll. Hinsichtlich dieser Frage ist es nicht sehr konstruktiv, die Allgemeinheiten, die hier infrage stehen, sogleich mit dem philosophiehistorisch aufgeladenen Titel ›Ideen‹ zu belegen. Natürlich verwendet Platon den Begriff ἰδέα für solche Allgemeinheiten[46], doch nimmt er gar nicht eine solche herausragende Stellung ein, wie man es vermuten könnte. Stattdessen tauchen überall äquivalent gebrauchte Begriffe auf, die, hat man ihren Sinn verstanden, auch Wesentliches zum Verständnis der Idee beitragen können.

Ziel der Bestimmung ist also notwendig ein Allgemeines, die Was-ist-Frage als Wesensfrage richtet sich aber auf zumindest *verschieden* benannte ›Denk-‹ Ziele, die *alle* ein Allgemeines darstellen[47]: Neben der ἰδέα ist

– mal die Rede von der ›Sache selbst‹ oder der ›Sache an und für sich‹ (gekennzeichnet durch den Zusatz αὐτό[48] oder αὐτὸ καθ' αὐτό[49]);
– mal gilt die Frage dem εἶδος[50], also der Gestalt, dem Wesen, (Ur-) Bild oder der
– wesentlichen Form (μορφή[51]) einer Sache.
– Dieses Wesentliche wird auch als Vorbild oder Muster, als παράδειγμα[52], bezeichnet.
– Wird unterschieden, zu welcher Gattung als Oberbegriff etwas gehört, fällt der Terminus γένος[53].
– Als Wesen oder Natur einer Sache taucht der Begriff οὐσία[54] genauso wie
– φύσις[55] auf.
– All diese Begriffe werden oft mit der Wahrheit (ἀλήθεια[56]) einer Sache identifiziert.

---

[46] Siehe zum Beispiel Politeia 507 b oder Sophistes 253 d5.
[47] Eine kürzere Liste findet sich auch bei Diogenes Laertius, Leben und Meinungen berühmter Philosophen, hrsg. v. Klaus Reich und Günter Zekl, übers. v. Otto Apelt, Hamburg 1990³, III, 64, S. 178.
[48] Phaidon 78 d3.
[49] Philebos 53 d3.
[50] Politeia 596 a6 und 597 a2.
[51] Politeia 381 c9.
[52] Politeia 472 d7 und 592 b3.
[53] Philebos 32 d2 und Politeia 477 d8.
[54] Phaidon 78 c9.
[55] Politeia 597 d3. In diesen Abschnitten zur Herstellung des Bettes werden εἶδος, ἰδέα und φύσις ohne Unterschied nebeneinander verwendet.
[56] So etwa Politeia 598 b4.

Der Mythos von der Erkenntnis

- Eine wichtige Rolle spielt auch das ἔργον[57], welches das wesensmäßige Werk, die Funktion oder das Vermögen einer Sache bezeichnet;
- Ähnliches ist mit δύναμις[58] als Vermögen, wesensmäßige Wirkung, Kraft oder Leistung gemeint.
- Das Wesen einer Sache, besonders im Zusammenhang mit ihrem Vermögen oder ihrer Funktion, wird als ἀρετή, also Tugend oder Tüchtigkeit im Sinne einer bestmöglichen Ausformung dieses Vermögens bezeichnet.[59]

Und das ist noch längst nicht alles, bedenkt man etwa die Rolle der Begriffe der Ursache oder des Ursprunges. All diese Allgemeinheiten oder Wesensbestimmungen jedenfalls haben gemeinsam, dass sie das wahre, beständige Seiende sein sollen und dementsprechend allein vollständig bestimmbar und erkennbar[60]; außerdem sind sie nicht sinnlicher Natur, sondern *ausschließlich* denkend zu erfassen, es sind also reine Denk-Gegenstände.[61]

Sehen wir uns also noch einmal Beispiele Platons an, welche den Denk- und Erkenntnisvorgang, die an der Erkenntnis beteiligten Vermögen und den Erkenntnisgegenstand veranschaulichen. Dabei sollte deutlich werden, dass die Allgemeinheiten nicht vorschnell als Platons naive Verdoppelung der Wirklichkeit durch ideale Gegenstände verstanden werden dürfen, sondern Formen sind, nach denen wir die Welt begreifen und uns im Handeln und Denken orientieren. Danach werden wir im Rückgriff auf den Erkenntnisbegriff der Hirnforscher die darin enthaltenen Fehler besser beurteilen können.

8.5 Wie erkennt man etwas?

8.5.1 Beispiel 1: Musik

Im *Philebos* wird (als Vorbereitung auf das eigentliche Thema, die Unterscheidung des Wesens der Lust) erörtert, was es heißt, Wissen von der Musik zu erlangen und dementsprechend ein Kundiger in der Tonkunst zu werden.

---

[57] Politeia 352 d10ff. oder Gorgias 454 a9.
[58] Gorgias 456 a5 oder Politeia 477 b7ff.
[59] Politeia 353 b6ff.
[60] Phaidon 78 c9–d7.
[61] Phaidon 79 a und Politeia 507 b–c.

Wie erkennt man etwas?

Am Beginn steht hier der Laut, besser noch: das Geräusch (φωνή) als grundlegender Gegenstand der τέχνη Musik.[62] Ich bevorzuge deswegen die Übersetzung als ›Geräusch‹, weil das, was *für sich genommen* die Wahrnehmungsleistung des Hörsinnes ist, als etwas völlig Unbestimmtes eingeführt wird, nämlich als eine unbegrenzte Vielheit (ἄπειρος πλήθει).[63] Womit wir es zuallererst zu tun haben, ist also ein ununterschiedenes Kontinuum von Geräuschen, bloßen sinnlichen Erlebnisqualitäten, welche uns vom Hörsinn dargeboten werden. (›Hörsinn‹ verwechsle man nicht mit der physischen Struktur des Gehörapparates. Wenn Platon hier vom Gehör spricht, so meint er das Seelenvermögen, wahrnehmend zu erleben (zu hören), dies aber ausgelöst durch die »Erschütterungen des Leibes«, also der physischen Wirkung auf den Hörapparat.[64]) Damit ist, ganz nebenbei, das ἔργον oder die δύναμις des Hörsinnes benannt und unterschieden: Dieser liefert Höreindrücke, aber auch nicht mehr, und dies ist die von anderen Vermögen abzugrenzende Funktion oder Leistung, welche wir etwa vom Sehsinn deswegen unterscheiden können, weil der Sehsinn ganz andere Sinneseindrücke erleben lässt und somit ein davon verschiedenes ἔργον ausführt.[65] Durch diese Ein- und Ausgrenzung hat man die Sache ›selbst‹ oder ›an und für sich‹ vollständig ermittelt: Das Gehör ist rein für sich erfasst, ohne mit anderen sachfremden Vermögen und deren Leistungen vermischt zu werden. So darf man etwa den Hörsinn nicht mit Erkenntnis verwechseln, da hier schon das ebenfalls als solches unterscheidbare Vermögen des Gedächtnisses, das (u. a.) die Eindrücke als Urteilsgrundlage festhält, vorausgesetzt wäre.[66]

Eine erste einfache, auf die Erlebnisqualitäten gerichtete Unterscheidung der Geräusche kann es nun sein, dieses völlig Unbegrenzte, Konfuse einzuteilen – d. h. zu begrenzen – in Hoch und Tief als zwei basale Richtungen eines Kontinuums, innerhalb dessen sich der Höreindruck bewegen und verändern kann. Die nächste mögliche Unterscheidung ist dann das gleichbleibende Geräusch, das irgendwo in diesem Kontinuum von Hoch und Tief eine Position einnimmt und

---

[62] Philebos 17 c1–2.
[63] Philebos 17 b3–4.
[64] Philebos 33 e10–34 a9.
[65] Bei Synästhetikern sind die unterscheidbaren Vermögen freilich eng verknüpft, etwa wenn sie einen Höreindruck unmittelbar mit Farbwahrnehmung und räumlicher Position verbinden.
[66] Siehe dazu Philebos 21 c.

sich dadurch auszeichnet, dass es über eine gewisse Dauer klingt, bevor es abbricht oder eine wesentliche Veränderung im Kontinuum von Hoch zu Tief erfährt.[67] Hier haben wir also das Wesen des Tones ermittelt: ein im Kontinuum von Hoch und Tief seinen Platz einnehmender, mit einer bestimmten Dauer und Qualität versehener Klang. Für eine solche Unterscheidung oder Isolation eines Tones ist allerdings das Gedächtnis vonnöten, da ohne ein solches nichts als sich über die Zeit Erstreckendes festgehalten werden könnte[68]; der Ton ist außerdem schon eine Erkenntnisleistung, da er als eine Einheit, die das Geräusch als Sinneserleben für sich noch nicht ist, seine rationale Bestimmung erfährt. Nun, da man im Kontinuum von Hoch und Tief einen festen Platz definieren kann, ist es vorerst völlig beliebig, wo man diesen festsetzt; Hauptsache ist, es gibt einen festen Platz und damit einen Unterschied zwischen ›ist‹ und ›ist nicht‹. Man kann etwa festlegen: Diese Tonhöhe ist ein a'. Ob das, wie gewöhnlich, 440 Hz entspricht oder nicht, ist vorerst unwichtig.

Diese Unterscheidungen nun sind zwar grundlegend für die Musik, machen aber, so Sokrates, noch nicht den Musiker.[69] Denn das eigentliche Wissen um die Musik betrifft die *Verhältnisbestimmung* zu dem als Anfang gesetzten Ton. Er ist ja in einem Kontinuum po-

---

[67] Philebos 17 c4. Das Wort, das Platon hier für das Dritte (neben Hoch und Tief) verwendet, ist ὁμότονος, welches mit ›in derselben Tonhöhe bleibend‹ oder – denkt man an die Saiten eines Musikinstrumentes – ›die gleiche Kraft/ Spannung habend‹ übersetzt werden könnte. Schleiermacher übersetzt daher ›das Einstimmige‹, was aber, da dies ein Fachausdruck der Musiklehre ist – nur ein Ton zur Zeit gespielt, im Gegensatz zur Polyphonie –, nicht falsch, jedoch etwas irreführend ist. Die Herausgeber der WBG-Werkausgabe geben als Alternative ›Zwischenlage‹ an, beziehen den Ausdruck also auf das zwischen den Extremen Hoch und Tief liegende Kontinuum. Letzteres stellt aber die Bedeutung von ὁμότονος nicht deutlich genug heraus. Es geht ja gerade darum, wie man einen Ton als zusammengehörige Einheit aus dem Kontinuum zwischen Hoch und Tief herausgreifen kann, d. h. erst einmal, ein Geräusch als mit einer gewissen Dauer versehenes gleichbleibendes Klangereignis zu identifizieren. Und dieses Identifizieren bedeutet zu unterscheiden, wo das Geräusch angefangen hat, so zu klingen, wie es dies tut, zu bemerken, wie lange es diese Geräuschqualität hält und wann es aufhört, das heißt in eine andere Tonhöhe des Kontinuums übergeht oder abbricht. Diese Bedeutungsdimension, dass man einen Ton als zusammengehörige Einheit, als anhaltend mit gleicher Qualität Klingendes, erfasst hat, wird bei Platons nächster Unterscheidung dann auch vorausgesetzt.
[68] Hier erinnert Platon stellenweise an Husserls Untersuchungen zum inneren Zeitbewusstsein. (Edmund Husserl, Zur Phänomenologie des inneren Zeitbewusstseins, in: Ders., Gesammelte Werke, Bd. 10, hrsg. v. Rudolf Boehm, Den Haag 1966, bes. §7, §8, §14, §16.
[69] Philebos 17 c7–9.

sitioniert, also innerhalb einer Unendlichkeit von Abstufungen unter und über ihm; aber nur bestimmte dieser unendlichen Abstufungen treten in ein besonderes Verhältnis zu ihm, welches dem Hörenden als besondere Harmonie erscheint: etwa die Oktave, welcher eine genaue Halbierung oder Verdoppelung der Schwingungsfrequenz der Luft, welche unser Ohr trifft, entspricht. Hat man ein solches Verhältnis einmal erkannt, lassen sich die verschiedensten anderen Verhältnisse von Tönen erkennen – aber nur, wenn man in einem *an sich unbegrenzten, unerkannten Mannigfaltigen* solche Unterschiede gesetzt hat. Erst dann werden auf deren Basis weitere rationale Möglichkeiten sichtbar: andere Töne festzusetzen, diese Töne wiederum in tonale Zusammenhänge (Tonleitern) zu bringen; das zeitliche Kontinuum, in welchem sie auftreten, in Tonlängen und Taktmaße zu ordnen[70]; aber auch alternative Stimmungssysteme zu realisieren, was heißt, ein anderes Verhältnissystem zugrunde zu legen, um bestimmte Intervalle in reinerer Form zu erhalten und so weiter und so fort.

Zusammenfassend heißt das, dass man nur durch ein Erfassen solcher rationalen Prinzipien und Möglichkeiten in der Lage ist, Musik als Wissender zu produzieren und konstruieren: Das unterscheidet einen, der Geräusche macht oder ohne Wissen auf einem Instrument Zufälliges klimpert, von einem, der *von einem Ordnungskriterium ausgehend* Töne kombinieren kann. Die Kunst, die der Wissende beherrscht, ist also nach Platon, das Eine und Viele der Musik erkannt zu haben – inwiefern die verschiedenen Töne, Tonleitern, Tonlängen usw. zu einem Ganzen und aus einem Ganzen sich anordnen lassen.[71] Deshalb ist diese Ordnung, welche die Prinzipien vorgeben, obwohl selbst wahr, beständig und nicht beliebig, kein starres, totes Gebilde, sondern sie bedingt ein unendliches Schöpfertum: Das Wissen von der Musik und die Musik selbst kommen niemals zu einem Ende, weil die wenigen, rational begründbaren Prinzipien eine Unendlichkeit von Verwirklichungen ermöglichen.[72]

Ist nun Musik? Natürlich ist sie, und wer das bestreiten wollte,

---

[70] Philebos 17 c11 ff.
[71] Philebos 17 d. Der Zustand des Unwissenden in der Musik ist da derselbe wie der des Unkundigen einer Sprache (Theaitetos 163 b1–c3): Wer eine ihm unbekannte Sprache hört, wird dasselbe wahrnehmen wie einer, der diese Sprache versteht; dem Unkundigen fehlt jedoch das Wissen um das Ordnungskriterium, die Laute sinn- und bedeutungsgemäß voneinander zu scheiden und neu zusammenzusetzen.
[72] Philebos 17 e. Vgl. auch Dorothea Frede, Dialektik in Platons Spätdialogen, in:

lebte wohl in einer anderen Welt. Sie ist Erkenntnisgegenstand, und die Erkenntnis von Musik an sich führt zu Musikstücken; diese werden seiend durch die Unterscheidungsleistung an einem an sich noch Unbegrenzten, Ununterschiedenen, Konfusen. So ist es zu verstehen, dass im *Sophistes* das Seiende an das Setzen von Unterschieden gebunden ist: Unterschiede zu setzen, ist Seiendes zu erkennen.[73]

8.5.2 Beispiel 2: Vermögen

Zu Beginn der *Politeia* bereitet Platon den Argumentationsgang vor, der dazu führt, das der Seele eigentümliche Werk und Wesen als ›Erkenntnisapparat‹ und Vermögen zum Lebensvollzug zu bestimmen. Wie man bei der Unterscheidung solcher Wesen zu verfahren hat, macht er an anderen, alltäglichen Erkenntnisgegenständen deutlich, welche uns jetzt interessieren müssen.[74]

So lassen sich, lässt Platon seinen Sokrates ausführen, verschiedenen Gegenständen Funktionen zuordnen, d. h. ein ἔργον, welches »einer entweder nur mit jenem allein oder doch mit ihm am besten verrichten kann«.[75] Das Auge etwa ermöglicht das ἔργον des Sehens, das Ohr das des Hörens. Eine Weinrebe lässt sich zwar auch mit dem Schwert oder der Schere abschneiden, für diesen Zweck eignet sich aber am besten die dafür gemachte Hippe. Auch ein Pferd hat ein ἔργον: Es taugt mit seiner körperlichen und seelischen Veranlagung eben besser zum Reittier als ein Ochse. (Man könnte auch sagen, ein ἔργον des Pferdes sei es, ein schnelles Fluchttier zu sein, wofür eine bestimmte Veranlagung notwendig ist.) Kann man solche eigentümlichen Aufgaben aber zuordnen, kann man ebenso ein Gutsein, eine auf diese Aufgabe bezogene Tüchtigkeit oder Tugend (ἀρετή) genauso wie eine Schlechtigkeit unterscheiden: Besteht die Tüchtigkeit des Auges darin, das Sehen zu ermöglichen, ist Blindheit seine Schlechtigkeit, Scharfsicht dagegen ist sein Gutsein. Ist die Tüchtigkeit der Hippe das Schneiden von Weinreben, ist etwa das Stumpfsein oder auch eine unausgereifte Klingenform ihre Schlechtigkeit. Die Bestim-

---

Marcel van Ackeren (Hg.), Platon verstehen, Themen und Perspektiven, Darmstadt 2004, S. 147–167, S. 162.
[73] Vgl. Sophistes 258 a–c.
[74] Zu den folgenden Beispielen siehe Politeia 352 d9–353 d2.
[75] Politeia 352 e2–3.

mung des ἔργον lässt also die Beurteilung zu, in welchem Maße es ausgeübt wird und ob die materielle Ordnung sich dazu in einer bestmöglichen oder zumindest relativ guten Einrichtung befindet.[76] Es wird deutlich, dass hier die materiellen Bedingungen und die materielle Ordnung der Teile relevant dafür sind, ob und wie das eigentümliche Werk ausgeführt werden kann – ein zerstörtes Auge sieht nicht, ein stumpfes Messer schneidet nicht.

Diese Textpassage zum ἔργον müssen wir nun in Beziehung zu einer anderen, späteren setzen, nämlich der Passage zur δύναμις:[77]

»Wir wollen doch sagen, Vermögen sei eine gewisse Art des Seienden (δυνάμεις εἶναι γένος τι τῶν ὄντων), wodurch sowohl wir vermögen, was wir vermögen, als auch jegliches andere, was etwas vermag; wie ich zum Beispiel meine, dass Gesicht und Gehör zu den Vermögen gehören [...]. [...] Nämlich an einem Vermögen sehe ich weder Farbe noch Gestalt, noch etwas dergleichen, wie an vielem anderen, worauf ich nur sehen muß, um bei mir selbst einiges zu unterscheiden, daß das eine dieses ist, das andere jenes. Bei einem Vermögen aber sehe ich lediglich danach, worauf es sich bezieht und was es bewirkt, und danach pflege ich ein jedes Vermögen als ein einzelnes zu benennen, und was für dasselbe bestimmt ist und dasselbe bewirkt, nenne ich auch dasselbe, was aber für etwas anderes und etwas anderes bewirkt, nenne ich auch ein anderes.«[78]

Platon meint hier, dass wir etwas Seiendes erkennen können, was sich als eine unterscheidbare, bestimmbare Leistung oder Wirkung präsentiert, beispielsweise das Sehen oder Hören; solche Vermögen aber erkennen wir nicht nur bei uns selbst, sondern setzen sie als *dasselbe*, sofern vorhanden, auch bei anderem: Wir haben das Vermögen, zu hören; und dieses selbe Vermögen setzen wir beispielsweise bei Säu-

---

[76] Man denke an die notwendige, aber defizitäre Bestimmung der geistigen Vermögen des Menschen, welche für die Hirnforscher immer der Bezugspunkt ihrer physiologischen Erkenntnisse bleiben.

[77] Dass diese Beziehung zwischen den beiden Passagen unmittelbar besteht und mit ἔργον und δύναμις Ähnliches gemeint ist, belegt das jeweils unmittelbar Anschließende zur Tätigkeit der Seele. Es wird nach dem ἔργον der Seele gefragt; ihre Funktion sei »besorgen, beherrschen, beraten und alles dieser Art (τὸ ἐπιμελεῖσθαι καὶ ἄρχειν καὶ βουλεύεσθαι καὶ τὰ τοιαῦτα πάντα)« (Politeia 353 d4–6), alles also erkennende oder durch Erkenntnis bedingte Tätigkeiten, die letztlich auf die Lebensführung abzielen. Kommt die Sprache auf die δύναμις, so werden auch die sinnlich verhaftete Vorstellung oder Meinung (δόξα) sowie die Erkenntnis oder das Wissen (ἐπιστήμη), also verschiedene Erkenntnistätigkeiten, unter die (Seelen-)Vermögen eingereiht. (Ebd., 477 b 9–10)

[78] Politeia 477 b–d.

getieren, Amphibien und Vögeln, obwohl sich der Aufbau des Hörorgans doch teilweise deutlich unterscheidet, das sinnlich-materiell Vorliegende hier demnach schlecht dasselbe als Unterscheidungsgrundlage bieten kann. Man vermag also zu hören, weil man die Funktion des Gehörs besitzt, oder mit anderen Worten: Das Vermögen als *Prinzip* der Anordnung materieller Gegebenheiten ist es, wodurch wir (und jegliches andere) vermögen, was wir vermögen. Das Vermögen des Pferdes ist es, schnell zu laufen, und läuft ein Mensch schnell, so ist das identische Vermögen gemeint: Unabhängig von der physischen Realisation ist doch in beiden Fällen mit Laufen und Schnelligkeit eine bestimmte Art der Fortbewegung gemeint, die sich im Verhältnis zu einem bestimmten Maß (dem normalen Gehen oder anderen Individuen) durch größere Schnelligkeit auszeichnet. Der Erkenntnisgegenstand δύναμις ist also, wie im Falle des ἔργον, ein identifizierbares *Können oder Wirken*, das wir Dingen zuschreiben, an ihnen als wesensmäßig unterscheiden, ja sogar zum Wesen der Dinge selbst machen: Das Pferd ist ein schnelles Reittier, oder die Hippe definiert sich über ihre Aufgabe genauso wie der Hörsinn oder der Gehörgang.

Das Entscheidende ist nun, dass wir »an einem Vermögen weder Farbe noch Gestalt noch etwas dergleichen« sehen. Platon räumt ein, dass es durchaus möglich ist, Dinge anhand dessen, was die Sinne bieten, zu unterscheiden: Will ich wissen, meint Platon, ob etwas salzig ist oder nicht, werde ich mich mit der Seele auf die Unterscheidungsmöglichkeiten berufen, die mir der Geschmackssinn bietet (»das Vermögen vermittelst der Zunge«).[79] Dabei muss man jedoch beachten, dass die Wahrnehmungseindrücke noch nicht das bestimmte Sein (z. B.: Salz) erfassen und auch nicht gelernt werden müssen; die Schlüsse aber »hieraus auf das Sein und den Nutzen« verlangen Zeit, Mühe und Unterricht und sind Sache des seelischen Erkenntnisvermögens.[80] Man kann ja auch durchaus die Nase an Kanten- und Raumorientierung messen, also dass da etwas aus der Mitte des Gesichtes hervorsteht, zwei Löcher hat usw.; aber eine wirkliche Kenntnis dessen, *was* eine Nase ist und *warum* sie eine solch charakteristische Form hat, wird daraus nicht entstehen. Diese wird erst mit der Unterscheidung ihrer Aufgabe möglich sein.

Dasselbe Problem tritt auf, wenn ich die verschiedenen Teile

---

[79] Theaitetos 185 b7–c2.
[80] Theaitetos 186 a2–c6.

(z. B. Ohrmuschel, Trommelfell, die vielen Knöchelchen) des physischen Hörapparates betrachte: Auch sie kann ich noch so lang ansehen, ob in Aktion oder nicht; was sie sind, erkenne ich erst dann, wenn ich ihre spezifische Funktion im gesamten Funktionszusammenhang erkenne – und das heißt zu erkennen und ein Wissen darum anzuwenden, was das Vermögen Hören ist, wann diese Funktion erfüllt ist und wie die Teile dafür arbeiten müssen, das bedeutet, wie sie ihr Gutsein, ihre Tüchtigkeit ausüben. Die Farben und Formen, die zu liefern das ἔργον des Sehsinnes ist, sagen mir darüber nichts, und insofern ist es keine Lösung, genauer hinzusehen. Bekäme man eine Hippe vorgelegt, ohne zu wissen, wozu sie gut ist, könnte man sich noch so lange ihre Form ansehen. Bezieht man die Form nicht auf ihren Zweck, kommt man nicht zu einem Begriff dieses Gerätes.[81] Vielmehr werden sich mir bestimmte Formen erst erschließen, wenn ich das spezifische Werk kenne, das heißt, wenn ich ein Kundiger werde, wie das, was die Sinne bieten, auseinanderzuhalten ist: Der Hirnforscher sieht nicht wie ich eine graue, schleimige, irgendwie konturierte Masse, wenn er das Hirn sieht, sondern sein Wissen lässt ihn Amygdala, Cortex und Kleinhirn sehen; der Computerfachmann wird beim Blick in den Computer nicht wie ich in ein materiell manifestiertes Nichts blicken, sondern Teile nach ihrer spezifischen Aufgabe im Gesamtzusammenhang benennen können; der Gourmetkoch kann dank seiner Übung Geschmacksnuancen unterscheiden und dieses Wissen kreativ nutzen, während dem Unkundigen ein undifferenziertes ›Schmeckt!‹ genügt[82]; und der unmusikalische Mensch kann beim Anhören eines Jazzstückes ein völlig undifferenziertes, vielleicht sogar unangenehmes ästhetisches Empfinden haben, während der Kundige Grenzen, Sinn und Ordnung in Themen, Leittönen, Auflösungen, Akkordsubstitutionen oder Erweiterungen fast (!) unmittelbar *hört*.[83]

---

[81] Gerade die Erkenntnis des *Prinzips* der Hippe, also der eigentümlichen Art des Schnittes, führt dazu, dass man dieses Schnittprinzip auch in anderen Bereichen als dem Weinbau anwenden kann – etwa beim Pilzmesser oder dem Karambit.

[82] Siehe Theaitetos 178 c–e: Sokrates argumentiert, dass die jeweiligen Unterscheidungsleistungen der Turnmeister, Tonkünstler, Weinbauer oder Köche nicht nur ihren Sachverstand ausmachen, sondern auch eine differenzierte Lust an Bewegungen, Wein, Essen, Musik etc. ermöglichen.

[83] Siehe zu diesen und ähnlichen Beispielen Arbogast Schmitt, z. B. Gehirn und Bewusstsein, S. 228 f. oder auch S. 221: »Wer in sinnlich konkreter Erfahrung ein Einzelding vor sich zu haben meint, weiß oft nicht, (1) ob er überhaupt ein Einzelding oder nicht mehrere vor sich hat – gehört das Blatt, das der Botaniker vor sich hat, zu

Was wir aus Platons Darstellungen des Erkenntnisvorganges und seinen vielfältigen Beispielen lernen können, soll uns nun noch einmal einen kritischen Blick auf den Erkenntnisbegriff der Hirnforscher aus dem ersten Teil dieser Arbeit dienen.

8.6 Konsequenz für den neurowissenschaftlichen Erkenntnisbegriff

8.6.1 Ein Paradoxon: Das ›Ding an sich‹ als Erkenntnisideal

Für das Erkennen und Denken gilt, dass es im Wesentlichen ein Unterscheidungsprozess ist; die Unterscheidungsleistung richtet sich dabei notwendig auf Wesenheiten, die an und für sich, also vollständig in ihren Bestimmungen erfasst und von ihren sach- oder wesensfremden Bestimmungen abgegrenzt werden müssen. Sie stellen insofern Einheiten dar, sie sind in ihrer Bestimmtheit und ihrem Zusammenhang ein Ganzes, worauf ihre Bestimmungsmomente hin

---

einer Pflanze oder ist es etwas aus dieser Pflanze und einem Parasiten Zusammengewachsenes? Ist das Organ, das der Anatom an einer Stelle eines Organismus sieht, eine funktionelle Einheit oder sind in dem räumlich Verbundenen mehrere Organe enthalten?, usw. (2) Oft weiß man nicht, auf welches Einzelding man das Beobachtete beziehen soll. Ist das aufrecht sich Bewegende, das man in der Ferne sieht, ein Baum, ein Mensch, eine Telephonstange? Und auch in der Nähe: ist der Krummstab im Grab des Pharao ein Wanderstab, Herrscherinsignie oder ein sakrales Gerät? (3) Keineswegs selten ist der Fall, dass man [...] nicht nur nicht weiß, ob es eines oder mehreres ist, oder wo die Grenze zwischen dem einen und dem anderen ist, sondern man weiß überhaupt nicht, was diese sichtbar gegenständliche Einheit ist: was sieht ein Laie, dem man eine Pilz- oder Bakterienkultur, das Innere eines Computers, einen ihm unbekannten archäologischen Fundgegenstand zeigt? Und es ist keine Frage, dass die Lösung dieser Probleme nicht von einer Verbesserung der Wahrnehmung oder von einer Wiederholung durch verschiedene ›Beobachter‹ abhängt.«
Für die Wahrnehmung hat dies auch zur Konsequenz, dass teilweise bestimmte Grenzen, Gestalten, Teile und Zusammengehörigkeiten erst dann ›sichtbar‹ werden, wenn der Gegenstand funktionell unterschieden wird. Das bedeutet, dass sich dann die Sinneswahrnehmung von Kognition leiten ließe. Es ist also ein schwieriges Unterfangen, apodiktisch Gestaltwahrnehmung als präkognitiv zu bezeichnen. Man mache sich dies einmal an einem Eishockeyspiel deutlich: Was ein Unkundiger ›sieht‹, sind unregelmäßig auf dem Platz verteilte, hin- und hersausende Menschen. Ja, den größten Teil der Zeit wird ein Unkundiger nicht einmal den Puck sehen, weil er keine Übung darin hat, zu antizipieren, wann er wohin gespielt wird. Erst mit dem Wissen um Raumaufteilung, Formation, Pass- und Dribbelbewegungen etc. bestimmt sich das scheinbare Chaos zu einer Gestalt.

Konsequenz für den neurowissenschaftlichen Erkenntnisbegriff

geordnet sind. Durch die Bestimmungsmomente und die vielen Realisierungsmöglichkeiten sind sie aber auch stets eine Vielheit.[84] Ideenwissen ist deswegen immer auch ein Ordnungswissen sowohl auf der ideellen oder der Sach-Ebene als auch auf der materiellen oder gegenständlichen Ebene, denn es befähigt den Erkennenden, zu beurteilen, welche Ordnung die Bestimmungen im Blick auf das Ganze der Idee haben müssen und welche Ordnung der Gegenstand erfüllen muss, damit er das Etwas-Sein, das die Idee vorgibt, erfüllen kann.[85] Je prägnanter daher an einem Einzelnen die Vorgabe der Idee sich unterscheiden lässt, desto deutlicher tritt es als dieses bestimmbare Etwas zutage.[86] Insofern bestimmt sich die Idee auch als Ur-Bild, dem der Gegenstand als Ab-Bild genügen muss.

Durch solche Bestimmungen der Idee, des Seinsgehaltes und der Erkenntnis erklärt sich, was bei Platon mit dem sogenannten ontologischen Komparativ (›Die Idee der Größe ist seiender als der große Gegenstand‹) und der Selbstprädikation (›Die Idee der Größe ist groß‹) gemeint ist: Die Idee als reiner Sachgehalt ist vollständig bestimmbar, ohne dass ihr sachfremde Bestimmungen anhaften; da Sein äquivalent zu Bestimmtheit ist, ist der konkrete Gegenstand in seiner

---

[84] Christoph Horn manövriert sich in eine ausweglose Lage, weil er die *Einheit der Idee* nicht an der *Einheit ihres Sachgehaltes* und der daraus resultierenden *inhaltlichen* Verschiedenheit einzelner Ideen voneinander misst. Zwar hält er seinen Ansatz für eine »sowohl textnahe als auch sachlich akzeptable Interpretation der Wissens- und Ideenkonzeption.« (Christoph Horn, *epistêmê-doxa*-Unterscheidung und die Ideentheorie, in: Otfried Höffe (Hg.), Platon. Politeia, Berlin 1997, S. 291–312, S. 311) Doch die »Schwierigkeiten« (ebd.), die er zum Abschluss seines Aufsatzes formuliert, legen ein Verständnis von (Sach-)Ideen nahe, das Platon aus gutem Grund nicht vertreten konnte: »Angenommen, Platons Ideen wären eidetische Einheiten [...]. Wie kann es dann, wenn Ideen-Einheiten doch ›einzig‹ sein sollen, mehr als nur eine Idee geben? Wie ist es möglich, dass teillose Einheiten, die *ex hypothesi* keine internen Unterschiede aufweisen dürfen, voneinander differieren (z.B. die ›Idee des Bettes‹ von der ›Idee des Doppelten‹)? Wie kommt es, wenn Einheiten relationslos sind, dennoch zu einer Partizipation von Gegenständen an Ideen?« (Ebd., S. 311) Wäre eine Idee als nichts anderes definiert als bloß inhaltsleere und in sich teillose Einheit zu sein, wären diese Fragen berechtigt. Horn selbst hätte aber angesichts seiner Äußerungen zum Sachgehalt eines *eidos* zuvor (ebd., S. 309) diese Fragen durchaus auflösen können.

[85] Ordnung meint hier mitnichten bloß materielle Anordnung eines Dinges. Es geht genauso um Beziehungen zwischen Dingen, Teil-Ganzes-Relationen möglicher Klassen, Maßstäbe von Handlungen etc.

[86] Vgl. Gernot Böhme, Das Eine, das Gute: ein Prinzip der Philosophie?, in: Gregor Schiemann/Dieter Mersch/Gernot Böhme (Hgg.), Platon im nachmetaphysischen Zeitalter, Darmstadt 2006, S. 99–109, S. 103.

unendlichen Vielheit kein vollständig bestimmbarer, erkennbarer – und somit ist er weniger seiend als die Idee, mit der wir das Einzelne erfassen.[87] Die Idee ist also im Unterschied zum konkreten Vielen nur das, was sie besagt: Die Idee des Großen ist (ausschließlich das, was die Bestimmung) groß (ist), also die Größe selbst, während der Gegenstand erstens vieles andere sein kann und zweitens auch diese eine Sachbedingung nur mehr oder weniger erfüllt.[88] Das Maß aber, in dem der Gegenstand die rationale Vorgabe erfüllt, ist dann nichts anderes als die Teilhabe an einer Idee: Je mehr oder besser die Sach-

---

[87] Bröcker richtet sich mit folgendem Argument gegen den ontologischen Komparativ: Wenn etwas von anderem, was es nicht ist, abgegrenzt wurde, sei es ein weniger Seiendes, da es dadurch Anteil am Nichtsein habe. Eine Idee wird natürlich genauso wie ein Sinnesding abgegrenzt, sei insofern vieles nicht und habe deswegen genauso wie der Wahrnehmungsgegenstand Anteil am Nichtsein – daher sei auch die Idee ein weniger Seiendes, mithin kein vollkommen Seiendes. (Walter Bröcker, Platons ontologischer Komparativ, in: Hermes 87 (1959), S. 415–425, S. 422) Bröcker misst den Seinsgrad also ausschließlich an der (für sich korrekten) Tatsache, dass Idee und Wahrnehmungsgegenstand gleichermaßen am Nichtsein teilhaben, weil sie beide als Unterschiedenes, Abgegrenztes vieles auch nicht sind. Dem ist jedoch zu entgegnen, dass das Kriterium für den Seinsgrad nicht ist, ob der Gegenstand von anderem abgegrenzt werden kann (das muss immer geschehen), sondern inwiefern und in welchem Grade er der und nur der gemeinte Sachgehalt ist. Dieses Seinskriterium der Einheit, Einfachheit, Vollständigkeit und Erkennbarkeit kann nur die Idee vollkommen erfüllen.

[88] Vgl. Rainer Marten, Platons Theorie der Idee, München 1975, S. 109–112 und 190. Siehe auch die Diskussion der Selbstprädikation bei Sandra Peterson, The *Parmenides*, in: Gail Fine (Hg.), The Oxford Handbook of Plato, Oxford 2008, S. 383–410, S. 395 f. Die Kritik an Platons Ideenkonzeption beruht stets darauf, Platon eine Verdinglichung und Verräumlichung der Ideen vorzuwerfen. Rafael Ferber z.B. kritisiert, Platon behandle Begriffe wie Gegenstände, die unter Begriffe fallen und mache so aus Prädikaten Subjekte der Prädikation. (Rafael Ferber, Platos Idee des Guten, S. 172) In diesem Falle würde also aus dem Prädikat ›groß‹ das Subjekt ›Größe‹, von welchem ausgesagt wird, wie ein partikulares Großes groß zu sein. Das ist völlig abwegig. Platon zeigt, dass ein Partikulares nicht von sich aus groß (oder schön oder gerecht) ist, sondern das Großsein eines Dinges immer in Relation zu einem Maßstab gedacht wird. Ein Haus ist groß, wenn man als Maßstab kleinere Häuser ansetzt. Weshalb also sollte er nun die Größe selbst zu etwas Partikularem erklären, dessen Wesenszug es ist, gegenständlich groß zu sein? Platon müsste nun erstens ein anderes Partikulares nennen, wozu im Vergleich die Größe groß ist, zweitens eine weitere Idee der Größe annehmen, die als Wissen für diesen Vergleich vorausgesetzt wird. Eine solche Verdinglichung verletzte nicht nur Platons eigene und einfachste Grundsätze – erstaunlich noch dazu ist dieser Vorwurf, wenn man bedenkt, dass er ein solch naives Ideenverständnis ausführlich im *Parmenides* widerlegt (siehe auch das Folgende; schon in Politeia 597 c–d wird deswegen die Existenz einer dritten Liege neben der Idee der Liege und der einzelnen Liege abgelehnt).

bedingungen am Gegenstand gegeben sind, desto mehr Anteil an der Sache selbst hat der Gegenstand und dieses Verwirklichungsverhältnis bestimmt demnach auch über das Maß der Gemeinschaft einer Idee mit einem Gegenstand.[89]

Die *Vollständigkeit*, die die Hirnforscher mit vollständiger Erkenntnis gleichsetzen – sei es die Vollständigkeit des Dinges ›an sich‹ oder auch des Wahrgenommenen – erweist sich da im Gegensatz zur Vollständigkeit einer Idee als keine Erkenntnis. Eine Erkenntnis, die notwendig eine Wesenserkenntnis ist, muss eine *Auswahl* aus der Unendlichkeit von Bestimmungsmöglichkeiten hinsichtlich des gesuchten Wesens treffen. Will ich einen Stuhl erkennen, muss ich in einem Wechselspiel von Analyse und Synthese prüfen, was *und nur was* an diesem Gegenstand das Stuhlsein erfüllt. Alle anderen Bestimmungsmomente wie Farbe, Form oder Material sind da unerheblich, genauso alle anderen unterscheidbaren Teile oder Zusammensetzungen wie Schrauben, Metalle, Atome, Neutronen usw., die Stühle, aber auch Tische oder Autos, gemeinsam haben können. Diese zu treffende Auswahl unter Berücksichtigung der gesuchten Sache verbietet auch die Definition von Kategorisierung als Sammeln des Gemeinsamen.[90]

Der Verweis auf die Bindung von Seiendem und Erkennen ist die Warnung davor, diese (geistigen) Wesenheiten mit dem Ding an sich zu verwechseln, also dem vom Erkennenden unabhängigen Gegenstand. Begeht man diesen Fehler, so ist dies eben der Fehler, den man Platon aufgrund oberflächlicher Lektüre stets vorwirft: die ontologi-

---

[89] Politeia 472 b7–473 b3. In diesem Abschnitt geht es darum, dass der möglichst gerechte Mann und der möglichst gerechte Staat als bestmögliches Abbild der Ordnungsvorgabe der Idee auch den größtmöglichen Anteil an ihr haben.

[90] Der Biologe Ernst Mayr etwa beschreibt das Vorgehen beim Erkennen und Kategorisieren so: »Wenn wir klassifizieren, ordnen wir Objekte entsprechend ihrer gemeinsamen Eigenschaften zu Klassen.« (Ernst Mayr, Das ist Biologie, Die Wissenschaft des Lebens, übers. v. Jorunn Wißmann, Heidelberg/Berlin 1998, S. 175) Dass ein solches induktives Sammeln von Gemeinsamkeiten zu absurden Konsequenzen führt, verdeutlicht Arbogast Schmitt an einem guten Beispiel: »Z. B. haben zwar alle Blautannen eine bestimmte Nadelform, sie haben aber auch alle einen Stamm, bestehen aus Zellulose usw., d. h. sie bestehen aus vielem, was nicht dazu beiträgt, sie als eine ganz bestimmte Art zu unterscheiden. Einfach das Gemeinsame von vielen beobachteten Einzeldingen zu abstrahieren, führt nicht auf die Sache hin, sondern von ihr weg – zuletzt auf das, was allen sinnlichen Einzeldingen gemeinsam ist, etwa auf atomare Elemente. Dieser Verlust an Konkretheit durch das abstrakte Denken ist oft genug beklagt worden.« (Arbogast Schmitt, Die Moderne und Platon, S. 62)

sche und die logische Dimension zu verwechseln, indem man meint, für (vollständige) Bestimmtheit garantiere ein einzelner Gegenstand selbst, man müsse ihn demnach bloß so erfassen, wie er *ist*.[91] Gegenständlichkeit ist dagegen ein Resultat der Bestimmung und daher notwendig an den Erkennenden gebunden. Die Einsicht, dass die von der Sinnlichkeit unabhängige Welt nicht ihrer sinnlichen Erscheinung entspricht, ist so banal wie sie tautologisch ist und bringt uns keinen Zuwachs an Erkenntnis. Was das Ding an sich (unabhängig vom Erkennenden) ist, ist ein für uns Unbestimmtes, Nichtseiendes: Ihm den Status der Wahrheit zuzusprechen, die durch den erkennenden Zugriff verkürzt oder überformt würde, ist ein sinnloser Begriff von Wahrheit.

Noch einmal mit anderen Worten: Postuliert man ein von der Erkenntnis unabhängiges und schon als ein Wesen wohlbestimmtes Seiendes, dem man sich durch Erkenntnis bzw. *Repräsentation* angleichen soll, so ist ein Paradoxon formuliert, das das Wesen der Erkenntnis und der Gegenstandskonstitution nicht erfasst. Denn der repräsentierende Zugriff auf eine vom Erkennen unabhängige, (sinnlich) vollständig gegebene Realität wäre ein ›erkennender‹ Zugriff unter Verzicht auf jegliche Unterscheidung und jede sachorientierte Einheit – ein solcher Wahrheitsbegriff ist nichts anderes als ein performativer Widerspruch, da diese Wirklichkeit für uns ein ununterschiedenes, vollständig gegebenes Chaos wäre. »Alles zu kennen«, so Arbogast Schmitts treffendes Fazit diesbezüglich, »heißt also auch, das Beliebige kennen und vom Sachgemäßen nicht zu unterscheiden.«[92] So erweist sich an dieser Stelle, wie von Sokrates angekündigt, die menschliche Vernunft als Ordnungsgeber des Seienden.

Hat man aber einmal die Notwendigkeit der Koinzidenz von Erkenntnis, Erkenntnisgegenstand und Erkennendem eingesehen (also die Notwendigkeit der Subjektgebundenheit von Erkenntnis), *kann man diese nicht mehr als defizitär gegenüber dem Erkenntnisunabhängigen ansehen. Wenn Wirklichkeitskonstitution notwendig so*

---

[91] Vgl. zu dieser Verwechslung auch Arbogast Schmitt, Einheit des Mannigfaltigen, Der Widerspruchssatz als Erkenntnisprinzip in der Aufklärungsphilosophie (Kant und Wolff) und bei Aristoteles und Platon, in: Jean-Marc Narbonne und Alfons Reckermann (Hgg.), Pensées de l'«Un» dans l'histoire de la philosophie. Études en hommage au professeur Werner Beierwaltes, Paris 2004, S. 339–375, S. 341 ff.
[92] Arbogast Schmitt, Platonismus und Empirismus, in: Gregor Schiemann/Dieter Mersch/Gernot Böhme (Hgg.), Platon im nachmetaphysischen Zeitalter, Darmstadt 2006, S. 71–95, S. 88.

funktioniert, wie sie funktioniert, ist sie auch gut, da die Alternative ihrer Unmöglichkeit gleichkommt. Das Unmögliche (welches daher auch nichts ermöglicht) aber lässt sich nicht einfach als die bessere Alternative gegen die Wirklichkeit ausspielen.

8.6.2 Die Rolle der Sinne

Vor dem Hintergrund platonischer Erkenntnistheorie erweist es sich auch als fehlerhaft, den Sinnen und Sinnesbildern eine so herausragende Rolle im Erkenntnisprozess zuzuordnen. Da die sinnlichen Data von sich aus nicht die Kriterien enthalten, die zur Sachbestimmung herangezogen werden (selbst wenn man sich ausschließlich auf sinnliche Merkmale stützt, ist zumindest die *Auswahl* der Merkmale, die einen Gegenstand definieren sollen, schon ein nicht mehr durch die Sinnlichkeit zu begründender Akt), kann Erkenntnis oder Bedeutungszuweisung weder eine sinnliche Repräsentation noch die Verarbeitung, Ordnung oder Kategorisierung *des sinnlichen Materials* sein.[93] Besonders anschaulich wird das, wenn das sinnliche Material,

---

[93] Das entspricht auch wesentlich Kants Erkenntnisbegriff. Kant betont immer wieder, dass das unterschiedene Objekt oder der Begriff als Erkenntnis zustande kommt, indem man »das Mannigfaltige einer gegebenen Anschauung vereinigt«. (Immanuel Kant, Kritik der reinen Vernunft, B 137) Die Anschauung versteht Kant dabei explizit als Ansammlung bloßer sinnlicher Data verstanden (so etwa ebd., B 92f. und B 146f.). Die Bestimmung eines Gegenstandes soll dann sein, das sinnlich Gegebene unter die Ordnung des reinen Verstandesbegriffes zu bringen (das sind die logischen Kategorien wie Einheit oder Vielheit). (Ebd., B 143–147) Damit sei gewährleistet, dass Einheit »in die Anschauung vermittelst der Kategorie durch den Verstand hinzukommt«. (Ebd., B 144) Hätte Kant einmal versucht, eine solche Erkenntnis *in concreto* nachzuvollziehen, wäre ihm vielleicht aufgefallen, dass wir auf diese Weise von völlig inhaltsleeren, grenzenlosen Gegenständen umgeben wären: Was wäre hinsichtlich der Sacherkenntnis gewonnen, wenn ich etwa – inhaltlich völlig unspezifisch – die Kategorie der Einheit auf die unbestimmte Unendlichkeit gegebener sinnlicher Data anlege? Die (nach Kants eigenem Bekunden inhaltsleere) Einheit selbst ist noch gar kein Ordnungskriterium, welches nur mit dem sinnlichen Material als Inhalt gefüllt werden müsste; es fehlt die Orientierung an der *jeweiligen inhaltlich bestimmten, konkreten Sach*einheit und dementsprechend die Auswahl des Sachrelevanten aus der Mannigfaltigkeit des Sinnlichen. Dadurch aber, dass Kant die sinnlichen Data zum *Inhalt* des ohne sie inhaltsleeren Denkens macht, nimmt es nicht Wunder, dass Sacherkenntnis ausschließlich von Art und Vorhandensein des sinnlichen Materials abhängt, »denn, könnte dem Begriffe [er meint hier die Kategorie, T. G.] eine korrespondierende Anschauung gar nicht gegeben werden, so wäre er ein Gedanke *der Form nach, aber ohne allen Gegenstand«.* (Ebd., B 146; Kursive T. G.)

anhand dessen ich unterscheide, mit der zu bestimmenden Sache rein
gar nichts zu tun hat. Will ich etwa feststellen, ob eine Handlung
tapfer war, kann ich die Farben und Formen, die mir das Auge bietet,
noch so ordnen und kategorisieren, die Tapferkeit, die die Handlung

---

Denken also für sich genommen wird bei Kant zu einer bloßen logischen Form, einem
abstrakten, jeder Konkretheit entbehrenden Geschäft; wirkliches, inhaltlich gefülltes
Erkennen dagegen sei gebunden an das sinnlich Vorhandene: »Wir können uns keinen Gegenstand denken, ohne durch Kategorien; wir können keinen gedachten Gegenstand *erkennen*, ohne durch Anschauungen. Nun sind alle unsere Anschauungen
sinnlich, und diese Erkenntnis, so fern der Gegenstand derselben gegeben ist, ist empirisch. Empirische Erkenntnis aber ist Erfahrung. Folglich ist uns keine Erkenntnis a
priori möglich, als lediglich von Gegenständen möglicher Erfahrung.« (Ebd., B 165 f.)
Diese Definition von Erkenntnis gleicht frappierend der Wolf Singers: »Wir können
nur erkennen, was wir beobachten, denkend ordnen und uns vorstellen können.«
(Wolf Singer, Selbsterfahrung und neurobiologische Fremdbeschreibung, S. 235)
Der Hang zur Sinnlichkeit hat bei Kant auch an späterer Stelle Konsequenzen, nämlich wenn es in der transzendentalen Analytik um den Schematismus der Verstandesbegriffe geht. (Immanuel Kant, Kritik der reinen Vernunft, B 176-B 181) Kant will
hier erklären, wie überhaupt möglich ist, dass wir einen Begriff wie ›Hund‹, dem
eigentlich kein sinnlich Einzelnes entspricht, zur Bestimmung von einzelnen Hunden
ansetzen können. Seine Lösung: eine vermittelnde Vorstellung (das Schema), die einerseits (allgemein-)intellektuell, andererseits (einzeln-)sinnlich ist. Die Bestimmung
eines einzelnen Tieres als Hund geschehe dann durch den Vergleich des *sinnlichen
Bildes* dieses Einzelnen mit *dem schematischen Vorstellungsbild*, sodass das Einzelne
mit dem allgemeinen Begriff Hund (als Bildungsregel des Schemas) verknüpft werden
kann. Der Begriff aber, der das Schema durch eine »verborgene Kunst« hervorbringt,
orientiert sich ausschließlich an allgemeinen *sinnlichen* Merkmalen – es geht ja darum, mit der Einbildungskraft eine Gestalt zu kreieren, an der das sinnliche Bild
gemessen wird. Und genau da dreht sich Kants Erkenntnistheorie im Kreis: Woher
soll ich wissen, *welche* sinnlichen Merkmale ich für die Bestimmung ansetzen soll?
Der Zirkel besteht also darin, dass sich der Begriff an sinnlichen Merkmalen misst, die
sinnlichen Merkmale aber wiederum am Begriff.
Siehe dazu auch Adornos Kritik an Kant: »Dieses Chaos der Sinneseindrücke soll
schlechterdings unbestimmt sein. Alle Bestimmungen, die es überhaupt erfährt, erfährt es seinerseits nur durch das Subjekt. Das ist eine sehr komische Sache: es ist
eigentlich so [...], daß bei Kant null mal null *etwas* ergeben soll [...]. Dadurch nämlich, daß ein so Unbestimmtes, daß im Grunde überhaupt nichts davon sich aussagen
läßt, von einem ebenso Abstrakten und Substratlosen, nämlich dem Denken überhaupt, geordnet und bearbeitet wird, – dadurch soll plötzlich die Welt herausschauen.
(Theodor W. Adorno, Ontologie und Dialektik. Nachgelassene Schriften, Abteilung
IV: Vorlesungen, Band 7, hrsg. v. Rolf Tiedemann, Frankfurt a.M.: 2002, S. 190.) Zu
ähnlicher Kritik an Kants Erkenntnisbegriff siehe Arbogast Schmitt, Die Moderne
und Platon, S. 106–113.
Angesichts dieser fundamentalen und nicht miteinander zu vereinbarenden Unterschiede zwischen Kant und Platon sollte man mit Vorsicht das Urteil Natorps genießen, der eine wie der andere würden in ihrer jeweiligen historischen Situation »dem

Konsequenz für den neurowissenschaftlichen Erkenntnisbegriff

ausmacht, wird sich mir dadurch nicht erschließen. Oder man frage sich einmal, was an Angela Merkel sie zum Bundeskanzler macht. Sicherlich keine ihrer sinnlichen, beobachtbaren Eigenschaften. Ein bloßes Sinnenbild hat noch keine Bedeutung, ist kein Faktenwissen, und es ergibt sich auch kein Begriff von etwas aus der geordneten Zusammenstellung von Signalen aus den sensiblen Rindenfeldern.

Die Hirnforscher erliegen hier dem Irrtum, die menschliche ›Angewohnheit‹, sich einen Repräsentanten einer erkannten Sache vorzustellen, sei mit dem Erkennen der Sache gleichzusetzen. Doch verwechselt man so die Erkenntnis mit einer Folge der Erkenntnis: Einen Kreis als Repräsentanten des Kreisseins werde ich mir erst dann vorstellen können, wenn ich implizit oder explizit weiß, was der Kreis an sich ist – ob bewusst oder unbewusst, dieses Kreissein mache ich nicht abhängig von den sinnlichen und materiellen Gegebenheiten aus (ob er in den Sand gemalt ist, aus Holz gedrechselt oder in meiner Vorstellung). Vielmehr messe ich die jeweiligen sinnlichen Gegebenheiten daran, wie gut sie die rationale Bestimmung »was [...] von seinen äußersten Punkten zur Mitte überall gleich entfernt ist«[94] erfüllen und sehe dabei immer schon davon ab, anhand welchen Materials ich die Bedingungen des Kreisseins unterscheide. Diese rationale Möglichkeit, die mehr oder weniger erfüllt werden kann, ist aber leicht ersichtlich selbst kein Gegenstand im Sinne eines möglichst genauen Kreises als Maßstab, da dann doch wieder zur Beurteilung des Kreisseins einer solchen dinglichen Idee auf eine rein rationale Idee des Kreises zurückgegriffen werden müsste.[95]

---

zeitlos Ewigen, über alle Schranken der Schulen und Individualitäten hinweg Wirkenden« einen Ausdruck geben. (Paul Natorp, Platos Ideenlehre, Eine Einführung in den Idealismus, Hamburg 1994, S. 462) Bröcker hingegen kritisiert Platons ›Abwertung‹ des Sinnlichen in Anlehnung an Kant: Es sei doch wohl »die Anschauung (u. d. h. bei Kant immer: die sinnliche Anschauung) dasjenige [...], worauf alles Denken als Mittel abzweckt [...].« Konsequent folgt er Kant, wenn er im Folgenden bestreitet, »daß der Gegenstand des Denkens irgendetwas bedeuten könne, wenn wir ihn nicht in der Wahrnehmung wiederfinden können«. Wie die platonische Erkenntnistheorie aber überzeugend zeigt, ist eine solche *adaequatio* bzw. *correlatio* von Begriff und Wahrnehmung unsinnig – der Inhalt oder die Bedeutung eines Begriffes kann nicht Wahrnehmungsinhalt sein. (Walter Bröcker, Platons ontologischer Komparativ, S. 424 f.)

[94] 7. Brief 342 b7–8.

[95] Dieses falsche Verständnis einer Idee kritisiert Platon bekanntlich im *Parmenides*: Wird die Ähnlichkeit von Gegenstand und Idee wie die Ähnlichkeit zweier Gegenstände zueinander verstanden (z. B. des in den Sand gemalten Kreises zu einem möglichst genauen anderen Kreis als selbst dinglicher Maßstab), ist ein Regress die Folge, da diese beiden Gegenstände auch wieder einen gemeinsamen, übergeordneten Be-

Der Mythos von der Erkenntnis

Jeder macht also beim Erkennen schon den Unterschied zwischen der Idee und dem Gegenstand. Ordnete ich einfach das mir gebotene sinnliche Material, müsste ich erst einmal wissen, *welche* dieser Sinneseindrücke für die gesuchte Sache relevant sein sollen (ich müsste also doch wieder die Erkenntnis des Kreises an sich voraussetzen). Wären zudem die Sinneseindrücke relevant für die Erkenntnis der Sache selbst, müsste ich zu dem Schluss kommen, dass der Kreis jedes Mal etwas anderes ist, da er ja jedes Mal in anderen materiellen Realisierungen vorkommt. Es soll also nicht bestritten werden, dass man an den Abbildungen oder sinnlich gegebenen Abbildern einer Sache lernt, die Sache zu unterscheiden (das bestreitet auch Platon nicht, wenn man etwa seine Charakterisierung der Mathematiker in der *Politeia*[96] oder seine Ausführungen zu den Erkenntnisstufen im *7. Brief*[97] beachtet). Auch soll nicht bestritten werden, dass man sich Einzelnes vorstellt, wenn Allgemeines gemeint ist. Doch die Sache selbst, sei es nun der Kreis oder der Fußballschuh, muss für sich erfasst werden, will man nicht sachfremde Bestimmungen, die bisher im Verbund mit der Sache aufgetreten sind, der Sache selbst zuschreiben (also: das Materielle, das das Kreissein mehr oder weniger erfüllt, dem Kreis an sich zuzuordnen oder die schwarze Farbe, die ich bisher immer an Fußballschuhen gesehen habe, dem Fußballschuh selbst). Deshalb ist das Allgemeine eine nichtsinnliche Gestalt oder Form, ein εἶδος. Was man also ordnet, sind – sofern

---

griff verlangen. (132 c3–133 a6) Dies verbietet auch, das Sachkriterium des Etwas-Seins als idealisierte Gegenstandsvorstellung (Repräsentation) zu definieren, an der die konkrete Wahrnehmung dann gemessen würde. (Vgl. Arbogast Schmitt, Platon und das empirische Denken der Neuzeit, S. 89)
Schmitt verweist an anderer Stelle auf ein sprachliches Phänomen, das die Konfusion von Gegenstand und Idee unterstützt: Die Sprache macht, sagt man zum gemalten Kreis ›Das ist ein Kreis‹, »das zum Bedeutungsträger oder Subjekt des Wortes Kreis, was gar nicht Kreis ist.« Anstatt also zu sagen, dies sei kreisförmiges Erz, sagen wir, dies sei ein erzener Kreis und legen damit dem eigentlich nur rational Einsehbaren sachfremde Bestimmungen bei. (Arbogast Schmitt, Das Universalienproblem bei Aristoteles und seinen spätantiken Kommentatoren, in: Raif Georges Khoury (Hg.), Averroes (1126–1198) oder der Triumph des Rationalismus, Heidelberg 2002, S. 59–86, S. 72f.)

[96] Politeia 510 c–511c. Genauso Phaidros 249 b8–c1.
[97] 7. Brief 343 c–344 c1. In beiden genannten Abschnitten geht es darum, dass man durchaus das sinnlich Gegebene nutzen soll, muss und kann; der Dialektiker weiß jedoch, dass der Maßstab, an dem man das sinnlich Gegebene messen und auf den man sich immer wieder rückbeziehen muss, ein Wissen von der gesuchten Sache selbst und nicht von einer ihrer Realisierungen ist.

überhaupt vorhanden – keine Sinnesdata. Diese ordnet man, wenn überhaupt, *zu*, und zwar dem nur rational Einsehbaren.

8.6.3 Die Irrelevanz der Repräsentation

Das Problem, dass der Erkennende die Sache selbst, unabhängig von faktischen konkreten ›Realisierungen‹ erkannt haben muss, um nicht sachfremde Bestimmungen, die mit dem konkreten Gegenstand notwendig gegeben sind, aufzunehmen, betrifft auch Gazzanigas *prototype model* und sein *exemplar model*. Wären Denken oder Erkennen hinreichend dadurch erfasst, dass man in Prototypen denkt, also beispielsweise statt der Kategorie ›Vogel‹ das Rotkehlchen als typischen Repräsentanten des Vogelseins ansetzt, wäre es nicht zu erklären, dass man trotzdem in der Lage ist, anderes als ein Rotkehlchen als Vogel zu erkennen. Wem bei der Kategorie ›Vogel‹ zuerst das Rotkehlchen einfällt, der kann für gewöhnlich unterscheiden, weshalb er das Rotkehlchen Vogel nennt; und ein Sachkundiger könnte auch unterscheiden, ob das Vogelsein anhand der richtigen Eigenschaften unterschieden wurde oder ob ein zwar oft anzutreffendes, dennoch sachfremdes Kriterium wie beispielsweise ›kann fliegen‹ mit aufgenommen wurde. Eher selten dürfte jemandem einfallen, das, was das Rotkehlchen ausmacht, zum Kriterium für das Vogelsein zu machen. Doch auch wenn solche Fehler passieren sollten, ist der Prototyp insofern nicht das Denken selbst zu nennen, da er stets schon ein Erkenntnisresultat ist und so die Unterscheidungsleistung – das Denken – voraussetzt.

Gleiches gilt für das *exemplar model*. Gazzaniga meint, man bilde eine verworrene Repräsentation dessen, was ein Hund ist, durch die vielen Exemplare von Hunden, die man so antreffe. Verworren oder unscharf sei die Kategorie deswegen, weil die Kategorie Hund immer erweitert werden muss ob der Verschiedenheit der vielen Hunde, die es gibt. Doch auch hier muss ich, wenn ich die vielen Hunde, die ich antreffe, unter einen Begriff bringen will, doch schon das Wesen ›Hund‹ kennen – was veranlasste mich sonst, den Rehpinscher in eine Kategorie mit der Deutschen Dogge zu nehmen?

Verworren wäre die Kategorie nur dann, wenn ich den Fehler machte, die zufällige physische Eigenheit einzelner Hunde zur Definition der Kategorie ›Hund‹ heranzuziehen und so eine schematische Vorstellung vom Hund überhaupt zu bilden, welche typische physische Merkmale von Hunden beinhaltet. Dies wäre aber nichts anderes als ein Vorstellungsbild, das ja notwendig eine konkrete Form von Hund (als Repräsentation der typischsten Eigenschaften) vorstellt, zum Hund selbst zu erklären: Die schematische Vorstellung wäre dann der Vergleichsmaßstab, an dem der konkrete Hund gemessen wird, in welchen aber immer wieder neue maßstäbliche Eigenschaften einfließen. Hier wirkt das unreflektierte realistische Erbe, das sinnlich Gegebene sei durch die sinnlichen Eigenschaften zu bestimmen. Im Alltag würde dies kaum jemandem einfallen, so vorzugehen; man richtet sich fast schon instinktiv nach der δύναμις des Hundes, indem man das Hundsein dieses gegebenen Tieres an Wesenszügen und für Hunde wesentlichem Verhalten misst, nur sekundär dagegen an der Gestalt.

Dass Gazzaniga also so wenig Vertrauen in Begriffe und Kategorien hat, liegt daran, dass er völlig falsche Maßstäbe an einen Begriff anlegt: Hält man es für Erkenntnis, ein sinnliches Beispiel für eine Sache als die Sache selbst zu nehmen, kehrt man das Fundierungsverhältnis von Gegenstand und Begriff um; dann wird nicht mehr der Gegenstand am Begriff geprüft (inwieweit jener die Bedingungen dessen erfüllt), sondern der Begriff wird nun danach beurteilt, inwiefern er dem Gegenstand entspricht. Da der Gegenstand aber immer anders ausfällt, wird der Begriff zu einem künstlichen, stets veränderlichen Relativum, der die Vielfalt der Gegenstände nicht zu erfassen in der Lage ist.[98] Der Begriff ist dann nur noch ein Epiphänomen der unpassenden, weil stark vereinfachenden Repräsentation einer Sammlung von Einzeldingen.[99]

---

[98] In Theaitetos 157 a7–c3 referiert Sokrates in kritischer Absicht eine solche Abstraktionstheorie, die den Begriff durch eine Zusammenfassung der immer wieder anders erscheinenden Einzeldinge gewinnt und daher zum Schluss kommen muss, es gebe keine feste Erkenntnis.

[99] Man kann das Aufkommen eines solchen Problems zur Zeit Darwins beobachten. In *Darwins Bilder* beschreibt Julia Voss, wie im Zuge der Kolonialisierung Anfang und Mitte des 19. Jahrhunderts immer mehr unbekannte Tierarten entdeckt und zur Bestimmung nach Europa verschifft wurden. Angesichts dieser Fülle wurde jede Systematisierung nach Arten fraglich. Der Naturgegenstand präsentierte sich nicht von sich aus als klar Gegliedertes und Wohlbestimmtes (was auch eine theologische Implikation hatte), sondern im fließenden Übergang zu anderen Arten, Individuen und Gattungen, sodass jede Systematisierung beliebig erschien und nur vom Menschen hineinkonstruiert. (Vgl. Julia Voss, Darwins Bilder. Ansichten der Evolutionstheorie 1837–1874, Frankfurt a. M. 2007, S. 104 f.) So kommt man leicht zur Sicht, unsere Wirklichkeit sei eigentlich ein Kontinuum ineinander überfließender Zustän-

8.6.4 Sachgerechte Bestimmung und das Widerspruchsaxiom

Hat man erkannt, dass der Maßstab des Erkennens somit bei vielen Hirnforschern immer der Einzelgegenstand ist – ob nun als Ding an sich, als Sortierung sinnlicher Eindrücke, als vollständige Sammlung aller Eigenschaften, als prototypische oder allgemeine Repräsentation –, dann darf es nicht verwundern, dass das eigentlich vielversprechende *defining attribute model* Gazzanigas so missraten ist. Gazzaniga meint, Kategorien wären unberechtigterweise durch starre Kategoriengrenzen definiert, wo doch tatsächlich Ausnahmen und Verschiebungen der Kategoriengrenzen die Regel wären. Dafür gibt es, analysiert man seine Beispiele, drei Gründe:

- Ein Gegenstand wird unter eine Kategorie geordnet, obwohl ihm notwendige Attribute der Kategorie fehlen (der Pinguin kann nicht fliegen, ist aber, obwohl die meisten dies als Kriterium für das Vogelsein ansähen, ein Vogel);
- ein Gegenstand kann mehreren Kategorien angehören (Löffel und Säge können auch als Musikinstrumente verwendet werden);
- ein Gegenstand entspricht nicht genau der Kategorie (der 16-jährige Junge ist genauso Junggeselle wie der 25-jährige in einer festen Beziehung).

Mit Platon wird nun deutlich, was ich schon angedeutet habe: Der erste Fall stellt eine falsche Sachunterscheidung dar (Fliegen ist kein Kriterium für das Vogelsein). Im Schaubild zum *defining attribute model* (siehe Anhang I, Abb. 1) begehen Gazzaniga und seine Co-Autoren diesen Fehler sehr oft. So werden zum Beispiel als notwen-

---

de, die man nicht berechtigterweise unterscheiden könne. Was man nicht reflektierte, war, dass Wesen und Wahrheit einer solchen Systematisierung nicht am Einzelding als vollständigem Repräsentanten des Allgemeinen zu überprüfen ist, sondern im Hinblick auf die Kriterien und Hinsichten, unter denen sie getroffen werden. So können, je nach Systematisierungszweck und Erkenntnisziel (also bestimmbaren Hinsichten und Funktionen), ja durchaus mehrere Artbegriffe zutreffen, die auf das Einzelne korrekt angewendet werden, deren Bedingungen also das Einzelne zumindest annähernd erfüllt. Ernst Mayr, der dieses Problem in der Biologie identifiziert, zieht dann auch die Konsequenz, das hinsichtlich Informationswert und Beständigkeit jeweils praktischste Einteilungsmodell zu wählen. (Ernst Mayr, Das ist Biologie, S. 199) Dass dieses Problem der Artbenennung jedoch auch heute nicht ausgeräumt ist, weil man die erkenntnistheoretischen Grundlagen nicht reflektiert, belegt die ständig wachsende Zahl von hitzig diskutierten Konzepten, die die Arteinteilung begründen sollen.

dige Attribute für die Gitarre ›sechs Saiten, Griffbrett mit Bünden, Stimmwirbel‹ angegeben.[100] Das zeugt davon, dass Gazzaniga das prototypische, sinnlich orientierte Denken für das Denken der Sache selbst hält: Dies mögen zwar für eine Gitarre gewöhnliche Merkmale sein, hätte er aber seinen Begriff aus Sachkenntnis heraus unterschieden, nicht aus dem erstbesten, was ihm zu Gitarren einfällt, wüsste er, dass es unzählige Gitarren mit mehr oder weniger Saiten oder auch solche ohne Bünde gibt.[101] Das ist nun aber kein Beleg für die Unschärfe des Begriffs ›Gitarre‹, sondern ein Beleg für die unscharfe Unterscheidung des Begriffs bzw. der Sache.

Der zweite Fall dagegen stellt gar kein Problem dar – ein Gegenstand ist vieles, es muss jedoch immer unterschieden werden, was genau an ihm zur Zuschreibung einer Kategorie berechtigt; dass ein Baum etwa gleichzeitig Baum, Zelluloseverbund und ästhetisches Objekt sein kann, hat doch keinen Einfluss auf die Wahrheit der Kategorien (es sei denn, man definierte Wahrheit als die *eindeutige* – d. h. in direkter Entsprechung mögliche – Zuweisung *nur einer* Wesenheit!). Der Fehler ist hier, das Erkenntnisideal zu vertreten, ein Ding müsse der vollständige und ausschließliche Repräsentant *einer* Sache sein.

Auch der dritte Fall ist keine Widerlegung der Kategorie – genauso wenig, wie der in den Sand gemalte Kreis die Bedingungen des Kreisseins tatsächlich erfüllt, ist ein jeder konkreter Gegenstand mit der Idee gleichzusetzen; vielmehr kann er die Sachbedingungen, die die Idee vorgibt, besser oder schlechter erfüllen. Der materielle Gegenstand ist nicht Maßstab für die Idee, und letztere ändert sich nicht dadurch, dass man einen Gegenstand findet, der sie in schlechtem

---

[100] Gazzaniga/Heatherton/Halpern, Psychological Science, S. 337. Genauso falsch ist es, als *defining attributes* der Klarinette ›*is made of wood; uses a single reed; has holes that control sound*‹ anzugeben – das trifft auch auf viele andere Instrumente zu. (Ebd.) Weitere Fehler sind allgegenwärtig: z. B. als notwendiges Attribut des Saiteninstrumentes die hohle Resonanzkammer anzugeben (ebd.; es gibt genug sog. *Solid body*-Saiteninstrumente) oder als Attribut des Blasinstrumentes, dass es aus Messing oder Holz ist (ebd.; es gibt genug Blasinstrumente aus anderen Materialien).
[101] Vielsagend ist schon, dass Gazzaniga et al., um ein begrifflich Allgemeines wie ›Gitarre‹ zu erklären, nicht nur die vermeintlichen *defining attributes* aufzählen, sondern auch ein Bild einer Gitarre danebensetzen, welche die Attribute aufweist. Hier handelt es sich aber um eine bestimmte Art Gitarre (eine Dreadnought-Westerngitarre, um genau zu sein), die also nicht die Gitarre an sich sein kann, sondern nur eine untergeordnete Instanz der Gitarre. (Gazzaniga/Heatherton/Halpern, Psychological Science, S. 337)

Konsequenz für den neurowissenschaftlichen Erkenntnisbegriff

Maße erfüllt. Dass man etwas als ›gerade noch diese Sache‹ oder ›nur sehr bedingt ein solches Etwas‹ bezeichnen kann, sollte also kein Grund sein, es als Anlass zu nehmen, die Kategorie den Bedingungen des einzelnen Gegenstandes anzupassen.

Ich will dabei betonen, dass diese Überlegungen nicht suggerieren sollen, es sei völlig beliebig, welche Idee man anhand der gegebenen Bedingungen eines Gegenstandes unterscheidet und es komme ausschließlich auf die Richtigkeit der Idee an, also auf eine bloß logische Kohärenz. Platon betont, dass wir mit den Ideen etwas Wirkliches erkennen, und das heißt *nicht bloß etwas begrifflich* Wirkliches. Die gegenständliche Welt, wie sie sich uns gibt, tritt ja durchaus mit zu unterscheidenden Bedingungen an uns heran, von welchen wir schlecht behaupten können, wir würden sie als Erkennende erst schaffen. Hier können wir den wesentlichen Unterschied zu transzendentalphilosophischen und kontruktivistischen Ansätzen ausmachen: Diese gehen davon aus, dass die Erkenntnis keine Rückschlüsse auf die Welt zulässt, sondern lediglich etwas über den Erkennenden aussagt. Platonische Ontologie dagegen (dazu später mehr) geht durchaus davon aus, Welt zu erkennen, ›wie sie ist‹. Die gegebene Struktur und Funktion des Hörapparates etwa ist eine Möglichkeitsbedingung dafür, welche Wesen, Funktionen und Unterscheidungen *sinnvoll* als Maßstäbe an die vorliegende Wirklichkeit anzusetzen sind, und daher ist die Wesensunterscheidung auch ein Auffinden wahrer, objektiv feststellbarer Unterscheidungsmöglichkeiten.[102] Dann ist die Zuweisung von Sachgehalt und Gegenstand zwar meist der Begründung bedürftig, aber nicht bloß Konvention oder Konsens. Die richtig aufgefundene Unterscheidungsmöglichkeit, die der Gegenstand uns bietet, zwingt zur Einsicht, wenn und insofern sie sachgerecht ist. Will man die Idee daher zum Begriff profanieren, beseitigt man nicht das Sachproblem: Die Idee ist kein bloßer Begriff im Sinne eines logischen Gebildes[103], sondern sie soll natürlich Vorkommnisse oder Sachverhalte in der Welt unterscheiden und erfassen können (so kann etwas Materielles mehr oder we-

---

[102] Vgl. auch Phaidon 103 c–e. Hier führt Sokrates aus, dass eine notwendige Eigenschaft von Schnee die Kälte ist. Trifft der Schnee mit Wärme zusammen, verschwindet er. Das heißt, dass das, was mit Schnee gemeint ist, nun nicht mehr vorliegt, das Materielle also die Sachbedingungen der Zuschreibung ›Schnee‹ nicht mehr erfüllt.

[103] Bröcker beispielsweise deutet Platons Unterscheidung von sinnlicher Welt und Ideenwelt als »die große Entdeckung des Unterschiedes zwischen einem Ding und einem Begriff.« (Walter Bröcker, Platons ontologischer Komparativ, S. 417)

niger kreisförmig angeordnet sein, ein Staat mehr oder weniger gerecht sein oder verschiedene physische Teile eine Funktionseinheit bilden[104]). Wenn ein Gegenstand aber von sich aus Unterscheidungsmöglichkeiten oder -bedingungen mitbringt, heißt das, dass er nicht auch dieselben Unterscheidungsmöglichkeiten zugleich negieren kann:

> Nichts dergleichen also wird uns verwirren [...], als ob jemals etwas dasselbe bleibend zugleich in demselben Sinne und in bezug auf dasselbe könne Entgegengesetztes erleiden oder sein oder auch tun.[105]

Eine Welt, in der das möglich wäre, in *ein und derselben Hinsicht und zur gleichen Zeit* A und Nicht-A zuzuschreiben, wäre ein nicht einmal denkbares Paradoxon, das Erkenntnis, vor allem aber Existenz nicht zuließe.[106]

So ist das Feststellen eines Widerspruchs nicht ein bloß logisches Verfahren, sondern ein Instrument zur Wirklichkeitsprüfung: Platon macht am Beispiel eines Kreisels deutlich, dass man zwar gleichermaßen von ihm sagen kann, er bewege sich und stehe still; diese einander ausschließenden Zuschreibungen betreffen aber genau besehen nicht den Kreisel als ganzen, sondern denselben nur unter bestimmten Hinsichten. Die Bewegung des Kreisels meint hier die Hinsicht des Drehens *um* die eigene Achse, der Stillstand des Kreisels die Hinsicht des Verbleibens *auf* der eigenen Achse.[107] Das Widerspruchsprinzip ist also ein heuristisches Werkzeug: Sollten wir auf einen Widerspruch in unserer Wirklichkeitsbestimmung stoßen, werden

---

[104] Deshalb definiert von Weizsäcker als Kennzeichen einer platonischen Logik, sie verstehe den Begriff »als in Fakten fundierte Möglichkeit« und ziele auf eine »Übereinstimmung des Eidos in der Rede mit dem Eidos in den Sachen« ab. (Carl Friedrich von Weizsäcker, Die Aktualität der Tradition: Platons Logik, in: Ders., Ein Blick auf Platon. Ideenlehre, Logik und Physik, Stuttgart 1981, S. 76–110, S. 102)
[105] Politeia 436 e8–437 a1.
[106] Deshalb siedelt Platon auch Wahrheit und Irrtum über einen Gegenstand nicht in der Wahrnehmung oder dem einzelnen Gegenstand an, denn dort ist nicht der Ort des Falschseins, sondern im Denken bzw. den Schlüssen über die Wahrnehmung. (Theaitetos 186 b11–d5 und Phaidon 65 b–c) Die reine Wahrnehmung kann in diesem Sinne nicht falsch sein. Dass etwa der Stab im Wasser ›gebrochen‹ erscheint, ist keine Täuschung der Sinne – den ›Bruch‹ geben sie ja wahrheitsgemäß wieder. Dass es »ein Stab ist, gar ein gebrochener Stab, dazu schweigt der Sehsinn pflichtgemäß, denn von Stäben weiß er nichts«. (Reinhard Brandt, Ick bün all da. Ein neuronales Erregungsmuster, in: Christian Geyer (Hg.), Hirnforschung und Willensfreiheit. Zur Deutung der neuesten Experimente, Frankfurt a.M. 2004, S. 171–176, S. 173)
[107] Politeia 436 d–e.

Konsequenz für den neurowissenschaftlichen Erkenntnisbegriff

wir *wissen*, so Platon, dass wir nicht die Wirklichkeit eines Dinges getroffen haben, sondern mehreres meinten, also verschiedene Rücksichten beachten müssen, deren Unterschied wir unberechtigterweise nivelliert haben.[108] So simpel ein solches Beispiel erscheint, es klärt einiges – so etwa wenn man sich ins Gedächtnis ruft, dass die Tatsache, dass eine Säge gleichzeitig Werkzeug und Musikinstrument sein kann, zum Anlass genommen wird, dem Denken die Wahrheitsfähigkeit, d.h. den erkennenden Bezug auf das, was *ist*, abzusprechen.

Daher ist das Wissen um den zu vermeidenden Widerspruch nicht bloß ein Wissen über logisch kohärentes Urteilen oder um die nachträgliche Überprüfung von Sätzen oder Urteilen, sondern ein

---

[108] Politeia 436 b8–c2. Janichs Auslegung dieser Textstelle lautet dagegen ganz anders: Platon favorisiere wie Aristoteles und Kant »eine präskriptive Form [des Satzes vom Widerspruch], wonach es *verboten* sei, einem Gegenstand zugleich einen Prädikator zu- und abzusprechen.« (Peter Janich, Kultur und Methode, S. 123; Kursive T. G. Siehe auch die Diskussion des Satzes vom Widerspruch ab ebd., S. 105) Hier geht es jedoch um kein Verbot, auch um keine logische Stringenz, sondern um die Frage, ob die Wirklichkeit grundsätzlich widersprüchlich und somit unerkennbar sein könne. Selbstverständlich ist es erlaubt, dem Kreisel gleichzeitig zuzusprechen, stillzustehen und sich zu drehen. Platon selbst macht deutlich, dass solche Zuschreibungen ständig möglich sind: Simmias ist gleichzeitig groß und klein, zwei Hölzer gleich und ungleich, die Zwei gleichzeitig etwas Doppeltes und etwas Halbes. Doch resultiert der Widerspruch nicht aus der Widersprüchlichkeit des Vorliegenden oder der Beschränktheit menschlicher Erkenntnis, sondern einer ungenügenden Differenzierung. Ein weiterer Irrtum diesbezüglich, es sei an dieser Stelle nebenbei vermerkt, ist die Behauptung Janichs, Platon habe den performativen Selbstwiderspruch »völlig unbeachtet« gelassen (d.h. die Diskrepanz zwischen der impliziten Normativität eigener Aussagen und dem eigenen Handeln). (Ebd., S. 129 f.) Hier sei, wie schon zitiert, beispielsweise auf Sophistes 249 c 6–8 verwiesen: »Und gegen den ist doch auf alle Weise zu streiten, der Wissenschaft, Einsicht und Verstand beiseite schafft und dann noch irgend worüber etwas behaupten will.« Auch der gesamte *Gorgias* arbeitet mit dem Begriff der Scham (αἰσχύνη) als Anzeichen für die implizite Anerkennung und Befolgung eines eigentlich Negierten. (Vgl. zum Begriff der Scham im *Gorgias* auch Theo Kobusch, Nachwort zum Gorgias, in: Platon, Gorgias, hrsg. u. übers. v. Michael Erler, Stuttgart 2011, S. 320–322 und 334–336) Auch in Laches 188 e weist Sokrates darauf hin, ihm sei es zuwider, wenn jemandes Tun und Reden nicht übereinstimmen. Dies verweist auf Sokrates' eigenes Bemühen, mit sich selbst übereinzustimmen, also das als richtig Erkannte auch auszuführen. (Vgl. dazu Arnd Morkel, Der politische Sokrates, Würzburg 2006, S. 45 f. Morkel verweist hier zurecht auch auf Xenophons *Memorabilien*, welche den performativen Selbstwiderspruch als ein Grundmotiv sokratischer Philosophie herausstellen.)
Das Widerspruchsprinzip, also die Diskrepanz von Wirklichkeit und Zuschreibung, ist demnach bei Platon sicherlich ein essentielles Werkzeug, um das eigene Handeln und Denken in der Welt zu prüfen.

Wissen, das wir bei der Unterscheidung von Sein und Nichtsein, also dem Ein- und Abgrenzen von Sachbedingungen, kreativ nutzen und möglichst kontrolliert anwenden sollten.[109] Wirklichkeit, auf diesem Grundsatz besteht Platon wohl zurecht, bedeutet Erkennbarkeit.

8.6.5 Die doxa *oder die Verwechslung von Ding und Sache*

Zusammenfassend stellt man fest, dass auch im *defining attribute model* das Ideal im Hintergrund wirkt, Gegenstand und Begriff sollten in einem direkten Entsprechungsverhältnis stehen bzw. der Begriff sollte möglichst die direkte, eineindeutige Repräsentation des Gegenstandes sein, was in keiner Weise dem Wesen der Erkenntnis oder dem Verhältnis von Allgemeinem und Einzelnem entsprechen kann. Destilliert man also aus dem Verständnis der Neurowissenschaftler von Wahrheit und Denken die darin implizit enthaltende Erkenntnismethode, erscheint es kaum verwunderlich, dass Skeptizismus, Relativismus und naiver Empirismus das Resultat sind. Platon richtet sich gegen eben jenes Verständnis von Wahrheit, wenn er immer wieder die δόξα als eine bloß meinende, unreflektierte, am Maßstab des sinnlichen Gegenstandes orientierte Begriffsbildung kritisiert: Das meinende Denken lässt die Ungenauigkeit des Einzelnen zur Ungenauigkeit der gemeinten Sache werden, indem es Einzelnes und Sache oder ein Ding mit seinem Wesen verwechselt, indem es das Einzelne zum Stellvertreter der allgemeinen Sache erheben will – etwas, das das Einzelne nicht erfüllen kann. Der Schluss einer solchen Orientierung an der Sinnlichkeit ist dann stets der gleiche: Vieles nennen wir mit einem Namen; dieses Eine tritt am Vielen immer wieder anders, ungenau, unvollständig und vermischt mit anderem auf; also ist das, als was wir es mit einem Namen nennen, nicht Eines, weshalb man von einem festen ›An-sich-Sein‹ nicht reden könne.[110]

---

[109] Siehe zu ähnlichen Überlegungen Arbogast Schmitt, Die Moderne und Platon, S. 241 f.

[110] Zu diesem Schluss, der das Allgemeine zur verworrenen Abstraktion oder Zusammenfassung des Vielen erklärt, den Begriff also abhängig von den Erscheinungen macht, siehe Theaitetos 157 a–c, Politeia 476 a–c und Phaidon 78 c–e. Rafael Ferber beispielsweise hält ganz generell Platon eine solche Abstraktionstheorie, aus der Relativismus folgt, entgegen: Es gibt nicht *das* Gute, sondern nur die Feststellung von empirischen Einzelfällen, in denen ein jeweils Gutes erschlossen wird (Rafael Ferber, Platos Idee des Guten, S. 178; auf diese Argumentation geht Platon in Politeia 507

Konsequenz für den neurowissenschaftlichen Erkenntnisbegriff

Ein Phänomen, an dem sich die Verwechslung von Gegenstand und Sache selbst zeigt, ist das bei Platon immer wiederkehrende Motiv, auf die Frage nach der Sache (die Was-ist-Frage) mit Äußerlichkeiten, mit spontan zur Hand seienden Phänomenen zu antworten, welche bei genauem Hinsehen ein nicht reflektiertes Verständnis der Sache voraussetzen. Das kann etwa ein bloßes *Beispiel* für die Sache sein: Der unerfahrene, aber talentierte Theaitetos führt, gefragt, was Erkenntnis sei, unter anderem die Meßkunst und die Schuhmacherkunst an, also Tätigkeiten, für die man Wissen und Erkenntnis anwenden muss[111]; Euthyphron meint, nach der Frömmigkeit gefragt, dies sei, einen Übeltäter zur Verantwortung zu ziehen.[112] Das kann aber auch eine so *allgemeine* und irrelevante Bestimmung sein, wie sie Gorgias vollzieht: Seine Ansätze, das Eigentümliche der Rhetorik zu bestimmen, scheitern immer wieder an der fehlenden Reflexion auf die Leistung der Rhetorik und daran, dass auch anderen Künsten das vermeintliche Spezifikum zukommt. Die Rhetorik als ›Reden‹ zu definieren, dann als ›Reden und Urteilen‹ und danach als ›Reden und Urteilen ohne Handgriffe‹[113], gleicht dem vergeblichen Versuch, das Philosophieren mit der Definition ›Am Schreibtisch sitzen und nachdenken‹ zu erklären.

Der methodische Mangel, der verhindert, Ideen inhaltlich in ihrer Einheit und Vielheit zu bestimmen, resultiert damit nicht nur in der Unmöglichkeit, methodisch gesichert mit Begriffen umzugehen oder zu wissen, ob man gerade auf das Zugrundeliegende hin schließt oder von ihm ableitet.[114] Gleichursprünglich ist die Unfähig-

---

b2 ff. ein); es gibt kein moralisches Prinzipienwissen, sondern konkrete Beispiele zeigen uns, was moralisch ist, und wie wir handeln sollen (Rafael Ferber, Platos Idee des Guten, S. 179); Ideen sind nicht an sich und unveränderlich, sondern veränderliche Setzungen des Menschen (ebd., S. 181 f.). Das Problem daran ist stets dasselbe: Wie soll der Einzelfall Kriterien dafür liefern, *was* an ihm verallgemeinerbar ist? Die Unterscheidungsfähigkeit zwischen wesentlich und unwesentlich setzt immer voraus, dass ich bei der Abstraktion die vorgängigen Prinzipien schon anwende. Mit Halfwassen ist also dagegenzusetzen: Wer meint, die Wirklichkeit bestehe aus einer einheitslosen Vielheit unverbundener Einzeldinge, setzt das Negierte voraus: die Einheit im Denken und die Einheit im Sein, weil Denkbestimmungen wie Wirklichkeit, Vielheit, Einzelnes als realitätshaltig in Anspruch genommen werden. (Jens Halfwassen, Platons Metaphysik des Einen, S. 269; siehe auch ff.)

[111] Theaitetos 146 c–d.
[112] Euthyphron 5 d–e.
[113] Gorgias 449 d–450 c2.
[114] Vgl. zum Auf- und Abwärts, dessen der Philosoph stets gewahr ist: Thomas Szle-

keit, den *Sachgehalt von Phänomenen* zu ermitteln, also beispielsweise zu bestimmen, ob eine konkrete Handlung oder ein Mensch tatsächlich gerecht, ob der vollzogene geistige Prozess korrektes Denken oder das ausgegebene Ziel tatsächlich das gewollte ist. Den »Hörbegierigen und Schaulustigen (φιλήκοοι καὶ φιλοθεάμονες)«[115], denjenigen also, die sich am Sinnlichen und Empirischen orientieren, kommt mit der fehlenden Reflexion auf die Sache, auf die rationalen Sachbedingungen und auf die an der Erkenntnis beteiligten Vermögen die Fähigkeit abhanden, Rechenschaft über ein unleugbares Faktum abzulegen, nämlich weshalb sie einen Namen für viele Dinge verwenden.

Entsprechend können wir auch das Liniengleichnis der *Politeia* zu deuten versuchen, welches diese ontologischen und epistemologischen Zusammenhänge noch einmal bildlich veranschaulicht.

8.6.6 Epistemologie im Bilde: Liniengleichnis und Kunstkritik

Platon bereitet vor den Gleichnissen eine Einteilung terminologisch vor: In Politeia 477 e–478 c wird der Unterschied zwischen Wissen (ἐπιστήμη) und Meinung (δόξα) behandelt, was der Orientierung an Idee und Sinnenwelt oder Denkbarem und Wahrnehmbarem gleichkommt. Wie wir sahen, ist es Kennzeichen des doxischen Denkens, den Maßstab für die Sache in den vielfältigen, werdenden Dingen oder Verwirklichungsformen zu suchen. Daraus resultiert die Unfähigkeit, wesentliche und sachfremde Eigenschaften zu unterscheiden und zu bestimmen und somit das Unvermögen, die Sache in ihrer vollen Bestimmtheit zu erfassen. Deshalb wird an dieser Stelle die Bestimmtheit, Sicherheit oder Distinktheit (σαφήνεια) dem Wissen oder der Kenntnis (γνῶσις) zugeordnet, der völligen Unkenntnis (ἄγνοια) dagegen die völlige Unbestimmtheit (ἀσάφεια). Entsprechend ist hier das Meinen ein Mittleres, weil es seine Gegenstände zwar bestimmt, dies aber methodisch und sachlich unzureichend tut.

Im Liniengleichnis nun wird der Grad an Bestimmtheit und Unbestimmtheit wieder aufgegriffen. Die Einteilung des Sinnlichen in

---

zák, Die Idee des Guten in Platons Politeia. Beobachtungen zu den mittleren Büchern, Sankt Augustin 2003, S. 36 f.
[115] Politeia 476 b4.

Dinge und Schatten von Dingen folgt ebenso dem Grad an σαφήνεια bzw. ἀσάφεια:

So nimm nun wie von einer in zwei geteilten Linie die ungleichen Teile und teile wiederum jeden Teil nach demselben Verhältnis, das Geschlecht des Sichtbaren und das des Denkbaren: so gibt dir vermöge des Verhältnisses von Deutlichkeit und Unbestimmtheit (σαφηνείᾳ καὶ ἀσαφείᾳ) in dem Sichtbaren der eine Abschnitt Bilder (εἰκόνες). Ich nenne aber Bilder zuerst die Schatten (σκιάς), dann die Erscheinungen (φαντάσματα) im Wasser und die sich auf allen dichten, glatten und glänzenden Flächen finden und alle dergleichen, wenn du verstehst. [...] Und als den anderen Abschnitt setze das, dem diese gleichen, nämlich die Tiere bei uns und das gesamte Gewächsreich und alle Arten des künstlich Gearbeiteten.[116]

Dann folgt der erste Teil des Denkbaren, der mit geometrischen Gegenständen, die die Messkünstler zu erkennen trachten, verdeutlicht wird. Der Geometer bedient sich des (gezeichneten) konkreten Bildes eines Einzelnen, um das Allgemeine zu erforschen:

Auch daß sie sich der sichtbaren Gestalten bedienen und immer auf diese ihre Reden beziehen, unerachtet sie nicht von diesen handeln, sondern von jenem, dem diese gleichen, und um des Vierecks selbst willen und seiner Diagonale ihre Beweise führen, nicht um dessentwillen, welches sie zeichnen, und so auch sonst überall dasjenige selbst, was sie nachbilden und abzeichnen, wovon es auch Schatten und Bilder im Wasser gibt, deren sie sich zwar als Bilder bedienen, immer aber jenes selbst zu erkennen trachten, was man nicht anders sehen kann als mit dem Verständnis.[117]

Dabei gelangen die Geometer jedoch noch nicht zum Anfang oder Ursprung (ἀρχή)[118]; sie setzen das Gerade, Ungerade, die Gestalten und Winkel voraus, legen aber weiter keine Rechenschaft ab über das Erkannte.[119] Der zweite Teil des Denkbaren ist daher dasjenige, was den ersten geistigen Bereich überschreitet, abschließt und begründet:

[...] was die Vernunft unmittelbar ergreift, indem sie mittels des dialektischen Vermögens Voraussetzungen (ὑποθέσεις) macht, nicht als Anfänge, sondern wahrhaft Voraussetzungen als Einschritt und Anlauf, damit sie, bis zum Aufhören aller Voraussetzungen an den Anfang von allem gelangend, diesen ergreife und so wiederum, sich an alles haltend, was mit jenem zu-

---

[116] Politeia 509 d–510 a.
[117] Politeia 510 d4–511 a1.
[118] Politeia 511 a5.
[119] Politeia 510 c1–8.

sammenhängt, zum Ende hinabsteige, ohne sich überhaupt irgendeines sinnlich Wahrnehmbaren, sondern nur der Ideen selbst an und für sich dazu zu bedienen, und so am Ende eben zu ihnen, den Ideen gelange.[120]

Diesen vier Bereichen werden nun, je nach Wahrheitsgehalt und Bestimmtheit, Erkenntnisgrade zugeordnet:

Und nun nimm mir auch die diesen vier Teilen zugehörigen Zustände der Seele dazu, die Vernunfteinsicht (νόησιν) dem obersten, die Verstandesgewißheit (διάνοιαν) dem zweiten, dem dritten aber weise den Glauben (πίστιν) an und dem vierten die Wahrscheinlichkeit (εἰκασίαν); und ordne sie die nach dem Verhältnis, daß soviel das, worauf sie sich beziehen, an der Wahrheit teilhat, soviel auch jedem von ihnen Gewißheit (σαφηνείας) zukomme.[121]

Das Gleichnis bereitet vor allem wegen der Bereiche der Verstandeseinsicht (διάνοια) und der Mutmaßung (εἰκασία) einiges Kopfzerbrechen bei der Deutung.[122] Die Fragen lauten: (1.) Weshalb unterteilt Platon den intelligiblen Bereich noch einmal in einen Ideenbereich und einen mathematischen? (2.) Und weshalb unterteilt er den sinnlichen Bereich noch einmal in Dinge und Schatten von Dingen?

(1.) Wenn zugestanden ist, dass der oberste Bereich der νόησις den höchsten Seins- und Erkenntnisprinzipien gilt – das dürften neben der Idee des Guten auch das Gerechte und Schöne als seinsermöglichende rechte Verhältnisse sein sowie die Prinzipien, die zu Stammbegriffen des Erkennens werden wie Einheit, Vielheit, Gleichheit, Verschiedenheit etc. –; und wenn der zweite Bereich der διάνοια den mathematischen (idealen) Gegenständen wie dem Viereck an sich oder der Eins an sich vorbehalten ist (welche hier noch nicht als Seinsprinzip erfasst wird), dann fehlt ein Bindeglied, das als Urbild für die natürlichen und artifiziellen Gegenstände der sinnlichen Welt fungieren kann. Bei Platon gilt jedoch, dass das Sinnliche in einem (konstruktiven) Abbildverhältnis zum denkbaren Prinzip steht.

Wenn das Sinnliche also einen Bereich enthält, der Natürliches und Artefakte umfasst, müssen diese ihre Urbilder im Ideenbereich haben. Die Allgemeinheit der obersten Seinsprinzipien bürgt aber genauso wenig wie mathematische Gegenstände für ein sachlich-All-

---

[120] Politeia 511 b3–c2.
[121] Politeia 511 d7–e5.
[122] Vgl. Hans Krämer, Die Idee des Guten. Sonnen- und Liniengleichnis, bes. S. 194–196 sowie Thomas Szlezák, Das Höhlengleichnis, bes. S. 211–215.

Konsequenz für den neurowissenschaftlichen Erkenntnisbegriff

gemeines wie z. B. das Prinzip ›Lebewesen‹, wovon einzelne Lebewesen dann Abbild sein sollen. Im Erkenntnisaufstieg wäre hier ein nicht zu überwindender Hiatus zwischen formalen sowie mathematischen Konstruktionsprinzipien und dem Konkretum.[123] Zudem wäre nicht mehr zu erklären, dass Platon von Sachideen wie der Idee vom Menschen oder der Liege spricht, da diese im Gleichnis nicht existent wären. Eigentlich liegt es angesichts dessen nahe, dem Bereich der Verstandeseinsicht die (konkreteren) Sach-Ideen zuzuordnen. Den ideellen mathematischen Gegenständen (wie dem Viereck an sich) wird ja von Platon die Rolle zugedacht, genau wie den Sachideen der Konstruktionsgrund für ein Einzelnes (wie ein bestimmtes, gezeichnetes Viereck) im sinnlichen Bereich zu sein.

Das Problem einiger Exegeten wie Szlezák oder Krämer könnte sein, die Zuordnung der mathematischen Gegenstände nicht als ein *Beispiel* zu verstehen, welches das Verhältnis von einem Faktum und seinem allgemeinen Grund vorzüglich illustriert. Stattdessen wird der Verstandesbereich als ausschließlich mathematischer Bereich verstanden, der dann wie auch immer zwischen Ideen und Sinnenwelt eine Vermittlerfunktion einnehmen soll; eine Vorstellung, die natürlich das Abbildverhältnis der konkreten Dinge zu ihren (Sach-)Ideen meines Erachtens im Dunkeln lässt.[124] Für diese ausschließlich mathematische Lesart des Verstandesbereiches sehe ich keinen Grund, bedenkt man Sokrates' Vorgehen: Er benutzt eben die Mathematik und Geometrie als Beispiel. Nachdem sein Gesprächspartner nämlich die abstrakt formulierte Einteilung der Seins- und Erkenntnisbereiche nicht versteht, verdeutlicht Sokrates sie mit der Geometrie:

Dieses, sagte er, was du da erklärst, habe ich nicht gehörig verstanden. – Hernach aber, sprach ich; denn wenn folgendes noch vorangeschickt ist, wirst du es leichter verstehen.[125]

---

[123] Dieses Problem sieht auch Konrad Gaiser, Platons ungeschriebene Lehre, S. 95.
[124] Thomas Szlezák, Das Höhlengleichnis, 213; Krämer drückt zumindest seine Unsicherheit darüber aus, ob die zweite Stufe nicht auch andere Ideen enthalten könnte. (Hans Krämer, Die Idee des Guten, 194 f.) Gaiser lokalisiert neben mathematischen Ideen nur Artefakte im Verstandesbereich, die Ideen von Naturdingen dagegen im Vernunftbereich (Konrad Gaiser, Platons ungeschriebene Lehre, S. 26) – daraus ergibt sich aber das Problem, dass Ideen oder Prinzipien wie die eines Tieres oder des Menschen auf der höchsten, noetischen Ebene gleichwertig zu den höchsten Seinsprinzipien gesetzt werden. Diese Gleichwertigkeit ließe sich aber mit Platon nur schwer rechtfertigen.
[125] Politeia 510 b11–c2.

Der Mythos von der Erkenntnis

Das heißt: Der Geometer bedient sich des veränderlichen, werdenden, ungenauen Abbildes (einer Zeichnung), um durch eine Instanz des Urbildes das unsinnliche Urbild (den wesentlichen Begriff) des geometrischen Gegenstandes zu erfassen und dieses dann wiederum zur Konstruktion von Abbildern zu nutzen; dabei hat er aber noch nicht notwendigerweise die höchsten Ideen, die allem Seienden ihre Ordnung und Bestimmtheit verleihen, begriffen (z. B. den Unterschied zwischen der mathematischen Einheit und der Einheit als Seinsprinzip); und genauso verhält es sich bei jeder Erkenntnis und Konstruktion, die zwar notwendig im Bereich von διάνοια, πίστις und εἰκασία sich bewegt, jedoch die letzten Gründe des (Gegenstand-)Seins noch nicht synoptisch erfasst.[126] Ich schlage daher vor, dass der Unterschied von Vernunft- und Verstandesbereich nicht die Unterscheidung von Ideen überhaupt und mathematischen Ideen ist, sondern von begründenden Seinsprinzipien und konkreteren (Sach-)Ideen, zu denen auch die mathematischen gehören – letztere aber in ausgezeichneter Weise, da sie (und ihre Grundbegriffe Einheit-Vielheit, Groß-Klein, Gleichheit-Ungleichheit usw.) direkt auf die höchste, alles begründende Stufe verweisen und die Idealität des Faktischen deutlicher als andere veranschaulichen.[127] Dies entspricht nicht nur sachlich Platons sonstigen Ausführungen zur Epistemologie, sondern wird auch der Methode des platonischen Sokrates, mit Beispielen zu arbeiten, gerecht.

Vereinigt man die terminologische Vorbereitung und die Ausführungen zur Einteilung, könnte ein Schema zu diesen Verhältnissen also folgendermaßen aussehen[128]:

---

[126] Dies ist auch durch Phaidros 247 c–e und 250 b zu belegen: Der höchste, überhimmlische Ort, an dem das nur von der Vernunft einsehbare, körperlose, wahrhaft Seiende seinen Platz hat, beinhaltet eben jene wirklichkeitskonstituierenden Prinzipien wie die Gerechtigkeit selbst, die Besonnenheit selbst, die Schönheit selbst, vor allem aber die Wissenschaft selbst – nicht die Einzelwissenschaft von spezifischen Gegenstandsbereichen, sondern die grundlegende Wissenschaft überhaupt, das Wissen bzw. von Wirklichkeit an sich. Hier werden also von Sokrates explizit die zwei Stufen des Ideellen unterschieden.

[127] Zu gleichen Schlüssen gelangt Julius Stenzel, Platon der Erzieher, Hamburg 1961, S. 263 f. und 285–288; Ähnlich auch Christoph Quarch, Sein und Seele, S. 42–48) Vgl. zum Zusammenhang von mathematischen Grundbegriffen und ontologischen Prinzipien Konrad Gaiser, Platons ungeschriebene Lehre, S. 94.

[128] Von der Einteilung der Bereiche in verschieden große Teile sehe ich ab. Erstens gibt der Text keinen Aufschluss darüber, welcher Teil aus welchem Grund größer sein

Wahrnehmbares (werdender Gegenstand des doxischen Denkens)		Denkbares (unzeitlicher Gegenstand des epistemischen Denkens)	
Schatten/Spiegelbilder von Dingen	Dinge der werdenden Welt (Tiere, Pflanzen, Artefakte)	Gegenstände d. Wissenschaften; Urbilder der Dinge	Gegenstände d. Dialektik; Das allem Zugrundeliegende
Vermutung, Wahrscheinlichkeit (εἰκασία)	Dafürhalten, Glaube (πίστις)	Verstandeseinsicht, logisches Denken (διάνοια)	Synoptische Vernunfteinsicht (νόησις)
← Unbestimmtheit		Bestimmtheit →	
← Urbild-/Abbildverhältnisse			

(2.) Ebenso, wie es systematische Schwierigkeiten bereitet, den mathematischen Gegenständen einen alleinigen ontologischen oder epistemologischen Bereich zuzuordnen, erscheint es gelinde gesagt merkwürdig, Schatten und Spiegelbildern einen eigenen Bereich zu geben. Szlezák meint, für Platon sei »ein ontologisches Gefälle zwischen einem Ding und seinem Abbild nie zweifelhaft [...], und offenbar war er bereit, auch die Wahrnehmung von Schatten und Spiegelungen für entsprechend ungewisser zu halten.«[129] Doch welchen ontologischen und epistemologischen Sachverhalt die Schatten klären sollen, erschließt sich nicht recht.[130] Ebenso gibt Krämer nicht eindeutig zu verstehen, was mit den Schatten und Spiegelungen eigentlich gemeint ist – lediglich, dass dies »möglicherweise« etwas mit den angewandten mathematischen Disziplinen zu tun haben könnte.[131] Klarheit gewinnen wir, wenn wir Platons terminologische Bezüge zu den Schatten und Spiegelungen in Buch X der *Politeia* beachten, welche die Künstlerkritik einleiten.

Am Beispiel von Liege und Tisch werden zunächst die vier Bereiche wieder aufgegriffen: Es gibt viele Liegen und Tische (Bereich der πίστις); dieses Viele benennen wir mit einem Namen – Liege

---

soll, sodass ich mich Spekulationen hingeben müsste; zweitens ist dieser Umstand hier von geringem Interesse.
[129] Thomas Szlezák, Das Höhlengleichnis, S. 213; auch Hirsch hält die Schatten und Spiegelungen für das tatsächlich Gemeinte. (Walter Hirsch, Platons Weg zum Mythos, Berlin/New York 1971, S. 91–95)
[130] Thomas Szlezák, Das Höhlengleichnis, S. 213.
[131] Hans Krämer, Die Idee des Guten, S. 197.

oder Tisch, je nachdem, was es ist. Dieses Allgemeine, die Liege an sich oder der Tisch an sich, sind nur denkbare, im reinen Sachgehalt unterscheidbare, voneinander abgegrenzte Entitäten (Bereich der διάνοια). Sie dienen dem kundigen Handwerker als Maßstab für sein Werkstück und können eingesehen, aber in diesem Sinne nicht erschaffen werden. Über diese idealen Gegenstände hinaus gibt es noch das abschließend Begründende, das die idealen Gegenstände in ihrer Einartigkeit erschafft: hier ein göttlicher Baumeister, der die Ordnung des Erkennbaren einhält und gewährleistet (Bereich der νόησις).[132] Der unterste Bereich der εἰκασία wird nun von Unkundigen hergestellt. Es könne doch, so Sokrates, einer kommen und auf seine Weise alles erschaffen, Geräte, Gewächse, Tiere, ja Himmel, Erde und sich selbst: indem er mit einem Spiegel (κάτοπτρον) umherginge und einfach die Dinge noch einmal als Spiegelbilder abbildet, sodass sie nur zum Schein sind; das heißt, sie leisten als bloße Bilder weder das, was sie leisten müssten, noch sind sie mit Blick auf jenes erschaffen, was sie leisten können sollen.[133]

Genau solch ein Nachahmer (μιμητής) könne nun auch der Maler sein, wenn er bloß Dinge abzeichnet, jedoch kein Wissen von deren Gebrauch, Wesen, Werk und Herstellung hat[134] – und bezeichnenderweise hat Platon hier die σκιαγραφία im Blick: die Schattenmalerei, die keinen anderen Zweck verfolgt, als möglichst realistisch abzubilden, sich nur optisch am echten Ding zu orientieren und so Wirklichkeit durch das Abbild vorzutäuschen, ohne sich am Wesen zu orientieren.[135]

Jenes Geschäft des Schattenmalers betreibt Platon zufolge auch der schlechte Dichter – und wir müssen bedenken, welche Autorität die alten Dichter und ihre Werke bei der Ausbildung der athenischen Jünglinge hatten. Wie der Schattenmaler zeichnet dieser Dichter die Dinge ohne ein rechtes Wissen von ihrem Gebrauch, ihrem Nutzen, ihrer Güte: Er beschreibt Kriege und Kriegsführung, Staatenwesen, ethische Dispositionen, den Menschen, die Götter; doch sollten wir

---

[132] Man darf hier an das Gute denken, das im Sonnengleichnis wie im *Timaios* oder *Phaidon* eine solche poietische, kausal bildende und ordnende Funktion innehat.
[133] Politeia 596 a–597 e.
[134] Politeia 598 a und 602 a4–b11.
[135] Politeia 602 c7–d5. Vgl. zur Schattenmalerei und Platons Kritik daran Arbogast Schmitt, Mythos bei Platon, in: Markus Janka/Christian Schäfer (Hgg.), Platon als Mythologe. Interpretationen zu den Mythen in Platons Dialogen, Darmstadt 2014², S. 81–111, S. 90–97.

nicht einfach davon ausgehen, dass er in diesen Dingen ein Sachverständiger ist, dass er sachgemäße, prägnante Abbildungen der Gerechtigkeit, des Guten, Schönen und Sachgerechten schafft. Vielleicht zeigen seine Bilder aus Mangel an Sach- und Gebrauchswissen nicht das Gemeinte und vermögen es demnach auch nicht, das Gemeinte im Menschen zu erzeugen.[136]

Solche Dichter bewegen sich im Liniengleichnis auf der untersten Stufe der εἰκασία[137] und verleiten auch noch andere Unkundige dazu, die am werdenden Faktum gemessene Darstellung für die Sache selbst zu halten. Im Höhlengleichnis entsprechen dem die Gefangenen der Höhle, die nicht wissen, dass die Schatten, die sie sehen, bloß Schatten von etwas Wirklicherem, Bestimmterem sind; sie erfassen nicht, dass sie es hier mit etwas Abgeleitetem, Verzerrtem zu tun haben, belegen die Schatten aber dennoch mit (Allgemein-) Namen, sodass nun die Schattenbilder suggerieren, die gemeinten Wesenheiten zu sein; die Namen suggerieren entsprechend, tatsächlich das Wesen des Gemeinten abzubilden.[138]

Kunst also, die nicht aus einer Sachkenntnis des Wesentlichen entsteht und sich stattdessen auf eine Mimesis von Fakten beschränkt, Kunst, die ihre Begriffe aus dem Faktischen zieht und so Sachfremdes als zur Sache gehörig vermittelt, hat mit einem Hersteller von Artefakten (ja eigentlich mit jedem handelnden Menschen) gemein, dass ohne die Orientierung am Geistigen Werke entstehen, die dem guten Werkstück bloß ähnlich sehen, aber ihre Funktion nicht erfüllen: sie sind keine Verwirklichung oder Instanz des jeweils gemeinten Guten.

Dadurch wird auch der Wortgebrauch des Bildes als εἴδωλον erklärlich. Im Liniengleichnis sind die Schatten und Spiegelungen noch ein εἰκών, ein neutral mimetisch verstandenes Bild der Dinge. Doch dieses von der Wahrheit und Sachgemäßheit Entfernteste wird im Fortgang zum wertenden εἴδωλον, zum bloßen Trugbild.[139] Sind es im Höhlengleichnis Schatten der Gerechtigkeit, um die gefochten wird, sind es später die Trugbilder und Schattenzeichnungen der wah-

---

[136] Politeia 599 b–601 b.
[137] Entsprechend stehen in Buch X die Nachbildner um das Dreifache von der Wahrheit ab. (Politeia 599 a1–3)
[138] Politeia 514 a1–515 c2. Vgl. zum sprachlichen Abbild des Wesens: Konrad Gaiser, Platons ungeschriebene Lehre, S. 100 f.
[139] Schleiermacher übersetzt es passend als Schattenbild.

ren Lust (εἰδώλοις τῆς ἀληθοῦς ἡδονῆς καὶ ἐσκιαγραφημέναις)[140], weil sie mit Unlust vermischt sind; die schlechten Dichter sind Nachahmer von Trugbildern[141]; und es ist der Verfertiger eines Trugbildes, der Nachahmer (ὁ τοῦ εἰδώλου ποιητής, ὁ μιμητής), der keine Einsicht in die Sache hat, sondern nur darin, wie sie erscheint.[142]

Mit dem Liniengleichnis und der Kunstkritik kommt also die Unterscheidung zum Tragen, dass ein Faktum, ein Ding aus dem Bereich des sinnlichen Werdens, stets nur in höherem oder geringerem Maße das leistet, was die Idee vorgibt, dass es immer vermischt mit anderen, kontingenten Akzidentien auftritt, die dem reinen Sachgehalt fremd sind. Wenn daher ein weltliches Faktum wirklich ein Abbild seiner Idee sein soll, muss es in höherem Maße die Vorgabe der Idee erfüllen; es ist dann eine prägnante Verwirklichungsform des Prinzips und insofern auch eindeutiger bestimmbar. Folgt man Platons Beispielen, ist ein Schatten dagegen – und da kann man auch getrost der alltagssprachlichen Intuition vertrauen – eine Verwirklichungsform, die nicht das leistet, was sie wesensgemäß leisten soll, die dem eigentlich Gemeinten, wenn überhaupt, in nur geringem Maße entspricht. Je geringer also der Anteil am Sachgehalt ist, desto unerkennbarer, verworrener, schattenhafter erscheint das Abbild. Im Höhlengleichnis wird dieses Verhältnis wiederum zweifach angewendet: innerhalb der Höhle, wo die verfehlten Dinge als Schatten den richtigen Dingen gegenübergestellt sind und außerhalb der Höhle, wo der untere Ideenbereich lediglich der Schattenbereich der höchsten Ideenerkenntnis ist.[143] Im Sonnengleichnis entspricht das dem Verhältnis von Dingen, »auf deren Oberfläche das Tageslicht fällt« und jenen, die im nächtlichen Schimmer sich befinden[144]; das heißt gemäß der Analogie von Sonne und Idee des Guten, den Dingen, die in hohem bzw. niedrigem Maße Anteil am Licht des Guten, an der Ordnung des Seins haben.

Das Verhalten der Hör- und Schaulustigen muss nun vor diesem Hintergrund interpretiert werden: Schon die Verwirklichungsform, die in höherem Maße den ideellen Wesensgehalt erfüllt, für wahr zu

---

[140] Politeia 586 b8.
[141] Politeia 600 e5–6.
[142] Politeia 601 b11–c1.
[143] Zurecht verweist Krämer auch auf die Tatsache, dass die Ideen bei Platon in sich eine Begründungs- und Ableitungshierarchie aufweisen. (Hans Krämer, Die Idee des Guten, S. 195)
[144] Politeia 508 c–e.

halten (also das Sinnliche oder systematisch Niedrigere zum Sachmaßstab zu erklären), ist gleichbedeutend mit der Unfähigkeit, zwischen Sachfremdem und Sachgehalt zu unterscheiden. Weil aber der ideelle Maßstab in diesem Fall überhaupt fehlt, wird der Hör- und Schaulustige dazu neigen, auch die bloßen, verfehlten Schatten zur Repräsentation der Sache selbst zu erklären, d.h. zum Maßstab des Hundes genauso wie zu dem der Freiheit, der Gerechtigkeit oder des Ichs zu machen.[145] Diese offensichtliche Koinzidenz von unterster Stufe im Liniengleichnis und im Höhlengleichnis geht aber verloren, wenn man, wie beschrieben, die Schatten im Liniengleichnis tatsächlich für Schatten hält und die untere Schattenwelt im Höhlengleichnis (Schatten der Gerechtigkeit) wiederum zu einengend als »politisch-moralische Fehlmeinungen«[146]. Mit dieser Prämisse lässt sich der Schatten in der Höhle nicht mehr mit dem Schatten des Liniengleichnisses identifizieren, da im Liniengleichnis ja die Rede von Schatten von *Dingen* ist. Beachtet man dagegen die platonische Graduierung von Sachgehalt in Geistigem und Faktischem als eine generelle Charakterisierung des Wirklichen – d.h. auf ein Ding wie einen Tontopf genauso zutreffend wie auf ein Dreieck oder die Gerechtigkeit eines Staates –, ist die Deutung wesentlich einfacher, im Einklang mit der übrigen Epistemologie und auch einsichtiger das Verhältnis der Gleichnisse zueinander betreffend.

Die Gleichnisse bieten uns zusammenfassend in je unterschiedlicher Nuancierung ein Bild und einen Anlass zum Nachdenken über:
- ontologische Sachverhalte (die Seinsgrade gestuft nach Anteil am Sachgehalt; das Gute als Ursache für das Bestehen und die Bestimmtheit des Wirklichen, worüber später noch zu reden ist);
- ethische Sachverhalte (der philosophische Aufstieg als Befreiung von sinnlichen Einschränkungen);
- und epistemologische Zusammenhänge (die Kongruenz von Sicherheit der Erkenntnis und Sache an sich).
- Besonders stellen die Gleichnisse aber auch methodische Hinweise dar, weil sie zeigen, wie ein sinnlich-empirisch orientiertes Repräsentations- und Abstraktionsdenken von der Sache weg-

---

[145] Vgl. zu dieser Verwechslung von Ding und Wesen, dargestellt in den zwei unteren Bereichen des Gleichnisses: Gernot Böhme, Platons theoretische Philosophie, Stuttgart/Weimar 2000, S. 172f. und 195f. Allerdings geht auch Böhme in seiner Interpretation des Liniengleichnisses von einem alleinigen Bereich der Mathematika aus (ebd., S. 173–177), was oben genannte Probleme aufwirft.
[146] Thomas Szlezák, Das Höhlengleichnis, S. 211.

führt, bloß scheinbares Wissen erzeugt und letztlich in die Skepsis münden muss, weil es das Wissen am Werdenden misst: Es ist das doxische Denken, das seine Begriffe durch Repräsentationen und Abstraktionen, durch die blinde Sammlung von Merkmalen der vielen Instanzen generiert und dadurch immer verworrenere, unschärfere Sachbegriffe konstruiert.

8.7 Die Erkenntniskriterien und ein erster Begriff der Idee

Gesichertes Wissen, und deshalb führt Platon immer wieder Beispiele aus Handwerk und anderen Künsten an, bedingt immer sowohl das Wissen um die Sache selbst (deshalb sieht der Hersteller einer Liege auf die Idee der Liege, bevor er das geeignete Material wählt und eine anfertigt[147]) als auch das Wissen, wie es im Gebrauch auf den Phänomenbereich anzuwenden ist (deshalb muss sich der Flötenmacher an den Vorgaben des kundigen Flötenspielers orientieren[148]). Während das Fachwissen des Handwerkers oder des im Gebrauch Kundigen eine anerkannte, nicht beliebig austauschbare Kompetenz bedingt, ist es für die sokratischen Gesprächspartner nicht so einfach, zu erkennen, dass es auch in ethischen oder epistemologischen Fragen objektive Maßstäbe und Methoden und somit einen Unterschied von Kundigen und Unkundigen gibt.[149] Nehmen wir als erste Bestim-

---

[147] Politeia 596 a5–c1. Deshalb ist die konkrete, hergestellte Liege auch ein Abbild des Prinzips Liege: Man verfertigt sie nach dem unsinnlichen Vorbild dessen, was eine Liege leisten können muss; diese Leistung einer Liege gibt bestimmte Bedingungen bezüglich Konstruktion und Materialwahl vor, die eingehalten werden müssen, soll überhaupt so etwas wie eine Liege herauskommen. Siehe auch Kratylos 389 b–c: Sokrates führt hier aus, dass, wer eine zerbrochene Weberlade ersetzen will, kaum auf die sinnlichen Eigenschaften der zerbrochenen sehen wird. Stattdessen wird er, um eine neue herzustellen, auf das *eidos* sehen, nach welchem *alle* Weberladen konstruiert werden. Er wird dabei jedoch auch noch beachten, für welchen spezifischen Anwendungsbereich (Stoffarten usw.) sie dienen soll.

[148] Politeia 601 d. Siehe auch Philebos 62 a–d. Hier wird diskutiert, dass schon einer, der den Weg nach Hause finden oder ein Gebäude errichten will, einerseits wissen muss, was etwa eine Gerade oder ein Kreis ist, er anderseits aber fähig sein muss, dieses göttliche Ideenwissen auch konkret (d. h. hier: unrein, unter den materiellen Bedingungen und Ungenauigkeiten) anwenden können muss, um in der Welt irgendetwas gelingend zu tun. Dieses (implizite) Wissen der rationalen Sachbedingungen ist nur unter Umständen noch nicht zur Erkenntnis gelangt.

[149] Vgl. Sokrates' kritische Bemerkung in Theaitetos 171 d–172 b. Siehe auch Kriton 46 c6–48 a10: Hier führt Sokrates aus, dass nicht die Meinung der Vielen ein Kriteri-

mung des Unkundigen, dass er nicht in der Lage ist, methodisch gesichert die Sache als Gegenstand des Wissens und Ziel des Denkens ein- und abzugrenzen, führt uns das zu den allgemeinen Kriterien, nach denen der Kundige eine gelungene Sacherkenntnis herzustellen und zu beurteilen vermag. Diese Kriterien sind im Verlaufe des Kapitels schon mehrfach und mal mehr, mal weniger explizit genannt worden, wir müssen sie jedoch noch einmal hervorheben, weil in ihnen ein Grund dafür verborgen liegt, Platon die Verwechslung von Ontologie und Logik zu unterstellen, d. h. die naive Ansicht, Ideen seien selbst Dinge.

Richtet man sich auf das Erkennen selbst oder auf das, was eine Erkenntnis leisten muss, so stoßen wir auf eine Reihe aufeinander verweisender Prinzipien, die wir notwendig in jeder alltäglichen Bestimmung anwenden und die die bestimmte Gegenständlichkeit oder das Etwas-sein, das sich von anderen Bestimmungen absetzt, begründen. Sie sind in dieser Hinsicht die vernünftige Ursache für das Entstehen, Sein und Vergehen der Dinge: Sein, Nichtsein, Einheit, Identität, Vielheit, Diskretheit, Kontinuität, Anfang, Ende, Unveränderlichkeit, Veränderlichkeit, Gleichheit, Ähnlichkeit, Verschiedenheit, Ganzes, Teil, Begrenztheit, Unbegrenztheit, der Satz vom Widerspruch – in immer neuen Wendungen. Diese Prinzipien haben aber ihren inneren Zusammenhang in der *Seinsbestimmung als Einheit in Vielheit*, und Platon nimmt sie als Kriterien des Denkens und der Wirklichkeit in Augenschein.

Diese Kriterien haben selbst den Status von Ideen, da sie in ihrem Selbstsein rein denkend erkannt und bestimmt werden können; sie sind aber gleichsam als Denk- und Seinsprinzipien, nach denen das Denken seine Erkenntnisgegenstände – und das sind Ideen

---

um für moralische Maßstäbe ist, auch nicht das ›rationale‹, logische Denken an sich, sondern einzig und allein das Wissen des Sachverständigen vom Guten und Bösen. (Vgl. dazu Günter Figal, Sokrates, München 1998², S. 106–110) Der Bereich der Vernunft ist für Platon kein algorithmisches, mechanisches Schließen – das ist nur ein Werkzeug der Vernunft –, sondern die Erkenntnis und der Umgang mit den zugrundeliegenden Prämissen, aufgrund derer geschlossen wird, letztlich also Einsicht in die Wirklichkeit. Siehe auch Antonio Damasio, Descartes' Irrtum, S. 234 f.: Damasio meint, es sei Platons Ansicht gewesen, die »formale Logik allein« werde »uns zur bestmöglichen Lösung eines jeden Problems führen.« Dabei sei »ein wichtiger Aspekt der rationalistischen Vorstellung, daß wir die Gefühle ausklammern müssen, um möglichst vorteilhafte Ergebnisse zu erzielen.« Diese These ist philosophiehistorisch unhaltbar.

wie empirische Dinge – methodisch erfasst, grundlegender Art.[150] In ihrer einander ausschließenden Gegensätzlichkeit sind sie doch immer in Idee und unterschiedenem Gegenstand vereint, da sie Hinsichten darstellen, Ordnung zu erkennen: Ein Ganzes z. B. konstituiert sich aus Teilen, die nicht bloß zusammengesetzt sind, sondern mit Blick auf das Ganze angeordnet sind; oder das Werden in der Zeit setzt etwas Festes voraus, sodass der Übergang von einem in etwas anderes überhaupt als solcher erkannt werden kann; wer eine Einheit erkennen kann, kann auch Grenzen feststellen; wer Gleichheit erkennt, weiß auch um Unterschiedlichkeit usw.

Der Dialektiker nun, der in der wissenschaftlichen Unterredung Kundige, ist deshalb mehr als andere in der Lage, Seiendes zu erkennen, weil er diese grundsätzlichen Bestimmungskriterien methodisch anwendet, um letztlich die Fähigkeit auszubilden, die das Denken selbst vorgibt: das Unterscheiden von konkreten Einheiten, Zusammengehörigkeiten, Trennungen, Unterschieden usw. – sowohl bezogen auf das Verhältnis von Gegenständen zueinander als auch auf das Verhältnis von Idee und Gegenstand und zuletzt auf das Verhältnis von Ideen zueinander.[151] Das Grundprinzip einer Wirklichkeitserfassung ist daher immer eine Spezifizierung unter der Rücksicht auf Einheit und Vielheit; dieses letzte und oberste Kriterium, das in der Erkenntnis sich stets zu konkreter Bestimmung entfaltet, begründet daher die Vernunfttätigkeit, den Realitätsbegriff (bzw. Begriff des Seienden), die Wahrheit des Erkannten und, wie wir noch sehen wer-

---

[150] Siehe die kurze Aufzählung einiger Kriterien in Theaitetos 185 c–d. Frede nennt solche notwendigen Kriterien ›formale Ideen‹. (Dorothea Frede, Dialektik in Platons Spätdialogen, S. 155 f.) Es ist jedoch zu beachten, dass diese Ideen nicht bloß formaler Natur sind, sondern sie, wie Frede ja auch ausführt, Naturprinzipien darstellen, die überhaupt erst eine Welt ermöglichen, in der Leben und Erkenntnis vorkommen (siehe Kapitel 9). Auch wenn solche Prinzipien nur gedacht werden können und als Gesetz und Form des Denkens notwendig angewendet werden, so richtet man sich mit dem begrifflichen Denken doch, folgt man Platon, auf Prinzipien, die als in der Wirklichkeit unterscheidbare und wirkende Prinzipien nicht im Gedachtsein aufgehen. Zwar ist es richtig, dass die Kriterien funktionalen Charakter haben im Sinne einer Methode des Denkens, an der jede Bestimmung des Seienden sich messen lassen muss (vgl. Paul Natorp, Platos Ideenlehre, S. 471), doch die Ordnung des Seins überhaupt wird sich mit Platon nicht allein aus der Funktionalität der *psyche* als Erkenntnisvermögen herleiten lassen.

[151] Die Fähigkeit, zu unterscheiden (κρίνειν oder auch διακρίνειν), und das heißt auch Wahres und Unwahres zu scheiden, wird an vielen Stellen als die zentrale Kompetenz des Dialektikers oder des Weisheitsliebenden herausgehoben, so etwa in Sophistes 253 d1–e2 oder Theaitetos 150 a8–b4.

den, auch Begriff, Bestand und Wirkung der Natur – verbunden mit der Charakterisierung als Gutes.

Die Dialektik gewinnt so den Status einer Dachwissenschaft, da sie sich auf den Seinsursprung und auf die allgemeinsten Kriterien von Bestimmung und Wahrheitsfähigkeit besinnt. Sie ist das Werkzeug jeder Wissenschaft, da Sachverstand immer auch bedeutet, ein (fach-)spezifisches Wissen um Einheiten und Trennungen zu besitzen. Als methodische Anwendung der Erkenntniskriterien auf einen spezifischen Anwendungsbereich (z. B. den Ton in der Musik, die Zahl in der Mathematik, die Krankheit in der Medizin oder den bewegten Körper in der Astronomie) begründet die Dialektik dann sowohl die jeweilige Wissenschaft selbst als auch ihre Wissenschaftlichkeit und Kreativität in der Hervorbringung fachspezifischer Werke.[152] Wie wir im ersten Teil dieser Arbeit festgestellt haben, war aber genau dies das Problem der Neurowissenschaftler: Obwohl der Anspruch besteht, neben Naturprinzipien und ethischen Fragen auch die Seelenvermögen ihrem Wesen nach wissenschaftlich zu bestimmen, versäumten sie es, konsequent methodisch die Implikationen, die Sacheinheit der verwendeten Begriffe und den Sachgehalt der Phänomene zu prüfen, was zu einem fortwährenden Widerstreit der Thesen und zu einem Widerstreit von Phänomenbeschreibung und Phänomen führte.

Nachdem wir den Wesenheiten, Ideen oder Allgemeinheiten ihre Rolle bei der Gegenstandserkenntnis zugewiesen und die allgemeinen Kriterien der Ideen- und Phänomenbestimmung ermittelt haben, können wir jetzt vorläufig definieren, was eine Idee ist und was sie leistet. Sie ist das formale *wie inhaltlich konkrete und vollständige* Prinzip der Gegenständlichkeit, wenn man Gegenständlichkeit als Resultat einer Unterscheidung von Unterschieden, Gleichheit, Einheit, einer konkreten Bestimmung oder Abgrenzung versteht.[153] Ideen sind (und hier übernehme ich die Terminologie Ar-

---

[152] Politeia 531 c9–532 d1; Sophistes 253 b9–c3; Laches 194 d–196 b und 198–199 a. Vgl. Arbogast Schmitt, Das Bewußte und das Unbewußte in der Deutung durch die griechische Philosophie (Platon, Aristoteles, Plotin), in: Antike & Abendland 40 (1994), S. 59–85, S. 72. Vgl. zur ausführlichen Begründung der Wissenschaften aus den Erkenntnisprinzipien auch Gyburg Radke, Die Theorie der Zahl im Platonismus, Ein systematisches Lehrbuch, Tübingen/Basel 2003, zusammenfassend bes. S. 208–220 und 815–819. Den Hinweis auf Radkes Untersuchung verdanke ich Arbogast Schmitt, Gehirn und Bewusstsein, S. 227.

[153] Solche Unterscheidungen leisten auch Tiere in verschiedener Komplexität. Dass

Der Mythos von der Erkenntnis

bogast Schmitts) rationale Sachverhalte[154], d. h. Möglichkeiten, die Gegenständlichkeit des unendlich Vielen der Welt als Ordnung zu erfassen – falls dieses unendlich Viele Anteil an solchen unterscheidbaren Sachverhalten hat. Insofern kommt den Denkprinzipien als höherer Ebene der (Sach-)Ideen auch Wirkung zu genauso wie Sein: Muss ich bei jedem faktischen Denkvorgang, wann er auch in der Zeit entstehen und vorkommen mag, die rationalen Kriterien des Denkens voraussetzen und werden diese stets beim Erkennen gebraucht, ist das ein klassisches Apriori, das nicht selbst von diesem Entstehen in Zeit abhängt, das Erkennen in der Zeit aber ermöglicht und begründet.

Genau hier ergeben sich aber vielleicht zwei Probleme für moderne Interpreten: Erstens ist es in der heutigen Wissenschaftslandschaft nicht allzu *en vogue*, zu sagen, etwas *sei*, wenn man nicht gerade mit dem Finger darauf zeigen, sondern, da es eben nur ein geistig zu bestimmendes Prinzip ist, man es nur erkennen kann. Dies hat sich aber schon im ersten Teil dieser Arbeit als spezifisches Problem des Materialismus herausgestellt, dass nämlich auch in seinem Rahmen andere Prinzipien als die Materie angenommen werden müssen; als eigentlicher Akteur trat dann die Information auf den Plan. Dies veranlasst Platon im *Sophistes* zu der Bemerkung, dass der Materialist kaum die Wirklichkeit und das, was er als das Seiende annimmt, ausschließlich auf das Prinzip Materie zurückführt. Stattdessen werde er immer auch auf Strukturprinzipien Bezug nehmen wie etwa auf die Vermögen, diese als identische mehreren Dingen beilegen und somit schon eine dem konkreten Materiellen übergeordnete seiende Struktur erkennen, die als allgemeine nicht identisch mit dem einzelnen materiellen Zustand oder Gegenstand ist.[155] Im Hinblick auf diese

---

sie sich aber auf diesen Akt des Unterscheidens reflexiv wenden könnten und daher *die eigene Methode als Prinzip und Korrektiv erkennen* könnten, ist doch eher zu bezweifeln. Man darf also, will man den Unterschied zwischen Mensch und Tier ermitteln, weniger am Bewusstsein festhalten, wenn es verstanden wird als Erlebnisfähigkeit oder Gewahrsein; ebenso darf es nicht verschwommen als Selbstkonzept aufgefasst werden; auch das Denken, verstanden als Unterscheiden, ist Mensch und Tier gemeinsam. Sich selbst (als Wesenspotenz) allerdings als *jemanden* aufzufassen, der *erkennt* und dieses Wissen wieder im Lebensvollzug rückwirken zu lassen, ist eine Qualität, die zumindest als Unterschied diskutabel wäre. Dies impliziert selbstverständlich weitere Unterscheidungen bezüglich Selbstverhältnis, Sozialität etc.
[154] Siehe beispielsweise Arbogast Schmitt, Die Moderne und Platon, S. 496 oder Arbogast Schmitt, Mythos bei Platon, S. 109.
[155] Sophistes 247 c3–e6.

Die Erkenntniskriterien und ein erster Begriff der Idee

geistige Seite der Welt wäre dann die Erkenntnis eines ›An sich‹ zu verstehen.

Das zweite Problem hängt mit dem ersten zusammen: Versteht man die Idee als Kriterium für Gegenständlichkeit an sich, kommen der Idee Bestimmungen zu, die man naiverweise materiellen Dingen selbst zuordnet. Ist etwas ein Gegenstand, der sich durch Grenzen, Identität, Teile, Beziehungen zu anderen Gegenständen usw. definiert, neigen wir dazu, diese Definitionsmerkmale für ein Vorkommnis der materiellen Welt und des einzelnen Gegenstands selbst zu halten. Stellt sich aber nun heraus, dass diese Eigenschaften auch den Ideen zukommen sollen und diese die Werkzeuge darstellen, mit denen wir materielle Identitäten, Grenzen und Beziehungen erkennen, wird das sinnlich orientierte Denken dabei bleiben, dass die Definitionsmerkmale nur materiellen (oder diesen adäquaten) Dingen zukommen können. So wird aus einer *systematischen* Beziehung, hierarchischen Ordnung, Überlappung und Identität plötzlich eine *räumliche* Beziehung und Identität.

Dieser Gedanke, dass Ideen konkrete Gegenständlichkeit an sich sind und ihnen deshalb auch die Ordnungskriterien von Gegenständen (Identität in Vielheit, Grenzen, Beziehung zueinander usw.) zukommen, begründet auch Platons ›Ideenkritik‹ im *Parmenides*. Genau genommen handelt es sich nicht um eine Ideenkritik, sondern um die Kritik eines bestimmten Verständnisses von Ideen. Die Konzeption des Dialogs mit dem jungen, in der Dialektik und im Ideendenken noch unerfahrenen Sokrates, der von Parmenides in seine Schranken verwiesen wird, zeigt an, dass hier eine noch zu überwindende Stufe des Ideendenkens dargestellt wird.[156] Sokrates hat zwar schon erfasst, dass es einen Unterschied zwischen einzelnem Gegenstand und Idee geben muss, doch verharrt er noch im doxischen Denken, da er das Wesen eines Prinzips sowie den genannten Unterschied zwischen Gegenständlichkeit an sich und Gegenstand nicht erkannt hat. Ohne nun diesen Dialog im Einzelnen analysieren zu wollen kann doch gesagt werden: Die Bestimmungsmomente, die den Ideen beigelegt werden, gleichen den oben ermittelten Kriterien; Parmenides führt aber Sokrates wieder und wieder aufs Glatteis, indem er die Idee wie einen allgemeinen *Gegenstand* voraussetzt, der mit den einzel-

---

[156] Diese Deutung vertreten auch Barbara Zehnpfennig, Platon zur Einführung, Hamburg 1997, 192 f. und Wolfgang Wieland (Hg.), Geschichte der Philosophie in Text und Darstellung, Bd. 1, Antike, Stuttgart 1978, 161 f.

nen Gegenständen und anderen Ideen sozusagen in Kontakt tritt und daher selbst einen irgendwie dinglich-räumlichen Charakter hat.[157]

Daraus ergeben sich allerlei Paradoxien: Soll beispielsweise jeder einzelne Mensch an der Idee ›Mensch‹ teilhaben, müsste dem dinglichen Verständnis zufolge die Idee entweder sich aufteilen und in jedem Menschen stecken – dann ist sie aber nicht mehr Eines, da sie sich aufteilt; oder sie ist unendlich viele Male in identischer Weise vorhanden; oder sie müsste sich wie ein Segeltuch über alle Menschen erstrecken, dann aber hätte jeder Mensch nur Anteil an einem Teil der Idee, und es wäre dann nicht zu erklären, dass man Eines auf Vieles anwendet.[158] Das Problem besteht also immer darin, dass man die Kriterien als Gegensatzpaare auf die Idee *als Gegenstand* anwendet und damit die Idee dinglich-räumlich vereinzelt. Damit wird die Idee aber so gar nicht im Sinne Platons zu etwas Unmöglichem er-

---

[157] Vgl. Paul Natorp, Platos Ideenlehre, S. 236 f.
[158] Parmenides 131 a5–c11. Genau dieser Vorwurf wird aber, wie oben schon beschrieben, seitens vieler Interpreten an Platon gerichtet. Wolfgang Stegmüller etwa sieht es als Sündenfall Platons an, ideale *Gegenstände*, die neben den konkreten Dingen der raumzeitlichen Welt existierten, sofort als Notwendigkeit auszurufen. Das Problem sei dann eben, dass die idealen *Objekte* »ebensolche Individualitäten wie die realen« seien. So gebe es »bei Plato eine Wesenheit Röte neben den einzelnen roten Dingen«. Dementsprechend definiert Stegmüller auch die Ähnlichkeit von Idee und Gegenstand bei Platon wie den Vergleich zweier Gegenstände miteinander. (Wolfgang Stegmüller, Glauben, Wissen und Erkennen. Das Universalienproblem einst und jetzt, Darmstadt 1965, S. 58–61) Dies setzt jedoch paradoxerweise bereits die von Platon stets kritisierte These voraus, der einzelne Gegenstand sei schon von sich aus nur einer und als solcher unterschieden, da anscheinend klar ist, mit welcher Idee er zu seiner Bestimmung verglichen werden muss. – Das ist schwerlich Platon nachzuweisen.
Ideen als Wesenheiten analog zu raumzeitlichen Objekten zu deklarieren, würde zudem Platon schon deshalb nicht einfallen, weil Ideen nicht nur auf Gegenstände angewendet werden, sondern ebenso systematische Verweisungen darstellen, die auch in der raumzeitlichen Welt nicht materiell vorhanden sind. Wer Platon die Dinglichkeit von Ideen vorwirft, müsste ihm beispielsweise die abstruse These unterstellen, man vergleiche ähnliche Dinge (das Ähnliche an ihnen ist aber selbst nicht sichtbar, sondern nur das, was auf Ähnlichkeit geprüft wird) mit dem Ideen-Ding Ähnlichkeit (was soll das für ein Ding sein?), um herauszufinden, dass die ähnlichen Dinge ähnlich sind. Für diesen Vergleich müssten dann die ähnlichen Dinge dem Ideen-Ding ähnlich sein – und wieder braucht man eine Idee der Ähnlichkeit an sich, um Ideen-Ding und materielles Ding miteinander vergleichen zu können. Eben dieses Verhältnis von Idee und Gegenstand als ein Ähnlichkeitsverhältnis wird im *Parmenides* ausdrücklich verworfen mit dem Hinweis, man müsse »eine andere Art suchen«, wie die Dinge ihr *eidos* aufnehmen, also an der Idee teilhaben. (132 d–133 a) Dies verweist auf die Idee als (1.) Methode der Unterscheidung und Einheitsfindung und (2.) rein rationale Bestimmung, wie sich Elemente der Wirklichkeit zueinander verhalten können.

klärt, weil sie zugleich und in derselben Hinsicht ihre Bestimmung als etwas und sein Gegenteil erhält.

Ihre Würde und Erhabenheit gewinnen die Ideen also nicht daher, dass sie neben einer unedlen, vergänglichen, raumzeitlichen Welt in einem himmlischen, göttlichen Raum existieren; auch gewinnen sie ihre Erhabenheit nicht dadurch, dass sie nur Ideen von erhabenen Dingen sind. Deutet man Sokrates' von Parmenides provozierte Unsicherheit, ob es wohl auch Ideen von Haaren, Schlamm und Schmutz gebe, als ein Eingeständnis ihrer Notwendigkeit, wird deutlich, dass die Erhabenheit darin besteht, Erkenntnis und bestimmtes Seiendes überhaupt zu ermöglichen – und das ist auch Erkenntnis von Schlechtem und Profanem.[159] So lautet denn auch Parmenides' Ratschlag, als Weisheitsliebender nichts von solchen Dingen für gering zu achten.

8.8 Ein erster Begriff des Seelischen

Nach alldem müssen wir nun Platons grundsätzliches Anliegen verstehen, welches in der Ursachenfrage zum Ausdruck kam. Richtet man seinen Blick darauf, was etwas ist und weshalb etwas ist, stößt man – zunächst ganz im Sinne einer Transzendentalphilosophie – auf die Unterscheidungsleistung und auf den Bestimmungsvollzug des erkennenden Subjektes. Diese Unterscheidungsleistung aber setzt als Bedingung ihrer Möglichkeit Prinzipien voraus, die bei einer Erkenntnis als Bestimmung von Etwas notwendig angewendet werden. In jeder Erkenntnis, die eine Feststellung von etwas Seiendem ist, wird somit die Vernunft als ein Grund gegenständlicher Ordnung sichtbar; die Vernunft als Erkenntnisvermögen beurteilt das Was-Sein, das Bestehen und Vergehen der Dinge.

Das Subjekt als Seele hat damit eine erste Bestimmung als ein Verbund von Erkenntnisvermögen erfahren. Die Fähigkeiten des Gedächtnisses, der Sinneswahrnehmung und der Unterscheidung arbeiten synthetisch zusammen, um eine Erkenntnis zu konstituieren. Das Subjekt wird so zum systematischen, historischen und individuellen

---

[159] Parmenides 130 c1–e4. Damit soll freilich nicht gesagt sein, dass eine Idee wie die des Schlammes einen solchen grundlegenden Status wie die Idee der Einheit oder der Verschiedenheit haben kann. Solche sehr konkreten Ideen wie die des Schlammes wären dann eher, wie schon beschrieben, als Ausfaltung und Anwendung der prinzipielleren Ideen anzusehen.

Der Mythos von der Erkenntnis

›Ort‹ von Wissen; es ist die handelnde, sich in der Welt bewegende Einheit, an die stets das Erkennen rückgebunden ist. Dabei hat der systematische, einheitliche Ort erst einmal wenig mit dem Bewusstsein oder dem Ich zu tun, das die Hirnforscher meinen. Auch die ›Zentrale‹ im Hirn ist mit einem solchen systematischen Ort nicht angesprochen, von dem aus alles einströmende Wissen gelenkt würde wie von einem Wagenführer, bei dem die Zügel seines Gespanns zusammenlaufen. Zunächst geht es nur darum, dass der Verbund der Vermögen zu einem Lebewesen gehört und dass die Erkenntnistätigkeit nur auf dieses eine Lebewesen und seine Lebensführung rückwirkt: Wissen kennt keinen Stellvertreter, da wir ohne die Rückbindung an einen Wissenden nicht von Wissen reden könnten. Es fehlte schlicht die Möglichkeit, Wissensinhalte aufeinander zu beziehen, wäre da nicht ein vereinheitlichendes Moment, für welches das Wissen und Handeln *ist*.[160]

Tatsächlich definiert sich ja auch in der Biologie das Lebewesen oder der Organismus über diese Abgrenzung einer Systemeinheit bzw. über die Rückbezüglichkeit eines Systems: Alle Unterscheidungen eines Organismus sind für diesen Organismus als ganzen konstitutiv. Lebewesen zu sein bedeutet demnach auch in der Biologie immer, Unterschiede in der Welt zu setzen und selbst ein Unterschied in der Welt zu sein: der Organismus existiert mit einer Welt um ihn herum, einer Welt, die ihn auf irgendeine Weise angeht, er existiert als Funktionsganzes, in welches sich das von der Umwelt Aufgenommene transformiert; der Organismus trifft dabei eine Unterscheidung, was ihm in der Umwelt zuträglich oder abträglich ist, was zu verwenden oder zu meiden ist – nur die Unterscheidungsleistung als solche variiert. Ob die notwendigen Kriterien der Unterscheidungsleistung nun einfach oder komplex, bewusst oder unbewusst, methodisch oder unreflektiert, logisch oder leiblich angewendet werden – in jedem Falle ist diese historische, individuelle Seele auch etwas Ahistorisches und Allgemeines. Sie – und so auch jede beliebige andere – hat ein Wesen, das in der konkreten Ausübung des Lebensvollzuges als ihre δύναμις feststellbar ist und uns veranlasst, etwas Organismus, Lebewesen, Seele oder Vermögen zu nennen, wenn wir darauf stoßen.

---

[160] Vgl. Theaitetos 185 a ff. Hier macht Sokrates Theaitetos darauf aufmerksam, dass sowohl die Wahrnehmungseindrücke als auch das Wissen nur in Bezug auf die Seele, d. h. auf ein wahrnehmendes, erkennendes Subjekt gedacht werden können.

Ein erster Begriff des Seelischen

Doch der denkend unterscheidende Lebensvollzug ist im Falle des Menschen etwas durchaus Besonderes, weil der Mensch nicht einfach als biologischer Organismus, sondern als Subjekt einen Unterschied zur Umwelt darstellt. Wir werden später darauf zurückkommen: Der Unterschied ist durch das reflexive Bewusstsein begründet. Das Subjekt, das sich selbst weiß und als methodisch Unterscheidendes selbst weiß, ist nämlich nicht ohne weiteres identisch mit dem Weltlauf – und zwar durch die Eigenart des Denkens selbst. Die Reflexion auf die Methodik des Denkens verschafft uns Einblick in die Leistung des Erkennenden, in einer an sich unbestimmten Welt Grenzziehungen vorzunehmen, d. h. aus der Unendlichkeit von Bestimmungsmöglichkeiten und -bedingungen erst zu Erkennendes methodisch herauszugreifen – und das unterscheidet den Menschen von anderen Organismen und ihren Lebens- und Unterscheidungstätigkeiten. Im Denken liegt damit bereits eine Art Oppositionsstellung von Erkenntnissubjekt und Welt vor: Was das Subjekt an Gegenständen denkt, ist ihm als ein disponibles und methodisch zugängliches Objekt gegenübergestellt (man könnte sagen: vor-gestellt), welches nach Bedeutungs- und Bestheitskriterien beurteilt und als es selbst gedacht werden kann; das liegt in der Natur des Denkens. Jede Erkenntnis ist mithin eine Negation: Ich als Erkennender bin nicht das Objekt, das von diesem Ich erkannt wird. Das Subjekt, das sich dabei methodisch an die Vorgaben seines Denkens hält, ist das Prinzip eines Bedeutungsuniversums; ein Bedeutungsuniversum, welches es auch auf sich selbst anwenden kann.

Und dieses methodisch generierte Bedeutungsuniversum bedingt Handlungen, Haltungen und Umgangsformen in der Welt. Mein Umgang mit einem Ding wie ›Restaurant‹ kann beispielsweise kaum ernsthaft auf die materielle Struktur dieses Dinges oder auf die Sinne zurückgeführt werden; der Umgang damit wird erst durch ein nicht beliebiges Wissen darum begründet, was ein Restaurant ist und welches Verhalten darin beachtet werden muss. Dieses Prinzip, dass die Erkenntnis eines Wesentlichen eine Haltung und Umgangsformen bedingt, wird sich später auch als zutreffend für die Haltung zur Welt, zu den Mitmenschen und zur Gesellschaft als ganzer erweisen: Es wird einen Unterschied machen, ob man das neurowissenschaftliche Welt- und Menschenbild für gerechtfertigt hält oder ein platonisch geprägtes. Die Frage wird daher sein, was an einem Gemeinten – Mensch, Welt, Gesellschaft – wesensmäßig unterschieden werden kann.

Die für so manchen schwer zu akzeptierende Konsequenz aus der Unterscheidungsleistung ist, jedenfalls vorerst, dass geistige Prinzipien auch Wirkprinzipien in der Wirklichkeit sind. Dieses Prinzip des Geistes zur Rettung des deterministischen, materialistischen Weltbildes zu negieren, gleicht dem Vorgehen des trotzigen Kindes, das sich die Augen zuhält und hofft, so werde das Offensichtliche verschwinden. Wer sein Denken methodisch formt und an Wahrheits- und Bestheitskriterien orientiert, nimmt etwas Geistiges zum Maßstab, nicht einen *blinden* materiellen Ablauf.[161] Ob man ein sol-

---

[161] Vgl. auch das Beispiel von Reinhard Platzek: »Was wäre, wenn das Denken dem Gehirnzustand in Wahrheit vorausginge. Dann würde nicht das Gehirn denken, sondern – man verzeihe mir den Neologismus – das Denken ›gehirnen‹. Soll heißen, das Denken würde den Gehirnzustand bestimmen und nicht umgekehrt. In Ansätzen müssen dies sogar die Hirnforscher zugeben. So, wenn diese konstatieren, daß ein Einüben von Vokabeln im Lernprozeß zu einer Änderung oder Stabilisierung von synaptischen Verschaltungen führt.« (Reinhard Platzek, Moderne Hirnforschung oder das Ende des freien Willens, in: Perspektiven der Philosophie 32 (2006), S. 133–161, S. 151)
Wir sind hier bei der Frage angelangt, was noch als Erklärung bzw. Begründung dienen kann. Wenn mich das Lesen eines Textes über Gerechtigkeit verändert, wird man zwar kaum eine Lücke im Naturgeschehen feststellen, wenn man dabei mein Gehirn untersucht. Doch *was* verändert mich eigentlich, was ist das Formprinzip der beim Lesen ablaufenden physiologischen Prozesse? Die Begründung muss sich hier auf die Bedeutung, den Inhalt, und den geistigen Umgang mit ihm beziehen. Sokrates' Beharren darauf, dass die Begründung für seinen Verbleib im Kerker das sei, was er für das Bessere – oder Gerechtere – hält, trägt diesem Ursachenbegriff Rechnung. Das Geistige ist keine von der Welt abgetrennte Entität, sondern kann im starken Sinne Ursache sein.
Bei Wolfgang Prinz werden solche Überlegungen tatsächlich konstitutiv für seinen Begriff des Geistes, weil in der Selbstbetrachtung des Menschen eine ›Selbstkausalität durch Geist‹ sichtbar werde, vergleichbar mit der Selbstbewegung der Seele in der Antike. Bei Prinz kommt also, das ist zu betonen, Geistiges zur Wirklichkeit, und zwar durch sich selbst: »Wie ist es möglich, daß Überzeugungen über die Funktionsweise des Geistes, die Menschen durch Lernen erwerben, die tatsächliche Funktionsweise beeinflussen kann [sic]? Wie können Überzeugungen über Subjektivität in dem Sinne wirklich werden, daß Menschen tatsächlich zu der Art von geistbegabten Wesen werden, für die sie sich selbst halten?« (Wolfgang Prinz, Selbst im Spiegel. Die soziale Konstruktion von Subjektivität, übers. v. Jürgen Schröder, Berlin 2013, S. 83) An anderer Stelle heißt es: »Im Prinzip kann daher das, was Menschen *über die Funktionsweise ihres Geistes glauben*, dazu gelangen, *die tatsächliche Funktionsweise ihres Geistes zu beeinflussen.*« (Ebd., S. 85) Und im Prolog geht Prinz mit seiner Leitfrage gegen die Deterministen explizit von Pico della Mirandola und dessen Autonomiegedanken aus: »Wie sollte es möglich sein, daß so etwas wie der Geist sich selbst schafft?« (Ebd., S. 14) Im Vergleich zu Prinz' früheren Ansichten kann man angesichts solcher Thesen sicherlich von einer radikalen Kehrtwende sprechen.

ches Wirkprinzip nun mit ›Information‹ oder ›Geist‹ betitelt, ist unerheblich, wenn inhaltlich das gleiche gemeint ist – und wie wir sahen, meinten die Hirnforscher mit der ›Information‹ nichts anderes als die bedeutungshaften Inhalte des Denkens und mit der ›Informationsverarbeitung‹ die nicht auf das Subjekt beschränkten geistigen Vermögen des Subjektes. Beides bestimmt auch im Weltbild der Hirnforscher materielle Zustände wie Handlungen und verweist gleichzeitig auf etwas nur zu Erkennendes, nicht aber sinnlich Wahrnehmbares in der Natur. Damit sprechen die Hirnforscher aber dem Geistigen ganz im Sinne Platons zu, eine Ursache – und zwar eine bildende Ursache – zu sein, während dem Materiellen lediglich zugestanden wird, als eine Art Erfüllungsgehilfe seines geistigen Prinzips zu fungieren.

Mit solchen Überlegungen befinden wir uns allerdings schon mitten in der Naturphilosophie.

9. Der Mythos von der Natur

9.1 Ist die Frage nach der Natur berechtigt?

Versteht man nun das Seiende aus den Strukturbedingungen der Vernunft, stellt sich freilich die Frage, ob Platons nächster Schritt, die Ermittlung der Naturprinzipien als Seinsprinzipien, überhaupt notwendig ist. Vom philosophiehistorischen Standpunkt her beurteilt müsste es doch ein Rückfall in die naive Ontologie sein, in die alte Trennung von Subjekt und Objekt, wenn man jetzt, nachdem man die Vernunft als subjektives und doch strukturell objektives Absolutum der Sinnstiftung erfasst hat, wieder von einem Selbstsein der Welt ausgeht, welches sich nicht im erkennenden Subjekt gründet.

Die Hirnforscher wagen diesen Sprung zur Welt einfach und methodisch unzureichend, indem sie das Erleben des Subjektes einerseits zum einzigen Anhaltspunkt für Aussagen über die Welt und die Realität erklären, andererseits aber eben dieses Subjekt als Resultat und Teil einer ihm vorgängigen naturhaften Wirklichkeit ansehen. Muss man also nicht, wenn man die Entwicklung der Philosophie berücksichtigt und sich nicht einer naiven Außenwelthypothese hingeben will, dabei verbleiben, die Welt als eine Gegebenheitsweise für das Subjekt zu verstehen und sich mit Ontologie als einer Strukturanalyse der Bewusstseinsmodi und als Gegebenheit *für mich als strukturelles Phänomen* zu bescheiden?[1] Das eigentliche Problem ist: *Kann* man bei der Wirklichkeit als Bewusstseinsmodus verbleiben, wenn man konsequent die Frage nach dem Sein und dem Grund des Seienden stellen will?

Sieht man sich in der Philosophiegeschichte um, sollte zumindest auffallen, dass die, die es versuchten, ihre Schwierigkeiten damit

---

[1] So versteht etwa Lambert Wiesing die Methode der Philosophie (als Phänomenologie). (Lambert Wiesing, Das Mich der Wahrnehmung. Eine Autopsie, Frankfurt a. M. 2009, S. 88–91 und 101)

hatten; bei aller Verschiedenheit der Ansätze – doch mit der einheitlichen Motivation, endlich dem naiven Realismus zu entsagen. Vom antiken Skeptizismus und Materialismus an über den frühneuzeitlichen Rationalismus und den angelsächsischen Empirismus bis hin zu Kant und seinen Epigonen war das Ding an sich – und damit auch eine Welt an sich, in der das Subjekt vorkommt – stets ein dem subjektiven Bewusstsein Gegenübergestelltes, das sich nicht aus der Konstitutionsleistung der Vernunft speisen konnte. Die Schwierigkeit liegt also darin, zu ermitteln, wie *absolut* man das Erkenntnissubjekt mit seinen Erkenntnisstrukturen denken soll und kann. Ist also, möchte man das Sein und die Natur erfassen, alles *verstanden*, wenn man bei einer Strukturanalyse des Subjektes Halt macht?

An dieser Stelle sei ein kleiner Exkurs zu Edmund Husserl erlaubt, der das Problem noch einmal veranschaulichen kann. An Husserl nämlich lässt sich besonders gut das Problem illustrieren, das dem Denken entsteht, wenn die subjektive Vernunft einerseits Absolutum der Sinnstiftung oder Konstitution sein soll, andererseits aber kein Absolutum der Seinskreation sein kann. Freilich hat Husserl, wie andere vor und nach ihm, versucht, mit aller Konsequenz diesen Schritt in die vom Subjekt verschiedene Wirklichkeit zu vermeiden und Ontologie rein aus den Bedingungen des (transzendentalen) Subjektes zu verstehen.[2] Dass er die intendierte Absolutsetzung des Bewusstseins dagegen kaum durchzuhalten vermochte, belegt unter anderem das aus Manuskripten bestehende Werk *Die Konstitution der geistigen Welt*. Husserl richtet sich hier berechtigt gegen die vollständige Naturalisierung des Geistes:

Subjekte können nicht darin aufgehen, Natur zu sein, da dann das fehlen würde, was der Natur Sinn gibt.[3]

Sinngebung heißt jedoch nicht Seinsschöpfung: Der Geist könne zwar »nur bis zu einem gewissen Grade«, *aber eben doch* »als abhän-

---

[2] Vgl. zum Ontologiebegriff Husserls besonders Karl-Heinz Lembeck, Seinsformen. Spielarten des Ontologiebegriffs in der Phänomenlogie Husserls, in: Hans Rainer Sepp (Hg.), Metamorphose der Phänomenologie, Dreizehn Stadien von Husserl aus, Freiburg/München 1999, S. 28–57. Husserl verwehrt sich bekanntlich dagegen, wie Descartes mit dem Ego »ein kleines Endchen der Welt« zu retten. (Edmund Husserl, Cartesianische Meditationen. Eine Einleitung in die Phänomenologie, in: Ders., Gesammelte Werke, Bd. 1, hrsg. v. Stephan Strasser, Den Haag 1950, I, §10, S. 63)

[3] Edmund Husserl, Die Konstitution der geistigen Welt in: Ders., Gesammelte Werke, Bd. 4, hrsg. v. Marly Biemel, Den Haag 1952, §64, S. 297.

gig von Natur gefaßt und selbst naturalisiert werden«[4]. Und da liegt das Problem. Denn Husserl meint zwar, streiche man »alle Geister aus der Welt, so ist keine Natur mehr.«[5] Vielleicht sollte er jedoch besser sagen, da sei keine *konstituierte* Natur mehr, denn im Folgenden wird die Natur durchaus als ein für sich Existierendes angenommen, das – unabhängig von der Konstitution – unverfügbare Bedingungen generiert:

> Das Ding als Reales ist abhängig von realen Umständen; es ist, was es ist, im Zusammenhang einer realen Natur, die in sich durchwegs als homogene konstituiert ist. Die rein objektive Betrachtung, die dem objektiven Sinn der Dinglichkeit nachgeht, fordert es, daß Dinge hinsichtlich ihrer Zustände voneinander abhängig sind, daß sie wechselseitig in ihrer realen Existenz etwas vorschreiben, und zwar hinsichtlich ihres Seinsgehaltes, ihrer kausalen Zuständlichkeiten.[6]

Bei einer bloßen Forderung bleibt es aber nicht. Konsequent unterscheidet er dann an einem Gegenstand dessen natürliches Sein an sich und sein durch die Vernunft bestimmtes, nur in Beziehung auf das Bewusstsein zu verstehende Sein als Etwas:

> Objektive Dinglichkeit bestimmt sich physikalisch, aber als [bestimmtes] Dies bestimmt sie sich nur in Beziehung auf das Bewußtsein und Bewußtseinssubjekt.[7]

Elisabeth Ströker betont zu Recht angesichts sinnlicher Vorgegebenheiten (ich würde den Ausdruck ›materieller Vorgegebenheiten‹ vorziehen), »daß hier die Phänomenologie unabweislich mit der Frage nach einem faktisch Vorgegebenen konfrontiert ist, das nicht in der Verfügbarkeit der leistenden Subjektivität steht.«[8] Die Frage ist also, ob man transzendentale Konstitution als Kreation verstehen dürfe. Sinnstiftung, so Strökers Fazit, könne »nicht Sinnschöpfung aus dem Nichts sein. Als Stiftung bedarf sie gleichsam eines ›Fonds‹, aus dem heraus sie zu geschehen hat.«[9] Die notwendige Leiblichkeit des Menschen als Hinweis auf die nichtsubjektive Welt und Bedingung des ›Welt-Habens‹ könne daher »nur als Letztzusammenhang angenommen werden, *der indessen nicht mehr in phänomenologischen*

---

[4] Edmund Husserl, Die Konstitution der geistigen Welt, §64, S. 297.
[5] Edmund Husserl, Die Konstitution der geistigen Welt, §64, S. 297.
[6] Edmund Husserl, Die Konstitution der geistigen Welt, §64, S. 298.
[7] Edmund Husserl, Die Konstitution der geistigen Welt, §64, S. 301.
[8] Elisabeth Ströker, Phänomenologische Studien, Frankfurt a.M. 1987, S. 71.
[9] Elisabeth Ströker, Phänomenologische Studien, S. 73.

Begriffen gedacht werden kann.«[10] Mit anderen Worten: Ströker zufolge macht die Phänomenologie – wie Husserl sie versteht – aus selbstauferlegten methodischen Zwängen mitten in der philosophischen Begründungskette Halt – und zwar an der Stelle, an der erst die ontologischen Bedingungen eines jeden sinnschöpfenden Realitätsbezuges aufscheinen.

Das ist nun kein zufälliger blinder Fleck der Phänomenologie, sondern das Paradoxon eines jeden philosophischen Systems, welches das Sein ausschließlich aus dem Subjekt herleitet. Die Welt lässt sich offenkundig nur zur subjektiven Konstruktion, zum Bewusstseinsphänomen, erklären, wenn man die Aufgabe ihres faktischen Daseins in Kauf nimmt. Da das keiner wollen kann, ohne sich die eigene theoretische Grundlage – die Welt – zu entziehen, wurden durchaus Strategien ersonnen, das Problem des objektiven Daseins der Welt zu lösen: So ist versucht worden, durch die Hintertür einen nichtkonstruierten, totalen Physikalismus einzuführen, wie es etwa Sextus Empiricus, Bacon, Kant oder Nietzsche vormachen; die zweite Möglichkeit ist, einfach das Problem durch Aussprache eines Fragestopps oder durch Ignorieren zum Verschwinden zu bringen wie dies paradigmatisch Ernst von Glasersfeld getan hat.[11]

Die Frage erscheint legitim, in welchen Begriffen denn Letztzusammenhänge – und das sind nichts anderes als die grundlegenden Prinzipien von Wirklichkeit und einer faktisch daseienden Welt als ganzer – gedacht werden können, ohne in leere Spekulationen zu verfallen. Wir müssen zwar annehmen, dass die Wirklichkeit eine gedachte ist und daher *selbstverständlich* im Subjekt zur Gegebenheit kommt; jedoch ist es nicht plausibel, anzunehmen, das Wirkliche ge-

---

[10] Elisabeth Ströker, Phänomenologische Studien, S. 74; Kursive T. G.
[11] Ernst von Glasersfeld, Siegener Gespräche über Radikalen Konstruktivismus, in: Siegfried J. Schmidt (Hg.), Der Diskurs des Radikalen Konstruktivismus, Frankfurt a. M. 1987, S. 401–440, S. 402. Glasersfeld erklärt hier Explanans und Explanandum zu ein und derselben Sache und negiert mit einem solch beispielhaften *circulus vitiosus* die eigentliche, notwendige Begründungsebene: »[D]er Konstruktivismus macht keinen Hehl daraus, daß er *in der Konstruktion seines epistemologischen Modells eine ganze Reihe von an und für sich unbegründbaren Annahmen macht, die er dann allerdings durch die Kohärenz des vorgelegten Modells zu rechtfertigen sucht*. Da der Konstruktivismus sich ausdrücklich nur mit Kognition und Wissen befaßt, sein Modell ausschließlich aus der Erlebniswelt ableiten und aufbauen will, und dann dieses Modell nie als ein Bild der ontischen Wirklichkeit hinzustellen versucht […], braucht er den *Annahmen, die er als Voraussetzungen in sein Modell einbaut,* keinerlei ontologischen Wert beizumessen.« (Kursive T. G.)

he im Gedachtsein auf. Lambert Wiesings Kritik an Philosophemen konstruktivistischer Couleur, welche den Primat des Subjekts um jeden Preis vertreten (er bezieht sich auf Husserl, Kant und die Neurowissenschaften), ist daher ganz berechtigt: Das Subjekt ist nicht Grund des Seins, es ist dem Sein nicht vorgängig. Das absolute Subjekt müsste tatsächlich als welt- und körperlos gedacht werden, wenn es die Welt als Interpretationskonstrukt erst schaffte. Das hieße dann aber auch, dass das Ich als seinssetzendes sich selbst *ex nihilo* hervorbringt, bevor es das Sein denkt.[12]

Das Subjekt also, das sich nicht als Teil von etwas Realem, sondern als Absolutum sieht, zerstört theoretisch seine eigene Daseinsweise als leibliches Subjekt, wenn es die Leiblichkeit und Teilhabe an der Welt als bloß gedachtes Konstrukt wertet. Es denkt sich dann selbst als solipsistisches, monadisches Konstrukt, dem nur die Auswüchse der eigenen Konstruktion begegnen können – und wird doch auf ein Sein verwiesen, welches es selbst nicht schafft: nicht nur das Sein der Welt, sondern auch sein eigenes, weshalb der Seinsbegriff kein aus dem Subjekt abgeleiteter sein kann, sondern auch das Subjekt ihm *unter*geordnet ist.

All das bedeutet nun nicht, dass Transzendentalphilosophie oder Phänomenologie verabschiedet werden müssen. Als Epistemologie, Erfahrungswissenschaft und Beschreibung der notwendigen Struktur

---

[12] Lambert Wiesing, Das Mich der Wahrnehmung, S. 163–165. Bei aller berechtigten Kritik wagt Wiesing jedoch den sich daraus ergebenden notwendigen Schritt zur Ontologie nicht, weil er über die Methode der Phänomenologie, die Beschreibung der notwendigen Struktur des Erlebens, nicht hinausgehen will. Er setzt die Wahrnehmung, die leibliche Weltpartizipation, als letzten, weder konstruierten noch konstruierbaren Grund für das Welthaben. Wiesing verbleibt jedoch auf dieser Ebene, die Wirklichkeit der Welt bloß zu beschreiben, wie sie sich mir als Wahrnehmendem und Erfahrendem gibt, obgleich er stets eine Welt, an der das Subjekt partizipiert und der es als leibliches Subjekt ähnlich ist, voraussetzt. (Ebd., S. 152 f. und 156) Die Ungereimtheit, mit der Methode der Phänomenologie das ihr inhärente Problem des Daseins der Welt lösen zu wollen, kumuliert in einer Definition: »Die Welt ist das, dessen Teil mich die Wahrnehmung sein lässt.« (Ebd., S. 153) Zwar ist es richtig, dass wir durch die (leibliche) Wahrnehmung an der Welt teilhaben, doch eine Begründung des Seins gewinnt man dann nicht durch eine (ansonsten berechtigte) Analyse der Wahrnehmung, sondern über eine Ermittlung der Prinzipien, die für eine für Wahrnehmung vorauszusetzende Welt als seiende gelten müssen. Insofern müsste Wiesing sich bescheiden, denn was die Welt ist, beantwortet er trotz seiner Definition gar nicht. Als Bedingungen von Wirklichkeit sind, dies ist sicherlich ein Kernstück platonischer Philosophie, *sowohl* das Subjekt *als auch* die Prinzipien einer Welt als solcher zu erforschen.

der seelischen Vermögen und der Erfahrungswelt haben sie ihre Berechtigung, und nach dieser Maßgabe können wir auch Platon als Phänomenologen verstehen. Die Phänomenologie ist jedoch keine Methode, um die Ontologie im Sinne der Erforschung von Seinsprinzipien zu verabschieden. Diese Notwendigkeit der Ontologie war Platon offensichtlich bewusst, weshalb Epistemologie und Ontologie bei ihm Seite an Seite, einander ergänzend, nicht einander ausschließend, auftreten.

Sucht man bei Platon nach einer Begründung für seinen Schritt in die Natur so wird man zunächst enttäuscht, weil er dieses Problem nicht explizit formuliert; die Welt ist immer schon da. Dennoch, genau dieses Immer-schon-da-sein steht im Zusammenhang mit Äußerungen, die eine Rechtfertigung dieses Schrittes zumindest nahelegen. Diese Rechtfertigung kann man auch bei Platon an jenen schon erwähnten Begriffen festmachen, welche zwar die Absolutheit der subjektiven erkennenden Vernunft als Realitätsprinzip nicht berühren, jedoch die Absolutheit dieser Vernunft als letztes Seinsprinzip, auf das man sich beziehen könnte, zweifelhaft werden lassen: *die Materialität* und *das Unverfügbare*.

Ziehen wir Schlüsse aus drei einander ergänzenden Argumenten, welche in verschiedenen Variationen immer wieder im platonischen Werk auftauchen und Grundlage für die im Folgenden entwickelte Form eines wohlverstandenen Realitätsbezuges sind.

1) Der Mensch besitzt eine Art seinsschaffendes Vermögen oder übt eine hervorbringende Kunst aus. Das Haus ist etwa Resultat seiner Baukunst und damit durch den Menschen hervorgebracht. Davon ist aber das Seiende zu unterscheiden, das der Mensch nur *antrifft*, worauf er sich unterscheidend *bezieht:* die körperliche Natur, die zwar im Subjekt zur unterschiedenen Realität wird, die jedoch als prinzipiell nicht menschlich Hervorgebrachtes charakterisiert wird und daher als entstanden durch eine göttliche hervorbringende Kunst.[13] Alles sterbliche (d. h. zeitliche) beseelte und unbeseelte, das eine körperliche Natur hat, vermag sich also nicht selbst hervorbringen; es wird hervorgebracht durch etwas ihm Vorgängiges (hier das Naturprinzip).

2) Durch seine Leiblichkeit hat der Mensch Anteil am Werden und ist ein Seiendes; Seiendes ist dadurch gekennzeichnet, dass ihm das Vermögen innewohnt, zu leiden oder zu wirken, d. h. in

---

[13] Sophistes 265 b–d.

Wechselwirkung mit etwas ihm Gleichartigem zu treten (das betrifft auch die seelischen Vermögen).[14] Dies impliziert Bedingtheit, Veränderlichkeit und Bewegung qua leiblich-zeitliches Wesen. Ist etwas bedingt, kommt ihm ein Platz zu, der verschieden vom Absoluten ist: Durch Materialität und Zeitlichkeit ist es notwendigerweise ein *Teil* eines materiell und zeitlich strukturierten Ganzen.

3) An jedem Ding sind zwei Momente zu unterscheiden: das Individuelle und das Prinzip oder das Allgemeine, was im Falle des Menschen heißt: Ein Mensch ist nicht der Mensch selbst als Prinzip, er ist immer vieles andere auch, was noch auf die Entwicklung seiner Vermögen hingeordnet werden muss. Der Einzelne muss sich erkennend auf sein Prinzip richten (und sich danach ausrichten) und dieses auch bei sich absondern, was bedeutet, dass er sich an etwas formen soll, was er selbst (noch) nicht ist. Das Individuum muss also durch seinen Unwissenheitsstatus und seine Diskursivität, letztlich durch die Notwendigkeit, seine Erkenntnisvermögen in der Zeit auszubilden und zu gebrauchen, sich stets an einer Wirklichkeit emporarbeiten, *die von ihm unterschieden ist*. Zu diesem Unterschied zwischen (allgemeinem) Wesen und (individueller) Genese *zum* Wesen gehört aber auch die Bedingung, dass eine volle Entwicklung der geistigen Vermögen mitnichten bloß eine eigene Leistung wäre. An den einzelnen Menschen werden durch den Anderen bereits errungene Geistesleistungen herangetragen, die verstanden, aber nicht neu erarbeitet werden müssen. Das Individuum ist so schon in seiner eigenen Seinsentwicklung in einen überindividuellen Natur-, Kultur- und Geistesprozess eingebunden, welcher als schon erlangter Grund bewirkt, dass das Individuum für sich zwar bei null anfängt, dabei aber auf ein vorher entwickeltes Bedeutungsuniversum zurückgreifen muss. Der Andere und mit ihm die Welt, in der er an das Individuum herantritt, können darum schon deshalb kein Konstrukt des Individuums sein, weil das Individuum für seine Entwicklung schon getane Geistesarbeit in der Welt – d.h. ein Fremdes, das nicht der eigenen Konstitutionsleistung entspringt – immer voraussetzen muss. Wenn das sinnschöpfende Subjekt aber ohne solche Bedingungen kaum zu irgend einer seiner Leistungen fähig wäre,

---

[14] Dies wird etwa in Sophistes 248 b ff. diskutiert.

kann man nicht sinnvoll diese Bedingungen zu einem Teil des natürlich-naiven Welterlebens, mithin zu einem durch das Subjekt Bedingten, erklären.[15]
Zusammenfassend gibt es also Kriterien, die dafür sprechen, über die erkennende Vernunft, die als eine individuelle Vernunft auftritt, hinausgehen zu müssen. Die Materialität der Welt ist nicht nur eine Gegebenheitsweise der Welt für das Bewusstsein, sondern Bedingung der Möglichkeit seines Auftretens und ihm insofern vorgängig und ursächlich. Die individuelle Vernunft schafft sich nicht selbst *ex nihilo*, sondern tritt als erkennendes und wahrnehmendes Subjekt in die Wirklichkeit – nicht ohne diese zu gestalten und zu konstituieren, doch ist die materielle Welt eben etwas, in der das Subjekt erscheint, eine Welt, in der das Individuum nicht zuletzt durch die Anleitung und Hilfe anderer Menschen erst entsteht. Soll dieses zeitlich gebundene Individuum nicht aus dem Nichts entstehen, muss es ein von ihm verschiedenes Sein annehmen. Das Existieren als bedingtes, zeitliches und materielles Individuum beinhaltet also notwendig das Teil-

---

[15] Daher setzt auch schon Husserls Epoché voraus, was durch sie eingeklammert werden soll. Tatsächlich wurde für Husserls Phänomenologie durch die Absolutsetzung des Subjekts die *Objektivität* zum konstitutiven Problem, denn wer oder was garantiert eigentlich dem auf sich allein zurückgeworfenen Subjekt die Wahrheit seiner Erkenntnisse, wenn Welt und *alter ego* darin aufgehen, nur phänomenal gegeben zu sein? Husserl formuliert dies in den *Pariser Vorträgen*: »Doch nun muß das einzige wirklich beunruhigende Bedenken zu Worte kommen. Wenn ich, das meditierende Ich, mich durch Epoché auf mein absolutes ego reduziere und auf das darin sich Konstituierende, bin ich dann nicht zum *solus ipse* geworden, und ist so diese ganze Philosophie der Selbstbesinnung nicht ein purer, wenn auch transzendental-phänomenologischer Solipsismus?« (Edmund Husserl, Die Pariser Vorträge, in: Ders., Gesammelte Werke, Bd. 1, hrsg. v. Stephan Strasser, Den Haag 1950, S. 34) Die Frage nach der Existenz des Anderen wird so für Husserl zur Frage nach der Welt, weshalb er der Intersubjektivitätstheorie in der V. Cartesianischen Meditation solch große Aufmerksamkeit widmet. Doch durch das Festhalten an der phänomenologischen Methode, nur subjektive Bewusstseinsgegebenheiten zu beschreiben, gelingt Husserl der Ausbruch aus dem Solipsismus nicht. Der Andere, der Husserl zufolge stets nur als *Körper*phänomen gegeben ist, wird lediglich *analogisierend* als anderes Bewusstsein apperzipiert: Weil ich meinen Körper als meinen im Bewusstsein gegebenen Leib erfahre, gehe ich davon aus, dass auch das Körperphänomen mir gegenüber ein Leib, mithin ein Anderer sei. Damit verbleibt Husserl jedoch bei einer hypothetischen Setzung: Ich nehme die Körper wahr, *als ob* sie andere Subjekte seien. (Vgl. die grundlegende Kritik bei: Martina Scherbel, Deskription oder Postulat?. Zur Intersubjektivitätstheorie in der V. Cartesianischen Meditation Edmund Husserls, in: Perspektiven der Philosophie 20 (1994), S. 275–288. Scherbel kommt zu dem Schluss, dass die analogisierende Apperzeption letztlich ein Postulat bleiben muss.)

sein eines Ganzen, man könnte auch sagen: das Anteilhaben an einem Ganzen, das wesensmäßig nicht vom Individuum verschieden ist. Dabei ist der grundsätzliche Zustand eines bedingten Individuums nicht der, nach Gutdünken über die Wirklichkeit zu verfügen und sie zu erfinden, sondern vielmehr der, Bedingungen *aufzufinden;* sei es bezüglich der Prinzipien oder der materiellen Wirklichkeit, an denen es sich stößt, die es verfehlen kann, an denen es sich und seine Erkenntnisse prüfen muss.[16]

Dass auch die Hirnforscher folglich nicht konsequent sein können, wenn sie behaupten, der Mensch (und das ist letztlich der einzelne Mensch) hätte es nur mit ›hirninternen Modellen‹ der Welt zu tun, liegt schon in ihrer Tätigkeit als Naturforscher begründet. Muss der Mensch als unter Bedingungen stehendes Wesen erkannt werden, ist er kein von der Welt, die auch in Form von Bedingungen auftritt, abgekapseltes Wesen oder selbst Konstrukteur der Bedingungen, sondern Teil *einer* Wirklichkeit. Steht der Mensch in Kontakt mit einer solchen Wirklichkeit, müssen beide, Mensch und Wirklichkeit, sich aber wesenhaft ähnlich sein, sonst wäre diese Teilhabe, dieses Teilsein einer Wirklichkeit nicht möglich. Das ist bei den Hirnforschern immer vorausgesetzt, wenn sie den Menschen samt Hirn und ›internen Weltmodellen‹ zum Naturprodukt erklären; der Realismus innerhalb des neurowissenschaftlichen Konstruktivismus entspringt daher

---

[16] Insofern ist es nicht als Mangel zu verstehen, sondern sachlich begründet, was Oehler als Unterschied von platonischem und neuzeitlichem Bewusstseinsbegriff herausstellt: Platon lehne »ein Bewußtsein, das nicht sachgebunden, sondern autonom und souverän die Welt von sich her auslegt« ab. (Klaus Oehler, Die Lehre vom noetischen und dianoetischen Denken bei Platon und Aristoteles. Ein Beitrag zur Erforschung der Geschichte des Bewußtseinsproblems in der Antike, München 1962, S. 108; siehe auch S. 250 f.) Oehler deutet dies allerdings als eine noch naiv dem Ansichsein der Dinge verhaftete Vorstufe zum modernen Bewusstseinsbegriff: Den »entscheidendsten Punkt« habe Platon nicht verwirklicht (ebd., S. 259), der »tiefere Vorstoß [...], der nötig gewesen wäre, um zu einer erkenntniskritischen Begründung zu gelangen« sei ausgeblieben (ebd.): »daß das Gedachte ein Gedachtes meines Denkens ist, dessen subjektive Modi den zum Inhalt meines Denkens gewordenen Gegenstand mit konstituieren und so in seiner Gegebenheit für mich mit produzieren, das heißt subjektiv gestalten, *so daß also der Möglichkeit nach die scheinbar im gegenständlich Seienden erkannten Grundformen nur Formen des Erkennens sind, die ich aus mir projiziere,* eben das Faktum, das überhaupt eine umfassende Erforschung der Erkenntnissubjektivität erforderlich macht, – das wird methodisch nicht in Ansatz gebracht.« (Ebd., S. 260; Kursive T. G.) Der Unterschied zwischen Platon und der Moderne sei also Platons fehlende Rückwendung auf das Subjekt, seine naive Ontologie, der Glaube, das Denken bilde die Realität ab, wie sie ist.

weniger der Unachtsamkeit der Forscher, sondern vielmehr der generellen systematischen Unzulänglichkeit konstruktivistischer Wirklichkeitserklärungen.

Selbstverständlich also ist die Welt ›für mich‹. Doch ist anzunehmen, dass Platon, auch motiviert durch die subjektivistischen Tendenzen der Sophisten, zeigen wollte, dass die Welt nicht vollkommen ›*durch* mich‹ gesetzt ist und deshalb eine Ontologie als Erforschung der Seinsgründe (d. i. der Frage, welche Strukturen Sein aufweisen muss, ohne die es nicht wäre) sich auf ein den Menschen übersteigendes Reales, auf ein ihn selbst erst Begründendes, beziehen muss. Die entscheidende Frage (beim Ding an sich wurde das schon zum Problem) lautet nun, wie die Natur als Bedingung der Möglichkeit gelungenen Realitätsbezuges zu denken ist, denn wie wir sahen, bezieht sich Ontologie nicht auf die Welt an sich, wie sie sinnlich und unabhängig vom Menschen wäre.

Da Platon die Natur (oder die Welt als umfassenden Begriff des Seienden) immer im Verhältnis zum Subjekt denkt, tun wir gut daran, im Fortgang der Untersuchung alle drei Themen – Natur, Subjekt und ihr Verhältnis zueinander – nicht isoliert voneinander abzuhandeln. Denn ebensowenig, wie bei den Hirnforschern Ontologie wertfrei ist, bleibt die Natur bei Platon eine neutrale Feststellung von Prinzipien: Dialoge wie *Philebos*, *Politeia* oder *Timaios* binden die Frage nach dem Sein stets ein in die Frage, wie man als Individuum leben soll, wo das Glück zu suchen ist und welche Gesellschaftsform die richtige ist. Eine Welt, die als Bedingung und ›Lebensraum‹ für das Subjekt auftritt, fordert also sogleich eine Bewertung heraus. Inwiefern schränkt eine Bedingung ein? Was ermöglicht sie? Geht der Mensch in seinen Bedingungen auf, oder gibt es eine Differenz zu ihnen? Und schließlich: Wenn die Welt ein Zeitliches, Veränderliches, Werdendes ist, ist es auch der Mensch als Teil der Welt. Unbestreitbar aber denkt Platon Mensch und Welt zugleich als sich gleichbleibende, wesenhafte Entitäten. Es muss folglich gerechtfertigt werden, die unendliche Vielheit, die sowohl die werdende Natur als auch der Mensch darstellen, als eine Identität zu charakterisieren. Die Frage, ob die Welt und mit ihr der leibliche Mensch durch und durch werdend sind, berührt daher wesentlich die Frage nach der allgemeinen wie nach der personalen Identität der Seele, oder, wie die Hirnforscher sagen, des Ichs, sodass Ontologie und wertendes Selbstverständnis zusammenfallen.

9.2 Das Gute als Wirklichkeitsprinzip

Wir haben nun festgestellt, dass das an der Sinnlichkeit orientierte Denken und erst recht die Sinnlichkeit alleine uns die Wirklichkeit nicht hinreichend erkennen lassen. Erst der Rekurs auf geistig zu erfassende Wesenheiten lässt uns wissen, dass Wirklichkeit nicht nur aus immer wieder wechselnden Zuständen besteht, sondern gleichermaßen etwas Festes voraussetzt. Die Gegenstände unserer Lebenswelt entstehen und vergehen, sie fallen immer wieder anders aus, und doch müssen wir dasjenige suchen, was an ihnen gemein mit den Sachen selbst sein kann, sodass sie als Instanzen allgemeiner Sachverhalte gelten können. Dies führte uns zur Unterscheidung des Gutseins und spezifischen Werkes eines Dinges (man verstehe Ding hier nicht nur als materiellen Gegenstand, sondern überhaupt als einzelne Instanz eines allgemeineren Prinzips). Immer stellt sich die Frage, ob eine identifizierbare Funktion, unterscheidbare Grenzen, Aufgaben, Wirkungen oder ein rational fassbarer Sachverhalt erfüllt werden und ob sich die Teile des Dinges in einer darauf bezogenen bestmöglichen Ordnung befinden, sodass wir es als es selbst ansprechen können: Das gilt für die Unterscheidung eines Atoms genauso wie für die Unterscheidung von Bäumen oder von Relationen wie der Größe.

Insofern erscheint es durchaus berechtigt, nicht nur davon zu sprechen, dass die menschliche Vernunft der Grund für das Sosein der Dinge ist. Denn auch der noch unerschlossene, nicht als Einheit unterschiedene Naturgegenstand muss etwas von sich aus mitbringen, damit wir uns erkennend auf ihn beziehen können: Grenzziehungen müssen möglich sein; es müssen wie auch immer geartete identifizierbare Strukturen, Vermögen oder Wirkungen als Ordnung *vorliegen*. Wer also beispielsweise erklären will, warum der Körperbau von Vögeln, das Konstruktionsprinzip von Reißzähnen oder Baumwurzeln oder auch die innere Struktur des Hirns so sind, wie sie sind, kann selbstverständlich eine Kausalkette anführen und sich immer wieder von Materiezustand A zu Materiezustand B hangeln. Dennoch weiß er mit dieser Methode im Grunde nur wenig über den Grund des Soseins, d.h. über das allgemeine Prinzip, dem etwa die Struktur Hirn mit all ihren Subsystemen folgt bzw. welches sie erfüllt. Wer das inhaltlich bestimmte Gute oder Vermögen eines Dinges rein geistig absondert, kann erst beurteilen, ob die vorliegende Wirklichkeit bestmöglich – und das heißt bei Platon auch: schön – eingerichtet ist.¹⁷ Durch die Anwesenheit (παρουσία) des Prinzips, so wissen wir, vermag das Ding, was es vermag. Die ἀρετή eines Einzelnen, seine Tugend und damit auch sein Gutsein, ist dann der Grund, der das Einzelne erstens es selbst und einheitlich sein lässt und der ihm zweitens seine Erkennbarkeit mitgibt – je nach Grad der Teilhabe.

Wir erfinden also nicht nur solche Vermögen und gestalten nach ihnen Artefakte, sondern wir finden sie auch vor. In der Natur gibt es Vermögen, auf die hin Naturgegenstände ›konstruiert‹ sind; es gibt in ihrem Sein strukturierte Naturgegenstände, welche ein und dasselbe Prinzip ausführen, an denen auch ein Nutzen und Gutes feststellbar ist. Und wir können, so Platon, immer wieder feststellen, dass es solche allgemeinen, nur rational fassbaren Prinzipien in individueller Gestalt gibt – als individuelle Gestalt nur eben nicht rein, sondern vermischt, ungenau, entstehend und vergehend. Die Wirklichkeit des Seienden offenbart sich dem Menschen also Platon zufolge nicht bloß als materielle, wahrnehmbare Wirklichkeit, sondern das Wahrnehmbare führt Werke aus, die erst aufgrund der Wahrnehmung denkend erschlossen werden müssen. Deshalb rechnet Platon eben das Vermögen eines Dinges, sein Gutsein und das, was es bewirkt, selbst zum Seienden¹⁸ und kann es eben deshalb auch als Grund der Anordnung eines Dinges bezeichnen.

Wenn das sinnlich Gegebene erst sachliche Bestimmtheit gewinnt, sofern man es als Teil einer nur erkennbaren strukturellen oder prinzipiellen Einheit begreifen kann, dann wirft das ein weiteres Problem auf, mit dem auch die Neurowissenschaft mit ihrer Emergenztheorie kämpft: Entstehen solche Prinzipien und allgemeinen Vermögen und Funktionen mit ihrer Verwirklichung als vereinzelter Zustand? Wie passt das mit ihrem unzeitlichen, allgemeinen Charakter zusammen? Es muss ja durchaus merkwürdig erscheinen, dass die Natur nicht z. B. irgendwelche verschiedenen beliebigen Erkenntnisvermögen hervorbringt und diese von Individuen ›weitervererbt‹ werden, sondern dass vielmehr für das Erkenntnisvermögen aller er-

---

[17] Ein Beispiel dafür ist die Gegenüberstellung des Holzkochlöffels mit dem goldenen in Hippias I 290 d–291 c: Der Löffel aus Feigenholz sei schöner als der goldene, weil er sein ἔργον, sein Werk, besser verrichte. Der Topf gehe nämlich beim Rühren nicht kaputt, und das Feigenholz füge der Speise ein feines Aroma bei, weshalb derjenige, der kochen will, das spezifische Gutsein und die Schönheit des Löffels am Zusammenspiel von Material, Funktion und Nutzen messe – letztlich also an der Ausprägung seines Wesens.

[18] Politeia 477 c1.

kennenden Individuen stets notwendige (formale) Kriterien wie Einheit, Unterschied usw. gelten, die wir unabhängig ihres zeitlich-räumlich gebundenen Auftretens annehmen müssen. Sind sie dann vielleicht als rationale Möglichkeit der Verwirklichung immer schon ›da‹? Wenn sie aber als seiend und anwesend gedacht werden, neigt man sofort dazu, zu fragen, *wo* sie denn sind. In der Welt? Außerhalb ihrer? Und schon befindet man sich im Fahrwasser einer unpassenden und naiven Unterscheidung von Platonikern und Aristotelikern, von Idealisten und Empiristen, welche entweder das intelligible Allgemeine in den Ideenhimmel verlegen (Transzendenz) oder es im Einzelnen verorten (Immanenz).[19] Das ist die Grenze, an die der Mensch mit seinem *Vorstellungs*vermögen (und das ist nicht das Erkenntnisvermögen) stößt: Stets ist er bei natürlichen Dingen auf der Suche nach einer Vorstellung nach Maßgabe der Sinnlichkeit, um sich das Unzeitliche und Unräumliche des nur Erkennbaren begreiflich zu machen, und er wird doch immer zurückgeworfen auf die zeitliche und räumliche Dimension seines Vorstellungsvermögens, welches ihm das ›immer schon da‹ als ›vorher‹ präsentiert oder das ›anwesend sein‹ als ›hier‹.[20] Da man bei einem so oder so verstandenen Ideenrealismus auf unüberwindbare Hindernisse des Denkens stößt, flüchtet man sich dann in die nicht minder problematische Annahme, die Welt gehe als Bewusstseinsphänomen im Subjekt auf.

Doch können wir von zwei Voraussetzungen ausgehen, welche sich, wie sich zeigte, nur um den Preis einiger Ungereimtheiten negieren lassen. Erstens *ist* die Welt, das heißt, es gibt eine Natur als Totalität des Seienden. Zweitens ist in ihr der leibliche Mensch verortet, der sich erkennend auf diese Natur bezieht und der gleichzeitig ein Teil ihrer ist. Haben wir im Kapitel zur Epistemologie ergründet, welche strukturellen subjektiven Voraussetzungen gelten müssen,

---

[19] Solche Auslegung von Platon und Aristoteles als Vertreter der *universalia ante res* bzw. *in rebus* findet sich etwa bei Wolfgang Stegmüller, Glauben, Wissen und Erkennen, S. 63. Diese Sicht bezüglich Aristoteles teilt im Wesentlichen auch Myles Burnyeat, Is an Aristotelian Philosophy of Mind Still Credible?. A Draft, in: Martha C. Nussbaum/Amélie Oksenberg Rorty (Hgg.), Essays on Aristotle's *De anima*, New York 1992, S. 15–26, S. 19 f. Zum Ideenhimmel, der Platons Antwort auf die Frage sei, »wo die Ideen sind«, siehe Karl Bormann, Platon, Freiburg/München 1973, S. 50. Zur Kritik und Entstehungsgeschichte dieses ›Universalienstreits‹ siehe Arbogast Schmitt, Das Universalienproblem bei Aristoteles und seinen spätantiken Kommentatoren, S. 59–86.
[20] Vgl. Timaios 37 e.

damit eine Wirklichkeit erlebt werden kann, müssen wir nun herausfinden, welche strukturellen objektiven Voraussetzungen gelten müssen, soll überhaupt eine Wirklichkeit als *Grund* allen Erlebens und erkennenden Bezuges möglich sein. Wenn also das philosophische *Grundproblem, dass etwas – und nicht nichts – ist*, besteht und nicht sinnvoll auf das individuelle Bewusstsein ursächlich zurückgeführt werden kann, müssen andere Ursachen gefunden werden: Es geht um eine Begründung des Daseins von Welt, und zwar in solchen Begriffen, welche diejenigen Bedingungen beschreiben, ohne die ein (Da-)Sein schlicht unmöglich wäre. Hiermit kommt in den Blick, was Platon als Letztzusammenhang, erste Ursache und Seinsprinzip angibt: das Gute (ἀγαθόν) oder die Idee des Guten.

Diesem Guten wird eine grundlegende und umfassende Rolle in der Wirklichkeitsbeschreibung zugewiesen: In den drei Gleichnissen im 6. Buch der *Politeia*[21] ist es die systematisch erste Voraussetzung der Seinserkenntnis; es soll die vernünftige Ursache alles Richtigen und Schönen sein und stellt generell das Erhaltende und Fördernde dar (während das Schlechte das Zerstörende und Verderbende ist); es ist Ursache kosmologischer Prozesse; durch das Gute wird alles, was Gebrauch von ihm macht, nützlich und heilsam, und ein Wissen um Ideen wie Gerechtigkeit und Schönheit muss ein Wissen davon sein, inwiefern beides gut ist; das Gute gibt dem Erkennbaren seine Wahrheit, sein Wesen mit sowie dem Erkennenden das Vermögen der Erkenntnis; das Gute ist das, was jede Seele anstrebt und um deswillen sie alles tut; und wer vernünftig und richtig handeln will, muss das Gute erkennen. Zu guter Letzt wird sogar verlangt, dass derjenige, der den erkennenden Aufstieg zum Guten getan hat, wieder zurückkomme und es verwirklichen, also anwenden muss.

Was also wirklich, erkennbar, förderlich und nützlich ist, muss wie beim Einzelding in irgendeiner Weise sein Gutes haben oder am Guten und Erkennbaren teilhaben; das Gute offenbart sich durch Nutzen und als Maßstab einer seienden Ordnung. Es tritt als umfassend ermöglichendes und entfaltendes Prinzip auf, dem das Seiende als Seiendes anteilig genügen muss. Man ist schon geneigt, dies wegen Platons vielen Bezügen auf die Göttlichkeit der Ordnung als bloße theologische Spekulation abzutun; auch deshalb, weil von Sokrates oftmals mit Rücksicht auf den Gesprächspartner ein dezidierter Be-

---

[21] Politeia 504 a ff.

gründungsgang absichtlich ausgelassen wird. Man könnte doch sagen: Das Seiende überhaupt *ist* einfach, da es sich nicht von selbst versteht, dass das Sein auch das Gutsein impliziert. Doch wollen wir uns in den kommenden Kapiteln bemühen, ein Verständnis dafür zu entwickeln, welche Erklärungskraft das Gute hat, und zwar zunächst bezüglich seiner Wirkungsbereiche Natur und Erkenntnis, später dann bezüglich Seele und Ethik. Mit der Analogie des wesentlichen Gutseins, Vermögens und Nutzens von Einzeldingen (wie einem Artefakt) und allgemeineren Sachverhalten (wie dem Kosmos oder der Seele) legt Platon uns nahe, diese Unterscheidungen auch auf die folgenden Sachverhalte anzuwenden: die Bestimmung von Sein und Nichtsein, die Absonderung des Wesens und Vermögens, die Ermöglichung im Sinne eines Gutseins oder die ›Verunmöglichung‹ im Sinne eines Schlechtseins. Auch bezüglich Seele und natürlichem Kosmos werden die Fragen, wie von Platon vorgegeben, daher lauten: Was ist es? Was kann es nicht sein? Was leistet und nützt es? Wann kann es seine Leistung nicht entfalten?

Bezüglich der Ganzheit des Seienden tauchen bei Platon nun einige grundsätzliche Charakteristika als Bestimmungen der Natur immer wieder auf, welche jenes Verhältnis von Wesen und Verwirklichung widerspiegeln. Diese Komplementarität von Sein und Werden gilt es im Folgenden zu explizieren. Ich verfolge dabei gewiss nicht das Ziel, abschließend und erschöpfend die platonische Theorie der Seinsprinzipien zu ergründen. Jedoch will ich an dieser Stelle wenigstens einen partiellen Konsens erzielen: Bestimmte grundsätzliche Begrifflichkeiten platonischer Kosmologie sind kaum vermeidbar. Die wichtigsten und grundlegenden Naturprinzipien, die allenthalben auftauchen – nicht nur im *Timaios* –, sind tatsächlich *erstens* nicht so spekulativ, wie es zuerst scheinen mag und dementsprechend bedenkenswert, wenn eine reale Natur als Grundlage aller Wissenschaft und Erkenntnis von ihr vorauszusetzen ist. Das führt *zweitens* zu dem Nachweis, dass auch die Konstruktivisten diese Bestimmungen zwangsläufig dort anwenden, wo sie dem Realismus frönen. *Drittens* ist Platons Charakterisierung der Natur wohl mit einer schwachen und notwendigen, kaum aber mit einer streng dualistischen Lesart zu vereinen.

9.3 Die Schöpfung: Eine Geschichte vom Seienden

Der Philosoph und Astronom Timaios führt im gleichnamigen Dialog mit einem Weltentstehungsmythos sukzessive vor, aus welchen Komponenten sich die Welt zu einem Ganzen zusammensetzt. In zeitlicher und hierarchischer Abfolge kommen Bestimmungsmomente des Weltganzen zusammen[22]: Als Anfang und Ursache der Natur steht, so Timaios, das Gute in Form eines personalen Gottes und Baumeisters. Er tritt als rationaler Grund des Seins auf, d. h. er gestaltet das Sein nach vernünftigen Maßstäben und nimmt aufgrund seiner Güte sein Werk der Schöpfung in Angriff. Diese göttliche Ursache will als rein gute Ursache die Welt nicht irgendwie, sondern als bestmögliche, vollkommene und schöne erschaffen. Dafür bedient sie sich, wie ein guter Handwerker, der passenden Materialien, die sie nach einem vernünftigen Plan zu ihrem Werk verbindet und anordnet.

Dabei blickt der Demiurg zuerst auf sich selbst: Sein Werk soll ihm selbst ähnlich werden, was in diesem Falle ja heißen muss, möglichst vernünftig, gut, einheitlich, beständig und Gutes erzeugend zu sein. Nach diesem eigenen Prinzip als Vorbild baut er also in platonischer Diktion nach erkennbaren Maßstäben ein Abbild (εἰκών[23]) seiner selbst. Dieses Abbild darf aber nicht als Kopie eines anderen Seienden mit dessen auch zufälligen Eigenschaften verstanden werden, sondern *als Konstruktion eines Wirklichen – hier des Ganzen – aus seinem rationalen Grund*, welcher das Wesen und die Leistung der Sache rein für sich umfasst.[24] Damit wird der Gott, führt man sich platonische Beschreibungen von Konstruktionsprozessen wie dem der Liege vor Augen, zur Idee seines eigenen Werkes: zur Idee von Wirklichkeit. Wenn der Demiurg dabei rational vorgeht, müsste seine Schöpfung, d. h. die Wirklichkeit, für ein erkennendes Wesen nachvollziehbar sein. Das bedeutet, es müsste Einsicht darein zu gewinnen

---

[22] Timaios 29 b6–30 b1.
[23] Timaios 29 b1.
[24] Siehe die Ausführungen in Timaios 28 a–b sowie Politeia 500 c–d, 599 d, 602 a–b und 605 b–c. Vgl. auch Jörn Müller, Der Demiurg würfelt nicht. Die Erschaffung der Welt in Platons Timaios, in: Cornelius Mayer/Christof Müller/Guntram Förster (Hgg.), Augustinus – Schöpfung und Zeit. Beiträge der Würzburger Augustinus-Studientage «Natur und Kreatur» und «Was ist Zeit? – Die Antwort Augustins», Würzburg 2012, 17–45, S. 22.

sein, dass es vernünftig und gut ist, genau so zu bauen, wie es auch geschehen ist, zumindest dann, wenn das Werk seine noch zu klärende Aufgabe erfüllen soll.

Wenn wir die Annahme einer Welt, die dem Subjekt notwendig vorausgeht, nicht vermeiden können, ohne Unstimmigkeiten in Kauf zu nehmen, steht zur Debatte, inwiefern es gerade *diese* folgenden Bestimmungen sind, die den rational nachvollziehbaren Grund von Welt angeben. Können wir also dem mythischen Bild des Kosmos auch heute noch einen rationalen Kern abgewinnen, wenn wir diese grundsätzliche Beschreibung der Entstehung der Wirklichkeit als eine Analyse der Momente, die einer seienden Welt notwendig zukommen müssen, begreifen? Doch wie weist man überhaupt, hat man das Dasein einer Welt erst einmal anerkannt, ihre Wesenseigenschaften als notwendig aus? Hier kommt uns die Darstellung des Mythos entgegen, die Weltschöpfung als einen Handwerksprozess nachzuvollziehen. Wir können so spielerisch mit den Bestimmungen umgehen, versuchen, sie wegzudenken, d. h. in Gedanken die Welt umzuformen. Der Mythos, der uns das Weltprinzip als personalen, planenden Handwerker präsentiert, fordert geradezu dazu auf, Gott zu spielen und zu prüfen, ob dieser wirklich das beste Werk vollbracht hat oder ein beliebiges, das prinzipiell auch besser zu machen wäre.[25]

---

[25] Dass Platon das Absolute auch tatsächlich (nicht nur als mythisches Bild) personal denkt, d. h. als einen absoluten, lebendigen, vernünftigen, mit Erkenntnis und Selbstbewusstsein ausgestatteten Geist, wäre sicherlich zu diskutieren. Dafür argumentiert Wilhelm Schwabe, Der Geistcharakter des ›überhimmlischen Raumes‹. Zur Korrektur der herrschenden Auffassung von Phaidros 247 c–e, in: Thomas Szlezák (Hg.), unter Mitw. v. Karl-Heinz Stanzel, Platonisches Philosophieren. Zehn Vorträge zu Ehren von Hans Joachim Krämer, Hildesheim/Zürich/New York 2001, S. 181–331. Siehe auch die Untersuchungen zum Verhältnis von platonischer Philosophie und Apollonreligion: Christina Schefer, Platon und Apollon. Vom Logos zurück zum Mythos, Sankt Augustin 1996 sowie Karl Albert, Griechische Religion und platonische Philosophie, Hamburg 1980, bes. S. 15–26. Dafür spricht auch die Tatsache, dass die Weltseele als vom Absoluten Prinzipiertes sich selbst bekannt, befreundet mit sich und selig ist (Timaios 34 b), d. h. empfindend und bewusst ist. Diese Diskussion wäre aber Gegenstand einer gesonderten Untersuchung. Siehe dazu auch Franco Ferrari, Der entmythologisierte Demiurg, in: Dietmar Koch/Irmgard Männlein-Robert/Niels Weidtmann (Hgg.), Platon und das Göttliche. Antike-Studien, Bd. 1, Tübingen 2010, S. 62–81. Ferrari weist dem Demiurgen im Einklang mit neuplatonischen Interpretationslinien keine eigene metaphysische Stelle (neben der Ideenwelt) zu, sondern deutet ihn als zu Zwecken der Didaktik verbildlichte und personalisierte Funktion der Ideenwelt. Der Demiurg sei identisch mit der *Totalität* bzw. *Ganzheit* des Ideenkosmos (oder, gleichbedeutend, des intelligiblen Lebewesens), d. h. auch mit dem schöp-

Die Schöpfung: Eine Geschichte vom Seienden

Auch hier greift die Analogie von Handwerker und Gott: Will der Tischler etwa eine Liege bauen, blickt er auf die Idee der Liege, also auf die Kriterien, die angeben, was eine Liege sein und leisten muss. Von diesem Maßstab lässt er sich bei der konkreten Bautätigkeit leiten und wählt passend zur Erfüllung des Maßstabes die Materialien und die Anordnung der Materialien aus. Das Ergebnis seiner Tätigkeit wird wiederum anhand der Idee geprüft: Herauskommen soll eine wirkliche Liege, die den erhofften Nutzen des nur gedachten Allgemeinen beständig erfüllt – und wenn diese Wesensaufgabe, d. h. die des praktischen Nutzens, in hohem Maße verwirklicht ist, ist das Werk auch gut.

Derselbe Vorgang ist beim Demiurgen geschildert. Er will das Seiende als Wirkliches schaffen und blickt dazu auf die Kriterien, die es zu erfüllen gilt. Wir müssen also wie der Demiurg bei der Gestaltung der Wirklichkeit auf die Idee und das Wesen, diesmal nicht der Liege oder auch, wie früher geschehen, der Erkenntnis, sondern diesmal der Wirklichkeit schauen und uns am Guten orientieren – was bedeutet, die notwendigen Prinzipien und die *Kriterien zu erfassen, nach denen Wirklichkeit konstruiert werden muss, um Wirklichkeit zu sein.* Hiermit ist auch bereits benannt, welche Aufgabe diesem Werk zugedacht werden kann; denn *an sich* gut oder bestmöglich kann etwas ja nur dann sein, wenn es auch einen Nutzen erfüllt, der

---

ferisch-ordnenden Wirken und der Lebendigkeit des Seienden. Damit verfolgt Ferrari eine Deutungsmethode, die auch ich in dieser Arbeit nutze: Die Temporalisierung und Personalisierung von theoretischen Zusammenhängen erlaubt es, eben diese in ihre Konstituenten aufzulösen und so begrifflich zu unterscheiden. Zu fragen wäre nun angesichts der naheliegenden und auch terminologisch von Platon angedeuteten Identifikation von Demiurg und dem Guten (der Demiurg wird in Timaios 29 a6 etwa als ἄριστος τῶν αἰτίον, der beste unter den Ursachen, bezeichnet), ob *der Ganzheit der Prinzipienwelt die Rolle des seinserzeugenden Guten* zugedacht wird: Ferrari weist, auch wenn er sich gegen diese Identifikation ausspricht, zurecht darauf hin, dass das Ganze den Teilen, die es bilden, systematisch übergeordnet ist. (Franco Ferrari, Der entmythologisierte Demiurg, S. 77 f.) Zusammen mit der dem Guten zugeschriebenen Wirkmächtigkeit, Nutzenerzeugung und Erkennbarmachung wäre damit auch das Kriterium des Einen-Guten erfüllt, ἐπέκεινα τῆς οὐσίας zu sein – d. h. als Totalität und Einheit der Prinzipien eine systematische Stelle jenseits ihrer einzunehmen. Diese Interpretation wäre auch im Einklang mit dem Befund, dass der Demiurg selbst in seinem Schöpfungsakt als Idee von Wirklichkeit überhaupt fungiert und somit als Einheit und Urgrund des Seienden. Zu diskutieren wäre also die These, ob bei Platon das Gute, das Schöne, der Demiurg, die Ganzheit der Ideen und letztlich auch Apollon als Einheit der Gegensätze eine gemeinsame systematische Stelle einnehmen. (Dafür argumentiert auch Christina Schefer, Platon und Apollon, S. 164–167)

keine Alternative kennt. Und da es hier um das Ganze, um die Wirklichkeit der Welt überhaupt geht, kann es sich nur um die Frage handeln: Sein oder Nichtsein? Das ist die Alternative des Ganzen schlechthin; und sollte sich herausstellen, dass das Sein der Wirklichkeit nur durch genannte Eigenschaften denkbar ist, lässt dies auch zu, das Ganze im Guten zu gründen: denn das *Sein und Dasein wäre gegenüber dem Nichts oder Nicht-Dasein eine Leistung, aus der erst jeder Nutzen seinen Grund erfährt – womit also das Dasein selbst Nutzen ist und Wert besitzt.*

Im Falle der konkreten Liege also ist der Grund für ihre Erkennbarkeit, der Grund dafür, dass wir dieses Ding als Liege ansprechen können, ein Wissen um Eigenschaften, Wesensaufgabe und Erfüllung; ebenso ist die Aufgabe beim Nachvollzug des Natürlichen, den Grund dafür zu ermitteln, dass wir eine Wirklichkeit als solche ansprechen können. Sein Bauwerk nun, den natürlichen Kosmos, stattet der Demiurg dafür mit einigen wesentlichen Eigenschaften aus, von denen ich hier nur die wichtigsten und allgemeinsten herausgreife; Eigenschaften, die er einerseits vorfindet und die er andererseits durch Einsetzen besonderer Ordnungen erzeugt:

- Dem Demiurgen liegt das Material des Natürlichen ungeordnet und von blinder, ungerichteter Notwendigkeit getrieben vor. Er nimmt das, was in Unordnung war und ordnet es, weil ihm der *geordnete Zustand besser* scheint.[26] So ist die Welt gleichzeitig geordnet *und* werdend, da das Material der Ordnung ein chaotisches, auflösendes, sich der starren Ordnung entziehendes Moment hinzufügt[27]: Bewegung ist das konstitutive Moment des Weltmaterials.[28]
- Damit gibt es in der Natur zwei Arten von Ursachen, auf die man sich erkennend richten kann und soll: die vernünftigen, ordnenden Ursachen als Prinzip der Anordnung und die vernunftlosen, aus bloßer materieller, aber notwendiger kausaler Wechselwirkung bestehenden Mitursachen (συναίτια).[29] Diese materielle Notwendigkeit – abstrahierend noch ohne Ordnung gedacht – wird von der Vernunftordnung durch Überredung in den Dienst

---

[26] Timaios 30 a.
[27] Timaios 48 a.
[28] Timaios 57 d–58 c.
[29] Timaios 46 d–e.

Die Schöpfung: Eine Geschichte vom Seienden

des Vernünftigen gestellt, sodass sie stets die Ordnung erfüllt und verwirklicht. Die Welt wird daher als eine *Vereinigung von Vernunft und Notwendigkeit* bezeichnet.[30]

– Der Demiurg erschafft *das Ganze als Eines*, da eine zweite Wirklichkeit wieder einen Übergeordneten Begriff von Welt voraussetzt und man also wieder beim Begriff des Ganzen als Einem anlangt.[31] *Die Welt als Ganze, das folgt aus dem Einheitsbegriff, genügt sich selbst, weist einen inneren Zusammenhang auf* und erfährt keine Zu- oder Abnahme.[32]

– Die Welt ist *räumlich*, und in diesem Raum ist alles miteinander zu einer *Einheit* verknüpft; das einheitliche Ganze ist, obwohl in sich inhomogen und damit werdend bzw. bewegt, unvergänglich.[33] Der Raum an sich wird genauso wie die noch ungeordnete Materie an sich dabei als eine bloße Abstraktion, als Denkbares aufgefasst[34], welches so für sich nicht existiert: Das Material des Weltenbaus ist, sobald Teil der Welt, schon auf das Sein als Welt *hingeordnet*, womit auf den Kosmos Begriffe wie Besonnenheit und Gerechtigkeit angewendet werden können: die Einhaltung der prinzipiellen Seinsordnung sowie die Einnahme des den Teilen zukommenden Platzes. Das Material (χώρα), welches systematisch noch vor der Bildung der Elemente und Elementarkörper steht, wird als Prägemasse und Amme des Werdens bezeichnet, welche sich darüber definiert, selbst formlos alles zu enthalten und aufzunehmen – mithin eine reine Potentialität der Verwirklichung des Seienden zu sein.[35] Der Raum als mit Welt gefüllter Raum ist also der *Ort von Wirklichkeit*. Weder

---

[30] Timaios 48 a.
[31] Timaios 31 a.
[32] Timaios 33 b–34 a.
[33] Timaios 31 b–33 b. Die Idee, dass das Material des Weltenbaus schon vorliegt und als solches auch nicht untergeht, steht ganz in der Tradition antiker Atomisten. Vgl. beispielsweise diese These später bei Lukrez, De rerum natura, I, 149–150: Dessen Naturbetrachtung »wird von da den Ausgang uns nehmen,/ daß kein Ding aus nichts entsteht auf göttliche Weise *(nullam rem e nihilo gigni divinitus umquam)*.« In I, 248–249 heißt es: »Also kehret zurück kein Ding ins Nichts *(haud igitur redit ad nilum res ulla)*, sondern alle kehren durch Trennung zurück in die Ursprungskörper des Stoffes.«
[34] Timaios 49 d–50 a und 51 a–b. Qualitäten, also die Bestimmung eines Was-es-ist oder Wie-es-ist, kommen dem Material an und für sich nicht zu.
[35] Timaios 50 c–e und 52 a–b.

Der Mythos von der Natur

der Raum noch das Material sind insofern ein Seiendes wie das, was sie enthalten und aufnehmen.[36]
- Die Welt als eine Werdende und Gewordene *muss* (δή!) körperlich, sichtbar und betastbar[37], damit den Sinnen zugänglich und in der Folge also *überhaupt individuell-leiblich erfahrbar* sein.[38]
- Die Welt ist *ein ewiges Vor und Nach* und damit ein bewegliches Abbild der Ewigkeit. In diesem Vor und Nach gibt es wiederkehrende *Regelmäßigkeiten*, welche als *Regel*mäßigkeiten notwendig auch mathematisch erfassbare Vorkommnisse im Sinne einer prozessualen Ordnung darstellen.[39]
- Die Welt ist ebenso nach mathematisch erfassbaren *Proportionen* im Sinne einer räumlichen Ordnung geschaffen.[40]
- Das Ziel und Ergebnis des Einsetzens einer vernünftigen Ordnung ist die Beseelung des Ganzen; die Beseelung ist die *Schaffung der Seele im Körper, um das schönste und beste Werk zu vollenden.*[41] Die Welt ist jetzt selbst ein Gott, dessen Ganzes *von Seele durchdrungen* ist; die Seele ist die systematisch vorgängige Form und beherrscht als vernünftiges Ordnungsprinzip den ihr unterworfenen Körper des Ganzen.[42] Da die Kriterien für Beseeltheit und Lebewesen in diesem Fall nicht nach modernen Maßstäben mit dem individuellen Bewusstsein gleichgesetzt werden dürfen[43], sondern zunächst mit Vernünftigkeit, Selbstbewegung und Zeugung, erweist sich das Seiende der Welt dem

---

[36] Um den χώρα-Begriff bei Platon gibt es durchaus Diskussionen (siehe zu einer Übersicht: Kyung Jik Lee, Platons Raumbegriff. Studien zur Metaphysik und Naturphilosophie im ›Timaios‹, Würzburg 2001, S. 126–149). Bezeichnet der Begriff den Raum als reine Extension? Bezeichnet er die Materie als extensives Substrat? Wegen der Bezüge zur Prägemasse und zur Formaufnahme halte ich Letzteres für wahrscheinlicher: Das Substrat ist an Extension (d. h. *Dasein*) gebunden, und dieses extensive Dasein überhaupt wird in der reinen Extension aller τόποι denkbar.
[37] Timaios 31 b.
[38] Timaios 28 b.
[39] Timaios 37 d–38 d.
[40] Timaios 35 a ff.
[41] Timaios 30 b.
[42] Timaios 34 b–c.
[43] In Timaios 33 c–d wird demgemäß der Welt, obwohl sie die Kriterien des Lebewesenseins erfüllt, auch die Sinnlichkeit abgesprochen: Sie besitzt, da sie sich selbst genügt und alles umfasst, keine Sinnesorgane, Extremitäten-Werkzeuge oder Werkzeuge zur Nahrungsaufnahme. Solche Werkzeuge setzen eine Differenz oder eine Teil-Ganzes-Beziehung des Lebewesens zu einer Welt voraus – beides kann auf die Weltseele nicht zutreffen.

Die Schöpfung: Eine Geschichte vom Seienden

Begriffe nach als eine belebte, sich aus sich heraus bewegende, werdende, zeugende, körperlich manifestierte Rationalität, die sich im Ganzen zeigt.[44] Somit ist das Ganze qua Selbstbewegung, Vernünftigkeit und Zeugung ein Lebewesen, welches alle anderen Lebewesen in sich fasst.[45]

Ein Schema kann die Welt als Verbindung von verwendetem Material und in ihm geltenden Prinzipien anschaulich machen:

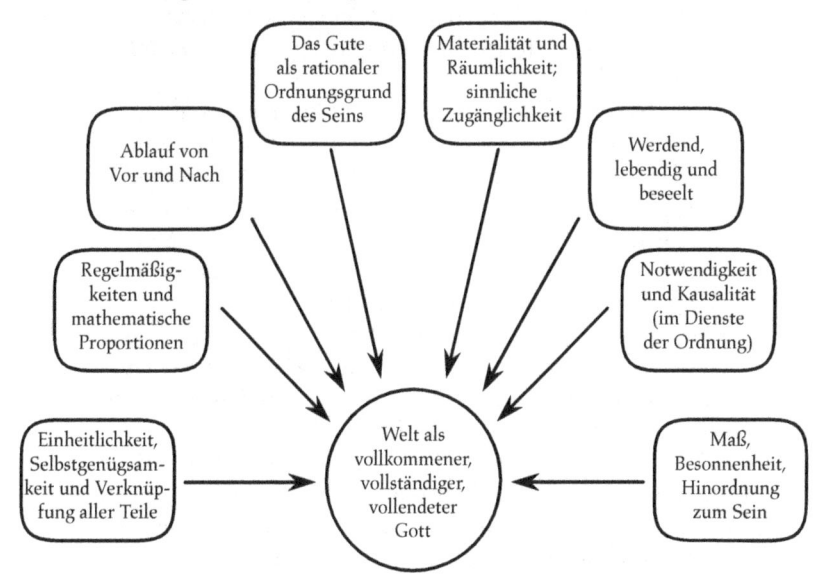

```
                  Das Gute           Materialität und
                  als rationaler     Räumlichkeit;
                  Ordnungsgrund      sinnliche
                  des Seins          Zugänglichkeit
        Ablauf von                                      Werdend,
        Vor und Nach                                    lebendig und
                                                        beseelt

        Regelmäßig-                                     Notwendigkeit
        keiten und                                      und Kausalität
        mathematische                                   (im Dienste
        Proportionen                                    der Ordnung)

   Einheitlichkeit,         Welt als               Maß,
   Selbstgenügsam-          vollkommener,          Besonnenheit,
   keit und Verknüp-        vollständiger,         Hinordnung
   fung aller Teile         vollendeter            zum Sein
                            Gott
```

Es ist in diesem Zusammenhang doch sicherlich kaum als Zufall zu betrachten, dass wir mit den von den Hirnforschern der Natur zugesprochenen Eigenschaften eine fast identische Liste an nicht konstruierten Naturprinzipien gewinnen, welche der ›Wirklichkeit an sich‹ implizit zugesprochen werden und demnach die Kritik am platonischen Realismus und Dualismus fragwürdig werden lassen:
– Als fraglos gilt den Hirnforschern die *Determination* oder *Naturnotwendigkeit*.
– Diese manifestiert sich selbstverständlich an einem selbst unanschaulichen *materiellen Substrat* bzw. an der *Materie*.

---

[44] Timaios 33 a–34 a. Siehe zur vernunftgemäßen Bewegung: Nomoi 896 a–898 c; zur Zeugung: Symposion 206 c–207 d.
[45] Timaios 30 c–d.

- Damit ist zugleich ein irgendwie *Räumliches* angenommen, in dem das materielle Substrat seinen Platz hat.
- Die Determination in der Natur impliziert die Abfolge von Zuständen, im Sinne von *Zeitlichkeit*, Prozessualität, dem Werden und in sich Inhomogenen.
- Darüber hinaus gibt es in der Natur den Hirnforschern zufolge keine ontologischen Sprünge oder Diskontinuitäten, womit die *Homogenität* bzw. *Einheitlichkeit* des Ganzen genauso wie die
- *Selbstbewegung*, die *Selbstgenügsamkeit* und die *Einzigkeit* impliziert sind.
- In der Natur gibt es außerdem Systemzustände, somit nachvollziehbare, sich perpetuierende *Ordnung* in davon zu unterscheidenden individuellen, einander ablösenden Auflösungserscheinungen – was nur den Schluss zulässt, dass auch im Naturbild der Hirnforscher eine *lebendige Zeugung sowie die Einordnung materieller Zustände in vernünftige, rational nachvollziehbare Seinszusammenhänge* ihren Platz haben.
- Diese Natur zu guter Letzt ist, wie bei Platon, zumindest in Maßen *naturwissenschaftlich zugänglich:* sei es über einen biologischen Funktionalismus, über mathematische Regeln, Proportionen, Systemerforschung oder Information.

Diese Liste kann uns schon als erster Hinweis darauf dienen, dass es offensichtlich schwer ist, Natur ohne die von Platon genannten Eigenschaften zu denken. Bevor wir aber darauf kurz eingehen, müssen wir noch grundsätzlicher klären, wie wir überhaupt das Zusammenkommen der Eigenschaften verstehen dürfen. Ich habe bereits angedeutet, dass das Verhältnis von rational fassbarer Ordnung und materieller Verwirklichung auch bei den Hirnforschern stets das Problem berührt, was die Wirklichkeit ist – ob die materielle Natur der eigentliche (Entstehungs-)Ort des Intelligiblen ist oder ob doch das Intelligible einen eigenen Seinsbereich darstellt. Der platonische Weltmythos legt ja durchaus ein dualistisches Seinsverständnis nahe, wenn man ihn wörtlich nimmt: hier die Natur als Gesamtheit des materiellen Daseins, dort die Ideen, allen voran das Gute, als unabhängige, auf die Natur einwirkende Wesen. Die Hirnforscher dagegen vertreten ein monistisches Weltbild und würden sicherlich die natürliche Ordnung, in welcher Form sie auch auftritt, als durch Materiekonglomeration genetisch hervorgebrachten Systemzustand definieren. Das impliziert, wie schon im ersten Teil dieser Arbeit festgestellt, die Immanenz allgemeiner Strukturen.

Beides, die Annahme der absoluten Transzendenz wie auch der Immanenz führt zu Problemen in der Wirklichkeitsbeschreibung. Vieles spricht dafür, dass Platon diese Probleme sah und er deshalb die Unterscheidung der die Natur konstituierenden Momente nicht im Rahmen dieser zwei Alternativen vornimmt. Der Nachweis, dass die verschiedenen Eigenschaften notwendig anzunehmen sind, muss daher zugleich im Blick behalten, welcher Art ihr gemeinsames Auftreten ist.

9.4 Teile und ihre Einheit: Die Komplementarität von Sein und Werden

Freilich, die Natur, wie Platon sie zeichnet, hat eine duale Struktur. Ihre materielle Seite ist eine Natur des Werdens, in welcher ein stetiges Entstehen und Vergehen seinen Platz hat. Es ist also eine Natur, die prinzipiell – wenn man das Bleibende als Maßstab nimmt – von Unordnung und Ineinanderfließen gekennzeichnet ist, eine Natur, auf welche ein Erkennen nur mit Ungenauigkeit zugreifen kann. Diese Voraussetzungen würde vielleicht ein moderner Naturwissenschaftler noch zugestehen. Schwieriger wird es, kommt man auf die ideelle Seite der Natur zu sprechen: auf das Gute, dessen Wirkung eine vernünftige Ordnung des Naturganzen sein soll und das im Gegensatz zum Werdenden den Gegenstand sicherer Erkenntnis darstellt.

Doch sollte man zumindest die Warnung Sokrates' im *Phaidros* beachten, dass es das Geschäft des Dialektikers zwar sei, zu unterscheiden und zu zergliedern; dabei sei aber zu beachten, nicht »irgendeinen Teil zu zerbrechen« und dafür Sorge zu tragen, die unterschiedenen Teile immer auf das Ganze, dem sie angehören, zurückzubeziehen.[46] Und tatsächlich wären wesentliche Aussagen, die Platon zum Ganzen der Natur trifft, unverständlich, verwechselte man die *Unterscheidung* von eigenständigen Momenten *eines* Ganzen mit dem Postulat einer absoluten, fast schon räumlich gedachten *Trennung* verschiedener Entitäten, die auf wundersame Weise zusammengefunden hätten.

Ein wirklicher Dualismus beinhaltete nämlich eine paradoxe Voraussetzung, die Platon, wie sich sogleich herausstellen wird, keineswegs so einfach macht: Die zwei getrennten Seinsbereiche müssten

---

[46] Phaidros 265 d–266 b.

zwar irgendwie miteinander in Kontakt stehen; sie dürften aber nicht *notwendig* füreinander sein, da im Dualismus jedem Seinsbereich ein eigener Daseinsmodus zugesprochen wird, welcher nicht auf sein Gegenüber verweist, dieses braucht oder sich durch das Gegenüber bestimmt. Und letztlich heißt das: Der volle Begriff der Wirklichkeit müsste sich schon durch den Rekurs auf nur einen der zwei Seinsbereiche vollständig klären lassen, da ja jeder der beiden *für sich ist*.

Im Falle von Platon müsste die Frage daher lauten, ob die Unterscheidung zwischen dem Ewigen, Unkörperlichen, Unveränderlichen der Idee auf der einen Seite und dem Werdenden, Körperlichen, Veränderlichen der Natur auf der anderen Seite der Unterscheidung von Teilen *einer* Sache gleichkommt[47], sodass zwar die Konstituenten für sich genommen ihrem Sein nach bestimmbar sind, ihr voller Sinn und ihr volles Sein sich aber erst durch ihre Rolle im Gesamtzusammenhang ergeben. Im *Theaitetos* werden diese Verhältnisse von Ganzem und Teilen am Beispiel eines Wortes diskutiert[48]: Ein Wort ist eine an sich unteilbare Einheit, von der nichts weggenommen werden kann, ohne dass es etwas anderes wird. Man kann nun an dem Wort Silben und daran wiederum Buchstaben als eigenständige Entitäten unterscheiden, aus denen das Wort notwendig besteht, soll es ein Wort sein. Dennoch ist das Wort als Verknüpfung der Teile zu einer (Sinn-)Einheit erstens etwas völlig anderes als die Aufzählung oder das Nebeneinander seiner Teile, weswegen die Erkenntnis der Teile nicht schon die Erkenntnis des Ganzen ist; zweitens kommt den Teilen mit ihrer Hinordnung auf die Einheit des Wortes eine Bestimmung und Funktion zu, die ihnen für sich genommen nicht inhärent ist. Die These muss daher bezüglich des Natürlichen sein, dass seine Eigenschaften als Summe bestehen bleiben, weil es ansonsten nicht mehr es selbst wäre – und das würde beim Ganzen einem Abgleiten ins Nichts oder ins Nichtsähnliche gleichkommen.

---

[47] Vgl. Verity Harte, Plato's Metaphysics, in: Gail Fine (Hg.), The Oxford Handbook of Plato, Oxford 2008, S. 191–216, S. 207: »*One direction we should be careful to avoid being led is in the direction of talking as though Plato is somehow committed to two different* realities. *Assuming that reality is what there is – whatever that turns out to be – then it is hard to see that it makes any sense to talk of* two *realities; Plato's view, rather, should be understood as the view that the deliverances of perception do not exhaust (and may in some way distort) the contents of reality.*«

[48] Theaitetos 204 a–206 b.

9.5 Die Ordnung ohne das Werdende

Bereits im *Phaidon* findet sich ein entscheidender Hinweis auf Platons Verständnis des Verhältnisses von (geistigem) Prinzip und (materieller) Natur. Sokrates geht, wie schon zitiert, auf das Begründungsdefizit der Naturforscher ein: Diese erklärten die physischen Ursachen zum Grund des Seienden und der Wesensunterscheidung; sie versäumten es dabei aber, das Gute überhaupt als zusammenhaltendes Prinzip sowie das spezifische Gutsein von Dingen als Maßstab für die gegenständliche Einheit zu erfassen. Scheinbar nebenbei wird jedoch auch eine wesentliche Aussage zur Frage getroffen, ob das Dasein der Natur für das Gute notwendig ist, oder ob Zeit, Materialität und Raum eine beliebige Alternative im Bau der Wirklichkeit darstellen – eine Alternative, welche ebenso gut nicht sein könnte. An einem jeden Ding sei nämlich zum einen die Ursache (αἴτιον) zu unterscheiden, also das allgemeine wie spezifische Gute, zum anderen aber – und das ist hier das Entscheidende – »jenes, *ohne welches die Ursache nicht Ursache sein könnte*«, womit die materiellen Mitursachen oder Bedingungen gemeint sind.[49]

Wenn nun die Ursache ohne die Mitursache nicht sie selbst sein kann, meint das doch: Materialität, Zeit und Raum sind hier als notwendige Bedingung dafür eingeführt, dass ein Prinzip überhaupt Prinzip *für etwas* ist; das heißt, dass ein Prinzip mit der veränderlichen, potentiell alle Formen aufnehmenden Materialität eine *Verwirklichungsform* hat, worin es als systematische Ursache und Ordnung erst wirken kann, worin erst das Zeugen und die Individualität möglich sind. Wir können schlussfolgern, dass ein Prinzip, um ursächlich zu sein (und das heißt ja auch, sein Wesen zu erfüllen), sich selbst nicht genügt, sondern der Welt bedarf – es bedarf eines *Wirkbereiches*, in welchem sich die Allgemeinheit zum Individuierten entfalten kann. Der Gedanke, dass das Zeitlich-Materielle notwendige Bedingung für einen Begriff von Wirklichkeit ist, ist dabei erst einmal so einfach wie einsichtig, weil er sich aus dem Begriff eines Wirkenden und Allgemeinen, rein Geistigen ergibt: Eine bloße Ideenwirklichkeit, eine Realität also, die *nur* geistige, allgemeine Möglichkeit wäre, wäre eine ortlose und fruchtlose Realität, die kein Neues und keine lebendige Bewegung des Seins enthielte. Denke ich die materielle, veränderliche Welt weg, so nehme ich dem Sein das *Dasein*

---

[49] Phaidon 99 b; Kursive T. G.

(oder: seine Daseinsform), das Konkrete, ohne welches jedes bildende Strukturprinzip ohne das zu Bildende bliebe.

Der Bedürftigkeit des Prinzips nach dem Prinzipierten entsprechend steht es dem göttlichen Demiurgen im Mythos des *Timaios* auch nicht frei, sein Werk *nicht* in Angriff zu nehmen und sich an seinem ewigen Selbstsein zu erfreuen. Der Grund dafür, weshalb er die Welt schaffen will, ist, dass er gut ist.[50] Er ist aber *vice versa* auch nur gut, *wenn* er zeugt, d. h. durch Verwirklichung einen konkreten Nutzen schafft. Damit ist schon die Notwendigkeit der materiellen Wirklichkeit für das Prinzip angegeben: Das Gute erzeugt, weil es gut ist; somit steht der Grund seines Wirkens nicht zur Disposition, da dieses seine unvermeidliche Wesensnatur ist[51] – und so ist die Ausübung seines zeugenden Wesens wiederum für den Demiurgen im mythischen Bild nicht disponibel.

9.6 Das Werdende ohne Ordnung

Dass aber diese Wirklichkeitsform, soll sie überhaupt Seiendes oder Welt genannt werden können, wiederum der Ordnung bedarf, ist genauso offensichtlich: Ein striktes *panta rhei*, das keinen Zustand, nichts Festes kennt, ist ein reines Chaos und insofern keine Wirklichkeit, die etwas Lebendiges und Erkennendes beherbergen oder hervorbringen könnte, geschweige denn der Erkenntnis irgendetwas zur Unterscheidung böte. Platons Kritik an einer absolut verstandenen heraklitischen Flusstheorie beruht somit auf der Feststellung eines Widerspruchs zwischen Theorie und Wirklichkeit: Das Fehlen einer sich gleich bleibenden Ordnung wäre nicht mit dem Daseienden und seiner Erkennbarkeit zu vereinbaren; eine (bei aller Veränderlichkeit) völlig uneinheitliche Realität widerspräche nicht nur unserer Erfahrung, sondern überhaupt der *Möglichkeit* von Erfahrung, von Wissen, Gedächtnis, Mensch und identifizierbarer Dinglichkeit. Eine verfehlte Prinzipienerkenntnis ist deshalb, so Platon, die Schuld des Erkennenden, sie gründet sich nicht in der Prinzipienlosigkeit der Wirklichkeit.[52] Könnten wir keine ontologische und epistemologische

---

[50] Timaios 29 d6–e1.
[51] Politeia 379 a–383 c.
[52] Phaidon 90 c–d. Eine Theorie wie der neurowissenschaftliche Konstruktivismus, die die Wirklichkeit zur Chimäre erklärt, die Einheit des Subjektes negiert und Wahr-

Das Werdende ohne Ordnung

Ordnung als Grund jeder einzelnen Erkenntnis voraussetzen; könnten wir diese Ordnung nicht im anderen Menschen als *identisch* annehmen; könnten wir also nicht voraussetzen, dass mit den sich gleichbleibenden seelischen Vermögen ein Bezug auf das identische Welthafte hergestellt wird, müssten wir entgegen der Wirklichkeit eingestehen, dass eine intersubjektive Verständigungsbasis, d.h. der dialogische Bezug zu sich selbst und zum anderen Menschen fehlte, ja dass Wissensinhalte, selbst wenn sie sich nicht im selben Moment mitsamt dem Wissenden wieder auflösten, schlechterdings nicht aufeinander bezogen werden könnten.[53] Bei einem stets und richtungslos Veränderlichen könnten wir also genauso wenig von einer nützlichen Wirklichkeit sprechen wie im Falle einer Realität reiner, ewiger Prinzipien – ein umfassender Wirklichkeitsbegriff wird aus diesem Grunde von Platon als ein gegenseitiges Abhängigkeitsverhältnis von Ordnungsprinzipien und Materialität (also Sein und Werden) charakterisiert.[54] Ein Prinzip wird mithin als sich selbst gleichbleibender Grund einer Vielheit gedacht; es enthält schon wesentlich seine eigene Entfaltung im Welthaften.

Dieses Wirklichkeitsverständnis wird auch im Gigantomachie-Abschnitt des Dialoges *Sophistes* deutlich.[55] Platon vergleicht hier die sich unversöhnlich gegenüberstehenden Ideenfreunde und Materialisten mit der Gigantomachie, dem mythischen Kampf zwischen den olympischen Göttern und den irdischen Giganten. Dass er sich gegen die Materialisten ausspricht, die nur das Werdende der materiellen Natur als Seiendes anerkennen, ist nicht weiter verwunderlich. Doch auch die Ideenfreunde befänden sich auf dem Irrweg, wenn

---

heit relativiert, gerät deswegen, wie im ersten Teil dieser Arbeit gezeigt, *notwendig* in Widersprüche: Sie erfasst die eigenen ontologischen, epistemologischen und subjektiven Bedingungen nicht, welche die Theorie überhaupt erst ermöglichen.

[53] Siehe die Kritik des Homo-mensura-Satzes, Theaitetos 161 c–e.

[54] Insofern stimme ich Krämer zu, bei Platon die Wirklichkeit als eine Einheit aus Prinzip (des Einen-Guten) und Gegenprinzip (der Vielheit, Negativität und Materialität) ansehen zu müssen, was ja auch mit den Testimonien zu vereinbaren ist. (Hans Krämer, Die Idee des Guten, 201 f. Siehe auch Thomas Szlezák, Platon und die Pythagoreer, S. 9–32) Krämers Annahme allerdings, dass das Gegenprinzip nur der Oralität vorbehalten gewesen sein soll, teile ich angesichts der notwendigen Rolle, die Platon dem Vielen nicht nur in den Dialogen *Phaidon*, *Sophistes* oder *Timaios* zugedenkt, nicht. Was im Sonnen- und Liniengleichnis noch aus Rücksicht auf den Erkenntnisstand der Gesprächspartner zurückgehalten wird, wird also an anderer Stelle durchaus noch explizit formuliert.

[55] Sophistes 246 a–249 d.

sie als wirklich Seiendes bloß die unkörperlichen, unveränderlichen, starren Ideen ansehen würden, welche abgetrennt für sich existierten und so weder Individuelles erzeugend noch erkennbar wären. Mit dem Bild der Gigantomachie klingt also auch im *Sophistes* die Überwindung bzw. Versöhnung der scheinbaren Gegensätze an. Platon einen absoluten χωρισμός von Ideen und Welt zu unterstellen, kommt der Annahme gleich, er verträte eben jenes naive Vorverständnis von Ideen, das er hier wie auch im *Parmenides* den jungen Dialogpartnern als zu überwindende Erkenntnisstufe präsentiert.

Angesichts solcher Bestimmungen der Wirklichkeit als eine Einheit von Prinzip und Vielheit, von Ruhe und Bewegung, von Geistigem und Materiellem sollte die These zweifelhaft werden, Platon vertrete eine strenge Zwei-Welten-Theorie, nach welcher man die Natur ontologisch von den Ideen trennen kann, um einen Wirklichkeitsbegriff zu erhalten – mit der entsprechenden Wertung des Natürlichen; es ist doch gerade eines der wesentlichen Anliegen Platons, zu zeigen, dass Einheit und Vielheit zusammen Grundbestimmungen des Seins überhaupt sind, welches als Wirklichkeit im umfassenden Sinne verstanden werden kann. Dies bedeutet aber nicht, das Selbstsein, die Eigenständigkeit und Unterscheidbarkeit der Prinzipien anzuweifeln zu müssen.[56] Das Prinzip ist – analog zur Idee der Liege und ihrer konkreten Instanz – nicht das durch das Prinzip Fundierte, und in diesem Sinne ist mit Platon durchaus für einen schwachen χωρισμός, für eine systematische Trennung und Unterschiedenheit von Idee und Welt zu argumentieren; diese finden jedoch zusammen, wenn es um die Konstitution von Natur als Wirklichkeit geht.[57]

Nur unter dieser Prämisse ist eine Äußerung im *Timaios* verständlich, welche keinen erkennbaren Sinn hätte, verträte Platon tatsächlich die Ansicht, die materielle Welt sei ein nicht notwendiges, defizitäres Anhängsel der Prinzipienwirklichkeit: Da heißt es, der Demiurg habe mit der werdenden Natur »den sich selbst genügenden (αὐτάρκη) und vollkommensten (τελεώτατον) Gott« erzeugt.[58] Dies

---

[56] So argumentiert im Wesentlichen auch Karen Gloy, Studien zur platonischen Naturphilosophie im Timaios, Würzburg 1986, S. 13 f.
[57] Die fehlende Trennung von Prinzip und Prinzipiertem, also die Immanenz des Allgemeinen, war vielmehr dem pythagoreischen Theoriegebäude inhärent. (Vgl. zu Aristoteles' Unterscheidung von Pythagoreismus und Platonismus anhand der (Ideen-)Zahlen und des Gegensatzes Eines-Vieles: Alexander Szlezák, Platon und die Pythagoreer, S. 19–29)
[58] Timaios 68 e.

wird sogar an späterer Stelle noch einmal wiederholt und bekräftigt. Der letzte Absatz des Dialoges als denkbar prominenteste Stelle, welche alles zusammenfasst, lautet folgendermaßen:

Und so wollen wir nun sagen, daß unsere Untersuchung über das All nun schon ihr Ziel erreicht hat. Denn indem diese unsere Welt sterbliche und unsterbliche Lebewesen erhielt und derart mit ihnen erfüllt ward, ist sie ein sichtbares Lebewesen, das die sichtbaren (Lebewesen) umgibt, als Abbild des (nur) denkbaren (Lebewesens), ein wahrnehmbarer Gott, der größte und beste, schönste und vollkommenste geworden (εἰκὼν τοῦ νοητοῦ θεός αἰσθητός, μέγιστος καὶ ἄριστος κάλλιστός τε καὶ τελεώτατος γέγονεν) [...].[59]

Warum wird nun das Weltganze zum vollkommensten und sich selbst genügenden Gott?

9.7 Regel und Lebendigkeit: Vernünftigkeit im Körper

Ein Werdendes, Abbildhaftes, das diesen Titel des vollkommensten, besten, schönsten, sich selbst genügenden Gottes erhält, darüber muss man sich im Klaren sein, harmoniert mit keiner Platoninterpretation, welche eine absolute ontologische Priorität auf Seiten der Ideen formuliert. In der Forschung wird meines Erachtens zu wenig in Rechnung gezogen, dass das Gute hier offensichtlich durch sein Wirken mit der Welt eine Art Ablösung seiner selbst als höchstes Gut erzeugt, weil es in noch zu unterscheidender Hinsicht ein Vollkommeneres als es selbst ermöglicht bzw. erzeugt.[60] Obwohl also das werdende Abbild im Vergleich zum maßgebenden selbstseienden Urbild eine Wertminderung erleidet, wie Gloy zurecht in Bezug auf den sichtbaren Kosmos ausführt[61], ist dies anscheinend nur eine Perspektive, die das Verhältnis von Ur- und Abbild betrifft. Unter anderen

---

[59] Timaios 92 c.
[60] Es bestätigt sich Gaisers These bezüglich der Antithetik von Einem und Vielem (ohne freilich Platon in die Nähe eines Manichäismus zu rücken): Zwar trifft es zu, dass das Eine und das Viele »ontologisch nicht gleichwertig sind, d. h. daß nur das ›Eine‹ den Inbegriff des wahrhaft Seienden, Göttlichen und Guten darstellt, das andere Prinzip dagegen eher als Grund des Nichtseins und des Unguten erscheint [...]. Als ›Prinzip‹ jedoch, als begründende Ursache und wirkende Macht, muß das dem ›Einen‹ Entgegengesetzte, so scheint es, ebenso ursprünglich und ebenso stark sein wie das ›Eine‹ selbst.« (Konrad Gaiser, Platons ungeschriebene Lehre, S. 13)
[61] Karen Gloy, Studien zur platonischen Naturphilosophie im Timaios, S. 18.

Gesichtspunkten hingegen gilt dies offensichtlich nicht. Solche Superlative können ja nur dann der Welt zugesprochen werden, wenn sie ein Mehr bietet, etwas, was in diesem Urbild allein noch nicht wirklich war, obwohl das Gute *als das Prinzip selbst* vollkommen ist. Diese These wird noch unterstützt durch die Tatsache, dass im *Timaios* der gute Gott bei seiner Schöpfung explizit neidlos bzw. frei von Missgunst oder Eifersucht (φθόνος) ist.[62] Dies zu betonen, legt den Gedanken nahe, dass er seiner Schöpfung, um sie bestmöglich zu machen, bereitwillig etwas Gutes mitgibt, auf das er neidisch oder eifersüchtig sein *könnte*, weil er (a) es besitzt und nicht abgeben möchte, (b) es selbst nicht besitzt oder (c) nicht zu besitzen imstande ist. Johansen beispielsweise geht lediglich von (a) aus: Der Demiurg »*wants to create something which as far as possible is his equal such that it can enjoy, as far as possible, the same goods as he.*«[63] Dies geht aber nicht weit genug, weil nicht oben genannte Textstellen beachtet werden, welche die Welt *über* den Demiurgen stellen. Die Welt als bloß defizitäres Abbild des Göttlichen zu sehen, ist nur eine Hinsicht, die noch überschritten werden muss. Das Abbild gewinnt nämlich bei Platon etwas hinzu, was das Urbild selbst eben nicht hat – auch nicht haben kann –, und dieser uneigennützige Ermöglichungscharakter ist doch erst die höchste Form von Neidlosigkeit, Freigebigkeit und demiurgischer Kunst. Was enthält die Welt also, sodass sie *alles* enthält und was erst durch Demiurg *und* Material bzw. Ideen und Wirkbereich wirklich würde?

Der Gott schafft die Welt zwar sich selbst und den Ideen ähnlich: hervorbringend, lebendig, einheitlich usw., aber *im Gegensatz zum Gott* individuiert, individuierend, veränderlich und zeitlich.[64] Dies erst, die Beseelung des Körperlichen, macht die Welt dem Mythos gemäß vollkommen[65]; erst die Verbindung von zeugendem Prinzip und daseiender, das zeugende Prinzip erbender Wirklichkeit soll vollständig sein, was bedeutet, dass nichts mehr hinzukommen muss, dass aller Nutzen *wirklich* ist und dass alle Möglichkeiten in prinzipieller Hinsicht erschöpft sind, nicht aber in faktischer. Das Hervorbringende, das die Natur ihrem zeitlichen Wesen nach ist, erlahmt in

---

[62] Timaios 29 e2.
[63] Thomas Johansen, The *Timaeus* on the Principles of Cosmology, in: Gail Fine (Hg.), The Oxford Handbook of Plato, Oxford 2008, S. 463–483, S. 477 f.
[64] Timaios 30 b–d.
[65] Timaios 30 b.

diesem Sinne nicht. Die Veränderung und das lebendige Dasein im Sinne einer ständig Vermögen und Identifizierbares zeugenden Hervorbringung gehört also zum bestmöglichen Wesen der Welt, weil sie damit die schlechthinnige – wirkliche, lebendige – Alternative zu defizitäreren – unwirklichen, toten – Formen des Daseins und Nutzens darstellt. Das Bild erhält hieraus seinen Sinn, nach welchem der Demiurg als *Lebewesen* auf sich selbst schaut, um ein Vorbild für die Welt, die ja auch ein Lebewesen sein soll, zu erhalten.

Wenn also die Bedingungen der Möglichkeit von Wirklichkeit, d.h. die Ordnung und Beständigkeit einer gleichzeitig veränderlichen, auflösbaren Wirklichkeitsform bestehen, stellt sich die Frage, was diese zeitlich gebundene Ordnung ist. Damit ist die Rolle der Mathematizität und Kausalität der Natur angesprochen. Denn wenn man einmal absieht von den konkreten mathematisch-geometrischen Spekulationen im *Timaios;* was ist grundsätzlich für eine Notwendigkeit mit der Rede von der mathematischen Konstruktion der Natur gemeint? Meines Erachtens kann das nur *die Regel* sein, die angibt, dass wir Leben und Dasein nur annehmen können, wenn wir es mit räumlich und zeitlich wiederkehrenden, identifizierbaren Veränderungen zu tun haben, mit identischen Prinzipien in immer neuen gezeugten Weltzuständen. Solche Regelmäßigkeiten, d.h. der wiederkehrende Anteil an Gleichem, sind letztlich Gewähr dafür, dass es in dieser Welt überhaupt Unterschiede gibt, auf die man erkennend zugreifen kann: Unterschiede in dem Sinne, dass nicht alles ein erstarrtes, unbewegliches, unterschiedsloses Eines ist, aber auch kein reines, im nächsten Moment durcheinanderfließendes, unterschiedsloses Chaos.

Doch heißt das nicht, dass Platon ein naives Verständnis der Mathematizität der Natur hätte und alles im Zahlhaften aufginge[66]: Man muss immer beachten, dass die Natur als materiell und zeitlich gebundene Struktur das Prinzip notwendig ungenau erfüllt. Die Welt ist nie exakt mathematisch (wie ein gemalter Kreis nie ein wirklicher Kreis ist), entzieht sich aber auch nicht der Mathematisierbarkeit. Sie

---

[66] Zu dieser einseitigen und simplifizierenden Sicht: Franz von Kutschera, Platons Philosophie, Bd. 3. Die späten Dialoge, Paderborn 2002, S. 213: »Auch der Demiurg selbst ist als Mittler bestimmt, als derjenige, der Abbilder des Ewigen im Materiellen verwirklicht. Die Einwirkung von Geistigem auf Physisches bei der Erschaffung der Welt charakterisiert Platon als Abbildung mathematischer Strukturen in den physischen Raum.«

kann nicht exakt arithmetisch oder geometrisch geordnet sein, weil die materielle Verwirklichung eben nicht der geistige Sachverhalt ist. Das ist auch der Grund dafür, dass im *Philebos* die empirische Naturwissenschaft gerade nicht als ›exakte‹ Wissenschaft charakterisiert wird.[67] Sie richtet sich auf das Werdende, nur im materiellen Medium Auftretende, wodurch auch die daraus gewonnenen Erkenntnisse keine Absolutheit beanspruchen können. Dieses Verhältnis von rein rationaler Exaktheit und medialer Inexaktheit veranschaulicht der *Parmenides* am Beispiel des Punktes[68]: Rein geometrisch ist ein Anfangs-, Mittel- und Endpunkt keine extensive Größe, sondern lediglich eine Position. Versuchen wir aber, an einem Gegenstand wie einem Holzbalken die Außengrenzen oder den Mittelpunkt zu bestimmen, können wir uns im Sinne der zenonischen Paradoxien nur unendlich annähern; denn immer hat der festgelegte Punkt oder die Grenze im materiellen Medium noch eine teilbare Extension und taugt mithin nicht zur wahrhaftigen, einheitlichen Erfassung dessen, was Punkt, Linie, Anfang, Mitte oder Ende ist – und in diesem Sinne gibt es den Punkt oder die Linie nicht: Sie sind etwas Einsehbares, nicht aber Teil der wahrnehmbaren Welt. Dieses Verhältnis lässt sich auch auf die Kreis- oder Ellipsenbahn von Planeten anwenden, auf das Verhältnis der Schwingungen einer Oktave, auf Berechnungen mikrophysikalischer Ereignisse, genauso auf geometrisch wiederkehrende Muster in der Natur wie die von Blättern etc.: Alles ist ein vermischtes Mehr oder Weniger (platonisch: ein Abbild) des reinen Sachverhaltes und zwar allein auf Grund der Bindung ans materielle, extensive Medium. Deshalb können wir auch nicht im strengen Sinne von einer immanenten mathematischen Struktur in der Welt reden: Diese arithmetisch oder geometrisch exakte Struktur – das Ewige, Unveränderliche, Selbstseiende der reinen Zahlen und Proportionen – werden wir nicht aus dem Gegebenen gewinnen bzw. abstrahieren können. Ordnung im Materiellen, solch ein Fazit kann man ziehen, lässt sich wie das Verhältnis vom Kreis an sich und einem in den Sand gezeichneten Kreis erfassen: Sie ist der Anteil an unterscheidbaren Sachverhalten, welche beschreiben, wie sich Materielles zueinander näherungsweise verhalten kann. Und nur wenn, solange und weil ein solcher Anteil an durch reines Denken fassbaren Sachverhalten und Regeln besteht,

---

[67] Philebos 57 b–59 b.
[68] Parmenides 165 a–d.

können wir Welthaftes im Kleinen wie im Großen als andauerndes Etwas begreifen.[69]

Wenn man also eine Welt an sich voraussetzt, kommen wir zum blinden Fleck der Emergenztheorie im Rahmen des Konstruktivismus, welche geordnete Strukturen zum Ergebnis selbstorganisierender materieller Prozesse erklärt. Auch die Emergenztheorie muss als Anfang eines solchen materiellen Prozesses setzen, was sie als dessen Resultat definiert: Ordnung, Zusammenhang und Einheitlichkeit. Damit überhaupt identifizierbare Ordnungszustände entstehen können, muss der konstruktivistische Emergenztheoretiker, so, wie er schon die Erkenntniskriterien als notwendige Prinzipien unabhängig von ihrer Verwirklichung im Vermögen des Lebewesens anerkennen

---

[69] Wie dagegen ein naiver Begriff von der Mathematizität der Welt aussieht, sei am Beispiel des Mathematikers und Astrophysikers John Barrow verdeutlicht. Wie so oft ist auch sein Movens, sich vom Platonismus abzusetzen. Platonismus versteht er als die Annahme einer abgetrennten Ideenwelt, in der die Ideen wie materielle Objekte existieren: »Der Platonismus hat aber auch seine Probleme und ist voller Unklarheiten. Wo ist denn diese andere Welt der mathematischen Objekte, die wir entdecken? Wie kommen wir in Kontakt mit ihr? Wenn die mathematischen Entitäten tatsächlich außerhalb unserer physischen Welt der erfahrbaren einzelnen Dinge existieren, dann kann man wohl nur in einer Art mystischer Erfahrung mit jener Welt in Kontakt treten, mehr in der Art einer Séance als durch wissenschaftliche Arbeit.« (John Barrow, Warum ist die Welt mathematisch ist, übers. v. Herbert Mehrtens, Frankfurt a. M. 1993, S. 65) Demgegenüber vertritt Barrow die Ansicht, dass die mathematische Struktur der Welt die materielle Welt *ist*, und zwar nach dem Computerprinzip: »Man geht davon aus, daß ›Bits‹ von Information verarbeitet werden und gibt der Welt damit eine diskontinuierliche, diskrete Struktur. In der Vergangenheit haben sich die physikalischen Wissenschaften fast immer auf kontinuierliche Veränderungen konzentriert; es könnte jedoch sehr wohl sein, daß die Welt auf der untersten, mikroskopischsten Ebene von Raum und Zeit kein Kontinuum bildet. Wenn das der Fall ist, dann glaube ich, daß dort die Büchse der Pandora auf uns wartet, mit unvorhersehbaren Komplexitäten in der mathematischen Machart der Welt, die noch aufzuklären sein werden.« (Ebd., S. 89) Und wie kommt der Mensch nun wissenschaftlich zu seinen Bits aus der Welt, sodass er nicht angewiesen auf die *unio mystica* ist? Man lese und staune: »Unsere Sinne müssen als Empfänger ausreichend empfindlich sein, um die signifikante Information aus der Umwelt aufzunehmen. Aber es ist auch verständlich, daß wir darin nicht übermäßig gut sind. Wären die Sinne so empfindsam, daß sie jede nur mögliche Information über die gesehenen oder gehörten Dinge aufnähmen – bis hin zu den Feinheiten der atomaren Arrangements –, so hätten wir eine Überlast an Information.« (Ebd., S. 84) – Die Sinne, ein direktes, wenn auch leistungsschwaches Datenkabel zum Informationspool Welt? *Das* ist der wahre naive Ideenrealismus, der davon ausgeht, dass man, um das immanente Wesen der Welt besser zu erfassen, bloß genauere Sinne bräuchte, und schon gelänge die Informationsaufnahme und Erkenntnis besser.

müsste, der Natur und der Materie bereits eine Regel- und Ordnungsaffinität zugestehen. Ebenso muss er den Ablauf von Vorher und Nachher, d. h. die Zeit schon anerkennen, damit überhaupt seine wichtigste Grundlage des Geistes – Materie – sich zu Systemen bilden kann. Das bedeutet auch, dass er der Welt schon Prinzipien wie Kausalität, Einheit und Verschiedenheit zuschreibt, sobald er das Geordnete überhaupt entstehen lassen will: Unterscheidbare und sich gegenseitig bedingende Abfolgen von Naturereignissen sind nur dann denkbar, wenn zumindest implizit eine prinzipielle, regelgeleitete Gleichartigkeit des Natürlichen angenommen wird.

Damit steht aber, platonisch gedacht, die Notwendigkeit materieller Wechselwirkung im Dienste des hinzukommenden Prinzips, im Dienste der Wirklichkeit, der Vermögen und des Lebens, sie ist also weder blind noch ungerichtet, sondern auf Sein hin angelegt. Gerade aber die allgemeinsten Prinzipien wie Lebendigkeit oder auch die Besonnenheit, Gerechtigkeit und Schönheit, welche sich durch die Hinordnung und prozessuale Ausrichtung der Teile auf das wesentliche Werk, die Erfüllung und Ausübung des Nutzens definieren; gerade die Erfassung des Guten der Welt, die vielfältigen Vermögen, die Einordnung in Sinn- und Nutzenzusammenhänge sind dabei ihrem Wesen nach nicht mathematisch zu erfassen, weil das Mathematische wie das Materielle immer in einem übergeordneten Seinszusammenhang der lebendigen Wirklichkeit steht. Anders formuliert: Die Gesetze des Lebendigen sind nicht ohne weiteres in mathematische Gesetzmäßigkeiten aufzulösen – ohne dass sie im Widerspruch zueinander stehen müssten. Die Materie erfährt vielmehr von der zu erfüllenden Struktur und den Systemordnungen der Natur her eine Richtungsweisung: Anders wäre gar nicht zu erklären, dass im materiellen Geschehen tatsächlich ein teleologisches Moment oder eine *causa finalis* festgestellt werden kann, d. h. dass Strukturen, Anlagen, Vermögen und Systeme sich nach allgemeinem Prinzip zuerst als Individuiertes ausbilden und dann auch noch perpetuieren.[70] Der Demiurg könnte daher, verbleibt man im Bild des Mythos, das Seiende, also auch Leben, das Beseelte und die Lebewesen, nicht schaffen, indem er

---

[70] Vgl. Heisenbergs Überlegungen zur Biologie und zum Funktionsganzen des Organismus, welches den selbst nicht physikalischen Rahmen der Hinordnung physikalischer Prozesse bedeutet und insofern *Prinzip* chemisch-physikalischer Zusammenhänge ist: Werner Heisenberg, Ordnung der Wirklichkeit, in: Ders., Gesammelte Werke, Bd. 1, hrsg. v. Walter Blum/Hans-Peter Dürr/Helmut Rechenberg, München/Zürich 1984, S. 217–306, S. 265–273.

bloß Mathematik anwendet, sondern nur, indem er auf die *Sache* blickt und ihr zu ihrer Verwirklichung mathematisch-kausale Ordnungszusammenhänge unterlegt.

Einheit und Unterschied gegenüber dem unterschiedslosen Chaos, das Gute als Nutzen ermöglichende und selbst nützliche Ordnung, die Verlässlichkeit des Vorher-Nachher, das zusammenhaltende und begründende Wirken von Vermögen usw. sind also schon als real in Anspruch genommen, wenn überhaupt im Rahmen des Konstruktivismus von entstehendem Seiendem geredet wird. Solche apriorischen Bedingungen jedes Seins, jeder Erkenntnis und jedes Individuums daher als bloße Setzung (letztlich als Konstruktion) zu werten und dies auch gegen Platon anzuführen, um einen Kern seiner Philosophie als spekulative Metaphysik zu überführen[71], wird der Tatsache nicht gerecht, dass bereits diese Setzung eben jene Prinzipien in Anspruch nimmt und sie somit nicht erzeugen kann.[72] Auch ein Kant beispielsweise, der Raum und Zeit zu zwar notwendigen, dennoch bloßen Anschauungsformen sowie Kausalität und Einheit zu Kategorien des Erkenntnissubjektes erklärt[73] und sich darüber hinaus kein Urteil über das Ding an sich erlauben will, tut faktisch Letzteres: Wer als Grund des Erlebens, Daseins und der Perzeption die bewusstseinsunabhängige Welt an sich postuliert, sagt zwar nichts über die sinnlichen Qualitäten der Welt an sich aus; aber er spricht ihr das materielle und strukturelle Dasein zu, er spricht ihr

---

[71] Beispielhaft Rafael Ferber, Platos Idee des Guten, S. 181 f.

[72] Solche letzten Prinzipien als Grund der Wirklichkeit waren auch für Heisenberg und von Weizsäcker die notwendigen Ausgangspunkte ihrer Physik, und beide gingen sie dabei explizit von Platon aus. Siehe bei von Weizsäcker zur Einheit, Vielheit, Homogenität, Zeit, Zugänglichkeit und Geistigkeit der Natur: Carl Friedrich von Weizsäcker, Parmenides und die Quantentheorie, in: Ders., Ein Blick auf Platon. Ideenlehre, Logik und Physik, Stuttgart 1981, S. 46–75. Siehe bei Heisenberg zur Entfaltung des Mathematischen in die Körperlichkeit: Werner Heisenberg, Platons Vorstellungen von den kleinsten Bauteilen der Materie und die Elementarteilchen der modernen Physik, in: Ders., Gesammelte Werke, Bd. 1, hrsg. v. Walter Blum/Hans-Peter Dürr/Helmut Rechenberg, München/Zürich 1984, S. 394–397; zur Einzigkeit und Einheit: Werner Heisenberg, Harmonie der Materie – Ein Gespräch mit Werner Heisenberg, in: Ders., Gesammelte Werke, Bd. 2, hrsg. v. Walter Blum/Hans-Peter Dürr/Helmut Rechenberg, München/Zürich 1984, S. 388–393, S. 389 f.; zur Homogenität bei gleichzeitigem Wandel sowie zu Raum und Zeit: Werner Heisenberg, Physik und Philosophie, in: Ders., Gesammelte Werke, Bd. 2, hrsg. v. Walter Blum/Hans-Peter Dürr/Helmut Rechenberg, München/Zürich 1984, S. 3–201, S. 150–159.

[73] Zum Raum: Immanuel Kant, Kritik der reinen Vernunft, B 42 f.; zur Zeit: Ebd., B 49 f.; zur Einheit und Kausalität: Ebd., B 104–106 und B 232 ff.

Der Mythos von der Natur

zu, geregelte Perzeptionsgrundlage zu sein, sowie zeitlich, einheitlich und kausal abzulaufen, da zuerst das Ding an sich steht und dieses dann die Perzeption eines jeden Subjektes veranlasst und ermöglicht.[74] Freilich, ob die konkreten Kausal- und Ordnungszusammenhänge, die wir erfassen, korrekt sind, ist eine andere Frage; doch die Verknüpfung *selbst* ist weder nur im Erkennen, noch ist sie bloß beliebig, wenn sich Erkennen notwendig in den Prinzipien der Welt gründet.

Wie man die geordnete Welt voraussetzt, setzt man aber neben dem Subjekt auch seine Erkenntnisvermögen als real voraus, weswegen Platon durchaus gute Gründe hat, davon auszugehen, dass Erkenntnis ihrer Natur nach zum Seienden gehört, um zu erkennen, dass Seiendes ist.[75] Denn man kann das Erleben und Erkennen von

---

[74] Entsprechende Schlüsse zieht beispielsweise auch Schopenhauer, der, hierin Kant folgend, Kausalität, Raum und Zeit zu Anschauungsformen des Subjektes erklärt und dann doch wieder als Reales einführt: »Zeit aber und Raum, jedes für sich, sind auch ohne die Materie anschaulich vorstellbar; die Materie aber nicht ohne jene. Schon die Form, welche von ihr unzertrennlich ist, setzt den *Raum* voraus, und ihr Wirken, in welchem ihr ganzes Daseyn besteht, betrifft immer eine Veränderung, also eine Bestimmung der *Zeit*. Aber Zeit und Raum werden nicht bloß jedes für sich von der Materie vorausgesetzt; sondern eine Vereinigung Beider macht ihr Wesen aus, eben weil dieses, wie gezeigt, im Wirken, in der Kausalität, besteht. Alle gedenkbaren, unzähligen Erscheinungen und Zustände nämlich könnten im unendlichen Raum, ohne sich zu beengen, neben einander liegen, oder auch in der unendlichen Zeit, ohne sich zu stören, auf einander folgen; daher dann eine nothwendige Beziehung derselben auf einander und eine Regel, welche sie dieser gemäß bestimmte, keineswegs nöthig, ja nicht ein Mal anwendbar wäre: folglich gäbe es alsdann, bei allem Nebeneinander im Raum und allem Wechsel in der Zeit, so lange jede dieser beiden Formen für sich, und ohne Zusammenhang mit der andern ihren Bestand und Lauf hätte, noch gar keine Kausalität, und da diese das eigentliche Wesen der Materie ausmacht, auch keine Materie. – Nun aber erhält das Gesetz der Kausalität seine Bedeutung und Nothwendigkeit allein dadurch, daß das Wesen der Veränderung nicht im bloßen Wechsel der Zustände an sich, sondern vielmehr darin besteht, daß an *dem selben* Ort im Raum jetzt *ein* Zustand ist und darauf ein *anderer*, und zu einer und der selben bestimmten Zeit *hier* dieser Zustand und *dort* jener: nur diese gegenseitige Beschränkung der Zeit und des Raums durch einander giebt einer Regel, nach der die Veränderung vorgehn muß, Bedeutung und zugleich Nothwendigkeit. Was durch das Gesetz der Kausalität bestimmt wird, ist also nicht die Succession der Zustände in der bloßen Zeit, sondern diese Succession in Hinsicht auf einen bestimmten Raum, und nicht das Daseyn der Zustände an einem bestimmten Ort, sondern an diesem Ort zu einer bestimmten Zeit.« (Arthur Schopenhauer, Die Welt als Wille und Vorstellung I, in: Ders., Werke in fünf Bänden, Bd. 1, hrsg. v. Ludger Lütkehaus, Zürich 1988, I, §4, S. 38 f.)

[75] Politeia 477 b.

Welt nennen, wie man will: Unterscheiden, konstruieren, Sinneinheiten stiften; das *Vermögen* zu unterscheiden, konstruieren, Sinn zu stiften mitsamt seinen Eigenschaften, ist da. Und weil es als Grund der Unterscheidung, Konstruktion oder des Sinnes genauso wenig wie das Subjekt sein eigenes Ergebnis (Unterscheidung, Konstruktion, Sinn) sein kann, unterliegt es weder als allgemeines Vermögen noch als individuelles der eigenen Konstruktion.

Dass also der Grund der Wirklichkeit vernünftig ist im Sinne eines Weltlogos, dessen prinzipielle Ordnung rational nachvollzogen werden kann und der deshalb selbst rational ist, diese These kann man Platon getrost unterstellen. Naturerkenntnis, das kann auch der Naturforscher nicht negieren, ist unumgänglich die Erkenntnis, dass Seiendes rationalen Kriterien genügen muss, wenn es ist, und dass die Materie sich zumindest für eine gewisse Dauer der Funktion des Prinzips unterwirft – im Einzelnen wie im Ganzen. Darum ist die Redeweise von der systematischen Erhabenheit des Prinzips als Grund von Dasein und Erkenntnis auch berechtigt, denn ein Prinzip ist der allgemeine Maßstab, nach dem das Wirkliche zu beurteilen ist, der Maßstab, der erfüllt sein muss. Das Materieprinzip (der Vereinzelung) ist weder der Maßstab, nach dem beurteilt werden *könnte*, noch ist ein wesentlicher Begriff aus dem Einzelnen zu gewinnen, wie wir sahen, und insofern hat das Einzelne systematisch immer einen sekundären Charakter.

Dies rüttelt jedoch, wie abschließend bemerkt werden muss, nicht an der Notwendigkeit des Materieprinzips auch für die Erkenntnis: Seiendes ist immer nach zwei Seiten hin zu überprüfen, nämlich hinsichtlich des geistig zu erfassenden Ordnungs- und Funktionsprinzips sowie im Hinblick auf die Wirklichkeitsform, und dafür muss das erkennende Wesen angemessen ausgestattet sein. Für die menschliche Vernunft sind die Sinne, die Sinneswahrnehmung und damit verbundene materielle Prozesse Mitursachen für die Erkenntnis und für das Haben einer Wirklichkeit (neben ihrer Ursache, der Vernunft an sich): Der größte Nutzen der Sinne ist es, durch sie erst Kontakt zu einer Welt zu haben, die sich uns als geordnete erschließen kann.[76] Angesichts dieser Notwendigkeit der sinnlichen Erfahrung für den Aufstieg in die unsinnliche Erkenntnis der Wirklichkeitsgründe erscheint die Passage im *dtv-Atlas Philosophie* mehr als fraglich, in der es plakativ heißt, Platon habe »die sinnlich-erfahrbare

---

[76] Timaios 46 e–47 b.

Der Mythos von der Natur

Welt als Erkenntnisquelle gänzlich preisgeben« können.[77] Das stimmt zwar mit einem oft vertretenen Verständnis platonischer Philosophie als schwärmerische Weltflucht überein, doch werden nach Platon die Wirklichkeitsgründe eben zuerst *anlässlich der Wirklichkeit* unterschieden und die Ordnung und das Wirken in der Natur *anlässlich der Natur*.[78] Auch wenn der göttliche, vernünftige Seelenteil bei Platon nicht zeitlich ist, so ist doch die Seele erst als leibliche Seele der Erkenntnis des Weltlichen fähig:

> Demnach muß man zwei Arten von Ursachen unterscheiden, die notwendige und die göttliche; die göttliche aber muß man, um zu einem glückseligen Leben zu gelangen, in allen Dingen suchen, soweit unsere Natur es gestattet, die notwendige aber um jener (göttlichen) willen, indem man überlegt, *daß es ohne diese (notwendige) nicht möglich ist*, eben jene (göttliche), um deretwillen wir uns ernstlich bemühen, (für sich) allein zu verstehen, noch auch sie zu erfassen, noch ihrer sonst irgendwie teilhaftig zu werden.[79]

Die Welt also tritt als Bedingung auf, als Ort, an dem eine Einzelseele, gebunden an einen Leib, sich entfaltet und ausformt, sowie als Ort, an dem die Erkenntnistätigkeit einer erkennenden Einzelseele erst möglich ist, weil sie das rein Geistige in seinem Bezug zum Weltlichen erfassen muss. Raum und Materie sind bei Platon nicht das, was die Sinne uns bieten, wie er ja im *Timaios* betont, aber auch keine bloßen Anschauungsformen des Subjektes, sondern ihrem Wesen nach

---

[77] Peter Kunzmann/Franz-Peter Burkard/Franz Wiedmann (Hgg.), dtv-Atlas zur Philosophie. Tafeln und Texte, München 1991, S. 41.

[78] Das darf – nochmals – freilich nicht dazu verleiten, die Sinneswahrnehmung zu einem Vermögen der Wesenserfassung zu erklären. Verity Harte etwa rätselt, ob, wenn man mit Platon für die Immanenz von unsinnlichen Ideen *(nonperceptible Forms)* argumentieren kann, dies nicht auch dazu führen müsste, dass man die Ideen mit der Wahrnehmung des Gegenstandes auch gleich ›aufnimmt‹: »*Take, for example, some particular beautiful human being. This is a metaphysically particular object that I can directly perceive. In some sense, I can directly perceive it as human and as beautiful. But it seems to me far from clear whether, on Plato's view, I can directly perceive its humanity or its beauty.*« (Verity Harte, Plato's Metaphysics, S. 214)

[79] Timaios 68 e–69 a; Kursive T. G. Siehe dazu Meschs wichtige Bemerkung: »So ist immer wieder behauptet worden, dass das Vorbild für die Erschaffung des Kosmos *nur* im Ausgang von seinem Abbild zu verstehen sei. [...] Wie mir scheint, ist mit Platon jedoch lediglich einzuräumen, dass das Vorbild sich *als* Vorbild nur in seinem Bezug zum Abbild zeigen kann.« (Walter Mesch, Die Bildlichkeit der platonischen Kosmologie. Zum Verhältnis von Logos und Mythos im Timaios, in: Markus Janka/Christian Schäfer (Hgg.), Platon als Mythologe. Interpretationen zu den Mythen in Platons Dialogen, Darmstadt 2014², S. 303–322, S. 315)

Wirklichkeitsformen, *durch die* wir Welt als Realität erfahren, erfassen und in ihr sind, die also das Einzelwesen und seine Erkenntnis mitbegründen.[80] Mit dem *principium idealis* und dem *principium materialis* benennt Platon daher zwei aufeinander angewiesene Prinzipien in der Welt: Nicht nur die prinzipielle Ordnung, welche sich in der Zeit zeigt, als das Wirkende, sondern auch die Zugänglichkeit, die nur durch die Wirklichkeitsformen gewährleistet werden kann, als das Bewirkte. Diese Kriterien der Einheit in Verschiedenheit, der Begrenzung im Unbegrenzten, die das Seiende bedingen, lassen es, so wie es im Sonnengleichnis ausgedrückt ist, auch erkennbar werden. Hier kongruieren dann folglich die Unterscheidungskriterien (der Einheit und Vielheit) als methodische Vorgaben des Erkennens und das, worauf sie sich richten: Sie sind demnach Eigenschaften von Wirklichkeit überhaupt.

9.8 Nachvollzug des demiurgischen Wissens

Allein das Faktum des Daseins der Natur und ihrer Leistung, so müssen wir festhalten, setzt eine Ordnung und die Ordnungsaffinität der Teile voraus. Sein (oder Seiendes als Gesamtheit) ist die Verbindung aus rationalem Sachgrund und Wirklichkeitsform: eine Einheit aus gleichbleibenden, notwendigen Prinzipien und Werdendem. Nur so können wir von Wirklichkeit sprechen: Zieht man eine Eigenschaft ab, dann bleibt entweder ein Unerkennbares, Chaos, Nichtseiendes – oder bloße geistige Ewigkeit, ein Wirkendes ohne Wirkung, ein bloßes Insichsein. Wenn also Wirklichkeit ist, dann ist sie nach diesen Prinzipien von Ordnung, Zusammenhang und rationaler Lebendigkeit, und dann ist sie auch nützlich: Die Natur ist eine Natur, die grundsätzlich nicht aus dem Ruder laufen, d.h. völlig irrational das

---

[80] Vgl. Barbara Zehnpfennig, Platon zur Einführung, S. 224f.: »[Die Materie] ist der reine Stoff, die gestaltlose, unsichtbare Prägemasse, der das ›Etwas‹ abgerungen werden kann, wenn ihr eine Form aufgeprägt wird. Nur der geformte Stoff ist wahrnehmbar, und so ergibt sich das Paradox, daß das, was Körperlichkeit ermöglicht, selbst nicht körperlich ist. Doch hier wiederholt sich nur, was Platon in anderen Zusammenhängen analog gezeigt hat. Wirkliche Wahrnehmung ist nur die gedachte Wahrnehmung, wahre Lust ist nur die intellektuell vermittelte Lust, und nun eben – wahrhaft stofflich ist nur der geformte Stoff. Wenn man also all das, was sich in der Praxis des Lebens in Mischung befindet, analytisch trennt, stößt man allseits auf geistige Prinzipien – in der Materie, in der Lust, in der Wahrnehmung. Genau dies Geistige ist an all diesen Phänomenen auch nur verstehbar, das andere ist es wohl nicht.«

Unmögliche verwirklichen könnte (schon begrifflich kann das Unmögliche, vollständig Irrationale nicht im Wirklichen enthalten sein). Die so seiende Welt ist rational, weil die Alternative das Nichtsein, die Unfruchtbarkeit und die Nichterkennbarkeit wäre.[81] Diese Welt als Ganze ist daher auch strukturell gut, weil jede Alternative schlechter wäre, da sie weniger – oder nichts – ermöglichte. Deshalb kann der Gott im Mythos auch nicht die Welt *prinzipiell* anders schaffen. Er ist, da er das beste Werk erzeugen will, gebunden an bestimmte Bedingungen und an eine bestimmte Materialwahl. Hier wird der bindende, einschränkende, aber gleichzeitig erst ermöglichende Charakter einer Bedingung anschaulich.[82]

Den Neurowissenschaftlern und den Konstruktivisten überhaupt ist also entgegenzuhalten, dass das Sein nicht nur erkennbar ist, sondern auch erkennbar sein *muss* – wenn man nur beachtet, was man unter Sein versteht. Hier kann es nur um Prinzipien gehen, die für Wirklichkeit im vollen Sinne gelten müssen und insofern auch sicherer erfasst werden können als spezielle naturwissenschaftliche Erkenntnisse, die sich auf notwendig vermischte, ungenaue, entstehende und vergehende Naturprozesse richten. Das Einzelne ist eben nie nur das rein für sich erfassbare Prinzip.[83] Aus diesem Grunde kann Platon von einer Angleichung des Menschen an das Göttliche sprechen: Das Wissen des Gottes ist ein Wissen darum, wie Seiendes prinzipiell sein muss. Und dieses Wissen um die Idee ist immer auch das Wissen, aus dem heraus das Konkrete bestmöglich zu konstruieren ist. Solches Wissen kann der Mensch sich aneignen, auch wenn

---

[81] Der Begriff der Vernünftigkeit ist eben nicht nur handlungstheoretisches Vokabular, welches ein Subjekt, die »Zuschreibung mentaler Zustände« und seine persönliche Zielsetzung voraussetzt. (So argumentiert Christoph Horn, Kritik der bisherigen Naturforschung und die Ideentheorie, S. 135 f.) Vielmehr ist der Spieß umzudrehen: Jedes Handeln, das vom Subjekt mit einem Ziel in Angriff genommen wird, setzt die Vernünftigkeit möglichen Seins voraus, und zwar nicht als kantisches ›Als-ob‹, sondern als unerlässliches Fundament und Maßstab rationaler Ordnung bei der Planung und Ausführung seiner Handlung. Das Ziel und die Handlung selbst gewinnen ja ihre Beurteilung als rational oder irrational nur in Hinblick auf das Beste, das als zu verwirklichen eingesehen wurde. Deshalb haben auch die Götter im *Timaios* nur teil (μετέχειν, 51 e6) an der Vernünftigkeit; sie müssen zwar den diskursiven Erkenntnisweg des Menschen nicht gehen, um zur Erkenntnis zu gelangen, doch auch sie müssen sich an der allgemeinen Rationalität des Seins orientieren und somit etwas voraussetzen, welches sie weder schaffen können noch selbst *sind*.
[82] Siehe diesen Gedanken angewendet auf die Naturnotwendigkeit bei Thomas Johansen, The *Timaeus* on the Principles of Cosmology, S. 481 f.
[83] Siehe dazu Philebos 58 b–59 b.

sich bei ihm als einzelnem Wesen die Eigenschaft des Allschöpfers freilich nicht findet. Für den Menschen müsste bezüglich des Nachvollzugs der Seinskonstruktion somit die Aussage gelten: *Soweit ich das sehe*, würde ich die Welt als Wirklichkeit dem Wesen nach auch so konstruieren.

Ist also das Gute bei Platon nur in seiner radikalen Transzendenz zu erfassen, wird es als bloß spekulativer Denkabschluss gedacht? Angesichts der Forderung, die Seinskreation nachzuvollziehen, halte ich dies für unplausibel. Platon legt immer wieder Wert darauf, den Leser zur Erkenntnis zu führen, dass das Wirklichkeitsprinzip des Guten und Nützlichen in jedem (gelungenen) Denkakt, Naturgegenstand oder Artefakt, in jeder Handlung ganz konkret feststellbar ist.[84] Man muss nur dieses Verbindende und Gemeinsame des spezifischen Seienden erfassen, indem man das *Prinzip* des spezifischen Gutseins, Nutzens und Daseins überhaupt ergründet.[85] So erklärt sich ganz all-

---

[84] Will man Xenophons *Memorabilien* Glauben schenken, waren diese ubiquitären Nutzenzusammenhänge in der Welt auch ein sokratisches Argument dafür, dass die Götter für den Menschen Sorge tragen. (Xenophon, Erinnerungen an Sokrates, Gr.-Dt., übers. u. hrsg. v. Peter Jaerisch, Düsseldorf/Zürich 2003, IV, 3, 2–13)

[85] Ein Beispiel für die oft geäußerte Transzendenzthese ist Jens Halfwassen, Platons Metaphysik des Einen, S. 267; ebenso Karin Gloy, Platon – Vordenker der Postmoderne, S. 256 und Raphael Ferber, Ist die Idee des Guten nicht transzendent oder ist sie es doch?, S. 156–162. Bei Halfwassen geht an anderer Stelle die absolute Transzendenz des Einen-Guten in Anlehnung an Plotin mit absoluter Unbenennbarkeit und Unerkennbarkeit einher, letztlich mit einem leeren Formalismus: »Das Eine selbst, das absolute Eine, ist in sich selbst nichts als das Eine; jede weitere Charakterisierung – und sei es als Sein, als Geist, als Selbstbewußtsein oder als absolute Identität – würde das Eine in die Vielheit hineinziehen. Man kann darum nichts von ihm aussagen, ja, man kann noch nicht einmal sagen, daß es ist oder daß es Eines ist, weil es damit bereits eine Zweiheit wäre; die duale Struktur der Prädikation verfehlt prinzipiell die reine Einheit des Absoluten.« (Jens Halfwassen, Der Ursprung der Geistmetaphysik. Die wiederentdeckte Einheit des antiken Platonismus, in: Thomas Szlezák (Hg.), unter Mitw. v. Karl-Heinz Stanzel, Platonisches Philosophieren. Zehn Vorträge zu Ehren von Hans Joachim Krämer, Hildesheim/Zürich/New York 2001, S. 47–65, S. 51) Auch Gerhard Müller meint, Das Eine-Gute sei »für uns einer der leersten aller Begriffe«, der aber – aus welchen Gründen auch immer – doch ethische Konsequenzen hat und zum Tun zwinge. (Gerhard Müller, Platonische Studien, S. 119) Damit würde jedoch die wesentliche Grundlage platonischer Metaphysik, Ontologie und Epistemologie genau die Kriterien erfüllen, die Platon dem gänzlich Nichtseienden zuschreibt (s. o.). Das schlechthin Nichtseiende und Unerkennbare zum Grund von Erkenntnis, Welt und Handeln zu erklären, ist nicht nur im Kontext von Platons Theorierahmen problematisch, sondern schlichtweg paradox: Was die Einheit selbst ist – als Grund alles Seienden –, muss gedacht und begründet werden können, auch wenn es das letzte Prinzip des Seins ist, bei dem das Denken Halt macht. Auch wenn die sprachliche

gemein, dass in der *Politeia* das Gute systematisch noch über dem Seienden gedacht wird[86], obwohl es selbst zum Seienden gehört[87]: Seiendes überhaupt setzt schon voraus, dass eine zeitliche, kausale, vor allem aber *sachliche Ordnung*, die Bestand gibt, anwesend ist. Das Gute als Grund alles Seienden ist demgemäß im Kleinen wie im Großen auch schön, förderlich und erhaltend.[88]

Platon, das dürfte also feststehen, ist tatsächlich Realist, aber nicht in dem Sinne, dass die Dinge von sich aus wohlunterschieden wären und die Erkenntnis darin bestünde, bloß diese Dinge möglichst vollständig zu repräsentieren. Das Verständnis einer Sache ist auch bezüglich des Ganzen nicht die (unmögliche) vollständige Erfassung seiner sinnlichen Teile, sondern eines auch am Materiellen erschließbaren Wesens und *dessen* Eigenschaften. Platons Realismus nun besteht darin, eine Welt anzunehmen, die eine wesentliche Leistung vollbringt, welche erst all unsere ›Konstruktionen‹ möglich macht: eine Welt, die erstens *ist*, zweitens Lebewesen und *Leben* hervorbringt und ermöglicht, sowie drittens *individuelles Erkennen* hervorbringt und ermöglicht. Und für diese Welt müssen prinzipielle Voraussetzungen gelten, ohne die ihre Leistung, die sich immer in diesem für alles grundlegenden und doch spezifisch benennbaren Nutzen offenbart, kaum bestünde. Auch das Ganze hat in diesem Sinne sowohl ein ἔργον als auch eine δύναμις und ist damit ein Abbild eines rational erfassbaren Sachverhaltes, dessen Bedingungen uns in Form einer ursächlichen Begründung interessieren. Ob die Teleologie des kosmischen Werdens, die durch den personalen, planenden Gott ins Spiel kommt, der mythischen Form geschuldet oder tatsächlich von Platon so gedacht worden ist, ist dabei erst einmal unerheblich.

Letztlich geht es beim Konstruktivismus doch um die Frage, welche Haltung wir gegenüber der Wirklichkeit einnehmen können. Ist sie uns wesenhaft fremd? Sind wir Ausgestoßene des Seins? Ist sie bloß oder ist sie gut? Insofern ist das Verstehen nicht nur ein Nach-

---

Erfassung das Eine selbst naturgemäß nicht adäquat benennen kann: Ein leerer und undenkbarer Begriff wäre das Eine erst dann, wenn es seiner Begründungsfunktion für den Seinsbegriff beraubt wäre; und in diesem Sinne gewinnt auch bei Platon wie in der Emanationslehre Plotins das Eine den Charakter eines inhaltlich Gefüllten und Gesagten.

[86] Politeia 509 b.
[87] Politeia 532 c.
[88] Politeia 608 d–609 b und Protagoras 358 b.

vollzug der durch die Welt vollbrachten Leistung, sondern auch ein Wertschätzen oder, platonisch, Lieben und Befreundetsein: Die Erkenntnis der Prinzipien von Wirklichkeit ist verbunden mit der *Anerkennung* des Nutzens, welcher durch das Sosein der Welt ermöglicht wird. Durch diese Erfassung der Daseinsweise der Natur, ein wesentliches Vermögen zu besitzen, welches Ordnung und Veränderlichkeit vereint, erschließt sich uns eine Erkenntnis, die sich auch bei der Einrichtung des menschlichen Daseins als wichtig herausstellen wird: die Erkenntnis *des Maßes und der inneren Zuordnung auf ein einheitliches Sein hin, welches etwas dauerhaft Gutes ermöglicht.* Genauso erschließt sich die Erkenntnis, inwiefern die Zeit und die Wirksamkeit als Bedingungen für die bestmögliche *Ausführung* des Vermögens von Belang sind.[89] Die Grundsätze des Seins und Nutzens werden ja nicht nur auf das Ganze angewendet, sondern können auf spezifische andere Erkenntnisgegenstände übertragen werden: So wie man nach dem spezifischen Nutzen des Ganzen fragen kann, kann man nach dem Nutzen anderer Dinge fragen, beispielsweise nach dem Nutzen des Seelischen und wie dieses einzurichten ist, damit es schön, besonnen und gerecht ist.

---

[89] Siehe dazu Timaios 47 d–e2.

10. Der Mythos von der personalen Seele

10.1 Leben, Bedingtheit und die Frage nach dem Glück

Was bedeutet es nun für das menschliche Individuum, in einer solchen Welt, die Leben und Erkenntnis ermöglicht, sein Dasein als erkennendes Lebewesen zu fristen?

Wenn Platon den Begriff der Seele einführt, kann zumindest vorerst keine Rede von irgendeiner Ungebundenheit von natürlichen Bedingungen sein. In der *Politeia* wird als eigentümliches Geschäft und Gutsein der Seele angegeben, zu »besorgen, beherrschen, beraten und alles dieser Art«[1], letztlich also ein Erkenntnisvermögen zu sein, welches im Dienste eines anderen Werkes steht: zu leben.[2] Dieses Leben, das das unhinterfragbare Faktum der eigenen weltlichen Existenz bezeichnet, ist in allen Werken Platons eine Existenz als leibliches und zeitliches Lebewesen; die Erkenntnistätigkeit, die im Dienste einer Daseinsbewältigung steht, ist dabei keine einheitliche, freie, zentral und souverän willentlich gesteuerte *ratio*, die sich der Welt entziehen könnte. Das Seelenleben ist vielmehr charakterisiert als zutiefst leibliches und unkontrollierbaren Einflüssen unterworfenes: Der Leib, so Sokrates im *Phaidon*, »macht uns tausenderlei zu schaffen wegen der notwendigen Nahrung, dann auch, wenn uns Krankheiten zustoßen [...], und auch mit Gelüsten und Begierden, Furcht und mancherlei Schattenbildern und vielen Kindereien erfüllt er uns [...].«[3] Genauso wird im *Timaios* ausgeführt, dass es seelische Krankheiten und Verirrungen gibt, welche auf den Körperzustand

---

[1] Politeia 353 d.
[2] Politeia 353 d.
[3] Phaidon 66 b–c. Dies sollte jedoch nicht dazu verleiten, leibliche Phänomene als *bloß* leiblich anzusehen. Im *Philebos* wird betont, dass auch Triebe und Begierden Seelenphänomene sind, die geistig erlebt werden und auch in Wechselwirkungs- und Abhängigkeitsverhältnissen mit dem *als Etwas Erkannten* (z. B. mit solchem und solchem Begehrenswerten) stehen. (35 c–36 b)

zurückzuführen sind, und diese wirken sich umso schwerer aus, je anfälliger eine Seele durch fehlende Kenntnisse, aber auch durch fehlende (psychophysische) Erziehung und ihre Naturanlagen ist.[4]

Folgerichtig wird für einen umfassenden Seelenbegriff nicht bloß die reine Vernunft gesetzt, sondern eine Mischung aus geistigen und leiblichen Vermögen, welche als Verbund das Lebewesen Mensch ausmachen. Man sollte angesichts solcher Phänomenbeschreibungen des Seelenlebens bedenken, dass Platons berühmte Dreiteilung der Seele in einen vernünftigen Teil, ein mutartiges Strebe- und Durchsetzungsvermögen[5] und einen begehrlichen Teil nicht nur das vernünftige Denken, den Eifer bzw. Willen und leibliche Bedürfnisse wie Hunger, Durst und Sexualität umfasst. Verführerisch formelhaft ist diese Dreiteilung zwar, doch fließen in diese Bestimmungen eben auch charakterliche Eigenarten, (unüberprüfte) Denkmuster, emotionale Zustände oder das soziale Milieu in Form von Erziehung und Gesellschaftsordnung mit ein – also das ganze Spektrum an Lebensäußerungen, Empfindungen und Bedingungen, welche den Einzelnen zu einem individuellen Vorkommnis in der Welt mit einer eigenen Geschichte werden lassen.

Es ist zu betonen, dass man nicht einmal dann, wenn die Seele als Denk- und Erkenntnisvermögen in den Fokus gerät, eine unveränderliche, substanzielle Ich-Einheit vorgelegt bekommt. Dieses Denken folgt zwar allgemeinen und notwendigen Kriterien, jedoch enthält Sokrates' Lehrstunde bei der weisen Diotima auch eine Belehrung über die natürliche Vergänglichkeit alles Irdischen: Nicht nur löse am Leib immer ein neuer Zustand das Alte ab, »sondern auch an der Seele, die Gewohnheiten, Sitten, Meinungen, Begierden, Lust, Unlust, Furcht, hiervon behält nie jeder dasselbe an sich, sondern eins entsteht und das andere vergeht.«[6] Und es geht noch weiter mit der Vergänglichkeit:

Und viel verwunderlicher noch als dieses ist, daß auch die Erkenntnisse nicht nur teils entstehen, teils vergehen und wir nie dieselben sind in Bezug

---

[4] Timaios 86 b–87 b.
[5] Der θυμός ist ein – im guten oder schlechten Sinne – gemüthaftes, aggressives Vermögen, emotional-wertend Partei zu ergreifen für das, was die Erkenntnisseele für gut hält. Es stellt insofern eine Leidenschaft dar, die mit dem Erkenntnisakt einhergeht; eine Eigenschaft, die sich aber ohne Vernunftmaßstab, genau wie die Begierden, auch verselbständigen kann. Siehe auch die Ausführungen zum edlen θυμός in Nomoi 731 b–d.
[6] Symposion 207 e.

auf die Erkenntnisse (καὶ οὐδέποτε οἱ αὐτοί ἐσμεν οὐδὲ κατὰ τὰς ἐπιστήμας), sondern daß auch jeder Erkenntnis dasselbe begegnet. Denn was man Nachsinnen heißt, geht auf eine ausgegangene Erkenntnis. Vergessen nämlich ist das Ausgehen einer Erkenntnis. Nachsinnen aber bildet statt der abgegangenen eine Erinnerung ein und erhält so die Erkenntnis, daß sie scheint, dieselbe zu sein.[7]

Dieses Uneinheitliche, Disparate und Wandelbare der Seele greift Platon gleichermaßen auf, wenn er in der *Politeia* den (ganzen) Menschen in einem Bild veranschaulicht[8]: Er ist zwar irgendwie Eines, wenn man »nur die äußere Hülle sieht«, doch in dieser Hülle haust die »Gestalt eines gar bunten und vielköpfigen Tieres, rundherum Köpfe von zahmen und wilden Tieren habend und imstande, dies alles abzuwerfen und aus sich hervorzubringen.« Daneben gibt es noch die Gestalt eines Löwen und die eines Menschen in der Seele; und diese drei Gestalten, welche den drei zuvor unterschiedenen Seelenteilen Vernunftvermögen, Eifer und Unvernunft-Begierde entsprechen, sind miteinander verknüpft und verwachsen, beeinflussen sich also gegenseitig und können, je nach Lebensweise und Erziehung, die Herrschaft übereinander erlangen.[9] Die Analyse der Seelenvermögen – auch dies ist wichtig – sollte ebensowenig wie beim Naturbegriff dazu verleiten, die Teile eines Ganzen nur darum, weil sie unterschieden werden können, zu dissoziieren.

Wie es scheint, ist dennoch weder in der systematischen Beschreibung der menschlichen Seele als dreiteilig noch in der Phänomenbeschreibung des Seelenlebens bzw. der innerseelischen Vorgänge von sich aus das vereinheitlichende Moment in den miteinander verbundenen Seelenvermögen schon gegeben. Weder das Fühlen und Begehren noch das Denken machen den Eindruck eines kontrollierten Seelenlebens.

Freilich, auch die disparate Seele und ihre Lebensführung weisen schon einen subjektiven, ichlichen Bezug auf, d. h. das leiblich-geistige Leben geht einen an, es ist persönlich relevant und gekennzeichnet von Involviertheit als Subjekt, wie die zahlreichen Erwähnungen von Emotionen, Begierden, Bewertungen usw. zeigen. Das Leben des Menschen bringt eben Leidensfähigkeit mit sich, sodass Platons Antwort auf die Frage ›Warum Philosophieren?‹ nicht nur das mit dem

---

[7] Symposion 207 e–208 a.
[8] Politeia 588 c–e.
[9] Politeia 590 c–e.

Denkvermögen verbundene Verstehenwollen ist, sondern immer wieder die subjektiv bedeutsame Anforderung des Lebens, welches den Menschen mit der Notwendigkeit konfrontiert, unter gegebenen Bedingungen aus Handlungsalternativen die beste zu wählen und sich mit seiner Wahl zu identifizieren. Und es ist in diesem Zusammenhang egal, ob es sich um den egoistischsten Tyrannen handelt, der nur seinem momentanen Lustprinzip folgt oder um den altruistischsten Philanthropen – alle sind gleichermaßen vor diese Wahl des jeweiligen Besten gestellt.

Doch was heißt es eigentlich, wenn von einer Wahl des Besten die Rede ist? Das Beste *wozu?* Hier kommen wir zu einem Punkt, der kaum sinnvoll begründet werden kann (oder besser: muss), da er selbst Ursache für alles Handeln und Wählen und Bewerten ist: Der Wunsch nach dem *guten* Leben, dem für sich Guten, dem Glück, der Glückseligkeit (bei gleichzeitiger Vermeidung des dafür Abträglichen), welchen Ausdruck man für die εὐδαιμονία auch immer finden mag. Wenn auch noch nicht klar ist, was das gute Leben inhaltlich bedeutet, so gilt doch, dass es nicht das Überleben ist, was eigentlich angestrebt wird; dies ist tatsächlich nur die Bedingung für das Ziel, das jeder verfolgt. Der Weiss'sche Romantitel *Hunde, wollt ihr ewig leben* müsste als platonische Frage lauten: ›Wollt ihr ewig wie Hunde leben?‹, denn keiner will einfach nur überleben, sondern darüber hinaus ein gutes Leben führen.[10] Das Überleben ist also nicht Selbstzweck und letztes τέλος, weshalb Sokrates gegenüber Kriton darauf besteht: »Nicht das Leben ist das zu erstrebende höchste Gute, sondern das gute Leben.«[11] Was unter ›gut‹ zu verstehen ist, das muss

---

[10] Auch derjenige, der weiß, dass er etwas Schlechtes tut, aber aus charakterlicher Schwäche nicht das Bessere verfolgt, erkennt diese *Wertnahme, die mit dem Leben gegeben ist,* an; aber auch das Schlechtere, das er tut, hat noch irgendetwas vermeintes Gutes (z. B. momentanen Lustgewinn, vgl. Protagoras 352 d–e oder Nomoi 902 a–b), sonst träte kein Konflikt auf. Sogar die völlige Selbstaufgabe – der Suizid – wird vom Betreffenden in diesem Moment als die Wahl des Besseren empfunden. Es liegt eben im Begriff des Schlechten, dass man es nicht will und im Begriff des (und sei es nur vermeinten) Guten, dass man es will. (Vgl. Protagoras 358 c–d)

[11] Kriton 48 b. Es erscheint tatsächlich durchaus fragwürdig, die Begründungskette des teleologischen Momentes im Lebensbegriff beim Überleben enden zu lassen. Weshalb strebt eigentlich ein Lebewesen danach, zu überleben? Weshalb soll ein materielles Systemkonglomerat fortbestehen wollen? Um sich zu reproduzieren? Aber weshalb strebt es nach Reproduktion? Um – hier ist der Zirkel – in irgendeiner Form weiter zu überleben? Man kommt immer zu dem Ergebnis, dass die Natur, wie sie der Materialist oder Evolutionstheoretiker zeichnet, sich ständig selbst transzendiert.

aber expliziert werden. Wir sind es durchaus gewohnt, hier keinen allgemeinen Maßstab zu verlangen, weil jeder vermeintlich sein eigenes Süppchen kocht. Auch sind wir gewiss vertraut mit dem Gedanken, die Frage nach *dem* Glück sei so falsch gestellt[12] – es könne doch nur darum gehen, eine Zeitspanne mit möglichst vielen Glücksmomenten zu füllen, welche nicht zwingend einen inneren Zusammenhang aufweisen müssen. Hauptsache also, wir unternehmen irgendetwas, um regelmäßig unsere Dosis Dopamin, Serotonin oder Oxytocin zu bekommen? Es müsste schon stutzig machen, dass auch die Hirnforscher einen solch simplen Begriff von Glück und Wohlergehen, der auf dem subjektiven Lustprinzip basiert, entschieden zurückweisen. Nimmt man nämlich ihr oft geäußertes Bestreben ernst, uns von philosophiehistorischen und alltäglichen Illusionen zu erlösen, der Gesellschaft ein gerechteres Menschenbild zu bieten und endlich einen wahren Begriff von der Person zu vermitteln, so muss man konstatieren, dass sie uns Gutes zukommen lassen wollen: ein nichtillusionäres Glück, die Förderung der menschlichen Existenz durch Wahrheit – überhaupt das Förderliche, welches gerade nicht auf zufälligen subjektiven Präferenzen beruht, und ein Leben in Übereinstimmung mit dem eigenen wahren Wesen. Mein Glück und meine Lust etwa, mich als freies Wesen zu wähnen, würde der Hirnforscher dem Gesagten zufolge nicht als richtige, fördernde Lust anerkennen und ein Höheres als Maßstab für ein zu erstrebendes Gutsein ansetzen: eben das Richtige, Fördernde, Wahre, Wirkliche – und das versuchen sie schreibend einzulösen und zu vermitteln. Dass die Hirnforscher in Anbetracht dieses Bemühens ihre eigene widersprüchliche

---

Eine Begründung für die Frage, weshalb das Leben nach Dauer strebt, kann nur im Lebensbegriff selbst liegen, nicht in der Evolution, deren Begriff schon das Streben des Lebendigen *nach Leben voraussetzt.* Siehe dazu auch die Diskussion zur Verbindung von Leben und dem Wunsch nach Unsterblichkeit im *Symposion* (207 a–208 e). Hier geht Diotima auch auf ein weiteres Phänomen ein: dass nämlich manche einem vermeintlich erstrebenswerten Gut – hier die Ehre – sogar Leib und Leben unterordnen und Gefahren auf sich nehmen oder sich opfern. Wenn es stimmt, dass der Mensch nicht über die Natur hinauskann, aus der er doch entstanden ist, und die Natur dem Begriff der Neurowissenschaftler entspricht, wäre dies offensichtlich eine etwas merkwürdige Überlebens- und Reproduktionsstrategie.

[12] So auch Kant: Ihm zufolge ist Glückseligkeit das fortdauernde subjektive Angenehme, die Lustempfindung. Dieses Lustprinzip entziehe sich selbst im Individuum jeglicher Allgemeinheit und Regel und somit der Objektivationsmöglichkeit, weshalb der Glücksbegriff keine Begründungsfunktion für eine systematische praktische Philosophie haben könne. (Immanuel Kant, Kritik der praktischen Vernunft, A 40–48)

Theorie und die Existenz, die sie mit dieser Theorie darlegen, wollen können, erscheint jedoch mehr als fragwürdig.

Zuerst einmal stehen wir vor Problemen, die leicht einsichtig sind: Gerade hier, wo es um das geht, was uns am wichtigsten ist, erweist sich der Mensch als Unwissender, Machtloser, bloß Getriebener der Umstände: Wir sind im Denken und Fühlen bestimmt von vielfältigen gesellschaftlichen, kulturellen, erzieherischen, natürlichen und leiblichen Voraussetzungen, welche uns formen. Subjektivität ist zwar vorhanden, aber von wirklicher Identität kann keine Rede sein; der Mensch ist vorerst gar kein Individuum, kein dem Wortsinne nach Unteilbares. Wir wollen irgendwie Gutes für uns, aber wir haben noch keine Ahnung, was das ist. Im schlechteren Falle meinen wir es sogar zu wissen, haben aus dem Überangebot des vorgeblich Richtigen eine Auswahl getroffen und Eltern, Schule, Wirtschaft, Politik, Pharmazie oder unserem Leib geglaubt. Die Frage nach der Glücksmöglichkeit, und diese Überlegung wird unsere Untersuchung im Folgenden leiten, ist daher untrennbar mit der Notwendigkeit verbunden, auch das Wesen und die Freiheit von Selbst und (Selbst-)Erkenntnis zu thematisieren.

Hierbei kommt dem Schlussmythos der *Politeia* eine tragende Rolle zu. Er thematisiert die Bestimmtheit des Menschen durch äußere und innere Bedingungen, seine Rolle in der Natur, seine Disparatheit und sein Unwissen bei der Lebensführung und Glückssuche. Dieser Mythos stellt auch die Schuldfrage, inwiefern also der Einzelne verantwortlich für sein Dasein angesichts vielfältiger, nicht selbst geschaffener Bedingungen ist. Die im Mythos dargestellte Gegenüberstellung eines glücklichen und eines unglücklichen Mannes soll uns zum Anlass dienen, diese Personen als Konkretisierung zweier Menschen- und Weltbilder zu begreifen. Sie stellen nämlich Menschentypen dar, deren Glück oder Unglück in einer bestimmten Haltung zu sich selbst, zur Welt und zur Gesellschaft gründet. Der Unglückliche, und dies wird Thema des folgenden Kapitels sein, kann dabei auf eine Gesinnung zurückgeführt werden, welche Platon ausführlich vor dem Mythos analysiert und welche der Haltung der Hirnforscher in vielerlei Hinsicht gleicht.

10.2 Der Tyrann, oder: Wie Unglück, Unfreiheit und Vertragstheorie zusammenhängen

10.2.1 Die Darstellung der Wahl einer Lebensweise im Mythos

Am Ende der *Politeia*[13] stellt Platon die Wahl des Besten im Hinblick auf das Leben in einem Reinkarnationsmythos dar.[14] Die Seelen der Gestorbenen, so erfahren wir, werden im Jenseits aufgeteilt: Die, die ihr Leben gut zugebracht haben, werden zur Belohnung auf eine himmlische Wanderung geschickt, die Schlechten müssen eine Zeit der Bestrafung hinter sich bringen. Doch nun geht es zurück ins Leben für die Seelen, und sie müssen daher vor Ananke, die Göttin der Notwendigkeit, treten, die mit ihren Schicksalsgöttinnen, den Moiren Lachesis, Klotho und Atropos, die Bedingungen für den Eintritt ins Leben festsetzt. Für die Seelen geht es nun darum, welches Leben sie sich erwählen und welche Kriterien sie dafür ansetzen, bevor sie, die Wahl wieder vergessend, das Jenseits verlassen.

Ein Prophet der Götter stellt die Seelen auf, nimmt von Lachesis Lose und Grundrisse von Lebensweisen und wirft zuerst die Lose unter die Wartenden; das Los zeigt den Seelen an, in welcher Reihenfolge gewählt wird. Als nächstes werden »die Umrisse der Lebensweisen (βίων παραδείγματα) vor ihnen auf dem Boden ausgebreitet in weit größerer Anzahl als die der Anwesenden.«[15] Manche dieser Lebensweisen sind menschlich, andere tierisch; manche enthalten große Macht oder Armut, Ansehen, Schönheit usw., auch in vielerlei Mischungen. Die Seelen, die sich ein Lebensmuster gewählt haben, wählen damit auch eine Art Lebensdämon »zum Hüter seines Lebens und Vollstrecker des Gewählten«.[16] Er fungiert also als nach der Wahl nicht mehr disponibles ethisches Leitprinzip für die Seele im Leben und sorgt dafür, dass die Schicksalsgöttinnen die Wahl fest in den Weltlauf einspinnen.[17]

---

[13] Politeia 614 b ff.
[14] Die folgenden Kapitel 10.2.1, 10.2.2 und 10.2.4 sind eine überarbeitete Fassung von Verf., Wahlfreiheit bei Platon. Zum Verständnis von Mythos, Freiheit und Erkenntnis am Beispiel des Loswahlmythos der Politeia, in: Perspektiven der Philosophie 36 (2010), S. 363–388, S. 367–378.
[15] Politeia 618 a.
[16] Politeia 620 d–e.
[17] Vgl. die Deutung von Wolfgang Maria Zeitler, Entscheidungsfreiheit bei Platon,

Worauf es Sokrates ankommt, ist diese existenzielle Lebenswahl und die dafür nötige Entwicklung von Kenntnissen und Urteilskraft bezüglich der Auswahlkriterien und innerer wie äußerer Konsequenzen – und sein Fazit diesbezüglich liest sich dann folgerichtig auch sehr diesseitig:

> Hierauf nun eben [...] beruht alles für den Menschen, und deshalb ist vorzüglich dafür zu sorgen, daß jeder von uns mit Hintansetzung aller anderen Kenntnisse nur dieser Kenntnis nachspüre [...], wie einer dahin komme zu erfahren und aufzufinden, wer ihn dessen fähig und kundig machen könne, gute und schlechte Lebensweise unterscheidend, aus allen vorliegenden immer und überall die beste auszuwählen, alles [...] untereinander zusammengestellte und Verglichene, was es zur Tüchtigkeit des Lebens beiträgt, wohl in Rechnung bringen, und zu wissen, was zum Beispiel Schönheit wert ist mit Armut oder Reichtum gemischt, und bei welcher Beschaffenheit der Seele sie Gutes oder Schlimmes bewirkt, und was gute Abkunft und schlechte [...], Macht und Ohnmacht, Vielwisserei und Unkunde, und was alles dergleichen der Seele von Natur Anhaftendes oder Erworbenes miteinander vermischt bewirken, so daß man aus allen insgesamt zusammennehmend auf die Natur der Seele hinsehend die schlechtere und die bessere Lebensweise scheiden könne [...].[18]

Wenn wir davon ausgehen, dass Platon mit dem Mythos eine systematische Wahrheit bildlich und personal gebunden mitteilen will, so finden wir hier dieses grundsätzliche Faktum des ungefragten Lebenmüssens, das mit der Notwendigkeit konfrontiert, unter gegebenen Bedingungen zu unterscheiden und im Hinblick auf das eigene Glück das Bessere zu erkennen und zu wählen. Diese Bedingungen, unter denen gewählt wird, sind aber nicht nur psychische und physische, sondern auch solche, die überhaupt den Rahmen einer Wahl bestimmen. Dass die Lebensmuster vorgegeben sind könnte so gedeutet werden, dass dem Einzelnen bestimmte Möglichkeiten, die er dann wählen und ausfüllen kann, bereits zur Verfügung stehen, andere wiederum nicht. Im Mythos gibt es Lebensweisen in weit größerer Anzahl als Anwesende. Das heißt, auch wenn alle gewählt haben (und damit ein Leben in der Welt und der Gesellschaft führen), sind nicht alle Möglichkeiten, alle Varianten an Lebensweisen verwirklicht. Die Reihenfolge der Wählenden wird zudem im Mythos durch den Zufall bestimmt, durch das Los. Auch dies hat eine Entsprechung in der

---

München 1983, S. 126: »Die Grundwahl legt den Maßstab, die Motive für die Handlungen fest, die dann nicht mehr im Belieben des einzelnen stehen.«
[18] Politeia 618 b–d.

Wirklichkeit, die wir kennen: Wann man ins Leben tritt, also als Wählender seinen Platz einnimmt, wer und wie viele schon vor einem gewählt haben, ist Zufall; Zufall verstanden als jeglicher Bestimmung des Einzelnen entzogen.

Völlig ohne Belang jedoch sind dem Mythos zufolge solche Bedingungen für ein glückliches Leben, denn auch dem zuletzt Wählenden, so der Prophet der Götter, liegt ein angenehmes Leben bereit, sofern er vernünftig wählt.[19] Es spielt dabei also keine Rolle, ob irgendwelche Positionen, Arten zu leben schon besetzt sind. Die Seele des Odysseus, der im Mythos als Letzter an der Reihe ist, sich ein Lebensmuster auszusuchen, gibt denn auch zu verstehen, er »würde ebenso wie jetzt gehandelt haben, auch wenn [er] das erste Los gezogen hätte, und habe mit Freuden dieses Leben gewählt.«[20] Das Richtige kann also immer gefunden werden, doch worauf es dabei ankommt, bedarf noch der Erläuterung. Vorerst wählt jedenfalls ein jeder das, was ihm für ein angenehmes Leben, in Bezug auf die eigene Befindlichkeit und das eigene Dasein gut und förderlich erscheint. Der Mensch muss also wissen, *was* an inneren und äußeren Bedingungen *wie* auf die konkrete Gestaltung der Lebensmuster hingeordnet sein soll. Hier stellt sich die Frage nach dem Maßstab für die Wahl, denn im Hinblick darauf, was der Einzelne als Zustand des Glücks anerkennt, wird er wählen; er muss unterscheiden, erkennen, beurteilen können, was gut und was schlecht ist zum Erreichen des Ziels. Dies bedeutet aber für das Erkennen, dass es immer abhängig bleibt vom Maßstab, der als Prämisse dient.

Doch zunächst einmal erscheint die Schilderung jener Lebenswahl seltsam widersprüchlich. Zwar wird die Lebenswahl der Seelen als eine ihnen zurechenbare Handlung gekennzeichnet: »Die Schuld ist des Wählenden; Gott ist schuldlos.«[21] Bei näherer Betrachtung gleicht die Wahl aber eher dem unwillkürlichen Widerfahrnis, das für die Hirnforscher das Handeln und Entscheiden des Menschen darstellt: Bei den meisten Seelen ist die Wahl schlicht das Ergebnis der Beeinflussung des Willens durch Determinanten, die wir ohne wei-

---

[19] Politeia 619 b. Die Bewertung des Pamphyliers *Er*, dessen Bericht vom Jenseits hier in indirekter Rede wiedergegeben wird, lautet anders: Er bindet die Glücksmöglichkeit zwar an Weisheit der Wahl, aber auch daran, dass einem nur nicht das Los des Letzten zukomme. (Ebd., 619 d–e) *Er* als Bote des Jenseitigen hat offensichtlich einen wesentlichen Punkt nicht verstanden.
[20] Politeia 620 d.
[21] Politeia 617 e.

teres auch im Diesseits verorten können. Die Seelen sind noch ganz mitgenommen ob ihrer schönen oder grausamen Erlebnisse während ihrer himmlischen oder unterirdischen Wanderung[22]; einer wählt aus »Torheit und Gier«[23]; die meisten »der Erfahrung ihres früheren Lebens gemäß«[24]. Ja, die Lebensmuster selbst stellen eine Determinante dar. Kann doch nur *aus* ihnen, aus dem Vorgegebenen gewählt werden. Der Gegenstand der offenbar gar nicht so freien Wahl wird zu allem Überfluss auch noch unabänderlich gemacht und in den Weltlauf eingesponnen.[25] Man könnte meinen, dass hier das weltliche Dasein in seinen Einzelheiten vorherbestimmt wird, sodass im Leben selbst gar keine Wahlmöglichkeit mehr besteht.

Also ein jeder nach dem, was ihn gerade zufällig bedrängt oder beflügelt? Nach dem, was ihm zufällig widerfahren ist oder vom Schicksal in Form der Lose geboten wird? Wie ist die Schuldzuschreibung zu vereinbaren mit einer Wahl, die letztlich bestimmt ist durch ein dem Wählenden Äußerliches? Schicksal, Glück, Gott, bisherige Erfahrungen; heute sagt man Evolution, Affekte, frühkindliche Prägung, neuronale Vernetzung – was immer man als einen dem Willen und der Entscheidung vorgängigen Bestimmungsgrund einsetzen mag, die scheinbar unumstößliche Tatsache bleibt, dass der Mensch nicht frei und somit eigentlich schuldlos ist. Verständnis müsste man demnach haben für den, der aus Torheit und Gier sich ein schlechtes Lebensmuster erwählt hat, beteuert, an seinem Unheil nicht schuld zu sein und »das Schicksal und die Götter und alles eher als sich selbst«[26] anklagt.

Auch der kosmologische Teil des Mythos[27] scheint zu bestätigen, dass hier für Schuld kein Platz sein kann und Glück das ausschließliche Resultat eines glücklichen Zusammentreffens von Bedingungen ist. Der ganze Himmel und die Erde, also der ›sichtbare‹ materielle Kosmos, wird wie ein Schiff von Tauen zusammengehalten und be-

---

[22] Politeia 614 e und 615 a.
[23] Politeia 619 b.
[24] Politeia 620 a. In diesem Punkt widerspreche ich Cürsgen, der meint, die jenseitige Wahl in diesem Mythos finde »von äußeren Einflüssen und Bedingungen frei« statt, »so daß die mythische Notwendigkeit nur noch die innere, ethische Notwendigkeit hütet.« (Dirk Cürsgen, Die Rationalität des Mythischen, S. 118) Meines Erachtens ist es gerade eine wesentliche Fragestellung des Mythos, wie das *Verhältnis* von Bedingungen und innerer Unbedingtheit gedacht werden kann.
[25] Politeia 620 e.
[26] Politeia 619 c.
[27] Politeia 616 b–617 d.

Der Mythos von der personalen Seele

wegt, die an einer Spindel befestigt sind. Diese Spindel wird nun von den Göttinnen der Notwendigkeit Lachesis (Vergangenheit), Klotho (Gegenwart) und Atropos (Zukunft) berührt, also beeinflusst; gedreht wird das Gebilde im Schoße der Notwendigkeit. Die Sphären dieses Kosmos geben jede einen Ton von sich und klingen als »*ein* Wohllaut zusammen«[28]. Der Weltlauf, in den sich jedes Lebensmuster fest einfügt, ist also bestimmt durch die Notwendigkeit. Vergangenheit, Gegenwart und Zukunft bilden eine harmonische Einheit (einen Wohllaut), die bzw. der sich im Ganzen des materiellen Kosmos manifestiert. Will man diese Weltbeschreibung modern-naturwissenschaftlich lesen, als durchgängig vorherbestimmtes Kausalgefüge (etwas geht notwendig aus vorherigen Zuständen hervor, nichts bricht aus dem einheitlichen Zusammenhang der Notwendigkeit aus), bleibt die Frage, wo hier Raum für Freiheit und Schuld sein sollte.[29]

Wir müssen daher auch ergründen, welche Rolle die Determinanten spielen und ob sie aus platonischer Sicht überhaupt das Absprechen von Freiheit und Entscheidungsmacht rechtfertigen. Zur Debatte steht folglich das Wesen des Menschen, das Wesen der Welt

---

[28] Politeia 617 b.
[29] Das entspricht im Wesentlichen der Interpretation von Annas. (Julia Annas, Plato's Myths of Judgement, in: Phronesis 27 (1982), S. 119–143, S. 132–136) Ihr zufolge ist der Er-Mythos die Beschreibung eines Kosmos, der durch und durch determiniert ist. Darin sei auch der Mensch mitsamt seiner Lebenswahl ein Produkt unverfügbarer Faktoren, weshalb nach diesem Bild das Individuum nicht verantwortlich und somit jede Strafe aus Sicht des Individuums unfair sei – der Einzelne kann sich ja nicht mehr an seine jenseitige Wahl erinnern. Somit ist auch ein durchgängiges verantwortliches Ich nicht auszumachen. Zudem sei durch die jenseitige Lebenswahl das Leben in allen Einzelheiten im Voraus bestimmt. Dies führt Annas dazu, anzunehmen, die Betonung der Schuldzuweisung im Mythos sei eine unbegründetete Behauptung Platons, die sich abrupt unter all das Notwendigkeitsgerede mische; im Ganzen seien der Kosmos und seine Gerechtigkeitsordnung zwar gerecht, nur sei die Gerechtigkeit nicht auf den Einzelnen zugeschnitten: Der Einzelne sei vielmehr im Mythos ein Vehikel der übergreifenden, impersonalen, indifferenten Ordnung des Kosmos. Das logische Fazit sei, dass Platon zufolge »*my life, so interesting to me, becomes cosmically pointless*«. (Ebd., S. 136) Vorausgesetzt, man liest den Mythos als Beschreibung realer, jenseitiger Verhältnisse: So wäre doch zu fragen, ob nicht gerade die Reinkarnation in Verbindung mit dem Vergessen der vorigen Wahl und des vorigen Lebens zum Begriff eines *für das Individuum* gerechten und guten Kosmos gehört. Der Gedanke, dass Verfehlungen und Unglück eines Individuums korrigiert werden können und das Handeln sich durch Selbsterkenntnis und -annahme, nicht durch gewussten Bestrafungsdruck von außen gestaltet, kann als Hinweis vorerst genügen.

und das *Verhältnis* des Menschen zur Welt, denn ist der Mensch vom Wesen her *identisch* mit den Determinanten, sodass diese ihn vollständig bestimmen können, kann von Freiheit tatsächlich keine Rede sein. Anders formuliert könnte die Frage lauten: Ist das menschliche Aufgehen in den Bedingungen, welches Unfreiheit und Fremdbestimmung zur Folge hat, vermeidbar?

Im Mythos finden wir nun zwei exponierte Wählende, welche einen Gegensatz bilden: den erwähnten Odysseus, welcher als letzter an der Reihe ist, sich mit Bedacht die Muster ansieht und mit seiner Wahl eines einfachen, zurückgezogenen Lebens zufrieden ist – von ihm wird später zu reden sein; und eine Seele, die als erste in der Reihe alle Wahlmöglichkeiten hat, impulsiv aus Gier sich das Leben eines großen Tyrannen wählt und dann erst begreift, welches Unglück sie sich antut. Um den Begierigen soll es in diesem Kapitel gehen, weil er uns einige Klarheit verschaffen kann über das Menschen- und Gesellschaftsbild, das die Neurowissenschaftler uns als das richtige vermitteln wollen. Meine These ist, dass die mythische Figur des triebhaft-begehrlichen Menschen letztlich dem Wesensbegriff des Menschen (nicht nur) in den Neurowissenschaften entspricht, bei Platon aber lediglich ein sophistisches, verzerrtes, verfehltes Schattenbild des Menschen, seines Lebens und seines Denkens ist. Wir müssen diesen Tyrannen als eine Zuspitzung, aber dennoch logische Folge und *Wesen* einer Einstellung sehen, welche auch der Neurowissenschaftler als unsere unausweichliche Natur ausweist. Denn der Tyrann hat im platonischen Dialog stets eine bestimmte Funktion: In seiner Radikalität soll er die sophistische Theorie von Mensch und Natur ad absurdum führen, indem er diese Theorie bis zum Äußersten ausformuliert. Der Tyrann, so könnte man es ausdrücken, ist eine Allegorie der größten Unfreiheit, des größten Unglückes und der verfehltesten Identität, *weil er wirklich konsequent sein ethos nach seinem logos gestaltet.* Daher ist es jetzt unerlässlich, etwas auszuholen, um die Verbindung zwischen der gierigen, tyrannischen Seele im Mythos und dem Menschenbild der Neurowissenschaftler herzustellen, um so besser verstehen zu können, von welchem Weltbild und von welchem Maßstab Platon sich absetzen will, wenn es um die Lebensführung des Einzelnen geht.

Der Mythos von der personalen Seele

10.2.2 Kinder essen, oder: Die Figur des Tyrannen

Der Mensch, der im Mythos die Gier zum Maßstab seines Handelns und Wählens macht, hadert mit seinem Lebensmuster, als er in Muße ansieht, welche Wahl er getroffen hat und nun feststellen muss, dass er nicht zu seinem Besten wählte[30]: Er hat sich ein Leben als großer Tyrann ausgesucht, doch »ohne alles genau zu betrachten«. Durch diese fehlende Unterscheidungs- bzw. Erkenntnistätigkeit ist ihm etwas sehr Seltsames entgangen, nämlich neben anderem Unheil das »darin enthaltene Geschick, seine eigenen Kinder zu verzehren«. Annas führt das Kinderverzehren als Beleg dafür an, dass das Leben Platon zufolge von Anfang an durchgehend vorherbestimmt sei und nicht bloß ein Lebensrahmen gewählt wird, innerhalb dessen Freiheit ihren Platz hätte: Immerhin sei, wie man an dieser ganz konkreten Vorbestimmung sehen könne, schon jede Einzelheit des irdischen Daseins vorher geplant.[31] Wie wir feststellen werden, ist mit dem Kinderverzehren jedoch keine einzelne Handlung gemeint, sondern im bildlichen Sinne ein mythisch fundiertes Verhältnis zu den Mitmenschen. Platon spielt mit dem Verzehren der eigenen Kinder nämlich auf ein Motiv an, das in der antiken Mythologie öfter vorkommt und das jedem damaligen Leser bekannt gewesen sein dürfte, so zum Beispiel im Mythos von Kronos:

Uranos, der Vater des Kronos, verbannt seine Kinder in die Unterwelt, aus Angst, diese könnten ihn von seiner Position der Allmacht verdrängen. Damit ist seine Frau Gaia, die Mutter Erde, nicht einverstanden und lässt Feuerstein ihrem Schoße entwachsen, woraus sich Kronos eine Sense fertigt. Hiermit nun kastriert dieser seinen Vater, nimmt ihm seine Männlichkeit, seine Macht. Später muss Kronos aufgrund einer Weissagung selbst fürchten, von seinen Kindern gestürzt zu werden und verzehrt sie deshalb. Seine Frau Rhea versteckt sich daraufhin und gebiert Zeus. Zeus zwingt Kronos, die verschlungenen Kinder (u. a. Poseidon, Hades) wieder herzugeben. Ein Kampf um die Macht entbrennt, aus der Kronos als Verlierer hervorgeht. Die Söhne des Kronos teilen daraufhin die Herrschaft unter sich auf.

Ein weiteres Beispiel für das Kinderverzehren ist die Sage um Agamemnon. Der Vater von Agamemnon, König Atreus, befindet

---

[30] Politeia 619 b–c.
[31] Julia Annas, Plato's Myths of Judgement, S. 134.

sich im Machtkampf um den Königsthron Mykenes mit seinem Bruder Thyestes. Nachdem Atreus Thyestes verbannt hat, kommt dieser auf Einladung wieder, um mit seinem Bruder Frieden zu schließen. Atreus jedoch setzt ihm seine eigenen Kinder zum Mahl vor.[32]

Das Verzehren der Kinder muss also nach ›antikem‹ Verständnis vor allem in Zusammenhang mit Neid und Missgunst, mit Angst vor Verlust durch andere und mit dem mit äußerster Eifersucht geführten Kampf um Macht und Güter gebracht werden. Dieser Kampf um Macht verbietet es, wohlgeordnete, nach vernünftigen Prinzipien eingerichtete Verhältnisse aufrechtzuerhalten und dem Gegenüber menschlich entgegenzutreten. Genauso aber verunmöglicht er den um die Macht Ringenden Zufriedenheit und Glück. Die geschilderten Ereignisse finden immer in einem Kreislauf einer nicht enden wollenden Gewalt und Unsicherheit statt. Das Talionsprinzip fordert immer seinen Tribut. Dieses mythische Motiv also, mit dem der antike Leser bereits bestimmte Verhältnisse zwischen Personen (und personalen Göttern) vor Augen hat, betrifft jetzt den wählenden Menschen, der meint, getrieben vom Wunsch nach Macht und Reichtum, sein Glück zu finden. Platon hatte schon vor dem Wahlmythos in einer anderen Geschichte dieses Motiv auf den Menschen angewendet, nämlich in den Büchern VIII und IX der *Politeia*, in denen verschiedene Gesellschaftsformen mit verschiedenen Psychogrammen oder Seelentypen verbunden werden.[33] Den Tyrannen betreffend heißt es da:

Ist es nun nicht ebenso, wenn ein Volksvorsteher, der die Menge sehr lenksam findet, sich einheimischen Blutes nicht enthält, sondern […] auf ungerechte Beschuldigungen vor Gericht führt und Blutschuld auf sich lädt, indem er, Menschenleben vertilgend und mit unheiliger Zunge und Lippe

---

[32] Auch Agamemnon, der Sohn des Atreus, fällt diesen Machtspielen zum Opfer. Hatte er selbst schon seine eigene Tochter Ephigenie für das Schlachtenglück (also für eine Änderung der Machtverhältnisse) vor Troja den Göttern opfern wollen, wird er, gerade aus dem Kriege heimgekehrt, von seiner Frau Klythemnestra umgebracht. Angestiftet wurde diese jedoch von ihrem Liebhaber Aegistos, welcher von Hass auf das Geschlecht der Atreiden erfüllt ist.
[33] Mehrfach wird betont, dass man jetzt dichterisch – wie die Musen – vorgeht. (Politeia 545 d7–e3 und 547 a7–b1) Auch hier findet sich also der Hinweis, dass zwar systematische Erkenntnisse vermittelt werden, diese aber eine mythische, märchenhafte Einkleidung erfahren und dadurch einen personalen, zeitlichen, bildlichen Zusammenhang bekommen. Man sollte daher nicht meinen, die Entstehung der Gesellschaftsformen und menschlichen Seelentypen sei eine faktische Darstellung.

Verwandtenmord kostend, bald vertreibt, bald hinrichtet [...], daß dann einem solchen von da an bestimmt ist, entweder durch seine Feinde unterzugehen oder ein Tyrann und also aus dem Menschen ein Wolf zu werden? [...] Sind sie aber zu ohnmächtig, um ihn zu vertreiben oder ihn durch Verleumdungen bei dem Staat hinzurichten: so stellen sie ihm nach, um ihn heimlich gewaltsam zu töten.[34]

Das Missverhältnis zwischen Verwandten wird hier wie an anderen Stellen[35] als Motiv für das Missverhältnis zwischen Menschen innerhalb einer Gesellschaft genommen und auf seine Folgen und Voraussetzungen für die Seele des Einzelnen untersucht. Berechtigterweise können wir durch das Kinderessen einen Zusammenhang herstellen zwischen dem gierig Wählenden, der seine Kinder verspeisen wird, und den Ausführungen zum Tyrannen im achten und neunten Buch. Doch was haben der unglückliche Tyrann und seine verfehlte Lebenswahl mit dem Menschenbild der Neurowissenschaftler zu tun?

10.2.3 Das Weltbild und Ideal des Tyrannen

Im ersten Buch der *Politeia* schafft der Sophist Thrasymachos eine Diskussionsgrundlage für das Weitere und führt den Tyrannen nicht als unglücklichsten, sondern als glücklichsten und freiesten Menschen ein, den es geben könne. Der Argumentationsgang[36], der Thrasymachos zu diesem Schluss führt, ist leicht einsichtig, wenn man sich seinen Begriff von der Natur des Menschen vor Augen führt, welcher als Prämisse dient.

Dem Sophisten zufolge kann man das menschliche Streben grundsätzlich durch zwei naturgegebene Motive erklären, die sich auf das Gute als Lust und das Schlechte als Unlust beziehen: die Lustmaximierung bei gleichzeitiger Leidvermeidung. Mit anderen Wor-

---

[34] Politeia 565 e–566 a. Die an dieser Stelle offensichtlich fabelhafte Identifikation von menschlichem Charakter und einem Tier sollte zur Vorsicht gemahnen: die Reinkarnationsmythen, die die menschliche Seele zur tierischen werden lassen, können eben *auch* in übertragenem Sinne gelesen werden.
[35] Politeia 569 b, 572 c–d, 574 b–d.
[36] Politeia 343 b–344 c. Als Belege im Fließtext verwende ich jedoch Glaukons Ausführungen, welche auf Thrasymachos' folgen, da sie sich hier besser eignen. Glaukon übernimmt die Rolle des *advocatus diaboli* und buchstabiert noch einmal die Theorie des Sophisten aus, um für den folgenden Gang der Argumentation den Gegner möglichst stark zu machen.

ten: Das Beste wäre, man könnte tun, was man will. Thrasymachos geht also wie die Neurowissenschaftler davon aus, dass der einzelne Mensch zuvörderst aus rein egoistischen Motiven handelt, aus Motiven, die sich ausschließlich auf sein eigenes Wohlergehen richten und deshalb *erster, natürlicher und oberster Maßstab* sind, gegenüber dem alles weitere nur einen sekundären, abgeleiteten Charakter haben kann. Wer nun konsequent seinem naturgegebenen Wesen folgt und dieses als Maßstab des Guten auch anerkennt, wird, so Thrasymachos, mithin nicht Regeln, Gesetze oder Bedürfnisse der Mitmenschen zum Maßstab nehmen, sondern alles danach beurteilen, ob es seinem lustmaximierenden oder leidvermeidenden Vorteil dient – und das heißt, auch die Gesetze werden am Maß des persönlichen Wohlergehens gemessen. Denn auch das Gesellschaftsleben nutzt der Mensch dank seiner Natur selbstverständlich gemäß seinem Grundmotiv: Besser dran ist derjenige, der sein Luststreben am geschicktesten mit den bestehenden sozialen Strukturen verwirklichen kann. Doch dieses gelebte Naturrecht wird nur dem Stärkeren, wenn er geschickt ist, stets die Lustmaximierung und die dafür notwendigen Güter einbringen.

Wenn es nun zwei solche [unsichtbar machenden] Ringe gäbe und den einen der Gerechte angelegte, den anderen aber der Ungerechte, so würde doch wohl keiner, wie man ja denken müsse, so stahlhart sein, daß er bei der Gerechtigkeit bliebe und es über sich brächte, sich fremden Gutes zu enthalten und es nicht anzurühren, da es ihm freistände, teils vom Markt ohne alle Besorgnis zu nehmen, was er nur wollte, teils in die Häuser zu gehen und beizuwohnen, wem er wollte, und zu töten oder aus Banden zu befreien, wen er wollte, und so auch alles andere zu tun, recht wie ein Gott unter den Menschen. Wenn er nun so handelte, so täte er nichts von dem anderen Verschiedenes, sondern beide gingen denselben Weg. Und dies, müsse doch jedermann gestehen, sei ein starker Beweis dafür, daß niemand mit gutem Willen gerecht ist, sondern nur aus Not, weil es eben für keinen für ihn selbst gut ist. [...] Denn jedermann glaubt, daß ihm für sich die Ungerechtigkeit weit mehr nützt als die Gerechtigkeit, und glaubt auch recht, wie der sagen wird, der sich dieser Rede annimmt. Denn wenn einer, dem eine solche Macht zufiele, gar kein Unrecht begehen wollte noch fremdes Gut berühren, so würde er denen, die es merkten, als der Allerelendeste vorkommen und als der Allerunverständigste; wiewohl sie sich einander betrügen und ihn einer vor dem anderen loben würden aus Furcht vor dem Unrecht leiden.[37]

---

[37] Politeia 360 b–d.

Ist der naturgegebene Egoismus der Maßstab des Guten, ist es aber evident, dass der Verzicht auf Lustmaximierung zugunsten der Leidvermeidung ein fauler Kompromiss sein muss. Das Verhältnis der Menschen zueinander im Naturzustand ist natürlich der latente Kampf aller gegen alle, was höchstens den Stärksten gefallen kann. Die Taktik der Schwächeren ist daher dieser Kompromiss: Aus Furcht vor dem Leid und aus Unvermögen, ihrer Natur wie die Stärkeren ungehindert nachzugehen, schaffen sie eine Schutzfunktion namens Moral und Gemeinschaft; die natürliche Freiheit, zur Lustmaximierung alles tun zu können, was man will und was die Begierden vorgeben, wird eingeschränkt zugunsten des Schutzes, der Leidvermeidung, durch verabredete Regeln und Sanktionen. Die Natur des Lebens in der Gesellschaft ist es also, sich ihren beschränkenden Regeln aus Klugheit zu unterwerfen, um nicht am überall waltenden Egoismus leiden zu müssen. Die Gemeinschaft, ihre Regeln und das Befolgen dieser Regeln, Rücksicht und Gerechtigkeit sind folglich nichts als *Überlebensstrategien* des Einzelnen.[38]

Von Natur nämlich, sagen sie, sei das Unrechttun gut, das Unrechtleiden aber übel; das Unrechtleiden aber zeichne sich aus durch größeres Übel als durch Gutes das Unrechttun. So daß, wenn sie unrecht einander getan und voneinander gelitten und beides gekostet haben, es denen, die nicht vermögend sind, das eine zu vermeiden und nur das andere zu wählen, vorteilhaft erscheint, sich gegenseitig darüber zu vertragen, weder unrecht zu tun noch zu leiden. Und daher haben sie denn angefangen, Gesetze zu errichten und Verträge untereinander und das von dem Gesetz Aufgelegte das Gesetzliche und Gerechte zu nennen. Und dies also sei die Entstehung so-

---

[38] Dass ein solches Menschen-, Freiheits- und Gesellschaftsverständnis auch tatsächlich aktuell angewendet wird, belegt eindrücklich Wolfgang Schäuble in seiner damaligen Funktion als Innenminister: »Manche mögen die völlige Abwesenheit von beschränkenden Regeln, einer ordnenden Gewalt als Zustand vollkommener Freiheit ansehen. Aber demokratisch gedacht ist das nicht. Dann wären nur die Starken, die sich aus eigener Kraft Durchsetzenden frei. […] Die Freiheit auch der Schwächeren zu schützen, ist Kernaufgabe des Staates und wesentliche Rechtfertigung seines Gewaltmonopols. Schon Thomas Hobbes [!] sah im 17. Jahrhundert die Rechtfertigung für einen *freiwilligen Freiheitsverzicht aller Bürger zugunsten staatlicher Gewalt* darin, dass erst das Gewaltmonopol des Staates den Frieden und damit die Freiheit seiner Bürger zu garantieren vermag.« (Wolfgang Schäuble, Freedom vs. Security: Guaranteeing Civil Liberties in a World of Terrorist Threats. Rede im Rahmen der Bucerius Summer School on Global Governance, 26.08.2009, im Internet unter: http://www.wolfgang-schaeuble.de/index.php?id=30&textid=1327&page=6, Zugriff am 24.02.2014; Kursive T. G.) Ob man sich zur Begründung des Staatswesens im Sinne der Demokratie ausgerechnet auf Hobbes berufen sollte, ist freilich eine ganz andere Frage.

wohl als auch das Wesen der Gerechtigkeit, welche in der Mitte liege zwischen dem Vortrefflichsten, wenn einer unrechttun kann, ohne Strafe zu leiden, und dem Übelsten, wenn man Unrecht leiden muß, ohne sich rächen zu können. Das Gerechte aber, mitten inne liegend zwischen diesen beiden, werde nicht als gut geliebt, sondern durch das Unvermögen, unrecht zu tun, sei es zu Ehren gekommen. Denn wer es nur ausführen könnte und der wahrhafte Mann wäre, würde auch nicht mit einem den Vertrag eingehen, weder unrecht zu tun noch sich tun zu lassen; er wäre ja wohl wahnsinnig.[39]

Geht man von einem solchen Menschen- und Gesellschaftsbild aus, ist es daher *folgerichtig*, den gerissenen Tyrannen als glücklichsten und freiesten Menschen anzusehen: weil dieser am konsequentesten, vollkommensten und ohne jegliche Beschränkung in der Position ist, seine gegebene asoziale Natur zu verwirklichen und dabei *gleichzeitig* die Errungenschaften der Gesellschaft – Kooperation, gemeinschaftlich erarbeitete Güter und die Bereitschaft der anderen, sich Gesetzen zu unterwerfen – auch noch zu eigenem Vorteil nutzen kann. Derjenige nämlich, der es schafft, die Lustmaximierung ungehindert zu verfolgen und dabei klug *über* dem einschränkenden Gesetz zu stehen, schafft es auch, die Ambivalenz des Menschen, als Gesellschaftswesen zwischen persönlicher Freiheit und einschränkenden Normen wählen zu müssen, zu überwinden.

Zuerst also, der Ungerechte soll es machen wie die recht tüchtigen Meister. Wie der rechte Schiffsmeister und Arzt wohl zu unterscheiden weiß, was unmöglich ist für seine Kunst und was möglich, dieses also unternimmt und jenes läßt; und, wenn er auch ja einmal etwas versieht, doch imstande ist, es wieder gutzumachen: so muß auch der Ungerechte, weil er seine Taten verständig unternimmt, mit seinen Ungerechtigkeiten verborgen bleiben, wenn er uns recht tüchtig ungerecht sein soll; wer sich aber fangen läßt, den muss man nur für einen schlechten halten. Denn die höchste Ungerechtigkeit ist, dass man gerecht scheine, ohne es zu sein. Dem vollkommen Ungerechten müssen wir also auch die vollkommenste Ungerechtigkeit zugestehen und ihm nichts davon abziehen, sondern ihm zugeben, daß er sich nach den ungerechtesten Taten den größten Ruf der Gerechtigkeit erworben habe, und wenn er auch einmal etwas versehen hat, daß er imstande sei, es wieder gutzumachen, indem er geschickt ist, überzeugend zu reden, wenn irgend von seinen Verbrechen etwas verlauten will, und wozu es der Gewalt bedarf, das mit Gewalt durchzusetzen durch Stärke und Tapferkeit und weil er sich hat Freunde und Vermögen zu verschaffen gewußt.[40]

---

[39] Politeia 358 e–359 b.
[40] Politeia 360 e–361 b.

Und genau wegen dieses Begriffes von der Natur des Menschen gibt es bei Thrasymachos den *logischen Zusammenhang* bzw. den *sich gegenseitig bedingenden Anstieg* von Glück, Macht, Reichtum, Stärke und natürlicher Freiheit.[41] Als Extrem oder vollkommene Ausformung eines Ideals, das durch die vermeintliche Natur des Menschen vorgegeben ist, dient der Tyrann dem Sophisten also berechtigterweise als Prüfstein für seine Theorie.

Die Prämissen in den vorangegangenen Passagen, mit welchen argumentiert wird, *gleichen nun frappierend denen, die im ersten Teil dieser Arbeit das Menschen- und Gesellschaftsbild der Hirnforscher begründen* (das subjektive Lustprinzip und der daraus folgende Egoismus als ausschließliche Handlungsmotivation; die Machtlosigkeit und Abhängigkeit der Vernunft angesichts der Regungen des Leibes; die Gesellschaft als Überlebensinstrument, Lustbeschaffer und Werkzeug, den Einzelnen in seiner Freiheit einzuschränken bzw. im Zaum zu halten; dementsprechend Recht und Moral als repressive Konvention) – die Hirnforscher, so muss man festhalten, trauen sich aber nicht so weit wie unsere antiken Charaktere, weil sie ihre eigene Theorie nicht ebenso konsequent im Hinblick auf die letzten zu ziehenden Schlüsse überprüfen. Im *Gorgias*, wo die Sophisten eine ganz ähnliche Argumentationsstrategie verfolgen, wirft der Sophist Kallikles seinem Vorredner Polos eben dieses Versäumnis vor: Wenn Kallikles dazu ansetzt, die letzte Konsequenz zu ziehen und auf Macht und Stärke fußende Freiheit als Glück anzupreisen, tut er etwas, was Polos, so die Kritik, aus Scham und falscher Buckelei vor gesellschaftlichen Konventionen nicht getan hat. Denn Polos, der eigentlich dieselbe Theorie vertrat, habe sich doch wieder von Sokrates einwickeln lassen und eingeräumt, das Handeln nach dem Gesetz (νόμος) sei schöner als seine egoistische Natur (φύσις) verfolgen zu können.[42] Polos gleicht dem, der die einschränkenden Regeln der Gesellschaft internalisiert hat und der deswegen sein eigenes Denken und Ideal nicht auf sich selbst anwendet. Wer aber zuvor Natur und Gesetz so gegeneinander ausspielt, müsse, so Kallikles, auch den argumentativen Weg zu Ende gehen, da er sich sonst selbst widerspreche![43]

---

[41] Im vertragstheoretischen Gesellschaftsmodell ist mit Freiheit also keine natürliche Bedingungslosigkeit gemeint, sondern eine Freiheit von einschränkenden gesellschaftlichen Konventionen.
[42] Gorgias 482 e. Deshalb ist in Politeia 571 c7–9 der tyrannische Mensch auch derjenige, der sich aller Scham entledigt hat.
[43] Gorgias 482 e7–483 a1.

10.2.4 Die Folgen für den Tyrannen

Der Tyrann treibt also die Lebensweise auf die Spitze, welche sich aus der These von der Lustmaximierung, Leidvermeidung und Kompromissbehaftetheit gesellschaftlichen Daseins ergibt. Er soll uns aber als Extrem etwas deutlicher zeigen, was auch in weniger extremen Ausformungen angelegt ist. Dies folgt der Methode, die in der *Politeia* an anderer Stelle expliziert wird: Am Größeren, Unvermischten und leichter zu Betrachtenden wird das Gesuchte bestimmt, um es dann auf das Kleinere zu übertragen und zu sehen, ob es sich dort genauso verhält.[44] Verfahren wir auch nach dieser Methode, gilt es zuerst, herauszufinden, was die Folgen für den Tyrannen sind, der sein Weltbild konsequent als Maßstab für sein *ethos* ansetzt. Damit kommen wir zurück zu Buch IX der *Politeia*, in dem die Folgen des sophistischen Weltbildes beschrieben sind und zu Buch VIII, wo das Kleinere in Form der Zwischenstufen dargestellt ist.

In einer Art Fazit nennt Sokrates einige Kriterien, die das Leben der tyrannischen Seele ausmachen und so gar nicht das Glück bedeuten, das Thrasymachos meint. Ich greife die wichtigsten Kriterien heraus und erläutere anschließend ihr Zustandekommen: Der Tyrann ist, ganz gegenteilig zur sophistischen Theorie, unfrei und knechtisch; er ist arm und ungesättigt; er verbringt sein Leben voller Furcht und von lauter Feinden umgeben; und er ist stets neidisch und freudlos.

Diese Konsequenzen ergeben sich Sokrates zufolge aus der Lebensweise, die der Tyrann durch die bedingungslose Anerkennung und Verfolgung des Lustprinzips umsetzt: das Begehren und das Vermeiden dominieren das Leben, welches sich wie bei den Hirnforschern letztlich nach der Vorgabe von basalen, archaischen und leiblichen Unterscheidungen von Lust und Unlust, von Angenehm und Unangenehm richtet. Die Natur solcher Unterscheidungsgrundlagen ist es nun, ohne das kontrollierende oder überlegende Zutun des Subjekts aufzuwallen und sich jeweils nur temporär befriedigen zu lassen. Wenn es aber für den Tyrannen fortwährend nur darum geht, dem neu erwachenden Wunsch nach Lustbefriedigung und dazu nötiger Güter Folge zu leisten, gerät er als ganzer unter die Knechtschaft des begehrlichen Seelenteils.[45] Damit ist gemeint, dass das Streben

---

[44] Politeia 368 d–369 a.
[45] Politeia 577 d–e.

und Handeln des Menschen bestimmt ist von psychophysischen Regungen, denen gegenüber die Vernunft eine epiphänomenale Rolle einnimmt. Es ist ja durchaus einsichtig: Wenn das Erkennen nur darauf gerichtet ist, die eigenen Begierden zu befriedigen, kommt der Vernunft eine ›technische‹, den Begierden untergeordnete, sie nur unterstützende Aufgabe zu, da der Maßstab des Angenehmen selbst nicht mehr begründbar ist: die Aufgabe nämlich, die Dinge (oder die Lebenswelt) daraufhin zu unterscheiden, ob sie den Begierden gemäß sein können. Man denke etwa an die Aussage von Chris Frith, unser Hirn teile die Umwelt in eine Art lustbasierte Wertekarte ein.[46] Ein dauerhafter Zustand der Glückseligkeit wird sich dadurch jedoch nicht einstellen, weil nämlich das Individuum getrieben ist im Wechsel von Befriedigung und immer größerem Mangel.[47] Das Individuum ist aber nicht nur immer »ungesättigt«, sondern auch »arm« (πένης).[48] Aufgrund der Herrschaft des Begehrens und der Aufwendung aller (seelischen) Ressourcen kommt der spezifisch menschliche Teil der Seele in Form der Vernunft nicht zum Zuge. Wie schon angedeutet ›verarmt‹ also die beherrschte Vernunft zu einem Handlanger des begehrlichen Wollens und Wünschens, zu einer das Bezugssystem selbst nicht infrage stellenden Wenn-dann-Vernunft[49]: zu einem Mechanismus mit der Funktion des regelgeleiten Abgleichens von Informationen.

Damit erfüllt die vom Vertragstheoretiker skizzierte Seele genau das, was Platon als Umkehr der Herrschaftsverhältnisse kennzeichnet: Nicht etwa gibt die Vernunft mit ihrem Wissen um das Bessere und Schlechtere einen Maßstab, in dessen Dienst sich das Streben stellt oder welcher das Begehren in Bahnen lenkt, sondern die an sich vernunftlosen Begierden und das aggressive Durchsetzungsvermögen der Seele geben vor, was gut und schlecht ist.[50]

Mit diesen eher praktischen Problemen geht aber ein theoretisches einher. Sind die eigenen Begierden handlungs- und vernunftleitend, ist keine *objektive* Rechtfertigung möglich. Es führt zu einer *Äquivalenz alles Gewünschten*. Wenn das richtig ist, was der Einzelne gerade will, gilt das für jeden, auch wenn dies völlig gegensätzliche

---

[46] Siehe Kap. 4.1 dieser Arbeit.
[47] Das charakterisiert eben die Begierden, dass immer mehr aufgewendet werden muss, um das Gefühl des Mangels auszugleichen.
[48] Politeia 577 e–578 a und 579 e.
[49] Vgl. dazu Wolfgang Zeitler, Entscheidungsfreiheit bei Platon, S. 78.
[50] Siehe bspw. Politeia 441 d–442 a.

oder einander ausschließende Dinge sind; ja das gilt selbst für gegensätzliche Wünsche des Einzelnen. Und das bedeutet aber, es gibt weder *Wahrheit* im Sinne eines Maßstabes für das Handeln, noch gibt es Identität im Einzelnen im Sinne einer übergreifenden Leitung durch feste Prinzipien.[51] Die größte Grausamkeit ist in der Theorie gleichwertig der größten Mildtätigkeit, da kein qualitativer Unterschied zwischen Gut und Böse gerechtfertigt werden kann. Es kommt eigentlich nur darauf an, die anderen glauben zu machen, was getan werde, nütze auch ihnen (oder man tut es im Verborgenen). Löst sich aber alles, jeder Wert, jede Tat in das Belieben des Einzelnen auf, ist gesellschaftlich wie seelisch alles immer wieder dem Umsturz preisgegeben. Dies wiederum heißt, nicht das Richtige setzt sich durch (denn das gibt es nicht), sondern das Mächtigste, zufällig in der seelischen wie sozialen Historie Auftretende und am meisten zur Lenkung Befähigte. Im Individuum wäre das der stärkste Reiz, die heftigste Begierde, sofern sie nicht aus taktischen Erwägungen gewaltsam unterdrückt wird.[52] Diese Beliebigkeit der natürlichen Freiheit, in der das Maßsystem selbst Gegenstand der Wahl ist, schlägt so um in Unfreiheit (und begründet Platons Kritik am demokratischen Menschen, welcher ein Pluralist ist und einen sehr modernen Freiheitsbegriff vertritt: Tue, was du willst, solange du dem Anderen nicht schadest. Da aber der Pluralismus als selbst maßstabsloser Maßstab dem Relativismus Vorschub leistet, ist er anfällig für die Machtübernahme durch das Stärkere[53]).

Also auch die äußerste Freiheit wird wohl dem einzelnen und dem Staat sich in nichts anderes umwandeln als in die äußerste Knechtschaft.[54]

Wir sehen, aus dem Wollen oder dem Willen allein lassen sich unmöglich allgemeingültige Werte ableiten. Ist der begehrliche, *sinnlich fundierte* Wille zum Prinzip erhoben, ist alles, was gewollt wird, was angenehm scheint, moralisch wie epistemisch gleichwertig.[55] Solche

---

[51] Vgl. Politeia 561 a–d.
[52] Vgl. Nomoi 734 a.
[53] Politeia 562 b ff.
[54] Politeia 564 a.
[55] Siehe Gorgias 465 c–d: Wenn der Leib sich selbst vorstände und er »selbst nach Maßgabe des für ihn Wohlgefälligen urteilen müßte«, das Angenehme bzw. Unangenehme also Maßstab für die Seele wäre, dann würden alle Dinge »alles zugleich sein, untereinander gemischt«. Dies wäre so, als setzte man in der Kochkunst das Schmackhafte (Angenehme) mit dem Gesunden (Guten) gleich oder in der Putzkunst (der

Beliebigkeit ist natürlich auch für Platon gerade keine Freiheit, weil der so verstandene Wille erstens selbst jeglicher Kontrolle entzogen ist und seinerseits jede Erkenntnis, Handlung oder Wahl ultimativ bestimmt. Eine Wahl diesem der Vernunft *vorgängigen* Willen gemäß ist nicht frei, sondern eine technisch zu verstehende Wahl der probaten Mittel: dabei ist es unerheblich, ob dieser Wille nun bewusst oder unbewusst auftritt: mit Vernunft hat er so oder so wenig zu tun.

Zweitens führt die Macht der Begierden, bedingt durch den Umgang mit den Anderen, auch in äußerlicher Hinsicht immer weiter in die Knechtschaft. Denn der Tyrann, der konsequent Reichtum und Macht anhäufen oder sich Schwelgereien hingeben will, gerät unweigerlich in Konflikt mit anderen. Er erschöpft die eigenen Ressourcen oder empfindet sie als unzureichend und muss Staat und Mitbürger immer weiter auspressen; Neid, Missgunst und Feindschaft entstehen durch ungleiche Verteilung.[56] Auch die Erhaltung der Macht erfordert es, ständig gegen die zu kämpfen, die die eigene Position einnehmen wollen oder unter dem ungerechten Regime leiden, sei es innerhalb der eigenen Gesellschaft oder außerhalb.[57] Will man nicht kämpfen, so muss man die Gegner auf kluge Weise ruhigstellen:

Wird er nun nicht in der ersten Zeit wohl alle anlächeln und begrüßen, wem er nur begegnet, und behaupten, er sein gar kein Tyrann, und ihnen vielerlei versprechen, einzeln und gemeinsam, wie er denn auch Befreiung von Schulden und Verteilung von Äckern dem Volke gewährt und denen, die ihn umgeben, und wird sich gegen alle günstig und mild anstellen?[58]

Die aber, welche sein Treiben erkennen und sich auflehnen, muss er mundtot machen, »bis er die Stadt gereinigt hat«.[59] Sein Unglück besteht in der Folge darin, dass »er also [...] von einer gar seligen Notwendigkeit gebunden« ist, »welche ihm auferlegt, entweder unter einer Menge schlechter Menschen zu hausen, noch dazu von diesen gehaßt, oder gar nicht zu leben.«[60]

Ist der Maßstab für das Handeln die eigene Begierde, *kann* also für den Tyrannen, und das ist der Kern dieser Ausführungen, der

---

Kosmetik) die äußere Schönheit mit leiblicher Schönheit, Gesundheit und Harmonie. (Ebd., 464 c–465 c)

[56] Vgl. Politeia 551 d oder 565 b.
[57] Politeia 565 e ff. und 567 a–b.
[58] Politeia 566 d–e.
[59] Politeia 567 c.
[60] Politeia 567 c–d.

Andere und mit ihm die Gemeinschaft nur als nützlich angesehen werden (als Mittel, das den Begierden Gemäße zu erlangen) oder als Gefahr (wenn der Andere selbst versucht, eine ähnliche Lebensweise wie der Tyrann zu verwirklichen). Die Folge ist für den nur triebhaft begehrenden Menschen, dass er in ständiger Angst und voller Misstrauen sein Dasein fristet, als Sklave der selbstgeschaffenen Umstände.[61]

10.2.5 Jeder kann ein Tyrann sein

Was also können wir durch die Figur des Tyrannen an Allgemeingültigem lernen, das auch auf den Menschen zutrifft, der die Position des Tyrannen nicht innehat? Das Besondere des Tyrannen ist es, die Natur des Menschen, die Sophisten wie moderne Hirnforscher annehmen, auch ohne Einschränkung ausleben zu können. Wenn aber diese Natur auf alle Menschen zutrifft, muss sie auch mit den entsprechenden Konsequenzen bei jenen zu finden sein, die eben keine Tyrannen sind.

Der Unterschied zwischen Tyrann und Nicht-Tyrann bezieht sich dabei nicht auf seine Wünsche oder Begierden, sondern lediglich auf seine politische Macht oder die Stellung über oder unter dem Gesetz. Der Tyrann muss den Kompromiss zwischen gesetzlicher Konvention und egoistischem Glücksstreben nicht eingehen; er muss nur darauf achten, die richtigen Allianzen zu schmieden und Neider kleinzuhalten. Der einfache Bürger dagegen muss die Vorteilsnahme *und* das Handeln nach Gesetzen miteinander in Einklang bringen – einerseits, um den Schutz der Gesetze zu genießen, andererseits um ihre Sanktionen zu vermeiden. Nicht die Wünsche, die die Begierden entstehen lassen, sind der Unterschied, sondern die Stärke, die Aggressivität und der Mut, ihnen freien Lauf zu lassen. Der einfache Bürger zieht schlicht die Sicherheit und Ruhe vor und akzeptiert demgemäß den Kompromiss. Dennoch wird auch er in seinem Rahmen und mit seinen jeweiligen Voraussetzungen nach seiner Natur handeln und um Stellung und Güter wetteifern[62], er wird das Streben nach Gütern auch als Geringgestellter für erstrebenswert halten (»Und indem einer auf den anderen sieht und ihm nacheifert, werden

---

[61] Politeia 578 a.
[62] Politeia 548 d–549 a und 553 b–c.

sie bald alle so geworden sein.«[63]), sich daher notwendig anderer bedienen und anderen, in welcher Form auch immer, auflauern müssen[64]; Abgaben, die der Gemeinschaft zugutekommen sollen, werden – unter solchen Bedingungen wohl zurecht – widerwillig entrichtet[65]; er wird seine Begierden spüren, doch sie aus Klugheit mit Gewalt unterdrücken müssen.[66] Hier wird die ganze Ambivalenz dieses Menschen gegenüber seinem eigenen Dasein offen ersichtlich, resultierend aus der Zerrissenheit zwischen eigener Freiheit und Aufrechterhaltung des gesellschaftlichen Überlebensinstrumentes:

> Ist nun aber hieraus nicht offenbar, daß ein solcher auch in anderen Geschäftsverhältnissen, worin er sich einen guten Ruf bewahrt, weil man ihn für gerecht hält, *doch nur durch eine zweckmäßige Gewalt über sich selbst andere ihm innewohnende schlechte Begierden zurückhält*, nicht etwa, indem er sich selbst überzeugt, daß es nicht so besser wäre, auch nicht, indem er sie durch Vernunft zähmt, *sondern aus Not und Furcht, weil er für sein übriges Eigentum zittert?* […] Ein solcher also kann auch gewiß in sich selbst nicht frei von Zwiespalt sein; und er ist auch nicht einmal einer, sondern ein zwiefacher, nur daß doch größtenteils die besseren Begierden in ihm herrschen über die schlechteren. […] Deshalb nun, denke ich, ist ein solcher immer noch anständiger als viele; aber die wahrhafte Tugend einer mit sich selbst einigen und wohlgestimmten Seele ist weit von ihm entfernt.[67]

Das Problem dieser Natur des Menschen ist also nicht, dass alle Menschen Tyrannen wären, sondern dass den Zwiespalt zwischen Gesetz und Individuum latent eine Gefahr des Abgleitens in Formen der individuellen und staatlichen Tyrannei begleitet.[68] Der Krieg aller gegen alle wird, vertritt man ein solches Weltbild, nur transformiert, nicht beseitigt: Er wird – im besten Fall – in ›gesellschaftsfähiger‹ Form weiter betrieben. Deshalb stellt Platon im achten und neunten Buch der *Politeia* verschiedene Abstufungen der tyrannischen Seele

---

[63] Politeia 550 e.
[64] Politeia 551 d–e.
[65] Politeia 551 e.
[66] Politeia 554 b–c.
[67] Politeia 554 c–e; Kursive T. G.
[68] Die individuelle Tyrannei derjenigen, die sonst die Konventionen achten, wird beispielsweise in 554 c angesprochen: Sie wird dann dort ausgelebt, wo keine unmittelbaren Sanktionen drohen, etwa bei »Vormundschaften über die Waisen und wo ihnen sonst etwas dergleichen vorkommt, was eine große Freiheit gewährt, unrecht zu tun.« Siehe auch Politeia 578 c–579 a, wo das Verhältnis des verhinderten Tyrannen zu seinen Sklaven beschrieben ist.

auch als Prozess der Umwandlung verschiedener Seelen- und Gesellschaftsordnungen in eine Tyrannei dar. Da im Menschenbild des Sophisten kein moralischer Unterschied zwischen Gut und Schlecht besteht, sondern nur die Schwäche, Klugheit oder fehlende Aggressivität über gesetzmäßiges Handeln entscheidet, findet dieser bloß graduelle Unterschied in einem Entwicklungsprozess sein Bild.

Die Gemeinsamkeit von Tyrann und demjenigen, der sich den Gesetzen unterordnet, ist also eine innere Einstellung, die das Verhältnis zu Mitmenschen und sich selbst charakterisiert: Aus der egoistischen Natur des Menschen folgt eine Vertragstheorie, welcher die Zweckrationalität und die Ambivalenz sozialer Beziehungen inhärent sind. Die vertragstheoretische Gemeinschaft bietet zwar Schutz, ist aber gleichzeitig immer ein Repressionsinstrument. Der Andere und mit ihm Regeln und Gesetze tauchen als Hindernisse für die egoistische Bedürfnisbefriedigung und Güterbeschaffung auf, und wenn nicht als Hindernisse, dann nur als Mittel zur egoistisch motivierten Zweckerreichung. Kooperation, das kennen wir bereits von den Hirnforschern, ist dann ein moralischer Anstrich klug gesteuerter Selbstbevorteilung, ein Überlebensinstrument im Dienste des eigenen Wohlergehens und Ausdruck der Furcht vor Sanktionen oder internalisierter Tradition.

Auch die Negation von Freiheit (im Sinne der Unabhängigkeit von heteronomen Bedingungen, nicht im Sinne von natürlicher Freiheit) ist im vertragstheoretischen Modell kein Zufall, sondern notwendiges Resultat der Prämissen. Wer davon ausgeht, die Motive menschlichen Strebens seien im Grunde immer subjektive leiblich-archaische Begierden, Geld, Macht, Sex, leibliche Genüsse, die Durchsetzung eigener Interessen, der kann gar nicht anders, als Freiheit für eine Illusion zu halten. Die Vernunft, die dazu verdammt ist, den ohne Vernunft entstehenden Wünschen nach lustvollem Leben und Überleben entweder Folge zu leisten oder bestenfalls als taktische Verhinderin dort aufzutreten, wo der kurzfristig gedachte Egoismus dem langfristig gedachten schadet, hat mit den *Motiven* des Handelns und Denkens nichts mehr zu tun. Der Begehrliche ist unfrei, weil alles Handeln und Denken eine bloße Reaktion darauf ist, was einem Geysir gleich im Subjekt hochsprudelt. Das ist der vom Unbewussten getriebene Mensch; das ist die Bestimmtheit des Willens durch unbewusste, unkontrollierte, ichfremde Regungen; das ist die Vernunft, die im ständigen Konflikt mit ihrem Träger und seinen Begierden sich befindet, sofern sie den Kampf überhaupt aufnimmt. Das sophistische

Glücks- und Gesellschaftsverständnis impliziert daher – wie das der Hirnforscher – notwendig auch einen Skeptizismus: Da vom Subjektiven, Sinnlichen, individuell Angenehmen ausgegangen wird, muss alle Regel und alles Angenehme und Gute bloße Konvention und bloßes subjektives Belieben sein, das keinen Status eines allgemeinen Gutseins erlangen kann. Man könnte behaupten, der Kitt der Allianz von Skeptizismus/Relativismus und Materialismus/Determinismus sei die egoistische Natur des Menschen: Es geht immer darum, dass jedes Subjekt die Welt nach seinen persönlichen Bedürfnissen und Erfahrungen kategorisiert, welche unwillkürlich in ihm entstehen.[69]

All dies ist die logische Konsequenz der Prämisse, der Mensch sei die gesellschaftliche Fortsetzung eines Überlebenskampfes und Luststrebens, welches die Natur ihm auferlegt habe. Soviel Sprengkraft ist in dieser Prämisse verborgen: Es geht ja nicht nur darum, dass man sich selbst als determinierten Egoisten begreift, sondern auch die Anderen. Wer die Zuneigung, Liebe und Kooperation der Mitmenschen nur als deren versteckten determinierten Eigennutz auffasst, wer – der Theorie gemäß – weiß, dass Mitmenschen einen selbst nur als Mittel zu ihren Zwecken benutzen, befindet sich in einem fortwährenden und *existenziellen* Konflikt mit allen. – Man verstehe mich nicht falsch: Ich werfe den Hirnforschern selbstverständlich nicht vor, Tyrannei, Unmoral und Unmenschlichkeit zu wollen – das wollen sie gerade nicht![70] Der Vorwurf aus platonischer Perspektive lautet vielmehr, dass sie ein Denken fördern, formen und verbreiten, das Ty-

---

[69] Platon selbst stellt in Nomoi 889 b ff. diesen systematischen Zusammenhang heraus: Die Atheisten, deren Lehre hier diskutiert wird, vertreten zugleich einen Materialismus, einen Emergentismus, einen ethischen wie epistemologischen Relativismus, Konstruktivismus, Skeptizismus und Subjektivismus, und dies ist auch mit kulturalistischen und ›sozialdarwinistischen‹ Thesen verbunden. Insofern halte ich es für gerechtfertigt, das von Platon skizzierte sophistische Weltbild mit dem der *physiologoi* zu identifizieren und es auf den neurowissenschaftlichen Konstruktivismus/Materialismus anzuwenden, in welchem eben jene Theoriestücke eine im Kern gleiche Allianz – freilich in modernem Gewand – bilden.

[70] Bei manchem erscheint aber auch das fraglich. Die Neurowissenschaft ist ja nicht zufällig seit je eng verbunden mit der Militärforschung. Siehe als neueres Beispiel etwa das Buch *Opportunities in Neuroscience for Future Army Applications*, für das sich zahlreiche namhafte Wissenschaftsorganisationen und Wissenschaftler – unter anderem Michael Gazzaniga – verantwortlich zeichnen. (Committee on Opportunities in Neuroscience for Future Army Applications/Board on Army Science and Technology/Division on Engineering and Physical Sciences/National Research Council of the National Academies (Hgg.), Opportunities in Neuroscience for Future Army Applications, Washington, D.C. 2009)

rannei, bloße Zweckrationalität im Umgang mit sozialen Beziehungen, Unmoral und Unmenschlichkeit als unausweichliche Natur des Menschen *begründet*. Die Frage ist immer, was ein Gedanke, eine Weltsicht, die mitgeteilt wird, *erzeugt und rechtfertigt*. Der wahre Dialektiker, der wirklich Einsicht in seinen *logos* hat, muss daher auch wissen, welche normativen Implikationen und Konsequenzen damit verbunden sind, wozu also letztlich sein *logos* dienen kann.[71]

Nun kann man natürlich dessen ungeachtet Versöhnung mit dieser eigenen, scheinbar unumgänglichen Natur verkünden und solche Ethik einen neuen Humanismus taufen. Doch auf welcher Grundlage soll man sich mit etwas versöhnen, versöhnen *können*, das nicht im vollsten Sinne gut ist?[72] Dies käme eher einem Erdulden aus Ohnmacht gleich, da Natur, Gesellschaft und Mitmenschen grundsätzlich feindselig und fremdbestimmend auf den Einzelnen wirken. Denn auch wenn es in einem technisch-organisatorischen Sinne gelänge, die Menschen untereinander zu befrieden, die grundsätzliche Weltsicht bleibt, und mit ihr der elementare Konflikt, der das volle Befreundetsein mit dem eigenen Dasein als natürliches und gesellschaftliches Wesen weder ermöglichte noch rechtfertigen könnte.[73]

---

[71] Vgl. Wolfgang Wieland, Platon und die Formen des Wissens, Göttingen 1982, S. 166: Das Nützliche, so Wieland, gibt ein Kriterium ab, »an Hand dessen man unterscheiden kann, ob ein vermeintliches Gut wirklich ein Gut ist.« Und dieser Bereich des Nützlichen verweist dann auf einen Bereich, »der kein Gegenstand möglicher Konvention mehr ist«. (Ebd., S. 176)

[72] Siehe auch die Diskussion des Wertes an sich bei Stemmer: »Denn zu leben ohne das Bestreben und die Bereitschaft, Rechenschaft über sein Tun und Lassen abzulegen, bedeutet auch, Einschränkungen eigener Handlungsmöglichkeiten hinzunehmen. Wer auf das *logon didonai* verzichtet, wer also auf Klärung, Begründung, Kritik der Begriffe, Meinungen, Einstellungen verzichtet, die sein Handeln bestimmen, der verzichtet auf die Möglichkeit, sich von Handlungsdeterminanten zu befreien, die etwa in undurchschauten individuellen und gesellschaftlichen Vorurteilen, in unbemerkten sozialen, religiösen, kulturellen Eingeschränktheiten, in unbefragtem Geltenlassen von Autoritäten verschiedener Art bestehen können. […] Und […] *welche Gründe sollte es geben, eine Einschränkung der eigenen Handlungsmöglichkeit zu wollen?*« (Peter Stemmer, Unrecht Tun ist schlechter als Unrecht Leiden. Zur Begründung moralischen Handelns im platonischen *Gorgias*, in: Zeitschrift für philosophische Forschung 39 (1985), S. 501–522, S. 516f.; Kursive T. G.) Für unser Thema bedeutsam ist gerade, dass die Versöhnung mit der sophistischen Menschennatur einem Verzicht auf Rechtfertigungsfähigkeit und Freiheit gleichkommt.

[73] Dieser Konflikt ist es auch, den Sigmund Freud viel später für das *Unbehagen in der Kultur* verantwortlich machen wird, weil er die Prämissen des sophistischen Menschenbildes teilt (die folgenden Zitate beziehen sich auf: Sigmund Freud, Das Unbehagen in der Kultur, in: Ders., Gesammelte Werke, Bd. 14, hrsg. v. Anna Freud et al.,

Freilich, der nur begehrliche Mensch wird Lüste kennen, die mit Gütern und der Befriedigung seiner Begierden zusammenhängen, und er wird seinem Begriff vom Menschen entsprechend diese Befriedigung für die wahrste Lust halten. Doch diese Lust ist immer mit Unlust verbunden. Sie setzt das Gefühl des Mangels voraus, ist unter Umständen nur noch die Beseitigung des Mangels[74], und im Hintergrund lauert stets die Unlust an der Gesellschaft, am eigenen Getriebensein, am ständig neu aufkeimenden Mangel, am inneren Konflikt, ja an Welt und Natur überhaupt.

Die Frage ist jedoch, ob man mit dieser vermeintlichen Natur des Menschen auch sein Wesen erfasst hat und ob mit der hier beschriebenen Verfasstheit des Menschen ein *status quo* zementiert wird, welcher zu Besserem hin überwunden werden könnte. Im Falle von Platon liegt der Schluss durchaus nahe, sein Lösungsansatz sei die Leibfeindlichkeit: Löse dich von irdischen, leiblichen Banden, ziehe dich auf deine unabhängige Vernunftseele zurück, werde eins mit dem Geist. Doch genauso wenig, wie Platon die Bedingtheit der menschlichen Seele ignoriert, ist es Entsagung, die er seinen Sokrates dem entgegensetzen lässt. Ein kleines Gleichnis aus dem *Gorgias* mag dafür als ein erster Hinweis dienen: Hier wird die Seele mit ihrem Glücks- und Lustempfinden mit Fässern verglichen, welche mit Wein, Honig, Milch und vielem anderen befüllt sind.[75] Die Befüllung

---

Frankfurt a. M. 1963³, Kap. III): Der Naturzustand des Einzelnen und »die Triebfeder aller menschlichen Tätigkeiten« sei, egoistisch verstanden, »Nutzen und Lustgewinn«, und das müsse man auch für die »kulturellen Äußerungen gelten lassen« (S. 454). Im Naturzustand seien alle Beziehungen »der Willkür des einzelnen unterworfen, d. h. der physisch Stärkere würde sie im Sinne seiner Interessen und Triebregungen entscheiden.« (S. 454) Die »individuelle Freiheit«, »am größten vor jeder Kultur« (S. 455), wird dann durch den Zusammenhalt der Schwächeren unterdrückt: »Die Macht dieser Gemeinschaft stellt sich nun als ›Recht‹ der Macht des einzelnen, die als ›rohe Gewalt‹ verurteilt wird, entgegen.« (S. 454 f.) Der Preis für die Sicherheit allerdings »besteht darin, daß sich die Mitglieder der Gemeinschaft in ihren Befriedigungsmöglichkeiten beschränken, während der einzelne keine solche Schranke kannte.« (S. 455) Die Kultur baut also, so Freud, auf »Triebverzicht«, »Nichtbefriedigung«, »Kulturversagung« (S. 457) und »Triebopfer« (S. 455). Und dieser wesentlich einschränkende Charakter der Kultur sei es, der die Grundlage von »Kulturfeindseligkeit« bildet, der einen »Freiheitsdrang« bedingt, welcher sich »gegen bestimmte Formen und Ansprüche der Kultur oder gegen Kultur überhaupt« richtet. (S. 455) Freuds Lösung ist dann bekanntlich die Sublimierung der Triebziele, welche den Freiheitsdrang »ökonomisch kompensiert« (S. 457).

[74] Vgl. Politeia 584 b–c.
[75] Gorgias 493 d–494 a.

allein ist schon ein schwieriges Geschäft, und die Fässer des Begehrlichen nun »wären leck und morsch und er müßte sie Tag und Nacht anfüllen oder die ärgste Pein erdulden«, weil es die Natur dieser Begierden ist, nicht dauerhaft befriedigt werden zu können. Wäre Entsagung die Lösung und das Fassgleichnis ein Bild dafür, müsste es jetzt lauten: Besser ist es, du findest dich mit den leeren Fässern ab und versuchst gar nicht erst, dich so treiben zu lassen und die Mühen auf dich zu nehmen. Doch Sokrates sagt etwas anderes. Dem Besonnenen, Sittlichen und Genügsamen stehen genau *dieselben Quellen* der Anfüllung zur Verfügung; seine Fässer sind immer *voll*, sodass er sinnbildlich aus dem Vollen schöpfen kann, ohne sich um den Pegelstand sorgen zu müssen. Platon geht es also offensichtlich um das lustvollste Leben, um das höchste Maß an Hedonismus und Freiheit – nur womit, mit welcher Lust, *die der sophistische Hedonist und Vertragstheoretiker noch gar nicht kennt*, das metaphorische Fass angefüllt wird, ist noch nicht klar, und auch nicht, wie man die Seelenfässer so formt, dass sie ihren Inhalt auch zu halten imstande sind.[76]

10.3 Gottsein und Menschsein: Das personale Gute als Beitrag zum Verständnis des Menschen

10.3.1 Philosophie als Geschenk der Götter

Will man Platons auf den ersten Blick merkwürdig anmutenden Ausführungen zur Ursache des Daseins der materiellen und zeitlichen Welt Glauben schenken, so ist es also das Gute.[77] Die Welt wird aber vom Guten nicht einfach nur geschaffen; sie ist etwas Schönes und

---

[76] Auch ein Blick in den *Philebos* genügt, um zu belegen, dass es nicht um die Abwendung von Leib und Lust geht, sondern um eine angemessene Unterscheidung der Lüste. (38 b–42 c) Ebenso heißt es in der *Politeia*, die triebhaft Begehrenden hätten nie je »eine dauernde und reine Lust geschmeckt« (586 a) und kennten bloß mit Unlust gemischte Lüste, bloße »Schattenbilder der wahren Lust«. (586 b) Die Frage ist nicht nur in epistemischer, sondern auch in ethischer Hinsicht, ob sich die Seele mit den immer wieder wandelnden Maßstäben, die sie aus der Wahrnehmung von leiblichen Eindrücken gewinnt, zufrieden geben kann oder sollte. (Vgl. Jörn Müller, Der Leib als Prinzip des schlechten Handelns?. Die Diskussion der ἀκρασία-Problematik bei Sokrates und Platon im Spiegel des Leib-Seele-Verhältnisses, in: Zeitschrift für philosophische Forschung 63 (2009), S. 285–312, S. 292 f.)

[77] Das folgende Kapitel 10.3 ist eine überarbeitete Fassung von Verf., Das Kind im Manne, S. 139–140 und 141–154.

Der Mythos von der personalen Seele

Vollkommenes. Wir haben aber die Vollkommenheit der Verbindung von Prinzipien und Werden noch nicht ausgelotet. Denn die Welt wird, wenn man dem *Timaios* folgt, besonders durch die Initiation der Menschenseelen *vollendet*.[78]

Soll man das nun annehmen, muss man glauben, die materielle Welt, in der wir vorkommen, sei vollkommen? Platon selbst führt uns doch immer wieder vor Augen, wie beschränkt diese Welt ist und wir darin ebenso. Unsere Wirklichkeit sei, so Platon, doch nur ein ungenaues Abbild der Prinzipien, durch die Widerständigkeit und Vermischung der Materie ständig von Unordnung und Auflösung bedroht[79]; und wir, wir werden mit einem Leib geboren, der uns behindert, unsere Erkenntnis beschränkt, uns in Krankheit dahinsiechen und schließlich sterben lässt.[80] Das Gute muss ein rechter Zyniker sein. Es wäre doch – wenn wir das Bild ernst nehmen – ihm als reine Güte angemessener gewesen, uns stattdessen als göttliche Geistwesen zu schaffen, die glückselig die Ideen schauen, unabhängig von den Beschränkungen der Zeit und der Leiblichkeit.

Dass sich Natur und Wirklichkeit im Guten gründen, konnten wir zwar durch Rekurs auf den Nutzen nachvollziehen, der darin besteht, Leben, Dasein überhaupt, Erkennbarkeit und Wesensunterscheidungen zu ermöglichen. Auch sind wir darauf eingegangen, warum das Gute überhaupt einer materiellen Welt als Ausdruck seiner Wirkung bedarf, und darauf, was das für ein Wesen ist, das sich selbst nicht genügt, sondern einen Abglanz seiner selbst fertigen muss. Ein Prinzip wäre kein Prinzip, wenn es nicht Grund für etwas Wirkliches wäre. Doch weder aus Sicht eines vertragstheoretischen Modells, das den Menschen als durchgehend bestimmtes, affektives Naturwesen erklärt, noch aus der bis hierhin untersuchten Perspektive platonischer Philosophie, die den Menschen ebensowenig seiner natürlichen Bestimmung enthebt, würde das volle Gutsein recht einsichtig. Denn dass das Wesen von Erkenntnis und Welt es erlaubt, ihnen ein Gutsein zuzuschreiben, hat noch nicht viel mit der Eudaimonie, dem guten Leben und Glück des Einzelnen, zu tun – es impliziert doch nicht notwendig, dass es auch *für mich* gut ist, ein Teil dieser Natur und Wirklichkeit zu sein.

---

[78] Siehe besonders Timaios 41 b–42 a. Hier läuft alles auf die Schaffung des Menschen als Vollendung des Schönen hinaus.
[79] Philebos 58 c–59 b.
[80] Phaidon 66 b–67 b.

Wäre zudem der Mensch solch ein Wesen, das durchgängig durch die Natur bestimmt im Naturlauf aufginge, stünde die Möglichkeit sehr infrage, ihm eine systematische Stellung als Vollendung des Kosmos zuzugestehen. Immerhin wird im Mythos des *Timaios* der Mensch als zeitlich Letzter geschaffen, was wohl so zu deuten ist, dass er systematisch so etwas wie das Sahnehäubchen der Welt sein soll. Das aber ist kaum zu rechtfertigen, wenn er sich nicht wesentlich von dem unterscheidet, was ihn bestimmt. Mit dem Menschen müsste dem Bild gemäß eigentlich etwas systematisch Neues (und Gutes), was vorher nicht in der Welt war, geschaffen werden. Derartige Widersprüche ließen mithin Platons gesamte Prinzipienphilosophie zusammenbrechen: Das Gute, das einer so defizitären Welt zugrunde läge, verdiente all die Weihen nicht, die es von Platon erhält.

Weshalb soll es also Ausdruck einer Vollkommenheit sein, wenn ich unter Mühen mich der Erkenntnis und des Lebens erst befleißigen muss? Dieser Widerspruch, dass ein in der Dialektik ja nun durchaus geübter Platon die Welt als wesenhaft schlecht und defizitär ausweisen soll und sie zugleich als vollkommen im reinen Guten gründen lässt – dieser Widerspruch ist die Herausforderung sowohl an jene Interpreten, die Platon als Skeptiker bezeichnen, als auch an jene, die Platon eine grundsätzliche Oppositionshaltung zum Diesseits zugunsten irgendeines Jenseits unterstellen. Angesichts dessen könnte sich auch hier die heuristische Funktion des Widerspruchsaxioms als sinnvoll erweisen: Haben wir etwas als zugleich schlecht und gut bestimmt, dann haben wir unter Umständen nicht hinreichend differenziert, in Bezug worauf die Schlechtigkeit oder die Güte zugeschrieben werden können.[81]

Sollen wir also wirklich glauben, dass auch unsere individuelle leiblich-seelische Existenz etwas bedingungslos Gutes ist und nicht ein Abfall von etwas denkbar Besserem, so müsste man uns schon einsichtig machen, dass dieses Bessere ein nur *scheinbar* Besseres ist. Wenn ich meine irdische Existenz nicht als Sündenfall in die Zeitlichkeit begreifen soll, müsste man mir verdeutlichen, dass es tatsächlich etwas Gutes, eine Vervollkommnung des Seins ist, als Naturwesen den Beschränkungen der Leiblichkeit und der Zeitlichkeit zu unterliegen. Wir können in Alternativen denken: Wäre es besser, kein Naturwesen zu sein? Um dies beantworten zu können, müssen wir ergründen, was der gute Gott und die Götter überhaupt im *Timaios* treiben,

---

[81] Siehe dazu Alkibiades I 115 a–116 a.

Der Mythos von der personalen Seele

wer sie sind, und ob uns das Gottsein erstrebenswert erscheint. Werfen wir dafür noch einmal einen Blick auf den Anfang der Schöpfung.

Das Gute, das hier vorstellig wird als personaler, ordnender Gott, will also, wenn wir dem Mythos folgen, etwas sich selbst Ähnliches schaffen.[82] Er will, »daß alles gut und nach Möglichkeit nichts schlecht sei«.[83] Der einzige angegebene *Grund*, warum der Gott überhaupt etwas schaffen will, ist seine Güte.[84] Hier stoßen wir auf die Notwendigkeit der Welt für das Prinzip: Das Gute ist nur gut, wenn es zeugt, d. h. zum Sein verhilft – was wäre das auch für ein Gutes, welches keine gute Wirklichkeit schaffte, wenn es also nicht Grund für etwas Gutes wäre; es würde wohl kaum den Namen verdienen. In der *Politeia* finden wir nun, dass das Gutsein des Demiurgen – wie auch der anderen Götter – unveränderliches und notwendiges Wesen ist, demgemäß er nicht anders sein *kann*.[85] Deshalb erfolgt auch im *Timaios* eine negative Aussage über diesen Gott: »In einem Guten« – und damit meint Platon das rein an und für sich Gute – »erwächst nimmer und in keiner Beziehung irgendwelche Mißgunst.«[86] Wenig später folgt noch eine stärkere Aussage: Der Gott kann nicht einfach irgendeine Welt schaffen, denn Timaios führt aus:

Aber dem Besten *war* es weder noch *ist es gestattet*, etwas anderes als das Schönste zu tun.[87]

Und nach diesem ihm durch das eigene Wesen auferlegten Diktum ordnet er die Welt.

Platons Charakterisierung eines Gottes ist mehr als bemerkenswert. Systematisch ist es nachzuvollziehen, dass das Prinzip des Wirklichen es selbst bleiben muss, damit Bestand und Dasein des Wirklichen überhaupt gedacht werden können. Doch der Gott des Mythos führt als *personaler* Gott dank seines unveränderlichen, zeitlosen Wesens auch ein wahrhaft eingeschränkt perfektes Dasein: Er ist zwar durch und durch gut, und er zeugt im Schönen, aber seine Güte ist auch sein Zwang – wenn man es einmal aus menschlicher

---

[82] Timaios 29 d6–e4.
[83] Timaios 30 a.
[84] Timaios 29 d6–e1.
[85] Politeia 379 a–383 c. Das Schlechtsein durch Irrtum, Insuffizienz und Begierden ist ein Anthropomorphismus, den Platon für das Göttliche nicht gelten lässt.
[86] Timaios 29 e1–2.
[87] Timaios 30 a6–b1; Kursive T. G. Θέμις drückt hier die bindende Gesetzmäßigkeit für den Demiurgen aus.

Gottsein und Menschsein

Perspektive betrachtet: Er ist, wie er ist, und er kann nichts anderes sein – deshalb kann er auch nicht philosophieren.[88] Er will etwas schaffen – doch *dass* er es will und dann auch ausführt, ist als gutes Prinzip unausweichliche Notwendigkeit seines unveränderlichen Wesens. Er will etwas anordnen – doch *wie* er es macht, ist ihm bei allen konkreten Entscheidungen, die dabei getroffen werden müssen, durch sein Wesen prinzipiell nur auf eine Weise möglich. Damit bleibt ihm einiges erspart, was der Individuationsprozess in die Leiblichkeit und damit der notwendige Unterschied von Prinzip und Prinzipiertem mit sich bringt: Ein Gott kann nicht fehlen, er muss sich nicht bemühen, er muss nicht suchen; sein ganz unmenschlich zu verstehendes Glück ist immer da und gegeben, da er notwendig weise ist und sein Wesen erfüllt. Insofern darf man den Fall der menschlichen Seele in die Zeitlichkeit im Seelenwagenmythos des *Phaidros* wohl auch als Negativum verstehen: Es gibt bei Platon zweifellos diese bestimmte Rücksicht, unter der die sterbliche Welt eine Welt der möglichen Verfehlungen, Irrtümer und des Unglückes ist.

Doch die Frage ist, ob dem Gott auch etwas Gutes verwehrt bleibt, was nur seiner Schöpfung zukommen kann, sodass tatsächlich erst die Schöpfung als Zeugung im Schönen eine Vollendung des möglichst Guten wäre. Wäre das Wesen der Götter, nämlich unveränderlich und weise zu sein, das Beste, müsste es doch das größte Geschenk eines Gottes sein, frei von Missgunst, Eifersucht und Neid eben diese Weisheit an uns weiterzugeben – immerhin soll der Gott grenzenlos freigebig sein. Doch im *Timaios* lesen wir von einem anderen Geschenk.[89] Wir bekommen von den Göttern zwar nicht das Gottsein und die Weisheit geschenkt, aber doch etwas Göttliches, nämlich die Vernunft als Einsichtsfähigkeit. Die φιλοσοφία, die Liebe zur Weisheit, soll das größte Gut sein, »das je als Geschenk der Götter zu dem sterblichen Geschlecht kam oder kommen wird.«[90] Nicht die Weisheit als Besitz also, sondern im Gegensatz dazu: die Liebe zur Weisheit als Besitzen*wollen* und erst zu betreibende Erkenntnis*tätigkeit* ist das Geschenk an den Menschen. Wie ist das zu verstehen? Was könnte für den Menschen ein so großes Glück sein, das mit seiner Doppelnatur als göttliche (d. h. nach unvergänglichen Maßstäben

---

[88] Symposion 204 a.
[89] Vgl. auch Symposion 204 a ff.
[90] Timaios 47 a–b.

geformte) Vernunftseele und weltliches, bedürftiges Wesen möglich wird?

10.3.2 Zeitlichkeit als Bedingung und Ermöglichung von Entwicklung

Die durch die Doppelnatur gegebenen Möglichkeiten beschreiben die Mythen im *Gorgias* und in der *Politeia*, welche das menschliche Dasein als weltliches Dasein thematisieren. Ein plausibler Erklärungsansatz ist, dass das Gute im *Timaios* unter anderem deswegen als personaler Gott, d. h. als redende, wollende, lebende Person, konzipiert wurde, um einen Gegenentwurf zur menschlichen Seele und ihren spezifischen Möglichkeiten zu bilden.[91] Wir finden in anderen Mythen, im *Gorgias* und in der *Politeia*, nämlich zwei Sachverhalte dargestellt, die dem Gott explizit nicht zukommen können: die Wahl einer Seinsweise und die Gestaltung der eigenen Seele.[92]

Im Er-Mythos der *Politeia* tritt die menschliche Seele *trotz* ihrer vielfältigen Bestimmungen als eine noch unbestimmte auf.[93] Zum Eintritt in das zeitliche Dasein ist ihr noch keine Lebensweise zugeordnet, auch ihre Tugendhaftigkeit steht nicht fest. Die Lebensweise wie auch die Tugend wird stattdessen von den Seelen selbst gewählt. Je nachdem, wie sich die einzelne Seele der Erkenntnis befleißigt hat und bei der jetzigen Wahl erkennend vorgeht, wird sie in der Lage sein, zu unterscheiden, welche Lebensweise sie glücklich

---

[91] Dies wird auch als Methode in Alkibiades I 133 c genannt, d. h. wenn schon nicht aus Platons Feder, so doch zumindest aus platonischem Umfeld: »Dem Göttlichen also gleicht dieses [die Seele] in dir, und wer auf dieses schaute und alles Göttliche erkennte, Gott und die Vernunft, der würde so auch sich selbst am besten erkennen.« Vgl. zu der Methode, Mythen als einander ergänzende Geschichten mit demselben Bezugspunkt zu lesen (mit Bezug auf Proklos' Platon-Interpretation): Dirk Cürsgen, Die Rationalität des Mythischen, S. 186 f.
[92] Wie schon im Abschnitt zur platonischen Kosmologie betont, wäre dies erst die höchste Form der Freigebigkeit und Neidlosigkeit: anderen etwas Gutes zu ermöglichen und weiterzugeben, das man selbst nicht besitzen kann und darf. Unter dieser Rücksicht könnte man auch die Maieutik-Passage lesen. Wie man auch Sokrates' Bemerkung versteht, er könne keine eigenen geistigen Ausgeburten vorweisen, weil der Gott ihm dies verwehre – gar nicht, oder wie die Hebammen nicht mehr? – so ahmt er doch den Gott nach, indem er dem Anderen jenes ermöglicht, was er selbst nicht ausführen kann. (Theaitetos 149 b–150 c)
[93] Politeia 614 a–621 d.

machen wird. Deshalb ist die Tugend herrenlos und die Schuld liegt beim Wählenden: Jeder kann sie für sich gewinnen, doch ob er sich wie der Tyrann knechtet oder ein glückliches, selbstbestimmtes Leben führt, hängt ab von seiner Erkenntnistätigkeit. Die gelingende Wahl aber als selbsterzeugte Möglichkeit, Seinsweisen zu unterscheiden und zu verwirklichen, ist unmittelbar mit einem Glücksgefühl verbunden: Odysseus, dessen Seele eine bedacht gute Wahl aus den vielen Möglichkeiten trifft, sagt, er »habe mit Freuden dieses Leben gewählt (ἀσμένην ἑλέσθαι).«[94] Die Erkenntnistätigkeit bildet also, diesem Bild folgend, das Unterscheidungsvermögen hinsichtlich möglicher Lebensweisen und damit die Glück erzeugende Möglichkeit, sich eine selbsterkannte Daseinsweise frei anzueignen. Frei, das bedeutet zunächst nur, mit dem Erkenntnisvermögen methodisch das Wissen um das Bessere und Schlechtere aus sich herauszubringen und bei der Wahl anzuwenden. Was aber bedeutet das für die Seele als solche?

Diesen Aspekt beleuchtet der Jenseitsmythos des *Gorgias*. Wie im Mythos der Politeia werden die Gestorbenen zum Zwecke der Belohnung oder Bestrafung aufgeteilt; doch betont wird hier ihr Zustand, in dem sie vor den Richter treten: Die menschlichen Seelen, welche ihr weltliches Leben gelebt haben und ins Jenseits treten, sehen nämlich anders aus als zu Beginn des Lebens: Vom Leibe entkleidet, also an und für sich, sei dann alles Seelische sichtbar und zu beurteilen: »sowohl was ihr von Natur eignete als auch die Veränderungen, welche der Mensch durch sein Bestreben um dies und jenes in der Seele bewirkt hat.«[95] Eine Seele als Baugrund ist dem Menschen also mitgegeben, doch wie die Gestaltung des Hauses aussieht, ist Ergebnis seiner Tätigkeit im Leben.[96] Auch die Seele als das Ureigenste des Individuums soll somit ein Produkt der unterscheidenden Wahl des Menschen sein.[97]

---

[94] Politeia 620 d.
[95] Gorgias 524 d–e.
[96] Das heißt, die seelischen Prinzipien der Subjektivität, Reflexivität, Empfindung und Rationalität stehen nicht im Belieben des Gestaltenden, da sie erst das Vermögen zur konkreten Gestaltung, zum Denken und Handeln begründen.
[97] Siehe auch Nomoi 904 b–c. Hier steht die Beschaffenheit der Seele grundsätzlich in der Macht des Einzelnen, während die Konsequenzen einer solchen Wahl dann nicht mehr beliebig sind. Dass Platon auch an dieser Stelle die Freiheit zur Selbstgestaltung betont, sollte Beleg dafür sein, dass dies ein wesentlicher Aspekt auch der Jenseitsmythen ist.

Die Seele also – nicht als allgemeines Strukturprinzip, sondern als individuelle und leibliche Seele – tritt im Mythos in Form eines Unbestimmten auf, dem erst durch die Eigenbewegung als Erkenntnisvermögen Bestimmung zukommt. Der Gott kann mit seinem unveränderlichen Wesen nicht an dieser Eigenbestimmung bzw. Selbstformung teilhaben; er kann als unzeitliches und immerselbiges Wesen sein Sein und die verschiedenen Wege des Seins nicht frei wählen. Nimmt man Platons Gegenüberstellung von Gott und Mensch daher ernst, so ist es nur dem Menschen möglich, ein spezifisches, vielleicht sogar höchstmögliches Glück zu erfahren: das Glück, ein frei selbsterzeugtes Wesen zu sein.[98] Diese Selbsterzeugung oder Selbstformung kann aber nur in der Zeit stattfinden und nur als Individuum – sie ist daher ein Phänomen der natürlichen Welt. Aus dieser Perspektive, so meine These, müssen wir die systematische Vollständigkeit und Vollkommenheit des natürlichen Kosmos bei Platon, abgeschlossen durch das Auftreten des Menschen, verstehen.[99]

Falls tatsächlich die Möglichkeit zur Selbstformung besteht, dann erweisen sich die vielfältigen Bedingungen, unter denen der Mensch als zeitliches Wesen steht, zwar als Vorgegebenes, das bedrängt, behindert und oft sogar *ver*hindert. Eine Welt jedoch, die in

---

[98] Wesentliche, hier mit Bezug auf Platon entwickelte Gedanken zur Selbst- und Weltgestaltung und der Entwicklung einer kindlichen Seele finden sich schon bei Leonhard Richter, Der Reiter von Albrecht Dürer. Eine philosophische Betrachtung, in: Perspektiven der Philosphie 29 (2003), S. 345–378, v. a. S. 347, 365–370, 373 und 376. Ich gehe jedoch, anders als Richter, davon aus, dass diese Gedanken nicht erst mit dem Neuplatonismus aufkamen, sondern sich tatsächlich bis zu Platon zurückverfolgen lassen.

[99] Dagegen Franz von Kutschera, Platons Philosophie, Bd. 3, S. 210: »Im *Staatsmann* (269 d ff.) und im *Timaios* ist das Schlechte ebenfalls nichts anderes als ein Mangel, der allen Realisierungen von Geistigem im Materiellen anhaftet. Dann müßte Platon aber zeigen, daß der Schöpfer die Welt doch so gut wie möglich gemacht hat, daß sie die beste aller möglichen Welten ist. Es fehlt aber jeder Begründungsansatz für diese ja auch recht problematische These – eine Welt ohne Schnupfen, meint man, wäre schon möglich gewesen.« Nun zeigt gerade von Kutscheras abschließende Äußerung, dass er einen Begriff des Gutseins der Welt voraussetzt, mit welchem er weder die Prinzipienebene erreichen noch entsprechende Begründungsgänge bei Platon finden könnte. In der Relativität des Weltlichen gibt es immer ein Besseres; die Versöhnung mit der Relativität überhaupt beinhaltet die Erkenntnis, in welchem prinzipiellen Nutzen sich die Relativität ›aufhebt‹. Die Bedingung der Leiblichkeit, Auflösung und Sterblichkeit muss bei Platon also unbedingt ins Verhältnis zu dem gesetzt werden, was sie ermöglicht: Veränderung und Freiheit.

Gottsein und Menschsein

ihrer scheinbaren Perfektion den Irrtum, die Veränderung und das Noch-nicht-Sein als notwendige Ausgangspunkte der freien Selbstformung nicht zuließe, wäre eine unvollendete Welt, die etwas Schönes, Mögliches und wahrhaft Übergöttliches schuldig bliebe.[100] Der Mythos in der *Politeia* stellt bei diesem Prozess den sachlichen Anfang dieser nun reflektierten, auf sich selbst rückbezogenen Veränderungen der Seele dar: als Eintritt in die Zeit aus einem an sich zeitlosen, mythischen Jenseits; als Umkehr eines seelisch erwachsenen Mannes, der das Gewesene, das ihn im vorigen Leben ausmachte, zu beurteilen und gegebenenfalls auch von sich zu weisen vermag, um mit sich ein Neues und vor allem Selbiges anzufangen: Es ist Odysseus, im vorigen Leben noch vom Wind des göttlichen Schicksals umhergetrieben, der nun seine zweite Fahrt gemäß seinem eigenen Willen antritt.

Der *Gorgias*-Mythos dagegen zeigt mit dem Austritt der Seele aus der Zeit, dass die Menschenseele durch ihr Tun im Leben eine unverwechselbare, geschichtliche, individuelle und doch bleibende Gestalt gewinnt – eine Gestalt der Selbstverwirklichung, mit der die Seele sich glücklich schätzen, an der sie im missglückten Fall – wie die Figur des Tyrannen – jedoch auch leiden kann.[101] Die in beiden Mythen vorkommende Reinkarnation verweist aber auf ein wichtiges Moment: auf die wiederkehrende Abfolge von Lebensführung und Neuausrichtung. Das heißt, den voraussetzungslosen Anfang, den die Seele durch Objektivierung zu leisten imstande ist, kann sie auch nach Irrtümern und Fehlschlägen wieder erreichen. Die Welt der

---

[100] Daher kann ich auch Frede nicht zustimmen, die (wie von Kutschera) Platon jeden Begründungsansatz, ja überhaupt die Fragestellung abspricht, weshalb die Bestheit des Seins die natürliche Welt einschließt: Die Frage, warum es »überhaupt eine Körper- und nicht nur eine Geisterwelt gibt«, habe »Platon sich wohlweislich nie gestellt.« (Dorothea Frede, Platons ›Phaidon‹, S. 165) Weiter heißt es: »Bezeichnenderweise tut er das auch im Timaios nicht, obwohl seine Schöpfungsgeschichte von der grundsätzlichen Überlegenheit der geistigen über die körperliche Sphäre ausgeht. So stellt Platon auch im Timaios nicht in Frage, ob es die veränderliche und unvollkommene Naturwelt samt ihren menschlichen Bewohnern überhaupt geben soll, sondern beschränkt sich auf den Nachweis, daß sie das optimale Produkt aus Vernunft und Materie darstellt.« (Ebd.)
Doch man kommt zu einem anderen Ergebnis, wenn man die Verbindung von Prinzipien und Materialität an ihrem Nutzen misst: wenn man sie als Ermöglichung von Wirklichkeit, Erkennen und Erkennbarkeit, von Zeugung, Individualität und Selbstformung begreift.
[101] Zum Leiden der Seele an sich selbst vgl. Phaidon 81 b–c.

Der Mythos von der personalen Seele

menschlichen Seele ist im Gegensatz zu der der Götter eine, die neue Chancen zur Berichtigung bietet, sofern die Seele ihre Vergangenheit nicht perpetuiert[102] und solange sie, wie am Beispiel des Schicksals der unheilbar Schlechten im Mythos dargestellt wird, nicht völlig korrumpiert ist.[103]

Aufgrund dieser Leidensfähigkeit der Seele an sich selbst und an den eigenen Taten ist auch der sehr konkret geschilderte Ewigkeitszusammenhang, den die Mythen herstellen, wenn schon nicht ontologisch oder empirisch auszumachen (wie Platon ja immer wieder betont), so doch erkenntniserweiternd. Der Mythos hilft, den Blick dafür zu schärfen, was der Seele als personalem Kern auch in der Zeit *wesentlich* eignet, sie vorzüglich bildet oder verkümmern lässt und was ein glückliches Seelenleben bedeuten kann. So ist es kein Wunder, dass uns Sokrates in der *Apologie* versichert, seine ethischen Überzeugungen würden völlig unabhängig von der Frage gelten, ob der Tod nun völlige personale Auflösung oder die von ihm favorisierte individuelle Weiterexistenz bedeute. Im Diesseits genauso wie im Jenseits gilt: *Wenn* das Individuum *ist*, ist das seelische Glück jenes Ziel, welches geschichtliche Tat und ungeschichtliche Prinzipien gleichermaßen voraussetzt.[104] Es bedarf freilich der methodischen Klärung, wie dieser Neuanfang zu einer erwachsenen, d.h. selbstbestimmten Seele geleistet werden kann.

Für das Weitere können wir festhalten, dass diese Bilder eine Reaktion auf die zwei Probleme des Tyrannen und Vertragstheoretikers sind: erstens auf das Problem, dass der Andere als Einschränkung des Selbst, jeder Selbstäußerung und jedes Begehrens auftritt; zwei-

---

[102] Politeia 619 e7–620 a3.
[103] Siehe dazu auch die mythische Darstellung der Wiedergeburt, Phaidon 81 e–82 b: Hier werden die Seelen in Tiergestalten reinkarniert, welche charakterlich den Taten im vorherigen Leben entsprechen. Es gibt also zwar immer neue Chancen des Anfanges, aber auch unterschiedliche Stufen, von denen aus man, der vorigen Lebensweise gemäß, den Neuanfang schaffen muss – je entarteter (d.h. hier: unmenschlicher) die eigene Seele gestaltet wurde, desto schwieriger wird der Aufstieg. Es ist aber gerade Kennzeichen der menschlichen Seele, dass sie überhaupt zum Göttlichen aufsteigen *und* zum Tierischen entarten kann: Sie ist, im Gegensatz zum Gott und dem Tier, ihrem Wesen nach unbestimmt, kann aber an allem teilhaben. Diesen Gedanken verarbeitet später auch Pico in seiner *Oratio*. (Pico della Mirandola, De hominis dignitate, Lat.-Dt., hrsg. u. übers. v. Gerd von der Gönna, Stuttgart 1997, S. 8ff.)
[104] Apologia 29 a–b und 40 c–41 d. Dies bestätigt auch eine Passage in der *Politeia*, wonach die Wahl einer gerechten Lebensweise sowohl »für dieses Leben« als auch »für das nach dem Tode« gleichermaßen »die beste Wahl« ist. (618 e)

tens auf das Problem, dass in diesem Weltbild das Selbst unabwendbar bestimmt ist vom Leib, von Kultur und Erziehung, von aufwallenden Wünschen, welche einen subjektiven, aber heterogenen Rahmen des Handelns und Erkennens bilden.

10.3.3 Der Mensch als Differenz zu allem

Wenn es stimmt, dass der Mythos das Wesen und Leben der Seele sowohl darstellt als auch anleitet; und wenn es stimmt, dass Platon grundsätzlich dem Mythos und dem Dialog als Ganzem dieselbe Funktion zugedenkt, dann müsste die erkenntniserweiternde Darstellung und Anleitung des Seelenlebens nicht nur dem Mythos im engeren Sinne, sondern auch dem Dialog als Ganzem zugesprochen werden können.

Tatsächlich spricht einiges dafür, dass die Dialoge dem Anspruch nach eine mimetische Darstellung sowohl des erkennenden Denkens als auch des erkennenden Miteinanders sind und damit eine Anleitung, Hilfe und Anstoß für die selbstdenkende, sich anfangende Seele darstellen: Im *Sophistes* definiert der Fremde in seiner Funktion als Geburtshelfer das Denken (διάνοια) und die Rede (λόγος) als identisch, nur sei das Denken »das innere Gespräch (διάλογος) der Seele mit sich selbst«[105]. Der Dialog nun benötigt, um einer zu sein, mindestens zwei Personen. Wird das Denken des Individuums dann als dialogisch gekennzeichnet, so verweist das zum einen auf die uns mit der Sprache notwendig gegebene Ausrichtung auf ein vernünftiges Gegenüber, auf unser Bedürfnis, unsere Ansichten rechtfertigen zu können und uns somit auf eine geistig identische und gemeinsame Basis mit dem Anderen zu stellen.[106] Die innere Ausrichtung auf ein vernünftiges Gegenüber kommt somit der Anerkennung der allen in gleicher Weise zustehenden Vernunft als Prinzip gleich. Die Figur des

---

[105] Sophistes 263 e3–5.
[106] Deswegen stellt Platon in Phaidon 89 c–e auch den Zusammenhang von Misologie und Misanthropie her. In beiden Fällen ist der Grund für die Feindschaft das enttäuschte Bedürfnis nach Wahrheit – nicht etwa, weil es Wahrheit nicht gäbe, sondern weil dem Enttäuschten die Kriterien fehlen, Wahres und Unwahres zu unterscheiden und er deshalb davon ausgeht, es gebe sie nicht. Der Redefeind erkennt so nicht das den Menschen Gemeinsame und Verbindende an und misstraut im Grunde sich selbst. Daher hat Zehnpfennig recht, wenn sie schreibt, Misologie und Misanthropie seien gleichsam Lebensweisen. (Barbara Zehnpfennig, Anmerkungen, S. 193 f.)

Der Mythos von der personalen Seele

Geburtshelfers (und das ist, wenn auch nicht ausschließlich, in erster Linie Sokrates) stellt eben jenen Menschen dar, der solche moralischen Implikationen des menschlichen Seins in die Praxis umsetzt. Er erkennt die Wesensidentität der Menschen und die Orientierung am objektiven Vernunftmaßstab als Prinzip des Miteinanders, er verhilft dialogisierend zur Selbsterkenntnis, vollzieht also anschaulich als konkrete Person das, was der ganze Dialog als Text leisten soll.

Zum anderen verweist das Dialogische des erkenntnissuchenden, widerstreitenden, sich beratenden Denkens auf eine Fähigkeit des Menschen, die das mythisch dargestellte Anfangen seiner selbst begründet. Wer mit sich selbst dialogisiert, gebiert in sich eine Differenz zwischen zwei Personen; wer in seinem Inneren mit sich selbst *über* sich selbst dialogisiert, setzt ein Ich, das sich sein eigenes Ich und alles, was es ausmacht, erkennend zum Objekt machen kann – und damit zum disponiblen (negierbaren oder affirmierbaren) Nicht-Ich. Das Ich, das diesen radikalen Schritt aus sich selbst heraus leistet und einer Neubestimmung des Verhältnisses zwischen sich und allem, was dieses Ich *sein soll*, fähig ist, ist daher ein Anfang aus selbstgenerierter dialogischer Erkenntnis. Die Seele, die ohne eine solche Selbstidentifikation vorliegt, ist erst einmal ein Vermischtes, von allerlei heterogenen Maßstäben geleitetes Konglomerat aus Erfahrungen, Wünschen, Begierden – getrieben mal hierhin, mal dorthin. Hierin gleicht sie dem Erkenntnisvermögen, das unterschieden werden muss, wenn man die verschiedenen Leistungen der einzelnen Sinnesvermögen, des Denkens, des Vorstellungsvermögens oder des Gedächtnisses in der vorliegenden Erkenntnis identifizieren will.

Eine Absonderung der Seele durch sich selbst also von all ihren Bestimmungen zum Zwecke der Wesenserfassung und Neuordnung ist es, die bei Platon in verschiedenen Bildern Ausdruck findet. Nicht nur die Analogie von Dialog und Denken macht auf diese innerseelische Absonderung aufmerksam, sondern auch der berühmte Vergleich der Seele mit dem Meeresgott Glaukos in der *Politeia:* Wie Glaukos' alte Natur zugewachsen von Muscheln, Tang und Gestein ist und entstellt von den Wellen des Meeres, so sei die wahre Natur der Seele durch die Gemeinschaft mit dem Leibe in der werdenden Welt verdeckt und vermischt.[107] Erst wenn man das Gestein und Muschelwerk abstoße, »würde einer ihre wahre Natur erkennen, ob sie

---

[107] Politeia 611 b–d.

vielartig ist oder eingestaltig und wie und auf welche Weise sie sich verhält.«[108]

Im *Phaidon* finden wir denselben Sachverhalt anders ausgedrückt: Sokrates stellt die für alle Beteiligten merkwürdig anmutende These auf, dass es das Ziel und Streben des Philosophen schon im Leben sei, zu sterben. Die Begründung dafür ist die Definition von Tod und Sterben: Wie man wisse, sei dies die Absonderung der Seele vom Leibe – ein Geschäft, das Sokrates Zeit seines Lebens betrieben habe, um das rein Geistige zu erfassen.[109] Sokrates' bildliche Beschreibung dieser Absonderung, dieses Todes im Leben, lautet: Man müsse die Seele daran gewöhnen, »sich von allen Seiten her aus dem Leibe für sich zu sammeln (συναγείρεσθαί) und zusammenzuziehen (ἀθροίζεσθαι) und so weit wie möglich, sowohl gegenwärtig als hernach, für sich allein (μόνην καθ' αὑτήν) zu bestehen, befreit, wie von Banden, von dem Leibe«[110].

Der Rückzug auf das eigene Wesen, das Abschütteln aller Kontingenz, die Auffindung der Differenz vom Selbst zum Selbst und seiner Leiblichkeit, all das markiert einen Einschnitt für die fremdbestimmte Seele, denn sie negiert alles – außer sich selbst.

Was wird beim Rückzug nun genau für ein Seelenkern gefunden? Wolfgang Zeitler weist – nach den bisherigen Ausführungen gerechtfertigt – darauf hin, dass Platons Äußerungen zur Seele stets mehr enthalten, als es auf den ersten Blick scheint:

Eine *verabsolutierend* nur auf der Beschreibung der Seelen*teile* beruhende Analyse wäre eine [...] Verfälschung, die es zu vermeiden gilt. Die psychischen Kräfte des Menschen können nicht gültig definiert werden, wenn man sie als unverbundene, gar selbstständige Einheiten betrachtet.[111]

Selbstverständlich können die von Platon unterschiedenen Seelenteile als Vermögen durch eine bestimmte Leistung und ein Ziel spezifisch bestimmt werden: die Vernunft erkennt, unterscheidet, prognostiziert; der Eifer ergreift durch emotionale Besetzung Partei für

---

[108] Politeia 611 e–612 a.
[109] Phaidon 64 c; 65 b–66 a; 67 d–e.
[110] Phaidon 67 c. Dieser Rückzug wird auch in Phaidon 83 a wieder aufgegriffen: Die Philosophie überredet dazu, sich von den Sinnen »zurückzuziehen, soweit es nicht notwendig ist, sich ihrer zu bedienen« und ermuntert die Seele, sich »in sich selbst zu sammeln und zusammenzuhalten und nichts anderem zu glauben als wiederum sich selbst, was sie für sich selbst von den Dingen an und für sich anschaut«.
[111] Wolfgang Zeitler, Entscheidungsfreiheit bei Platon, S. 69.

Der Mythos von der personalen Seele

das als gut oder schlecht Erkannte und ist durch Erziehung zu einer disziplinarischen Instanz heranzubilden, welche nicht das Heftigste, sondern das Richtigste durchsetzt; die Begierden sind lebensnotwendige Lust- und Unlustanzeiger des Leibes und seiner Bedürfnisse. Doch es gilt das Diktum: Aus dem Vielen soll Eines werden, alles muss zusammenstimmen und alle Teile müssen – wie im Kosmos – auf das Gute der Seele hingeordnet werden, soll diese ihre Leistung entfalten. Und dieser übergeordnete Bezugspunkt der Hinordnung wird überall genannt. Er ist ein Ordnungsgeber, im eigentlichen Sinne ein Agens der Seele und damit ein erst aufzudeckender Grund der Selbstbestimmung.

Zeitler identifiziert ihn, der stets als innerseelischer *Jemand* auftritt, beispielsweise in der *Politeia*[112]: die Gerechtigkeit als Hinordnung der Teile auf das Förderliche zeigt sich, so Platon, »an der wahrhaft inneren Tätigkeit in Absicht auf sich selbst und das Seinige, indem einer nämlich jegliches in ihm nicht Fremdes verrichten läßt noch die verschiedenen Kräfte seiner Seele sich gegenseitig in ihre Geschäfte einmischen, sondern jeglichem sein wahrhaft angehöriges beigelegt und sich selbst beherrscht und ordnet und Freund seiner selbst ist und die drei [Seelenteile] in Zusammenstimmung bringt [...].«[113] Im Bild der Seele als Zusammensetzung aus Chimäre, Löwe und Mensch wird die eigentlich übergeordnete Instanz dagegen von einer ungeordneten Seele umhergeschleppt, weil der Jemand es ver-

---

[112] Wolfgang Zeitler, Entscheidungsfreiheit bei Platon, S. 68.
[113] Politeia 443 d–e. An dieser Stelle wäre zu diskutieren, ob bei Platon eine Entwicklung bezüglich des Seelenbegriffes zu beobachten ist. U. a. Müller schlägt vor, dass Platon im *Phaidon* noch das sokratische Konzept von einer eingestaltigen Seele vertritt und später, in der *Politeia*, das der dreigestaltigen; dies gehe einher mit einer Umwertung des Leiblichen, von der Ursache des Bösen hin zur Mitursache des Guten. (Jörn Müller, Der Leib als Prinzip des schlechten Handelns?, S. 308 f.) Dagegen könnte man einwenden, dass erstens auch in der *Politeia* die drei Teile nur Unterscheidungen sind, die eine übergeordnete Einheit betreffen. Dazu kommt noch zweitens, dass auch im *Phaidon* die Einheit erst aus etwas Disparatem, im Leib Verteilten, extrahiert wird. Vielleicht sind also die Unterschiede der Darstellung mit unterschiedlichen Sachverhalten zu erklären, die ausgedrückt werden sollen und die daher jeweils unterschiedliche Bilder brauchen: Im Sinne des platonischen Auf- und Abstiegs ist im *Phaidon* der Rückzug auf das eigene Wesen angesprochen, die Absonderung von allem Welthaften, von Begierden und Emotionen, hin zur Erkenntnisseele (d. h. vom Vielen zum Einen); in der *Politeia* dagegen ist der Wiedereintritt der Erkenntnisseele in die Welt als Ordnungsgeber, als Demiurg der eigenen Seele, dargestellt (d. h. vom Einen zum Vielen). Hier wird das, was vorher ungeordnet das Schlechte verursachte, durch Ordnung zum seelischen Nutzen umgewandelt.

säumt, die drei Teile »aneinander zu gewöhnen und eines mit dem anderen zu befreunden«, sodass in der Folge »sie sich untereinander beißen«[114].

Hier ist nicht bloß von Selbst- oder Impulskontrolle die Rede, sondern von der Identifikation und reinigenden Absonderung des wirklich Eigenen, der wirklichen Eigenmotivation, auf welche hinblickend die Handlungen und Dinge der Welt beurteilt werden.[115] Aufgefunden wird ein Handlungsgrund, unterschieden von und doch verbunden mit einer Vernunft, die zum Erkennen benutzt wird, den Emotionen und dem Streben innerer Kräfte, den Begierden, die selbst keinen Maßstab außer ihrer Befriedigung kennen. Hier ist das beschrieben, was das Ziel des Rückzugs ist und der Punkt, auf den alles konzentriert werden soll: Das reine Subjekt, das sich erst einmal der Welt und seinem Leben entreißen muss, um zu begreifen, dass der Maßstab für die Lebensführung aus sich selbst und seinem Erkennen, also der Unterscheidung von Gut und Schlecht, kommen kann und muss – in diesem Anfang aus sich selbst liegt die (auch etymologische) Bedeutung der seelischen ἀρχή, welche durch Geschichten angeregt werden soll: zugleich Anfang und Prinzip bzw. Beherrschendes zu sein.[116] Im Sinne der Anamnesistheorie wird ein Zugrundeliegendes wiedererinnert, welches immer schon da ist; die Wiedererinnerung, die das Verschüttete freilegt, verändert dieses aber dahingehend, dass es jetzt erst sein Vermögen und Werk zielgerichtet ausführen kann. Das Ich wird sich durch einen solchen Akt der Selbstidentifikation als nichtidentisch mit seinen Voraussetzungen begreifen und diese frei – das bedeutet durch Begründung, nicht durch Zwang – zurückweisen oder als Eigenes annehmen können, weil es einen Unterschied zu setzen vermag zwischen sich als reinem

---

[114] Politeia 589 a. Eine weiterer Beleg für ein innerseelisches Agens ist Politeia 571 d–572 a: Da ist einer, der εἰς σύννοιαν αὐτὸς αὑτῷ ἀφικόμενος, also eine tiefe, grundlegende Reflexion und Meditation (Schleiermacher übersetzt: Bewusstsein) seiner selbst erreicht, das Vernünftige bewirkt, dass Begehrliche nicht im Mangel lässt usw. Zeitler verweist noch auf das mythische Bild der Drahtpuppe in Nomoi 644 d ff. sowie auf Politeia 550 b, 553 b und, ohne Stellenangabe, auf den *Timaios*.
[115] Auch hier zeigt sich, wie Zeitler anmerkt, die Notwendigkeit, zur Erkenntnis einer Sache nicht nur zu zergliedern (analysieren), sondern auch die Teile auf das Ganze, dem sie angehören, zurückzubeziehen. (Wolfgang Zeitler, Entscheidungsfreiheit bei Platon, S. 69)
[116] Siehe dazu bspw. Politeia 443 d: Die innere Tätigkeit in Absicht auf sich selbst wird u. a. erreicht, indem man »sich selbst beherrscht und ordnet (ἄρξαντα αὐτὸν αὑτοῦ καὶ κοσμήσαντα)«, also einen Anfang als Agens setzt.

Denken bzw. allgemeiner Subjektivität und sich als angewandtem und geschichtlich geformtem Ich mit unzähligen Habitualitäten im Denken und Handeln.[117]

Wir sind nun bei den Eigenschaften der Seele angelangt, die wir schon an früherer Stelle als ihre wesentlichen ausgemacht haben: Sie ist ein rein geistig zu Erfassendes, das sich absondern lässt als Wirkendes (δύναμις), als Zeugendes, Anordnendes und Hervorbringendes im Sinne eines demiurgischen, poietischen Tuns; sie ist daher Lebendigkeit und sich selbst Bewegendes kraft des Denkvermögens, dabei nur das selbstgetätigte, vernünftige Denken als Richterspruch und Maßstab zulassend. Der Grundakt des Wählens aufgrund der Unterscheidung von richtig und falsch im Hinblick auf sich selbst ist ihr wesentliches Lebenswerk, das jeder konkreten, zeitlichen und individuellen Lebensführung zugrundeliegt. Im Menschen aber ist dies alles vereint mit einer Ichlichkeit, die die Seele zur sich selbst wissenden *Person* erst macht – ein besonderes, distanzierendes Selbstverhältnis, das ihn vom bloßen Lebewesen-sein, welches in seinen Bedingungen aufgeht, abhebt.[118]

Hier kommt zum Tragen, was sich schon als wesentliches Merkmal der Sacherkenntnis herausgestellt hat: die Fähigkeit, eine Sache

---

[117] Siehe dazu Walter Hirsch, Platons Weg zum Mythos, S. 308: »Der Mythos, der seinerseits – kraft der Erinnerung der Seele an ihre Wesensherkunft – die Geschichte dieses Herkommens in das Bild der Sage bringt, ist darin gleichfalls auf seine eigene Weise zeitbildend. Des Anblicks und der Anblick-Folge bedürftig, nimmt er nicht nur ›räumliche Vorstellungen‹ zu Hilfe, die er selbst bildet und die nirgendwo anders ihren ›Ort‹ haben als allein in seinem Sagen – das Oben und Unten, Hier und Dort, Himmel als Ideenkosmos und Himmel als Wort für das Weltganze im Sinnlichen –; er entfaltet auch im Einholen des immerwährenden und so zeitlosen Seelenursprungs, ihre Herkunftsgeschichte in dasjenige gemessene Nacheinander, von dem die Seele zwar in ihrem werdentlichen Sein angegangen, aber schon in ihrem Weilen bei den Ideen, im Denken, unbetroffen ist.«

[118] Der Gedanke, dass das Subjekt einerseits natürlich ein weltliches Subjekt ist, andererseits aber durch seine Erkenntnistätigkeit (als Prinzip der Objekte) etwas radikal von der Welt und sich selbst Verschiedenes, findet sich später bei Carolus Bovillus und Helmuth Pleßner in interessanten Bildern, die trotz ihrer Verschiedenheit doch denselben Sachverhalt darstellen wollen (siehe Anhang III): Carolus Bovillus' Bild vom Menschen als Mittelpunkt eines Weltkreises, auf welchen er sich perspektivisch und doch immer als ganzes bezieht; das Bild vom Menschen als Scheitelpunkt eines Dreiecks, vor dem die Dinge der Welt aufgereiht sind und von der Spitze aus in den Blick genommen werden; das Titelbild von Insipiens und Sapientia (die Sapientia erkennt sich selbst im Spiegel, umgeben vom Kosmos); und Pleßners Bild von der exzentrischen Positionalität.

selbst oder an und für sich zu denken, d. h. ihrem reinen Wesen und Vermögen nach, abgesondert von zufällig auftretenden Eigenschaften, die im Verbund mit dem Faktischen immer auftreten. Solche Objektivierung führt zu einer schöpferischen Freiheit im Umgang mit den Dingen. Erkenne ich das Erkennen, kann ich es erst methodisch nutzen, um Dinge zu erfassen; denke ich das Schnittprinzip der Hippe an sich, wird es mir möglich, dieses auf verschiedenste passende Anwendungsgebiete zu übertragen; erkenne ich Tonverhältnisse, kann ich unendlich viele neue Musikstücke komponieren; und durch die Unterscheidung verschiedener Geschmäcker erst wird das Kochen zur Kunst, da nun mit der Kombination, Abfolge und Zubereitung der Speisen und ihrer Aromen ein methodisch inszeniertes Geschmackserlebnis möglich ist. Im Falle der Unterscheidung und Absonderung des Ichs verhält es sich ähnlich: Ist einmal festgestellt, dass das Ich sein Ich sowie die dazugehörigen Haltungen, Denkmuster und ethischen Dispositionen denken kann, sind all diese Eigenschaften der methodischen Bewertung und Neuordnung zugänglich, mithin ihrer Zufälligkeit enthoben. Denn es geht hier nur vordergründig um einen momentanen Deliberationsakt, welcher sich in einem – salopp ausgedrückt – ›Erst nachdenken, dann handeln‹ niederschlägt; das kann auch ein Tyrann, dessen Vernunft eine bloße Wenn-dann-Vernunft ist, weil die Prämissen durch das leibliche Lustprinzip vorgegeben sind. Es geht viel grundsätzlicher um den Maßstab des Glücks, die Weltsicht, dem dieses Nachdenken, Bewerten und Wollen folgen soll – letztlich also um ein methodisch inszeniertes Leben. Die Frage ist dann, ob man sein will, was man da sieht, bzw. ob man ist, was man sein will. Nicht zufällig tritt daher Odysseus, der im *Er*-Mythos den gelingenden Anfang darstellt, an anderer Stelle als Prototyp des Erwachsenen auf, der eben jenen Dialog mit sich selbst über sich selbst führt:

Aber er schlug an die Brust und strafte das Herz mit den Worten: Dulde nun aus, mein Herz, noch Härteres hast du geduldet.[119]

Er ist sich der Differenz bewusst, die er setzen kann zwischen einem irreduziblen Ich als Denk-, Handlungs- und Willensprinzip, welches die Maßstäbe für das Förderliche liefern muss, und den vielfältigen leiblich-seelischen Voraussetzungen, welche den Unachtsamen vor sich hertreiben. Der Dialog Odysseus' mit sich selbst (als er gewahr

---

[119] Phaidon 94 d8–9; auch Politeia 441 b.

wird, wie unbedacht es wäre, sich nach seiner Rückkehr von der Irrfahrt wild auf die Freier, die sein Haus besetzen, zu stürzen[120]) wird deswegen im *Phaidon* wie in der *Politeia* als Beispiel für die Selbstherrschaft durch eine am Guten sich orientierende Vernunft eingeführt: Odysseus weiß, dass der Grund – und das ist der sachliche Anfang – einer Handlung dem Ich entspringen muss, das sich dem Handlungsmaßstab reflexiv zugewendet hat.

Und dieses Ich, dies muss noch erwähnt werden, ist keinesfalls gleichzusetzen mit dem aktuellen Erlebnisbewusstsein oder dem bloßen Selbstbewusstsein im Sinne eines bloßen Wissens, dass man ein Ich ist; auch das Denken des größten triebhaft-begehrlichen Tyrannen kann von diesem Bewusstsein begleitet sein. Die Differenz des gründenden Ich zur Welt aufzufinden, kommt für das Individuum der Etablierung einer Differenz gleich, welche nicht durch ein bloßes Vermeinen seiner Ichlichkeit zustande kommen kann. Diese Differenz entspringt vielmehr der *Erkenntnis* seiner selbst als Ich, als Agens, das Prinzipien zu unterscheiden, hervorzubringen und anzuwenden in der Lage ist. Das Selbstbewusstsein als neurowissenschaftlicher Terminus ist daher etwas anderes als das Selbstwissen aus Erkenntnis und als die – ob nun von Bewusstsein begleitete oder nicht – Anwendung dieses Wissens.

Bei einer an sich noch unbestimmten Seele ist also Identität als Bestimmung erst noch zu schaffen: Der Mensch als ganzer muss seine disparaten Eigentümlichkeiten auf den Akt der Selbstbestimmung ausrichten und im nächsten Schritt aus dem einheitlichen Ich Prinzipien zum individuellen Eintritt in die Welt hervorgehen lassen. Will er sich nicht vom Vorgegebenen wie ein unmündiges, kurzsichtiges Kind vor sich her treiben lassen, sondern das Glücksgefühl des frei Wählenden haben, muss er sich selbst als Erkenntnisaufgabe begrei-

---

[120] Homer, Odyssee, in: Ders., Illias, Odyssee, übers. v. Johann Heinrich Voß, Düsseldorf, Zürich 1996⁴, XX, 5–24. Dass es gerade Odysseus ist, der im Jenseitsmythos der *Politeia* den gelingenden Neuanfang darstellt, ist ebensowenig zufällig. Sein Glück, das er bei der Wahl einer neuen Lebensweise verspürt – er ist im platonischen Mythos der Glücklichste in Abgrenzung zum Unglücklichsten, dem Tyrannen – steht in scharfem Kontrast zur *Odyssee:* Immer wieder wird hier Odysseus als unglücklichster Mensch eingeschätzt (von Pallas Athene in XX, 33; von Teiresias in XI, 100–118; von sich selbst in XI, 213–214; von Odysseus' Mutter in XI, 216). Im platonischen Mythos also tritt der standhafte Odysseus als derjenige auf, der nun das Gewesene, die Bedingungen, die ihn bisher angingen und umtrieben, einer distanzierenden Beurteilung für einen Neubeginn unterzieht.

fen und das Kind in sich zum Erwachsenen formen. Und diese Erkenntnisaufgabe als Denkvorgang wird mit den Dialogen Platons nicht nur vorbereitet und trainiert, sie wird auch auf verschiedenen Ebenen *in actu* dargestellt, sei es durch konkrete Personen in verschiedenen konkreten Situationen (Odysseus, Sokrates), sei es durch den Dialog als Textform.[121]

---

[121] Wie kaum ein anderer platonischer Dialog demonstriert dies *Alkibiades I*. Alkibiades als personales, historisches Ich meint, durch Machtgewinn tun zu können, was er will und seiner Person Freiheit und Größe zukommen zu lassen. Doch im Verlauf des Dialogs stellt sich heraus, dass ihm der Maßstab hierfür fehlt, nämlich ein Wissen von sich selbst, das angeben könnte, worauf überhaupt die Rede von einem Guten für sich selbst bezogen werden muss. Sokrates versucht deshalb, Alkibiades auf eben jene Differenzsetzung aufmerksam zu machen: Ziele sind die Unterscheidung und Absonderung von Leib und Seele sowie die Beurteilung, wie äußere Verhältnisse im Hinblick auf das Seelenglück angeordnet werden müssen; dafür ist aber überhaupt die Erkenntnis des eigenen Wesens als allgemeine und doch personale Seele vonnöten. Diese zur Selbsterkenntnis und -ordnung notwendige innerseelische Differenz wird nun durch einen mehrfachen Bezug der Spiegelanalogie zum Ausdruck gebracht. Um das Selbst an und für sich zu erkennen, soll Alkibiades *erstens* sich selbst anschauen; *zweitens* soll er das immerseiende und unveränderliche Göttliche (d. h. das Prinzip des Seelischen) anschauen; *drittens* übernimmt Sokrates, also der Andere, die Rolle des Spiegels: »Ich darf also doch fragen, als hättest du das im Sinne, was ich sage, daß du gedenkst?« (106 c 1–2) Damit wird aber *viertens* der Dialog als Schriftwerk für den Leser zu einem anschaulichen, methodischen Nachvollzug der Differenzsetzung oder Spiegelung. Hier wird also *als Dialog* vollzogen, was *im Dialog* eine durch Alkibiades unerfüllte Forderung bleibt, nämlich die befreiende Beurteilung des wirklich Eigenen und des bloß Zugehörigen, welches durch das Eigene erst Bestimmung erfahren muss. Insofern erfüllt *Alkibiades I* das platonische Kunstverständnis, weil in der Darstellung (des Erfundenen, Historischen, Einzelnen) für den Leser das Allgemeine zur Anschauung kommt.
Franz von Kutschera dagegen spricht dem Text genau solche Kunstmäßigkeit ab: Alles sei nur angedeutet, aber nicht expliziert; der Autor habe selbst nicht verstanden, was er schreibt; die »Größe der Gedanken« stehe »doch in einem auffälligen Kontrast zu den Mängeln ihrer Durchführung«; überhaupt fänden sich nirgendwo bei Platon wirkliche *Argumente* für die These, »der Kern des Menschen, das was seine Subjektivität ausmacht«, sei »seine Seele«. (Franz von Kutschera, Platons Philosophie, Bd. 3, S. 258–261) Zu einem solchen Schluss kann von Kutschera also nur kommen, weil er die innerseelische Differenzsetzung nicht als ein Ziel platonischer Philosophie nicht erfasst und zudem den Vollzugs- und Darstellungscharakter des Dialoges nicht beachtet.
Diese Absicht der *Darstellung* begründet auch Platons Zurücktreten als Autor. »Die redende und handelnde *Figur* Sokrates«, wie Kloss zurecht bemerkt, »genießt methodische Priorität vor dem philosophierenden Autor Platon.« (Gerrit Kloss, Sokrates, ein Hahn für Asklepios und die Pflege der Seelen. Ein neuer Blick auf den Schluß von Platons Phaidon, in: Gymnasium 108 (2001), S. 223–239, S. 232; Kursive T. G.)

10.3.4 Der Maßstab: Zeugen des Guten und philia

Obwohl wir nun mit der Selbstformung etwas gefunden haben, was zwar als Zeitphänomen den Irrtum und die Leidensmöglichkeit voraussetzt, was wir jedoch dem mythischen Göttlichen voraushaben, ist nicht von der Hand zu weisen, dass Platon immer wieder das Göttliche als Ideal der Angleichung hinstellt.[122] Die Frage muss daher sein, wie es zu verstehen ist, dass einerseits Platon das Menschsein als das Erstrebenswerte darstellt, andererseits die Maßstäbe dafür das Gottsein sein sollen.

Allzu leicht ist man versucht, die Differenz zwischen dem Göttlichen und dem Menschen als unüberbrückbare Kluft stehenzulassen und die göttliche, absolute Weisheit als unerreichbaren Abschluss der menschlichen Erkenntnis zu denken.[123] Merkwürdig wollen da nur zwei Dinge erscheinen: erstens, dass die Prinzipien, nach denen der Demiurg die Welt erzeugt, ausdrücklich als durch Einsicht und Vernunft Erfassbares bezeichnet werden und in dieser Hinsicht der Mensch sich auf den Erkenntnisstand Gottes bringen kann[124]; zweitens, dass die Sokrates-Figur der platonischen Dialoge ein solches Ideal nur sekundär verfolgt. Mitnichten formuliert Sokrates ja das Ziel, im mythisch verstandenen Jenseits selig in der eigenen Erkenntnis zu schmoren. Vielmehr freut er sich darauf, dort weiter mit anderen zu philosophieren, das heißt letztlich, genau das zu tun, was sein Lebensinhalt schon im Diesseits gewesen war.[125]

Dieses philosophische Tätigsein als Sokrates' Seelenglück verweist uns wieder auf seine Funktion des Geburtshelfers, der den Seelenfrüchten seiner Mitmenschen zum Aufkeimen, Wachsen und Erblühen verhilft. Das Bild der Geburt wiederum berechtigt dazu, Sokrates' Ideal des Geburtshelfers mit dem Bild der Zeugung im *Symposion* zu verbinden. Hier finden wir die entscheidenden Hin-

---

[122] Zum Beispiel Theaitetos 176 b–c oder Phaidros 249 c.
[123] Genährt wird diese Sicht durch einschränkende Äußerungen Sokrates' wie in Politeia 533 a: Hier drückt er seine Unsicherheit aus, ob er die höchsten Erkenntnisse wirklich adäquat erfassen konnte. Ob dies dem didaktischen Vorgehen geschuldet ist oder ein Hinweis auf eine grundsätzlich bleibende Differenz zwischen dem weltlichen Individuum und dem unvermischten Prinzip sein soll, mag dahingestellt bleiben. Beides ergäbe Sinn. Definitiv jedoch charakterisiert Sokrates direkt anschließend diese Erkenntnisse auch an dieser Stelle als mögliche.
[124] Timaios 29 a7–8.
[125] Apologia 41 a–c und Phaidon 69 d–e.

weise darauf, dass weder die Erkenntnis Selbstzweck ist noch die Gottähnlichkeit bloß in einem toten geistigen Zustand seliger Erkenntnis besteht. In 206 a–207 a wird das liebende Streben, der *eros*, dadurch gekennzeichnet, dass »man selbst das Gute immer haben will.« Dieser *eros*, das Gute zu besitzen, mündet in derselben Tätigkeit, die im *Timaios* der Gott, weil er gut ist, bezüglich des Ganzen ausübt, der Erzeugung (τίκτειν oder γέννησις) und Ausgeburt (τόκος) im Schönen – und dementsprechend wird die Erzeugung im *Symposion* eine »göttliche Sache« genannt, »etwas Unsterbliches« im »sterblichen Lebenden«[126]. Das Gute zu sein oder zu haben ist daher weniger ein Zustand als vielmehr ein Akt, der die Lebendigkeit der Ideen-Prinzipien ausweist. Es ist der Akt, wie der Demiurg das innere gute Prinzip fortwährend in konkreten, möglichst an nichts mangelnden Werken zur Wirklichkeit zu bringen.[127] Ein solcher Seinsschöpfer und -erhalter wie der Gott ist der einzelne Mensch freilich nicht, doch wird ihm offensichtlich eine identische göttliche Zeugungs- und Schöpferkraft, die auf einer Kenntnis und Anwendung der Prinzipien beruht, in anderem Rahmen zugestanden. In Sokrates' Referat von Diotimas Lehrstunde wird zwar auch die leibliche Zeugungsfähigkeit als eine Form menschlichen Zeugens genannt, doch es sind vor allem die in gemeinsamer Anstrengung erlangten seelischen Ausgeburten, die das Glück und die Seele erhalten, fördern und formen.[128] Die Zeugungstätigkeit der Seele ist daher nie ein solipsistischer Akt, der nur auf die Selbstformung beschränkt bliebe;

---

[126] Symposion 206 c.
[127] Siehe dazu auch Beierwaltes' Kritik an Weltfluchttheorien bezüglich Platon und Plotin: Werner Beierwaltes, Denken des Einen, S. 26–31. Es ist fast schon üblich bei der Interpretation von Texten von Metaphysikern, den Umwendungsgedanken, der mit einer notwendigen Abkehr von weltlichen Kontingenzen einhergeht, sogleich als radikale Negation des Weltlichen auszulegen. (Vgl. mit Bezug auf die Auslegung des *vanitas*-Motivs in der Barocklyrik: Verf., »Adieu Welt«?. Die vermeintliche Abkehr vom Diesseits in der Barocklyrik, in: Perspektiven der Philosophie 37 (2011), S. 311–340)
[128] Symposion 208 e–209 e. Wäre dem Menschen nur die Weitergabe seines genetischen Materials wichtig, um einen Teil von sich der Zeitlichkeit zu entreißen, könnte er sich auf die leibliche Zeugung, Geburt und Aufzucht beschränken. Vielleicht denkt manch einer so, doch das eigentliche Ziel von Eltern ist doch die Weitergabe seelischer Früchte wie Werte, Überzeugungen usw., die einem anderen Individuum zur Verfügung stehen sollen – und auf das eigene Kind hat man nun einmal in bevorzugter Weise Einfluss und geistigen Zugriff. Hierin besteht gerade das Interessante an der Zeugung: Die Weitergabe physischen Erbguts entreißt das physisch Eigene der Gebundenheit an ein Individuum und zeugt es in einem anderen. Doch auch Geistiges

Der Mythos von der personalen Seele

stets bindet Platon das Zeugen und Gezeugtwerden an das freundschaftliche und erziehende Miteinander eines Lebewesens, das zur Geistbildung der Lehre bedarf; und stets ist die Zeugungskraft auch auf die förderliche Gestaltung der Welt bezogen, sei es durch Philosophie, Wissenschaft, gesellschaftliches Handeln oder durch die Künste.[129]

Dass der einzelne Mensch trotz seiner Differenz zum Göttlichen dank der Zeugungskraft eine Wesensgleichheit mit dem Gott im Sinne eines obersten schöpferischen Prinzips hat, belegt schon Platons Terminologie: So, wie der Gott im Timaios ein Demiurg ist, ist der Mensch im Symposion ein Demiurg.[130] Wir können also festhalten, dass bei Platon der Mensch und das Göttliche in drei Verhältnissen zueinander gedacht werden, welche sich aus der Unterscheidung wesentlicher Vermögen ergeben: *Erstens* steht das Göttliche über dem Menschen, da es nichts Schlechtes in sich hat und Seinsprinzip und unveränderlicher, wissender Geist (rationaler Grund) ist; *zweitens* sind beide wesensidentisch, da auch der Mensch die Seinsprinzipien erkennen und aus ihnen zwar nicht die Natur als solche, aber doch Seiendes (und Geistiges) zeugen kann[131]; auf diese beiden Verhältnisse bezieht sich also die platonische Angleichung ans Göttliche. *Drittens* ist der Mensch übergöttlich, da nur er *in* der Angleichung und *durch* die Angleichung ans Göttliche die Möglichkeit zur freien, individuellen Selbstformung hat – und dafür ist das Schlechte, Imperfekte, Noch-nicht-Sein Voraussetzung.[132] Diese *differentia specifica*

---

kann der Mensch von sich selbst und seinem zeitlich beschränkten Dasein *schon im Diesseits* lösen und es in einem anderen Individuum als Selbiges weiterführen.
[129] Symposion 208 e–209 a. Aus diesem Grunde sieht auch Stenzel in der platonischen *paideia* sowohl die treibende Kraft in Platons schriftlichem Werk als auch die Berechtigung, einen subjektivistischen Intellektualismus und Egoismus zurückzuweisen. Die freundschaftliche Hinwendung zum Allgemeinen ist auch die freundschaftliche Hinwendung zum wesensidentischen Anderen, durch den der Einzelne erst wird und Anteil an einem gemeinsamen Geistuniversum erhält. (Julius Stenzel, Platon der Erzieher, bes. S. 180–183, 219 f., 243–245, 274 f., 282 f.)
[130] Symposion 209 a4.
[131] Siehe dazu Phaidros 249 c: Der Umgang mit den Ideen, »bei denen Gott sich befindet und eben deshalb göttlich ist« macht dann auch den Menschen *als Individuum* »wahrhaft vollkommen« – und in dieser Hinsicht dem Göttlichen gleich. Szlezák weist mit Recht darauf hin, dass angesichts dieses »ungeheuerlichen Anspruches« es nicht genügt, festzustellen, der Mensch sei nun einmal nicht wie Gott, »denn das war noch nie strittig unter Platonikern.« (Thomas Szlezák, Die Idee des Guten in Platons Politeia, S. 144)
[132] Ich halte den gewagten Ausdruck ›übergöttlich‹ deshalb für gerechtfertigt, weil die

eines der Selbsterkenntnis fähigen, zeitlichen und potentiell unbestimmten Lebewesens kann also zu einer Wesensbestimmung dienen.[133]

In einer zeitlichen Welt auf vielfältige, individuelle Art zu ihrer Schönheit etwas beizusteuern und so durch die selbstgewählte Tätigkeit im Leben der eigenen Seele ein Profil, eine mit konkretem Inhalt gefüllte individuelle Form, zu geben, ist der zentrale Gedanke, auf den wir hier gestoßen werden. Der Wunsch der Seele nach Glückseligkeit ist, glaubt man Diotimas Rede im *Symposion*, ein Faktum, das keiner weiteren Begründung bedarf[134]: Wer wünscht, wünscht für sich Gutes. Der Mensch, das ist sicherlich ein wesentlicher platonischer Grundsatz, will als erkennendes Wesen am Schönen, nicht am Hässlichen teilhaben. Das Schöne ist die Harmonie und Anordnung der konstituierenden Teile im Hinblick auf die Ausübung des wesentlichen Werks eines Dings. Deshalb ist die Schönheit in der antiken Metaphysik ein so universaler Begriff, der eng mit der Güte

---

Freiheit bzw. Möglichkeit zur Selbstgestaltung und -erzeugung bei Platon ein Geschenk – d.h. etwas Gutes – des Göttlichen ist, welches das Göttliche selbst nicht besitzen könnte. Hier bestätigt sich teilweise Gaisers Ahnung: »Es wäre also besonders zu fragen, ob Platon – etwa im Sinne der neuplatonischen Auffassung – eine Einheit der Gegensätze kennt; ein höchstes Wesen, das alles Seiende umfaßt und das dann wohl nicht ohne ein Moment der ›Irrationalität‹ und ›Freiheit‹ zu denken wäre. Vielleicht weist die platonische Aussage [...], daß das ›Eine‹ alles Seiende überragt, in diese Richtung, aber nirgends führen die Zeugnisse entschieden über die dualistische Konzeption der Prinzipienlehre hinaus.« (Konrad Gaiser, Platons ungeschriebene Lehre, S. 13) Den vorangegangenen Untersuchungen zufolge wäre dieses Wesen, das gleichzeitig alles Seiende zu umfassen vermag und die Momente der Irrationalität und Freiheit in sich vereint, also Sein und Werden verkörpert, der Mensch. Wie auch Gaiser selbst ausführt, ist es ja gerade die Seele, die an allem, nämlich an Idee und Erscheinung, teilhat. (Ebd., S. 25 f.)

[133] Dieser Befund deckt sich auch mit der von Platon gelehrten Mittelstellung der Seele im Seinszusammenhang und dem Stufenbau der Tetraktys: Als »eine mittlere Wesenheit zwischen Idee und Erscheinung vereinigt sie den ganzen Seinszusammenhang in sich, hat an allem teil und bringt alles [...] in sich zur Darstellung, die Ideen durch die Fähigkeit der noetischen Erkenntnis, die Erscheinungen durch sinnliche Wahrnehmung. Zugleich findet offenbar in der Seele eine wirkliche Seinsverbindung und -vermittlung statt, denn die Seele kann, indem sie durch die Erkenntnis an der Idee teilhat, deren gestaltende Kraft ›nachahmen‹ und so durch ein formierendes Weiterwirken in der Welt des Körperhaften die Methexis zwischen Idee und Erscheinung herstellen.« (Konrad Gaiser, Platons ungeschriebene Lehre, S. 25) Siehe dazu auch Timaios 34 c–35 a: Hier wird die Weltseele als dritte Form des Seins aus dem »unteilbaren und immer sich gleich verhaltenden Sein und dem teilbaren, im Bereich der Körper werdenden« gemischt.

[134] Symposion 205 a.

verknüpft ist. Die mit sich übereinstimmende Seele; der richtige Gedanke; ein Naturgegenstand wie eine Knospe; ein Artefakt wie ein Messer; oder auch der ganze Kosmos – dies alles hat Anteil an der Schönheit, weil das Werk und der Nutzen nur durch vernünftige, tragfähige Anordnung Bestand haben können. Ob aber die Seele tatsächliche Erfüllung des ihr eigenen Wesens und Strebens findet, ohne die ihr eigene Tätigkeit auszuüben, ohne sich selbst als Anfang zu bestimmen und dann mit sachkundiger Erkenntnis auf selbstgewählte Art sich und anderes zu zeugen, das ist der Diskussion würdig.[135] Eine eher rhetorische Frage ist, ob ein Wesen, das Freiheit denken kann, nicht auch frei sein will; ob ein Wesen, das denkt, nicht auch richtig denken will; und ob nicht eine psychische Disharmonie unausweichlich die Folge ist, wenn dieses Streben unausgebildet bleibt und durch Theorien, die dieses als Unmöglichkeit verlachen, zur Illusion erklärt wird. Eine solche Harmonie oder Disharmonie der lebendigen Seele ist es letztlich, die im Mythos vor dem Gericht der Götter beurteilt werden kann, nachdem sie ein Leben hinter sich hat: nackt, von Äußerlichkeiten entledigt, nur sie selbst, werden die wirklichen Folgen von Erziehung, Selbsttätigkeit und Wahlen erkennbar als Deformationen oder Schönheit der ψυχή. »Die Entscheidung«, so formuliert es Walter Hirsch treffend, »über das, was für den Menschen das Gute ist, fällt danach, was an ihm das eigentlich Seiende ist.«[136]

Versteht man diesen ideengeschichtlich und systematisch auch heute noch richtungsweisenden Gedanken als ein Ziel philosophischer Bemühungen, gerät ein Bild des Menschen ins Blickfeld, das die Freiheit und die Vermögen zur Freiheit ins Zentrum rückt; eine Freiheit, die erst *durch die mithilfe anderer* generierte Fähigkeit entsteht, sich selbst und die eigenen Vermögen zu thematisieren, d. i. das Ausführende (das Ich, den Geist) und das Ausgeführte (Denken und Handeln) aus ihrer Einbindung in den Lauf der Welt herauszuheben und vernünftigen Grundsätzen zu unterwerfen. Das Wesen des Menschen durch seine leiblichen Regungen und Bedürfnisse zu erklären, greift angesichts dessen zu kurz: Überleben, Reproduktion, Fressen,

---

[135] Zum Zusammenhang von Sachkenntnis, Hervorbringung und Freiheit siehe vor allem Lysis 207 d–210e. Hier wird – sicher nicht zufällig am Beispiel des unmündigen Kindes – diskutiert, wie unfrei und unfruchtbar derjenige ist, der von festen Prinzipien seiner Tätigkeit keine Ahnung hat. Weder kann er etwas Sinnvolles, Beständiges hervorbringen, noch kann er nach Belieben tätig sein, sofern er Belieben als *Beliebigkeit* versteht.
[136] Walter Hirsch, Platons Weg zum Mythos, S. 312.

Wahrnehmung, das Angenehme – solche Eigenschaften haben wir, wie Diotima im *Symposion* bemerkt, tatsächlich mit allen Tieren gemeinsam. Doch diese *Basis* als Maßstab zu nehmen, erklärt die unterste Stufe, die nicht der Ausbildung bedarf, zum Ziel und verkennt das nur geistig zu bestimmende *Woraufhin*, das dem Menschen als einem der Selbst- und Sacherkenntnis fähigen Wesen mitgegeben ist.

Die Erkenntnis des Entwicklungszieles als Werk des Menschen und die Erkenntnis, dass dieses Ziel der Hilfe und freundschaftlich-erziehenden Zuwendung Anderer bedarf, führt aber auch zu einer differenzierteren Bewertung der Gemeinschaft überhaupt. Denn es ist eine fundamentale und das Verhältnis des Einzelnen zur Sozialität verändernde Einsicht, festzustellen, dass der existenzielle Konflikt mit der Gesellschaft einem Maßstab entspringt, welcher auf der Idee der Güterbeschaffung und einem letztlich leiblichen Lustempfinden beruht. Hier wird die Gesellschaft – positiv gewendet – zum *Mittel* der Güterbeschaffung und der Zusammenhalt zum *Mittel* der Überlebenssicherung; negativ gewendet jedoch wird die Gemeinschaft zum Repressionsinstrument, welches die Selbstbeschränkung zur Wahrung dieses Überlebensraumes aufrechterhält. Mit dieser Sichtweise wird ebenso das Ziel aus den Augen verloren, welches eine wirkliche Befreiung von der Selbstbeschränkung bedeuten kann: Der Andere, und deshalb nimmt die Rolle des Dialoges und des Lehrer-Schüler-Verhältnisses solch eine tragende Rolle ein, *ermöglicht* der kindlichen, disparaten Seele erst durch Anleitung, durch körperlich-seelische Ausbildung, ein angemessenes Verhältnis zu sich selbst und den Erkenntnisanforderungen der Wirklichkeit zu entwickeln und im besten Wortsinne *selbst*zerstörerische Tendenzen zu vermeiden. Die Bedeutung von Moral und Gerechtigkeit wendet sich so von der repressiven Norm zum Grundsatz des Gemeinsamen: Das Recht hat nicht die Aufgabe, den Einzelnen in seine Schranken zu weisen, sondern reflektiert die einsichtige Hinordnung des Einzelnen auf den Ermöglichungscharakter der Gesellschaft.[137]

Deterministische Theorien vom Menschen (etwa eine deterministisch verstandene Milieutheorie oder Physik), die die Voraussetzungen des Einzelnen zur zwingenden Bestimmung erklären wollen, erweisen sich im Vergleich doch als eingeschränkte Sichtweise, weil sie allein durch ihre Fragestellung diese wesentliche, zumindest aber

---

[137] Anders gewendet muss eine Gesellschaft sich auch daran messen lassen, inwiefern sie diesem Ermöglichungscharakter gerecht wird.

potentiell gegebene, Fähigkeit des Menschen zur Selbstobjektivierung nicht erfassen können. Sich selbst als wahrhaft voraussetzungslosen Anfang zu begreifen kann daher nur dem gelingen, der die eigenen Voraussetzungen nicht als seine Bestimmung missversteht. Begreift man aber auch die Zeitlichkeit, Leiblichkeit und somit die natürliche Bedingtheit des Menschen im Zusammenhang dessen, was dadurch ermöglicht wird, muss auch die Bewertung der Natur anders ausfallen. Der Hirnforscher sieht sich einer Wirklichkeit gegenüber, die jede Identität, Eigenmacht, Freiheit und Erkenntnis bloß verhindert, die das Individuum in ihrer Totalität des Werdens überwältigt. Platon dagegen vermag es, ein versöhnlicheres Bild der Natur zu zeichnen. Er kann die werdende Natur in ihrem *prinzipiellen* Sein als gut titulieren, da diese Natur als bestehende Wirklichkeit erst der Ort ist, an dem der Mensch die Möglichkeit hat, als Individuum zu erkennen, sich als ein unverwechselbares, formbares Individuum selbst zu profilieren sowie verschiedene, als richtig eingesehene Wege und Ziele seiner Entwicklung zu formulieren.

Im Rahmen der Erkenntnis des Guten, Geordneten und dessen Nutzen sowie im Rahmen der damit zusammenhängenden Bewertung scheint nun der Sinn der Behauptung auf, das Leben nach der Philosophie sei auch das Leben nach der größten, beständigsten und wahrsten Lust. Von Beginn dieser Arbeit an galt es auch zu verdeutlichen, dass Erkenntnis mit einer Bewertung, also einer Einschätzung des Wertes einer Sache, einhergeht. Erkenntnis ist daher kein neutrales, logisches Geschäft, sondern sie impliziert eine Einstellung, die gegenüber dem Erkannten eingenommen wird. Die Feststellung von Mangelhaftigkeit oder Vollkommenheit, von Beliebigkeit oder vernünftiger Ordnung, von Erkennbarkeit oder Unerkennbarkeit schlägt sich unmittelbar nieder in – manchmal vermischten, manchmal gar nicht zu der Erkenntnis passenden – Haltungen und Handlungen wie Ablehnung oder Anerkennung, Bemühen um Erhaltung oder die Hinnahme von Zerstörung, vielleicht Resignation, Trotz oder Freude, dass das Erkannte ist, wie es ist.

Mit dem Erkenntnis- und Bewertungsakt also ist ein Lust- und Unlustempfinden gegeben, welches Ausdruck innerer Verbundenheit und Vertrautheit mit dem Guten und dem Nutzen des Erkannten bzw. Ausdruck innerer Zurückweisung des Schlechten ist. Und genau darum geht es bei Platon: um die innere Verbundenheit, d. i. die anerkennende Freundschaft oder liebende Zuneigung, die dem als vollständig, gut und nützlich Erkannten berechtigt und *sachgemäß* entgegengebracht werden kann. Diese Zuneigung bedeutet auch, darum bemüht zu sein, dieses Gute, wo es angelegt, aber noch nicht ausgebildet ist, zur Wirklichkeit zu bringen, also selbst ordnend und nach Maß der Sache einzugreifen. Ein Mensch, der einen solchen Gang der Erkenntnis nicht vollzieht und die allen gemeinsame Wahrheit negiert, auf die man sich notwendig zusammen und einander anleitend richten muss; ein Mensch, der die Natur als zufälliges und blindes Geschehen einstuft und sich selbst als durch und durch bestimmtes Wesen; der sich in einer reinen, vom Egoismus durchwalteten Zweckgemeinschaft wiederfindet und den Anderen nicht als wesensidentisch erkennt – er wird weder eine solche Lust am Sein und am Daseienden kennen können noch die freie Einordnung im Hinblick auf ein Gutes. Vor diesem Hintergrund können wir bei Platon auch die Belohnung oder Bestrafung der Seele für ihre Lebensweise verstehen; das größte Ungemach für ein Naturwesen ist sicherlich, nicht in Übereinstimmung und unversöhnt mit dem eigenen Wesen existieren zu müssen. Dies drückt Platon im *Gorgias* aus, wobei er zuvor eindeutig auf das Leben der Tyrannenfigur, hier von Kallikles als Ideal vertreten, anspielt:

> Denn weder mit einem anderen Menschen kann ein solcher befreundet sein noch mit Gott; denn er kann in keiner Gemeinschaft (κοινωνία) stehen, wo aber keine Gemeinschaft ist, da kann auch keine Freundschaft (φιλία) sein. Die Weisen aber behaupten, o Kallikles, daß auch Himmel und Erde, Götter und Menschen nur durch Gemeinschaft bestehen bleiben und durch Freundschaft und Schicklichkeit und Besonnenheit und Gerechtigkeit, und betrachten deshalb, o Freund, die Welt als ein Ganzes und Geordnetes, nicht als Verwirrung und Zügellosigkeit.[138]

Da aber diese Anerkennung des Seins voraussetzt, dass man sich selbst und seine eigene Stellung in der Wirklichkeit erkannt hat, ist auch die Freundschaft mit sich selbst und seinem Wesen das Ziel: die Anerkennung des unzeitlichen Prinzips, an welchem die zeitliche Entwicklung des individuellen Geistes, der Person, sich ausrichtet. Der Mensch, so Platon, müsse anstreben, »von dem Göttlichen und Verständigen beherrscht zu werden«, und zwar am liebsten »so, daß jeder es als sein eigenes in sich selbst habe«[139]. Eine solche durch Erkenntnis bedingte, prinzipielle und *existenzielle Lust*, so schließen wir, ist, sofern die Erkenntnis fest ist, nicht betroffen vom Wechsel-

---

[138] Gorgias 507 e–508 a.
[139] Politeia 590 b.

spiel von Fülle und Mangel, welches die machtlose Vernunft und das ohnmächtige Subjekt mal hierhin, mal dorthin treibt.

Philosophie, so wie sie Platon versteht, erfährt deshalb eine Gleichsetzung mit der höchsten Lust: Beide gründen in der Erkenntnis des Gutseins und des Wesens; beide sind Ausdruck von vier existenziellen, wechselwirkenden und einander bedingenden Freundschaftsverhältnissen, nach welchen zu streben den Eros des Erkenntnissuchenden ausmacht: die *Logophilie*, die *Kosmophilie*, die *Anthropophilie* und die *Autophilie*.

11. Schluss: Mytho-logie und Esoterik bei Platon

Im platonischen Mythos findet der ideelle Gehalt also *in concreto* statt; die Geschichte zeigt auf, wie das mit der Dialektik methodisch zu Bestimmende überhaupt seine Anwendung finden oder in der Wirklichkeit verortet werden kann. Daher kann der Mythos, der im Ganzen des platonischen Werkes seinen Ausdruck findet, weder bloße Propädeutik sein für das ›Eigentliche‹, als welches allenthalben die dialektische Erkenntnis gilt, noch kann der Mythos das Eigentliche, durch Vernunft nicht mehr Erfassbare, zum Inhalt haben. Beide sind Methoden, Hilfsmittel, sich das Sein, den allgemeinen *logos*, zu erschließen – bildlich, sprachlich, systematisch – und keine Erkenntnismethode ist identisch mit dem Gegenstand, mit dem geistigen Gehalt, den sie zu erfassen versucht.

Für Platon gibt es eine notwendige Differenz zwischen dem immer vorauszusetzenden Prinzip, zu dem sich die Einzelseele hinwendet, und dem *Ausdruck* der Erkenntnis als sprachliches Phänomen und seelische Evidenz; die Dialektik (oder der als wissenschaftliche Erklärung verstandene *logos*) ist nicht der allgemeine *logos* selbst, sondern eine Methode *nach dem logos*, diskursiv, sprachlich gefasst, irrtumsanfällig angesichts der Einschränkungen des Individuums. Sie kann daher schon systematisch nicht das Eigentliche sein, weil sie *genau wie das Bildliche des Mythos* durch den Gegenstand, auf den sie sich richtet, *über sich selbst hinausweist*. Dies führt dazu, dass der wissenschaftlichen Rede, weil auch sie wie der Mythos eine abbildende Darstellungsform eines Sachverhaltes ist, im *Kratylos* dieselben Attribute wie dem Mythos zugeschrieben werden: Auch sie ist gleichzeitig wahr (ἀληθής) und falsch (ψευδής)![1] Aus diesem Grunde unterscheidet Platon im siebten Brief präzise zwischen (1.) notwendigen Durchgangsstufen, sprachlichen und bildlichen Hilfs- und Ausdrucksmitteln zur Erkenntnis (das Wort ›Kreis‹, die

---
[1] Kratylos 408 c.

Definition von Kreis, der gemalte Kreis), (2.) dem seelischen Zustand der Einsicht mithilfe dieser Stufen und (3.) dem immergleichen Sachverhalt, den man mit den mit Kontingenzen behafteten Stufen seelisch zu begreifen trachtet. Man sollte nur nicht auf die Idee kommen, die Methode und die Ausdrucksform der Erkenntnis für die Erkenntnis oder die Sache selbst zu halten, sodass diese identisch mit sprachlichen, materiellen oder kulturellen Zufälligkeiten wäre.[2]

Die Dialektik ist nun eine synthetisierende oder analysierende Methode der Bestimmung und insofern notwendig für die philosophische Erkenntnis.[3] Doch auch das geschichtlich darstellende Bild ist notwendig, wenn es darum geht, die Tragfähigkeit und Leistung eines ideell und allgemein bestimmten Prinzips in und an der Wirklichkeit zu prüfen. Das Eigentliche der Philosophie ist nicht der dialektische Abschluss der Erkenntnis, nicht das Verweilen bei einer Definition des Guten, Einen, Schönen. Freilich wird die Erkenntnis des Guten mittels der Dialektik als ihr Abschluss präsentiert, als Ort, »wo für den Angekommenen Ruhe ist vom Wege und Ende der Wanderschaft.«[4] Es gilt freilich für den Menschen, »ohne alle Wahrnehmung nur mittels des Wortes und Gedankens zu dem selbst vorzudringen, was jedes ist«, und nicht eher abzulassen, »bis er, was das Gute selbst ist, mit der Erkenntnis gefaßt hat«, denn »dann ist er am Ziel alles Erkennbaren«.[5]

Doch dieser Gang, »alle Voraussetzungen aufhebend, gerade zum Anfange selbst«[6], ist selbst auch ein Anfang. Es ist, nicht nur wenn man das Höhlengleichnis zugrunde legt, die höchste dialektische Erkenntnis auch eine unerlässliche Propädeutik für das eigentliche Ziel, den Rückstieg in die Welt.[7] Man muss das sokratische Be-

---

[2] 7. Brief 342 a7–e3.
[3] Politikos 285 a–b.
[4] Politeia 532 e.
[5] Politeia 532 a–b.
[6] Politeia 533 c.
[7] Siehe dazu Vahlands Interpretation der Ideenerkenntnis; sie fällt vernichtend aus, weil Vahland nicht versucht, den Zweck des Aufstiegs zu den Ideen und den Rückstieg inhaltlich zu füllen: »Und nach erfolgtem Aufstieg, wie geht es weiter? Gedanken suchen bekanntlich ihresgleichen, Anschluss nämlich. Ganz anders hier: Oben angekommen, bleibt nichts mehr zu tun. Die imaginierte Rückkehr des Gefangenen – wäre denn seine Mission von Erfolg gekrönt gewesen – hätte für alle Höhleninsassen wohl dasselbe Schicksal bedeutet: die Einkehr in eine lebenslängliche *unio mystica*, der alles Menschliche fremd ist. Sich dieser Zumutung zu widersetzen zeugt von gesundem Instinkt.« (Joachim Vahland, Die Geburt der Erkenntnis aus der Angst. E. A. Poes

harren auf dem konkreten Nutzen, den das Gute als ἀρχή haben soll, ernst nehmen: Die Erkenntnis der Prinzipien unserer Wirklichkeit ist verbunden mit der Forderung, dass ein Nutzen folgen muss, der das gute Prinzip als ein in der Wirklichkeit Zeugendes ausweist. Gerade hier ist der Rückstieg vom Geistigen ins Weltliche wichtig: Der Aufstieg ging einher mit Weltentfremdung, mit einem Absehen von den Zufälligkeiten, Kontingenzen, mit denen das Welthafte notwendig versehen ist. Der Aufstieg ist die Lösung von weltlichen Banden, welche die alltägliche und naive Einstellung zur Welt bedeuten[8]; aufzusteigen heißt, aus dem alltäglichen Schattenspiel auszubrechen und »die Idee des Guten von allem anderen absondernd durch Erklärung zu bestimmen«[9].

Jenes Wissen, das bei diesem Aufstieg zu den letzten Gründen von Welt, Erkenntnis und Subjekt gewonnen wird, bedingt keine Ruhe im absoluten Sinne. Das Ende des Aufstiegs und die Ruhe des Erkenntnisvermögens, sofern es die Erkenntnis festhalten kann, sind hier zwar markiert, doch keinesfalls der Abschluss des philosophischen Tätigseins.[10] Denn das Ideenwissen bedingt eine demiurgische Konstruktionsfähigkeit, welche Mensch und Göttliches vereint. Es *fordert* geradezu den Gestaltungswillen und die Tätigkeit des Wissenden. Das philosophische Wissen kommt da der Erfindung eines Erfinders gleich: Ihm wird es nicht genügen, seinen Einfall zu denken; der Einfall muss für ihn, da es auch ein Konstruktionswissen ist, in einem konkreten Werk münden, an dem sich das Gute und der Nutzen des Gedachten manifestieren.[11] Hier verfährt der Philosoph wie der

---

Antwort auf Platons Höhlengleichnis, in: Martin Asiáin et al. (Hgg.), Der Grund, die Not und die Freude des Bewußtseins. Beiträge zum Internationalen Symposion in Venedig zu Ehren von Wolfgang Marx, Würzburg 2002, S. 125–136, S. 134) Im Kern ähnlich urteilt Martens, der Platon samt Platonismus eine »unverkennbare Tendenz [...] zu einem abgeschlossenen, der Überprüfung entzogenen ›Evidenzwissen‹« attestiert. (Ekkehard Martens, Die Sache des Sokrates, Stuttgart 1992, S. 137)

[8] Politeia 532 c.
[9] Politeia 534 b–c.
[10] Wieland hat daher recht, wenn er das Formale, den Schematismus der ungeschriebenen Lehrsätze als Ordnungsbegriffe und Reflexionsgesichtspunkte beschreibt, welche Hilfsmittel und Orientierungsfunktion für das Denken sind, nicht aber das Ziel. (Wolfgang Wieland, Platon und die Formen des Wissens, S. 48)
[11] Siehe auch das Fazit Guardinis: »Die Art des platonischen Grundansatzes bringt die Gefahr mit sich, in den Dingen die Verderbnisform der Ideen zu sehen; diese Verderbnis durch die Materie bedingt sein zu lassen und die Entstehung der Dinge durch einen dualistischen Mythos vom Abfall des Geistes in den Stoff auszudrücken. Tatsächlich finden sich denn auch in den Texten Äußerungen, welche in diese Richtung

Handwerker. Genauso, wie dieser sich an den rationalen, allgemeinen Bedingungen dessen, was eine Liege ist und leisten muss, orientiert und nur durch diesen festen Grund kreativ mit Form und Material verfahren kann (ohne diese Orientierung am Allgemeinen kommt nichts Sinnvolles dabei heraus – zumindest keine Liege), gestaltet der Philosoph aus dem Grund und sieht die Vielfalt des Werdenden aus diesem hervorgehen. Die Vielfalt, die als solche identifizierbar ist, muss auf einen rational fassbaren Grund zurückgeführt werden können, sonst wäre das wirklichkeitslose Chaos ihre Bestimmung. Bei Platon klingt das ganz ähnlich. Es gibt für den Philosophen einen inneren Drang, das als richtig Erkannte zu verwirklichen: Wer seinen Blick auf die Gründe der Wirklichkeit, auf das Gute richtet und auf das Wohlgeordnete, Gerechte, der wird »auch dieses nachahmen (μιμεῖσθαί) und sich dem nach Vermögen ähnlich bilden (ἀφομοιοῦσθαι).«[12] Es ist das Merkmal des wirklich Erkannten, dass es mit der Erkenntnis stets auch als berechtigter Maßstab des Handelns anerkannt wird.

Oder meinst du, es gebe eine Möglichkeit, daß einer das, womit er gern umgeht, nicht nachahme? – Unmöglich, sagte er.[13]

Die bildende Tätigkeit bleibt nun aber nicht nur auf sich selbst bezogen. Das Werk, das der menschliche Demiurg aus der Erkenntnis hervorbringen will, soll auch förderlich für den Anderen sein. Das Erzeugen des förderlichen Wirklichen ist für den Weisheitsliebenden eine Weitergabe um ihrer selbst willen.

Wenn ihm nun [...] eine Notwendigkeit (ἀνάγκη) entsteht, zu versuchen, wie er das, was er dort sieht, auch in der Menschen Sitten einbilden könne, im einzelnen sowohl als öffentlichen Leben, um nicht nur sich allein zu bilden; glaubst du er werde ein schlechter Bildner (κακὸν δημιουργόν) zur Besonnenheit und Gerechtigkeit sein [...]? – Keinesfalls, sprach er.[14]

---

deuten; es wurde aber bereits gesagt, daß von einem eigentlichen Dualismus keine Rede sein kann. Die Kraft des Schauens und Gestaltens; der Wille, das Gegebene zu formen; der Trieb, den rechten Menschen und, als Inbegriff der Menschendinge, den rechten Staat heranzubilden, sind bei Platon so stark, daß sie keine grundsätzliche Ablehnung der Materie zulassen, diese vielmehr als Urschoß des Werdens, als Quelle der konkreten Dinge erscheint. (Romano Guardini, Der Tod des Sokrates. Eine Interpretation der platonischen Schriften Euthyphron, Apologie, Kriton und Phaidon, Mainz/Paderborn 1987[5], S. 241)

[12] Politeia 500 c.
[13] Politeia 500 c.
[14] Politeia 500 d.

Schluss: Mytho-logie und Esoterik bei Platon

Gerade diesen demiurgischen, konstruktiven Bezug auf das konkrete Wirkliche bzw. Individuelle unter Berücksichtigung des Allgemeinen zeigt nun der Mythos: Hier konvergieren der *logos* in der Erkenntnis und das *ethos* des Individuums; hier werden Möglichkeiten aufgezeigt, wie der *logos* verfehlt werden kann und welche Konsequenzen sich für das ganz konkrete Leben ergeben; hier wird die Wirklichkeit im Märchen zu einem Gegenstand, mit dem spielerisch verfahren werden kann, bevor es zum Ernst der Lebensgestaltung kommt. Während die Dialektik ein bestimmendes Verfahren ist, das die jeweiligen Prinzipien in ihrem allgemeinen Selbstsein zu erfassen sucht, ist die bildliche Darstellung ein bestimmendes Verfahren, das den Erfindergeist fordert. Der Mythos gibt den wirklichen Gegenstand (Mensch, Lebensweise, Natur) in einem angewandten ›Was, wenn-Modus‹: Welchen Nutzen hätte es, wenn wir Götter wären? Welche Folgen hat es, wenn ich im Werden nicht das Sein erkenne? Was bedeutete es, wäre alle Gerechtigkeit eine bloße Konvention zum Schutz vor dem naturhaften Egoismus aller? Wir bekommen also im Mythos tatsächliche Vor-Bilder, nicht in Form einer bloß begrifflichen dialektischen Bestimmung, sondern in Form eines aus dem Begriff Gestalteten, welches aber noch der Verfügbarkeit des Überlegenden unterliegt. Genau dieser erfinderische Umgang mit den Geschichten geht abhanden, wenn man, wie Wolfgang Kersting, Platon eine »krude Bildersprache« attestiert.[15]

Man muss sich schon darauf einlassen, wie Platon seinen Sokrates didaktisch vorgehen und die methodische Funktion des Mythischen, Bildhaften reflektieren lässt.[16] In der *Politeia* etwa, so Sokrates, ist das Ziel der Bestimmung nicht nur eine Definition von Gerechtigkeit, die immer Gefahr läuft, unverstanden, blutleer und abstrakt zu bleiben. Stattdessen wird sie inhaltlich mit einer ihr entsprechenden sozialen, seelischen, ja kosmischen Ordnung gefüllt, welche dann ihrerseits ein Richtmaß sein soll.[17] Genauso dient für den Einzelnen zur Beurteilung eigenen Glückes und eigener seelischer Harmonie nicht

---

[15] Wolfgang Kersting, Platons ›Staat‹, S. 324.
[16] Die folgenden zwei Absätze sind eine überarbeitete Fassung der methodischen Bemerkungen in Verf., Götter im Menschen. Zur Konzeption der Sokrates-Figur in Platons *Phaidon*, in: Perspektiven der Philosophie 41 (2015), S. 63–87, S. 85f. In diesem Aufsatz gehe ich näher auf die paradigmatische Funktion des Sokrates im Hinblick auf eine Wesensbestimmung der Seele ein. Hierbei führe ich den Nachweis, dass die Sokrates-Figur mit dem Gott Hermes identifiziert werden kann.
[17] Politeia 473 a.

nur das Prinzip der Gerechtigkeit an sich, sondern der vollkommen gerechte Mensch – ein aus dem Prinzip erzeugtes ideales und doch historisch gedachtes Individuum, welches eine bestmögliche Realisation des Allgemeinen *im* Individuellen verkörpert und so erst die Funktion des Vor*bildes* einnehmen kann.[18] Gleiches gilt in methodischer Hinsicht für den Tyrannen, welcher ein Extrem verfehlten Lebens, Denkens und Charakters darstellt. Diese nicht nur in der *Politeia* verfolgte Methode, auf das Große, Reinere zu sehen, um das Kleinere, disparat Erscheinende leichter beurteilen zu können, bietet also nicht nur personale, anschauliche Orientierung, sondern hilft uns auch, charakterliche und ethische Mischformen besser zu unterscheiden.[19]

Dem Konzept eines Vorbildes, das Allgemeinheit und Vereinzelung in sich vereint, folgt dann auch die Sokrates-Figur der platonischen Dialoge: In der *Apologie* charakterisiert Sokrates sich selbst als gottgesandtes παράδειγμα, welches für *alle* Individuen gelte; der Gott bediene sich nur seines Namens, d. h. Sokrates' konkreter Indivi-

---

[18] Die orientierende Vorbildfunktion des gerechten und ungerechten Menschen führt Sokrates in Politeia 472 c–d aus. Gerechtigkeit und Ungerechtigkeit selbst sowie der vollkommen gerechte und ungerechte Mann werden bestimmt, um ein παράδειγμα zu gewinnen. Ziel ist, dass »wir, auf jene sehend, wie sie uns erschienen in Absicht auf Glückseligkeit und ihr Gegenteil, genötigt würden, auch von uns selbst einzugestehen, daß, wer ihnen am ähnlichsten ist, auch den ähnlichsten Los haben werde, nicht aber deshalb, um aufzuzeigen, daß dies wirklich so vorkomme.« Eine offensichtliche Analogie tut sich hier auf: Wie der Fürsprecher der Götter im Er-Mythos βίων παραδείγματα unter die Seelen wirft, mit der Aufforderung, sie sich um des Glückes willen mit Bedacht anzusehen und dann zu wählen, wirft uns Sokrates Lebensmuster hin, um uns daran im Erkennen und Wählen zu üben.

[19] Damit erfüllt die platonische Dichtung das, was Schmitt Platon und Aristoteles folgend als wesentliche Leistung guter Dichtung herausstellt: »Die Aufgabe des Dichters ist es […], die einzelne Handlung aus ihrem allgemeinen Grund heraus, d. h. aus den allgemeinen Handlungstendenzen eines Charakters heraus zu konstruieren, die Aufgabe des Lesers oder Zuschauers, die einzelne Handlung auf ihre Begründetheit im Charakter des Handelnden zu durchschauen. Für diese Erkenntnisaufgabe leistet ihm die Dichtung eine wesentliche Hilfe, weil sie die Wirklichkeit mit ihrer Mischung aus vielfältigen Einflüssen gewissermaßen reinigt und auf das konzentriert, was wirklich Äußerung eines bestimmten Charakters ist. Auch in diesem Sinne ist die Dichtung eine *Katharsis*, sie lenkt die Aufmerksamkeit durch die – von sich her zweideutigen – Äußerlichkeiten hindurch auf das ›Werk‹ eines Menschen und konzentriert die emotionale Teilnahme auf diese wesentliche Seite des Menschen. Sie schafft damit eine Haltung, die das bloß äußerliche Wahrnehmen zu einem Verständnis hinauf führt, das der Leistung des Vermögens der Meinung in ihrer vollkommensten Form entspricht.« (Arbogast Schmitt, Die Moderne und Platon, S. 379)

Schluss: Mytho-logie und Esoterik bei Platon

dualität, um das *Allgemeine* daran zu veranschaulichen.[20] Das Individuelle, dessen Darstellung an Begriff und Wesen sich orientiert, erhält so seinen Charakter als Mögliches: Das mythische – dramatische, historische, individuelle – Moment des Dialoges macht den ideellen Gehalt der Wirklichkeit ›sichtbar‹; auf diese Weise transzendiert der Mythos das Faktische durch das Aufzeigen der dem Faktischen inhärenten und gestaltungsbedürftigen Potentialität.[21]

Jene Fähigkeit des Philosophen, die auch Ziel seines Strebens ist, nämlich die Prinzipien in Wirklichkeit zu beurteilen, anzuwenden und zur förderlichen Gestaltung zu nutzen, hat aber auch Rückwirkung auf den Erkenntnisprozess, weil das Spiel mit dem Mythos selbst ein Erkenntnisprozess ist.[22] Erst in der konkreten Gestaltung offenbart sich ja, worauf es letztlich bei der Dialektik ankommt: Die Unterscheidungen hinsichtlich der Prinzipien werden bezogen auf Unterscheidungen der zeitlichen Welt und *vice versa*, und so ist der Mythos selbst ein dialektisches, unterscheidendes, dabei aber höchst kreatives und konstruktives Vorgehen, welches die dialektischen *und* die demiurgischen Kompetenzen des Menschen anleitet, wiedergibt und anderen zugänglich macht. Deshalb dürfen wir die dialektische Argumentation im *Corpus Platonicum* nie isoliert betrachten. Sie steht nicht für sich allein, sondern sie ist durch die dramatische Form der Dialoge selbst ein Teil eines Mythos, selbst eingerahmt von einer übergreifenden Geschichte, innerhalb derer die Individuen, ob sie nun argumentative Fehler begehen oder nicht, mit dem allgemeinen

---

[20] Apologia 23 a–b.
[21] Siehe zur Rolle der Bildlichkeit in der Philosophie allgemein und bei Platon im Besonderen auch: Franz-Peter Burkard, Visualisierung in der Philosophie, in: Eric Hilgendorf (Hg.), Beiträge zur Rechtsvisualisierung, Berlin 2005, S. 19–50. Burkard ergreift das Wort für den Bildgebrauch in der Philosophie, weil das Bild eine »Erweiterung der Erkenntnis- und Ausdrucksmöglichkeiten« bietet. (Ebd., S. 19f.) Es enthalte unter anderem die Aufforderung, »einen Begriff, Sachverhalt oder eine Argumentationskette auf konkrete Erfahrungen zu beziehen« und damit eine Rückführung des Formalen zu leisten (ebd., S. 32), welche letztlich auch der konkreten Überprüfung eines Abstrakten diene (ebd., S. 48); mit dieser Zuordnung von Bild und Begriff, welche immer eine Bedeutungssuche, ein Bemühen um Wahrheit angesichts der bildlichen Mehrdeutigkeit sei, werde also eine wesentliche philosophische Aufgabe erfüllt. (Ebd., S. 34) Das Bild könne zudem ein Manko der Sprache umgehen, indem es komplexe Zusammenhänge, die die Sprache nur im zeitlichen Nacheinander geben kann, räumlich zerstreut und doch in ihrer Gleichzeitigkeit widergibt. (Ebd., S. 34)
[22] In Politikos 268 d8 wird das Spiel, das Unernste, Scherzhafte (παιδιή) als ein Element des erkennenden Umgangs mit Geschichten hervorgehoben.

373

Schluss: Mytho-logie und Esoterik bei Platon

logos auf ihre jeweilige Art umgehen – und eine solche Personalität des handlungsleitenden Wissens kann die Dialektik als wissenschaftliche Methode zwar benennen, aber nicht *zeigen*, weshalb erst Bild und Begriff in eins gesetzt ein umfassendes Verständnis des Erkenntnisgegenstandes der Philosophie vermitteln.[23]

Jene herausragende Kompetenzbildung des mythischen Philosophierens stellt Platon im *Politikos* heraus, wo der kindliche Sokrates eine Unterrichtsstunde in der Verbindung von Dialektik und Mythos erhält.[24] Der Mythos von den zwei Weltperioden[25] erzählt von den weltlichen Folgen, wenn der göttliche Steuermann das ordnende Ruder loslässt und die Welt ihrem Schicksal überlässt. Der Mythos als Übungsstück dient aber dem Fremden eigentlich weniger dazu, den Kosmos zu beschreiben, als vielmehr bildhafte Unterscheidungen bezüglich des Staatsmannes zu prüfen, also zu prüfen, ob dieser Mythos genau das zeigt, was er zeigen *soll*.[26] Auch der Mythos steht, da er unterscheidende und bestimmende Methode *ist*, hier gleichwertig (bzw. dank seiner deiktischen Funktion ergänzend) neben den dialektischen Dihairesen: Es geht eben in dieser Übung nicht nur darum, dialektischer zu werden, sondern auch »erfinderischer in der Kundmachung der Dinge durch die Rede«[27]; der Unterschied zwischen Dialektik und Mythos ist also nicht das Unterscheiden (das setzen beide voraus), auch nicht die zu erfassende Sache (der allgemeine *logos*), sondern der *Ausdruck* der jeweiligen Erkenntnis und – im Falle des Mythischen – die Emphase darauf, wie sich das Allgemeine im Einzelnen niederschlägt.

Da Platons Werk als Ganzes also ein Mythos ist, ist es nicht der Fall, dass Mythos und Dialektik sich gegenüberstünden und entweder die Dialektik über den Mythos hinauswiese, weil sie allein den *logos* erfasste oder der Mythos über die Dialektik, weil er etwas Alogisches,

---

[23] Dalfens Diagnose ist nicht von der Hand zu weisen, dass Interpreten mit der esoterischen Lesart offene Türen einrennen, weil *selbstverständlich* die dialogische Geschichte durch das Getane, Ungesagte, das, was nur gezeigt wird, über sich selbst als bloß Geschriebenes hinausweist. (Joachim Dalfen, Wie, von wem und warum wollte Platon gelesen werden?. Eine Nachlese zu Platons Philosophiebegriff, in: Grazer Beiträge 22 (1988), S. 29–79, S. 57)

[24] Politikos 268 d ff.

[25] Politikos 268 d–274 e.

[26] Politikos 274 e: »Zu Nutz aber wollen wir sie [die Geschichte] uns machen, um zu sehen, wie sehr wir gefehlt haben bei Darstellung des Herrschers und Staatsmannes in unserer vorigen Rede.« Siehe auch Politikos 275 b.

[27] Politikos 287 a.

Schluss: Mytho-logie und Esoterik bei Platon

Ursprüngliches offenbarte; auch stehen aus diesem Grunde Mythos und Dialektik nicht dank ihrer eigenen Inhalte nebeneinander, sodass sie erst gemeinsam eine Einheit bilden und mit ihrem *jeweiligen, im anderen Medium nicht sagbaren* Gegenstand aufeinander verweisen.[28] Angesichts dessen müssen wir also zu dem Schluss kommen, dass der Mythos dialektisch *ist*, und genauso ist die Dialektik bei Platon mythisch, weil sie einander methodisch in ihrer deiktischen, hinweisenden und aufschließenden Funktion ergänzen.[29] Die Mytho-Dialektik zeigt uns die individuelle und personale Gebundenheit der

---

[28] Vgl. Dirk Cürsgen, Der Mythos des Er. Anmerkungen zur ethischen Funktion des Mythischen in der Philosophie Platons, in: Markus Janka/Christian Schäfer (Hgg.), Platon als Mythologe. Interpretationen zu den Mythen in Platons Dialogen, Darmstadt 2014², S. 373–397, S. 373 f. Allerdings weist Cürsgen doch dem Mythos eine untergeordnete Rolle zu, weil er aus philosophischem Wissen gebildet werde und für den wirklich philosophischen Rezipienten lediglich eine Vorstufe zum logisch-rational gewonnenen Wissen darstelle. (Ebd., S. 374 f.) Dies ist zwar richtig, vernachlässigt jedoch die Tatsache, dass das *mythische Moment des Logisch-Rationalen* – die personale, historische, situative Bindung der Gespräche – etwas aussagt, was ein rein wissenschaftlicher Text zwar nennen kann und doch nicht adäquat vermittelt.
An anderer Stelle vertritt Cürsgen jedoch auch noch ein ganz anderes Konzept, welches ebenso einen Gegensatz zwischen Mythos und Logos etabliert. Nun wird der Mythos zum bildlichen Anzeiger des Ursprünglichen, Unsagbaren, Arationalen, Vorbegrifflichen, des mystisch überhöhten Seins, in welchem der Logos gründe und auf welches der Mensch sich nur in einer infiniten Denkbewegung richten könne – ohne es erfassen zu können: »Platon vermochte die Vorläufigkeit menschlichen Wissens mit seiner dennoch bestehenden inneren, aufsteigenden Zielgerichtetheit auf ein postuliertes, absolutes Wissen vom Absoluten zu verbinden, auf das die Wissensformen innerlich verbunden und vermittelt tendieren und gerichtet sind.« (Dirk Cürsgen, Die Rationalität des Mythischen, S. 367) »Anders als das Sein selbst ist die menschliche, im Logos gesammelte, Seinserkenntnis inhaltlich immer unvollkommen und fragwürdig, wobei der Mythos als *Symbol* der Seinsunmittelbarkeit bzw. der Unmittelbarkeit des Ursprünglichen bestehenbleibt und in dieser Gestalt Teil des Logos ist. Der Mythos drückt nicht mehr die Unmittelbarkeit selbst aus, sondern ist das in den Logos integrierte Symbol des unvollkommenen, menschlichen Bezugs zum Vollkommenen oder Absoluten als dem Ursprung des Menschen.« (Ebd., S. 370) »[D]ieses Symbol deutet den Grund des Logos und seiner Notwendigkeit an, es ist ein Bild seines Ursprungs aus dem Verlust des Ursprungs.« (Ebd.) Siehe auch zu einer ausführlichen Kritik von Cürsgens Position sowie zur Herleitung des modernen infiniten Erkenntnisbegriffes in der Platoninterpretation: Gyburg Radke, Das Lächeln des Parmenides, S. 1–62.

[29] Mit der Erkenntnis, dass der platonische Dialog *überhaupt* sowohl Merkmale des Mythos wie des wissenschaftlichen Logos vereint, fällt auch eine strenge Binneneinteilung platonischer Werke in ›mythische‹ und ›dialektische‹ Teile. Gerade diese Gegenüberstellung der Teile verleitet dazu, eine der zwei Methoden über die andere zu stellen bzw. ihnen unterschiedliche Erkenntnisobjekte zuzuordnen.

Prinzipien, das Weltliche des Individuellen aus seinem allgemeinen Grund; der Mythos als Ganzer gibt uns das Gute nicht nur als Definition und Abschluss einer Dihairesis, sondern zeigt auch seine Entfaltung als Welthaftes in seinen spezifischen Bereichen Erkenntnis, Natur, Gesellschaft und Individuum, sodass uns gleichsam ein Werkzeug zur Verfügung steht: Der Mythos ist Ausdruck und Vehikel des Strebens der Seele nach dem ihr wesensgemäßen Geltungsbereich, nämlich zu erkennen und aus Erkenntnis das Bestmögliche – auch bezogen auf sich selbst – zu kreieren.[30]

Aufgrund dieser Darstellungsmethode müssen wir den Begriff der Esoterik im Zusammenhang mit Platons Schriften noch einmal mit größerer Genauigkeit betrachten. Die Frage ist, ob es philosophisch relevante Inhalte platonischer Philosophie gibt, die Platon verbirgt. Dieses Verbergen kann auf dreierlei Weise verstanden werden:
- als ›Verschleiern‹ (dem unwissenden, uneingeweihten Leser den richtigen Weg vorzuenthalten und ihn auf die falsche Fährte zu locken. Das Ziel der Bemühung ist nicht auszumachen, wenn man nicht zum erlauchten Kreis gehört);
- als ›Vorenthalten‹ (das Eigentliche der Philosophie als jedem zugänglich zwar anzudeuten, aber nicht mitzuteilen, sodass es außerhalb des Textes gesucht werden muss);
- als ›Verdecken‹ (alles im Text mitzuteilen, es jedoch so zu ›verpacken‹, dass man es eigenständig freilegen muss)

Bisher hat sich gezeigt, dass Platon seine Philosophie nichtesoterisch anlegt, da sowohl die Methode der Philosophie, die Gegenstände der Philosophie sowie *ethos* und Weg des Philosophen umfassend im Text ihren Ausdruck finden. Diese Inhalte sind aufzeigbar – und doch hatte Platon uns, und das wusste er selbst, eine direkte Information aufschreiben können: Ich, Platon, spreche nun eine direkte Definition über die Welt aus, wie sie meiner Meinung nach wirklich ist. Das mag im mündlichen Unterricht der Akademie sinnvoll sein, wenn die Möglichkeit zur Diskussion besteht; für die Schrift, das sollte deutlich sein, ist das jedoch ein didaktisch unkluges Vorgehen, weil es das Philosophieren im platonischen Sinne nicht fördert und keinen Erkenntnisgewinn bringt. Dass der mündliche Dialog und das Wissen

---

[30] Vgl. dazu schon Werner Jaeger, Die platonische Philosophie als Paideia, in: Konrad Gaiser (Hg.), Das Platonbild. Zehn Beiträge zum Platonverständnis, Hildesheim 1969, S. 109–124, S. 121 f.: Jaeger weist hier der *paideia* und dem *mythos* die Rolle zu, letztlich im Dienste eines demiurgischen Formens und Gestaltens (πλάττειν) zu stehen.

Schluss: Mytho-logie und Esoterik bei Platon

von Platons Definitionen damit aber etwas böten, was inhaltlich die Schrift von geringerem Wert oder gar obsolet werden ließe, kann nicht gemeint sein; die Inhalte werden nur in Schrift und Wort dem Medium angemessen präsentiert, und beide leisten das Ihrige. Sachlich wie methodisch halte ich also das Verschleiern wie das Vorenthalten für weder vereinbar mit Platons Darstellung philosophischer Arbeit noch mit Platons Verständnis von Philosophie, welches in seiner eigenen, offenen, dialogischen Lehrpraxis in der Akademie[31] wie im Bemühen des Sokrates Ausdruck findet, Dialogpartnern zur Erkenntnis zu verhelfen. Auch Platons Gegenüberstellung von Lehrsätzen und wirklichem Verständnis läuft einer Geheimhaltung oder Fokussierung auf eigentliche, nur mündlich mitzuteilende Inhalte zuwider.[32]

Doch gerade die Darstellung der Philosophie als Geschichte beinhaltet eine andere, mit Platons Begriff von Philosophie und Text zu vereinbarende Art, über das unmittelbar im Text Gesagte hinauszugehen zu müssen: Die Inhalte sind durch Darstellung verdeckt und müssen daher in mühevoller Arbeit freigelegt werden. Der Dialog verweist nicht auf etwas strikt außerhalb seiner Liegendes, sondern auf eine eigene Tiefenschicht, die nur der philosophischen Forschernatur mit innerem Antrieb und Geduld durch Weiterdenken des Angedeuteten offensteht.[33] Insofern erfüllt der platonische Dialog durch

---

[31] Siehe dazu Klaus Döring, Zur Biographie Platons, in: Christoph Horn/Jörn Müller/Joachim Müller (Hgg.), Platon-Handbuch. Leben – Werk – Wirkung, Stuttgart 2009, S. 1–17, S. 5–7. Vgl. auch Hermann Steinthal, Zur Form der mündlich-persönlichen Lehre Platons, in: Grazer Beiträge 23 (2000), S. 59–70, S. 59–62 und 68.

[32] Ähnliche Kritik äußert Dalfen an der esoterischen Platoninterpretation. (Joachim Dalfen, Wie, von wem und warum wollte Platon gelesen werden?, S. 29–79) Auch die Beobachtung, dass die antiken Zeugnisse etwa in Platons Vortrag *Über das Gute* nicht ein Wertvolleres identifizieren, welches über den platonischen Dialog hinausginge, ist durchaus bedenkenswert. (Ebd., S. 66) Ebenso macht Steinthal die Beobachtung, dass Aristoteles keinen Unterschied zwischen Dialogen und ungeschriebener Lehre macht – weil er offenbar keinen wesentlichen sah. (Hermann Steinthal, Zur Form der mündlich-persönlichen Lehre Platons, S. 68)

[33] Folgt man Gaisers These, scheinen mündliche Lehre und Schriftkonzeption demselben Muster zu folgen. Gaiser geht davon aus, dass die Prüfung des philosophischen Charakters im Gespräch, wie Platon sie bei Dionysios von Syrakus vornimmt (7. Brief, 340 b–341 a), eine generelle Anwendung fand. (Konrad Gaiser, Platons ungeschriebene Lehre, S. 7) Diese Zurückhaltung bei der Vermittlung des Wissens muss jedoch kein Hinweis auf eine esoterische Lehre sein – wie Gaiser auch betont –, sondern gründet sich wohl eher in der Natur des philosophischen Wissenserwerbs, der keine Stufen zu überspringen erlaubt.

Schluss: Mytho-logie und Esoterik bei Platon

seine kunstvolle Gestaltung der Sinnebenen das, was auch für Platons mündlichen Unterricht gegolten haben wird: Eine vorzeitige Mitteilung philosophischer Inhalte wird vermieden; nur der jeweilige Stand des Schülers oder Lesers entscheidet darüber, welches Wissen er sich als nächstes erarbeiten kann.[34] Sollte er nicht geduldig, wissbegierig

---

[34] Solch einen Begriff von notwendiger Esoterik, der sich nicht durch Geheimhaltung, sondern durch die Orientierung am Rezipienten definiert, vertritt auch Wieland. Notwendig ist sie deshalb, weil jede Wissenschaft, ja eigentlich jedes Wissen, eine Differenz zwischen ihren propositionalen Ausdrucksformen und dem Umgang damit aufweist: »Denn der Wissende zeichnet sich in diesem Sinn nicht so sehr durch die Kenntnis von Sätzen aus, sondern vor allem durch die dispositionelle Fähigkeit, sie zu verstehen, mit ihnen umzugehen, sie zu begründen und ihre Tragweite abzuschätzen. Gerade der Bereich der exakten Wissenschaften ist durch diese Art von Esoterik charakterisiert. Der einzelne Satz, der innerhalb einer solchen Wissenschaft formuliert wird, läßt seinen Sinn nicht bereits durch seinen bloßen Wortlaut erkennen. Sein Sinn ist nur dem erschlossen, der zugleich die Fähigkeit hat, mit ihm umzugehen und ihn als Moment innerhalb eines umfassenden Verständniszusammenhangs zu behandeln. Mit diesem Verständniszusammenhang wird man vornehmlich auf dem Wege der Einübung vertraut.« (Wolfgang Wieland, Platon und die Formen des Wissens, S. 46) Das sollte allerdings nicht dazu verleiten, Wieland eine Verabsolutierung des Gebrauchswissens zu unterstellen. Szlezák wirft ihm etwa vor, die höchsten Wissensinhalte als »propositional prinzipiell nicht fassbares Gebrauchswissen [...] auszulegen.« (Thomas Szlezák, Das Höhlengleichnis, S. 216). Wieland betont jedoch eindeutig, dass über alle Wissensinhalte in Sätzen geredet werden kann und man in diesem Sinne auch eine Ideenlehre zu formulieren vermag – dies aber dürfe nicht dazu führen, das bloße Verfügen über Propositionen bereits für Wissen zu halten (Wolfgang Wieland, Platon und die Formen des Wissens, S. 296 f.; siehe dazu auch S. 129: »Die Kenntnis der korrekten Definition von Normprädikaten – gesetzt den Fall, sie wäre gefunden – könnte jedenfalls für sich allein noch keine praktischen Konsequenzen zeigen.«) Dieses notwendige und positive (weil die Erkenntnis und Selbsttätigkeit eröffnende) Verständnis von Esoterik findet sich bereits in Schleiermachers Einleitung zu dessen Platonübersetzung von 1804. (Friedrich Schleiermacher, ›Einleitung‹ zu ›Platons Werke‹, in: Konrad Gaiser (Hg.), Das Platonbild. Zehn Beiträge zum Platonverständnis, Hildesheim 1969, S. 1–32, bes. S. 5–12) Siehe dazu auch Alkibiades' Charakterisierung sokratischer Dialogführung in Symposion 221 d–222 a: Sokrates' Reden glichen wie er selbst »jenen aufzuschließenden Silenen«, und »wenn einer des Sokrates Reden anhören will, so werden sie ihm anfangs ganz lächerlich vorkommen, in solche Worte und Redensarten sind sie äußerlich eingehüllt, wie in das Fell eines frechen Satyrs. Denn von Lasteseln spricht er, von Schmieden und Schustern und Gerbern und scheint immer auf dieselbe Art nur dasselbe zu sagen, so daß jeder unerfahrene und unverständige Mensch über seine Reden spotten muß. Wenn sie aber einer geöffnet sieht und inwendig hineintritt, so wird er zuerst finden, daß diese Reden allein inwendig Vernunft haben, und dann, daß sie ganz göttlich sind und die schönsten Götterbilder von Tugend in sich enthalten [...].« Obwohl aber der betrunkene Alkibiades die Esoterik sowie die Notwendigkeit des selbsttätigen Umganges mit sokratischer ›Lehre‹ sieht, hat er doch einen ganz falschen Begriff des Wissens und

und fähig sein, das Wissen auch ethisch zu verinnerlichen, wird er einen Mangel an Verständnis aufweisen, der den ernsthaften Aufstieg zur nächsten Stufe verhindert.³⁵

---

seiner Vermittlung: In 217 a ff. beschreibt er sein Bemühen, sexuelle Gefälligkeiten gegen Sokrates' Wissen einzutauschen, als wäre Letzteres eine zurückgehaltene Information, die man ohne Anstrengung nur aufzunehmen bräuchte. (Siehe auch zum Scheitern der Lehrer-Schüler-Beziehung durch Alkibiades' Weigerung, philosophisches Wissen zu verinnerlichen: Ulrich Kühn, Das Liebesverhältnis zwischen Alkibiades und Sokrates. Der platonische Bericht, in: Perspektiven der Philosophie 37 (2011), S. 75–114, bes. S. 88–110)

³⁵ Insofern stimme ich Frede zu, die auch für das Ungeschriebene die Prinzipien der schriftlichen Dialoge gelten lässt: »So wäre in der Debatte um den ›esoterischen Platon‹ zu berücksichtigen, dass es für Ungeschriebenes womöglich gar keine festen Grenzen gibt, sondern dass Platon jeweils mit Bedacht auf ganz verschiedenem Niveau argumentiert und nichts grundsätzlich ›verschweigt‹.« (Dorothea Frede, Platons Dialoge als Hypomnemata, S. 43) Dagegen weist Thomas Szlezák (Platon lesen, S. 158–160) die Dialoge Platons »als Fragmente der Philosophie Platons mit Verweischarakter« aus, welche aus didaktischen Gründen »durch ihre konsistent durchgehaltene literarische Technik auf die mündliche Philosophie Platons« verwiesen. Diese Lesart beschränkt, wie Szlezák selbst ausführt, die Dialoge inhaltlich. (Ebd.) In Bezug auf bestimmte *Definitionen* der Prinzipienlehre ist eine solche Beschränkung sicherlich auch nicht von der Hand zu weisen. Andererseits, so ist zu bedenken, fügt der Dialog, die dramatische Form, der Prinzipienlehre etwas für die Philosophie Wesentliches hinzu, was diese nicht enthält.

Zusammenfassung

Für die Hirnforscher markiert Platon den Beginn eines Jahrtausende währenden Irrtums, als dessen Stifter er auftritt: dass nämlich Erkenntnis etwas Wahres dieser Welt erfasse; dass die Seele existiere, ein Wirkprinzip und einheitlich sei; und dass Freiheit möglich sei. Die Erbsünde bestehe, so die Hirnforscher, darin, bloße Erlebnisse (Zugang zu der Welt zu haben, sich als ein einheitliches Ich zu wähnen, der Eindruck, selbst zu entscheiden) zu ontologisieren, also etwas Erlebtes als wirklich zu setzen. Dem setzt die Neurowissenschaft in ihrem Selbstverständnis als Metawissenschaft und Erneuerin der Philosophie ein ausdrücklich antimetaphysisches System entgegen, welches im Wesentlichen auf vier Säulen beruht: der *Konstruktion* einer Welterfahrung und des einheitlichen Icherlebens; der Orientierung an *Empirie und Sinnlichkeit*, da Sinneswahrnehmung mit der daraus resultierenden sinnlichen Vorstellung die Objekterkenntnis leite; dem *Materialismus und Determinismus*, welcher das Verhältnis von Geist und Materie ausschließlich über die Materie als Formprinzip bestimmt; und den *Erfordernissen der Natur*, durch welche die Selbsterhaltung zum Zweck des Daseins erklärt wird. Das Diktum des Überlebenskampfes wird damit zur Formursache sowohl für die Vernunft als auch für das menschliche Miteinander: Eigentlich ist alles Erkennen und Befolgen von Regeln nur dazu da, um das individuelle und egoistische Überleben zu gewährleisten.

Die Hirnforscher selbst führen jedoch durch zahlreiche Äußerungen ihr eigenes Theoriegebäude ad absurdum:

(1.) Dadurch, dass die vom Erkennen unabhängige ›Welt an sich‹ mit der evolutionären und materiellen Natur gleichgesetzt wird, verfällt man in einen zuvor kritisierten naiven Realismus, der von einer von sich aus wohlbestimmten und eindeutigen Realität ausgeht. Darüber hinaus schafft man mit diesem Erkenntnisideal, das gleichzeitig unabhängig von Erkenntnis und Konstitution existieren soll, einen paradoxen Erkenntnisbegriff: Wahrheit existiert ohne Erkenntnis, vor allem jedoch ohne Erkennbarkeit; und die Wahrheit der Welt an sich, die durch den Organismus verfälscht wird, bestimmt sich durch eine nie erreichbare Vollständigkeit des sinnlich Gegebenen.

(2.) Die Ausführungen zu Wesen und Verhältnis von Denken und Sinnlichkeit, zu ihren Leistungen und Gegenständen, haben sich durchweg als schlicht chaotisch erwiesen. Dadurch, dass den Sinnen unbemerkt geistige Tätigkeit zugeschrieben wird, kommt man zu einem naiven Wahrheitsbegriff, der sinnliche Vollständigkeit mit absoluter Wahrheit und die bildliche Vorstellung mit Denken gleichsetzt. Die Hirnforscher vernachlässigen hier in ihrer Empiriegläubigkeit die rein denkend zu vollziehende Unterscheidung der Erkenntnisvermögen.

(3.) Die Determinismusthese und damit die These vom ausschließlichen Prinzip der Materie wird konterkariert durch die fortwährende implizite oder explizite Forderung, Bedeutung, Wahrheit und Vernunft als Orientierungs- und Handlungsmaßstab anzuerkennen. Auch die Hirnforscher nehmen demnach Prinzipien an, die nicht auf der bloßen Materieebene liegen, sondern als geistige Prinzipien von Materie, Handeln und menschlicher Entwicklung gelten müssen.

(4.) Durchweg sind implizite und explizite moralische Forderungen zu finden, die nichts mit dem evolutionären Überleben des Einzelnen zu tun haben, sondern ein Gutsein an sich voraussetzen: Vernünftiges Argumentieren, Erkenntnis und Wahrheit werden als unbedingte Werte vertreten. Damit wird aber das Wesen der Vernunft als Prinzip von Richtig und Falsch oder Gut und Böse anerkannt, nicht die evolutionären Anforderungen, die an das Individuum gestellt sind.

(5.) Die Freiheit und Möglichkeit der einheitlichen Ausrichtung des Ichs wird vorausgesetzt, da ausdrücklich die Forderung an das Individuum besteht, Vernunftgründe als leitend anzuerkennen und das Handeln gemäß der erkannten Wahrheit zu gestalten.

(6.) Das Widerspruchstheorem, das allem zugrunde liegt, ist aber folgendes: Dadurch, dass man gleichzeitig den Determinismus in der Materie und allgemeine geistige Prinzipien, die eine Systemeigenschaft von Materie sein sollen, annimmt, schafft man sich unbeabsichtigt ein theologisches und teleologisches Weltbild: Die materielle Natur wird zur notwendigen (da immer schon determinierten) Hervorbringung des Geistigen, ja zum

Subjekt der Selbsterkenntnis. Dies schlägt sich auch darin nieder, dass man plötzlich mit der sprachlichen Besetzung des *Hirns als Agens* eine Leerstelle füllt, die man sich durch die Abschaffung des Ichs eingehandelt hatte: Nun ist es nämlich das Gehirn, also die materielle Natur, die denkt, entscheidet oder berechnet.

Letztlich muss man den Hirnforschern daher bescheinigen, in ihrer *Abwehr* der Metaphysik *selbst* ein metaphysisches Weltbild zu vertreten, das jedoch durch die inneren Widersprüche auf tönernen Füßen steht. Und diese Widersprüche sind ja nicht zufällig: Wer anfängt, zu argumentieren, sich begründend an ein Gegenüber wendet und damit die Forderung ausspricht, sich am Nachvollzug des Vernünftigen zu orientieren, setzt eben eine Menge voraus, das von einer konstruktivistischen und naturalistischen Theorie nicht reflektiert wird.

Als eigentliches – existenzielles – Problem dieses Theoriegebäudes hat sich aber die Bewertung des menschlichen und weltlichen Daseins ergeben. Der Mensch, sein Erkennen, sein Bezug zu sich selbst und zu anderen; all das wird in der Theorie der Hirnforscher wesentlich defizitär, fremdbestimmt oder irreal, eine Illusion, deren Werte in der objektivierten Naturmaschinerie aufgehen. Von der versprochenen Versöhnung mit der eigenen Natur kann nur eine leere Worthülse zurückbleiben, wenn diese Natur nicht als der Versöhnung würdig erfasst werden kann.

Als Korrektiv bot sich Platon nicht nur deshalb an, weil er das erklärte Feindbild der Neurowissenschaftler ist. Platons Auseinandersetzung mit sophistischer Argumentationsweise befasst sich mit genau den Thesen, die im ersten Teil der Arbeit herausgearbeitet wurden, etwa mit der Relativität des Erkennens, mit einer Auffassung der Natur als bloßem Werden und als Vorbild für ein ›darwinistisches‹ Gesellschaftsverständnis sowie mit dem Verständnis von Materie als alleinigem Prinzip der Seelentätigkeit. Weil diese Auseinandersetzung bei Platon in personal gebundener, dramatischer – also mythischer – Form geschieht, war zu klären, welchen Zweck diese Art der Darstellung haben mag.

Hierbei folgte ich zwei Leitmotiven platonischer Dialoge. Das erste ist die Gegenüberstellung von kindlicher und erwachsener Seele. Der kindliche Seelenzustand kann auch auf den an Jahren Erwachsenen zutreffen, der die Entwicklung seiner Seele zur Personalität und Identität noch nicht abgeschlossen hat. Platons Dialoge sollen genau diese Entwicklung befördern: Die immer im Individuum dar-

Zusammenfassung

gestellte Verschränkung von *ethos* und *logos* ist eine Unterweisung in der Identitätsfindung, d. h. in der Besinnung eines Ichs auf seine Vermögen zur Selbstformung, auf seine Vermögen, sich von der Übermacht des Vorgegebenen zu distanzieren. Das zweite Leitmotiv, die Gegenüberstellung der Eigenschaften von personalem Göttlichen und dem Menschen, greift die ontologischen und welthaften Bedingungen solcher Selbstformung auf: Zur veränderlichen, werdenden Welt wird das unveränderliche Göttliche auch ein Gegenentwurf, welcher die Möglichkeit bietet, diese materielle Natur als ›Ermöglichungsraum‹, als einzigen Ort von freier Selbstzeugung zu begreifen – gerade *weil* das Individuum auf nicht selbst geschaffene und nicht beliebige Gesetzmäßigkeiten oder Maßstäbe (in platonischer Diktion: auf den göttlichen *logos*) bauen kann.

Die Übertragung der pädagogischen Rolle, die die Mythen als Geschichten in Platons Werk einnehmen, auf das platonische Werk als Ganzes berechtigt zum einen dazu, die Dialoge als methodische Darstellung eines Sachverhaltes anzusehen: Theorie wird im Individuum zur gelebten Praxis. Die Haltung zur Welt, zu sich selbst und zum Mitmenschen ist durch die eigene Weltsicht bedingt – und hier will sich niemand selbst widersprechen. Mit der personalen Darstellung des Zusammenhanges von *ethos* und *logos* wird die Person als Ganze also zum Prüfstein ihres eigenen Denkens; damit wird das Individuum, nicht die Theorie für sich allein zum alles bestimmenden Thema philosophischen Fragens.

Zum anderen ist das Bildliche der Geschichte mit dem platonischen Aufstiegsgedanken in Verbindung zu bringen: Die Annäherung an das rein denkend zu Erfassende geschieht durch methodische Unterscheidung; diese Unterscheidung aber geschieht auch am Wirklichen, sinnlich Vorliegenden. Das mythische Bild vermag es, das Sinnliche zugleich mit seiner systematischen Ordnung darzustellen, das Geistige wiederum als Seiendes im Wirklichen zu integrieren und darüber hinaus auch, das Faktische einem spielerischen, transzendierenden Denken zu öffnen. Was der Umgang mit dem Mythos nahelegt, ist letztlich die Tätigkeit, die Sokrates vorlebt: Umkehr, methodische Besinnung auf sich selbst und seine Stellung in der Welt, Zweifeln und Fragen, um den Zweifel im Sinne der Übereinstimmung mit sich selbst zu überwinden – all dies ist ein Spiel mit Bestimmungen, die erst einmal als optional denkbar begriffen werden müssen, um danach Kriterien am Horizont erblicken zu können, die sich der Beliebigkeit entziehen.

Zusammenfassung

Im zweiten Teil der Arbeit gingen wir zunächst von einer methodischen Unterscheidung der Erkenntnisvermögen und der geistigen wie materiellen Erkenntnisbedingungen aus und zeigten, dass das Erkennen bei Platon weder im naiven Aufnehmen einer wohlbestimmten Natur noch in einer irrationalen Ideenmystik bestehen kann, sondern dass es in der Unterscheidung verschiedener Bestimmungsmomente besteht, welche aber nur durch die Reflexion auf immer vorauszusetzende Erkenntnisprinzipien gesichert angewendet werden können. Die methodische Orientierung an diesen bloß geistig zu erfassenden Erkenntnisprinzipien muss in der Folge aber auch als Bestimmungsgrund leiblich-physischer Handlungsprozesse anerkannt werden; die Wirkkraft von Bedeutung, Argument und darauf aufbauender Erkenntnis kann nicht sinnvoll in blinde materielle Wechselwirkungen integriert werden, da eben der Orientierungsmaßstab etwas Geistiges ist.

Eine solche Anwendung von Konstitutionsprinzipien auf Naturphänomene führte dann zur Frage nach der Natur selbst: Sie wird bei Platon als das stets Unverfügbare – also nicht erst durch einen Konstruktionsprozess Entstehende – und als Bedingung des Individuums charakterisiert. Die Frage nach der materiellen Natur wird so zur eigentlichen Frage, nämlich der nach der *Ordnung* der materiellen Natur, da diese eine erzeugende, dem Erkennen vorgängige und das Erkennen bedingende Wirklichkeit darstellt. Weil Platon diese allgemeinen Verhältnisse vor allem in räumlich-zeitlichen mythischen Verhältnissen darlegt, galt es, die Mythen in ontologische Fundierungsverhältnisse zu übersetzen. Ziel war es, im Hinblick auf den Seelenbegriff zu zeigen, dass die Erklärung von Naturvorgängen durch bloße Materieeigenschaften viel zu einfach gedacht ist: Für die zeitliche Bildung geordneter Strukturen in der Natur, so die These, müssen unzeitliche und rein geistig zu erfassende Ordnungsprinzipien vorausgesetzt werden; Materie als Wirklichkeitsform von Ordnung bedarf selbst eines Prinzips, sie ist nicht der Entstehungsort des Prinzips. Eine Ordnung nun ist zwangsläufig auch rational, weshalb die Rede von der Vernunft, die die Welt hervorbringt, zwar überholt wirken mag und dennoch von jedem, der über die Natur nachdenkt, vorausgesetzt wird.

Die anschließende Untersuchung des platonischen Seelenbegriffes griff diese Doppelnatur der Materie, wechselwirkende Materie und gleichzeitig strukturierte, durch nur denkend zu erfassende Prinzipien bestimmte Materie zu sein, auf. Die Seele, die als menschliche

Zusammenfassung

Seele sowohl die materielle Ebene als auch die prinzipielle in sich vereint, wird als einzig mögliches Vermögen zu wirklicher Freiheit herausgearbeitet, da sie weder an der Unveränderlichkeit noch am totalen Werden gänzlich Anteil hat und zugleich sich selbst und ihre Bestimmungsgründe erfassen kann. Der Vereinigung von Entwicklung in der Zeit und Bestimmung durch Prinzipien wurde dabei besonderes Augenmerk zuteil, da sich hierin das spezifisch menschliche Glück gründet, selbsterkannte und selbsterzeugte Wahl- und Seinsmöglichkeiten gelingend wirklich werden zu lassen. Dabei hat sich die Unterscheidung des eigenen Wesens als allgemeines Subjekt, das eine Differenz zur Welt und zu sich selbst darstellen kann, als Grundlage für den Rückschritt in die Welt als selbstformendes Individuum erwiesen. Sowohl das allgemeine Wesen als auch das individuelle, weltlich verstrickte Wesen des Menschen sind hier die Bedingungen dafür, dass – bezogen auf sich selbst und andere – in einem identischen Bezugsrahmen geistig Individuelles gezeugt und entwickelt werden kann. Die Auseinandersetzung führte daher besonders zur Kritik der weitverbreiteten These, Platon sei ein leibfeindlicher, weltferner Apologet des Jenseitigen, der ein unerreichbares Göttliches zum Ideal des Menschen erklärt. Auch in der gegenwärtigen Platonforschung hat es sich als ungemein schwierig erwiesen, eine Begründung dafür zu finden, weshalb das Gute überhaupt gut genannt wird und weshalb Welt und weltliches Dasein gut sein sollen. Dies bleibt eine bloße Behauptung, wenn das Gute ein leerer, unerkennbarer Begriff ist und die Welt samt Mensch bloß defizitäres Abbild eines Höheren. Die Defizienz und Fehlbarkeit des Vergehenden, Zeitlichen, Materiellen, des Noch-nicht und Nicht-mehr sind zu überschreiten im Hinblick auf jenes, was die zeitliche Verwirklichung an Gutem ermöglicht. Durch den Gedanken einer Freiheit zur Selbstgestaltung erst werden Platons Äußerungen erklärlich, welche die Vollkommenheit des materiellen Kosmos betonen, die abbildhafte Defizienz der Natur nur als eine Hinsicht erscheinen lassen und welche die grenzenlose Freigebigkeit des Göttlichen bei der Schöpfung beschreiben.

Grundsätzlich stellten wir also dem Weltbild der Neurowissenschaftler einen Begriff von Wirklichkeit gegenüber, der es vermag, Zeitlichkeit und Unzeitlichkeit, Materialität und Geistigkeit, aber auch Freiheit und Bedingtheit miteinander zu versöhnen. Der Hirnforscher schafft sich eine ihm feindliche Welt, die durch Kampf, Fremdbestimmung und Zweifel bestimmt ist; die platonische Philosophie greift dieses Schlechte der Wirklichkeit auf und nimmt es ernst, zeigt aber Wege zur Überwindung durch die Orientierung an ebenso bestehenden Ordnungsprinzipien auf. Das scheinbar Schlechte, das in Form eines Noch-nicht-Seins, das durch Verfehlung und leibliche Defizienz gekennzeichnet ist, entpuppte sich als bessere Alternative als es sein Gegenteil wäre, weil erst ein einzelnes, leibliches und zeitliches Dasein die Möglichkeit bietet, nach erkannten Maßstäben und notwendig mithilfe anderer ein Individuelles zu formen, und das heißt, ein wirklich eigenes Werk zu vollenden.

Die anerkennende Freundschaft zu Natur, Mensch und Erkenntnis, die das Ziel platonischer Ethik darstellt, bietet daher auch die größte und dauerhafteste Lust, weil sie nämlich die existenziellste, umfassendste Lust ist: Sie ist keine *unio mystica*, sondern entspringt der Erkenntnis des Wesens und des guten Nutzens einer gemeinsamen Wirklichkeit von Mensch und Welt.

Anhang

I. Abbildungen zur Erkenntnistheorie in der Neurowissenschaft

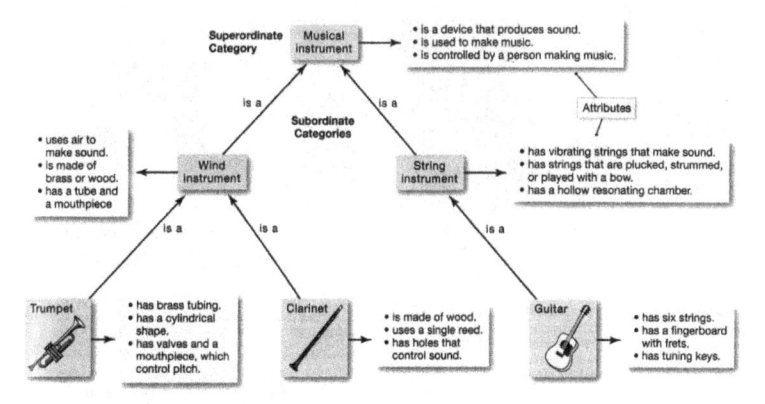

Abb. 1: The Defining Attribute Model

Anhang

FIGURE 8.8 Try for Yourself: The Prototype Model of Concepts

For each of the following categories, name the first member that comes into your mind (based on demonstration from Decyk, 1994):

a bird _____
a hero _____
a color _____
an animal _____
a motor vehicle _____

Result: For a bird, you likely named a robin or sparrow if you live in North America. If you live in Australia, you might have named a kiwi. Wherever you live, you probably named a common bird in your country—a bird that seems to represent an idealized version of all birds.

For a hero, most people name a superhero such as Superman, Spiderman, or Mighty Mouse, or a police officer or firefighter; few people will name a woman, child, or real animal (such as Lassie, a hero dog from a popular television series), all of whom can be heroes.

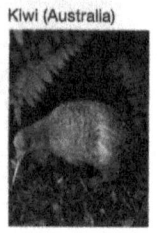

Robin (Europe)   Kiwi (Australia)   Superman (U.S.)   Black Mask (China)

For a color, most people name red or blue—the primary colors are primary in our memory as well.

Despite regional differences in regard to animals, four legs and hair are the idealized attributes of an animal, and most people name a dog or cat.

For a motor vehicle, most people name a car or truck, except in the countries where the dominant motor vehicle is a motorbike.

Explanation: Even though there are countless birds we could name (penguin, chicken, dodo, etc.), we tend to think in terms of a "best example" of each category. The example will vary depending on our life experiences, but within a culture people will be fairly consistent in the category members they name. The best example of a category is a prototype. For most people in North America, a robin is a better example of a bird than a penguin, so it becomes the prototype for the category.

Abb. 2: The Prototype Model

Abbildungen zur Erkenntnistheorie in der Neurowissenschaft

Getrennt verarbeitete Aspekte

Wahrnehmungsinhalt

- Ort (V1)
- Kantenorientierung (V1/V2)
- Umrisse (V2/V4/IT)
- Farbe (V4)
- räumliche Tiefe (V2/V4/V5)
- Kontrast (V1)
- Bewegung (MT/MST)
- Relation zu anderen Objekten und zum eigenen Körper (7a)
- "Lehne" (IT)
- "Sitzfläche" (IT)
- "Beine" (IT)
- "Stuhl" (IT)

STUHL

Abb. 39: Integration der Wahrnehmung am Beispiel eines Stuhls. Links sind die unterschiedlichen corticalen Areale angegeben, die an der Verarbeitung der visuellen Details bzw. an der Identifizierung (Kategorisierung) der Teile des Gegenstandes und schließlich der Identifizierung des ganzen Gegenstandes als Stuhl beteiligt sind.

Abb. 3: Wahrnehmung eines Stuhls

Anhang

II. Materialismus, Empirismus und Konstruktivismus in der Philosophiegeschichte

Sextus Empiricus:

»Unter ›erscheinenden Dingen‹ (φαινόμενα) verstehen wir hier die Sinnesgegenstände (αἰσθητά), weshalb wir ihnen die geistigen (νοητά) gegenüberstellen.« (Sextus Empiricus, Grundriss der pyrrhonischen Skepsis, hrsg., übers. u. eingel. v. Malte Hossenfelder, Frankfurt a. M. 1968, I, 9; Griechischer Text in: Sextus Empiricus, Outlines of Pyrrhonism, übers. v. Robert Bury, Cambridge 1933)

»Wir sagen nun, das Kriterium der skeptischen Schule sei das Erscheinende (φαινόμενον), wobei wir dem Sinne nach eine Vorstellung (φαντασίαν) so nennen; denn da sie in einem Erleiden und einem unwillkürlichen Erlebnis liegt, ist sie fraglos. Deshalb wird niemand vielleicht zweifeln, ob der zugrundeliegende Gegenstand so oder so erscheint. Ob er dagegen so ist, wie er erscheint, wird infrage gestellt.« (Ebd., I, 22)

»[U]nsere Augen enthalten sowohl Membranen als auch Flüssigkeiten. Da wir nun die sichtbaren Gegenstände nicht ohne diese anschauen, werden wir sie nicht mit Genauigkeit erkennen.« (Ebd., I, 126)

»Jedoch auch der Verstand nimmt es nicht wahr, vor allem weil seine Führer, die Sinne, irren (σφάλλονται). Aber vielleicht vollzieht er auch von sich aus eine eigene Beimischung zu dem, was ihm von den Sinnen zugetragen wird. Denn an jedem der Orte, an denen die Dogmatiker das Zentralorgan lokalisieren, finden wir bestimmte Säfte vor, sei es im Gehirn, im Herzen oder in welchen Teil des Lebewesens man es immer verlegen will.« (Ebd., I, 128)

»Wir halten uns also an die Erscheinungen und leben undogmatisch nach der alltäglichen Lebenserfahrung, da wir gänzlich untätig nicht sein können. Diese alltägliche Lebenserfahrung scheint vierteilig zu sein und teils aus Vorzeichnung der Natur, teils aus Erlebniszwang, teils aus Überlieferung von Gesetzen und Sitten, teils aus Unterweisung in Techniken zu bestehen.« (Ebd., I, 23)

Materialismus, Empirismus und Konstruktivismus in der Philosophiegeschichte

Lukrez:

»Jetzt wohlan vernimm die Worte, gefunden in meiner/ süßen Arbeit, damit du nicht wähnst, dies Weiße bestünde/ auch aus weißen Atomen, was schimmernd du erblickst vor Augen,/ oder es sei, was dunkelt, aus schwarzen Körpern geboren;/ noch du glaubst, was getränkt ist mit andrer beliebiger Farbe,/ daß es sie darum trage, dieweil des Urstoffes Körper/ diesem seien gefärbt mit gleich aussehender Farbe;/ nämlich: es ist überhaupt keine Farbe gegeben des Stoffes/ Körpern, weder den Dingen gleich noch endlich auch ungleich *(nullus enim color est omnio materiai/ corporibus, neque par rebus neque denique dispar).*« (Lukrez, De rerum natura, Lat.-Dt., hrsg. u. übers. v. Karl Büchner, Stuttgart 1973, II, 730–738)

»[...] so muß also dir auch Erkenntnis der Dinge notwendig/ falsch und verkehrt sein, wofern sie von falschen Sinnen sich leitet.« (Ebd., IV, 520–521)

»Nicht nur Vernunft doch käme zum Einsturz, das Leben auch selber/ bräche zusammen sogleich, wenn den Sinnen zu traun du nicht wagtest/ und zu meiden den steilen Grat und das übrige, das man/ in dieser Art muß fliehn, zu befolgen, was diesem entgegen.« (Ebd., IV, 507–510)

»Und so sank die Macht an schlimmste Hefe und Masse,/ dadurch daß jeder für sich die Herrschaft und Führung erstrebte./ Drauf hat man teilweis gelehrt, sich Vorgesetzte zu schaffen/ und das Recht zu setzen, daß üben Gesetze man wollte./ Denn der Menschen Geschlecht, nach Faustrecht zu leben, war an Feindschaften krank; um so mehr ist es selber gefallen/ freiwillig unter Gesetze von sich aus und schränkende Rechte *(sponte sua cecidit sub leges artaque iura).* (Ebd., V, 1141–1147)

Montaigne:

»*Or, notre état accommodant les choses à soi et les transformant selon soi, nous ne savons plus quelles sont les choses en vérité; car rien ne vient à nous que falsifié et altéré par nos sens.*« (Michel de Montaigne, Oeuvres Complètes, hrsg. v. Robert Barral u. Pierre Michel, eingel. v. André Maurois, Paris 1967, II, 12, S. 250)

Anhang

»*Quelles differences de sens et de raison, quelle contrariété d'imaginations nous présente la diversité de nos passions! Quelle assurance pouvons-nous donc prendre de chose si instable et si mobile, sujette par sa condition à la maîtrise du trouble, n'allant jamais qu'un pas forcé et emprunté? Si notre jugement est en main à la maladie meme et à la perturbation; si c'est de la folie et de la témérité qu'il est tenu de recevoir l'impression des choses, quelle sûreté pouvons-nous attendre de lui?*« (Ebd., II, 12, S. 236)

»*Maintes fois (comme il m'advient de faire volontiers) ayant pris pour exercise et pour ébat à maintenir une contraire opinion à la mienne, mon esprit, s'appliquant et tournant de ce côté-là, m'y attache si bien que je ne trouve plus la raison de mon premier avis, et m'en dépars. Je m'entraîne quasi où je penche, comment que ce soit, et m'emporte de mon poids.*« (Ebd., II, 12, S. 235 f.)

Bacon:

»[A]lle Wahrnehmungen der Sinne wie des Geistes geschehen nach dem Maß der Natur des Menschen, nicht nach dem des Universums. Der menschliche Verstand gleicht ja einem Spiegel, der die strahlenden Dinge nicht aus ebener Fläche zurückwirft, sondern seine Natur mit der der Dinge vermischt, sie entstellt und schändet *(Estque intellectus humanus instar speculi inaequlis ad radios rerum, qui suam naturam naturae rerum immiscet, eamque distorquet et inficit).*« (Francis Bacon, Neues Organon, Lat.-Dt., hrsg. u. eingel. v. Wolfgang Krohn, übers. v. Rudolf Hoffmann, Hamburg 1990, I, 41, S. 101)

»Die Begriffe der untersten Arten wie Mensch, Hund, Taube und die der unmittelbaren Sinneswahrnehmung wie warm und kalt, schwarz und weiß täuschen nicht sehr; dennoch werden auch sie durch die stetige Bewegung der Materie und durch die Vermischung der Dinge zuweilen verworren *(confunduntur);* alle übrigen […] sind Abirrungen *(reliquae omnes ... aberrationes sunt)* und nicht in der nötigen Weise von den Dingen abstrahiert und errichtet worden.« (Ebd., I, 16, S. 87)

»In der Natur nämlich existiert nichts wahrhaft außer den einzelnen Körpern mit ihrer besonderen reinen, gesetzmäßigen Wirksamkeit; in den Wissenschaften ist eben dieses Gesetz, seine Erforschung, Auffindung und Erklärung die Grundlage des Wissens wie des Wirkens.« (Ebd., II, 2, S. 281)

Hume:

»*But here it may be proper to remark, that though our conclusions from experience carry us beyond our memory and senses, and assure us of matters of fact which happened in the most distant places and most remote ages, yet some fact must always be present to the senses or memory, from which we may first proceed in drawing these conclusions.*« (David Hume, An Enquiry Concerning Human Understanding, in: Ders., Enquiries Concerning the Human Understanding and Concerning the Principles of Morals, hrsg. u. eingel. v. Lewis A. Selby-Bigge, Oxford 1902², S. 5–165, S. 45)

»*In a word, if we proceed not upon some fact, present to memory or senses, our reasonings would be merely hypothetical; and however the particular links might be connected with each other, the whole chain of inferences would have nothing to support it, nor could we ever, by its means, arrive at the knowledge of any real existence.*« (Ebd., S. 46)

»*We can, in our conception, join the head of a man to the body of a horse; but it is not in our power to believe that such an animal has ever really existed. It follows, therefore, that the difference between fiction and belief lies in some sentiment or feeling, which is annexed to the latter, not to the former, and which depends not on the will, nor can be commanded at pleasure. It must be excited by nature, like all other sentiments [...].*« (Ebd., S. 48)

»*The imagination of man is naturally sublime, delighted with whatever is remote and extraordinary, and running, without control, into the most distant parts of space and time in order to avoid the objects, which custom has rendered too familiar to it. A correct Judgement observes a contrary method, and avoiding all distant and high enquiries, confines itself to common life, and to such objects as fall under daily practice and experience; leaving the more sublime topics to the embellishment of poets and orators, or to the arts of priests and politicians.*« (Ebd., S. 162)

»[The philosopher and the physician] know that a human body is a mighty complicated machine: That many secret powers lurk in it, which are altogether beyond our comprehension: That to us it must often appear very uncertain in its operations: And that therefore the irregular events, which outwardly discover themselves, can be no proof that the laws of nature are not observed with the greatest regularity in its internal operations and government.« (Ebd., S. 87)

»The prevalence of the doctrine of liberty may be accounted for, from another cause, viz. a false sensation or seeming experience which we have, or may have, of liberty or indifference, in many of our actions.« (Ebd., S. 94)

Kant:

»[W]as die Dinge an sich sein mögen, weiß ich nicht, und ich brauche es auch nicht zu wissen, weil mir doch niemals ein Ding anders, als in der Erscheinung vorkommen kann.« (Immanuel Kant, Kritik der reinen Vernunft, in: Ders., Kants Werke, Bd. 3, hrsg. v. der Königlich preußischen Akademie der Wissenschaften, Berlin 1911, B 332 f.)

»Denn alle Kategorien, durch welche ich mir einen Begriff von einem solchen Gegenstande zu machen versuche, sind von gar keinem anderen als empirischen Gebrauche und haben gar keinen Sinn, wenn sie nicht auf Objekte möglicher Erfahrung, d.i. auf die Sinnenwelt, angewandt werden.« (Ebd., B 724)

»Unsre Natur bringt es so mit sich, daß die A n s c h a u u n g niemals anders als s i n n l i c h sein kann, d.i. nur die Art enthält, wie wir von den Gegenständen afficiert werden. Dagegen ist das Vermögen, den Gegenstand sinnlicher Anschauung zu d e n k e n , der V e r s t a n d .« (Ebd., B 75)

»Wenn ich weit von mir auf einer Wiese einen Menschen zu sehen mir bewußt bin, ob ich gleich seine Augen, Nase, Mund u.s.w. zu sehen mir nicht bewußt bin, so s c h l i e ß e ich eigentlich nur, daß dies Ding ein Mensch sei; denn wollte ich darum, weil ich mir nicht bewußt bin, diese Theile des Kopfs (und so auch die übrigen Theile des Menschen) wahrzunehmen, die Vorstellung derselben in meiner Anschauung gar nicht zu haben behaupten, so würde ich auch nicht sagen können, daß ich einen Menschen sehe; denn aus diesen Theilvorstellungen ist die ganze (des Kopfs oder des Menschen) zusammengesetzt.« (Immanuel Kant, Anthropologie in pragmatischer Hinsicht, in: Ders., Kants Werke, Bd. 7, hrsg. v. der Königlich preußischen Akademie der Wissenschaften, Berlin 1917, BA 16)

»Daß das Feld unserer Sinnenanschauungen und Empfindungen, deren wir uns nicht bewußt sind, ob wir gleich unbezweifelt schließen können, daß wir sie haben [...]; daß gleichsam auf der großen K a r t e unseres Gemüts nur wenig Stellen i l l u m i n i e r t sind, kann uns Bewunderung über unser eigenes Wesen einflößen: denn eine höhere Macht dürfte nur rufen: es werde Licht! so würde auch ohne Zutun des Mindesten [...] gleichsam eine halbe Welt ihm vor Augen liegen. Alles, was das bewaffnete Auge durchs Teleskop (etwa am Monde) oder durchs Mikroskop (an Infusionstierchen) entdecket, wird durch unsere bloßen Augen gesehen; denn diese optischen Mittel bringen ja nicht mehr Lichtstrahlen und dadurch erzeugte Bilder ins Auge, als auch ohne jene künstliche Werkzeuge sich auf der Netzhaut gemalt haben würden, sondern breiten sie nur mehr aus, um uns ihrer bewußt zu werden.« (Ebd., BA 17)

Will man also einem Wesen, dessen Dasein in der Zeit bestimmt ist, Freiheit beilegen: so kann man es [...] vom Gesetze der Naturnotwendigkeit aller Begebenheiten seiner Existenz, mithin auch seiner Handlungen, nicht ausnehmen [...]. (Immanuel Kant, Kritik der praktischen Vernunft, in: Ders., Kants Werke, Bd. 5, hrsg. v. der Königlich preußischen Akademie der Wissenschaften, Berlin 1913, A 170)

»Der Friedenszustand unter Menschen, die neben einander leben, ist kein Naturstand *(status naturalis)*, der vielmehr ein Zustand des Krieges ist, d. i. wenn gleich nicht immer ein Ausbruch der Feindseligkeiten, doch immerwährende Bedrohung mit denselben. Er muß also g e s t i f t e t werden [...].« (Immanuel Kant, Zum ewigen Frieden. Ein philosophischer Entwurf, in: Ders., Kants Werke, Bd. 8, hrsg. v. der Königlich preußischen Akademie der Wissenschaften, Berlin 1923, BA 18)

Anhang

Schopenhauer:

»Ding an sich bedeutet das unabhängig von unserer Wahrnehmung Vorhandene, also das eigentlich Seiende.« (Arthur Schopenhauer, Parerga und Paralipomena II, in: Ders., Werke in fünf Bänden, Bd. 5, hrsg. v. Ludger Lütkehaus, Zürich 1988, Kap. 4, § 61, S. 87)

»Ursach und Wirkung ist also das ganze Wesen der Materie: ihr Seyn ist ihr Wirken.« (Arthur Schopenhauer, Die Welt als Wille und Vorstellung I, in: Ders., Werke in fünf Bänden, Bd. 1, hrsg. v. Ludger Lütkehaus, Zürich 1988, I, § 4, S. 38)

»Weil jegliches Wesen in der Natur zugleich *Erscheinung* und *Ding an sich* [...] ist; so ist es demgemäß einer zwiefachen Erklärung fähig, einer *physischen* und einer *metaphysischen*. Die physische ist allemal aus der Ursache; die metaphysische allemal aus dem *Willen:* denn dieser ist es, der in der erkenntnißlosen Natur sich darstellt als *Naturkraft,* höher hinauf als *Lebenskraft,* in Thier und Mensch aber den Namen *Willen* erhält. Streng genommen, wäre demnach, an einem gegebenen Menschen, der Grad und die Richtung seiner Intelligenz und die moralische Beschaffenheit seines Charakters möglicherweise auch rein *physisch* abzuleiten, nämlich erstere aus der Beschaffenheit seines Gehirns und Nervensystems [...]; letztere aus der Beschaffenheit und Zusammenwirkung seines Herzens, Gefäßsystems, [...] Genitalia u. s. w., wozu aber freilich eine noch viel genauere Kenntniß der Gesetze, welche den *rapport du physique au moral* regeln, [...] erforderlich wäre. Sodann ließe sich Beides noch auf die entferntere physische Ursache, nämlich die Beschaffenheit seiner Eltern, zurückführen [...].« (Arthur Schopenhauer, Parerga und Paralipomena II, in: Ders., Werke in fünf Bänden, Bd. 5, hrsg. v. Ludger Lütkehaus, Zürich 1988, Kap. 4, § 63, S. 88 f.)

»Ueber die gesetzmäßige Nothwendigkeit aber, vermöge deren, von entgegengesetzten Wünschen, der eine und nicht der andere zum Willensakt und That wird, kann eben deshalb das Selbstbewußtseyn nichts enthalten, da es das Resultat so ganz *a posteriori* erfährt, nicht aber *a priori* weiß.« (Arthur Schopenhauer, Preisschrift über die Freiheit des menschlichen Willens, in: Ders., Werke in fünf Bänden, Bd. 5, hrsg. v. Ludger Lütkehaus, Zürich 1988, II, S. 375)

»Wie das Wasser jenes Alles nur dann kann, wann die bestimmenden Ursachen zum Einen oder zum Andern eintreten; ebenso kann jener

Mensch was er zu können wähnt, nicht anders, als unter der selben Bedingung. Bis die Ursachen eintreten, ist es ihm unmöglich: dann aber *muss* er es, so gut wie das Wasser, sobald es in die entsprechenden Umstände versetzt ist.« (Ebd., III, S. 400 f.)

»Der Staat, dieses Meisterstück des sich selbst verstehenden, vernünftigen, aufsummirten Egoismus Aller, hat den Schutz der Rechte eines Jeden in die Hände einer Gewalt gegeben, welche, der Macht des Einzelnen unendlich überlegen, ihn zwingt, die Rechte aller Andern zu achten. Da kann der gränzenlose Egoismus fast Aller, die Bosheit Vieler, die Grausamkeit Mancher sich nicht hervorthun: der Zwang hat Alle gebändigt. Die hieraus entspringende Täuschung ist so groß, daß, wenn wir in einzelnen Fällen, wo die Staatsgewalt nicht schützen kann [...] die unersättliche Habsucht, die niederträchtige Geldgier, die tief versteckte Falschheit, die tückische Bosheit des Menschen hervortreten sehen, wir oft zurückschrecken und ein Zetergeschrei erheben, vermeinend, ein noch nie gesehnes Monstrum sei uns aufgestoßen: allein ohne den Zwang der Gesetze und die Nothwendigkeit der bürgerlichen Ehre würden dergleichen Vorgänge an der Tagesordnung seyn.« (Arthur Schopenhauer, Preisschrift über die Grundlage der Moral, in: Ders., Werke in fünf Bänden, Bd. 3, hrsg. v. Ludger Lütkehaus, Zürich 1988, III, § 13, S. 550 f.)

Nietzsche:

»Wir glauben etwas von den Dingen selbst zu wissen, wenn wir von Bäumen, Farben, Schnee und Blumen reden, und besitzen doch nichts als Metaphern der Dinge, die den ursprünglichen Wesenheiten ganz und gar nicht entsprechen. Wie der Ton als Sandfigur, so nimmt sich das rätselhafte X des Dings an sich einmal als Nervenreiz, dann als Bild, endlich als Laut aus. Logisch geht es also jedenfalls nicht bei der Entstehung der Sprache zu, und das ganze Material, worin und womit später der Mensch der Wahrheit, der Forscher, der Philosoph arbeitet und baut, stammt, wenn nicht aus Wolkenkuckucksheim, so doch jedenfalls nicht aus dem Wesen der Dinge.« (Friedrich Nietzsche, Ueber Wahrheit und Lüge im aussermoralischen Sinne, in: Ders., Kritische Gesamtausgabe, Abt. III, Bd. 2, hrsg. v. Giorgio Colli u. Mazzino Montinari, Berlin/New York 1973, S. 373)

»Alles, was den Menschen gegen das Thier abhebt, hängt von dieser Fähigkeit ab, die anschaulichen Metaphern zu einem Schema zu verflüchtigen, also ein Bild in einen Begriff aufzulösen [...].« (Ebd., S. 375)

»Verschweigt die Natur ihm nicht das allermeiste, selbst über seinen Körper, um ihn, abseits von den Windungen der Gedärme, dem raschen Fluß der Blutströme, den verwickelten Fasererzitterungen, in ein stolzes gaukerisches Bewußtsein zu bannen und einzuschließen!« (Ebd., S. 371)

»Soweit das Individuum sich gegenüber andern Individuen erhalten will, benutzte es in einem natürlichen Zustande der Dinge den Intellekt zumeist nur zur Verstellung: weil aber der Mensch zugleich aus Noth und Langeweile gesellschaftlich und heerdenweise existiren will, braucht er einen Friedensschluss und trachtet darnach dass wenigstens das allergröbste bellum omnium contra omnes aus seiner Welt verschwinde.« (Ebd., S. 371)

»Beim Anblick eines Wasserfalles meinen wir in den zahllosen Biegungen, Schlängelungen, Brechungen der Wellen Freiheit des Willens und Belieben zu sehen; aber alles ist nothwendig, jede Bewegung mathematisch auszurechnen. So ist es auch bei den menschlichen Handlungen; man müsste jede einzelne Handlung vorher ausrechnen können, wenn man allwissend wäre, ebenso jeden Fortschritt in der Erkenntniss, jeden Irrthum, jede Bosheit. Der Handelnde selbst steckt freilich in der Illusion der Willkür [...]. Die Täuschung des Handelnden über sich, die Annahme des freien Willens, gehört mit hinein in diesen auszurechnenden Mechanismus.« (Friedrich Nietzsche, Menschliches, Allzumenschliches I, in: Ders., Kritische Gesamtausgabe, Abt. IV, Bd. 2, hrsg. v. Giorgio Colli u. Mazzino Montinari, Berlin 1967, 2, 106, S. 101)

III. Der Mensch als Differenz zu sich und Welt: Carolus Bovillus und Helmuth Pleßner

Carolus Bovillus:

»Nichts ist dem Menschen zu eigen oder eigentümlich *(Hominis nichil est peculiare aut proprium)*; aber alles, was anderem eigentümlich ist, hat er mit diesem gemeinsam. Was dem und dem und jenem und einem anderen und so allem einzelnen eigentümlich ist, das alles hat auch der Mensch.« (Übersetzung nach Stephan Otto (Hg.), Geschichte der Philosophie in Text und Darstellung, Bd. 3: Renaissance und frühe Neuzeit, Stuttgart 1984, S. 292. Lateinischer Text: Carolus Bovillus, Liber de sapiente, hrsg. v. Raymond Klibansky, Anhang II zu: Ernst Cassirer, Individuum und Kosmos in der Philosophie der Renaissance, Darmstadt 1963², Cap. XXIV)

»Von allen Dingen ist keines der Mensch. Außerhalb von allem hat ihn die Natur hervorgebracht und erschaffen *(Homo nichil est omnium et a Natura extra omnia factus et creatus est)*, damit er vielsichtig werde, ein Ausdruck aller Dinge und ihr natürlicher Spiegel, der getrennt und verschieden ist *(abiunctum et separatum)* von der Ordnung des Universums, allem fern, allem gegenüber aufgestellt als Mittelpunkt von allem. Des Spiegels Natur ist nämlich, demjenigen zugewandt und gegenübergestellt zu sein, dessen Nachbild er in sich tragen soll.« (Übersetzung: S. 295; Lateinischer Text: Cap. XXVI)

Abbildungen aus Carolus Bovillus, Liber de sapiente (Digitalisat der Universität Düsseldorf):

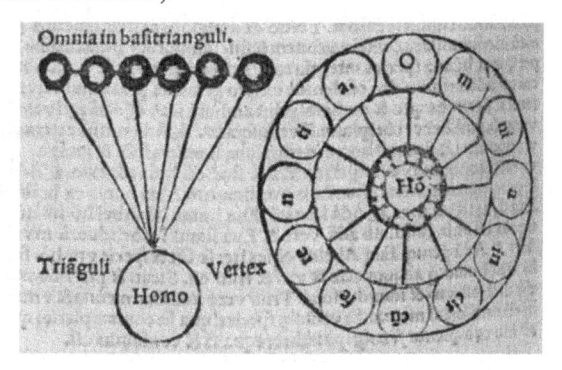

Abb. 4: Der Mensch als Differenz zu den Dingen

Anhang

Abb. 5: Der Mensch als Differenz zu sich selbst

Helmuth Pleßner:

»Insoweit das Tier selbst ist, geht es im Hier-Jetzt auf. Dies wird ihm nicht gegenständlich, hebt sich nicht von ihm ab, bleibt Zustand, vermittelndes Hindurch konkret lebendigen Vollzugs. Das Tier lebt aus seiner Mitte heraus, in seine Mitte hinein, aber es lebt nicht als Mitte. Es erlebt Inhalte im Umfeld, Fremdes und Eigenes, es vermag auch über den eigenen Leib Herrschaft zu gewinnen, es bildet ein auf es selber rückbezügliches System, ein Sich, aber es erlebt nicht – sich.« (Helmuth Pleßner, Die Stufen des Organischen und der Mensch. Einleitung in die philosophische Anthropologie, Berlin/Leipzig 1928, S. 289)

»Die volle Reflexivität ist dem lebendigen Körper auf der tierischen Stufe verwehrt. Sein in ihm Gesetztsein, sein Leben aus der Mitte bildet zwar den Halt seiner Existenz, steht aber nicht in Beziehung zu ihm, ist ihm nicht gegeben. Hier ist also noch die Möglichkeit einer Realisierung offen. Die These lautet dahin, daß sie dem Menschen vorbehalten bleibt. Welche Bedingungen müssen erfüllt sein, damit einem lebendigen Ding das Zentrum seiner Positionalität, in dem es aufgehend lebt, kraft dessen es erlebt und wirkt, gegeben ist? Offenbar als Grundbedingung die, daß das Zentrum der Positionalität, auf dessen Distanz zum eigenen Leib die Möglichkeit aller Gegebenheit ruht, zu sich selbst Distanz hat.« (Ebd., S. 289)

»Der Mensch als das lebendige Ding, das in die Mitte seiner Existenz gestellt ist, weiß diese Mitte, erlebt sie und ist darum über sie hinaus. […] Ist das Leben des Tieres zentrisch, so ist das Leben des Menschen, ohne die Zentrierung durchbrechen zu können, zugleich aus ihr heraus, exzentrisch.« (Ebd., S. 291 f.)

Quellenverzeichnis

Literatur

Adorno, Theodor W., Ontologie und Dialektik. Nachgelassene Schriften, Abteilung IV: Vorlesungen, Bd. 7, hrsg. v. Rolf Tiedemann, Frankfurt a. M. 2002.
Albert, Karl, Griechische Religion und platonische Philosophie, Hamburg 1980.
Alt, Karin, Diesseits und Jenseits in Platons Mythen von der Seele (Teil I), in: Hermes 110 (1982), S. 278–299.
Annas, Julia, Plato's Myths of Judgement, in: Phronesis 27 (1982), S. 119–143.

Bacon, Francis, Neues Organon, Lat.-Dt., hrsg. u. eingel. v. Wolfgang Krohn, übers. v. Rudolf Hoffmann, Hamburg 1990.
Barrow, John D., Warum die Welt mathematisch ist, übers. v. Herbert Mehrtens, Frankfurt a. M. 1993.
Beierwaltes, Werner, Denken des Einen. Studien zur neuplatonischen Philosophie und ihrer Wirkungsgeschichte, Frankfurt a. M. 1985.
Boghossian, Paul, Angst vor der Wahrheit. Ein Plädoyer gegen Relativismus und Konstruktivismus, übers. v. Jens Rometsch, Berlin 2013.
Böhme, Gernot, Das Eine, das Gute: ein Prinzip der Philosophie?, in: Gregor Schiemann/Dieter Mersch/Gernot Böhme (Hgg.), Platon im nachmetaphysischen Zeitalter, Darmstadt 2006, S. 99–109.
–, Platons theoretische Philosophie, Stuttgart/Weimar 2000.
Brandt, Reinhard, Ick bün all da. Ein neuronales Erregungsmuster, in: Christian Geyer (Hg.), Hirnforschung und Willensfreiheit. Zur Deutung der neuesten Experimente, Frankfurt a. M. 2004, S. 171–176.
Brecht, Bertolt: Die Dreigroschenoper. In: Ders.: Gesammelte Werke, Bd. 2, Stücke 2, Frankfurt a. M. 1967.
Bormann, Karl, Platon, Freiburg/München 1973.
Breidbach, Olaf, Die Materialisierung des Ichs. Zur Geschichte der Hirnforschung im 19. und 20. Jahrhundert, Frankfurt a. M. 1997.
Bröcker, Walter, Platons ontologischer Komparativ, in: Hermes 87 (1959), S. 415–425.
–, Plato über das Gute, in: Jürgen Wippern (Hg.), Das Problem der ungeschriebenen Lehre Platons. Beiträge zum Verständnis der platonischen Prinzipienphilosophie, Darmstadt 1972, S. 217–239.
Buchheim, Thomas, Die Grundlagen der Freiheit. Eine Einführung in das ›Leib-Seele-Problem‹, in: Philosophisches Jahrbuch 111 (2004), S. 1–16.

Burkard, Franz-Peter, Visualisierung in der Philosophie, in: Eric Hilgendorf (Hg.), Beiträge zur Rechtsvisualisierung, Berlin 2005, S. 19–50.
Burnyeat, Myles F., Is an Aristotelian Philosophy of Mind Still Credible?. A Draft, in: Martha C. Nussbaum/Amélie Oksenberg Rorty (Hgg.), Essays on Aristotle's De anima, New York 1992, S. 15–26.

Canto-Sperber, Monique/Luc Brisson, Zur sozialen Gliederung der Polis, in: Ottfried Höffe (Hg.), Platon, Politeia, Berlin 1997, S. 95–117. (= Klassiker auslegen, Bd. 7)
Carolus Bovillus, Liber de sapiente, hrsg. v. Raymond Klibansky, Anhang II zu: Ernst Cassirer, Individuum und Kosmos in der Philosophie der Renaissance, Darmstadt 1963².
Churchland, Paul M., Matter and Consciousness. A Contemporary Introduction to the Philosophy of Mind, Cambridge 1984.
–, Eliminative Materialism and the Propositional Attitudes, in: The Journal of Philosophy 78/2 (1981), S. 67–90.
Committee on Opportunities in Neuroscience for Future Army Applications/ Board on Army Science and Technology/Division on Engineering and Physical Sciences/National Research Council of the National Academies (Hgg.), Opportunities in Neuroscience for Future Army Applications, Washington 2009.
Cruse, Holk, Ich bin mein Gehirn. Nichts spricht gegen den materialistischen Monismus, in: Christian Geyer (Hg.), Hirnforschung und Willensfreiheit. Zur Deutung der neuesten Experimente, Frankfurt a. M. 2004, S. 223–228.
–/Jeffrey Dean/Helge Ritter, die Entdeckung der Intelligenz oder Können Ameisen denken?. Intelligenz bei Tieren und Maschinen, München 1998.
Cürsgen, Dirk, Der Mythos des Er. Anmerkungen zur ethischen Funktion des Mythischen in der Philosophie Platons, in: Markus Janka/Christian Schäfer (Hgg.), Platon als Mythologe. Interpretationen zu den Mythen in Platons Dialogen, Darmstadt 2014², S. 373–397.
–, Die Rationalität des Mythischen. Der philosophische Mythos bei Platon und seine Exegese im Neuplatonismus, Berlin/New York 2002. (= Quellen und Studien zur Philosophie, Bd. 55)
Cvetković, Vladimir, The mystical experience of the idea of the Good in Plato, in: Damir Barbaric (Hg.), Platon über das Gute und die Gerechtigkeit, Würzburg 2005, S. 175–181.

Dalfen, Joachim, Wie, von wem und warum wollte Platon gelesen werden?. Eine Nachlese zu Platons Philosophiebegriff, in: Grazer Beiträge 22 (1988), S. 29–79.
–, Gedanken zur Lektüre platonischer Dialoge, in: Zeitschrift für philosophische Forschung 29 (1975), S. 169–194.
Damasio, Antonio R., Descartes' Irrtum. Fühlen, Denken und das menschliche Gehirn, übers. v. Hainer Kober, Berlin 2004⁵. (Englische Originalausgabe: Antonio Damasio, Descartes' Error. Emotion, Reason, and the Human Brain, New York 1994)

–, Ich fühle, also bin ich. Die Entschlüsselung des Bewusstseins, übers. v. Hainer Kober, München 2000.
Demmerling, Christoph, Welcher Naturalismus?. Von der Naturwissenschaft zum Pragmatismus, in: Peter Janich (Hg.), Naturalismus und Menschenbild, Hamburg 2008, S. 240–256. (= Deutsches Jahrbuch Philosophie, Bd. 1)
Dennett, Daniel C., COG: Schritte in Richtung auf Bewußtsein in Robotern, übers. v. Christine Gross, in: Thomas Metzinger (Hg.), Bewußtsein. Beiträge aus der Gegenwartsphilosophie, Paderborn/München/Wien 1995, S. 691–712.
Diogenes Laertius, Leben und Meinungen berühmter Philosophen, hrsg. v. Klaus Reich und Günter Zekl, übers. v. Otto Apelt, Hamburg 1990³.
Döring, Klaus, Zur Biographie Platons, in: Christoph Horn/Jörn Müller/Joachim Müller (Hgg.), Platon-Handbuch. Leben – Werk – Wirkung, Stuttgart 2009, S. 1–17.
Döring, Sabine, Können Gefühle Gründe sein? Emotion und rationale Motivation, in: Erich Ammereller/Wilhelm Vossenkuhl (Hgg.), Rationale Motivation, Paderborn 2005, S. 184–206.
Duncker, Hans-Rainer, Vorstellungen zu einer aktuellen Anthropologie aus biologisch-medizinischer Sicht, in: Ders. (Hg.), Beiträge zu einer aktuellen Anthropologie. Zum 100jährigen Jubiläum der Gründung der Wissenschaftlichen Gesellschaft im Jahre 1906 in Strassburg, Stuttgart 2006, S. 11–127.

Eagleman, David, »Das Ich ist ein Märchen«, Interview m. Romain Leick, in: Der Spiegel 7 (2012), S. 110–114.
Eccles, John C., Wie das Selbst sein Gehirn steuert, übers. v. Malte Heim, München 1994.
–, Die Evolution des Gehirns – die Erschaffung des Selbst, übers. v. Friedrich Griese, München 1989.
Erasmus von Rotterdam, Vom freien Willen, übers. v. Otto Schumacher, Göttingen 1979⁴.
Erler, Michael, Die Rahmenhandlung des Dialoges, in: Jörn Müller (Hg.), Platon, Phaidon, Berlin 2011, S. 19–32. (= Klassiker auslegen, Bd. 44)
–, Platon, München 2006.
–, Argumente, die die Seele erreichen. Der *Axiochos* und ein antiker Streit über den Zweck philosophischer Argumente, in: Klaus Döring/Michael Erler/Stefan Schorn (Hgg.), Pseudoplatonica. Akten des Kongresses zu den Pseudoplatonica vom 6.–9. Juli 2003 in Bamberg, Stuttgart 2005, S. 81–95.
–, Der Sinn der Aporien in den Dialogen Platons. Übungsstücke zur Anleitung im philosophischen Denken, Berlin/New York 1987.

Falkenburg, Brigitte, Was heißt es, determiniert zu sein?. Grenzen der naturwissenschaftlichen Erklärung, in: Dieter Sturma (Hg.), Philosophie und Neurowissenschaften, Frankfurt a. M. 2006, S. 43–74.
Ferber, Rafael, Warum hat Platon die ›ungeschriebene Lehre‹ nicht geschrieben?, München 2007.
–, Ist die Idee des Guten nicht transzendent oder ist sie es doch?. Nochmals Platons *epekeina tes ousias*, in: Damir Barbaric (Hg.), Platons über das Gute und die Gerechtigkeit, Würzburg 2005, S. 149–174.

–, Platos Idee des Guten, Sankt Augustin 1984.
Ferrari, Franco, Der entmythologisierte Demiurg, in: Dietmar Koch/Irmgard Männlein-Robert/Niels Weidtmann (Hgg.), Platon und das Göttliche. Antike-Studien, Bd. 1, Tübingen 2010, S. 62–81.
Ferraris, Maurizio, Manifest des neuen Realismus, übers. v. Malte Osterloh, Frankfurt a. M. 2014.
Figal, Günter, Sokrates, München 1998². (= Beck'sche Reihe 530: Denker)
Frede, Dorothea, Platons Dialoge als Hypomnemata. Zur Methode der Platondeutung, in: Gregor Schiemann/Dieter Mersch/Gernot Böhme (Hgg.), Platon im nachmetaphysischen Zeitalter, Darmstadt 2006, S. 41–58.
–, Dialektik in Platons Spätdialogen, in: Marcel van Ackeren (Hg.), Platon verstehen, Themen und Perspektiven, Darmstadt 2004, S. 147–167.
–, Platons ›Phaidon‹. Der Traum von der Unsterblichkeit der Seele, Darmstadt 1999.
Freud, Sigmund, Das Unbehagen in der Kultur, in: Ders., Gesammelte Werke, Bd. 14, hrsg. v. Anna Freud et al., unter Mitw. v. Marie Bonaparte, Prinzessin Georg v. Griechenland, Frankfurt a. M. 1963³.
Frith, Chris, Wie unser Gehirn die Welt erschafft, übers. v. Monika Niehaus, Heidelberg 2010.
Fuchs, Thomas, Das Gehirn – ein Beziehungsorgan. Eine phänomenologisch-ökologische Konzeption, Stuttgart 2008.

Gabriel, Markus, Warum es die Welt nicht gibt, Berlin 2013.
–, Antike und moderne Skepsis zur Einführung, Hamburg 2008.
Gaiser, Konrad, Platons ungeschriebene Lehre. Studien zur systematischen und geschichtlichen Begründung der Wissenschaften in der Platonischen Schule, Stuttgart 1963.
Gardner, Howard, Dem Denken auf der Spur. Der Weg der Kognitionswissenschaft, übers. v. Ebba D. Drolshagen, Stuttgart 1989.
Gazzaniga, Michael S., Die Ich-Illusion. Wie Bewusstsein und freier Wille entstehen, übers. v. Dagmar Mallett, München 2012.
–, »Wir sind nur Maschinen«, Interview m. Philip Bethge u. Gerald Traufetter, in: Der Spiegel 50 (2011), S. 149–152.
–/Todd F. Heatherton/Diane F. Halpern, Psychological Science, New York 2010³.
–/Richard B. Ivry/George R. Mangun, Cognitive Neuroscience. The Biology of the Mind, New York 2002².
–, Das erkennende Gehirn. Entdeckungen in den Netzwerken des Geistes, übers. v. Theo Kierdorf, Paderborn 1989. (= Innovative Psychotherapie und Humanwissenschaften, Bd. 39)
–/Joseph LeDoux, Neuropsychologische Integration kognitiver Prozesse, übers. v. Gerhard Niebergall, Stuttgart 1983. (= Klinische Psychologie und Psychopathologie, Bd. 26)
Gerhardt, Volker, Selbstbestimmung. Das Prinzip der Individualität, Stuttgart 1999.
Gerson, Lloyd P., The Recollection Argument Revisited, in: Jörn Müller (Hg.), Platon, Phaidon, Berlin 2011, S. 63–74. (= Klassiker auslegen 44)

Gethmann, Carl Friedrich, Die Erfahrungen der Handlungsurheberschaft und die Erkenntnisse der Neurowissenschaften, in: Dieter Sturma (Hg.), Philosophie und Neurowissenschaften, Frankfurt a. M. 2006, S. 215–239.
Glasersfeld, Ernst von, Farewell to Objectivity, in: Systems Research 13/3 (1996), S. 279–286.
–, Siegener Gespräche über Radikalen Konstruktivismus, in: Siegfried J. Schmidt (Hg.), Der Diskurs des Radikalen Konstruktivismus, Frankfurt a. M. 1987, S. 401–440.
Gloy, Karen, Platon – Vordenker der Postmoderne. Erkenntnistheoretische Fundierung der Ethik, in: Damir Barbaric (Hg.), Platon über das Gute und die Gerechtigkeit, Würzburg 2005, S. 247–270.
–, Studien zur platonischen Naturphilosophie im Timaios, Würzburg 1986.
Gollasch, Tim, Götter im Menschen. Zur Konzeption der Sokrates-Figur in Platons *Phaidon*, in: Perspektiven der Philosophie 41 (2015), S. 63–87.
–, Das Kind im Manne. Platons Bewertung der Leiblichkeit im Hinblick auf die Entwicklung der Seele, in: Perspektiven der Philosophie 39 (2013), S. 131–154.
–, Die pyrrhonische Skepsis als unterschätzte Grundlage philosophischer Theoriebildung, in: Perspektiven der Philosophie 38 (2012), S. 153–185.
–, »Adieu Welt«?. Die vermeintliche Abkehr vom Diesseits in der Barocklyrik, in: Perspektiven der Philosophie 37 (2011), S. 311–340.
–, Wahlfreiheit bei Platon. Zum Verständnis von Mythos, Freiheit und Erkenntnis am Beispiel des Loswahlmythos der Politeia, in: Perspektiven der Philosophie 36 (2010), S. 363–388.
Greenblatt, Stephen, Die Wende. Wie die Renaissance begann, übers. v. Klaus Binder, München 2011.
Guardini, Romano, Der Tod des Sokrates. Eine Interpretation der platonischen Schriften Euthyphron, Apologie, Kriton und Phaidon, Mainz/Paderborn 1987[5].
Gutmann, Wolfgang/Klaus Bonik, Kritische Evolutionstheorie. Ein Beitrag zur Überwindung altdarwinistischer Dogmen, Hildesheim 1981.

Halfwassen, Jens, Platons Metaphysik des Einen, in: Marcel van Ackeren (Hg.), Platon verstehen, Darmstadt 2004, S. 263–278.
–, Der Ursprung der Geistmetaphysik. Die wiederentdeckte Einheit des antiken Platonismus, in: Thomas A. Szlezák (Hg.), unter Mitw. v. Karl-Heinz Stanzel, Platonisches Philosophieren. Zehn Vorträge zu Ehren von Hans Joachim Krämer, Hildesheim/Zürich/New York 2001, S. 47–65. (= Spudasmata 82)
Harte, Verity, Plato's Metaphysics, in: Gail Fine (Hg.), The Oxford Handbook of Plato, Oxford 2008, S. 191–216.
Hartz, Peter, Vortrag zum Projekt Minipreneure, Pressekonferenz v. 17.03. 2010. Im Internet unter: http://www.minipreneure.de/weiterbildung/media/Rede_Start_minipreneure.pdf, Zugriff am 25.04.2014.
Heinemann, Torsten, Populäre Wissenschaft. Hirnforschung zwischen Labor und Talkshow, Göttingen 2012.
Heisenberg, Werner, Ordnung der Wirklichkeit, in: Ders., Gesammelte Werke, Bd. 1, hrsg. v. Walter Blum/Hans-Peter Dürr/Helmut Rechenberg, München/Zürich 1984, S. 217–306.

–, Platons Vorstellungen von den kleinsten Bauteilen der Materie und die Elementarteilchen der modernen Physik, in: Ders., Gesammelte Werke, Bd. 1, hrsg. v. Walter Blum/Hans-Peter Dürr/Helmut Rechenberg, München/Zürich 1984, S. 394–397.
–, Harmonie der Materie – Ein Gespräch mit Werner Heisenberg, in: Ders., Gesammelte Werke, Bd. 2, hrsg. v. Walter Blum/Hans-Peter Dürr/Helmut Rechenberg, München/Zürich 1984, S. 388–393.
–, Physik und Philosophie, in: Ders., Gesammelte Werke, Bd. 2, hrsg. v. Walter Blum/Hans-Peter Dürr/Helmut Rechenberg, München/Zürich 1984, S. 3–201.
Heitsch, Ernst, Beweishäufung in Platons Phaidon, in: Nachrichten der Akademie der Wissenschaften in Göttingen aus dem Jahre 2000, Philologisch-Historische Klasse, Göttingen 2000, S. 489–533.
Helmrich, Herbert, Wir können auch anders: Kritik der Libet-Experimente, in: Christian Geyer (Hg.), Hirnforschung und Willensfreiheit. Zur Deutung der neuesten Experimente, Frankfurt a. M. 2004, S. 92–97.
Hirsch, Walter, Platons Weg zum Mythos, Berlin/New York 1971.
Homer, Odyssee, in: Ders., Illias, Odyssee, übers. v. Johann Heinrich Voß, Düsseldorf/Zürich 1996[4].
Horn, Christoph, Kritik der bisherigen Naturforschung und die Ideentheorie, in: Jörn Müller (Hg.), Platon, Phaidon, Berlin 2011, S. 127–142. (= Klassiker auslegen, Bd. 44)
–, *epistêmê-doxa*-Unterscheidung und die Ideentheorie, in: Otfried Höffe (Hg.), Platon. Politeia, Berlin 1997, S. 291–312. (= Klassiker auslegen, Bd. 7)
Hume, David, An Enquiry Concerning Human Understanding, in: Ders., Enquiries Concerning the Human Understanding and Concerning the Principles of Morals, hrsg. u. eingel. v. Lewis A. Selby-Bigge, Oxford 1902[2], S. 5–165.
Husserl, Edmund, Zur Phänomenologie des inneren Zeitbewusstseins, in: Ders., Gesammelte Werke, Bd. 10, hrsg. v. Rudolf Boehm, Den Haag 1966.
–, Die Konstitution der geistigen Welt, in: Ders., Gesammelte Werke, Bd. 4, hrsg. v. Marly Biemel, Den Haag 1952.
–, Cartesianische Meditationen. Eine Einleitung in die Phänomenologie, in: Ders., Gesammelte Werke, Bd. 1, hrsg. v. Stephan Strasser, Den Haag 1950.
–, Die Pariser Vorträge, in: Ders., Gesammelte Werke, Bd. 1, hrsg. v. Stephan Strasser, Den Haag 1950.

Jaeger, Werner, Die platonische Philosophie als Paideia, in: Konrad Gaiser (Hg.), Das Platonbild. Zehn Beiträge zum Platonverständnis, Hildesheim 1969, S. 109–124. (= Olms Studien, Bd. 1)
Janich, Peter, Der Streit der Welt- und Menschenbilder in der Hirnforschung, in: Dieter Sturma (Hg.), Philosophie und Neurowissenschaften, Frankfurt a. M. 2006, S. 75–96.
–, Kultur und Methode. Philosophie in einer wissenschaftlich geprägten Welt, Frankfurt a. M. 2006.
Johansen, Thomas K., The *Timaeus* on the Principles of Cosmology, in: Gail Fine (Hg.), The Oxford Handbook of Plato, Oxford 2008, S. 463–483.

Kaiser, Gerhard, Warum noch debattieren?. Determinismus als Diskurskiller, in: Christian Geyer (Hg.), Hirnforschung und Willensfreiheit. Zur Deutung der neuesten Experimente, Frankfurt a. M. 2004, 261–267.
Kandel, Eric R., Psychiatrie, Psychoanalyse und die neue Biologie des Geistes, übers. v. Michael Bischoff u. Jürgen Schröder, Frankfurt a. M. 2006.
Kant, Immanuel, Zum ewigen Frieden. Ein philosophischer Entwurf, in: Ders., Kants Werke, Bd. 8, hrsg. v. der Königlich preußischen Akademie der Wissenschaften, Berlin/Leipzig 1923.
–, Anthropologie in pragmatischer Hinsicht, in: Ders., Kants Werke, Bd. 7, hrsg. v. der Königlich preußischen Akademie der Wissenschaften, Berlin 1917.
–, Kritik der praktischen Vernunft, in: Ders., Kants Werke, Bd. 5, hrsg. v. der Königlich preußischen Akademie der Wissenschaften, Berlin 1913.
–, Kritik der reinen Vernunft, in: Ders., Kants Werke, Bd. 3, hrsg. v. der Königlich preußischen Akademie der Wissenschaften, Berlin 1911.
Kaulbach, Friedrich, Einführung in die Metaphysik, Darmstadt 1991^5.
Kempermann, Gerd, Infektion des Geistes. Über philosophische Kategorienfehler, in: Christian Geyer (Hg.), Hirnforschung und Willensfreiheit. Zur Deutung der neuesten Experimente, Frankfurt a. M. 2004, S. 235–239.
Kersting, Wolfgang, Platons ›Staat‹, Darmstadt 1999.
Kloss, Gerrit, Sokrates, ein Hahn für Asklepios und die Pflege der Seelen. Ein neuer Blick auf den Schluß von Platons Phaidon, in: Gymnasium 108 (2001), S. 223–239.
Kniest, Christoph, Sokrates zur Einführung, Hamburg 2003.
Kobusch, Theo, Die Wiederkehr des Mythos. Zur Funktion des Mythos in Platons Denken und in der Philosophie der Gegenwart, in: Markus Janka/Christian Schäfer (Hgg.), Platon als Mythologe. Interpretationen zu den Mythen in Platons Dialogen, Darmstadt 2014^2, S. 47–60.
–, Nachwort zum Gorgias, in: Platon, Gorgias, hrsg. u. übers. v. Michael Erler, Stuttgart 2011.
Koch, Christof, Das Rätsel des Bewusstseins, in: Andreas Sentker/Frank Wigger (Hgg.), Rätsel Ich. Gehirn, Gefühl, Bewusstsein, Berlin 2007, S. 35–55.
–, Bewusstsein. Ein neurobiologisches Rätsel, übers. v. Monika Niehaus-Osterloh u. Jorunn Wissmann, München 2005.
Korte, Martin, »Wie das Lernen gelingt«, Interview m. Claus Peter Simon, in: Geo Wissen 44 (2009), S. 28–31.
Krämer, Hans, Die Idee des Guten. Sonnen- und Liniengleichnis, in: Otfried Höffe (Hg.), Platon, Politeia, Berlin 1997, S. 179–203. (= Klassiker auslegen, Bd. 7)
Krohs, Ulrich, Platons Dialektik im *Sophistes* vor dem Hintergrund des *Parmenides*, in: Zeitschrift für philosophische Forschung 52 (1998), S. 237–256.
Kühn, Ulrich, Das Liebesverhältnis zwischen Alkibiades und Sokrates. Der platonische Bericht, in: Perspektiven der Philosophie 37 (2011), S. 75–114.
Kühn, Wilfried, Welche Kritik an wessen Schriften?. Der Schluß von Platons Phaidros, nichtesoterisch interpretiert, in: Zeitschrift für philosophische Forschung, 52 (1998), S. 23–39.
Kunzmann, Peter/Franz-Peter Burkard/Franz Wiedmann (Hgg.), dtv-Atlas zur Philosophie. Tafeln und Texte, München 1991.

Kutschera, Franz von, Platons Philosophie, Bd. 2. Die mittleren Dialoge, Paderborn 2002.
–, Platons Philosophie, Bd. 3. Die späten Dialoge, Paderborn 2002.
Kutschera, Ulrich, Evolutionsbiologie, Stuttgart 2006².

Lakoff, George P., Women, Fire, and Dangerous Things. What Categories Reveal about the Mind, Chicago 1987.
LeDoux, Joseph, The Self. Clues from the Brain, in: Joseph LeDoux/Jacek Debiec/Henry Moss (Hgg.), The Self: From Soul to Brain, New York 2003, S. 295–304. (= Annals of The New York Academy of Sciences, Vol. 1001)
Lee, Kyung Jik, Platons Raumbegriff. Studien zur Metaphysik und Naturphilosophie im ›Timaios‹, Würzburg 2001.
Lembeck, Karl-Heinz, Philosophie als Zumutung. Ihre Rolle im Kanon der Wissenschaften, Würzburg 2010.
–, Seinsformen. Spielarten des Ontologiebegriffs in der Phänomenlogie Husserls, in: Hans Rainer Sepp (Hg.), Metamorphose der Phänomenologie, Dreizehn Stadien von Husserl aus, Freiburg/München 1999, S. 28–57.
Libet, Benjamin, Haben wir einen freien Willen?, übers. v. Jürgen Schröder, in: Christian Geyer (Hg.), Hirnforschung und Willensfreiheit. Zur Deutung der neuesten Experimente, Frankfurt a. M. 2004, S. 268–289.
Liessmann, Konrad Paul, Lob der Grenze. Kritik der politischen Unterscheidungskraft, Wien 2012.
Lukrez, De rerum natura, Lat.-Dt., hrsg. u. übers. v. Karl Büchner, Stuttgart 1973.

Manuwald, Bernd, ›Proleptische Argumentation‹ in Platons Politeia, in: Zeitschrift für philosophische Forschung 57 (2003), S. 350–372.
Margulies, Daniel S., The Salmon of Doubt. Six Months of Methodological Controversy within Social Neuroscience, in: Suparna Choudhury/Jan Slaby (Hg.), Critical Neuroscience. A Handbook of the Social and Cultural Contexts of Neuroscience, Chichester 2012, S. 273–285.
Marten, Rainer, Platons Theorie der Idee, München 1975.
Martens, Ekkehard, Platon, Stuttgart 2009.
–, Die Sache des Sokrates, Stuttgart 1992.
Mayr, Ernst, Das ist Biologie, Die Wissenschaft des Lebens, übers. v. Jorunn Wißmann, Heidelberg/Berlin 1998.
Mesch, Walter, Die Bildlichkeit der platonischen Kosmologie. Zum Verhältnis von Logos und Mythos im Timaios, in: Markus Janka/Christian Schäfer (Hgg.), Platon als Mythologe. Interpretationen zu den Mythen in Platons Dialogen, Darmstadt 2014², S. 303–322.
Montaigne, Michel de, Oeuvres Complètes, hrsg. v. Robert Barral u. Pierre Michel, eingel. v. André Maurois, Paris 1967.
Morkel, Arnd, Der politische Sokrates, Würzburg 2006.
Müller, Gerhard, Platonische Studien, Heidelberg 1986.
Müller, Jörn, Der Demiurg würfelt nicht. Die Erschaffung der Welt in Platons Timaios, in: Cornelius Mayer/Christof Müller/Guntram Förster (Hgg.), Augustinus – Schöpfung und Zeit. Beiträge der Würzburger Augustinus-Stu-

dientage «Natur und Kreatur» und «Was ist Zeit? – Die Antwort Augustins», Würzburg 2012, S. 17–45. (= Cassiciacum. Forschungen über Augustinus und den Augustinerorden, Bd. 39/9, RES ET SIGNA Augustinus-Studien 9)
–, Der Leib als Prinzip des schlechten Handelns?. Die Diskussion der ἀκρασία-Problematik bei Sokrates und Platon im Spiegel des Leib-Seele-Verhältnisses, in: Zeitschrift für philosophische Forschung 63 (2009), S. 285–312.

Natorp, Paul, Platos Ideenlehre, Eine Einführung in den Idealismus, Hamburg 1994.
Neuweiler, Gerhard: Und wir sind es doch – die Krone der Evolution. Berlin 2008.
Nietzsche, Friedrich, Ueber Wahrheit und Lüge im aussermoralischen Sinne, in: Ders.: Kritische Gesamtausgabe, Abt. III, Bd. 2, hrsg. v. Giorgio Colli u. Mazzino Montinari, Berlin/New York 1973.
–, Menschliches, Allzumenschliches I, in: Ders., Kritische Gesamtausgabe, Abt. IV, Bd. 2, hrsg. v. Giorgio Colli u. Mazzino Montinari, Berlin 1967.

Oehler, Klaus, Der entmythologisierte Platon. Zur Lage der Platonforschung, in: Jürgen Wippern (Hg.), Das Problem der ungeschriebenen Lehre Platons. Beiträge zum Verständnis der platonischen Prinzipienphilosophie, Darmstadt 1972, S. 95–129.
–, Die Lehre vom noetischen und dianoetischen Denken bei Platon und Aristoteles. Ein Beitrag zur Erforschung der Geschichte des Bewußtseinsproblems in der Antike, München 1962. (= Zetemata, Heft 29)
Otto, Stephan (Hg.), Geschichte der Philosophie in Text und Darstellung, Bd. 3: Renaissance und frühe Neuzeit, Stuttgart 1984.

Paetsch, Martin, »Die Biochemie der Lebensfreude«, in: Geo Wissen 47 (2011), S. 50–59
Panksepp, Jaak, Affective Neuroscience. The Foundations of Human and Animal Emotions, New York/Oxford 1998.
Pauen, Michael/Gerhard Roth, Freiheit, Schuld und Verantwortung. Grundzüge einer naturalistischen Theorie der Willensfreiheit, Frankfurt a. M. 2008. (= Edition Unseld, Bd. 12)
Peterson, Sandra, The *Parmenides*, in: Gail Fine (Hg.), The Oxford Handbook of Plato, Oxford 2008, S. 383–410.
Pico della Mirandola, De hominis dignitate, Lat.-Dt., hrsg. u. übers. v. Gerd von der Gönna, Stuttgart 1997.
Platon, Werke in acht Bänden, Griechisch und Deutsch, hrsg. v. Gunther Eigler, übers. v. Friedrich Schleiermacher, Hieronymus Müller, Dietrich Kurz u. Klaus Schöpsdau, Darmstadt 2011^6 (1974).
Platzek, Reinhard, Moderne Hirnforschung oder das Ende des freien Willens, in: Perspektiven der Philosophie 32 (2006), S. 133–161.
Pleßner, Helmuth, Die Stufen des Organischen und der Mensch. Einleitung in die philosophische Anthropologie, Berlin/Leipzig 1928.
Pleger, Wolfgang H., Platon, Darmstadt 2009.

Plotin, Über den Eros, in: Ders., Plotins Schriften, Bd. 5a, übers. v. Richard Harder, Neubearbeitung m. griechischem Lesetext u. Anmerkungen fortgeführt v. Rudolf Beutler u. Willy Theiler, Hamburg 1960. (= Philosophische Bibliothek, Bd. 215 a)
Precht, Richard David, »Warum wir nicht treu sind«, Interview m. Michael Kneissler, in: Für Sie 8 (2012), 68.
Prinz, Wolfgang, Selbst im Spiegel. Die soziale Konstruktion von Subjektivität, übers. v. Jürgen Schröder, Berlin 2013.
–, Der Mensch ist nicht frei. Ein Gespräch, in: Christian Geyer (Hg.), Hirnforschung und Willensfreiheit. Zur Deutung der neuesten Experimente, Frankfurt a. M. 2004, S. 20–26.

Quarch, Christoph, Sein und Seele. Platons Ideenphilosophie als Metaphysik der Lebendigkeit. Interpretationen zu PHAIDON und POLITEIA, Münster 1998.

Radke, Gyburg, Das Lächeln des Parmenides. Proklos' Interpretationen zur Platonischen Dialogform, Berlin/New York 2006. (= Untersuchungen zur antiken Literatur und Geschichte, Bd. 78)
–, Die Theorie der Zahl im Platonismus, Ein systematisches Lehrbuch, Tübingen/Basel 2003.
Reale, Giovanni, Die Begründung der abendländischen Metaphysik: Phaidon und Menon, in: Theo Kobusch/Burkhart Mojsisch (Hgg.), Platon. Seine Dialoge in der Sicht neuerer Forschungen, Darmstadt 1996, S. 64–80.
Rechenauer, Georg, Veranschaulichung des Unanschaulichen: Platons neue Rhetorik im Schlussmythos des Gorgias, in: Markus Janka/Christian Schäfer (Hgg.), Platon als Mythologe. Interpretationen zu den Mythen in Platons Dialogen, Darmstadt 2014², S. 399–418.
Richter, Leonhard G., Der Reiter von Albrecht Dürer. Eine philosophische Betrachtung, in: Perspektiven der Philosphie 29 (2003), S. 345–378.
Roth, Gerhard, »Das Ich ist eine Einbahnstraße«, Interview m. Beate Lakotta und Katja Thimm, in: Der Spiegel 35 (2007), S. 124–127.
–, et al., Das Manifest, in: Gehirn und Geist 6 (2004), S. 30–37.
–, Wir sind determiniert. Die Hirnforschung befreit von Illusionen, in: Christian Geyer (Hg.), Hirnforschung und Willensfreiheit. Zur Deutung der neuesten Experimente, Frankfurt a. M. 2004, S. 218–222.
–, Worüber dürfen Hirnforscher reden – und in welcher Weise? In: Deutsche Zeitschrift für Philosophie 2 (2004), S. 223–234.
–, Aus Sicht des Gehirns, Frankfurt a. M. 2003.
–, Das Gehirn und seine Wirklichkeit. Kognitive Neurobiologie und ihre philosophischen Konsequenzen, Frankfurt a. M. 1997.

Savater, Fernando, Die Fragen des Lebens. Fernando Savater lädt ein in die Welt der Philosophie, übers. v. Andreas Simon, Frankfurt a. M. 2000.
Schäuble, Wolfgang, Freedom vs. Security: Guaranteeing Civil Liberties in a World of Terrorist Threats. Rede im Rahmen der Bucerius Summer School on Global Governance v. 26.08.2009. Im Internet unter: http://www.wolfgang-schaeuble.de/index.php?id=30&textid=1327&page=6, Zugriff am 24.02.2014.

Schefer, Christina, Platon und Apollon. Vom Logos zurück zum Mythos, Sankt Augustin 1996. (= International Plato Studies Vol. 7)
Scherbel, Martina, Deskription oder Postulat?. Zur Intersubjektivitätstheorie in der V. Cartesianischen Meditation Edmund Husserls, in: Perspektiven der Philosophie 20 (1994), S. 275–288.
Schick, Johannes F. M., Erlebte Wirklichkeit, Zum Verhältnis von Intuition zu Emotion bei Henri Bergson, Berlin 2012.
Schleiermacher, Friedrich, ›Einleitung‹ zu ›Platons Werke‹, in: Konrad Gaiser (Hg.), Das Platonbild. Zehn Beiträge zum Platonverständnis, Hildesheim 1969, S. 1–32. (= Olms Studien, Bd. 1)
Schleim, Stephan/Tade Matthias Spranger/Henrik Walter (Hgg.), Von der Neuroethik zum Neurorecht?, Göttingen 2009.
Schmitt, Arbogast, Mythos bei Platon, in: Markus Janka/Christian Schäfer (Hgg.), Platon als Mythologe. Interpretationen zu den Mythen in Platons Dialogen, Darmstadt 2014², S. 81–111.
–, Die Moderne und Platon. Zwei Grundformen europäischer Rationalität. Stuttgart, Weimar 2008².
–, Gehirn und Bewusstsein. Kritische Überlegungen aus geistesgeschichtlicher Sicht zum Menschen der neueren Hirnforschung, in: Hans-Rainer Duncker (Hg.), Beiträge zu einer aktuellen Anthropologie. Zum 100jährigen Jubiläum der Gründung der Wissenschaftlichen Gesellschaft im Jahre 1906 in Strassburg, Stuttgart 2006, S. 207–283.
–, Platonismus und Empirismus, in: Gregor Schiemann/Dieter Mersch/Gernot Böhme (Hgg.), Platon im nachmetaphysischen Zeitalter, Darmstadt 2006, S. 71–95.
–, Platon und das empirische Denken der Neuzeit, Stuttgart 2006.
–, Einheit des Mannigfaltigen, Der Widerspruchssatz als Erkenntnisprinzip in der Aufklärungsphilosophie (Kant und Wolff) und bei Aristoteles und Platon, in: Jean-Marc Narbonne/Alfons Reckermann (Hgg.), Pensées de l'« Un » dans l'histoire de la philosophie. Études en hommage au professeur Werner Beierwaltes, Paris 2004, S. 339–375.
–, Das Universalienproblem bei Aristoteles und seinen spätantiken Kommentatoren, in: Raif Georges Khoury (Hg.), Averroes (1126–1198) oder der Triumph des Rationalismus, Heidelberg 2002, S. 59–86.
–, Arbogast Schmitt, Das Bewußte und das Unbewußte in der Deutung durch die griechische Philosophie (Platon, Aristoteles, Plotin), in: Antike & Abendland 40 (1994), S. 59–85.
Schmitz, Hermann, Freiheit, Freiburg/München 2007. (= Neue Phänomenologie 10)
Schopenhauer, Arthur, Die Welt als Wille und Vorstellung I, in: Ders., Werke in fünf Bänden, Bd. 1, hrsg. v. Ludger Lütkehaus, Zürich 1988.
–, Parerga und Paralipomena II, in: Ders., Werke in fünf Bänden, Bd. 5, hrsg. v. Ludger Lütkehaus, Zürich 1988.
–, Preisschrift über die Freiheit des menschlichen Willens, in: Ders., Werke in fünf Bänden, Bd. 3, hrsg. v. Ludger Lütkehaus, Zürich 1988.
–, Preisschrift über die Grundlage der Moral, in: Ders., Werke in fünf Bänden, Bd. 3, hrsg. v. Ludger Lütkehaus, Zürich 1988.

Schrastetter, Rudolf, Die Erkenntnis des Guten. Platons Sonnen-, Linien- und Höhlengleichnis, in: Rupert Hofmann/Jörg Jantzen/Henning Ottmann (Hgg.), ΑΝΟΔΟΣ. Festschrift für Helmut Kuhn, Weinheim 1989, S. 237–258.
Schulte, Günter, Neuromythen. Das Gehirn als Mind Machine und Versteck des Geistes, Frankfurt a. M. 2001².
Schwabe, Wilhelm, Der Geistcharakter des ›überhimmlischen Raumes‹. Zur Korrektur der herrschenden Auffassung von Phaidros 247 c–e, in: Thomas A. Szlezák (Hg.), unter Mitw. v. Karl-Heinz Stanzel, Platonisches Philosophieren. Zehn Vorträge zu Ehren von Hans Joachim Krämer, Hildesheim/Zürich/New York 2001, S. 181–331 (= Spudasmata 82)
Sextus Empiricus, Grundriss der pyrrhonischen Skepsis, hrsg. u. übers. v. Malte Hossenfelder, Frankfurt a. M. 1968. (= Theorie 1) (Griechischer Text: Ders., Outlines of Pyrrhonism, übers. v. Robert Bury, Cambridge 1933)
Singer, Wolf, »Ich wartete, ob Gott mich bestraft«, Interview m. Angelika Slavik u. Hans-Jürgen Jakobs, Süddeutsche Zeitung v. 23. 12. 2011.
–, »Wolf Singer über das Bewusstsein«, Interview m. Kristin Rübesamen, in: Süddeutsche Zeitung v. 18./19. 07. 2009.
–, Selbsterfahrung und neurobiologische Fremdbeschreibung. Zwei konfliktträchtige Erkenntnisquellen, in: Deutsche Zeitschrift für Philosophie 2 (2004), S. 235–255.
–, Der Beobachter im Gehirn. Essays zur Hirnforschung, Frankfurt a. M. 2002.
–, »Das Ende des freien Willens?«. Interview m. Inge Hoefer u. Christoph Pöppe, in: Spektrum der Wissenschaft 2 (2001), S. 72–75.
Smith Churchland, Patricia, Die Neurobiologie des Bewußtseins. Was können wir von ihr lernen?, übers. v. Henrik Walter, in: Thomas Metzinger (Hg.), Bewußtsein. Beiträge aus der Gegenwartsphilosophie, Paderborn/München/Wien 1995, S. 463–490.
Spitzer, Manfred, Automatik im Kopf. Wie das Unbewusste arbeitet, in: Manfred Spitzer, Wulf Bertram (Hgg.), Hirnforschung für Neu(ro)gierige. Braintertainment 2.0, Stuttgart/New York 2010, S. 107–129.
Stanzel, Karl-Heinz, Seelenschicksale. Zum Schlussmythos des platonischen *Phaidon*, in: Dietmar Koch/Irmgard Männlein-Robert/Niels Weidtmann (Hgg.), Platon und das Göttliche. Antike-Studien, Bd. 1, Tübingen 2010, S. 193–215.
Stegmüller, Wolfgang, Glauben, Wissen und Erkennen. Das Universalienproblem einst und jetzt, Darmstadt 1965.
Steinthal, Hermann, Zur Form der mündlich-persönlichen Lehre Platons, in: Grazer Beiträge 23 (2000), S. 59–70.
Stemmer, Peter, Unrecht Tun ist schlechter als Unrecht Leiden. Zur Begründung moralischen Handelns im platonischen *Gorgias*, in: Zeitschrift für philosophische Forschung 39 (1985), S. 501–522.
Stenzel, Julius, Platon der Erzieher, Hamburg 1961. (= Die großen Erzieher, Bd. 12)
Stöckler, Manfred, Naturbegriffe – Alltagssprache, Wissenschaft, Philosophie, in: Dialektik 3 (1993), S. 23–28.
Strack, Fritz/Marti Gonzales, Wissen und Fühlen: noetische und experimentelle Grundlagen heuristischer Urteilsbildung, in: Wolfgang Hell/Klaus Fiedler/

Gerd Gigerenzer (Hgg.), Kognitive Täuschungen. Fehl-Leistungen und Mechanismen des Urteilens, Denkens und Erinnerns, Heidelberg/Berlin/Oxford 1993, S. 291–324.
Ströker, Elisabeth, Phänomenologische Studien, Frankfurt a. M. 1987.
Szlezák, Thomas A., Platon und die Pythagoreer: Das Zeugnis des Aristoteles, in: Perspektiven der Philosophie 37 (2011), S. 9–32.
–, Die Idee des Guten in Platons Politeia. Beobachtungen zu den mittleren Büchern, Sankt Augustin 2003.
–, Das Höhlengleichnis, in: Otfried Höffe (Hg.), Platon, Politeia, Berlin 1997, S. 205–228. (= Klassiker auslegen, Bd. 7)
–, Platon lesen, Stuttgart 1993. (= Legenda 1)

Tretter, Felix, »Brücke zum Bewusstsein«, in: Der Spiegel 9 (2014), S. 122–124.
Tomasello, Michael, Die kulturelle Entwicklung des menschlichen Denkens, Frankfurt a. M. 2006.

Urchs, Max, Maschine, Körper, Geist. Eine Einführung in die Kognitionswissenschaft, Frankfurt a. M. 2002.

Vahland, Joachim, Die Geburt der Erkenntnis aus der Angst. E. A. Poes Antwort auf Platons Höhlengleichnis, in: Martin Asiáin et al. (Hgg.), Der Grund, die Not und die Freude des Bewußtseins. Beiträge zum Internationalen Symposion in Venedig zu Ehren von Wolfgang Marx, Würzburg 2002, S. 125–136.
Voss, Julia, Darwins Bilder. Ansichten der Evolutionstheorie 1837–1874, Frankfurt a. M. 2007.

Waal, Frans de, Wilde Diplomaten. Versöhnung und Entspannungspolitik bei Affen und Menschen, München/Wien 1991.
Walter, Henrik /Susanne Erk, Seh ich da was, was du nicht siehst?. Methoden, Möglichkeiten und Mängel des Neuroimagings, in: Manfred Spitzer/Wulf Bertram (Hgg.), Hirnforschung für Neu(ro)gierige. Braintertainment 2.0, Stuttgart/New York 2010, S. 185–206.
White, David A., Myth and Metaphysics in Plato's Phaedo, Selinsgrove 1989.
Weizsäcker, Carl Friedrich von, Die Aktualität der Tradition: Platons Logik, in: Ders., Ein Blick auf Platon. Ideenlehre, Logik und Physik, Stuttgart 1981, S. 76–110.
–, Parmenides und die Quantentheorie, in: Ders., Ein Blick auf Platon. Ideenlehre, Logik und Physik, Stuttgart 1981, S. 46–75.
Wieland, Wolfgang, Platon und die Formen des Wissens, Göttingen 1982.
– (Hg.), Geschichte der Philosophie in Text und Darstellung, Bd. 1., Antike, Stuttgart 1978.
Wieser, Wolfgang, Zur Biologie der Freiheit, in: Merkur 12 (2007), S. 1122–1133.
Wiesing, Lambert, Das Mich der Wahrnehmung. Eine Autopsie, Frankfurt a. M. 2009.

Wingert, Lutz, Lebensweltliche Gewissheit versus wissenschaftliches Wissen?, in: Peter Janich (Hg.), Naturalismus und Menschenbild, Hamburg 2008, S. 288–309. (= Deutsches Jahrbuch Philosophie, Bd. 1)
–, Grenzen der naturalistischen Selbstobjektivierung, in: Dieter Sturma (Hg.), Philosophie und Neurowissenschaften. Frankfurt a. M. 2006, S. 240–260.
Wuketits, Franz M., »Moral ist nur die Summe aller Regeln«, Interview m. Markus Schulte von Drach, in: Süddeutsche Zeitung v. 17. 08. 2007.
–, Grundriß der Evolutionstheorie, Darmstadt 1989².
–, Zustand und Bewusstsein. Leben als biophilosophische Synthese, Hamburg 1985.

Xenophon, Erinnerungen an Sokrates, Gr.-Dt., übers. u. hrsg. v. Peter Jaerisch, Düsseldorf/Zürich 2003.

Zehnpfennig, Barbara, Platon zur Einführung, Hamburg 1997.
–, Anmerkungen, in: Platon, Phaidon, übers. u. hrsg. v. Barbara Zehnpfennig, Hamburg 1991.
Zeitler, Wolfgang Maria, Entscheidungsfreiheit bei Platon, München 1983. (= Zetemata, Heft 78)

Abbildungen

Abb. 1: The Defining Attribute Model, entnommen aus: Gazzaniga, Michael/Todd Heatherton/Diane Halpern, Psychological Science, New York 2010³, S. 337.
Abb. 2: The Prototype Model, entnommen aus: Gazzaniga, Michael/Todd Heatherton/Diane Halpern, Psychological Science, New York 2010³, S. 338.
Abb. 3: Wahrnehmung eines Stuhls, entnommen aus: Roth, Gerhard, Das Gehirn und seine Wirklichkeit. Kognitive Neurobiologie und ihre philosophischen Konsequenzen, Frankfurt a. M. 1997, S. 255.
Abb. 4: Der Mensch als Differenz zu den Dingen, entnommen aus: http://digital.ub.uni-duesseldorf.de/ihd/content/pageview/1257436, Zugriff am 28. 07. 2014.
Abb. 5: Der Mensch als Differenz zu sich selbst, entnommen aus: http://digital.ub.uni-duesseldorf.de/ihd/content/pageview/1257408, Zugriff am 28. 07. 14.